HAN SUYIN

Der große Traum

ROMAN

Aus dem Englischen
von Gerda von Uslar

W0267238

GOLDMANN VERLAG

Ungekürzte Ausgabe

Titel der Originalausgabe: The Crippled Tree
Originalverlag: Jonathan Cape Ltd., London

Die deutsche Erstausgabe erschien 1965
im Verlag Helmut Kossodo AG, Genf und Hamburg,
unter dem Titel: Die eiserne Straße

Der Goldmann Verlag
ist ein Unternehmen der Verlagsgruppe Bertelsmann

Made in Germany · 1. Auflage · 1/92
Copyright © 1985 der Originalausgabe bei Han Suyin
Copyright © 1988 der deutschsprachigen Ausgabe
beim Albrecht Knaus Verlag GmbH, München
Umschlagentwurf: Design Team München
Umschlagfoto: Wolfe / The Image Bank, München
Druck: Elsnerdruck, Berlin
Verlagsnummer: 41221
MV · Herstellung: Heidrun Nawrot
ISBN 3-442-41221-8

Erstes Kapitel

Lieber Papa, liebe Mama!
Heute werde ich nicht dazu kommen, Euch einen sehr langen Brief zu schreiben; denn letzte Nacht waren die Räuber hier und haben unserem Koch den Kopf abgeschlagen. Der Kopf ist im Garten, darum habe ich das Fenster geschlossen. Die Kleine schreit, sie hat Hitzpickel; aber ich bekomme hier kein Talkumpuder. Bitte schickt mir doch zehn Dosen, in England sind sie ja leicht erhältlich. Ich habe auch auf meine Korsetts verzichten müssen. Ihr würdet mich nicht wiedererkennen, ich schlappe den ganzen Tag in Pantoffeln herum ...

Die Feder traf den Bodensatz im Tintenfaß, zog ein Haar durch die schräg nach unten verlaufende Zeile und machte das letzte Wort unleserlich. Marguerite brach zusammen.

»Genug, genug!« schrie sie laut. »Ich habe genug jetzt!« Sie schob den Stuhl zurück, schlug beide Hände vor die Stirn und drückte sie gegen ihre Schläfen. Und als seien sie herausgepreßt, liefen die Tränen aus ihren fast wimpernlosen Augen auf die schmalen Wangen hinunter. Von Schluchzen geschüttelt, ging sie im Zimmer auf und ab. »Genug, jetzt ist es genug! Mein Gott, ich halte das nicht mehr aus! Ich packe meine Sachen und fahre weg.«

Das war eine Formel, ein Satz, den sie so oft, so viele Male in den letzten Jahren wiederholt hatte, den sie noch so oft wiederholen sollte. Und doch blieb sie, war sie geblieben, würde sie in China bleiben – außerstande, sich loszureißen, bis dann dreißig Jahre später ein endgültiger Umsturz ihr den Entschluß abnehmen sollte.

Alles um sie herum: der schmutzige Putz an den Wänden, die Mattendecke, aus der trockene Erdklümpchen herunterfielen, wenn nachts die Ratten dort oben umhertollten, der festgestampfte Boden mit dem morschen Teppich vor dem durchgelegenen Eisenbett, die Wiege mit dem wimmernden Kind, alles das spiegelte eine schwere, schläfrige Gleichgültigkeit wider, die ungeheure Gleichgültigkeit des fremden Landes rings um sie, die erdrückender war als jede Feindseligkeit, leerer als jedes Vakuum, die das ganze volkreiche Land zu einer Wüste machte, in der sie auf sich selbst angewiesen war, eingesperrt zwischen Menschenmassen, eingesperrt in Gleichgültigkeit, in Schmutz, in Verwahrlosung, in eine riesige Rattenfalle ohne Anfang und Ende, in der sie dauernd hin und her lief – eine Rattenfalle, in die sie gegangen war, verlockt durch das, was einstmals Liebe war und jetzt das Wimmern eines Kindes, ein weiteres Kind in ihrem Leib, der Kopf des Kochs auf einem Zaunpfahl vor dem Fenster, von Fliegen umschwärmt. Die Fliegen schwirrten von ihm fort über die Tomaten, die ihr Mann vor zwei Monaten gepflanzt hatte. Und an den Tomatenstöcken hingen schon die Büschel der kleinen, festen grünen Knollen.

»Genug, genug! Ich packe meine Sachen, ich fahre weg. Diesmal ist es aus.« Dabei hatte sie sich so darauf gefreut, die frischen Tomaten zu essen.

Sie ging zu dem Bett, zog den Lederkoffer darunter hervor. Staub setzte sich an ihre Hände. Staub, Staub, immer Staub. Immer war alles schmutzig, man konnte dem Schmutz nicht entgehen. Sie öffnete den Deckel und ließ dann den Koffer auf dem Teppich stehen, gähnend wie ein offenes Grab. »Wegfahren, wegfahren.« Sie beugte sich über das wimmernde Kind. »Sei ruhig, hörst du mich? Sei endlich ruhig, oder ich . . .« Im nächsten Augenblick hatte sie es aufgenommen und bedeckte das Gesichtchen mit wilden Küssen. »Mein Kleines, mein Kleines!« Ihre Hände hinterließen Schmutzspuren auf dem wollenen Schal, dem weißen Wollkleid des Kindes, das so schwer zu waschen war.

Jetzt erscholl Gelächter vom Garten her.

»Da sind sie. Schon wieder, Gott strafe sie! Schon wieder.«

Draußen, hinter den Pfosten des Zauns, der den kleinen Garten umgab und den jetzt der Kopf wie ein Wachtposten überragte, hatte sich die übliche Menge angesammelt. Sie lachten, zeigten auf das Haus, in dem die fremde Frau wohnte, auf den Kopf: die Frauen, deren vom Staub grau gewordene Haare tief im Nacken zu festen Knoten geschlungen waren, die Kinder, die danebenstanden oder auf dem Rücken ihrer Mutter saßen, ein alter Mann, zwei oder drei jüngere Männer. Alle, alle in diesen allgegenwärtigen, nervenzerrüttenden blauen Stoff gekleidet – ein Blau, das unendliche Schattierungen aufwies und doch immer drohend wirkte wie eine Uniform. Und alle lachten sie und zeigten auf den Kopf, der sich wie eine Standarte über den Tomaten erhob, auf das Haus, in dem die fremde Frau lebte. Und nun, da sie auftauchte, schwoll das Lachen zu einer wahren Explosion an.

»Lachen, lachen... die würden noch lachen, wenn man ihnen den Bauch aufschlitzte. Unmenschen, Unmenschen!« Sie begann zu schreien und hielt sich dabei an der Tür fest, die sie geöffnet hatte. »Ihr Unmenschen, ihr Idioten, man wird euch allen die Köpfe abhacken! Idioten!« Sie machte die Geste des Kopfabhackens und schlug die Tür so heftig wieder zu, daß der Sand von der Decke herabrieselte und sie über sich kurz das Trippeln einer Ratte vernahm.

Das Gelächter draußen, das, während sie schrie, verstummt war, ertönte jetzt wieder, und diesmal galt es nur noch ihr und nicht mehr diesem Blumenkohlkopf auf dem Zaunpfahl.

»Fremde Teufelin, fremde Teufelin, fremde Teufelin!«

Alle Kinder riefen es lachend, ahmten ihre Gebärde des Kopfabhackens nach, hüpften im Staub auf und nieder und drückten ihre Gesichter an den Zaun, in der Hoffnung, daß die Tür sich wieder auftun, daß diese unbegreifliche Frau sich wieder zeigen und ihnen wieder unbegreifliche Dinge zurufen werde. Es war eine Art Schachtelmännchen-Spiel, von dem sie nie genug bekamen. Den ganzen Tag hindurch trieben sich irgendwelche Kinder erwartungsvoll am Gartenzaun herum.

Marguerite lief wieder zum Tisch, und wieder kratzte ihre Feder über das Papier. Die Zeilen senkten sich, verliefen nach unten, und als sie am Ende des Bogens angekommen war, blieb auf der linken Seite mehr als ein Zentimeter frei, während rechts die Buchstaben den unteren Bogenrand erreichten.

... Ich kann ihr Lachen nicht mehr ertragen. Sie lachen, wenn ich weine, sie lachen, wenn sie eine Hinrichtung sehen. Das sind keine Menschen. Ich komme zurück... Ich werde ihn zwingen, mich noch heute abfahren zu lassen. Ich will nicht auch umgebracht werden.

Nun war da draußen ein Geräusch. Die Menge wich zurück, machte Platz. Das Gartentor fiel ins Schloß, die Schritte ihres Mannes verhielten einen Augenblick vor der geschlossenen Tür; dann war er im Zimmer. Ihr Mann. Ihre Erregung, ihre herrliche Energie, die sie in Wutausbrüchen und Schreien verausgabt hatte, damit, den von Ratten heimgesuchten Raum immer wieder zu durchmessen, hinter geschlossenen Fenstern zu hocken, voller Haß, voller Sehnsucht danach, geliebt und anerkannt zu werden, und voller Verzweiflung, wenn sie sich immer wieder zurückgewiesen fühlte – diese ganze Energie stürzte sich auf ihn.

»Yentung, ich habe mich entschlossen. Ich fahre noch heute. Sofort.«

Er seufzte, setzte sich auf das Bett, schob den offenen Koffer mit dem Fuß beiseite und begann seine Stiefelbänder aufzuknüpfen.

»Hörst du mich? Hast du mich verstanden? Ich halte das nicht mehr aus!«

»Marguerite, du bist zu nervös.«

»Nervös? Das ist alles, was du dazu sagen kannst? Du gehst weg und läßt mich allein mit dem da ...« Sie wies mit der Hand zum Fenster. »Wer würde da nicht nervös werden? Nach einer Nacht wie der letzten? Ich hatte gedacht, wir kämen in ein zivilisiertes Land ... aber ihr seid primitiv, unzivilisiert. Da, hör doch, wie sie lachen ... Du hast mich angelogen, du hast mich mit deinen Lügen hierhergelockt.«

»Ich habe einen neuen Koch engagiert«, sagte ihr Mann, der inzwischen seine Stiefel aufgeschnürt hatte (er ging die neue Bahnlinie ab und war wegen der Blutegel und Schlangen, die es dort gab, gezwungen, Stiefel zu tragen, obgleich das harte Leder ihm die Zehennägel brach). »Er kommt heute nachmittag. Er hat schon für eine belgische Familie gekocht, für die Tardiens.«

»Ich fahre weg. Du kannst mit deinem Koch hierbleiben, aber ich fahre. Ich bestehe darauf, daß du mir eine Passage für das nächste Schiff besorgst, hörst du? Ich bestehe darauf.«

»Aber Marguerite, du weißt doch, daß die Bahnlinie abgeschnitten ist. Die Kriegsherren haben letzte Nacht in Fengtai zwölf Arbeiter erschossen. Und übrigens«, fügte er hinzu, »ist in deinem Land auch Krieg. Du kannst jetzt nicht zurückfahren. Bevor der Krieg nicht zu Ende ist, verkehren keine Schiffe.«

Gefangen. Überall war sie gefangen, alles hielt sie fest. Marguerite ließ sich schluchzend wieder auf ihren Stuhl sinken. Ihre Tränen fielen auf das Propatriapapier, das sie für ihre Briefe benutzte. Später sollte sie dann auf diesem tränenfleckigen Papier weiter schreiben:

Jetzt sind sie endlich gekommen, um den Kopf zu holen. An der Spitze des Zugs die Trommler, die schlimmsten Schurken im ganzen Ort, hinter ihnen laut jammernd die Witwe. Aber ich weiß, daß sie gar nichts empfindet; denn sie weint nicht, und wenn sie mich sieht, hält sie inne, starrt zu mir herüber und hält die Hand vor den Mund, um ihr Lachen zu verbergen. Lieber Papa, liebe Mama, ich sage Euch, das sind keine Menschen, und ich will nicht hierbleiben. Sobald der Krieg vorüber ist, komme ich zurück.

»Dann ist das also der einzige?« fragte ich.

Es war im kalten Frühsommer des Jahres 1958. Ich saß mit meinem Bruder Tzechun, Sohn des Frühlings, im Café des Montparnasse-Bahnhofs in Paris und faltete den Briefbogen zusammen, aus dem die Vergangenheit so jählings auferstanden war. Wer war das wimmernde Kind in der Wiege gewesen? Vielleicht ich. Aus welchem Jahr stammte der Brief? Von 1917? 1918? War er noch früher geschrieben? Das Datum nannte den 17. März, die Jahreszahl fehlte. Sicher war nur, daß er aus der Zeit des Ersten Weltkriegs stammte. Meine Mutter hatte ihn geschrieben, und er war an ihre Eltern gerichtet, die damals mit meinem Bruder Sohn des Frühlings als Flüchtlinge in England lebten.

Jetzt war Sohn des Frühlings ein alternder Mann, sehr kurzsichtig, mit einem Bürstenschnitt und einem schäbigen

Anzug, und er saß mir gegenüber an einem Tisch in der Restauration eines Pariser Bahnhofs. Eben hatte er mir diesen alten Brief gegeben. Es war der einzige. Sohn des Frühlings hatte alle Briefe meiner Mutter verbrannt, alle, bis auf diesen einen.

»Du verstehst doch, ich hätte mir nie träumen lassen, daß du sie eines Tages brauchen würdest...«

Es war ein ganzer Koffer voller Briefe dagewesen. Ein ganzer Koffer. Sohn des Frühlings gestikulierte über den Kaffeetassen und verdeutlichte mir mit den Händen den Umfang des Koffers. »Wenn ich gewußt hätte, daß du sie haben willst, kleine Schwester, dann hätte ich sie natürlich aufbewahrt. Aber damals warst du noch ein Kind – wie konnte ich ahnen, daß du mich einmal danach fragen würdest?«

»Es macht nichts.«

Wieder war eine Forschungsreise in die Vergangenheit zu Ende. Ihre Ausbeute war dieser eine Brief, mehr nicht. Warum hatte mein Bruder diesen einen Brief aufbewahrt? Vielleicht als Erinnerungssymbol an diese Verbrennung – so wie man sich nach einer Einäscherung ein bißchen Asche oder eine Haarlocke des Verstorbenen aufhebt. Vielleicht empfand er auch eine gewisse Genugtuung über das Leiden meiner Mutter, das uns jetzt aus dieser eckigen Schrift entgegenschrie, das uns traf, genau wie ihre Worte uns beide, meinen Bruder und mich, getroffen hatten, als wir noch klein waren.

»Du mußt jetzt wohl zu deinem Zug. Schade, ich hätte mich gefreut, wenn du länger geblieben wärst.«

Ich sah ihn an. Wir hatten uns immer geliebt, mein Bruder und ich, trotz allem, trotz aller. Wir verständen einander, pflegte er zu sagen. Das traf wohl nicht zu, denn er hatte bestimmt keine Ahnung, wozu ich fähig war. Und ich konnte nie begreifen, warum er sich ein so enges, beschränktes Leben gewählt hatte. Jahrelang habe ich immer wieder über das Rätsel seines Versagens nachgegrübelt. »Und bist du glücklich?«

»Ja, ich habe meine klaren Grundsätze... ich bin glücklich. Ich bin nützlich. Ich darf mir selbst sagen, daß ich ein nützlicher Mensch bin.«

Wir gingen hinaus in die Halle, in der die schmutzigen

Züge sich sammelten wie Rinder in einem Stall. Um mich war der scharfe Bahnhofsgeruch.

»Züge, Züge, Züge ...«, sagte Sohn des Frühlings. »Verkehren in China die Züge jetzt pünktlich?«

»Ja, das tun sie.«

»Oh, das freut mich aber. Erinnerst du dich, wie besorgt Vater immer um seine Züge war? Die Eisenbahn, die ›eiserne Straße‹, wie sie in China sagen, war doch sein Lebensinhalt. Manchmal hatte ich das Gefühl, daß die eiserne Straße für ihn das Wichtigste war – wichtiger als wir und bestimmt wichtiger als ich, sein Sohn. Nie hatte er Zeit für irgend etwas anderes. Weißt du noch?«

Sohn des Frühlings stand draußen vor dem Zugfenster und bewegte winkend die Hand, während die Wagen einer nach dem anderen an ihm vorbeiglitten. Bald beschlugen sich seine Brillengläser, und ich dachte an den Kopf des Kochs. Der Brief war in meiner Handtasche. Der einzige Brief meiner Mutter, der von meinem ganzen Koffer voller Briefe übriggeblieben war.

Als ich mich auf dem schmierigen Sitz niederließ (warum waren nur alle Provinzzüge in Europa jetzt so schmutzig, viel schmutziger als die Züge im heutigen China?), empfand ich Gereiztheit und Mitleid – beides vergebliche Gefühle! – gegen meinen Bruder Sohn des Frühlings. Wie hatte er nur alle diese Briefe, die Briefe meiner Mutter, verbrennen können, wo ich sie doch so nötig brauchte? Briefe, in denen ihr ganzes Leben in China, von 1913 bis Gott weiß wann, enthalten war – zumindest bis zu dem Jahr 1940, in dem ihr Vater, an den diese Briefe gerichtet waren, starb! Wie lange hatte Mutter wohl die Gewohnheit beibehalten, diese endlosen Briefe zu schreiben, zuerst an beide Eltern, dann, als ihre Mutter gestorben war, nur noch an ihren Vater? Meine erste bewußte Erinnerung an meine Mutter als an einen selbständigen, von mir getrennten Menschen ist das Bild einer Gestalt, die gebückt an einem Tisch sitzt. Mir ist, als hörte ich noch das Rascheln der Blätter, die sie umwendete. »Mama«, fragte ich damals, »Mama, was ist Schreiben? Woher weiß der Mensch, der den Brief bekommt, was du ihm sagen willst?« Und ich hörte die übliche

Antwort: »Ach, laß mich in Ruhe. Das lernst du alles, wenn du größer bist...«

Mein Bruder hatte alle ihre Briefe verbrannt, und kein Mitglied ihrer Familie (ich besuchte sie alle, in Antwerpen, in Brüssel und in Löwen, und sie schenkten mir ihre Erinnerungen, ihre eigenen, persönlichen Erinnerungen) besaß noch einen. Der dumme Mann, der arme, dumme Junge. Das geschlagene Kind, das zurückschlägt... Doch so war er immer gewesen; immer hatte er versucht, sich endgültig von allem zu lösen, was ihn verletzen konnte, und zu entfliehen. Aber da gibt es keinen Ausweg, oder doch nur, wenn man den Tatsachen ins Gesicht sieht. Das aber war meine Eigenschaft, nicht seine. Sohn des Frühlings besaß sie nicht, ebensowenig wie zahllose Menschen auf der Welt. So viele verbringen ihr Leben damit, daß sie vor den Tatsachen weglaufen.

»Aber warum bittest du nicht deine Mutter, dir ihre Lebensgeschichte zu erzählen? Das könnte sie doch tun.« So meinte meine Tante Lucy Denis, während sie ihren gelähmten Mann im Rollstuhl über die Kieswege des Stadtparks von Brüssel schob. Die Sonne war kalt, und auf dem lackgrünen Teich (den Tante Lucy wie alle Bewohner von Brüssel einen »See« nannte) schwamm reglos wie ein Stück Holz ein einzelner Schwan. Der gelähmte Mann war Henri Denis, ehemaliger General und Verteidigungsminister des Königreichs Belgien, ein Vetter meiner Mutter.

»Sie hat seit dreißig Jahren nicht mehr mit mir gesprochen. Und wenn sie mich jetzt wiedersähe, würde sie bestimmt an dieser Gewohnheit festhalten. Du weißt doch, wie die Denis sind.«

Tante Lucy stieß einen halb glucksenden, halb zwitschernden Laut aus – sie war immer eine rundliche, etwas spanisch aussehende Frau gewesen. »Ja, so war Marguerite. Ich erinnere mich jetzt: einmal, als ihr Vater sie eingeschlossen hatte, weil sie weggegangen war, um sich mit einem Chinesen zu treffen, soll sie mit dem Fuß ein Loch in die Tür getreten haben... Eine so dicke Tür, aber sie hat's trotzdem geschafft, hinauszukommen. Ich war damals erst sieben; aber die Geschichte von dem Loch in der Tür habe ich nie vergessen.«

Ich wollte ein Buch über meinen Vater und meine Mutter und über China schreiben. Eines Tages nahm diese Idee Gestalt an, und dann wuchs sie auf, trieb Sprossen, wie solche Samen es oft tun, und entwickelte sich zu etwas ganz anderem: zu einem Baum mit vielen Ästen. Da auch ich Jahre voller Wandlung und Revolution erlebt habe, mußte auch ich zurückschauen, meine Blicke heimwärts wenden und von dem Umsturz schreiben, der zur Lebenszeit unserer Generation das Bild der Erde veränderte. Ich wußte nicht, wie beginnen, wovon ausgehen. China bedeutete für mich natürlich Vater und Mutter und alles das, was ich selbst von China kennengelernt hatte. Hätte ich diese Dinge fortgelassen, so hätte ich meine Geschichte wichtiger Elemente beraubt. Unentwirrbar wuchs so der Baum meines Buches, ein sonderbares Gewächs und doch wahrer als alle nur aus der Idee heraus entstandenen Bücher über China.

Es war mir nicht möglich, die Figuren meines Vaters und meiner Mutter von der Geschichte selbst, der zeitgenössischen Geschichte Chinas, abzulösen. Ebenso unmöglich, wie es für Proust, der über sich selbst schrieb, war, sich und seine Gestalten aus der Geschichtsperiode, in der sie lebten, herauszulösen und von den Ereignissen zu trennen, auf die sie reagierten. Wir alle sind Produkte unserer Zeit, den Einflüssen der Geschichte ausgesetzt. Ich wurde geboren, weil es im Jahr 1900 einen Boxeraufstand (wie die Europäer das Ereignis nannten) gegeben hat und weil mein chinesischer Vater auf Grund dieses Ereignisses – das die Chinesen als die »Erhebung der redlichen Fäuste« bezeichnen – nicht ein klassischer Gelehrter, vielleicht ein Mitglied der Han-lin-Akademie, wurde, sondern meine belgische Mutter heiratete. Man erkennt den Baum an seinen Wurzeln. Ich mußte zu den Wurzeln zurückgehen.

Und dann war da die »eiserne Straße«, wie die Chinesen sie in wörtlicher Übersetzung des französischen Ausdrucks »chemin de fer« nennen, die Eisenbahn. Eisenbahnen bedeuteten meinem Vater sehr viel, und sie bildeten auch einen Teil meiner Kindheitsatmosphäre, denn ich verbrachte jene Jahre in kleineren oder größeren Bahnhofsgebäuden. Noch heute kommt jedesmal, wenn ich den Pfiff einer Lokomotive höre, meine Kindheit im Galopp auf mich zugelaufen.

Nach der Revolution von 1949, die in China »die Befreiung« genannt wird, bin ich Jahr um Jahr wieder hingefahren und habe nach Menschen, Tatsachen und Erinnerungen geforscht. Auch nach Belgien fuhr ich, um die Spuren der Vergangenheit zu verfolgen. Jahrelang habe ich alles gesammelt, was ich bekommen konnte, habe pensionierte Gelehrte in Szechuan, Missionare in Kanada und Großtanten in Ostende interviewt.

Ich wurde in einem China geboren, das es heute nicht mehr gibt, und die kommunistische Revolution von 1949 war für mich ebenso unheimlich und erschreckend wie für viele Menschen meiner Herkunft und Erziehung, die nie Kommunisten waren und nie Kommunisten werden können, weil sie über das Alter hinaus sind, in dem man so unbedingt an etwas glauben kann, daß man dafür auf die Barrikaden geht, um mit einem Siegesruf auf den Lippen zu sterben. Doch da ich weder die Verpflichtung fühle, die Vergangenheit zurückzuholen, noch den Drang, die Gegenwart zu beeinflussen, dürfte das, was ich zu sagen habe, objektiv und glaubwürdig sein. Und die Welt braucht den Schriftsteller, der mit leidenschaftsloser Einfühlung berichtet, nötiger als den Missionar, der voller Heftigkeit zu phantastischen Kreuzzügen gegen die Wirklichkeit aufruft und der zu einer idealen Vergangenheit, die nie existiert hat, zurückkehren will.

Ich brächte es nicht fertig, mich so von allem loszusagen, wie mein Bruder es getan hat, mich in einen Mythos vom Goldenen Zeitalter, eine Traumwelt, zu flüchten, eine lebendige Mumie zu werden, unberührt von den zerstörenden wie den schöpferischen Winden der Gegenwart. Die Zukunft beginnt im Gestern, und das gilt für den Baum wie für den Menschen.

»Ich verstehe dich einfach nicht!« erklärte mir verzweifelt eine Freundin, die – genau wie ich – von einem chinesischen Vater und einer europäischen Mutter abstammt und die nun China verlassen und seiner Gegenwart, die sie verabscheut, den Rücken gekehrt hat. »Wie kannst du nur jedes Jahr wieder nach China fahren, wo doch nichts mehr dort so ist, wie es einmal war? Ich könnte das nicht. Sehen zu müssen, wie meine Kindheitserinnerungen verloren sind, wie alles zerstört ist in meinem Peking, das ich so geliebt habe . . .«

»Zunächst einmal ist keineswegs alles zerstört. Und keiner kann sich für immer hinter die schützende Mauer einer vollkommenen Kindheit zurückziehen. *Deine* Kindheit mag glücklich gewesen sein; aber die Kindheit vieler anderer Menschen im früheren China war nicht glücklich.«

»Es sind nun einmal *meine* Erinnerungen«, beharrte sie. »Ich mag nicht dorthin fahren und alles verändert vorfinden.« Sie ist die Tochter eines seinerzeit sehr bekannten chinesischen Arztes, der mit seiner Familie in der schönen Stadt Peking wohnte – in dieser Stadt, die den Menschen nicht mehr losläßt. Meine Freundin hat Heimweh nach dem China, das sie gekannt hat; aber sie bleibt in Hongkong, vor den Toren des Landes, und wartet darauf, daß die Vergangenheit zurückkehren möge – vergebens. Und sie bewahrt alles so, wie es einstmals war. In ihrer Wohnung stehen chinesische Möbel, liegen chinesische Teppiche, bei ihr wird chinesisch gekocht. Sie tut, als brauchte sie nur an diesem Ritual festzuhalten, um die Wirklichkeit zu bannen. »Meine Erinnerungen sind mein Eigentum, ich will nichts daran verändert haben. Ich ziehe es vor, von der Vergangenheit, so wie ich sie kannte, zu träumen.«

Ich tadle sie nicht. Jeder von uns wählt sich seinen eigenen Horizont, begrenzt selbst die Reichweite seiner Gedanken.

Wie viele Menschen sich ebenso verhalten, kann ich nicht sagen. Vielleicht haben sie keine andere Wahl, als sich an ihre vertraute Kindheit zu klammern, an ihr zu hängen wie an einem Gespenst, das man liebgewonnen hat, einem gierigen Schatten, der die Gegenwart verdüstert. Vielleicht besitzen sie keine bindende Kraft, können keinen Zusammenhang herstellen, wo nur eine Spaltung zu sein scheint. Ich aber mußte es tun, um mit mir selbst leben zu können, um ich selbst sein zu können und um dort, wo andere stehengeblieben sind, weiterwachsen zu können. Ich wollte kein verkrüppelter Baum sein, der durch seinen Mißwuchs die ganze Landschaft verunstaltet. Und selbst wenn das Morgen, das ich nicht gemacht habe, mich umbringen sollte, so wollte ich es doch willkommen heißen.

Aber es ist schwer und schmerzhaft, so weiterzuwachsen, sich an das, was ist, zu halten, verstehen zu wollen und die eigenen Vorurteile beiseite zu schieben. Es ist schwer, wenn wir sehen müssen, daß Zeit und Revolution die Gegenstände unserer Erinnerungen zerstört haben, wenn unsere liebsten Hoffnungen zunichte geworden sind und wir als Antwort auf unseren privaten Kummer nur ein Lachen zu hören bekommen. Es ist hart, wenn man begreifen muß, wie schwierig und quälend der Prozeß des Verstehens ist und wie lange man dazu braucht.

Heute, da ich dieses Buch schreibe, habe ich etwas erreicht, was alle Asiaten und wohl auch viele Europäer verstehen werden: Ich habe den Zusammenhang zwischen dem, was ist, und dem, was war, gefunden, das Gefühl eines erfüllten Schicksals – nicht durch das Einwirken irgendeiner höheren Macht oder eine geheimnisvolle Verkettung der Gestirne, sondern durch die schonungslose Logik des mutig gelebten Alltags – mit dem ungeheuren Umfang alles dessen, was das Wort Alltag beinhaltet.

Alle in diesem Buch wiedergegebenen Berichte sind authentisch, die Tatsachen sind so genau dargestellt, wie es mir auf Grund meiner Nachforschungen irgend möglich war. Ich habe sie aufgezeichnet; denn es könnte eine Zeit kommen, in der es für einen Menschen wie mich unmöglich sein wird zu schreiben.

Zweites Kapitel

Das Leben eines Menschen beginnt bei seinen Vorfahren und setzt sich in seinen Nachkommen fort. Das Leben meines Vaters und somit auch mein eigenes Leben beginnt mit der Familie. Um die Familie zu beschreiben, muß ich die vergangenen Zeiten heraufbeschwören und erzählen, wie unsere Vorfahren in das Land kamen, in dem sie sich niederließen. Denn sie waren Hakka, »Gäste«, Wanderer in diesem Erdteil, der sich China nennt.

Eine fruchtbare Oase aus roter Erde, achtzigtausend Quadratmeilen groß, mit Gebirgswällen, die sie gegen die großen Ebenen Chinas abschirmen – das ist Szechuan, das Gebiet der vier Ströme. Im Westen erheben sich wie schützende Mauern die steilen Felsen von Tibet, die Schneeberge und die Kalten Berge mit ihren eisgekrönten Gipfeln und ihren Schluchten, in denen der Panda, der Katzenbär, umherstreift. Bis zu den Jahren nach der Revolution, in denen die große Straße gebaut wurde, schlängelten sich über diese parallel verlaufenden Bergketten nur Fußpfade, und über diese Pfade trotteten hunderttausend Teeträger aus Szechuan, jeder mit einer Last von vierhundert Pfund Ziegeltee. So klommen sie über die mehr als viertausend Meter hohen Pässe hinauf zum Hochland von Tibet. Im Norden von Szechuan liegen die Gebirgsmassive des Tapashan und des Tschin Ling, in denen nur ein einziger Paßweg zu den Lößebenen des Gelben Flusses führt. Weitere Bergketten drehen und biegen sich als gleichmäßig verlaufende Falten, um Szechuan von Osten her einzuschließen und den Zugang zu den weiten Ebenen Mittelchinas zu versperren. Und in diesem Durcheinander von Bergen und Wänden hackt sich der große Yangtse, der Sohn des Ozeans, eine wilde Zickzacklinie durch eintausenddreihundert Kilometer verzerrter und verschobener Kalksteinfelsen, bis er sich endlich aus diesen seltsamen urzeitlichen Formationen lösen kann, um über eine Strecke von zweitausendvierhundert Kilometern dem Meer entgegenzueilen. Auch im Süden von Szechuan gibt es Bergketten, so fest und dicht ineinander verschlungen, als seien sie vor Millionen Jahren in einem noch weichen Zustand zusammengepreßt worden. Einige Paßwege durch sie führen nach Kweichow, der Kostbaren Provinz, und nach Yünnan, dem »Land südlich der Wolken«. So ist Szechuan ein Reich für sich, das ausgetrocknete Schlammbett eines alten riesigen Binnensees aus den Tagen vor der großen Flut. Und von Szechuan aus türmen sich höher und immer höher, wie die Sprossen einer Riesenleiter, die Hochebenen Zentralasiens – bis hinauf nach Tibet, der höchsten von ihnen allen.

Die vier Quellflüsse des großen Yangtse geben den einzelnen Teilen der Provinz Szechuan ihre Namen. Sie entspringen als Gießbäche in Tibet und stürzen sich quer durch Szechuan der unendlichen chinesischen Weite entgegen. Einer dieser Quellflüsse heißt der Fluß des Goldenen Sandes, weil in seinem Schlamm Gold gefunden wurde. Ein anderer, der Mien, wurde vor zweitausend Jahren durch den Ingenieur Li Ping gezähmt und dazu gebracht, dem Menschen zu dienen, der nun daranging, in dem roten Erdbecken von Szechuan zu pflanzen und zu ernten. Seine einst ungestümen Wassermassen teilen sich seitdem in neunhunderttausend Kanäle, ein Wassernetz, so fein und kompliziert wie das Kapillarsystem des menschlichen Körpers. Dieses Netz tränkt den Bodenschlamm des einstigen Sees und macht das Land zur besten Reisgegend von China.

Und hier in der Ebene, die wegen der Kanalanlagen »der See zu Lande« genannt wird, liegt Chengtu, die Hauptstadt von Szechuan. Siebzehn Kilometer westlich von Chengtu befindet sich ein kleines Städtchen namens Pihsien. Das ist der Ort, an dem sich zwischen 1682 und 1710 unsere Familie niederließ.

Das siebzehnte Jahrhundert erlebte das Ende der Ming-Dynastie, eine unruhige, schlimme und verworrene Zeit, in der der Auftrag des Himmels dem kaiserlichen Hause entzogen wurde. Und wie jeder Regierungswechsel wurde auch dieser von schweren Bauernaufständen begleitet. Damals stieg mancher Bauer, der gegen die Tyrannei kämpfte, zu bewaffneter Macht auf. Einer von ihnen war ein Zimmermann namens Chang Hsienchung. Chang wurde im Jahre 1600 in Shensi, einer Provinz nördlich von Szechuan, die zur Hälfte Wüste war, geboren. Er war ein Mann von gedrungenem Körperbau mit bläßlicher Gesichtsfarbe und einem wuchtigen Kinn. Sein Spitzname lautete »der Gelbe Tiger«. 1628 brach in Shensi eine Hungersnot aus, und hungrige Bauernhorden streiften durch die nördlichen Ebenen, schlossen sich zu Räuberbanden zusammen, die sich phantastisch klingende Namen wie »Herr der Berge« oder »König der Ebene« zulegten. Chang Hsien-chung, der Zimmermann, wurde zum Anführer einer solchen Bande und zog plündernd durch das weite Lößgebiet des Nordens, wo auf den kaiserlichen Straßen die Skelette der Verhungerten zu Millionen herumlagen. Er nahm den Titel eines Achten Großkönigs an und überschritt den Gelben Fluß, um sich von hier aus auf die mittleren Provinzen zu stürzen, in denen reichlich Wasser und Reis vorhanden war. Er besetzte einen Teil der Provinz Hupeh, die zu beiden Seiten des Großen Flusses und des Überschwemmungsgebietes an seinem Mittellauf liegt, machte sich zum Herrn des Landes, tötete die Reichen, zog ihren Besitz ein und verteilte ihn an die Armen.

Die Ming-Kaiser waren seit 1622 in Kämpfe mit den Mandschu im Norden verwickelt und daher nicht imstande, die Bauernaufstände, die überall aufflackerten, zu unterdrücken. Zwar halfen portugiesische Jesuiten den Kaisern, Kanonen zu gießen und Feuerwaffen zu erwerben, doch damit war nicht viel gewonnen. Mit der Unterstützung abgefallener Generäle drangen die Mandschu immer weiter vor.

Unterdessen war Chang im März 1635 am Fluß entlang nach Westen gezogen und zum erstenmal in Szechuan eingefallen, wo er die Stadt Chengtu eroberte. Da er jedoch überall auf Widerstand stieß, wandte er sich wieder nordwärts und kehrte nach Shensi, seiner Heimatprovinz, zurück. Nachdem er sich mit anderen Bauernführern verbündet hatte, verließ er 1640 Shensi von neuem, machte seine Herrschaft über einundzwanzig Bezirke von Hupeh wieder geltend, marschierte mit seinen Armeen auf derselben Weststraße wie zuvor nach Szechuan und eroberte Chengtu noch einmal. Seine Grausamkeit war, wie erzählt wird, so groß, daß er sämtliche Einwohner der Stadt umbringen ließ.

Die Historiker der folgenden Mandschu-Dynastie zitieren die eigenen Worte des Gelben Tigers gegen ihn und schreiben: »Der Himmel ist gütig zum Menschen; aber der Mensch wendet sich gegen den Himmel. Töte, töte, töte, töte, töte, töte, töte.« Wenn die Truppen eines siegreichen Generals eine Stadt plünderten, war es Brauch, daß die Soldaten ihre Wut an der hilflosen Bevölkerung nur so lange auslassen durften, wie ein Räucherstab brauchte, um herunterzubrennen. Chang Hsienchung jedoch soll einen großen Wachsstock angezündet haben, der während der Plünderung von Chengtu sieben Tage und sieben Nächte lang brannte.

Chang bestieg in Chengtu als »König des Westens« den Thron, um Szechuan zu regieren und von hier aus die Invasionen der Mandschu abzuwehren. Darum wird er auch trotz seiner notorischen Grausamkeit als Patriot bezeichnet. 1644 regierte in Peking ein Mandschu-Kaiser, der erste der Mandschu-Dynastie. Chang Hsienchung verkündete laut seine Treue zu den Nachkommen der Ming und begann in Szechuan und Shensi Truppen auszuheben, um diese Provinzen zu Hochburgen gegen die Mandschu zu machen. Aber die Reiterei der Mandschu war zu schnell. Ihre Vorhut drang in Szechuan ein, schlug im Herbst 1645 den Gelben Tiger und tötete ihn. Wieder wurde Chengtu geplündert, auch diesmal mit äußerster Grausamkeit.

Während der nächsten fünfzig Jahre kam es immer wieder zu Mord und Totschlag. Diese häufigen Massaker entvölkerten die Ebene um Chengtu. Es ist nicht bekannt, wie viele Menschen dabei umkamen; aber bei der 1710 abgehaltenen Volkszählung ergab sich für die Ebene eine Bevölkerungszahl von weniger als einhundertzwanzigtausend, während man im vorhergehenden Jahrhundert auf zwei Millionen gekommen war. Diejenigen, die überlebten, flohen ins Gebirge, lebten wie Affen auf den Bäumen oder als Troglodyten in den vielen Höhlen der Felswände, die sich am Lauf des Großen Flusses entlangzogen.

Im Park von Chengtu, der Stadt, in der Chang so kurze Zeit als König des Westens regierte, stand bis zum Jahre 1949 ein

Granitdenkmal, der sogenannte »Siebentöte-Stein«. Siebenmal war das Wort »Töte« auf ihm eingraviert. Alle Kinder in Szechuan lernten, daß dies das Chang-Denkmal sei und daß Chang die Bevölkerung der Provinz ausgerottet habe. Ich glaubte an diese Geschichte, bis ich 1963 in einem Museum in Hangchow auf die entgegengesetzte, heute gültige Meinung stieß, daß Chang in Wirklichkeit ein patriotischer Räuber, ein überdimensionaler Robin Hood, gewesen sei. Seine Grausamkeit wurde nicht abgestritten, aber man wies nach, daß nicht er das Land entvölkert hatte, da es hier noch vierzig Jahre nach seinem Tod Widerstandsnester gegen die Mandschu gab und das Gemetzel noch immer andauerte. Die Bergbevölkerung im Hinterland von Szechuan, die Miao und die Lolo, hat ihre sporadischen Revolten gegen die Mandschu-Regierung eigentlich nie ganz aufgegeben. Und mit den immer wiederkehrenden Massakern kamen gewiß auch Hungersnöte und Seuchen, die ihrerseits Millionenopfer an Menschenleben forderten. Heute hat man den Siebentöte-Stein aus dem Park von Chengtu entfernt, und Chang Hsienchungs Ruf hat durch die eingehenden Forschungen der Historiker an der Universität der Stadt eine postume Wiedergutmachung erfahren.

Ich habe diese Geschichte erzählt, weil die Entvölkerung von Szechuan der Anlaß war, daß das Gastvolk der Hakka, von dem unsere Familie abstammt, in diese Provinz kam und sich hier niederließ. Bis vor dreißig Jahren gab es noch ganze Dörfer in Szechuan, in denen Hakka gesprochen wurde. Heute sind die Töpfer von Anfuchen und die Weber der Ramie-Stoffe entlang dem Flußufer noch immer reine Hakka.

Lang, umfangreich und gewichtig sind die Bücher und Berichte, die sowohl Chinesen wie Nicht-Chinesen über die Hakka verfaßt haben. Ihr Herkunftsland ist die Provinz Honan in den nordchinesischen Lößebenen des Gelben Flusses, des Hoangho. Fünf Jahrhunderte vor Christi Geburt, zur Zeit der großen Philosophen, befand sich hier der Mittelpunkt der Han-Kultur. Aber die Han der nördlichen Ebenen waren stets dem Druck der Eindringlinge ausgesetzt, die auf ihren Pferden aus den sibirischen Steppen heranbrausten, der Reiter aus den verschiedenen Mongolen- und Tatarenstämmen. So zogen die Han immer weiter, bis auch die fast leeren fruchtbaren Teile Mittel- und Südchinas von den Wanderern aus dem Norden bevölkert waren. Der Treck des »Gastvolks«, der Hakka, war nur eine unter den vielen Wanderungen der bäuerlichen Bevölkerung, die im Laufe der Jahrhunderte immer und immer wieder stattfanden und die in Kriegszeiten oder bei durch Dürre oder Überschwemmung hervorgerufenen Hungersnöten ungeheure Ausmaße annahmen. Auch die Tatsache, daß der schlammbeladene Hoang-ho während der letzten zweitausend Jahre neunmal sein steigendes Bett überflutet, seinen Lauf verändert und dabei jedesmal Gebiete von der Größe ganz Englands verwüstet hatte, dürfte zu großen Bevölkerungsverschiebungen geführt haben.

Jedem Dynastiewechsel gingen Bauernaufstände voraus, die sich zu gigantischen Langstreckenmärschen von Millionen enteigneter und hungriger Menschen auswuchsen. Alle diese Ereignisse werden heute im Museum für Geschichte zu Peking erforscht, denn sie gehören der Geschichte an, sie waren Erhebungen eines Volkes, das der langwährenden Lehensherrschaft, die erst gestern geendet hat, zu entrinnen suchte.

Das Wort »Hakka« ist ursprünglich nicht die Bezeichnung für eine bestimmte Rassengruppe, denn die Hakka sind Han, also Chinesen. Es war vielmehr ein Ausdruck, der zunächst für sämtliche aus ihrer Heimat vertriebenen Bauern angewendet wurde und erst nach dem zehnten Jahrhundert für eine besondere Gruppe. Die Menschenmassen, die vor dem Elend flüchteten, waren »Leute, die ein Dach suchten«, und wurden darum »Gäste« genannt – was höflicher klang, als wenn man sie »Verschleppte« oder »Flüchtlinge« genannt hätte. Ein ganzes Gesetzbuch von Verfügungen wurde zusammengestellt, um diese Einwanderer auf die einzelnen Distrikte zu verteilen, ihr Auskommen zu sichern, sie in Gebieten anzusiedeln, in denen Landarbeiter gebraucht wurden, und Konflikte mit der ansässigen Bevölkerung zu vermeiden.

Die Hakka selbst sprechen von fünf Wanderungen innerhalb der geschichtlichen Zeitalter. Bei ihrer ersten Wanderung, die etwa um 311 nach Christi stattfand, überschritten sie den Yangtse und siedelten sich in den Provinzen Kiangsi und

Anhwei an. Einige ihrer Historiker behaupten, sie hätten bereits damals ihre eigene Folklore, ihre Traditionen, Bräuche und Dialekte gehabt; doch bestehen hierüber Zweifel. Eine zweite Wanderung erfolgte um 874, während der stürmischen Jahrzehnte, die das Ende der Tang-Dynastie begleiteten. Eine dritte Wanderung, die nach 1276 begann, war durch die mongolischen Horden Dschingis-Khans verursacht, die auf ihren Pferden aus den sibirischen Steppen heranbrausten. Bei dieser Wanderung befanden sich die Hakka in einer schwierigen Lage, denn zu jener Zeit waren die Provinzen Mittel- und Südchinas zum größten Teil besiedelt, die Dschungel waren eingegrenzt und die besten Felder bebaut.

So waren die Hakka also gezwungen, weiter südlich in die ärmeren Gebirgsgegenden zu ziehen. Sie kamen nach Fukien, nach Kuangtung, nach Formosa und in das heutige Nordvietnam, siedelten sich in ärmeren Gebieten an, überlebten und vermehrten sich.

Um ihrer Beweglichkeit, ihrer Kühnheit und Wildheit willen begannen die Dynastien die Hakka als Pioniere zu betrachten, die sich gut dazu eigneten, schwach bevölkerte Gegenden neu zu besiedeln.

Die Hakka breiteten sich in den mittleren und südlichen Provinzen aus und gründeten Ortschaften, die sie häufig befestigten. Da sie sich außerordentlich stark vermehrten, wurden sie immer landhungriger, und da man ihnen gewöhnlich die unfruchtbareren Bezirke zuwies, gerieten sie in Streit mit den älteren Siedlern, die auf dem fruchtbareren Land saßen, überfielen deren Dörfer und mußten sich dann ihrerseits wieder gegen die Überfälle ihrer Feinde wehren. Sie errichteten Tore und Wachttürme und schlossen sich zur Nacht in ihren Ortschaften ein, so wie sie es heute noch in den vielen Hakka-Dörfern der britischen Kolonie Hongkong tun.

So bestimmten die äußeren Umstände ihren Gruppencharakter: Sie waren sippenstolz, sparsam, verläßlich und treu untereinander, schlechte Nachbarn und rasch zum Kampf bereit. Der Name »Hakka« blieb an ihnen hängen, und sie wurden stolz darauf.

Die vierte Wanderung des »Gastvolks« fand statt, nachdem

die Mandschu zur Macht gekommen waren. Zwischen 1680 und 1720 bemühte sich der Mandschu-Kaiser Kanghsi bei seinen Reisen durch das Land, die Herzen der südlichen Bevölkerung zu gewinnen und die Hakka in Szechuan und anderen Gebieten seßhaft zu machen. Die Kaiserliche Kanzlei zahlte den Umsiedlern acht Unzen Silber pro Mann, vier Unzen für eine Frau oder ein Kind. Auf diese Weise kamen viele Hakka nach Szechuan, unter ihnen auch die Vorfahren meiner Familie.

Die fünfte und letzte Wanderung der Hakka fiel in die Endzeit des Taiping-Aufstands, einer der vielen riesigen Bauernrevolten, welche die Geschichte Chinas geprägt haben. Der Taiping-Aufstand ist deshalb von besonderer Wichtigkeit, weil die Revolution von heute ihn als ihren Vorläufer betrachtet.

Für die Hakka bedeutet der Taiping-Aufstand eine ihrer ruhmreichsten Erinnerungen, da Hung Hsiuchuan, der Anführer der Revolte, ein Hakka war. Im Jahre 1850 erhob er die Fahne des Aufruhrs gegen die Mandschu. Millionen folgten seinem Ruf, marschierten zum Großen Fluß und besetzten Nanking, dem Hung wieder den alten Namen »Himmlische Stadt« oder »Hauptstadt des Himmlischen Königreichs« verlieh.

Hung verkündete soziale Gerechtigkeit für alle. Überall in seinem Herrschaftsgebiet, das eine Bevölkerung von hundert Millionen umfaßte, wurden die Füße der Frauen aufgebunden, überall wurde Land neu verteilt und der Zopf, das Symbol der Hörigkeit gegenüber dem Mandschu, abgeschafft.

Zunächst begünstigten die Westmächte den Taiping-Aufstand; doch später änderte sich ihre Haltung, und sie ließen der Mandschu-Dynastie ihre Hilfe angedeihen. General Gordon erhielt den Auftrag, die kaiserlichen Armeen gegen die Taiping zu führen. Vor kurzem noch hatte er den Sommerpalast in Peking geplündert; jetzt diente er der Dynastie, die auszurauben er geholfen hatte, und wurde dafür mit einem hohen Mandarin-Titel und viel Gold belohnt. Er schlug diese Belohnung allerdings aus und äußerte seinen Abscheu über das Blutbad, das in Nanking stattgefunden hatte. Als diese

Stadt nach einer zwei Jahre währenden hartnäckigen Belagerung fiel, blieb nicht einer der noch vorhandenen vierzigtausend Bewohner, die sich ergeben hatten, am Leben. Hung, der »Himmlische König«, gab sich selbst den Tod, indem er Gift einnahm.

Im Jahre 1964 besuchte ich den Geburtsort Hungs, der in der Nähe von Kanton liegt. Er ist jetzt eine Volkskommune, die sich prächtig entwickelt, seit vor vier Jahren dort ein Damm gebaut wurde. Nach der Niederwerfung des Taiping-Aufstands im Jahre 1864 ließen die Mandschu sämtliche Männer, Frauen und Kinder, die den Namen Hung trugen, durch das Schwert hinrichten, um die gesamte Sippe auszurotten. Viele flohen oder änderten ihren Namen. Ein Jahrhundert später führten von den dreihundert Einwohnern des kleinen Ortes, aus dem die Sippe der Hung stammte, zweihundertsechsundachtzig den Namen Hung.

Wegen der Verfolgung durch die Mandschu wanderten viele Hakka nach Südostasien aus oder ließen sich durch Schiffseigner anwerben, um als Kontraktarbeiter beim Bau von Eisenbahnlinien und Kanälen nach Ostindien, Indonesien, den Vereinigten Staaten und sogar nach Panama, Brasilien oder Afrika zu gehen. So behaupten zum Beispiel die heutigen chinesischen Siedler in Sarawak, hundertprozentige Hakka zu sein.

Die Hakka erklären, sie seien die echten Han und hätten sich der durch Fremdherrschaft verursachten Sittenverderbnis entziehen können. Sie sind stolz auf ihre Einzigartigkeit als »Gastvolk«. Vor allem gilt dies für die wohlhabenden und einflußreichen Sippen der Überseechinesen. Aber sie haben auch bei den Bauernaufständen und den späteren Erhebungen manchen Anführer und manchen Revolutionshelden gestellt. Ihre Liebeslieder stammen noch aus der Zeit der Han-Dynastie, ihre Sprache ist eine Mischung aus nördlichen und südlichen Dialekten, und wenn sie weiterziehen, um sich anderswo niederzulassen, tragen sie die Gebeine ihrer Vorfahren in Krügen auf dem Rücken mit sich. Bei früheren Wanderungen begab sich jede Familie zuvor auf ihre Felder oder auf ihren Begräbnisplatz, um einen Vorfahren auszugraben und seine Gebeine in einen Lehmkrug, die sogenannte »goldene Urne«, zu legen, die dann die Männer der Familie trugen, während die Frauen sich mit dem übrigen Besitz beluden.

In den Aufzeichnungen einer Hakka-Familie namens Tsung aus dem Distrikt Meihsien in der Provinz Kuangtung wird beschrieben, wie die Gebeine des Urgroßvaters ausgegraben, ohne Zuhilfenahme von Wasser gesäubert und in die goldene Urne getan wurden, die sich der älteste Enkel sodann auf den Rücken band. Als die Hakka-Familie den Ort erreichte, an dem sie sich nun niederlassen wollte – den »Neuen Berg«, wie die Bezeichnung dafür im Hakka-Dialekt lautet –, wurde die Urne unter einer Baumgruppe abgesetzt, so daß der Ahnherr sich ausruhen konnte. Man suchte und fand einen geeigneten Platz für ein neues Grab und setzte den Ahnherrn darin bei. Dann erst ging die Familie daran, ein Haus für sich selbst zu bauen. Ich erfuhr diese Geschichte 1962 in Peking aus dem Mund eines Nachkommen der Familie Tsung. Die Wanderung, von der der Bericht erzählte, fand im Jahre 1708 statt.

Bei ihren Märschen zu den neuen Siedlungen mußten die Hakka sich oft mit Waffengewalt ihren Weg durch die feindlichen Dörfer bahnen. Man erzählt, daß sie diejenigen, die zu schwach waren, um weiterzugehen, am Weg zurückließen; doch das ist bei allen wandernden Gruppen üblich. Früher duldeten die Hakka keine verkrüppelten oder unterentwickelten Säuglinge. Sie gaben sie, genau wie die alten Spartaner, dem Tode preis.

Zuweilen konnten die Hakka die Gräber ihrer Vorfahren nicht mehr finden, vor allem wenn viele Kämpfe in der Gegend getobt hatten und die Begräbnisstätten völlig verwüstet waren. So gehörte es zum Beispiel bei den Fehden zwischen den einzelnen Ortschaften zur Ausübung der Blutrache, daß man die Überreste der Vorfahren ausgrub und verstreute. Das galt als ein noch schwererer Schimpf als der Mord an einem Lebenden. Wenn nun keine Überreste vorhanden waren oder wenn die Hakka zu schnell aufbrechen mußten und deshalb ihre Vorfahren nicht mitnehmen konnten, nahmen sie irgendwelche Kleidungsstücke des Ahnherrn mit und begruben sie später in einem sogenannten Kleidergrab. Waren auch keine

Kleider oder andere Besitztümer des Verstorbenen da, so gravierte man seinen Namen und seine Geburts- und Todesdaten in ein silbernes oder hölzernes Täfelchen, das man begrub, sobald der »Neue Berg« erreicht war und nachdem man den Geist des Toten in der entsprechenden Himmelsrichtung beim Namen gerufen und ihn herbeigelockt hatte, indem man unter Aufsicht eines taoistischen Wind-und-Wasser-Geomanten einige Speisen und Tee unter einem schattigen Baum für ihn bereitstellte. Sobald der Geist dann von dem Täfelchen Besitz ergriffen hatte, wurde es in das vorbereitete Grab gelegt. Häufig pflanzte man auch Samen oder Ableger von Bäumen, die man aus der ersten Heimstatt mitgebracht hatte, in der Nähe des Grabes ein, um die Winde des Schreckens von den Gebeinen fernzuhalten.

Vielleicht war diese Sitte, die Gebeine des Ahnherrn mit sich zu führen, ein echtes Symbol der Landerwerbung, also etwas Ähnliches wie das Einpflanzen einer Fahne, durch das man Anspruch auf den Besitz der neuen Siedlung erhob. Sie verlieh dem Eigentumsrecht eine gewisse Gültigkeit. Und sicherlich bewirkte sie ein Zugehörigkeitsgefühl zu diesem Stück Land.

Für viele andere Gebräuche der Hakka gibt es ebenso praktische Erklärungen. So ist die Behauptung, daß die Füße ihrer Frauen ihre Geschichte gemacht hätten, durchaus zutreffend. Die Hakka-Frauen binden weder ihre Füße noch ihre Brüste ein, sie benötigen keine Ammen für ihre Kinder, und sie prostituieren sich nicht. Die Sitte des Fußeinbindens, die schon so lange zum chinesischen Schönheitsideal gehört, stammt vermutlich aus dem elften Jahrhundert und breitete sich im zwölften auch unter der bäuerlichen Bevölkerung aus. Kein junges Mädchen galt als begehrenswert, sofern es nicht kleine Füße hatte. Mit dem Zurückbinden der Brüste scheint man erst später und nur in den Städten begonnen zu haben. Doch man hielt auch noch im zwanzigsten Jahrhundert daran fest: In den dreißiger Jahren trugen viele meiner Schulkameradinnen straffe Stoffstreifen um die Brüste.

Der Grund dafür, daß die Hakka-Frauen von diesem Zwang befreit waren, lag in ihrer Funktion. Sie arbeiteten auf den

Feldern, halfen beim Bau der Häuser und trugen Lasten, während die Männer, das Buschmesser oder den Speer in der Hand, nach Feinden ausspähten oder in den Kampf zogen. In vielen der ärmeren Hakka-Dörfer fuhren die Männer zur See oder wanderten als Händler über Land. Und da das »Gastvolk« daran gewöhnt war, häufig seinen Aufenthaltsort zu wechseln, und die Männer sich auch oft zu Arbeits- oder Kriegsdiensten verdingten, konnte man sich Frauen, die zur Arbeit oder zum Wandern ungeeignet waren, nicht leisten. Hochgewachsen, schwerknochig, nicht eben berühmt um ihres guten Aussehens willen, aufrichtig und gerade, in späteren Jahren streitsüchtig und geschwätzig, gingen die Hakka-Frauen brust- und fußfrei und demgemäß auch zungenfrei umher. Was aus dem Zwang entstanden war, wurde als stolze Tradition gepflegt, und die reizlosen Hakka-Mädchen wurden um ihrer Sparsamkeit und Arbeitsamkeit, ihres einwandfreien Lebenswandels und ihrer munteren Schlagfertigkeit willen gepriesen. Sie nährten ihre Söhne selbst, verschmähten alle künstlichen Schönheitsmittel und kämpften notfalls wie ein Mann. Bei den eleganten Städtern, die sich an der Zartheit zwei Zoll großer goldener Lotosfüßchen und anderen künstlich erzeugten Schönheitsmerkmalen entzückten, waren diese Frauen nicht gefragt, und auch auf diese Tatsache waren die Hakka stolz.

Nach alledem kann es nicht überraschen, wenn wir feststellen, daß das »Gastvolk« an den Aufständen der letzten Jahrhunderte aktiven Anteil genommen hat. Die Männer waren stolz auf ihre Tatkraft, fühlten sich stark im Bewußtsein ihrer Tapferkeit und übertrafen mit ihrem Einfallsreichtum den Feind an Schlauheit; die Frauen waren stolz auf ihre Tüchtigkeit bei allen Arbeiten, und alle empfanden sie zutiefst die Schmach sozialer Ungerechtigkeiten, alle waren sie stets bereit, für ihre Überzeugung und ihre Rechte zu kämpfen. Die Hakka behaupten, daß die Regimenter, die gegen die Mongolen fochten, sich aus ihrem Volk rekrutiert hätten und daß auch die Männer, die Coxinga, dem getreuen Ming-General, nach Formosa folgten, um dort den Mandschu Widerstand zu leisten, Hakka gewesen seien. Hung Hsiuchuan war ein Hakka und ebenso manch anderer Führer des Taiping-Aufstands.

Hungs Schwester lieferte den Truppen der Mandschu eine regelrechte offene Feldschlacht und besiegte sie. Ihrem Einfluß ist es zu verdanken, daß Tausende von Frauen in den Gebieten, die unter der Herrschaft der Taiping standen, ihre Fußbinden lösten.

Auch Mao Tse-tung bezog sich in seinen militärischen Schriften auf die Hakka, als er von den Gegensätzen zwischen der eingeborenen Bevölkerung und den Siedlern sprach, »deren Vorfahren vor mehreren hundert Jahren aus dem Norden gekommen sind«. Er bemerkte, daß die Siedler, deren Zahl in einem durch mehrere Provinzen verlaufenden Gebiet etliche Millionen beträgt, in den gebirgigen Regionen lebten und von der eingeborenen Bevölkerung unterdrückt wurden.

Wie viele Hakka gibt es im chinesischen Mutterland und unter den Überseechinesen? Niemand kann das mit Sicherheit sagen. Manche schätzen ihre Zahl auf zwanzig Millionen, andere auf fünfzig. Allein in Hongkong, das eine Gesamtbevölkerung von dreieinhalb Millionen aufweist, gibt es eine Million Hakka. Aber heutzutage ist in China der Unterschied zwischen Hakka und Nicht-Hakka ebenso aufgehoben wie das dörfliche Lehenssystem, und auch das Feudalsystem, das in dem großen Hunger Chinas eine Gruppe gegen die andere ausspielte, schwindet mit dem Ausreifen der Revolution dahin.

Meine Vorfahren, die Chou, stammen aus dem Distrikt Meihsien in der Provinz Kuangtung, einem reinen Hakka-Distrikt. Bis vor wenigen Jahren war der Distrikt Meihsien ärmlich und öde, mit wenig ertragreichen Feldern, vielen baumlosen Hügeln, einfachen Fußwegen und einem schlecht angelegten Bewässerungssystem. Auf den kleinen Flecken der Felder sah man nur Frauen bei der Arbeit, und überall waren die Frauen in der sechsfachen Überzahl, weil die Männer fortgezogen waren. Vor kurzem besuchte ich diesen Distrikt, der jetzt ein völlig anderes Bild bietet. Man findet hier Wasserspeicher, Kanäle, Schulen und aufgeforstetes Land, alles Errungenschaften der letzten zehn Jahre.

Meine Vorfahren ließen sich im dreizehnten Jahrhundert in Meihsien nieder; die Wanderung nach Szechuan fand vermutlich zwischen 1690 und 1700 statt. Aus unseren Familienbüchern geht hervor, daß der erste Ahnherr, der nach Szechuan gelangte, als reisender Händler hierherkam. Wie er reiste, wird nicht erwähnt. Wanderte er zu Fuß, auf der Schulter eine Stange, an deren beiden Enden Körbe hingen, die er nach Händlerart beim Gehen hin und her schwingen ließ? Und was verkaufte er? Waren aus dem Süden, Zuckerzeug, holzgeschnitzte Gegenstände, die einen guten Preis erzielten? Die Familien-Grabsteine geben nur über einen Punkt sichere Auskunft: daß unser Ahnherr ein Händler war und daß er sehr arm war.

In der Nationalbibliothek von Peking fand ich in einer Sammlung von Liebesliedern der Hakka aus dem sechzehnten Jahrhundert die folgenden Verse:

Mein Liebster wandert, wandert hinauf nach Szechuan.
Am Salzort besteigt er das Salzboot nach Chieh An.
Hundert, ja tausend reiche Männer gebe ich leichten Herzens
Aber wie könnte ich ihn, meinen Liebsten, verlassen? [auf.

Die Salzboote mit ihrem schrägen Bug fuhren den Fluß hinauf und durch die Kanäle, von den Salzpfannen in der Provinz Kuang-tung nach Chieh An in der Provinz Kiangsi, das zu jener Zeit ein großer Stapelplatz für Salz war. Bis vor wenigen Jahren waren diese Boote noch immer in Gebrauch, und Han Behping, einer meiner chinesischen Schriftstellerfreunde, erzählte mir erst vor einem Monat, wie er während des chinesisch-japanischen Krieges als Arbeiter verkleidet auf ihnen gefahren war.

Die neuen Siedler breiteten sich über die ganze Provinz Szechuan aus, vor allem an den Ufern des Yangtse und seiner Nebenflüsse, von Chungking am Mien flußaufwärts bis Chengtu und in der Ebene um Chengtu, dem fruchtbaren »See zu Lande«. Und da ihnen wenig Widerstand begegnete, da sie nicht zu kämpfen brauchten und reichlich Nahrung vorfanden, assimilierten sie sich und vermischten sich mit der einheimischen Bevölkerung. Gegen Ende des neunzehnten Jahrhunderts konnte man nur noch bei den älteren Mitgliedern der Familie einige Spuren des ursprünglichen Hakka-Dialekts feststellen; die Generation meines Vaters sprach ihn nicht mehr.

Unser erster Ahnherr, der Händler, wurde nach seiner Ankunft in Szechuan zum Bauer. Zuerst arbeitete er als Tagelöhner, dann als kleiner Pächter in Pihsien westlich von Chengtu, wo im Jahre 250 vor Christi Li Ping, der Gouverneur dieses Gebiets, der zugleich Ingenieur war, eine schwierige Operation am Mien-Fluß vorgenommen hatte. Ursprünglich stürzten die Wasser dieses Flusses von den steilen tibetanischen Bergketten herunter, um dann in rasendem Lauf durch die Ebene zu eilen, gefährliche Felsblöcke mitzuschleppen und alle drei Jahre das flache Becken zu überfluten. In Kuanhsien nun, wo der Mien die Ausläufer des Gebirges verläßt, leitete Li Ping seine Wasser um, indem er eine vierzig Meter tiefe Schlucht durch die harten Felsenwände schlagen ließ, den Fluß auf diese Weise teilte und dann durch Dämme und Barrieren, die noch heute erhalten sind, die Wassermassen unter seine Kontrolle zwang. Die kräftige Strömung, die diese künstliche Schlucht verließ, wurde weiter geteilt und unterteilt und durch steinerne Futtermauern eingedämmt und abgelenkt, so daß das Wasser in zahllose Kanäle und Kanälchen rann, die der Ebene ein gitterartiges Aussehen verliehen und sie in einen prächtigen Garten verwandelten. Pihsien galt als eine der schönsten Ecken dieses Gartens; es war der erste Distrikt hinter Kuanhsien, dem die Wohltat des nunmehr gezähmten und gleichmäßig fließenden Wassers zuteil wurde.

An diesem mit Bedacht gewählten Ort ging es unseren Vorfahren gut. Bald erwarben sie mehr Land und stiegen zur Feudalhierarchie Chinas auf, indem sie Vermögen und Besitztümer ansammelten, ihre Bildung pflegten und so die oberste Sprosse der gesellschaftlichen Leiter, die Klasse der Gelehrten, Beamten und Verwalter des Landes, erreichten. Sie gehörten schließlich zur grundbesitzenden Gentry, begannen seidene Gewänder zu tragen und sich mit Literatur zu beschäftigen. Ihre Söhne beteiligten sich an den Provinzexamen. Sie heirateten keine großfüßigen, schwer arbeitenden Frauen aus dem heimatlichen Bezirk Meihsien mehr; ihre Bräute waren klein und blaß, hatten eingebundene Füße und verließen nur selten das Haus. Sie errichteten Heiligtümer für ihre Ahnen und Hallen mit angrenzenden Feldern für ihren Unterhalt und die gemeinsame Erziehung ihrer Söhne. Sie füllten das Buch der Generationen mit den Namen neuer Söhne; sie pflanzten Haine von Lamnu-Bäumen, die das vorzügliche, feingemaserte Holz für Särge liefern, in denen die Körper nicht verwesen. So sorgten sie dafür, daß ihre Erben von der Geburt bis über den Tod hinaus wohlversorgt waren.

Sie vermehrten sich und verwalteten gemeinsam das Familieneigentum. Familienräte entschieden über die berufliche Laufbahn der Söhne, über die Verbindungen, die durch Heiraten zustande kommen sollten, über den Ankauf und Verkauf von Ländereien. Bald waren sie zu zahlreich geworden und mußten sowohl das Vermögen wie die Familie aufteilen. Einige Zweige verblieben in Pihsien, andere siedelten sich in anderen Städten von Szechuan an – trotz aller Bemühungen, nach dem Motto »Fünf Generationen unter einem Dach« zu leben.

Sicherlich gab es hin und wieder Streit und wohl auch den einen oder anderen Familienskandal; aber darüber wurde nie ein einziges Wort aufgezeichnet. Es ist unvorteilhaft, das Andenken an Entgleisungen zu bewahren. Alles, was die Familie als Ganzes betraf, ist aufgezeichnet; die endgültige, maßgebende Entscheidung wurde auf Papier geschrieben oder sogar, falls sie gewichtig genug war, in Stein gemeißelt. Aber die vorübergehende Sorge eines einzelnen Familienmitglieds, irgendeine sonderbare und abwegige Aufwallung, die rasch wieder abklang, fand hier keinen Platz. Genau wie bei den großen europäischen Familien der Feudalzeit mit ihren nur auf den eigenen Vorteil gerichteten Verbindungen gab es auch hier keine Möglichkeit einer individuellen Wahl. Der Grundsatz der Kontinuität, ein unsichtbares, aber erbarmungsloses Herz, schlug in stetigem Rhythmus und trieb die Familie in den Bahnen ihres Schicksals vorwärts durch diese zwei Jahrhunderte, vom siebzehnten bis zum neunzehnten. Nur eine unaufhörlich zur Schau gestellte Harmonie konnte diesen Zusammenhalt garantieren. Nonkonformismus und Uneinigkeit wurden aus dem Gedächtnis getilgt, damit sie den Zwiespalt nicht aufrechterhalten oder neuen herbeiführen konnten.

Ich besitze ein Exemplar des Familienbuchs der Generationen mit einem Vorwort meines Dritten Onkels, des jüngeren Bruders meines Vaters, der sich als einziger in seiner Generation mit genealogischen Forschungen beschäftigt hat. Vielleicht ist dies der Grund, warum ich mich, als ich 1939 nach Szechuan fuhr, mit Drittem Onkel so gut verstand und auch in zweien meiner Bücher über ihn schrieb. Von allen Mitgliedern meiner Familie einschließlich meines Vaters fühle ich mich Drittem Onkel in dieser Hinsicht am nächsten. Genau wie er besitze auch ich diese Wißbegierde, diesen Drang zum Verstehen, das Merkmal, das den Schriftsteller, den Spion Gottes, kennzeichnet. Bei ihm ist dieser Forschungstrieb vielleicht begrenzter als bei mir; denn Dritter Onkel hat sich lediglich auf die Familie konzentriert, während ich voller Leidenschaft über den Rahmen der Familie hinausgestoßen bin und mich bemüht habe, die Ursachen, den sozialen und wirtschaftlichen Hintergrund eines ganzen Zeitalters zu erfassen, durch die Geschichte einer Familie die langen feudalen Jahrtausende Chinas zu verstehen, durch die Erhellung ihres Gestern die Gesamtheit ihres Heute zu begreifen.

Das Vorwort meines Dritten Onkels enthält in gedrängter Form die gesamte konfuzianische Moralstruktur, die der gehobenen Landbesitzerfamilie in sozialer und wirtschaftlicher Hinsicht den nötigen Halt verlieh.

Alle Dinge unter dem Himmel haben ihren Aufstieg und ihren Untergang. Sie ereignen sich ohne unser Dazutun; nur Entschlossenheit und Rechtschaffenheit, diese uns von unseren Vorfahren überlieferten Tugenden, können den Zusammenbruch in eine Auferstehung umwandeln. Darum errichtet eine Familie den Ahnen geweihte Heiligtümer, in denen sie ihren Vorfahren die schuldige Ehrerbietung erweist und sich ihres eigenen demütigen Anfangs erinnert. Man muß die kindliche Pietät in sich entwickeln, um die Zeremonien vollziehen zu können, die man den Geistern seiner Vorfahren schuldet; deshalb muß unter den einzelnen Mitgliedern eines Haushalts Geduld und Nachsicht herrschen, auf daß jeder seiner Pflichten eingedenk sei, auf daß die Sippe und die Nachkommenschaft gestärkt werde und der einzelne stets bereit sei, sein Selbst dem Gemeinwohl zum Opfer zu bringen. Auf diese Weise ist unsere Chou-Sippe, die das Gedächtnis unserer Vorfahren pflegte und unbeirrt an der Tugend festhielt, wieder einmal emporgestiegen. Von der siebenten Generation an, in der Ahnherr Chiensi in die Südprovinz Kuangtung zog, nachdem dort die Mongolen gehaust hatten, bis zur fünfzehnten Generation, in der Ahnherr Mofah von dort nach Szechuan wanderte, wurden diese Traditionen gepflegt. Loyal und aufrecht, den Boden bebauend und eifrig lernend, hielt unsere Familie trotz vielfacher Unglücksfälle zusammen. In der siebzehnten Generation ließ sich unser Ahnherr Hsinghua in Chengtu in der Si Fu Nan-Straße nieder, wo er ein Baugrundstück erwarb. In der achtzehnten Generation errichteten Ahnherr Chaochung und sein jüngerer Bruder auf diesem Grundstück ein Heiligtum für die Verehrung der Seelentäfelchen und bauten auch eine Halle, die sie dem Ahnherrn Hsinghua widmeten und das Heiligtum des Hsinghua-Zweigs nannten. Hier, im Heiligtum unseres Sippenzweigs, brachte eine Generation nach der anderen die rituellen Opfer dar – bis hin zu unserer gegenwärtigen dreiundzwanzigsten Generation. Auf diese Weise spaltete unsere Familie sich nicht auf, sondern blieb zusammen und erwarb sich ein Verdienst, indem sie das Ideal der fünf Generationen unter einem Dach verwirklichte.

Im sechsundzwanzigsten Jahr der Republik [1937] fielen die Japaner in unser Land ein. Infolge der Umwälzungen und der Zerstörungen, welche die Kuomintang-Truppen in vielen Tempeln und Heiligtümern von Szechuan, in denen sie einquartiert waren, anrichteten, verfielen unsere heiligen Stätten. Nunmehr haben wir, die zweiundzwanzigste Generation, beschlossen, dieselben wiederaufzubauen, um die Tradition weiterzuführen und die Verbindung zwischen den einzelnen Zweigen unserer Familie, die in ständigem Wachstum begriffen ist, aufrechtzuerhalten, auf daß sie nicht zerstreut werden und einander verlorengehen.

Eine bessere Darstellung der Bedeutung der Ahnenverehrung, ihrer Verwendbarkeit bei der Eindämmung besitzaufspaltender Tendenzen einzelner Mitglieder, ihrer Nützlichkeit bei der Festigung einer engen Solidarität innerhalb der Familie und der Erhaltung und Erweiterung des kollektiven Wohlstands und Einflusses ist selten zu finden. Wie im Europa der Feudalzeit mit seinen Erbgesetzen, die auf die Erhaltung des Landbesitzes und der damit verbundenen Macht abzielten, untermauerten auch die konfuzianischen Vorschriften den Landbesitz und somit die Feudalmacht im feudalen China und führten zur Erhaltung von Familien wie der meinen, aus denen sich die Klasse der Gelehrten, der Richter und Verwaltungsbeamten im wesentlichen rekrutierte.

Von 1720 bis etwa 1820 statteten Vertreter des in Szechuan ansässigen Familienzweigs der Sippe in Meihsien regelmäßige Besuche ab. Die Geburt von Söhnen, Todesfälle, die Unterzeichnung von Heiratskontrakten, die Errichtung von Heiligtümern, Ausweitungen des Handels oder die erfolgreiche Teilnahme an Examen wurden den Seelentäfelchen in der Ahnenhalle verkündet. Dann kam der Opiumkrieg und danach der Taiping-Aufstand, und die Verbindung riß ab. Verarmung, die Erschwerung des Reisens und die Verbannung vieler Hakka, die nun als verdächtig galten, machten ihr ein Ende. Inzwischen war die Familie in Szechuan in die Klasse der dortigen Gentry aufgestiegen und hielt unerschütterlich an der alteingesessenen Ordnung fest. Die Chou bebauten ihr Land nicht mehr selbst, sondern verpachteten die Felder und nahmen die Hälfte des Ertrags als Pachtzins. Möglicherweise verliehen sie auch Geld an ärmere Bauern zu dem damals üblichen einträglichen Zinssatz von sechsunddreißig Prozent im Jahr.

Während dieser Jahrzehnte vermehrte sich die Familie so stark, daß mehrfach Teilungen des Besitzes – und zwar sowohl der Kapitalien wie des Grundbesitzes – vorgenommen wurden. Alle diese Verträge, die der heute in China heranwachsenden Generation völlig unverständlich sind, wurden in dem üblichen euphemistisch umschreibenden Stil abgefaßt, der nur von einer Aufteilung der Verantwortung bei der Pflege der Heiligtümer, der Ahnenschreine und der Gräber sprach.

Bei seinen genealogischen Forschungen verglich Dritter

Onkel unter anderem die Aufzeichnungen der Familie in Szechuan mit denen der »Wurzelsippe« der Chou, die noch immer im Distrikt Meihsien in Kuangtung ansässig war. Dabei stieß er auf gewisse Widersprüche, über die er in einem Anhang zum Buch der Generationen berichtet:

Seit dem Ahnherrn Mofah (der etwa um 1690 Meihsien verließ, um nach Szechuan zu ziehen) bis heute sind neun Generationen, von der fünfzehnten zur dreiundzwanzigsten, zu verzeichnen. Für die Zeitspanne vom Ahnherrn Jenteh bis zum Ahnherrn Chiensi rechnen wir sechs Generationen. Es hat den Anschein, als müßten wir für die Zeit zwischen Mofah und Chiensi (dem Haupt der siebenten Generation, der nach 1276 vor den Mongolen flüchtete) sechs Generationen ansetzen. Demnach wäre Ahnherr Mofah der einundzwanzigste und nicht der fünfzehnte Vorfahre.

Wer war Ahnherr Jenteh? Den Aufzeichnungen nach ein weiterer Begründer der Sippe von Meihsien. Der komplizierte Fall wäre geklärt, wenn man annimmt, daß unsere Aufzeichnungen in Szechuan sechs Generationen einen falschen Platz zugewiesen haben. Eine Zeitlang machte Dritter Onkel sich ernsthafte Sorgen um diese verirrten sechs Generationen. Wo und wie hatte dieser Fehler sich einschleichen können? Dritter Onkel fuhr nach Sikang im Westen von Szechuan, um sich mit einem anderen Zweig der Sippe zu beraten. Als Ergebnis dieser Beratung berichtet er:

Der verehrungswürdige Großonkel Yichieh erzählt mir, er gehöre zur fünfundzwanzigsten Generation nach Chiensi. Meinen ursprünglichen Aufzeichnungen nach müßte er der neunzehnten Generation angehören.

Der verehrungswürdige Großonkel Yichieh war 1932 siebenundachtzig Jahre alt. Ich habe ihn nie kennengelernt, denn als ich 1939 nach Szechuan kam, war er schon zu einem Seelentäfelchen geworden. Aber es hatte sich tatsächlich ergeben, daß die Aufzeichnungen zweier Zweige derselben Sippe nicht übereinstimmten. Eine wahrhaft ernste Angelegenheit! Mein Onkel unternahm weitere Nachforschungen. Dann kam der Zweite Weltkrieg, der für China von 1937 bis 1945 dauerte. Nach ihm kam der Bürgerkrieg und dann die letzte Große Revolution von 1949. Danach war alles anders geworden, und jeder hatte mehr zu tun, als sich über genealogische Fragen den Kopf zu zerbrechen. Bei der Landreform wurden die Felder aufgeteilt, und von den großen Begräbnisplätzen mußten die Gräber wegverlegt werden, da es sich teilweise um wertvollsten Boden handelt. Auch unsere Familiengräber wurden nicht verschont. Ein Brief, den Dritter Onkel im März 1952 aus Szechuan an meinen Vater in Peking schrieb, gibt darüber Auskunft:

Wir haben jetzt die Landreform hinter uns. Ich war nicht dabei, weil ich in der Bank in Chungking zu tun hatte, wo ich mich als Bankdirektor zur Verfügung halten mußte, während die Regierung eine genaue Überprüfung sämtlicher Bankangelegenheiten vornahm. So war ich neun Monate lang abwesend, und während dieser Zeit vertrat mich zu Hause Vierte Schwiegertochter. Viele Monate lang hat sie die schwere Zeit (der Landreform) tapfer ertragen. Die Bauern brachten Beschwerden über frühere Mißstände vor, und man ging all diesen Dingen genau nach. Es ist gut, daß wir kein Blut vergossen oder den Armen schweres Unrecht zugefügt haben und daß wir keine Großgrundbesitzer sind, sondern nur reiche Bauern. So wurden wir verschont, und uns wurde Verzeihung gewährt, wenngleich unsere Felder uns genommen wurden. Man hat mir mitgeteilt, daß unsere Gräber und Heiligtümer wertvollen Boden besetzt hielten und daß wir darum die Särge auf einen der öffentlichen Friedhöfe bringen müßten, um sie dort neben den anderen in die Erde zu senken. Aber unsere Familie hat den Heiligtümern und Gräbern stets tiefe Verehrung gezollt, da all unser Gedeihen von ihnen abhing. Bevor die Grabsteine entfernt wurden, habe ich Reibedrucke von ihnen angefertigt, und ich schicke dir, in Ölpapier gewickelt, je ein Exemplar davon. Ich habe auch mein Testament gemacht und darin bestimmt, daß ich verbrannt werden soll, wenn meine

Zeit gekommen ist; denn ich will nicht in so enger Gemeinschaft mit Tausenden von Fremden liegen. So werden also die alten Sitten verändert. Es fällt mir schwer, mich zu diesen Dingen zu äußern.

Es fiel ihm in der Tat schwer, das war verständlich. Mein Dritter Onkel, der so ganz in der Vergangenheit lebte und so großen Wert auf Tradition, Ahnenverehrung und Bewahrung der Zeremonien legte, muß die Veränderungen sehr schmerzlich empfunden haben, zumindest für einige Zeit. Später schreibt er allerdings in seiner Autobiographie, ihm sei bewußt, daß die Begräbnisstätten auf ertragreichem Boden lägen und daß man seinerzeit die Plätze für die Ahnenheiligtümer im Hinblick auf eine gute Kapitalanlage und eine Konsolidierung des Besitzes ausgewählt habe. Diese ganze Angelegenheit der Ahnenverehrung, bei der im Einvernehmen mit dem Wind-und-Wasser-Wahrsager günstige Plätze ausgesucht wurden, sei im Grunde eine recht zweckmäßige Art der Landerwerbung gewesen, durch die man einige der drückenderen Agrar- und Gebäudesteuern habe umgehen können.

Ich habe Dritten Onkel in den Jahren 1956, 1958, 1960 und 1962 wiedergesehen. Er war geistig sehr rege, obgleich er körperlich etwas steif geworden war und am Stock ging. Zuweilen sprach er über die Reibedrucke, die er von den Grabsteinen angefertigt hatte, und machte sich Sorgen, weil er befürchtete, mein Vater könne die Abzüge, die er ihm im Jahre 1952 geschickt hatte, verloren haben. Nachdem die Bankangelegenheiten geregelt waren, ging es ihm recht gut; er erhielt von der Regierung einen festen Satz von acht Prozent des Kapitals, das er ursprünglich in der Bank investiert hatte, sowie neun Prozent der Gelder, die er vor der Revolution bei anderen Gesellschaften angelegt hatte – alles steuerfrei. Ich hatte unterdessen auch die Reibedrucke gefunden und ihm mitgebracht. So war Dritter Onkel recht zufrieden, wenngleich er noch gelegentlich über die Sache mit den sechs verlorenen Generationen nachgrübelte. Wie er mir erzählte, bereitete er sich auf seinen Tod vor, obgleich er keinen Lamnu-Sarg erworben hatte, da er ja verbrannt werden wollte. Er hatte sich jedoch weise getröstet und sagte, er kenne jetzt den Wert der Erde und wolle keinen guten Boden für sich beanspruchen, auf dem Nahrung für die künftigen Generationen wachsen könne. 1964 war er auch noch am Leben, obgleich seine Kniegelenke noch steifer geworden waren. Er sorgte sich jetzt nicht mehr um die unauffindbaren sechs Generationen und übergab mir die letzten Fotografien und sämtliche Briefe, die er besaß.

»Für dein Buch«, sagte er dabei. Er wußte, daß aus der jüngeren Generation sonst niemandem an diesen alten Erinnerungen gelegen war; es gab so viele neue Dinge, um die man sich kümmern mußte.

In dem neuen Zustand des Friedens, der Ordnung und der Sicherheit, der für China heute gekommen ist, haben sorgfältige Geschichtsforscher sich wieder den Familienaufzeichnungen zugewandt, und fast jeder, vom ehemaligen Kaiser bis zu den alten Soldaten der Achten Armee, machte sich daran, entweder seine Erinnerungen niederzuschreiben oder Material zusammenzutragen. Zum erstenmal in einhundertfünfzig Jahren waren China fünfzehn Jahre des Friedens beschieden, und nun wurde alles klassifiziert und protokolliert, studiert und untersucht; denn vielen war daran gelegen, eine Verbindung zwischen der Vergangenheit und der Gegenwart herzustellen – nicht weil die Vergangenheit gut gewesen wäre, sondern weil niemand es sich leisten kann, das Gestern, aus dem das Heute entstanden ist, zu vergessen.

Ich erinnere mich, wie ich 1941 einmal in Pihsien war, wo rund um das Ahnenheiligtum unsere Familienfelder lagen. Ich war bei Dritter Tante, es war Frühling, auf den Feldern leuchteten hellgelb die Rapsblüten, die jungen Bäume waren in einen Jadeschimmer gehüllt, und in den kleinen Kanälen glitzerte das Wasser. Wir waren hinausgegangen, um die Gräber zu säubern und unsere Ahnen mit Nahrung zu versorgen; vor allem aber wollten wir nach der Arbeit der Tagelöhner sehen und uns von dem Zustand der Felder überzeugen. Damals erschien mir das alles nicht sonderbar. Wir setzten Speise und Trank auf die Gräber und blickten auf unsere Felder. *Unsere* Felder – das kam mir so natürlich vor. Die Felder waren so schön und versprachen eine ausgezeichnete Rapsernte.

Dritte Tante seufzte. »Die Steuern, ach, die Steuern!« Aber das war nichts Neues; sie jammerte immer über die Steuern.

Am Abend kam ein alter Bauer, einer unserer Pächter, und erzählte uns, daß man ihm seinen Sohn weggeholt und einen Soldaten aus ihm gemacht habe. Die Kuomintang waren aufs Feld gekommen, wo der Junge arbeitete, und hatten ihn einfach fortgeschleppt. Wer sollte ihm nun bei der Ernte helfen? Meine Tante gab dem Mann einen Dollar und sagte ihm, er solle sich eine Arbeitskraft mieten. Erst heute, mehr als zwanzig Jahre später, wird mir das Tragische dieser Situation auf einmal schmerzlich klar. Erst jetzt sehe ich in Gedanken wieder den alten Bauern vor mir, wie er gebückt und sehr höflich vor uns stand und nicht wagte, traurig zu sein, weil man ihm seinen Sohn von der Arbeit weggestohlen hatte. Ich sehe Dritte Tante und mich selbst an einem Tisch sitzen, der für drei Personen gedeckt ist, obgleich nur wir zwei daran aßen. Aber wir befanden uns auf Großmutters Feldern, und darum war auch für sie gedeckt, die schon seit vielen Jahren tot war. Ich höre Dritte Tante rufen: »Mutter, bitte iß deinen Reis!« Alles das steht wieder vor mir, als habe es sich erst heute ereignet. Seitdem hat eine Revolution stattgefunden, und den Bauern werden ihre Söhne nicht mehr geraubt. Und ich spüre heute die ganze Brutalität dessen, was wir als normal empfanden, und die Scham darüber, daß ich solche Ungerechtigkeiten als normal und selbstverständlich hingenommen habe, brennt in mir. Heute bedrückt mich der Gedanke an den Dollar, den Dritte Tante dem alten Mann gab, obgleich ich 1941 nichts Schlimmes dabei fand.

Wir haben heute keine Felder und auch keine Ahnenheiligtümer mehr. Im Frühling besuchen wir die Gräber auf dem öffentlichen Friedhof, und so ist es richtig.

Entsprechend der günstigen Lage unserer Begräbnisplätze besaß die Familie auch Land, gute, fruchtbare Felder in der Ebene von Chengtu und vor allem bei Pihsien; Grundstücke, die später aufgeteilt wurden, als sich Nebenzweige der Familie bildeten und in anderen Teilen der Provinz niederließen; Ländereien, die wieder verkauft wurden, wenn es in Krisenzeiten – wie zum Beispiel während des Ersten Weltkriegs – mit dem Familienvermögen bergab ging.

Eine noch wichtigere Einnahmequelle für die Familie aber war ihr Tabakhandel, mit dem sie 1795 begonnen hatte und den sie bis 1917 betrieb. Dann war es allerdings auch damit zu Ende.

Die Holländer waren es gewesen, die den ersten Tabak von der Philippineninsel Luzon nach China brachten. Schon 1530 war die Sitte des Rauchens bei Männern und Frauen gleichmäßig verbreitet. In Szechuan rauchte man den Tabak nie in Form von Zigarren oder Stumpen, sondern feingeschnitten in der Pfeife, und zwar benutzte man sowohl gewöhnliche Tabakspfeifen von verschiedener Länge wie auch Wasserpfeifen. Heute hat die Zigarette die Pfeife völlig verdrängt. Die Jademundstücke, die Zinnbüchsen, die ziselierten oder gravierten Silberbüchsen wie die Wasserpfeifen finden sich nur noch in Altwarengeschäften, wo sie als Kuriositäten verkauft werden.

Der Firmenname für das Tabakgeschäft unserer Familie lautete Kuang Hsing, wobei das Wort Kuang – dasselbe, das auch in dem Namen der Provinz Kuangtung vorkommt – auf den Herkunftsdistrikt Meihsien hinweisen sollte. Das Hauptgeschäft befand sich in der Großen Oststraße, der wichtigsten Geschäftsstraße von Chengtu. Wie Dritter Onkel mir erzählte, war die Firma für ihre Zuverlässigkeit bekannt. Man führte nur Tabak von bester Qualität, es wurde genau gewogen, und die Verkäufer waren höflich und gewandt. Das Firmenzeichen über dem Laden bestand aus einem großen, schwarz lackierten Holzbrett mit vergoldeten Schriftzeichen. In allen wichtigen Städten von Szechuan besaß die Familie Filialen; der Name Kuang Hsing bürgte für guten Tabak.

Der Tabak wuchs in Pihsien. Von hier wanderten die großen Bündel erstklassiger Tabakblätter in die Stadt, wo sie verarbeitet und verkauft wurden. Aber die Firma Kuang Hsing kaufte auch die besten Tabaksorten aus Yünnan. Der Anbau von Schlafmohn zur Opiumgewinnung jedoch, die Besteuerung des einheimischen Tabaks, die Wegezölle und die Konkurrenz der British-American Tobacco Company führten Anfang des zwanzigsten Jahrhunderts zum völligen Zusammenbruch der chinesischen Tabakindustrie, dem auch die Firma Kuang Hsing zum Opfer fiel.

Direkt neben dem Tabakladen, dessen Gebäude heute zerstört ist, befand sich ein Geschäft, in dem Medizinen verkauft wurden. Das war sehr günstig, denn jeder, der hierherkam, um Füße von schwarzen Hennen, Tigerknochenwein, in Scheiben geschnittene Geweihsprossen junger Hirsche oder Rhabarber zu kaufen, blieb unwillkürlich stehen und betrachtete den Tabak, der in lackierten Holzschalen oder in Krügen zur Schau gestellt war. Der Tabak von der besten Qualität, dessen Blätter nicht schrumpften, wurde in Wasserpfeifen geraucht. Vor dem Auftauchen der Zigarette rauchten in Szechuan fast alle wohlhabenden Leute Wasserpfeife. Der sehr feine Tabak, den man hierfür benötigt, wurde in besonders angefertigten Zinnbüchsen aufbewahrt.

Ein Tabakfeld braucht viel Dünger. Im April und Mai, während die Pflanzen wachsen, müssen sie alle fünf Tage mit Jauche besprengt werden. Die gute Erde von Szechuan, die so feucht, voll und reich ist und zuweilen ölig glänzt, wird mit Menschen- und Schweinedung genährt, der mehrere Tage lang in Gruben vorbereitet worden ist. Erst jetzt, nach der Revolution, sind auch bei uns Fabriken für chemische Düngemittel gebaut worden, aber auch heute noch sind Menschen und Schweine die wichtigsten Dunglieferanten. Darum gehörten die öffentlichen Kloaken der Stadt Chengtu bis zum Jahre 1949 einigen der reichsten Familien, die den Inhalt dieser Gruben an die Bauern verkauften.

Ich erinnere mich, daß Dritter Onkel sehr redselig werden konnte, wenn dieses Thema angeschnitten wurde; denn er wußte genau Bescheid über alles, was die Erde und das Säen, Pflanzen und Reifen auf ihr betraf, und sagte immer: »Drei Dinge sind nötig: Wasser, Erde und Dung. Wasser vom Himmel, Erde vom Land und Dung von Mensch und Tier. Durch die Tatsache, daß wir unsere Exkremente von uns geben, erfährt der harmonische Kreislauf des Lebens seine Bestätigung; denn aus den Exkrementen kommt die Erneuerung.«

In einer bäuerlichen Gesellschaft hat der Dung seine Funktion und seine natürliche Würde. Auch heute noch kann ich ein angeregtes Gespräch über die Vorzüge von »grünem Saft« oder »braunem Gold« führen.

Neben den Tabakläden, die sie unterhielt, beschäftigte die Kuang Hsing-Gesellschaft auch Einzelhändler, die an den Straßenecken oder in kleineren Ortschaften Tabak verkauften. Sie hatten ihre Stände oft direkt gegenüber einer öffentlichen Bedürfnisanstalt, was einen Spaßvogel jener Tage zur Abfassung eines leicht obszönen Essays über diesen Handelszweig veranlaßte:

Kein Augenblick ist besser geeignet, einem Mann frischen Tabak für seine Wasserpfeife zu verkaufen, als der, in dem er sich soeben erleichtert hat und jene Beschwingtheit und Fröhlichkeit verspürt, die ihm aus der Erfüllung einer natürlichen Funktion erwächst, jene Großzügigkeit, die sich durch das Ausgeben einiger kleiner Münzen ein Ventil verschaffen möchte. Der Mann bleibt stehen, um die bessere Luft einzuatmen, und seine Nasenflügel, die sich während seines Aufenthalts auf dem Örtchen zusammengepreßt hatten, nehmen mit neuem Eifer die Gerüche der Straße auf. Der Händler steht einladend an der Straßenecke. Hier herrscht kein Gestank, sondern der feine Duft des Tabakblatts, der noch durch ein brennendes Räucherstäbchen unterstrichen wird. Der Mann tastet nach der Wasserpfeife an seinem Gürtel, stellt fest, daß sein Tabakbeutel leer ist, und kauft feingeschnittenen Tabak, um ihn von neuem zu füllen. Auf diese Weise werden die Tabakhändler reich.

Das Interesse unserer Familie für die Kloaken darf nicht als Koprophilie, als Liebe zum Schmutz, angesehen werden; es war Ausdruck ihres wirtschaftlichen Sinns.

In den Jahren zwischen 1939 und 1942, die ich in Chengtu verbrachte, muß es in dieser Stadt etwa sechshundert größere und kleinere Kloaken gegeben haben, und in den Häusern der Reichen verkauften die Bediensteten am frühen Morgen den Nachtdung eimerweise an Einsammler, die ihn dann den Bauern weiterverkauften. Die Dungsammler bildeten eine Zunft, der ein »Dungführer« vorstand – eine wichtige Persönlichkeit, gleichzeitig Mitglied einer Geheimgesellschaft, auf die ich noch zurückkomme. Die Armen zogen mit ihren eigenen Exkrementen aufs Land, um sie zu verkaufen. In den Monaten der Feldarbeit waren die Tagelöhner stets in Baracken auf den Feldern untergebracht; denn die Grundbesitzer von Szechuan bestanden darauf, daß sie sich in die eigens hierfür vorgesehenen Dunggruben entleerten und so gewissermaßen einen Teil der Ausgaben für ihre Ernährung zurückerstatteten. Das führte unter den Tagelöhnern zu der Redensart: »Sie nehmen deinen Atem, deine Spucke, deinen Schweiß, sie nehmen deine Arbeit, deine Frau und deinen Scheiß!« Daß auch die Frau in dieser Aufzählung genannt wird, ist keine Übertreibung; die Armen von Szechuan waren so arm, daß sie oft gezwungen waren, ihre Frau zu verkaufen oder zu vermieten, um ihr Leben zu fristen. Auch das hat nach 1949 aufgehört.

Die erste Düngung der Felder im Frühling ist in Szechuan eine Zeremonie, beinahe ebenso bedeutungsvoll wie die erste Furche, die der Kaiser zur Frühlingssonnenwende pflügt, um so symbolisch die Erde aus dem Wintertod zu lösen und dem Leben wiederzugeben. Zu dieser lebenspendenden Besprengung der Felder kleiden sich die Frauen in gestickte Gewänder, und die jungen Mädchen der Dorfgemeinschaft binden sich Schleifen ins Haar, schwingen die Dungeimer hin und her und wandern singend auf die Felder.

Ich erinnere mich an einen Tag in Chengtu während des Krieges, an dem Dritter Onkel auf einem seiner Spaziergänge an einer Straßenecke vor einer öffentlichen Bedürfnisanstalt stehenblieb: einem wackligen Gestell mit Bambusmatten, einem Kokosfaserdach und einer halbhohen Ziegelmauer, die dem Ganzen eine dürftige Abgeschlossenheit verlieh. Durch die Öffnungen konnte ich die steinumrandeten Gruben mit den Brettern zu beiden Seiten sehen. Nachdenklich meinte Dritter Onkel: »Das da bringt sechzehnhundert Dollar pro Woche.« Natürlich hatten wir damals eine Inflation, aber sechzehnhundert Dollar pro Woche war noch immer dreimal soviel wie das Nominalgehalt eines Obersten – und ich war zu jener Zeit mit einem Obersten der Armee verheiratet. Häufig kam es zu regelrechten Kämpfen zwischen den Bediensteten zweier wohlhabender Häuser, die sich gegenseitig des Dungdiebstahls beschuldigten. Im neunzehnten Jahrhundert besaßen gewisse Mitglieder unserer Familie Anteile an zwei öffentlichen Kloaken; sie betrieben das Geschäft jedoch nie im großen Stil. Später wurden alle Kloaken durch die Kriegsherren monopolisiert, die mit dem Dung ebenso wie mit dem Opium bis zur Großen Wende ihre Kriegszüge finanzierten.

Eine weitere Einnahmequelle für die Kuang Hsing-Gesellschaft waren die Papierfidibusse. Der Papierfidibus wurde uns durch einen Lehrling namens Ma beschert, den die Familie irgendwann vor etwa hundert Jahren nach irgendeiner Notzeit kaufte – die genauen Umstände sind nicht bekannt und auch nirgends aufgezeichnet. Das neunzehnte Jahrhundert war überreich an Flutkatastrophen, Dürrezeiten, Hungersnöten, Massakern und besonders auch an Kriegen, die die Kolonialmächte China aufzwangen. Bauern, die ihr Hab und Gut verloren hatten, zogen im Land umher und verkauften ihre Kinder und ihre Frauen, um ihnen Nahrung und Schutz zu verschaffen. Familien wie die unsere kauften Kinder, denn sie brauchten Mägde und Diener, und manchmal wählten sie sich auch die gescheitesten und kräftigsten Knaben zwischen sechs und acht Jahren aus und »adoptierten« sie als Lehrlinge.

Auch im Europa des Mittelalters kannte man solche Adoptionen. Sie waren ein Teil des Feudalsystems, in dem der Gedanke der familiären Bindungen so weit ausgedehnt wurde, daß er alle Diener und Gefolgsleute in eine Pseudo-Verwandtschaft einschloß und sie durch Bande der Rücksicht und Dankbarkeit fest mit den Interessen der Feudalfamilie verknüpfte. So errichtete man eine auf dem Willen des Himmels begründete Hierarchie, während in der Industriegesellschaft alles auf dem Geldeswert beruht.

Ich erinnere mich, solche Lehrlinge in den Seidenläden gesehen zu haben: Jungen und Mädchen von etwa zwölf Jahren, die sich vierzehn Stunden am Tag über ihre Nadeln beugten und den dunkelrosa, blaßblauen, pfefferroten oder gelben Seidenfaden durch die gestickten Überschlaglaken zogen, für die Chengtu berühmt ist. Viele von ihnen wurden mit fünfundzwanzig Jahren blind und wanderten dann bettelnd durch die Straßen.

Die Lehrlinge dienten zwölf Jahre und erhielten in den ersten acht Jahren keine Bezahlung, da sie ja als »adoptierte Kinder« der Familie galten. Sie bekamen zwei Mahlzeiten pro Tag, jedes Jahr ein neues Kleid und zwei Paar Stoffschuhe und jeden Monat einen Haarschnitt. Nach acht Jahren erhielten sie monatlich einen Ring Münzen im Wert von etwa einem Shilling und durften bei den drei großen Festen des Jahres mit an der Festtafel sitzen. Sie schliefen im Laden oder hinter dem Hauptportal, wo sie, in gesteppte Baumwolldecken gewikkelt, mit den Sänftenträgern auf den langen Bankreihen an den Mauern lagen. Nach zwölf Jahren hatten sie offiziell ausgelernt, gaben ihrem Herrn ein »Abschiedsessen« und waren frei.

Ma war ein kluger Junge und erhielt deshalb auch eine gewisse Schulbildung, die sich zunächst durch einen Zufall ergab. Er mußte nämlich die Söhne der Familie zu ihren Unterrichtsstunden beim Hauslehrer begleiten und begann daraufhin, mit angefeuchtetem Finger Schriftbilder auf die Steine im Hof zu zeichnen. Er arbeitete im Kuang Hsin-Laden. Eines Tages kam er auf den Einfall, Reispapier zu einem Fidibus aufzurollen, der ausgezeichnet und ebenso lange brannte wie ein Räucherstäbchen. Aber so ein Papierfidibus war billiger als ein Räucherstäbchen oder die Kiefernholzspäne mit Schwefelköpfen, die man als Streichhölzer benützte. Bald gehörte der Papierfidibus zu den Verkaufsartikeln des Tabakgeschäfts, und zwölf Lehrlinge mußten den ganzen Tag Fidibusse drehen. Um ihren Fleiß zu wecken, wurde ihnen erlaubt, den Betrag für jeden zwölften Fidibus in die eigene Tasche zu stecken.

Der Papierfidibus löste das Problem einer ständigen Feuerquelle für die Raucher in einem Land, in dem das Benzin knapp und teuer ist und das Volk sowohl aus Notwendigkeit wie aus eigener (durch die Notwendigkeit entstandener) Neigung sparsam. Ein Stück Kohle und eine Unze Öl waren Dinge, mit denen man bei der steigenden Armut Chinas im neunzehnten Jahrhundert haushälterisch umgehen mußte, und auch wohlhabende Leute wie die Mitglieder meiner Familie hielten sich außer bei besonderen Gelegenheiten in ihren Ausgaben sehr zurück, zumal Protzerei in Szechuan stets als hassenswert galt. So kam es, daß die Papierfidibusse bald in der ganzen Provinz sehr begehrt waren. Aus einem Stück Strohpapier ließen sich sieben Fidibusse anfertigen, und sieben Fidibusse wurden für einen Kupfer-Fen verkauft, dessen Wert im Jahre 1890 den tausendsten Teil eines Silberdollars betrug.

Als Ma erwachsen war, übertrug die Kuang Hsing-Gesellschaft ihm ihre Buchführung. Er verheiratete sich nie, da er sein ganzes Leben dem Dienst der Familie gewidmet hatte. Er war ein guter Kopfrechner, und als er starb, ehrte man sein Andenken dadurch, daß man ein kleines Seelentäfelchen für ihn auf einer Seitenwand der Ahnenhalle anbrachte, so daß nun auch sein Geist einen bescheidenen Anteil an der Verehrung erhielt, die den Vorfahren gezollt wurde.

So sorgte unsere Familie nach der Einwanderung unseres Händler-Ahnherrn für ihr Gedeihen, indem sie Felder erwarb und in späteren Zeiten Tagelöhner anstellte, die den Boden für sie bearbeiteten. Auch der Arbeitseifer von Lehrlingen wie Ma im Tabakgeschäft unterstützte sie dabei. Nachdem sie schließlich auf der gesellschaftlichen Stufenleiter zur Grundbesitzerklasse aufgestiegen war, wurden ihr dank den Bemühungen ihrer Söhne auf militärischem und geistigem Gebiet noch weitere Ehren zuteil.

So wie in einer Feudalgesellschaft jede Ortschaft und jede Stadt beinahe autark ist, strebte auch die Familie nach Unabhängigkeit. Sie hatte ihre eigenen Handwerker. Kleider und Schuhe sowie alle Haushaltsutensilien wurden von ihren weniger begabten Mitgliedern unter der Aufsicht der energischen und befehlsgewohnten alten Frauen für die gesamte Familie angefertigt. Ein großer Teil der Nahrungsmittel, die auf den Tisch kamen, stammte von den eigenen Feldern.

Innerhalb dieser Gesellschaft war nur wenig Bargeld im Umlauf, da die Zahlungen zumeist vermittels eines Kredit- und Tauschhandelssystems geleistet wurden. Viele Transaktionen vollzogen sich auch auf Grund unsichtbarer Berechnungen über geleistete Dienste, Blutbande, gegenseitige Hilfe, Zunftgemeinschaften – alles Dinge, die sich nicht in Geldsummen ausdrücken lassen, die aber von einer autoritären und festen sozialen Ordnung, deren Gesetze noch bis vor kurzem gültig waren, vorgeschrieben sind.

Das System, innerhalb dessen meine Familie zu Ansehen und Wohlstand gelangte, war das chinesische Feudalsystem, das in vieler Hinsicht dem des Westens ähnelte, während es in anderen Dingen sehr stark davon abwich. Die Regierung rekrutierte sich in China nicht aus einem Geburtsadel, sondern aus einem nichterblichen Beamtenstand, dessen Mitglieder sich durch die Ablegung von Prüfungen qualifizierten, so daß – zumindest theoretisch – Verdienst und Klugheit und nicht eine mythische Blaublütigkeit der Ausweis waren, der den Zutritt zur obersten Gesellschaftsklasse ermöglichte. Sieht man davon ab, daß reiche Familien gelegentlich Mägde kauften, so läßt sich behaupten, daß die Sklaverei eine sehr geringe Rolle spielte im Vergleich zu den riesigen Sklavenmassen auf den amerikanischen Plantagen des achtzehnten und neunzehnten Jahrhunderts. Leibeigenschaft und Frondienst existierten offiziell nicht, obgleich die kleinen Bauern in China gewiß ebenso schwere Lebensbedingungen hatten wie die Leibeigenen anderer Länder. Daß der chinesische Feudalismus sich zweitausend Jahre lang halten konnte, lag möglicherweise an dem ausgeklügelten Bewässerungssystem, das der Landwirtschaft eine gleichmäßige Stabilität verlieh. Sie erfuhr nur dann Störungen, wenn die Pflege der Kanäle vernachlässigt wurde und Überschwemmungen und Dürrezeiten das Land verwüsteten; das aber kam nur in Kriegszeiten oder unter einer untüchtigen Provinzregierung vor. Im neunzehnten Jahrhundert jedoch brach dieses System zusammen. Die Kriege mit den Westmächten, die ungeheuren Entschädigungssummen, zu deren Zahlung China verurteilt war, und das Eindringen des Industriekapitalismus führten zum völligen Ruin des einheimischen Handwerks und der chinesischen Transport- und Handelsfirmen. Folgen dieses Zusammenbruchs waren furchtbare Hungersnöte, bei denen Millionen von Menschen umkamen, eine ständig wachsende Korruption und Unfähigkeit bei den herrschenden Klassen und ein ebenso ständig wachsender Druck, den Grundbesitzer und Beamtenschaft auf die Bauern ausübten.

Aus diesem Niedergang erhob sich China in einer Revolution, einem langen, stürmischen Prozeß, in dem das China von heute geformt wurde. All das geschah in einem Zeitraum, den die Erinnerung noch lebender Menschen ausfüllen kann. Es verwandelte uns alle, verwandelte auch die alten Familien wie die meine, die Familie Chou. Es schleuderte uns in einem rasenden Tempo, wie wir es nie gekannt hatten, mitten in die Jetztzeit.

Drittes Kapitel

Die Reibedrucke von den Grabsteinen sind auf Seidenpapier angefertigt, das langsam zerfällt. Einige dieser Grabsteine sind Mitgliedern der siebzehnten Generation gewidmet, wurden jedoch erst von der neunzehnten Generation errichtet, als die Familie zu Wohlstand gekommen war und seit mehr als hundert Jahren ein sorgenfreies Leben geführt hatte. Die neunzehnte Generation ist die meines Urgroßvaters Chou Taohung, der 1912 im Alter von zweiundneunzig Jahren starb. Seiner Generation gehörten acht Männer, die Söhne von drei Brüdern aus der achtzehnten Generation, an, und 1907 waren drei dieser Männer noch am Leben: achtundneunzig, siebenundneunzig und zweiundneunzig Jahre alt. Damals wurde eine Fotografie von ihnen aufgenommen – ein denkwürdiges Ereignis! Ich besitze diese Fotografie, auf denen die drei alten Männer in goldenen Affenfellgewändern zu sehen sind. Zu ihrer einen Seite steht eine Schale mit Pfirsichen, dem Symbol der Langlebigkeit, zu ihrer andern eine große französische Standuhr. An der Wand hinter ihnen hängen Schriftrollen mit Lobsprüchen. »Künftige Generationen, seht dies und denket daran, einig zu bleiben!« liest man auf einer von ihnen. Vor den drei alten Männern steht eine Reihe von Blumentöpfen mit Blumen, die Sparsamkeit, Ausdauer und Standhaftigkeit versinnbildlichen: Pflaumenblüten, Narzissen und Chrysanthemen. Außerdem sieht man auf dem Bild flache Schalen mit sonderbar geformten Steinen, Zwergbäumen und einer Miniaturlandschaft, wie die Chinesen sie schätzen und in ihrer Leidenschaft für die abstrakte Schönheit von Stein, Holz und Blättern zu sammeln pflegen.

Mein Urgroßvater Taohung war eine hervorragende Persönlichkeit. Sein Grabstein spricht ausführlich davon, und obendrein existieren noch zwei weitere Steintafeln mit Inschriften, in denen ehrfurchtsvolle Freunde seine Verdienste feiern. Er wurde in Chengtu geboren, wuchs jedoch in Linchow auf und verbrachte dort einen Teil seines Lebens. Linchow, eine Stadt, in der Salz gewonnen wird, liegt an der Nordwestgrenze Chinas in der Provinz Kansu, und Taohungs Vater war dort als Offizier und Verwaltungsbeamter tätig. Der Posten an sich war nicht beneidenswert, wenn man davon absieht, daß sein Inhaber sich als Einkassierer der Salzsteuern möglicherweise gewisse Nebeneinnahmen verschaffen konnte, die sich von den offiziellen staatlichen Geldern des Salzmonopols abzweigen ließen. Aber mein Ururgroßvater und sein Sohn Taohung verschafften sich niemals »Salzgelder«. Taohung erwarb sich ein Ansehen als Gelehrter, bestand die Provinzialexamen von Tsu-Jen und versah später – nach Absolvierung einer militärischen Karriere – das Amt eines Oberinspektors der Chingkiang-Akademie, einer neokonfuzianischen Schule zur Ausbildung von Verwaltungspersonal, die später in eine militärische Anstalt umgewandelt wurde.

Liest man die Lobsprüche über seinen Charakter und vor allem seine stets loyale Haltung, so fällt eine Tatsache ins Auge: Chou Taohung hatte sich seinen Ruf und den Einfluß, den er genoß, nicht so sehr als Verwaltungsbeamter als vielmehr durch militärische Leistungen erworben. Er war kein verweichlichter, über seine Arbeit gebeugter Gelehrter in langen Gewändern. Er verbrachte einen großen Teil seines Lebens auf dem Pferderücken und kämpfte in Kansu und in den unfruchtbaren Gebieten des Nordwestens, um die Mandschu-Dynastie zu stützen und die Bauernaufstände niederzuschlagen, die seit 1840 immer wieder ausbrachen und bis 1949 niemals ganz aufhörten. Die Klasse der Gelehrten übte sämtliche Funktionen der Zivilverwaltung, der Militärverwaltung und des Erziehungswesens aus. Die Mitglieder dieser offiziellen Beamtenschaft wurden in öffentlichen Prüfungen ausgewählt, an denen zwar jeder ohne Ansehen seines Vermögens teilnehmen konnte, die jedoch nur die Söhne begüterter Familien bestanden. Obgleich im Prinzip hier der ärmste und einfachste Bauer unter den gleichen Bedingungen mit den Söhnen des Kaisers wetteifern durfte, brauchte ein Prüfling doch so viele Studienjahre, bis er es wagen konnte, sich zum Examen zu melden, daß die Auswahl sich von selbst auf die wohlhabende Grundbesitzerklasse beschränkte, die das nötige Geld und die nötige Zeit aufbringen konnte. In einigen Ortschaften, wie zum Beispiel in den Hakka-Dörfern, kam es vor, daß der ganze Ort zusammenlegte, um dem intelligentesten Jungen das Studium zu ermöglichen, so daß sich dadurch gewisse Ausnahmen ergaben. Einige der größten Gelehrten und Staatsmänner Chinas entstammten sehr armen Familien. Selbst heute noch begegnet man gelegentlich einem Ingenieur oder einem Arzt, der sein Studium den gemeinsamen Anstrengungen von vierzig bis sechzig Familien seines Heimatortes verdankt. Trotzdem war in früheren Zeiten das System darauf angelegt, sämtliche offiziellen Vollmachten auf den Gebieten der Verwaltung, der Wirtschaft und der Politik in die Hände einer einzigen Klasse zu legen. In diese Klasse war der Vater meines Urgroßvaters aufgestiegen, und sein Sohn war klug genug, sich zu sagen, daß militärische Tapferkeit ebenso wichtig war wie akademisches Wissen – eine Überlegung, die sich später weithin als richtig erweisen sollte.

Bis zum Taiping-Aufstand im Jahre 1850 lag die militärische Macht Chinas ausschließlich in den Händen der Mandschu, die keinerlei Neigung zeigten, die von ihnen unterworfenen Völker zu bewaffnen. In jeder Stadt befand sich eine in Banner und Klans aufgeteilte Mandschu-Garnison, deren Angehörige ihr Leben lang auf Kosten der Öffentlichkeit ernährt und gekleidet wurden. So kam es, daß diese Truppen um die Mitte des neunzehnten Jahrhunderts völlig unbrauchbar geworden waren, ebenso unbrauchbar wie die Grünen Banner – chinesische, von Mandschu-Offizieren befehligte Soldaten, deren Zahl etwa fünfhunderttausend Mann betrug. Die Mandschu-Truppen zogen mit Fächern und Opiumpfeifen in die Schlacht und waren berühmt für ihre Schnelligkeit im Davonlaufen. Als die Taiping schließlich siebzehn Provinzen erobert hatten und die Mandschu zu stürzen drohten, wandte die Dynastie sich verzweifelt an die chinesische Gentry mit der Bitte, Truppen auszuheben und Provinzmilizen aufzustellen, die gegen ihre eigenen Landsleute kämpfen und die Taiping schlagen sollten. Schon einmal, im Jahre 1840, hatte das Volk der Provinz Kuangtung auf Veranlassung des Kommissars Lin Tzehsu eine Miliz aufgestellt und gegen die Engländer gekämpft. Damals hatte die Dynastie zwar Lin bestraft und die Auflösung der Miliz befohlen; sie hatte aber nicht vergessen, daß diese Männer kämpfen konnten.

Wirklich aufgelöst hatten sich diese Milizen niemals, obgleich man es immer wieder durchzusetzen versuchte – wobei man allerdings darauf verzichtete, ihre Anführer zu verbannen. Nach 1840 kam es zu so vielen Revolten – durchschnittlich zwei pro Jahr –, daß Militärputsche fast zu einer ständigen Einrichtung wurden. Man schickte nur keine Berichte darüber an den Hof, um die Verdauung Seiner Kaiserlichen Majestät nicht zu stören

Als die Taiping auf Nanking marschierten, um ihr Himmlisches Königreich zu errichten, erhielt Tseng Kuofan, ein chinesischer Vizeminister des Zeremonienministeriums, der für zwei Jahre Urlaub genommen hatte, um den Tod seiner Mutter zu betrauern, den kaiserlichen Befehl, in seiner Heimatprovinz Hunan eine Miliz auszuheben. Über Nacht wurden so chinesische Gelehrte zu Offizieren, und Hanling-Akademiker schwitzten und kämpften jahrelang in Wüsten und Sümpfen. Welche Fehler Tseng auch gehabt haben mochte (er wird heute als Verräter angesehen, weil er einem Mandschu-Herrscher gegen sein eigenes Volk diente), sicher ist, daß er keine einfache Miliztruppe, sondern eine regelrechte Armee auf die Beine stellte, möglicherweise mehr zufällig als absichtlich. Er wußte, daß man Menschen nur zum Kämpfen veranlassen konnte, wenn sie etwas hatten, wofür sie kämpften, und er zahlte seinen Soldaten das Vierfache der üblichen Löhnung. Er hatte nie eine militärische Ausbildung genossen, sondern war ein Verfasser von moralisierenden Essays und klassischen Gedichten, ein Kenner der alten Philologie und ein strenger Konfuzianer. Über seinen Lebenslauf kann ich hier nicht eingehend berichten. Sein Bruder Kuochuan, der später ein Vizekönig wurde, war ebenso korrupt, wie er selbst in Geldsachen anständig war. Beide waren sie Konfuzianer und erbarmungslos, wenn es darum ging, Bauern und die Einwohner eroberter Städte hinzumetzeln.

Durch Tsengs Bemühungen erstand so eine Miliz, deren Offiziers- und Kommandostellen mit den Angehörigen des

Gelehrten- und Beamtenstands besetzt wurden. In Szechuan war mein Urgroßvater Chou Taohung einer dieser Kommandeure, und obgleich er nicht gegen die Taiping kämpfte, hingen die Aufstände, die er niederzuschlagen half, doch mit dem großen Taiping-Aufstand zusammen. Die Huei, die Moslem von Kansu, erhoben sich immer wieder aus Sympathie für die Taiping. Das gleiche gilt für die Nien, deren Revolten von 1852 bis 1868 andauerten. Taohung kämpfte als Kommandeur einer Miliz sowohl gegen die Nien wie gegen die Huei, und auf seinem Grabstein wird es ihm als Verdienst angerechnet, daß er Chengtu vor den Nien gerettet habe, obgleich Einzelheiten darüber nicht bekannt sind. Nach Ansicht der Historiker, die diesen Aufstand in all seinen riesigen Ausmaßen untersucht haben, sind die Nien niemals bis nach Szechuan gekommen. Ein Rest der Taiping hingegen erreichte die Westgrenzen von Szechuan, wo sie im Jahre 1868 vernichtet wurden, als sie versuchten, den Tatu-Fluß zu überschreiten und nach Tibet zu entweichen.

Der Ausdruck Nien bedeutet »der Rollende«, und er wurde verwendet, weil die Bauern aus den nördlichen Provinzen in Fett getauchte Strohfackeln zusammenrollten, sie anzündeten und in meilenlangen Prozessionen damit aufmarschierten. Die Nien waren echte Guerillakämpfer ohne festen Namen und Wohnsitz, ohne Organisation. Wie Heuschrecken, die der Wind heranträgt, fielen sie über die Provinzen her, schlugen die Beamten tot und verteilten die Kornvorräte der großen Grundbesitzer. Als sich diese Bauern in einer riesigen, nach vielen Millionen Köpfen zählenden Revolte erhoben, wurden sie zu perfekten berittenen Partisanen. Unter den heute gebräuchlichen Guerillataktiken gibt es keine, die die Nien nicht auch schon gekannt und verwendet hätten; der Überraschungsangriff war ihnen ebenso vertraut wie der Überfall aus dem Hinterhalt, der nächtliche Angriff, das Ablenkungsmanöver, die fingierte Niederlage, die Einkreisung, der psychologische Gebrauch des Lärms (sie brachten des Nachts in der Nähe der feindlichen Lager schaurige Töne auf riesigen Muschelhörnern hervor) und die Attacke bei Morgengrauen. Als sie nach sechzehn Jahren endlich besiegt werden konnten, fanden (wie berichtet wird) zwanzig Millionen den Tod – ebenso viele wie im Taiping-Aufstand.

Nachdem Chou Taohung sich vom aktiven Militärdienst zurückgezogen hatte, schrieb er ein Essay über die Nien, das in der Familie aufbewahrt wurde, bis es vor etwa zwanzig Jahren abhanden kam. Darin berichtete er von den Maßnahmen, welche die kaiserlichen Truppen gegen die Guerillakrieger anwandten. Auch sie waren erstaunlich modern: verbrannte Erde, Entzug aller Deckung, strategisch befestigte Dörfer, wirtschaftliche Blockade – all das wurde bereits damals angewendet. »Um mit den Nien aufzuräumen, muß der Salzpreis genormt und aller Schmuggel bestraft werden.« Weiterhin erwähnt Taohung, daß seine Truppen den Bauern die eisernen Pfannen wegnahmen und jeden bestraften, der noch irgendwelche eisernen Geräte besaß, um so zu vermeiden, daß die Nien von den Bauern Waffen erhielten.

In den Jahren zwischen 1860 und 1870, in denen Taohung sich für die Dynastie schlug, waren nicht weniger als fünf große Revolten im Gange: die der Nien in Anhwei, Shantung, Honan, Hupeh und Shensi; die der Huei in Shensi und Kansu; die der Huei in Yünnan; die der Miao in Kueichow und die der Chiang in Szechuan. Bei der Niederwerfung dieser Bauernrevolten, dieser Brandherde, die zu erlöschen schienen, weiterschwelten und dann wieder aufflackerten, hier und da, flüchtig, ungreifbar, mußten drei Generationen meiner Familie – Urgroßvater Taohung, vor ihm sein Vater und nach ihm sein Sohn, mein Großvater – mitwirken. Getreu ihrer Klasse, ihrem Kaiser ergeben, kämpften sie gegen ihr eigenes Volk. Damals wurde ihr Verhalten als lobenswert betrachtet. Heute ist man anderer Meinung. Und wenn ich über ihre Taten berichte, so geschieht es ohne jede Parteinahme. Sie kämpften auf der falschen Seite; ein Urteil hierüber steht nur der Geschichte zu.

Die Huei- oder Moslem-Aufstände waren ein Teil des großen Sturms über Zentralasien und des Ringens zwischen England, Rußland und China, die ihn unter ihre Kontrolle zwingen wollten. 1862 schnitten die Huei von Kansu die Straßen nach Chinesisch-Turkestan ab, und in dem riesigen Grenzgebiet brachen daraufhin chaotische Zustände aus. Ein Abenteurer namens Jakub Bey schwang sich zum Herrn dieser Region auf. Angeblich war er von England bezahlt, um eine unabhängige Zone unter britischem Einfluß zu organisieren, und ebenso von Rußland, damit er ein eigenes Königreich unter russischer Oberherrschaft errichtete. Das Phantasiegebilde dieses ostturkestanischen Reiches bestand zwölf Jahre lang, von 1865 bis 1877. Der Historiker Alastair Lamb sagt in schöner Naivität hierüber: »Viele Beobachter, sowohl auf russischer wie auf britischer Seite, meinten, diese Situation werde von Dauer sein.« Aber sie sollten sich irren.

Die Mandschu waren dumm, feige und schwach; aber die aufstrebende Klasse der chinesischen Grundbesitzer, Gelehrten und Beamten war nunmehr bewaffnet und kampfgeübt. Diese Männer hatten Blut geleckt, als sie die Revolten ihrer eigenen Bauern niederschlugen. Jetzt zerstörten sie auch Jakub Beys Reich und befestigten die Westgrenzen Chinas. Im Bewußtsein ihrer eigenen Kraft hatten sie neues Selbstvertrauen gewonnen, und der Wunsch nach bewaffneter Macht erstand in ihnen. Wären sie dazu auch noch klüger und patriotischer gewesen, nicht so erfüllt von konfuzianischen Standesvorurteilen, nicht verblendet durch eine Pseudo-Loyalität zur Dynastie, so hätten die Mandschu wohl schon früher abdanken müssen. Aber andererseits waren sie so erschrocken über die kriegerische Begabung ihrer eigenen Landsleute, die sie nun entdeckt hatten, daß sie es doch für geraten hielten, die Dynastie zu stützen.

Es scheint, daß mein Urgroßvater auch eine Weile unter Tso Tsungtang gedient hat, unter dem Mann also, der die Grenzgebiete befriedete und die Macht des Reichs über Chinesisch-Turkestan, die heutige chinesische Provinz Sinkiang, festigte.

Nicht nur der Vater meines Großvaters, sondern auch der Vater meiner Großmutter, Lord Hung, nahm an dieser militärischen Konsolidierung der durch Rußland und England bedrohten Gebiete teil. Lord Hung war ein naher Freund von Tseng Kuofan, und so ergab es sich, daß der starre Konfuzianismus Tseng Kuofans auf dem Wege über Lord Hung und seine Tochter – meine Großmutter – Einfluß auf unsere Familie gewann.

Nachdem Chou Taohung aus dem Kriege heimgekehrt war, wurde es Sitte in der Familie, wenigstens einen Sohn für die militärische Laufbahn zu bestimmen. Die Mandschu hatten den Chinesen für fast drei Jahrhunderte alle militärische Macht genommen; nun aber war diese Macht wieder in die Hände der Chinesen gelegt worden, und das vergaß man in Szechuan nicht. Diese Provinz, die gewissermaßen ganz Zentralasien hinter ihrer Haustür liegen hatte, war das natürliche Durchzugsgebiet der Armeen; ihre fruchtbaren, mit Reisfeldern bestandenen Ebenen galten den Garnisonen, die an den Grenzen zu Rußland und Britisch-Indien stationiert waren, als Hauptquellen für den Nachschub an Nahrung, Ausrüstung und Geld. Darum war es der Dynastie nicht mehr möglich, die Milizen von Szechuan als nebensächlich abzutun. Dieser Aufstieg der chinesischen Militärmacht aber trug dazu bei, die zentrale Herrschaft der Mandschu zu schwächen und die Autonomie der Provinzen in militärischer und finanzieller Hinsicht gegenüber dem Hof von Peking zu bestärken. Allmählich lockerten sich so die Bande der Loyalität zu dem fernen fremden Kaiser. Es bildeten sich die ersten Ansätze für die Armeen der Kriegsherren, die während der folgenden Geschichtsperiode landauf, landab um die Macht kämpfen sollten.

Taohung nahm 1880 seinen Abschied, um nun über seine Familie zu regieren und seinen hohen Ruf als Gelehrter zu genießen. Er wurde von vielen berühmten Männern aufgesucht und geehrt. Hunderte von Gelehrten und Beamten bezeichneten sich als seine Schüler. Viele seiner Zeitgenossen widmeten ihm Lobeshymnen voller bombastisch moralisierender Wendungen, die sie auf Schriftrollen aufzeichneten und ihm bei ihrem Besuch überreichten.

Auch Taohung schrieb viel, wenngleich nichts von allem, was er schrieb, sehr originell war. Immer und immer wieder betonte er, daß Landbesitz allein noch nicht Wohlhabenheit bedeute, daß Macht die unzuverlässigste Waffe im Kampf ums Überleben sei und Reichtum der große Verführer. Nur durch treues Beieinanderstehen, durch gemeinsame Bemühungen lasse sich eine dauerhafte und solide Grundlage des Überlebens erreichen. »Redlichkeit, Erfüllung der Kindespflicht, sie sichern den Bestand der Familie.« Noch auf seinem Grabstein mahnte er die Nachwelt: »Gedenkt eurer einfachen Herkunft, gedenkt der Mühen eurer Vorväter; seid ehrfürchtig und sparsam, seid enthaltsam und aufrecht.«

Als ich nach Chengtu kam, fand ich hier auf lackierten Holzbrettern, die über den Türen und an den Wänden hingen, Urgroßvaters Kalligraphie vor, in der er seinen Nachkommen Rechtlichkeit und Moral predigte. Und als ich 1939 nach Szechuan und zu der Familie zurückkehrte, entdeckte ich dieselben Vorschriften wieder auf den Fotos der Schriftrollen, dieser lehrhaften Wandbehänge, die früher die Räume zierten. Dritter Onkel hat diese Fotos pietätvoll aufbewahrt, die Originale aber sind verschwunden. Eine Welt moralischer Maximen, welche die Familie in die unbezwingbare Festung der Tradition eingeschlossen hatten, ist für immer dahin. Und ich bin froh, daß ich während des Zweiten Weltkriegs fünf Jahre in Szechuan verbrachte und dort diese Welt vor ihrem Absterben noch erleben konnte.

Da Taohung ein so unruhiges und geschäftiges Leben führen mußte, heiratete er erst spät und zeugte nur zwei Söhne, deren ältester, Chiehyu, mein Großvater war.

Chiehyu war ein völlig anderer Mensch als Taohung. Seine Fotografie zeigt ein empfindsames, längliches Gesicht mit einem traurigen, fast gequälten Ausdruck. Er war viel schwächer als sein Vater und starb schon 1910 im Alter von siebenundvierzig Jahren, zwei Jahre vor dem Tod seines eigenen Vaters.

Großvater Chiehyu war keine dominierende Persönlichkeit. Ebensowenig wie er Taohung körperlich glich, ähnelte er ihm charakterlich. Er scheint eine sehr mitleidige Natur gewesen zu sein, und wenn man seinen Grabspruch liest, spürt man, daß er ein soziales Gewissen gehabt haben muß und keineswegs ein Wächter der konfuzianischen Moral war wie sein Vater. Er war gewiß auch kein Konservativer, der bereit gewesen wäre, tausend hungrige Bauern mit dem Schwert zu bekämpfen, und er empfand der Dynastie gegenüber wohl keinerlei Treueverpflichtung. Er fühlte sich unbehaglich und ruhelos an dem Platz, an den das Leben ihn gestellt hatte; aber er konnte diesen Platz nicht verlassen.

Auch Großvater versah eine Beamtenstelle in Kansu. Das erste Mal war er von 1884 bis 1890 dort. Dann kam er wieder nach Hause und kehrte von 1896 bis 1900 noch einmal nach Kansu zurück. Offenbar hatte er dort den gleichen Posten inne wie vor ihm schon sein Vater und sein Großvater: eine Stellung, die sowohl zivile wie militärische Pflichten und dazu die Kontrolle über die Salzproduktion und -ausfuhr umfaßte. Salz war in China bereits im zweiten Jahrhundert nach Christi Regierungsmonopol und eine der wichtigsten Einnahmequellen des Staates. Es wurde in jedem Stadium besteuert: bei der Gewinnung, beim Transport, beim Engrosverkauf und beim Einzelverkauf. In China gab es drei Hauptgebiete der Salzgewinnung: das Sumpfland in der Nähe der südlichen Meeresküste, die Salzminen von Szechuan in Tzeliuching und die Salzpfannen von Kansu. Das Einsammeln und der Transport des Salzes gehörten zu den Pflichten der Distriktsverwaltung, während die Gewinnung sowie der Engros- und Einzelverkauf bestimmten Salzkaufleuten, die eine Sonderlizenz besaßen, übertragen war. Auch unsere Familie hatte eine Zeitlang eine solche Lizenz, und daher war der Beamtenposten in Kansu bestimmt eine für uns sehr einträgliche Sache.

Chiehyu kam als Distriktsbeamter nach Linchow, in ein Grenzgebiet, das dem chinesischen Reich im fünfzehnten Jahrhundert offiziell einverleibt worden war. Es war ein salzreiches Land mit künstlich angelegten Wasserwegen, auf denen das Salz in Lastkähnen transportiert werden konnte, und einer mit der großen Seidenstraße verbundenen Straße, über die das Salz mit Kamelkarawanen quer durch die Ordos-Wüste nach Peking gelangte.

Die Aufstände der Huei und die darauf folgenden Massaker, Seuchen und Hungersnöte hatten das Gebiet schwer heimgesucht. Die Armut war erschreckend, und Chiehyu fühlte sich nicht glücklich dort. So sagt sein Grabstein, der nicht lügen kann, jedoch die Wahrheit etwas zu mildern versucht. Aber seine Verzweiflung muß in der Tat sehr groß gewesen sein, sonst hätte man die Erinnerung daran nicht noch nach seinem Tode auf seinem Grabstein verewigt. Offenbar erfuhr auch der Charakter meines Großvaters durch seinen Aufenthalt in

Kansu eine gewisse Veränderung. Er sah, daß die Lebensbedingungen des Volkes dort ungeheuer schwierig waren, und er bemühte sich, etwas Linderung zu schaffen. Die postume Erklärung jedoch, viel Mühe und Arbeit sei der Grund für sein späteres zurückgezogenes Leben und seine angegriffene Gesundheit gewesen, erscheint mir sehr oberflächlich, und es dürfte sich wohl eine viel tragischere Wahrheit dahinter verbergen. Offenbar hat er alles, was in seinen Kräften stand, getan, um die Armut um sich herum zu lindern. Er fand dabei nicht Ruhe noch Rast, starb mit siebenundvierzig Jahren noch vor seinem eigenen Vater und hinterließ dieses Bild eines schmalen traurigen Gesichts mit erschrocken blickenden Augen und einem Mund, der kein Lächeln zu kennen scheint.

Wir erfahren fernerhin, daß er ein vorzüglicher Gelehrter, vor allem ein Geschichtskenner war und als außergewöhnlich begabt galt. Den Erfordernissen seiner Zeit entsprechend mußte er mehrere offizielle Prüfungen ablegen, »aber er selbst war allen Ehrungen gegenüber gleichgültig«.

Taohung, der erfolgreiche Krieger, der unerschütterlich treue Diener einer korrupten und despotischen Dynastie, muß einen solchen Sohn als sehr enttäuschend empfunden haben. Großvater kehrte nach Chengtu zurück und wollte seinen Posten aufgeben; dann aber wurde er überredet, es noch einmal zu versuchen, und ging wieder nach Kansu. Kaum war er dort angekommen, als eine neue Moslem-Revolte ausbrach. »Zu all seinen Sorgen und Verantwortungen trat nun auch noch die Pflicht, die Verteidigung zu organisieren und Ruhe und Ordnung aufrechtzuerhalten. Er mußte Tag und Nacht arbeiten und obendrein noch Zeit finden, sich um Angelegenheiten der Rechtsprechung zu kümmern. Unter diesem Druck brach seine Gesundheit zusammen.«

Die Arbeitsleistung, die von einem Beamten auf einem Grenzposten verlangt wurde, war ungeheuer. Ein solcher Mann war alles in einer Person: Gesundheitsinspektor, Steuereinnehmer, militärischer Befehlshaber, Verwaltungsbeamter und Schulinspektor. Großvater warf die Aufstände nieder, reparierte die Deiche, sammelte die Salzsteuern ein, schrieb Berichte, organisierte Rekrutenaushebungen, kämpfte gegen Räuberbanden, eröffnete Schulen und brachte es fertig, in erstaunlich kurzer Zeit das Werk der Befriedung und Stabilisierung zu vollenden. Doch die Routine des Beamtendaseins widersprach seinem Charakter. So sagt es sein Grabstein in einer verzweifelten Bemühung, die Wahrheit geschickt zu verschleiern. Obgleich seine verwaltungstechnische Geschicklichkeit weithin anerkannt wurde, schied er schließlich doch aus dem Staatsdienst aus und kehrte nach Chengtu zurück, wo er sich als Arzt niederließ und jedem, der ihn aufsuchte, nach Kräften half.

Zur Zeit seiner Rückkehr schrieb man das Jahr 1902. Mein Großvater spürte die neuen Geistesströmungen und reagierte darauf. »Als die Dynastie endete, stürzten die Bemühungen um einen Wechsel der politischen und sozialen Ordnung die jüngere Generation in einen Zustand der Verwirrung. Diesen jungen Menschen war er ein Führer. Er wies ihrer Phantasie den Weg zu neuen Horizonten und zeigte ihnen, wie sie sich von ihren eigenen Fesseln und Vorurteilen befreien, das Feld ihres Wissens erweitern und lernen konnten, das Prinzip der Menschlichkeit zu achten.« So sagt es sein Grabstein.

Heute würde man meinen Großvater wahrscheinlich als Liberalen oder Reformisten bezeichnen; andererseits jedoch war er ein sehr kranker Mann mit geringem Einfluß, ein mitleidiger Mensch in einem mitleidlosen Zeitalter. Wir werden nie erfahren, was er wirklich dachte, denn ich besitze kein Zeugnis seines Schreibpinsels außer einem Essay eines Fußgängers, der die Schönheit des Reisens mit der Eisenbahn preist.

Meine Großmutter, seine Frau – Lady Hung, die Tochter von Lord Hung, dem Freund und Gefolgsmann des berühmten Tseng Kuofan –, muß eine ganz andere Natur gewesen sein. Die Inschrift ihres Grabsteins ist viel enthusiastischer gehalten als die über dem Grab ihres Mannes; denn er war eine Ausnahme von der Regel, gewissermaßen ein Versager, während sie eine Idealgestalt war: die ideale Dame, die ideale Mutter, Schwiegertochter, Ehefrau, das geborene weibliche Stammesoberhaupt – also genau das, was die herrschende Klasse schätzte, der es so sehr darum ging, die Traditionen zu erhalten und zu bewahren, und der jede Neuerung zuwider war. Nirgends hätte man eine bessere Verkörperung all der Tugenden finden können, die der strenge Konfuzianer hochhielt, als meine Großmutter Lady Hung. »Da Lady Hungs Vater ein Anhänger von Lord Tseng war, erhielt sie eine Erziehung nach dem Muster der Familie Tseng, und ihr Charakter bildete sich als ein Ergebnis sorgfältigster Unterweisungen.«

Um ihren Charakter zu verstehen, las ich die Lebensgeschichte Tseng Kuofans – die ich übrigens ohnehin auf Veranlassung meines Mannes lesen mußte, als er im Jahre 1938 Adjutant des Generalissimus Tschiangkaischek war. Tschiang verehrte Tseng Kuofan, und darum meinte Pao, mein Mann, es sei günstig für seinen und meinen (selbstverständlich vor allem für meinen!) Charakter, Tsengs Lebensgeschichte und seine Schriften zu studieren.

In den sechziger Jahren des vorigen Jahrhunderts gab es gewiß viele Engländer, die Tseng bewunderten, obgleich er mit Gordon – dem Gordon von Khartum, wie er auch genannt wird –, der ihm half, die Taiping zu besiegen, nicht allzu gut auskam.

Tseng hat der Nachwelt ausführliche Tagebücher hinterlassen, in denen er alles und jedes beschreibt, seine Feldzüge ebenso wie seine Scherpilzflechte und seine schwindende Sehkraft. Er weigerte sich immer aus prinzipiellen Gründen, einen europäischen Arzt zu konsultieren, obgleich er schrieb: »Wir müssen vom Westen lernen, was nützlich ist, und das ablehnen, was unredlich und geeignet ist, unsere eigenen hohen Moralbegriffe zu untergraben« – eine Einstellung, die von der damals herrschenden Klasse allgemein geteilt wurde und zu der sich in späteren Jahren auch Tschiangkaischek bekannte.

Bei der Lektüre von Tsengs Schriften sehnt man sich förmlich nach einer gelegentlichen Erlösung aus dieser sturen, humorlosen, so ungeheuer rechtlichen und hochtrabenden Feierlichkeit. Ich habe jedoch in seinen Tagebüchern nur einen einzigen komischen Satz entdecken können, und zwar an der Stelle, wo Tseng sich über das richtige Betragen in Gegenwart von Europäern ausläßt: »Seid im Verkehr mit den Ausländern nicht allzu hochmütig, sondern befleißigt euch einer leicht verwirrten, etwas gleichgültigen Haltung. Laßt ihre Unverschämtheiten, ihre Falschheit und Arroganz, ihre Verachtung für alles, was sie nicht verstehen, an euch abgleiten; versucht ein etwas einfältiges Gesicht zu machen; das ist ein gutes Mittel, um mit einer schwierigen Situation fertig zu werden ...«

Er war bemüht, in allen Dingen nach den Vorschriften der Riten zu leben. Man erzählt von ihm, er habe jedesmal, wenn er mit seiner Frau schlafen wollte, zuerst gebadet, die großen roten Kerzen der Hochzeitsnacht angezündet, Weihrauch verbrannt und so Himmel und Erde seine Ergebenheit bezeigt, bevor er das Schlafgemach seiner Frau betrat. Es ist etwas Rührendes und Grandioses an diesem Respekt vor dem Sexualakt, wenngleich ich nicht weiß, ob diese Geschichte auf Wahrheit beruht.

Dieser perfekte Ehrenmann mit seinem perfekten, starren Sittenkodex hatte nichts von der humanen Haltung meines Großvaters. Und nachdenklich betrachte ich die Fotografie meiner Großmutter, die nach den Prinzipien Tsengs erzogen wurde. Ihre Bilder zeigen ein eckiges Kinn, kräftige Gesichtszüge, besinnliche Augen und eine breite, ruhige Stirn. Die beiden Familien entstammten der gleichen Schicht und hatten denselben Kreis einflußreicher Freunde unter der aufsteigenden chinesischen Gentry. Wahrscheinlich wußte Urgroßvater Taohung genau, was für eine außergewöhnliche Schwiegertochter er sich für seinen nicht ganz befriedigenden ältesten Sohn einhandelte. Ich kann mir vorstellen, wie der schlaue, skrupellose alte Herr den Plan faßte, aus seiner Schwiegertochter eine Art starker Festung zum Schutz für die Schwäche seines Sohnes zu machen. Aber natürlich verlautete darüber nicht ein einziges Wort; man sprach einzig über die vorzüglichen Essiggemüse, die sie zubereiten konnte. Denn in jenen Tagen gehörte das Einlegen von Essiggemüsen zur guten Erziehung, und keine Frau der höheren Schichten durfte in dieser Kunst unerfahren sein.

Großmutters in Stein gegrabenes Lob klingt geradezu überschwenglich. Sie wurde mit siebzehn Jahren verheiratet, und als ihr Mann nach Kansu versetzt wurde, befahl Taohung seiner Schwiegertochter, den Gatten dorthin zu begleiten – ein seltenes Vorkommnis, denn die Chinesenfrauen der vornehmen Stände wagten sich dazumal nicht in die wilden Grenzgebiete. Um dorthin zu gelangen, mußte man eine wochenlange Reise in der Sänfte durch wilde und gefährliche Gegenden unternehmen. Meine Großmutter ließ ihren ersten Sohn in der Obhut ihres Schwiegervaters; zwei weitere Söhne wurden in Linchow geboren, und einer von ihnen war mein Vater.

»Die Getreidekost bekam ihrem Gatten nicht. Bessere und abwechslungsreichere Gerichte waren nur für sehr reiche Leute erschwinglich. Lady Hung war umsichtig und pflegte ihren Mann mit aller Sorgfalt, so daß er sich allmählich besser fühlte.«

Meine Großeltern waren Reisesser; aber in Kansu wächst kein Reis, sondern nur Gerste und Hirse. Auch Gemüse gab es nicht, sondern nur Hammel- und Pferdefleisch, und meine Großmutter konnte den Geruch des Hammelfleisches nicht vertragen. Gesellschaftlichen Verkehr hatten sie in Kansu auch nicht; sie bekamen nur die umherstreifenden Banden hungriger Bauern zu Gesicht und waren umgeben von den ruhelosen, rachsüchtigen Huei, die stets zu neuen Aufständen bereit waren. Sowohl Dritter Onkel wie meine Mutter haben mir von einer Nacht erzählt, in der eine berittene Moslembande das Magistratsgebäude von Linchow angriff. Mit den Dienern, Gefolgsleuten und Wachen, die zur Hand waren, wehrte Großmutter die Feinde ab, während Großvater flüchtete, indem er über die hintere Mauer sprang. Sie verriegelte die schweren Türen und schob zur Sicherung sämtliche Möbel, die im Hause waren, von innen dagegen. Schließlich zogen die Huei ab. Auf dem Grabstein wird diese Episode aus Bescheidenheit nicht erwähnt; eigentlich gehörte es sich auch nicht für eine Frau, tapfer zu sein. Ihre Grabschrift lautet:

»Die Geschichtsschreiber verehren tugendhafte Frauen nicht unbedingt um besonderer oder auffallender Taten willen, sondern wegen ihrer unwandelbaren guten Eigenschaften: weil sie imstande sind, alle Not zu überstehen und einen beispielhaften Lebenswandel zu führen, ein Dasein voller Fleiß, Mäßigkeit und Lerneifer, wie die Familientradition es vorschreibt.

Eine große Dame wie Lady Hung erfüllte alle ihre Pflichten. Ihr ist es zu verdanken, daß ihre Kinder sich zu vorbildlichen Charakteren entwickelten. Sie behielt ihre außerordentliche Bescheidenheit auch in der aristokratischen Umgebung ihrer späten Tage bei. Obgleich sie gegen Ende ihres Lebens recht begütert war, blieb sie stets sparsam und fleißig und hielt auch ihre Kinder dazu an. Ausgeglichenheit, Sinn für das rechte Maß und gesellige Verträglichkeit gehören ebenfalls zu ihren lobenswerten Eigenschaften. Worte reichen nicht aus, um den wunderbaren Charakter dieser Frau zu beschreiben.

Sie wurde von vier Söhnen, elf Enkelsöhnen, elf Enkeltöchtern und zwei Urenkelsöhnen überlebt. *(Diese Aufzählung schließt ihre drei Töchter und deren Kinder nicht ein; andernfalls müßten noch weitere zwanzig Enkel hinzugerechnet werden.)*

Voller Respekt sind ihre Söhne bemüht, eine Denkschrift zu Ehren ihrer Mutter aufsetzen zu lassen, in der ihre edlen Taten hervorgehoben werden, damit alle ihr nacheifern und sie preisen können. Unwesentliches bleibe unerwähnt. Ach, die Hochbetagte ist nun zur Ruhe gelangt, und ihr Ende war ebenso vorbildlich wie ihr Beginn. Weder Fülle noch Mangel konnten dem schönen Geist Lady Hungs etwas anhaben, und so wird sie zu einer Überlieferung, deren Abbild auf immer in ihren Kindern sichtbar ist.

So wie das Bild auf einem Wandteppich mit einer beherrschenden Figur, die einheitlich und harmonisch von den Geschöpfen der Fauna und Flora umgeben ist, so war das Leben von Lady Hung. Durch die Drachen hoch in den Wolken läßt der Himmel seinen Segen auf diese edelste der Familien herabrieseln.«

So wurde die Lebensgeschichte dieser Matriarchin, dieses führenden Geistes der Feudalfamilie, im Gedenkstein bewahrt. Doch nun ist der Stein dahin, und nur zerfallendes Seidenpapier und die Fotografien sind geblieben. Seite an Seite blicken sie mich an: der traurige, kranke Mann, der sich stets mit Fragen herumquälte, und die starke, ruhige Frau, die ihrer Pflichten und ihres Platzes in der Gesellschaft so sicher war.

Von all ihren Söhnen war mein Vater der Lieblingssohn Lady Hungs, und natürlich war er es, um den sie am bittersten leiden mußte. Die Kinder meines Vaters, so fremd sie ihr auch waren, wollte sie um sich haben; nach ihnen verlangte es sie. Aber nur zwei dieser halb ausländischen Enkelkinder haben sie je zu Gesicht bekommen, und diese zwei denken heute nicht mehr an sie. Eins dieser Enkelkinder war meine Schwester Marianne, die sich 1938 durch die japanischen Linien nach Chengtu durchschlug – ein ungeheuer kühnes Wagnis, das nur wenige Männer unternommen hätten. Meine Großmutter liebte Marianne, aber diese empfand der alten Dame gegenüber nur Ungeduld und konnte sich der Familiendisziplin nicht beugen. An dem Tag, an dem meine Großmutter starb, ging sie mit Blumen im Haar aus, um in der Universität einen jungen Mann zu treffen. Das andere Enkelkind war mein Bruder. Auch er denkt nicht mehr an sie, obgleich sie einst den kleinen Jungen festgehalten hatte, während er sich vor seinen Ahnen verbeugte. Doch Kummer und Sorgen sind notwendige Dinge, die man bei einer Lebensbeschreibung fortlassen kann, und Großmutter wäre es nicht recht gewesen, wenn man noch mehr über sie in den Stein graviert hätte.

Großmutter starb im Jahre 1937 an Krebs. Als es mit ihr zu Ende ging, weigerte sie sich, einen westlichen Arzt aufzusuchen – möglicherweise, weil sie damit dem Beispiel Tseng Kuofans folgen wollte, wahrscheinlicher jedoch, weil sie an die westliche Medizin nicht glaubte, sondern die Heiltränke der chinesischen Medizin – Aufgüsse aus Wein, Kräutern und zermahlenen Perlen – vorzog.

Viertes Kapitel

Mein Vater hat nach der Befreiung von 1949 dreimal seine Lebensgeschichte geschrieben: zweimal, weil es von ihm verlangt wurde, und einmal aus eigenem Antrieb. Ich besitze Kopien von allen drei Niederschriften. Die beiden ersten sind mehr oder weniger Aufzählungen der wichtigsten Ereignisse seines Lebens; die dritte ist eine ausführliche und persönlich gehaltene Autobiographie. Sie ist unvollständig, da mein Vater starb, bevor er sie beenden konnte.

Als die Kommunisten im Jahre 1949 die Regierung übernahmen, gab es viele Leute, die sich verhielten wie mein Vater und nicht davonliefen. Ja, eigentlich waren es sogar verhältnismäßig wenige, die fortgingen, und diese gehörten hauptsächlich der vom Westen beeinflußten Oberschicht an. Viele andere waren, genau wie mein Vater, der Kuomintang so von Herzen überdrüssig, daß ihnen jeder andere lieber war als Tschiangkaischek, wenngleich sie die Kommunisten fürchteten. Diese Ingenieure, Ärzte, Lehrer und Verwaltungsbeamten, die sich wenig oder gar nicht für Politik interessierten, hatten die Korruption, die Unfähigkeit, die unsauberen Regierungsmethoden und den Polizeiterror gründlich satt. Die meisten von ihnen sehnten ein Ende des Bürgerkriegs herbei und wünschten sich, daß das Land endlich auf eigenen Füßen stehen und sie selbst in der Lage sein könnten, in Frieden und Sicherheit zu arbeiten. Allerdings gab es auch Menschen mit weniger klaren und einfachen Motiven. Tausende von Offizieren und Militärbeamten, die unter der Kuomintang gedient hatten, waren in den letzten Monaten zu den Kommunisten übergelaufen, weil sie sich ausrechneten, daß die kommunistischen Armeen den Sieg davontragen würden. Wie viele dieser geschmeidigen Intellektuellen und Bürokraten, die sich jetzt als begeisterte Anhänger der neuen Regierung gebärdeten, waren wohl in Wirklichkeit Geheimagenten der Kuomintang, die nur ihre Zeit abwarteten und bemüht waren, das System von innen her zu unterminieren?

Zwischen 1951 und 1953 und dann noch einmal im Jahre 1954 schrieb mein Vater seinen Lebenslauf nieder, so wie es von jedem Chinesen, der in Diensten der Regierung stand, gefordert wurde. Diese Manuskripte waren nicht lang; sie umfaßten jeweils nur sechs bis acht Seiten. Das darin zusammengestellte Material wurde mehrfach geprüft – eine unter den gegebenen Umständen verständliche Sicherheitsmaßnahme. Jede Regierung führt Personalakten über ihre Beamten, insbesondere über diejenigen, die wichtigere Posten bekleiden, und das Material für diese Akten wird durch die Geheimpolizei oder andere Untersuchungsorgane erbracht. Das ist eine Routine, die heute in sämtlichen Demokratien geübt wird. In China nun stellte man diese Akten zusammen, indem man die selbstverfaßten Lebensbeschreibungen aller früheren Beamten einsammelte und sie mit den vorliegenden Berichten und den bekannten Tatsachen verglich. In zweifelhaften Fällen, also wenn man auf ehemalige Korruptionsaffären, auf Schwarzmarktgeschäfte oder heimlich beiseite geschaffte Gelder stieß – und es gab viele derartige Fälle, denn Korruption war in den fünfzehn letzten Regierungsjahren Tschiangkaischeks fast zum Normalzustand geworden – oder wenn der Verdacht bestand, daß jemand Beziehungen zu feindlichen Gruppen in Formosa oder anderswo unterhielt, wurden die betreffenden Autobiographien besonders sorgfältig unter die Lupe genommen. Die Regierung verlangte dann nähere Erklärungen über gewisse dunkle oder fragliche Punkte, und zuweilen mußte ein solcher Lebenslauf noch drei- oder viermal umgeschrieben werden.

Das beste war es, man verschaffte sich eine reine Weste, indem man einen wahrheitsgetreuen Bericht über seine früheren Fehler und Entgleisungen vorlegte, denn die Chancen, daß man mit einem einfachen Verweis davonkam und damit alles vergeben und vergessen war, standen damals etwa eins zu hundert. Vergehen aber, die man geheimhielt, konnten einen später in große Schwierigkeiten bringen.

Ich selbst habe, als ich 1956 nach China zurückkehrte und in allen folgenden Jahren Dutzende von Menschen getroffen und gesprochen, die ich schon gekannt hatte, als mein Mann ein General der Kuomintang war. Ich begegnete mehreren seiner ehemaligen Kameraden, die seinerzeit unter Tschiangkaischek gedient hatten und nun in Diensten der kommunistischen Regierung standen. Sie waren gesund und munter, erfüllten nützliche Aufgaben und hatten sich mit dem neuen China ausgesöhnt. Am meisten erstaunte es mich, wie wenige von diesen Männern der neuen Politik zum Opfer gefallen waren. Eine ganze Anzahl ehemaliger hoher Offiziere, an deren Händen das Blut von Hunderten von Kommunisten klebt, die sie hinrichten oder foltern ließen, arbeiten heute in Peking oder beziehen dort eine Altersrente ... unbehelligt und sicher. Aber das ist eben China. Darin unterscheidet sich die chinesische Revolution so grundsätzlich von allen anderen, und darum haben so viele Menschen wie mein Vater sich ihr angeschlossen: Es gab hier keine kurzerhand vollzogenen Hinrichtungen, sondern dem, der Reue zeigte und die Wahrheit sagte, wurde vergeben. In dieser Revolution war für jeden ein Platz vorhanden, selbst für einen ehemaligen Kaiser der Mandschu-Dynastie. *(Siehe Aisingioro Puyi: Meine Autobiographie.)*

Was meinen Vater betraf, so brauchte er nur einen einzigen Punkt näher zu erläutern und den entsprechenden Teil seiner Biographie neu zu schreiben: seine kurze Bekehrung zum Katholizismus im Jahre 1929. Eine Randnotiz in seinem Tagebuch lautet: »Diesen Umstand wörtlich erklären.« Sonst scheint er kaum Schwierigkeiten gehabt zu haben.

Dritter Onkel schrieb freiwillig seine Lebensgeschichte und verbreitete sich dabei ausführlich über alle seine finanziellen Transaktionen, seine Beziehungen zu den Kriegsherrn und die Ereignisse bei der Bekämpfung des Opiumhandels, mit der er beauftragt worden war. Er zählte sämtliche Handelsgesellschaften auf, die er begründet hatte, insgesamt siebenundzwanzig. Daraufhin wurde er als geborener Kapitalist eingestuft und einem Finanzkomitee zugeteilt. Heute ist er pensioniert und lebt von den Zinsen seines investierten Kapitals.

Als ich 1958 nach Peking zurückkehrte, um nach dem Tode meines Vaters die vier Häuser zu übernehmen, die er mir hinterlassen hatte, fand ich zufällig in einem Koffer zwischen alten Büchern und Heften das unvollendete Manuskript seiner inoffiziellen Lebenserinnerungen. Es lag unter Briefbündeln, unter Stößen von Fotografien, alten Rechnungen, selbstverfaßten Gedichten, seiner Heiratsurkunde und seinem Ingenieurdiplom, einem Goldbarren und der alten Taschenuhr meiner Mutter mit dem Gitterdeckel, an die ich mich so genau erinnere, weil ich immer das Gefühl hatte, als säße das Zifferblatt dahinter im Gefängnis, und weil ich bei diesem Anblick immer an die Kerkertage denken mußte, die ich zu Hause verbrachte, verzweifelt, weil es mir nicht erlaubt war, weiter zur Schule zu gehen. Diese Uhr erschien mir oft in meinen Alpträumen, bis ich sie in dem Koffer wiederentdeckte. Auch Vaters Taschenmesser und sein Füllfederhalter – Gegenstände, die er stets bei sich getragen hatte – lagen dort. Wahrscheinlich hatte Vaters alte Dienstmagd sie nach seinem Tod in den Koffer gelegt, damit sie nicht verlorengingen. Vater hatte etwas von einem Erfinder an sich. Stets schrieb und notierte er sich etwas auf, hauptsächlich Ideen über technische Neuerungen, die ihm in den Kopf kamen. Wo er ging und stand, im Autobus, im Zug, auf einem Spazierweg, immer und überall zückte er seinen dicken schwarzen Füllfederhalter, der sich mit Hilfe eines kleinen Hebels füllen ließ, zog das Notizbuch hervor – im Sommer aus der Außentasche seiner Baumwolljacke, im Winter aus der unteren Tasche seiner Kamelhaarweste – und schrieb.

Er war es, der die ersten Entwürfe für das große Wasserreservoir aufzeichnete, das nach der Befreiung von 1949 in der Nähe der Ming-Gräber in Peking angelegt wurde. Er hatte bereits 1928 den Plan skizziert; aber es war nichts geschehen, bis dann 1957 einhundertachtzigtausend Freiwillige hingingen und das Reservoir in sechs Wochen bauten. Meinen Vater machte das sehr glücklich. Er zeichnete auch Pläne, die eine Erweiterung des Abwässer-Kanalnetzes der Stadt vorsahen.

Diese Zeichnungen und Entwürfe wurden in die Notizbücher eingetragen, wo sie neben trigonometrischen und mathematischen Formeln, Notizen über tägliche Ausgaben und den Namen und Adressen von Freunden standen. Und ebendiese Notizbücher enthielten auch, auf dünnes Seidenpapier aufgezeichnet, seine Erinnerungen und seine Gedichte. Denn mein Vater war wie viele Chinesen, die eine klassische Bildung genossen hatten, unter anderem auch eine Art Dichter.

Ich gebe hier das erste Fragment wieder, das mir in die Hände fiel – nicht weil es mit den Anfängen beginnt, sondern weil es das erste war, das ich fand. Vier Jahre dauerte es, bis ich das ganze Manuskript beisammen hatte, denn mein Vater hatte einige Teile davon an Dritten Onkel, seinen jüngeren Bruder, geschickt, und diese Teile erhielt ich erst im Oktober 1964, einen Tag nachdem China seine erste Atombombe gezündet hatte.

Zwei Monate vor der Befreiung *(Befreiung: gemeint ist das Jahr 1949, in dem Tschiangkaischek geschlagen wurde und die Kommunisten die Regierung in China übernahmen.)* erlitt ich einen Schlaganfall, und das Blut gefror mir im Kopf, und ich konnte meine rechten Gliedmaßen nicht mehr gebrauchen. Als ich so bewegungsunfähig im Bett lag, sah ich, wie meine Frau und meine zweite Tochter ihre Sachen packten, wie sie hastig überall im Hause irgendwelche Gegenstände zusammenholten und in ihre Koffer warfen. Sie fuhren fort. Ich wußte, daß sie Angst hatten, weil die Kommunisten kamen. Aber ich hatte keine Angst. Ich hatte schon lange, so lange auf sie gewartet ... voller Furcht und Hoffnung, voller Zweifel und Fragen. Nichts konnte schlimmer sein als das, was wir durchgemacht hatten; aber wer wußte, was die neue Ära bringen würde?

Nun kamen sie also endlich, und weil sie kamen, fuhren meine Frau und meine Tochter fort, und ich blieb allein zurück. Man kümmerte sich um mich, ich wurde wieder gesund und konnte wieder arbeiten. Und obgleich ich oft anderer Meinung bin als sie, so haben sie mich doch gut behandelt, und ganz gewiß sind manche Dinge getan worden, die getan werden mußten. Genosse Lu, der Leiter der Abteilung, in der ich arbeite, hat sich mir gegenüber immer respektvoll verhalten, auch wenn wir bis vor wenigen Monaten oft miteinander stritten und jeder an seinem eigenen Standpunkt festhielt. Weil er ein Bauer, ein Soldat der Achten Feldarmee ist und weder zu den Intellektuellen noch zu den Gebildeten zählt, während ich und meine Kollegen als hochgradig Intellektuelle eingestuft wurden, machten wir uns im Anfang insgeheim über ihn lustig und verspotteten ihn auf allerlei Weise, indem wir uns in seiner Gegenwart laut mit »Genosse« anredeten und seine Redeweise sowie seine demütige Art nachäfften. Aber jetzt habe ich mich geändert. Oder hat er sich geändert? Oder vielleicht wir beide? Der Wandel vollzog sich, als er zu mir sagte:

»Genosse Chou, warum schreiben Sie nicht einmal Ihre ausführliche Lebensgeschichte nieder? Das wäre doch eine wertvolle Lehre für uns jüngere und unerfahrene Menschen. Bestimmt würde diese Geschichte viel Material enthalten, das wir unserem Wissen hinzufügen könnten und das uns in die Lage versetzen würde, Irrtümer zu vermeiden und unsere Fehler zu beheben.«

Das ist der Stil dieser Menschen; sie ergehen sich in Selbsterniedrigungen und sind geradezu unglaubhaft bescheiden – ein Benehmen, das für Leute wie uns um so aufreizender ist, als es uns immer vorkommt, als wollten sie sich damit über unsere eigene pompöse Bescheidenheit und die uns eigentümlichen Redensarten lustig machen. Dabei besitzen Männer wie Genosse Lu Macht, und diese Tatsache läßt uns ihre Demut noch grotesker erscheinen. Aber Genosse Lu sagt, er wolle von uns lernen, er habe den Wunsch, etwas von Wissenschaft zu verstehen und auf seine Weise auch ein Ingenieur zu werden. Er verfügt nur über eine sehr geringe Bildung, denn als er mit vierzehn Jahren in die Rote Armee eintrat, konnte er weder lesen noch schreiben. Nun hat er zwanzig Kriegsjahre hinter sich und fünf Jahre Verwaltungsdienst, in denen er für die finanziellen Fragen unserer Ingenieur- und Zeichenabteilung sowie für unser leibliches und seelisches Wohlergehen verantwortlich war. Jede Nacht brennt die Lampe in seinem winzigen Kämmerchen, und er sitzt dort über den technischen Büchern, die er sich geborgt hat: im Winter ohne Heizung, einen Schal um den Hals gewickelt; im Sommer in seinen baumwollenen Unterhosen, in der Hand einen Fächer, um sich etwas Kühlung zu verschaffen. Er lernt. Und eines Tages wird er so viel wissen wie wir, die Intellektuellen, die Studierten.

Er ging uns allen auf die Nerven, er und seine politischen

Lehren, seine Ermahnungen, politische Bücher zu lesen. Schließlich war er ein ungehobelter Bauer, der kaum lesen konnte, und trotzdem war er uns übergeordnet, uns, der geistigen Elite Chinas, Männern, von denen viele westliche Universitäten absolviert hatten. Unsere Eitelkeit war auf eine unerträgliche Weise verletzt; wir fühlten uns gedemütigt und sahen Katastrophen voraus. Die Parteiorganisationen schenkten uns und unserem Wissen keinerlei Beachtung, obgleich wir doch Intellektuelle waren. Und Lu war während der ersten zwei Jahre so langsam, so begriffsstutzig, so dumm ... in den nächsten drei Jahren jedoch wachte er auf. Er beobachtete uns bei der Arbeit und bemühte sich, von uns zu lernen. Im letzten Jahr war sein Lerneifer ganz besonders stark, und jetzt habe ich vergessen, daß ich ihn einmal nicht leiden konnte. Wir haben die Gewohnheit angenommen, miteinander zu plaudern, und wahrscheinlich habe ich ihm von meinen ehemaligen Träumen, von Ereignissen aus meiner Jugendzeit und von meinem Leben bei der Eisenbahn einiges erzählt... Vielleicht drängt er mich deshalb, ein Buch über mein Leben zu schreiben. Aber er ist noch jünger als mein Sohn. Und darum antworte ich, wenn er mir vorschlägt, meine Erinnerungen niederzuschreiben: »Ich habe genug mit meinen Entwürfen für die Wasserreservoire zu tun.«

»Ja, Genosse Chou, das weiß ich. Aber überlegen Sie sich's doch noch einmal. Wir spüren, daß Sie so viel Lebenserfahrung haben, die uns fehlt, und wir müssen nun einmal die Vergangenheit kennenlernen, um für die Zukunft besser gewappnet zu sein.«

Vor vier Monaten noch hätte ich geargwöhnt, Genosse Lu wolle nur einmal bestimmte Ereignisse der Vergangenheit eingehender beleuchtet haben, um herauszufinden, wie ich wirklich denke. Und ich hätte mir überlegt, ob wohl irgendeine neue Tatsache aufgetaucht sein mochte, irgend etwas Wichtiges, das zu erwähnen ich bisher vergessen habe. Denn wenn diese Tatsachen aus unserer Vergangenheit uns auch nicht wichtig erscheinen mögen, so bilden sie doch ein Material, das wieder und immer wieder erforscht und zu Vergleichen herangezogen werden kann, bis all die heimtückischen Dinge, die den Keim künftigen Übels in sich getragen haben, offen vor unseren Augen liegen.

In den ersten vier Jahren haben wir an jedem Jahresende und nach jeder Großen Bewegung unsere Gedanken niedergeschrieben und Versammlungen abgehalten, bei denen wir unsere Ansichten über unsere Arbeit äußerten und an der Partei sowie an Genosse Lu Kritik übten, während dieser für alles das, was er als Fehler oder Mißerfolge innerhalb unserer Abteilung bezeichnete, die Schuld auf sich nahm. Ich habe diese Veranstaltungen nie gemocht und sie immer als abscheuliche Zeitverschwendung angesehen. Doch da ich ein alter Mann bin und mancherlei Erfolge aufweisen kann, hat nie jemand versucht, mich umzustimmen. Oder sollten diese Menschen Ehrlichkeit tatsächlich zu schätzen wissen? Wir wiederum haben gelernt, unser eigenes Verhalten mit neuen Augen zu sehen und kritisch zu betrachten, und man hat uns außerdem beigebracht, nicht hinter dem Rücken unserer Arbeitskollegen über sie herzuziehen, sondern ihnen offen unsere Meinung zu sagen.

Jetzt spüre ich keinerlei Feindseligkeit auf der anderen Seite mehr und habe nicht das Gefühl, daß man mir eine Falle stellen will. Mit einemmal habe ich den ehrlichen Wunsch, mein Leben niederzuschreiben, alles, was geschehen ist, schriftlich festzuhalten. Viele von uns haben diesen Drang, denn wir fühlen, daß wir eine große Wandlung erlebt haben. Eine Revolution besteht nicht aus unpersönlichen Ereignissen, durch die hilflose Menschen weitergetrieben werden. Sie wird von Menschen gemacht, und sie ist auch ein innerlicher Prozeß, der uns verändert. Ich fühle mich wie ein Teich, der ausgebaggert wurde, von dessen Grund man allen Schlamm entfernt hat, so daß nun die Steine sichtbar geworden sind. Als ich heute aus der Abteilung kam, sah ich, daß der Frühling angebrochen war.

Der Frühling ist gekommen, und der Frühling ist schmerzhaft; denn ich spüre noch immer Marguerite in ihm, obgleich sie mich verlassen hat. Und auch die Kinder. Lu weiß von ihnen, und darum stellt er nie eine Frage. Sein Herz ist zartfühlend, auch wenn seine Manieren rauh sind. Und plötzlich ist er mein Freund, und er sieht auch in mir seinen Freund, dem er wünscht, er möge sich von einer Last befreien, indem er noch einmal in seine Erinnerungen hinabtaucht. Und es ist ja wahr: Wir haben jetzt Frieden, und die Tage sind da, in denen man in Ruhe seinen Erinnerungen nachgehen, sie zusammenholen und aufstapeln soll. Unsere junge Generation muß erfahren, wie die Vergangenheit für uns ausgesehen hat, und sie soll auch den endlos langen und harten Weg kennenlernen, den wir zurückgelegt haben.

Wie ein Mann, der nach einer langen und beschwerlichen Bergwanderung auf die Hänge zurückblickt, die er erstiegen hat; wie der Sticker, der, Stunden und Tage über seinen Stickrahmen gebeugt, Stich an Stich gefügt hat und sich nun die Augen reibt und das Muster betrachtet, das endlich als Ganzes hervortritt, so muß auch ich im hellen Licht des wiedererwachten Frühlings mich selbst und mein Leben als Einheit ansehen.

Das schrieb Vater im Jahre 1955, als er von seinem Schweigen erlöst war. Er war stets ein wortkarger Mann gewesen. Wenn meine Mutter einen ihrer Wutanfälle bekam, nannte sie ihn *Le Muet,* den Stummen. Mich hätte sein Schweigen fast erstickt. Es hatte uns, seine Kinder, wehrlos gemacht, unfähig, gegen den Sturzbach an Worten anzukämpfen, mit denen meine Mutter uns überschwemmte und betäubte.

Vater hat sein Leben nie im Zusammenhang niedergeschrieben; er hat nie so wie andere seine Erfahrungen zu einem einheitlichen Gesamtbild geformt, in dem alles seinen Platz hat: Kriege und Revolutionen, der Untergang des Kaiserreichs und der Aufstieg der Kriegsherren, Chaos und Zerstörung und Bürgerkrieg – Krieg und immer wieder Krieg bis zum alles bezwingenden Endkampf. Sogar Puyi, der letzte Mandschukaiser von China, heute ein Mann von achtundfünfzig Jahren, hat seine Memoiren geschrieben und sie zu einer Ganzheit gestaltet, die ungefähr dieselbe Spanne von Jahren umfaßt wie die Aufzeichnungen meines Vaters. Ich glaube nicht, daß mein Vater je daran dachte, seine Erinnerungen zu veröffentlichen. Paradoxerweise war es mein Besuch bei ihm in China im Jahr 1956, der ihn veranlaßte, mit dem Schreiben aufzuhören, so daß er fast nichts von alledem, was sich nach 1925 ereignete, mehr aufgezeichnet hat. Aber hinsichtlich dieser Zeitspanne tauchte anderes Material auf: seine umfangreiche Korrespondenz mit Drittem Onkel, Briefe, in denen mein Vater über all das berichtet, was er, seiner schweigsamen Natur gemäß, seinen Kindern nicht hatte sagen können.

Er verwendete bei seinen Aufzeichnungen lose Blätter handgefertigten Seidenpapiers, die er sorgfältig zuerst zu vier und dann zu acht kleinen Rechtecken faltete. Diese Blätter legte er zwischen die Seiten seiner verschiedenen Notizbücher. Vater konnte aus Papier Vögel und Frösche, Heuschrecken und Fische anfertigen, so wie die Männer in Szechuan es zur Freude ihrer Kinder zu tun pflegen, und deshalb wunderte es mich auch nicht, als ich feststellte, daß ein Teil seiner Lebenserinnerungen zu einem hockenden Frosch gefaltet war, denn auf die Herstellung solcher Frösche verstand Vater sich besonders gut. Man blies sie durch ein Loch auf der Hinterseite auf, und diese runden, fetten Frösche, die man in die Luft schnellen konnte und die wir achtlos zerplatzen ließen, bildeten ein Entzücken meiner Kindheit. Ich habe nie gelernt, sie zu falten, und bedaure das noch heute.

Meine Mutter war nicht so gehemmt wie mein Vater. Sie redete und redete über alles, was sie fühlte, litt und dachte und formte so die ganze Welt nach ihrem eigenen Bild. Vor allem sprach sie zu mir, dem Kind, das sie nicht mochte, und sie belastete mich mit dem Gewicht ihrer leidenschaftlichen Liebes- und Haßgefühle, bis ich gegen solche Ausbrüche allergisch wurde. Je wortreicher sie war, um so entschiedener zog mein Vater sich in die stillschweigende Betrachtung seiner Rosen und Nelken, zum Beschneiden von Fliederbüschen und Weinranken zurück. Diese ungeheure Stummheit war mein Hauptkummer, als ich mich danach sehnte, ihn zu lieben, und er unzugänglich blieb, in Schweigen eingeschlossen, abgeschirmt gegen uns, seine allzu kraftvolle, wilde und fremdländische Nachkommenschaft. Und hätte es den Genossen Lu, den kommunistischen Kaderchef in der Arbeitsabteilung meines Vaters während der Jahre 1950 bis 1958, nicht gegeben, so wüßte ich heute weniger über meinen Vater als über Dritten Onkel.

Nachdem ich zurückgekehrt war, wurde Vater körperlich jünger, glücklicher und aktiver. Er wandte sich der Zukunft zu, einer Zukunft, in der ich an seiner Seite leben oder doch Jahr für Jahr wiederkommen würde, um ihn zu besuchen... Er kaufte alles mögliche für mich, um mir den Gedanken, mich in seiner Nähe in Peking niederzulassen, schmackhaft zu machen. »Hier kannst du in aller Ruhe schreiben«, meinte er. Er erwarb Möbel, ließ in seinem Haus ein neues Wasserklosett installieren, sammelte Zeitungsausschnitte und forderte sein Haus an der See zurück, das schon vor Jahren konfisziert worden war, weil es eigentlich meiner Schwester gehörte, die amerikanische Staatsbürgerin geworden war und keinen Anspruch darauf erhoben hatte. Mein Vater hatte von der Regierung eine Entschädigungssumme erhalten; aber nun wollte er sein Haus wiederhaben, damit ich dort einziehen könne. »Dort kannst du in aller Ruhe schreiben.« Und so gab er selbst das Schreiben auf, überwältigt von der Vision einer Zukunft, in der er nicht mehr allein sein würde, in der die quälenden Bilder seiner Frau und der anderen Tochter, die hastig ihre Sachen packten und alles in die Koffer warfen, das Bild meiner Mutter, die das Kruzifix von der Wand über dem Doppelbett, in dem er lag, abnahm (seine weißen Umrißlinien sind heute noch auf der Wand sichtbar, die seit zwanzig Jahren nicht mehr übermalt wurde) – in der alle diese Bilder aus seinem Herzen schwinden würden.

Fünftes Kapitel

Aus den Lebenserinnerungen meines Vaters

Ich wurde 1886, ein Jahr nach dem Krieg mit Frankreich, in Linchow in der Provinz Kansu geboren, wo mein Vater eine Beamtenstelle innehatte. Zur Zeit meiner Geburt war meine Mutter sehr unglücklich, weil ihre Nichte unter Umständen gestorben war, über die ich hier berichten muß, da sie auch mein Leben auf jene seltsame Weise beeinflußten, in der die Dinge zu ihrem Ursprung zurückkehren und so einen vollen, unvorbedachten Kreislauf vollenden, der sich mit ebenso unerbittlicher Gewißheit vollzieht wie der Wechsel von Ebbe und Flut.

Dem Christentum gegenüber wahrte meine Familie die agnostische Gleichgültigkeit des Konfuzianismus. Da sie den Ahnenkult für die vernunftgemäße Haltung eines zivilisierten Menschen als ausreichend erachtete, sah sie nicht ein, warum man die klare Landschaft des Geistes mit Gespenstern und Teufeln, mit illusorischen Göttern und übernatürlichem Unsinn bevölkern solle *(Dem Chinesen erscheint die Heiligenverehrung und die Anbetung der Jungfrau Maria als ein Götterkult)*. Am Morgen und am Abend läutete der älteste Sohn die Glocke und füllte neues Öl in die Lampe, die vor den Seelentäfelchen brannte. Begräbnisse und Hochzeiten wurden den Vorzeichen entsprechend anberaumt und begangen, und diese Vorzeichen waren erkennbare Gestirnskonstellationen und hingen von den Harmonien innerhalb des Weltalls ab. Das genügte.

Aber noch vor meiner Geburt verwandelte sich diese mit ein wenig Verachtung gefärbte Zurückhaltung in eine aktive Feindseligkeit, die nichts mit dem geistigen Gehalt des Christentums zu tun hatte, sondern nur mit den weltlichen Übergriffen der christlichen Sekten.

Was meine Familie betraf, so empfanden ihre Mitglieder keinerlei aktive Gegnerschaft bis zum Jahre 1885, in dem der Krieg mit Frankreich ausbrach, weil dieses Annam besetzt hatte. Schon seit Jahrzehnten entfalteten die Franzosen eine lebhafte Aktivität in Asien, trafen hier jedoch, abgesehen von Indochina, fast überall auf den Widerstand der Engländer. Frankreich besetzte Hanoi, woraufhin England, um ihm Einhalt zu gebieten, den oberen Teil von Birma nahm. Beide Länder waren wie hypnotisiert von den Berichten über den Reichtum Chinas und strebten danach, den Handel mit Zentralasien und Tibet an sich zu bringen. Szechuan aber war der Schlüssel zu Tibet. Die Engländer entwarfen damals den Plan eines raschen Krieges, in dem sie sich das gesamte Becken des großen Yangtse bis hinauf nach Szechuan aneignen wollten, um so die Franzosen aufzuhalten. Die Franzosen ihrerseits begannen mit einer Invasion Chinas durch das Gebiet von Yünnan. Wir aber waren die Opfer dieser gierigen Rivalität. In London und Paris erwartete man jeden Tag den Ausbruch eines englisch-französischen Krieges.

Der Provinz Szechuan hatte sich eine ungeheure Erregung bemächtigt. Man forderte vom Herrscherhaus, es möge sein Gebiet verteidigen und ein Heer auf die Beine stellen. In Nord-Annam schlossen sich Bauern zu den Guerillaverbänden der Schwarzen Fahne zusammen, kämpften gegen die Franzosen und schlugen sie. Die Franzosen antworteten mit einer sogenannten vorbeugenden Maßnahme, indem sie Formosa bombardierten, unsere Werften an der Küste zerstörten und die Häfen am Yangtse blockierten. Die französische Marine unternahm Raubeinfälle und massakrierte die Bewohner der am Meer gelegenen Ortschaften.

Obgleich die Schwarze Fahne bei Langson einen Sieg davongetragen hatte, gelangte die Nachricht davon nicht an den Hof zu Peking. Als man dort schließlich davon erfuhr, schenkte man der Tatsache keine Beachtung. Sir Robert Hart, der seit 1860 – also seit das chinesische Zollwesen einer ausländischen Kommission unterstellt worden war, die für die Eintreibung der nach dem Opiumkrieg fälligen Entschädigungssummen sorgte – als Oberaufseher des Zollwesens fungierte, schwang sich selbst zum Vermittler auf, da er fürchtete, die Schwarze Fahne könne sich zu einer Bewegung entwickeln, wie der Taiping-Aufstand es gewesen war. So veranlaßte die Angst vor einem allgemeinen Aufstand in China London und Paris, sich auf unsere Kosten zu einigen: Frankreich sollte Annam erhalten, während England in den Besitz von Birma gelangen sollte. Um den Abschluß des Vertrags zu beschleunigen, hielt Sir Robert die Schiffe an, die den Korntribut aus den Provinzen des Mittleren Reiches durch den Großen Kanal an den Hof brachten, so daß die unedlen Edelleute der Mandschu, ihre Soldaten und die etwa zwei Millionen Menschen zählende Mandschu-Bevölkerung von Peking, die allesamt von ständigen Unterstützungen, von in Silber gezahlten Ruhegehältern, von freien Lieferungen an Korn, Mehl und Fleisch, an Baumwollkleidung, Seide und Pelzen lebten, gezwungen wurden, in die von den Westmächten diktierten Bedingungen einzuwilligen. Dem französischen Staat wurden die Oberhoheit über Annam, gewisse Eisenbahnkonzessionen und zwei Häfen zugesprochen. Weiterhin wurde ihm vertraglich eine weitere Ausdehnung der Vollmachten und Privilegien für ihre römisch-katholischen Missionare bewilligt. Diese Maßnahme führte in Szechuan und anderen Landesteilen zu einem Ausbruch des Hasses gegen die Christen. Da diese nichts unternahmen, um den Aufruhr zu beschwichtigen, wuchs die Bewegung sich schließlich im Jahre 1900 zum Boxeraufstand aus.

Nun enthielten allerdings alle seit dem Opiumkrieg abgeschlossenen Verträge, in denen die Westmächte immer wieder Abstandsgelder und Privilegien von China erzwangen, auch einige die Missionare betreffende Klauseln. Darin wurden derartige Konzessionen für die Männer Gottes gefordert, daß sogar die ausländischen Handelsfirmen Protest erhoben.

Szechuan war die Stammburg der römisch-katholischen Bemühungen, den christlichen Einfluß auf Zentralasien auszudehnen. Von Chengtu aus zogen französische Priester in langen Wanderungen nach Tibet. Ihr Mut und ihre Standhaftigkeit im Ertragen von Strapazen wären jedes Lobes wert gewesen, hätte man nicht allzu deutlich gesehen, daß sie unter dem frommen Gewand höchst unfromme Handlungen verbargen. Katholische Priester kauften in Zeiten, in denen Überschwemmung und Hungersnot herrschten, ganze Ortschaften auf, forderten unter Androhung militärischer Maßnahmen in den Städten die besten Grundstücke für ihre Kirchen, vertrieben die früheren Besitzer und zahlten keinerlei Entschädigung. Katholische Priester stellten auf eigene Faust Milizen auf und beanspruchten für sich einen höheren Rang als unsere eigenen Regierungsbeamten. Bischöfe wurden mit dem ganzen Pomp und den Machtbefugnissen von Gouverneuren oder Generälen in ihr Amt eingesetzt. Sie benutzten Sänften mit acht Trägern, denen ein Trommler vorangehen mußte, und wenn sie sich durch die Straßen tragen ließen, mußte jedermann seine Arbeit hinlegen, sich erheben und zum Zeichen seiner Unterwerfung unter den katholischen Bischof die Stirnbinde lösen. Dem, der sich nicht fügte, drohten Stockschläge mit dem »schweren Bambus«.

Kein Mensch wagte es, mit einer Klage gegen einen Priester oder einen der bekehrten Christen vor Gericht zu gehen; die Priester waren ebenso immun wie Diplomaten, und die Konvertierten beanspruchten für sich die gleiche Immunität. Da sie unter dem Schutz der Kirche standen, konnten sie tun, was ihnen gefiel, und sich dabei stets der Verfolgung durch das Gesetz entziehen, indem sie von der Kirche verlangten, sie möge sie gegen die »heidnischen Bräuche« verteidigen. Bei Gerichtsverhandlungen brauchten die Katholiken nicht wie alle anderen Chinesen zu knien. Sie bezeichneten sich selbst als das Volk der christlichen Lehre, das den chinesischen Gesetzen nicht unterworfen sei. Und sie waren so mächtig, daß die Leute sagten: »Ein Ei kommt gegen einen Stein nicht auf«, und darum nicht wagten, gegen einen Katholiken einen Prozeß anzustrengen. Viele Bücher sind voll von den Übeltaten solch heiliger Männer.

1885 und 1886 kam es in vielen Teilen der Provinz Szechuan zu Aufständen gegen die Katholiken, und in den Städten wurden nun auch die vornehmen Familien in diese Auseinandersetzungen hineingezogen. Unserer Familie erging es nicht anders.

Das Mädchen, das meine Mutter als ihre Nichte betrachtete, war die einzige Tochter eines Kaufmanns namens Li. Der Vater hatte seinerzeit, als die Yangtse-Häfen den Ausländern geöffnet wurden, als kleiner Mittelsmann für ausländische Firmen gearbeitet und war so allmählich zu Geld gekommen.

Seine Frau und meine Mutter waren eng befreundet und hatten sich gegenseitig versprochen, daß jede die Kinder der anderen als ihre eigenen betrachten wolle.

Unter den einflußreicheren Kaufleuten, die mit den ausländischen Firmen Handel trieben, befand sich nun auch ein Mann namens Tu. Er war zum Katholizismus übergetreten und wurde von den anderen verachtet, weil er »Religion gegessen« hatte. Aber andererseits fürchtete man ihn auch. Er kaufte Häuser und Grundstücke für die Missionare, besorgte ihnen Dolmetscher und Dienstpersonal und verdiente natürlich bei jedem dieser Geschäfte seinen Anteil. Es hieß, daß sogar die Gärtner der Ausländer ihm eine Provision zahlen müßten. Drohte einem konvertierten Chinesen ein Prozeß, so regelte Tu alles wieder, indem er die Richter bestach oder einschüchterte. Er konnte sich das leisten, da er die Macht des Bischofs hinter sich hatte. Das ging so weit, daß man zu jener Zeit in Szechuan zu sagen pflegte: »Werde ein Lamm Christi, dann verneigt sich der Richter sogar vor deinem Dung.«

Als Tu eine Braut für seinen Sohn suchte, fiel seine Wahl auf Lis Tochter. Dieser lehnte den Vorschlag zunächst ab, da er bereits in eine Verbindung zwischen seiner Tochter und einem jungen Mann aus der Sippe der Hung – der Sippe meiner Mutter – eingewilligt hatte. Der Plan zu dieser Heirat war von meiner Mutter und ihrer Freundin, Lis Frau, ausgegangen; schließlich waren unsere beiden Familien durch Bande gemeinsamer Interessen und gleicher Neigungen miteinander verknüpft, so daß wir uns gegenseitig Bruder oder Vetter nannten und eine Unzahl gemeinsamer Onkel und Tanten hatten. Aber Li hatte Angst, daß Tu ihn ruinieren könne, und schob darum die Verbindung mit der Sippe der Hung hinaus. Freunden, die ihm deshalb Vorwürfe machten, erwiderte er: »Selbst der Drachenthron bebt, wenn ein Ausländer schreit.« Er wußte, daß kein Richter es wagen würde, ihn gegen den katholischen Bischof in Schutz zu nehmen. Tu sonnte sich in seiner erborgten Macht und segelte vor dem Winde ausländischen Einflusses und Reichtums. Die chinesischen Beamten aber waren ängstlich und leicht einzuschüchtern. Die Verträge, die nach dem Krieg zwischen China und den Westmächten abgeschlossen waren, enthielten Klauseln, laut denen kein Ausländer, gleichgültig, was er sich in China auch zuschulden kommen ließ, hier vor Gericht gestellt werden konnte, und diese Exterritorialklauseln waren gelegentlich auch auf die zum Katholizismus übergetretenen Chinesen ausgedehnt worden.

Schließlich brach Li die Vereinbarung, die er mit der Hung-Sippe geschlossen hatte. Um ihren Ärger zu besänftigen, zog er Trauerkleidung an und legte sich zu Bett. »Wenn ich Tu meine Tochter verweigere«, erklärte er, »wird er mit ausländischen Soldaten anrücken, die mich umbringen und die Frauen meines Hauses vergewaltigen, so wie es schon anderswo geschehen ist. Und dann wird er seinem Sohn meine Tochter zur Konkubine geben.«

An einem nach den Gestirnen als günstig berechneten Tag wurde die zukünftige Braut, in rote Schleier gehüllt, von weiblichen Mitgliedern ihrer Familie aus dem Haus geführt und in die mit rotem Satin ausgeschlagene Brautsänfte gesetzt, um von hier zum Hause der Familie Tu getragen zu werden, wo zuerst die chinesischen und dann die katholischen Hochzeitszeremonien stattfinden sollten. Sie weinte und sträubte sich, als sie fortgeführt wurde; aber das entsprach nur der Sitte. An ihren kleinen Füßen trug sie die Blumenschuhe, die jede Braut selbst für sich näht und bestickt und nach denen die männlichen Gäste heimliche Blicke werfen, da sie sonst nichts von ihr zu sehen bekommen. Die vollkommene Schönheit der Stickerei und die Kleinheit des Fußes erregten allgemeines Entzücken.

Die Zimbeln klirrten. Voran schritten die Gongschläger, den Beschluß des Zuges machten die Träger mit den Geschenken. Zwei Männer trugen die mit Satinvorhängen geschlossene Sänfte in den Innenhof des Hauses der Tu und setzten sie dort nieder, während ringsum die Knallfrösche explodierten. Als ihr Zischen verstummt war, trat der Heiratsvermittler, der neben dem Bräutigam gestanden hatte, mit dem Fächer in der Hand vor, um die Vorhänge zu heben und der Braut aus der Sänfte zu helfen. Aber die Braut war tot. Sie hatte sich mit dem Schleier, der ihr Gesicht verhüllte, erdrosselt. Man sah nur ihre starr vorgereckten Füße; dann fielen die Vorhänge wieder, und der Heiratsvermittler stieß einen lauten Schrei aus.

Die Tatsache, daß ein siebzehnjähriges Mädchen lieber gestorben war, als daß sie ein von ihrer Sippe gegebenes Versprechen gebrochen hätte, erregte bei den vornehmen Familien die heftigsten und leidenschaftlichsten Gefühle. Der Tod von Millionen Bauern hatte diese Menschen nicht erregen können; sie hatten gleichgültig mit angesehen, wie Tausende von Bauernmädchen verkauft wurden, und hatten über den Bankrott ihres Landes und den Untergang ihres Volks zynisch die Achseln gezuckt; aber die keusche Tugend dieses Mädchens rührte sie zutiefst auf. Denn in jenen Tagen, die so ganz anders waren als die heutige Zeit und die ich selbst noch erlebt habe, standen Familienstolz und Familienehre hoch im Kurs. Dieser Tod beschämte uns alle.

Aber er bewirkte noch mehr. Als meine Mutter fern in Linchow davon vernahm, erkrankte sie so heftig, daß ich einen Monat zu früh zur Welt kam. Später erfuhr sie dann noch, daß ihre beste Freundin, die Mutter des toten Mädchens, ebenfalls Selbstmord begangen hatte.

Während der folgenden Jahre kam es in Szechuan zu über tausend Erhebungen gegen die Missionare, zu kleineren und auch zu größeren, die ganze Distrikte erfaßten. Sie wurden gewaltsam unterdrückt, und bei einer dieser Gelegenheiten wurden tausend Bauern geköpft. Auch die Großgrundbesitzer wurden nicht geschont, denn sie hetzten die Bauernschaft ganz offen gegen die Christen auf. Einige Mitglieder dieser Familien wurden als Führer von Bauernrevolten gefangengenommen und hingerichtet. Unter ihnen befand sich auch der junge Mann aus der Hung-Sippe, den Lis Tochter hatte heiraten sollen und der jetzt die Rotten der Bauern gegen die Kirchen führte.

Mein Großvater Taohung schrieb: »Wenn dein Sohn ein Christ wird, töte ihn, denn sonst wird er die Gräber entweihen.« Dieser Satz prägte sich mir bereits zu der Zeit ein, als ich lesen lernte.

Solange die Missionare ihre Haltung beibehielten, war der Haß nicht zu mildern. Meine Kinderspiele glichen denen vieler anderer Kinder aus unseren Kreisen in Szechuan: ich zeichnete Ziegen, Schafe und Schweine, die Christen darstellen sollten, und bespickte sie mit Pfeilen. Ich ertränkte Ratten, von denen es in Szechuan eine erschreckende Anzahl gibt, und stellte mir dabei vor, es seien Christen. Einige Kinder kreuzigten die Ratten sogar, bevor sie sie ertränkten. Unser Koch schlug ihnen mit seinem Hackmesser den Kopf ab und nannte sie fremde Teufel.

Erst später begriff ich, daß nicht das Christentum selbst zu tadeln war, sondern die Menschen, die das Christentum benutzten, um uns auszurauben. Und in all diesen Jahren ertrug ich geduldig Marguerites Religiosität, die sie so unentwegt zur Schau trug, obgleich ich doch wußte, was die Missionare uns angetan hatten. Aber das schmerzlich verzogene Gesicht des Gekreuzigten, der über meinem Bett hing, erfüllte mich stets mit Unbehagen, weil es mich an das Gesicht eines Opiumrauchers erinnerte.

Als ich Szechuan verließ, ließ meine Mutter mich feierlich schwören, daß ich mich nie zur christlichen Religion bekehren würde. Aber ich heiratete diese Religion, ich brachte sie in die Familie, und alle meine Kinder sollten Katholiken werden. Wie muß das meine Mutter geschmerzt haben – vor allem, da dieser Kummer ihr von dem Sohn kam, den sie zu früh und voller Traurigkeit geboren hatte. Aber als Marguerite mit mir nach China kam, fiel in unserer Familie nie ein Wort gegen ihren Glauben. Und doch ist diese Religion daran schuld, daß Marguerite mich verlassen hat und daß ich jetzt in meinen alten Tagen keinen Sohn zur Seite habe.

Am enger werdenden Horizont meines alternden Geistes lebt meine glückliche Kindheit fort, eine Sonnenaufgangslust in einem Himmel geselligen Lachens. Magnolien, Grillen, ein Mond, der sich in durchsichtigen Bäumen verfangen hat, Lack, Weihrauch, Tausende von Gestern, die mit hellen Funken der Freude aufstrahlen. Mein Glück hatte Gefährten: immer war ein Bruder, ein Vetter, ein Freund da, schützend, liebevoll. Und sein Mittelpunkt war meine Mutter. Und mein Glück fand Anerkennung, denn fast alles, was ich tat, tat ich recht.

Selbst mitten in einem Gespräch von Verwandten konnte ich Augen und Ohren schließen und mich innerlich von allem entfernen. Niemand rügte diese Unaufmerksamkeit bei einem kleinen Schulbuben, und vieles wurde mir verziehen, denn ich war ein ausgezeichneter Schüler. Großvater unterwies mich selbst in den klassischen Künsten und zeigte meine ersten Gedichte im Freundeskreis herum.

Um meiner glücklichen Kindheit willen tat ich meiner Frau unrecht, denn als ich sie kennenlernte und ihr von China erzählte, war es dieses China, das ich ihr schilderte: das China, das man auf den Delfter Porzellanschüsseln sieht, ein China der Paläste und Brücken, der Seidenvorhänge und Gärten, der in ihrer Wildheit so schönen Berge und Flüsse, der gehorsamen Diener und wohlwollenden Verwandten. Ich beschrieb ihr meine vermögende und zufriedene Familie. Ich glaubte, das sei China. Sie hatte Romane über »Cathay« gelesen, wie sie damals in Mode waren und in denen die grausame und dumme Mandschu-Kaiserinwitwe Tze Hsi als reizende, liebenswürdige und gutmütige alte Dame hingestellt wurde, die mit den Gattinnen der britischen, französischen und amerikanischen Diplomaten beim Tee zusammensaß. China war das Land der exotischen Schönheit und der alten Traditionen, und die ruhelosen Seelen der Europäer sehnten sich nach der Ordnung und Gelassenheit eines China, das es gar nicht gab. Sie täuschten sich selbst. Und ich trug dazu bei, Marguerite zu täuschen.

Vielleicht hatte ich meine Heimat bis dahin gar nicht richtig kennengelernt; jedenfalls aber dachte ich nicht an das von Unruhen zerrissene, unzufriedene und arme Land, in dem Millionen verhungerten, in dem es so rasch zu Blutvergießen kam, in dem seit fast hundert Jahren alljährlich neue Kämpfe ausbrachen, in dem der Sturmwind der Revolution anschwoll und in das die Weißen, die Rasse, der meine Frau angehörte, gekommen waren, um ihrer Habgier Genüge zu tun, um Land an sich zu raffen, das ihnen nicht gehörte, und ihren Reichtum auf unserer jammervollen Armut zu begründen.

Ich tat meiner Frau unrecht, indem ich ihr nichts von alledem erzählte. Meine einzige Entschuldigung ist, daß ich es selbst nicht besser wußte oder vielmehr niemals daran dachte.

Ich gehörte zur Klasse der wohlhabenden Landbesitzer und ließ mich von meiner Kindheit betrügen.

Kindheit, das war das vierzehn Tage währende Neujahrsfest und die von einem Blumenmeer überschwemmte Stadt Chengtu. Aus allen Höfen brachen sie hervor, die rosa und gelblichen Pflaumenblüten, die durchsichtigen Glockenblumen, die weißen Narzissen. Und in den Räumen mit ihren lackierten Fußböden und den gestickten Satinvorhängen hörte man den ganzen Tag das Rascheln der Seidengewänder, in denen die Männer umhergingen. Wenn in den Zimmern meiner Mutter die Frauen auf den geschnitzten Schwarzholzstühlen Platz nahmen, kam von ihren schweren schwarzen Satinröcken ein leiser kratzender Laut; es klang so, wie wenn die jungen Zikaden ihre Flügel ausprobieren. Der Ruf des Herolds, wenn die Sänften im äußeren Hof anhielten, das Murmeln der Glückwünsche, das Lachen, das zu einem solchen Freudenfest gehört, alles bestätigte mir, daß die Dinge zum besten standen. Meine Beine waren müde vom vielen Knien vor den Eltern und Großeltern, und Mutter hielt mich an der Hand.

Ich saß mit ihr in ihrer Sänfte, wenn sie sich zu Besuchen bei den Verwandten tragen ließ, und lugte durch das Bambusgitterchen in dem kleinen Fenster. Das Maschengeflecht war so fein, daß ich die Straße wie hinter einem Regenschleier erblickte.

An Neujahr wurden die vier Stadttore geöffnet, und die Schwärme der Volksmenge drängten sich hindurch, um draußen vor den Mauern über die Felder zu spazieren und den Tempel von Chuko Liang vor dem Südtor zu besuchen. Die Straßen waren sauber, denn überall war neuer Sand gestreut, und in der Weststadt, dem Viertel der Mandschu, ritten die Soldaten in voller Rüstung umher und spornten mit ihren gestickten Stiefeln die Pferde an. Die Pfauenfedern an ihren Hüten wehten, wenn sie im leichten Galopp vorüberbrausten. Mandschufrauen mit hohem, steifem Schmetterlingskopfputz und rotgeschminkten Gesichtern gingen sittsam einher. Wir starrten sie nicht an, denn es waren Mandschu, also Menschen, die durch eine Schranke von uns getrennt waren und denen es verboten war, in unsere Kreise zu heiraten. Und obgleich die

Soldaten mit ihren Umhängen und Federn und Stiefeln so stolz aussahen, wußten wir doch, daß sie nicht kämpfen konnten. Aber sie waren hochfahrende Leute. Wer ihnen in den Weg kam, wurde mit der Peitsche fortgescheucht. Einen Mandschu durfte man nicht berühren.

Auf den Märkten sah man Tibetaner, von deren Kappen Korallen- und Türkisschnüre herabhingen, die wie ein Vorhang vor ihren Wangen schaukelten und ihnen bis auf die Schultern fielen. Die Männer hatten sich einen leeren Mantelärmel über die Schulter geworfen und ihre Pelzröcke mit leuchtenden Satinschärpen gegürtet.

Und viele Kinder wie ich waren unterwegs, niemals einzeln, sondern immer in Grüppchen. Wir gingen zu unseren Onkeln und Tanten, um uns zu verbeugen und vor ihnen zu knien, wir gingen zu unseren Erziehern und Lehrern und zu Großvaters vornehmen Freunden. Einmal wurde ich dabei müde und fing an, laut zu weinen und zu schreien. Alle bemühten sich rasch, mich zu beschwichtigen, denn es galt als unheilbringendes Zeichen, wenn einer an einem glücklichen Tag weinte. Am nächsten Tag hatte ich Zahnschmerzen und Fieber. Daraufhin wurde mein Zahn mit schwarzem Lack überzogen, um ihn zu erhalten – eine Sitte, die wir möglicherweise aus Annam übernommen hatten, wo sie noch heute geübt wird.

Am achten Tag des ersten Monats wurde das Laternenfest gefeiert. Die Ahnenhallen waren mit rotem Satin ausgeschmückt, und in den Opferschalen lagen dicke Aschenhaufen. Wir nahmen uns ganze Hände voll davon und sahen zu, wie das graue Silber in das Wasser des kleinen Lotosteichs im Garten hinabsank. Eine ganze Woche lang spazierten die Stadtleute unter Blumenbögen durch die Straßen. Abends verließen alle, Kinder wie Erwachsene, mit Laternen in der Hand das Haus und wanderten umher. Vor jedem Laden waren mindestens vier Laternen aufgehängt, so daß die Straßen so hell waren wie am Tage. Es gab immer einen großen Wettbewerb zwischen den einzelnen Läden und Häusern, wer die schönsten Laternen heraushängen würde. Manche davon waren von großen Meistern gemalt und Hunderte von Silberunzen wert.

In einem Jahr trug ich einen großen Fisch mit Glasaugen,

dessen Papierschuppen so kunstvoll mit dünnem Draht befestigt waren, daß sie sich bewegten, wenn ich damit durch die Straßen ging. Der Fisch selbst schwankte von einer Seite zur anderen, so daß es aussah, als schwämme er durch die Luft. In einem anderen Jahr hatte ich einen großen Vogel, einen fliegenden Kranich mit Federn aus bemaltem Seidenpapier. Jede Feder war einzeln angeklebt, und ich hatte ein ganzes Federkleid in der Hand, warm, weich und zitternd wie bei einem lebendigen Vogel.

Im Lärm der Knallfrösche, der bis zum fünfzehnten Tag des ersten Monats nicht mehr aufhörte, gingen wir durch die Östliche Hauptstraße, in der das Kuang Hsing, unser Familiengeschäft, gelegen war. Die Straße war eine Meile lang. Alle Ladentische und auch die Bretter, die des Nachts aufgestellt wurden, um die Vorderseite der Läden abzuschließen, waren mit Szechuan-Lack bestrichen, einer dicken schwarzen Masse mit einem Purpurschimmer, die auch für Fußböden verwendet wurde und fünfzig Jahre lang hielt. Die mit Sandstein gepflasterte Straße war so breit, daß drei Sänften mit acht Trägern nebeneinander Platz hatten, ohne daß die Träger sich gegenseitig behinderten. Die Bürgersteige waren mit Läufern und Teppichen bedeckt, die jeder Laden seinen eigenen Beständen entnahm.

An solchen Tagen schien jede Mäßigkeit vergessen, alles war verschwenderische Schönheit. Die Kinder bekamen Geld, um sich Windbeutel, Sesamsamen-Kuchen, süße Klöße, Mandeln und eingemachte Früchte zu kaufen. Ich schwelgte in samtiger Bohnengallerte, die in durchsichtigen Porzellanschüsseln serviert wurde. Sie wurde von der Familie Tso zubereitet und verkauft und war so berühmt, daß aus allen Teilen von Szechuan Leute kamen, um im Laden der Familie Tso Bohnengallerte zu essen. Der Geschmack dieser Speise, die so glatt über meine Zunge und durch meine Kehle glitt, ließ mich vor Wonne aufseufzen.

In den letzten drei Nächten waren Buden aufgestellt, in denen es die herrlichsten Dinge zu kaufen gab: gemalte Schriftrollen, Lack- und Elfenbeinwandschirme, Porzellantassen und -vasen aus den berühmten Brennöfen von Kintechen, Seidenballen, feine Tintenstäbchen, zwischen deren Material zerriebene Edelsteine gemischt waren, gestickte Mäntel, Eisvogelbroschen, Türkisperlen, Jadesiegel und Weihrauchbehälter aus rosa Kristall, Sandelholzkästen und seltene Gewürze aus Turkestan, kernlose Rosinen aus Sinkiang für Festmahlsklöße, Granatäpfel und duftende Orchideen aus dem Norden, Pelze der Goldaffen, der Schneeleoparden und der Himalayabären aus den tibetanischen Gebirgen und feine Musselin- und Nankingstoffe aus den östlichen Provinzen am Unterlauf des Yangtse.

Später erfuhr ich, daß in diesen Buden der Erbbesitz von alten Familien verkauft wurde. Wir wurden allmählich ärmer, und unsere Handwerksbetriebe machten bankrott, als die große Welle des Opiums und der westlichen Fertiggüter über uns wegrollte. Auch die endlosen Kriegsentschädigungen sowie die ungeheuerlichen Steuern ruinierten unsere Wirtschaft. Um ihre Schulden zu bezahlen, mußten ganze Familien ihre Lackkästen, ihre pelzgefütterten Gewänder, ihre Juwelen und Schriftrollen, ihre Möbel und ihre Bücher und Bilder verkaufen. Ich ahnte damals nicht, daß diese Jahre auch für unsere Familie die letzten Jahre des Reichtums waren und daß meine Mutter eines Tages ihren Schmuck und ihre Pelze verpfänden würde, um meiner Frau ein Empfangsfest bereiten zu können.

Als ich sieben Jahre alt war, lobten die Freunde des Hauses meine Kalligraphie; aber Großvater tat, als müsse er mich ausschelten, und nannte mich einen faulen Burschen, damit ich nicht eingebildet wurde. Dann kam ein schwerer Kummer für mich: Meine Mutter fuhr wieder fort, um zu meinem Vater nach Kansu zurückzukehren, und ich mußte in Chengtu bleiben. Als sie und Vater wiederkamen, hatten wir Krieg mit Japan, und ich war neun Jahre alt – nach chinesischer Berechnung, bei der zu den Lebensjahren noch ein weiteres Jahr, die Zeit im Mutterleib, hinzugezählt wird.

Meine Mutter war der Mittelpunkt meiner Welt, einer Welt der Güte, in der alle Dinge von ihr ausgingen und zu ihr zurückkehrten. Die warme Süße ihrer Gegenwart erhöhte die Farbe und den Duft meiner Freuden. Was sie tat, war recht getan, mein Großvater schätzte sie, und alle verehrten sie. Nach den Schönheitsmaßstäben von Szechuan hatte sie kein vollkommenes Gesicht: keine Pfirsichkonturen, keine Nachtfalter-Augenbrauen, keine kleine, schmale Nase. Aber sie hatte sehr schöne ruhige Augen, eine leise Stimme und viel Geduld. Ihr dunkles Haar schimmerte so, daß, wie Leute sagten, ein Fliegenfuß darauf ausglitt. Sie salbte es mit Jasminöl, in das sie zuvor duftende Holzspäne getaucht hatte.

Mein Vater war oft krank. Ich erinnere mich, wie er in dem erstickend heißen Sommer nach seiner Rückkehr aus Kansu unter Steppdecken lag und vor Fieber zitterte. Jeden Tag kam der Hausarzt, um seine Pulse zu prüfen (ein Chinese hat zwölf Pulse), und obgleich Großvater über diesen Aberglauben den Kopf schüttelte, bemühte sich der taoistische Wahrsager vom Tempel des Großen Widders, das Schicksal zu wenden und der schwindenden Gesundheit meines Vaters aufzuhelfen, indem er auf Seidenpapier gemalte Schriftzeichen an die Wand vor dem Krankenzimmer heftete. Eine Tante, die es für angebracht hielt, auch die fremden Götter gnädig zu stimmen, ging mit mir und meinem Bruder zu den vielen buddhistischen Heiligtümern in der Stadt, wo wir Papiergeld verbrannten und Opfergaben darbrachten. Wir waren jedoch noch zu klein, um zu verstehen, was wir taten, wenn wir da knieten und die Rasseln schwangen, um die Geister zu beschwören und sie um die Genesung meines Vaters anzuflehen.

Ich erinnere mich, daß ich einmal hinter dem Bambusschirm, der den Eingang zum Schlafzimmer beschattete, hervorlugte, um meinen Vater zu betrachten. Die Moskitonetzvorhänge aus gemusterter Seide waren zu beiden Seiten des Betts mit den vier geschnitzten und überlackten Bettpfosten hochgebunden. Über das Bett war ein Leopardenfell gebreitet, und darauf lag mein Vater. Sein schmales Gesicht glänzte von Schweiß, und seine Lider waren halb geschlossen, so daß ich nur das Weiße von seinen Augen sah. Ich war sehr erschrocken und ging ihm von da an aus dem Wege. Der dumpfe Medizingeruch, der immer in seinen Kleidern hing, stieß mich ab.

Ich war mehr mit meiner Mutter zusammen, als es für einen Jungen üblich ist – vor allem in den Jahren zwischen zehn und zwölf, als ich ihr monatelang nicht von den Fersen wich. Sie war aus Kansu zurück, und nun, so hoffte ich, würde sie nicht wieder fortgehen. Oft saßen wir zusammen in der Küche, denn dort fühlte ich mich am wohlsten. Ich liebte sie mit einem ungehemmten Überschwang, vielleicht weil ich fühlte, wie meine Kindheit von mir abglitt und mich an eine Jünglingszeit voller unbekannter Dinge auslieferte. Im inneren Hof war ich nicht so gern, dort, wo meine Mutter sich zwischen Teetassen und Lacktabletts mit Zuckerwerk umherbewegte und die Damen bediente und wo sie die Wasserpfeifen aus Silber oder Zinn vorbereitete, indem sie den blonden, feingehackten Tabak geschickt mit einer Silberzange ergriff und in den kleinen Pfeifenkopf stopfte, bevor sie ihn mit einem glimmenden Papierfidibus in Brand steckte; auch nicht bei den Mahjongtischen mit ihrem regelmäßigen, unaufhörlichen Geklapper, an denen sie die ganze Nacht hindurch unermüdlich und hingebungsvoll spielte. Am folgenden Tag war sie dann trotzdem wieder auf den Beinen und sorgte für das Wohl der älteren Generation. In der Küche aber brauchte ich sie mit keinem anderen Menschen zu teilen, und ich kann sogar heute noch viele Gerichte zubereiten, die ich bei ihr gelernt habe.

Meine Mutter pflegte in der Küche auf der flachen, harten, polierten Steinbank zu sitzen, die sich an der einen Wand entlangzog und sich unter den Fingern so wunderbar glatt anfühlte. Der Koch zerschnitt die jungen Frühlingsgemüse mit dem Fingernagel, und meine Mutter machte es ebenso (Eisen würde den Geschmack verdorben haben); wir wuschen es in rinnendem Bergwasser aus den Reinen Echten Bergen, rollten es in Kristallsalz, fädelten die Stücke auf eine Bambusschnur, so wie man Perlen auf ein Baumwollgarn reiht, und hängten sie dann für einen Tag zum Trocknen an die Sonne.

In unseren Kreisen war die Geschicklichkeit im Zubereiten von Essiggemüse ein Zeichen der guten Erziehung und Tüchtigkeit und für die Heiratsaussichten eines Mädchens ebenso wichtig wie in anderen Ländern ein königlicher Vorfahre. Bildung war nichts für Frauen, obwohl Chengtu eine Tradition von dichtenden Kurtisanen aufwies. Es galt als unschicklich, von körperlicher Schönheit zu sprechen, und Familienbeziehungen waren selbstverständlich und blieben deshalb unerwähnt.

Mancher Ehemann verliebte sich nach der Heirat in seine Frau, weil sie so vorzügliche Essiggemüse zubereiten konnte, und die Töchter einer Mutter, die in dieser Kunst Besonderes leistete, waren sehr begehrt, da man annahm, die Mutter werde ihre Spezialrezepte auf sie vererben. So wie ein guter General keine schlechten Soldaten befehligt, hat eine gute Mutter keine ungeschickten Töchter, die sich nicht auf die Zubereitung von Essiggemüse verstehen. Bei Kennern galt der Geschmack dieser Speise als ein ebenso untrügliches Zeichen für die erlesene Bildung einer Frau wie die gestickten Schuhe der Braut.

Am Ende eines Festmahls war es Sitte, nach den letzten Gängen und zusammen mit der kleinen Schale Reis, die den Abschluß der Schmauserei ankündigt, von der Hausfrau persönlich zubereitete Essiggemüse auftragen zu lassen. Zu der Aussteuer, die eine Braut in das Heim ihres zukünftigen Gatten mitbrachte, gehörte neben Haarpfeilen und Ringen, Halsketten, Lackkästen, Kissen, Bettvorhängen, gestickten Steppdecken, Seiden- und Satinrollen, Pelzen, Morgen- und Abendspiegeln, Uhren, Fächern und den Mägden zur persönlichen Bedienung auch Essiggemüse. Die Kisten mit dem Hochzeitsgut, von denen je zwei auf lackierten Stangen mit silbernen Haken transportiert wurden, enthielten unter manch anderen Dingen Krüge mit Essiggemüsen, die angeblich von der Braut selbst zubereitet waren. Und unter den Dienerinnen, welche die junge Frau in ihr neues Heim begleiteten, befand sich gewiß eine, die in dieser Kunst bewandert war und auf diskrete Weise die Mängel ihrer Herrin ausgleichen konnte.

Mutter lehrte mich auch, wie man auf einen Krug »hört«. Wenn an einem sonnentrockenen Nachmittag der Händler Dutzende von Krügen anschleppte und sie in geraden Reihen im äußeren Hof aufstellte, ging sie langsam an diesen Reihen entlang, um die Krüge zu inspizieren, und ich folgte ihr und schaute auf diese runde, funkelnde Bräune, die den Widerschein der Sonne in meine Augen zurückstrahlen ließ. Man mußte einen Krug nach seinem Ton aussuchen, einem gleichmäßigen, klaren Summen, das so klang wie das Summen einer Biene, die voller Verlangen über einer Blüte schwebt.

In Kansu hatte Mutter angefangen, Gemüse zu pflanzen und einzulegen, um dem mangelnden Appetit meines Vaters aufzuhelfen. Sie hatte dort auch einen Blumengarten und ein paar Bäume, denn sie liebte es, Dinge lebendig zu machen und zum Wachsen zu bringen.

Gelber Wein, weißer Wein, klebriges Reiswasser, roter Zukker, roter, im Wind getrockneter Paprika, Pfeffersamen, Ginkgofrüchte, Pilze, Petersilie, Schnittlauch, Kassia, Lotossamen: alles Tun und Denken meiner Mutter galt dem Trocknen und Einsalzen, dem Einlegen und Einkochen, dem Säen und Pflanzen, sie wußte besser als jeder Mann, wie der Boden beschaffen war und welches Feld den besten Reis hervorbrachte.

Sie redete mit den Köchen, den Schneidern, den Schreinern und den Reinigern, den Bauern, den Buchhaltern und den Verwaltern, all den Menschen, die Teile dieser komplizierten Maschinerie der Dienstleistungen waren, aus denen sich ein feudaler Haushalt mit seinem verwickelten, zum Teil auf freiwilliger Leibeigenschaft beruhenden hierarchischen System zusammensetzte. Sie erhielt alle Nachrichten aus zweiter Hand, da sie das Haus nur in einer fest verschlossenen Sänfte verließ; aber trotzdem wußte sie über alles Bescheid: über Reispflanzen und Bohnenstecken, wo es die beste Ölsaat gab und wo die Orangen am reichlichsten wuchsen, ob die Schalotten an einem bestimmten Ort auch nicht einen Tag zu spät gezogen waren, wieviel der Tabak im kommenden Herbst kosten würde, welche Dschunken im Fluß gesunken waren und welchen Einfluß all diese Tatsachen auf uns haben würden.

Sie verschwendete nie etwas. Sie sah im Sommer die Pelzgewänder durch, sie teilte das Öl für die Lampen aus und putzte die Dochte. Nichts war zu klein oder zu unbedeutend, sie kümmerte sich darum und unterwarf es ihrem eisenharten Willen. Manchmal entnahm sie der gestickten Börse, die an einer silbernen Kette über ihrem Rock hing, eine kleine Münze und drückte sie dem Kind eines Dieners in die Hand, das damit vor die Stadtmauer auf ein Feld laufen mußte, wo der beste Kohl wuchs, um einen Kopf davon für unseren Tisch zu kaufen. Auf diese Weise sparte sie ein wenig Geld und bekam doch den frischesten Kohl.

Sie brachte die ganze fruchtbare, saft- und kraftvolle Erde von Szechuan in unser Haus. Wenn sie nicht da war, fühlte ich mich unfähig, unsicher und ohne Halt.

Und dann waren wir mit einemmal nicht mehr beisammen. Ich war dreizehn Jahre alt, Mutter hatte noch sieben weitere Kinder. In einem Jahr oder zweien sollte ich die Distriktprüfungen ablegen. Mutter änderte plötzlich ihr Verhalten mir gegenüber: sie war kühl und abwehrend, drängte mich zum Lernen und schalt mich aus, wenn ich mit meinem jüngeren Bruder in den Höfen herumspielte und lärmte. Nie mehr durfte ich neben ihr sitzen, ihr Lächeln beobachten und auf das Rascheln ihrer Schürze lauschen, diesen tröstlichen Laut, das Sinnbild ihres Schoßes und der Welt der Kindheit, die in den Falten ihres Gewands begann und endete.

Sie ist in meiner Erinnerung wie der ewige Rhythmus des sanften Windes über der Ebene von Chengtu, wie die Ruhe und der federleichte Regen des Herbstes – nicht die vom Weinen gealterte Frau, die mich am Ärmel festhielt und die ich verließ, um einer Fremden zu folgen.

In dieser ruhigen, umhegten Welt meiner Kindheit erregte das Wort »Veränderung« nur abweisendes Kopfschütteln, obgleich doch alles sich veränderte. Die Kriege und Niederlagen, die ständig anwachsende Armut und alle Bedrohungen hatten dem ebenmäßigen Firnis unseres harmonischen Lebens fernzubleiben. Nie wurden diese Dinge in den sorgsam bemalten Verbots- und Gebotstafeln erwähnt, die man uns vorhielt – und doch konnten wir ihrem Ansturm nicht länger ausweichen. Als ich älter wurde, war Mutter oft streng und traurig, berichtete mir von dem Kummer, den sie bei meiner Geburt gehabt hatte, und erzählte von der Enthauptung eines Verwandten und den schweren Ungerechtigkeiten, die wir von den Ausländern erdulden mußten. Und eines Tages blieben die Tore unseres Hauses plötzlich geschlossen, und wir gingen still und schweigsam umher... um einer Strafe willen, die unsere Sippe getroffen hatte und vor der wir die Augen abwandten. Ich habe vergessen, was uns damals so in Schrecken versetzte. Aber wir lernten auf diese Weise, unsere Gedanken nie ganz auszusprechen, da solche Offenheit Gefahren heraufbeschwor.

Solange wir die Leitsprüche beherzigten, die in goldenen Schriftzeichen auf den großen Lacktafeln glänzten, so lange würden wir in Sicherheit sein, in Sicherheit vor dem Verstreichen der Zeit und jeglicher Veränderung. So behaupteten es die Angehörigen der älteren Generationen, und sie hielten uns dabei lange Vorträge über Tugend und Tradition. In mir entwickelte sich eine Art Angst, ich könne durch irgendeine eigenwillige Handlung die Ordnung von Zeit und Raum verletzen und so eine verderbenbringende Wendung der Ereignisse herbeiführen. Zu furchtbar waren die Strafen für jede Rebellion, die ich rings um mich sah. Eine geistige Disziplin ordnete alle persönlichen Wünsche der Rücksicht auf die Familie unter: das war die klassische Erziehung. Sie verdummte uns, denn sie war darauf ausgerichtet, alles so zu erhalten, wie es war, in unwandelbarer Hierarchie.

In dem Gewebe der Beziehungen, in dem wir eingebettet waren, gab es eine Pyramide der Autorität, die nicht allein Menschen, sondern auch Räume und Höfe, Bäume und Blumen, Diener und Sänften betraf. Wenn meine Eltern meinem Großvater in seinem Zimmer – im selben Haus, in dem auch wir wohnten – einen Besuch abstatteten, kleideten sie sich immer um wie für einen feierlichen Empfang. Der alte, ehrfurchtgebietende und würdige Herr gewährte uns, seinen Enkelkindern, eine Morgenaudienz von zehn Minuten. Bevor wir hingingen, zogen wir uns um und wuschen uns Gesicht und Hände. Dann verneigten wir uns vor ihm und wünschten ihm einen guten Morgen. Die besonders schönen goldenen Chrysanthemen, die in ihren Töpfen zu beiden Seiten seiner Tür standen, waren gewissermaßen ein Teil von Großvaters Persönlichkeit. Er pflegte sie selbst, und man konnte ihre Pracht nicht sehen, ohne sich gleichzeitig seiner Gegenwart bewußt zu werden. Eine dieser Blüten abzupflücken, wäre ein fast unverzeihlicher Verstoß gegen die nötige Ehrerbietung gewesen.

Schwarzlackierte Türen und eine hohe Schwelle, die von steinernen Löwen flankiert war, führten in den ersten Hof mit seiner Geisterwand aus behauenen Ziegeln. Hier standen die Sänften, deren Vorhänge je nach der Jahreszeit wechselten. Die für vier Träger bestimmte Sänfte meines Großvaters mit den Goldaffenfellen, die als wirksames Mittel gegen Gliederschmerzen galten, nahm den Ehrenplatz ein. Dann kam die Sänfte meines Vaters und dann die Sänften der anderen Männer und die der Frauen. Die Wohnräume der Diener befanden sich auf der einen Seite, die der Lehrlinge auf der anderen. Rings um den zweiten Hof, der eine für Gäste bestimmte Tür zum ersten Garten hatte, waren die entsprechenden Blumentöpfe in den Empfangsräumen aufgestellt. In den dritten Hof hatten nur die Verwandten Zutritt. Hier begann das eigentliche Reich der Familie: eine Folge einzelner Räume, die um mehrere kleine quadratische Höfe angeordnet waren. Auf der Ostseite wohnte der älteste Sohn mit seiner Familie, auf der Westseite wohnten die jüngeren Söhne, während der Elternraum sich in der Mitte befand. Der innerste Hof hatte seinen Brunnen und seine Halle mit Seelentäfelchen, genau als sei er ein Heiligtum. Unmittelbar dahinter lagen der Eßraum für die Familie, die Küche mit den Dienstbotenzimmern, ein Hof und ein Brunnen für das gewöhnliche Wasser. Der Kehricht wurde durch die westliche Hintertür aus dem Haus geschafft.

Eine Zeitlang wohnten fünfundsiebzig Familienmitglieder in dem Haus meiner Kindheit, dazu noch all die Diener und Dienerinnen. Danach erwies es sich als unmöglich, daß alle unter einem Dach zusammenblieben; dieses Anwachsen der Familie war sogar für die Geduld meiner Mutter zuviel.

Ich erinnere mich an die Schriftrollen, die in Kampferholztruhen aufbewahrt und jeweils den Jahreszeiten entsprechend herausgeholt und an bestimmten Stellen aufgehängt wurden. Es gab Schriftrollen mit Sommer- und Winterlandschaften, solche mit Bildern vom Frühlingsfest und vom Herbstmond, Schriftrollen für gewöhnliche Tage und für Feiertage. Und dann waren da Großvaters Fächer: Morgenfächer und Nachmittagsfächer, Anstandsfächer und solche für zeremonielle Gelegenheiten, deren Stäbe aus duftenden Hölzern bestanden und mit Elfenbein und Ebenholz eingelegt waren, Fächer für den Empfang wichtiger Gäste, Fächer für geschäftliche

Besprechungen, Fächer für Vergnügungen. Er besaß sechsundfünfzig Fächer. Mein Vater hatte siebenundzwanzig.

In diesem dichtbevölkerten Reich waren die Mitglieder der engeren und weiteren Verwandtschaft so fest miteinander verbunden wie die Teile eines kunstvollen Schnitzwerks. Sie waren keine selbständigen Persönlichkeiten, sondern hatten ihre Bedeutung nur innerhalb der Struktur, zu der wir alle gehörten, die wir besaßen und die uns besaß. Wir lernten, uns für ihr Bestehen verantwortlich zu fühlen; denn sie war die vom Himmel bestimmte Ordnung unserer mittelalterlichen Gesellschaft.

Im Frühling blühte die Magnolie zu ihrer bestimmten Zeit, und dieses Ereignis wurde in entsprechenden Versen gefeiert. Ein Onkel hielt unterwegs einen Bauern an und fragte ihn, ob er ein paar Stecklinge bekommen könne, da seine Magnolie schöner sei als unsere. Worin lag wohl das Geheimnis der Kraft und Schönheit dieses Baumes? Der Bauer brachte einige Stecklinge, und ein Gedicht wurde verfaßt, um die Erinnerung an diese Begegnung, das Entstehen eines neuen Baumes und neuer Schönheit für unseren Garten zu feiern – der Name des Bauern fand keine Erwähnung.

Ein wunderbar geformter Stein war entdeckt worden, der schon vor achthundert Jahren während der Sung-Dynastie einmal beschrieben worden und dann in den Kriegswirren verlorengegangen war. Aus dem Umkreis von hundert Meilen kamen Gelehrte, um den Stein zu betrachten und Gedichte darüber zu verfassen, und man gab ein Fest, um seine Auffindung würdig zu feiern.

Die Berge, die Wolken, die Felder, der Fluß auf seiner langen Reise zum Meer, alles war Stoff für die Literatur, alles war Stoff für die Geschichtsschreibung gewesen. Jeder Ort hatte seine Geschichte und seine Legende, Verse, die ihm gewidmet waren, und seinen Platz im Bewußtsein der vergangenen und zukünftigen Generationen. Alles war eingeordnet, beschrieben, erklärt. So erschien uns zuweilen die Kalligraphie und nicht das, was tatsächlich geschah, als das Wirkliche. Die Leitsprüche an der Wand waren lebendig und nicht die Revolten und Demütigungen, die Niederlagen und der Haß. Immer gab es einen Ausweg; aus jeder Häßlichkeit konnte man in eine gemalte Landschaft auf der Wand entweichen.

Ich hätte es besser wissen müssen, denn rings um mich gab es genug Elend, greifbares, unvermeidliches Elend. Aber man hatte mich gelehrt, nichts zu denken und zu tun, was zu einem Tadel Anlaß geben konnte. Ein Fehltritt war keine individuelle Schuld, sondern ein kollektives Unglück, da wir gegenseitig füreinander verantwortlich waren. Wenn Großvater mich ausschalt, beschuldigte meine Mutter augenblicklich sich selbst: »Deine pflichtvergessene Tochter versteht es nicht, ihre Kinder zu erziehen.«

Schon zerbröckelte das System; der räuberische Westen war bei uns eingedrungen und nährte sich von unserem Verfall. Schon hatte alles sich verändert, das Holz schimmelte unter dem Lack unserer Fußböden; aber wir bemühten uns hartnäkkig, das Wort »Veränderung« nicht auszusprechen.

Rascher und immer rascher wandelte sich unsere Welt. Bald sollte ein mächtiger Wind daherbrausen, all diese künstlichen Aufbauten davonfegen, uns die zeremoniellen Gewänder vom Leibe reißen und unsere klassische Erziehung zunichte machen. In Schmerz und Leiden sollte eine neue Welt geboren werden. Ich ahnte es damals nicht, aber eines sollte mir zum Schluß als Rettung dienen: die tiefe, leidenschaftliche Liebe meiner Mutter für die Erde, für diesen unseren Boden, für die Dinge, die aus ihm hervorwuchsen, aus dieser Welt der Armut, der Schmerzen und der Verzweiflung, die wiedergeboren und eines Tages zu etwas Menschlichem und Gutem umgeschaffen werden sollte.

Und als darum die Befreiung kam und einige meiner Freunde Selbstmord begingen und daran sterben mußten, daß sie sich nicht wandeln konnten, daß sie nicht verstehen konnten und in ihrem Wahn Verschwörungen anzettelten, um das schreckliche Gestern wiederaufleben zu lassen, da war ich nicht in solcher Verstocktheit befangen, da wünschte ich mir nichts im Himmel und auf Erden, als wieder zu sehen, wie auf den Feldern der Reis wuchs und die Magnolie sich im Frühling mit Blüten bedeckte, und die braune Sonne auf der bauchigen Wölbung eines Krugs mit Essiggemüse war Sonne genug für mich.

Zwar gab es vieles, das neu, fremd und schmerzhaft zu lernen war – aber hatte ich nicht mein ganzes Leben lang diese Schmerzen gekannt? Ich beobachtete, wie meine Nelken in ihren Töpfen emporwuchsen, wie zur Frühlingszeit der Flieder in meinem Garten lila und weiße Blüten trieb und wie der Wein, den ich gepflanzt hatte, Reben trug. Und wenn die Herbstchrysanthemen, die ich zog, auch nur halb so groß waren wie die vor der Tür meines Großvaters, für mich waren sie gut genug.

So blieb ich da, während die Ausländerin, der Inbegriff meiner Liebe, mich verließ und den Gekreuzigten mitnahm, der die ganzen Jahre hindurch mit seinem traurigen, dumpfen Gesicht über mir gehangen hatte.

Und alles das war ein Teil des großen Wandels, der sich schon in der Zeit vor meiner Geburt angekündigt hatte.

Sechstes Kapitel

Ich lese die schwer zu entziffernde, sorgfältige Kalligraphie meines Vaters und habe dabei ein Gefühl, als schaute ich auf eine Landschaft, die ein taoistischer Künstler auf eine Tempelwand gemalt hat. Als der Maler zurücktrat, um sein Werk in Augenschein zu nehmen, fand er es so vorzüglich, daß es ihn verlangte, über die Hügel zu wandern und unter den Bäumen am Ufer des kühlen Flusses auszuruhen, die er selbst auf der leeren Fläche geschaffen hatte. So fügte er sich denn seinem eigenen Gemälde ein und ging der materiellen Welt auf ewig verloren. Taoistische Erzählungen sind oft so angelegt, daß sie uns an der Realität des Wirklichen zweifeln lassen; Chuangtse träumte, er sei ein Schmetterling, Laotse kannte das Paradox des Handels. Was war wahrhaft vorhanden: die gemalte Landschaft, in die der Priester kraft seines Wunsches einging, oder die reale Welt der Hügel und Schatten, der Flüsse und der festen Erde, die hinter der Mauer geblieben war?

Mein Vater scheint mich zuweilen einer solchen taoistischen Landschaft gegenüberzustellen, einer im Traum gestammelten Darstellung seines bedrängten Herzens auf einem kleinen Häufchen Seidenpapier. Zu oft, so spüre ich, war er geneigt, die wirkliche Welt rings um sich zurückzudrängen. So wie die Herbstblätter zu den Wurzeln des Baumes hinabfallen, so kehrte er in seine Kindheit zurück; als alter, im Lebenskampf aufgebrauchter Mann wandte er sich wieder dem zu, was nicht mehr vorhanden war. Aber wer vermag zu behaupten, daß es nicht auch noch Wert und Geltung hatte?

Doch da ist auch noch Dritter Onkel, der Bruder meines Vaters. Nicht nur eine tiefe Liebe, sondern auch die ausgeprägte Gegensätzlichkeit ihrer Charaktere band die beiden Männer ihr Leben lang eng aneinander. Der Altersunterschied zwischen ihnen betrug etwa achtzehn Monate. Vater war der zweite Sohn meiner Großeltern, Dritter Onkel der dritte; zwei weitere Söhne starben in jugendlichem Alter, und ein letzter, Sechster Onkel, ist noch am Leben. Ein älterer Bruder kam zwei Jahre vor meinem Vater zur Welt, doch die jüngeren gelangten nie zu einer engeren Beziehung mit ihm. Als ich ihn im Jahre 1939 traf, fiel es auch mir schwer, eine wirkliche Unterhaltung mit ihm anzuknüpfen; er war so ganz anders als mein gesprächiger und für alles interessierter Dritter Onkel.

Bei Drittem Onkel ist alles gesammelt, aufbewahrt und klassifiziert; in seiner Genauigkeit und Bildung ist er eine wahre Fundgrube wörtlich und schriftlich überlieferter Traditionen. Dritter Onkel ist der Geschichtenerzähler, der Familienbarde, der Rezitator der Ahnensaga, der Erwecker toter Gebeine, denen er mit seinen Worten neues Leben einhaucht. Aber er ist auch getreuer Aufbewahrer sorgfältig numerierter Briefe, Fotografien und Akten. Er ist erfüllt von einer wahren Leidenschaft für die exakte Kenntnis aller Dinge und mit einem erstaunlichen Gedächtnis begabt. Vor fast fünfundzwanzig Jahren unterhielt ich mich eines Nachmittags mit ihm über Hautpigmentation. Die Bomben der Japaner hatten Chungking in einen plattgewalzten Trümmerhaufen verwandelt. Ich war nach dem Bombardement viel in der Sonne umhergelaufen, so daß mein Gesicht gebräunt und mit Sommersprossen bedeckt war. Die Leberfleckentferner, von denen es bei uns so viele gab, wollten mir diese häßlichen Flecke mit Säure entfernen. Während einer von ihnen damit beschäftigt war, einige meiner Sommersprossen zu bleichen, bat Dritter Onkel mich, ihm den Mechanismus der Hautbräunung zu erklären. Im Oktober 1964 nun, also vierundzwanzig Jahre später, erinnerte er sich wieder an diese Unterhaltung. »Ich muß dich jetzt bitten, mir die Entstehung der dunklen Hautflecke im Alter zu erklären«, sagte er. »Ich habe mich nämlich mit meinem Arzt deswegen gestritten.« Auf der Haut von Drittem Onkel hatten sich einige Pigmentflecke gebildet, und der Arzt, der ihn zweimal in der Woche besuchte und noch immer seine eigenen Ansichten über glück- und unglückverheißende Flecke hatte, riet ihm, sich diese Male entfernen zu lassen. Dritter Onkel aber, der metaphysischen Fragen immer sehr skeptisch gegenübergestanden hatte, wollte eine wissenschaftliche Erklärung hören, bevor er seine Haut den Säuren des Leberfleckentferners aussetzte.

Dieser Wunsch, alles zu ergründen, hat es ihm ermöglicht, die Revolution vielleicht sogar besser zu verstehen als mein Vater. Er, der Kapitalist, der Bankier, erkannte nicht nur die Unvermeidbarkeit der Ereignisse, sondern war auch überzeugt, daß eine andere Lösung gar nicht möglich war. »Das kommt davon, daß ich etwas von der Wirtschaft verstehe«, erklärte er. »Dein Vater war immer ein Dichter mit hohen und edlen Herzensregungen.« Die Verstandesregungen von Drittem Onkel waren konkret und fast allzu gründlich. Wenn man ihm gegenüber ein Thema anschnitt, so konnte man darauf gefaßt sein, über diesen Gegenstand von seinen ersten Anfängen – und mochte dieser in paläolithischen Zeiten liegen – bis zur Gegenwart informiert zu werden.

Wie tröstlich für mich dieser nährende, freundliche große Strom der Worte und Fragen, der Überlegungen und philosophischen Betrachtungen und dieses Tastens nach Wissen war, welcher Balsam für die Wunden, die die Schweigsamkeit meines Vaters meinen Gefühlen zugefügt hatte, als wie heilsam ich ihn empfand, das wird Dritter Onkel nie erfahren. Und als er mir schließlich alle die Briefe übergab, die er im Laufe von vierzig Jahren von meinem Vater erhalten hatte, so war dies eine beredte abschließende Geste, Ausdruck seiner Vermutung, daß wir uns vielleicht nicht wiedersehen würden. Er war sechsundsiebzig Jahre alt und wollte bei seinem Abschied von der Erde nichts Ungetanes zurücklassen. Ich würde mit meinen Büchern die Untersuchungen weiterführen und so die Geschichte unserer Epoche am Leben erhalten, auch wenn ich sie nur auf eine einzige Familie, unsere eigene, beschränkte. Und das war gut so, das war die einzig greifbare Unsterblichkeit, zu der ein Mensch gelangen konnte: eine Verlängerung seines Lebens über den Zeitraum seiner eigentlichen Existenz hinaus infolge einer Tat, eines Gedankens, eines Vorsatzes zugunsten aller.

Drittem Onkel ist es zu verdanken, daß sorgfältige fotografische Aufnahmen von den Porträts unserer Vorfahren gemacht wurden; die Seide, auf die sie gemalt waren, ist inzwischen ein Opfer der Zeit und der Feuchtigkeit geworden. Nun blicken sie uns aus der Vergangenheit an, diese Männer und Frauen,

Vertreter eines anderen Zeitalters – und doch immer noch wirksam, da ihr Gedächtnis bewahrt wird. Urgroßvater Taohung im Alter von siebenundachtzig Jahren, mein Großvater mit den stummen Fragen in seinen Augen, der Bruder meines Großvaters, Zweiter Großonkel, der sich 1951, im Jahre der Landreform, in einen Brunnen stürzte, weil er es nicht ertragen konnte, seinen Pächtern weiterhin zu begegnen (er war damals neunundsiebzig Jahre alt, hatte achtzehn Kinder, machte jeden Morgen gymnastische Übungen, erfreute sich einer ausgezeichneten Gesundheit und konnte noch mit seinem eigenen vollständigen Gebiß Walnüsse aufknacken) ... sie alle sind jetzt bei mir. Sie verlangen keine Lobrede, die so sanft dahinplätschert wie ein Bach. Sie verlangen nach der Wahrheit, nach ihrer Wahrheit innerhalb dieses unendlichen Kontinuums, das sich China nennt.

»Dein Zweiter Großonkel hätte nicht dieses wässerige Ende für seinen Geist wählen sollen«, sagte Dritter Onkel, als er von seinem Ableben sprach und dabei das unangenehme Tabu-Wort »Tod« vermied. »Die Bauern haben schließlich vielen Grundbesitzern ihr Recht werden lassen, und außerdem gab es auch noch die Volksgerichtshöfe.«

Er hadert nicht gegen die Ausrottung des Feudalsystems auf dem Lande. Eine Revolution ist nun einmal kein Kinderspiel; und wir alle haben seit jeher mit der Revolution gelebt, auch wenn wir ihre einzelnen Phasen nicht erkannten. Sie hat mit uns getrunken und gegessen, sie hat uns zu Bett gebracht und einige von uns getötet. Aber andererseits haben auch wir getötet, viel mehr Menschen, als die Revolution je umbrachte, und unsere Herzen blieben hart und gefühllos trotz all unserer schönen Reden über Rechtlichkeit und Moral. Ein so intelligenter Mensch wie Dritter Onkel würde nie die Torheit begehen, sich etwas zurückzuwünschen, was nicht mehr vorhanden ist. Er weiß, daß Zweiter Großonkel übereilt handelte, als er seinem Leben ein so jähes Ende bereitete.

»Er konnte es nicht ertragen, sein Gesicht zu verlieren, er konnte sich Kritik und Tadel nicht unterwerfen.«

Dritter Onkel war da geschmeidiger, gelehriger.

»Wir brauchten eine Revolution. Jetzt gehört unser Land

endlich uns selbst, jetzt haben wir alle Ausbeuter hinausgeworfen. Nun wird uns keiner mehr auf den Kopf scheißen.«

So sieht er die Dinge an, und es gibt viele, die genauso fühlen wie er. Kein Revolutionär, kein Kommunist, kein Aufwiegler – nur ein alter Kapitalist, der die Zinsen seines Vermögens verzehrt; aber ein Patriot und darum zufrieden, wenn er sieht, wie manche Dinge in Ordnung gebracht werden. Und so stöbert er in seinen vollgestellten Bücherregalen umher und sucht nach Briefen und Fotografien oder irgendwelchen anderen Dingen, die ich gebrauchen könnte.

»Du mußt es ganz genau aufschreiben, damit künftige Generationen es lesen und alles erfahren können, das Schlimme wie das Gute. Damit sie den Großen Wandel kennenlernen.«

Handlungen folgen aufeinander und haben nur in ihrem gegenseitigen Verhältnis einen Sinn. Die Handlungen der Menschen bilden eine unaufteilbare Folge. Alles, was wir in Zeit und Raum darstellen, gehört auch allen anderen, denen, die vor uns waren, und denen, die nach uns kommen. Und die Zeit, die in Jahrzehnten daherschritt und nun ganze Jahrhunderte überspringt, bindet noch immer Grab und Mutterleib zu einer Einheit. Das Gestern hat das Morgen vorbereitet, und da gibt es kein Entweichen, auch wenn die Landschaft auf die Wand gemalt ist.

Wir schreiben 1940. Ort der Handlung: Chungking, zur Kriegszeit. Nach dem routinemäßigen Bombardement durch die japanischen Flugzeuge senkt sich eine unerbittliche Nachthitze vom Himmel nieder und steigt aus dem felsigen Boden auf. Dritter Onkel hat dieses große Haus auf dem Berg, in dem ich mich jetzt von einer bösartigen Malaria erhole, von einem Freund gemietet. Das Haus ist sicher; es liegt weit genug von der Stadt entfernt, und unter ihm befindet sich sogar ein kleiner Luftschutzraum. Wir können von hier aus beobachten, wie die Bomben auf Chungking fallen, wie Chungking brennt.

Dritter Onkel sitzt in seinen weiten weißseidenen Hosen, seiner weißseidenen Weste und seinen schwarzen Tuchschuhen da und fächelt sich Kühlung zu. Jetzt probiert er eine neue Teesorte, denn er ist ein Teekenner. Er hat vier verschiedene Büchsen vor sich aufgestellt, von denen jede eine andere Teesorte enthält, und nun gießt er vier verschiedene Arten von Tee in dünne Teetassen aus Eierschalen-Porzellan. Wir nehmen einen Schluck. Dann schüttelt er verächtlich den Kopf.

»Japanische Teufel, japanische Teufel! Laßt nur ruhig eure japanischen Teufelseier herunterregnen, ihr könnt uns doch nicht erobern. Das sage ich euch, ich, Chou Kiensan aus Chengtu.«

Die »japanischen Eier« sind die Bomben, die, wenn sie herunterfallen, so klein aussehen wie harmlose Schrotkügelchen.

Das ist für Dritten Onkel die Einleitung zu einer Rede. Ich sitze da, trinke geräuschlos und fühle mich geehrt, weil er mich eingeladen hat, mit ihm Tee zu trinken. Mein Mann hat nicht soviel Geduld; außerdem zieht er Kaffee vor. Aber Kaffee ist nicht zu haben, er ist in Chungking zu teuer. Es wird nur für die Ausländer welcher eingeführt; man trinkt ihn im Journalistenklub und in den Gesandtschaften. Heute abend ist mein Mann nicht da; er befehligt die Leibwache beim Generalissimus Tschiangkaischek, der für den deutschen Militärberater von Falkenhausen ein großes Essen gibt.

»Nicht einmal die Deutschen können die Japaner leiden«, sage ich eifrig. »Eines Tages werden sie sich gegen sie kehren. Das sagt er.«

»Er«, das ist Pao, mein Mann. Im Gespräch mit Drittem Onkel kann ich Pao nur mit »er« bezeichnen, denn es wäre unbescheiden, ihn bei seinem Namen zu nennen. Ich kann auch nicht »mein Mann« sagen, das schickt sich nicht. Der einzige mir erlaubte Ausdruck wäre »der Vater meines Sohnes«, aber auch den kann ich nicht verwenden, da ich keinen Sohn geboren habe. »Er« ist deutlich genug.

Dritter Onkel schnaubt verächtlich. »Die Deutschen sagen das, um uns irrezuführen. Die sind einer wie der andere. Alle diese Ausländer, diese Ghuls und Vampire, warten nur darauf, uns das Blut aussaugen zu können.« Er lehnt sich zurück. »Ich erinnere mich noch an der erste Mal, als sie gegen uns kämpften, die Japaner. 1894 war das, im neunzehnten Jahr des Kaisers Kuanghsu.

Ich war 1894 sieben Jahre alt und dein Vater beinahe neun. Es war an einem frühen Morgen im zweiten Monat des Jahrs, einem milden Frühlingsmorgen. Ich hatte gerade meinen Frühstücksreis gegessen, als dein Zweiter Großonkel hereinstürzte. Er war im Rathaus gewesen, um dort die *Imperial Gazette* zu lesen, die mit dem Kurierzug aus Peking kam. Also er stürzte herein, fuchtelte mit den Armen herum und schrie: ›Sie haben uns geschlagen, sie haben uns geschlagen! Die japanischen Teufel haben uns geschlagen!‹ Du siehst, schon in jenen Tagen, die so lange zurückliegen, war dein Zweiter Großonkel hastig und impulsiv.

Dein Urgroßvater Taohung war damals dreiundsiebzig Jahre alt. Unsere Eltern waren aus Kansu zurückgekehrt, aber niemand freute sich. Urgroßvater ließ uns der Niederlage wegen Trauerkleidung tragen. Ich weiß noch genau, wie bekümmert wir waren, weil wir die Japaner vorher so sehr bewundert hatten. Wir hatten nicht geglaubt, daß Japan seine neu erworbene Kriegsstärke an uns ausprobieren würde. Wir waren uns doch so ähnlich, die Japaner und die Chinesen, wir gehörten doch ein und derselben Kultur an. Oft noch habe ich mich seit jener Zeit gefragt, warum sie wohl so gehandelt hatten. Manchmal dachte ich: Immer muß Japan irgend jemanden nachahmen. Zuerst waren wir es. Dann kamen England und Deutschland an die Reihe. Das nächste Mal wird es vielleicht Amerika sein. Immer diese Sucht nach militärischer Macht. Das unzivilisierte Herz trotz aller äußerlichen Höflichkeit.

Japan hatte seine Lektion in der Tat gut gelernt. Nachdem es erfolgreich seine Christen massakriert und die Konvertiten verfolgt hatte (man forderte sie auf, entweder das Kreuz mit Füßen zu treten oder sich selbst kreuzigen zu lassen), sank es in einen trügerischen Frieden zurück – in die lauernde Reglosigkeit des Skorpions. Da es noch viel ärmer war als China, glaubte der Westen, es sei keiner Beachtung wert. Dann vollzog es in einem unwahrscheinlich raschen Tempo seine industrielle Revolution, und zwar durch den sehr einfachen Kunstgriff, die feudalen Grundbesitzer zu enteignen und die unterbezahlten Landarbeiter in die Fabriken zu treiben. So wurde es in kürzester Zeit zu einer kapitalistischen Macht. Eine solche Macht aber muß nach Absatzmärkten Ausschau halten. Japan wußte, daß es eines Tages die Konkurrenz mit dem Westen würde aufnehmen müssen; vorerst jedoch mußte es daran denken, sich Territorien für die Lieferung von Rohstoffen zu verschaffen – chinesisches Land also.

Von seiner Inselbastion aus hatte es zugesehen, wie die Westmächte sich Stück für Stück von China holten, und war zu der Ansicht gelangt, daß die Zeit gekommen sei, sich auch einen Anteil an der Beute zu sichern. Schon im Jahre 1854 hatte Yoshida Shoin, ein japanischer Reformist, geschrieben: ›Wir sollten über eine starke Armee verfügen ... wir müssen mehr Land haben ... Die Mandschurei, Formosa, Luzon, weitere Inseln im Süden ... Wir müssen die Schwachen annektieren, die Dummen angreifen, Korea nehmen, China erobern. Was wir an Rußland und die Vereinigten Staaten verloren haben, kann durch Korea und die Mandschurei wettgemacht werden ...‹ Denn 1854 hatte Japan bereits einige Inseln im Pazifik an Amerika und Sachalin an Rußland verloren.

So beobachtete Japan also England, Frankreich und Rußland und sah zu, was diese Länder in China unternahmen. Es beobachtete auch, wie die Vereinigten Staaten nach Osten vorrückten und ihre Grenzen über den Pazifik hinaus ausdehnten, den sie zu ihrem *mare nostrum* machen sollten. Und nun kam Japan zu der Überzeugung, daß die beste Verteidigung der Angriff sei. ›Die Welt soll vor dem großen Japan zittern!‹

Es ging also beim Westen in die Schule, strengte sich gewaltig an und hatte dabei drei Vorteile vor China voraus: es war klein, keiner fürchtete sich vor ihm, sondern jeder lachte nur über dieses Ländchen; es war nicht gelähmt durch die Starre eines Moralkodex und nicht behindert durch die Verpflichtung, eine stolze, dreitausend Jahre alte historische Vergangenheit würdig weiterzuführen; schließlich – und das war das Wichtigste – hatte es eine eigenständige, nationale Regierung. Über das japanische Volk herrschten Japaner und nicht eine ausländische, egoistische, feige und korrupte, mit Eunuchen durchsetzte Dynastie, die nur an ihre eigene Sicherheit dachte und freudig große Teile ihres Besitzes dahingab, um sich auf dem Thron zu halten.«

Heute, im Jahre 1964, behaupten manche Historiker, daß sich China, wenn es damals eine eigene Dynastie gehabt hätte, rascher seinen Platz in der modernen Welt erobert hätte. In diesem Fall wäre das Gefühl der Benachteiligung, das sich bis ins zwanzigste Jahrhundert hinein erhalten hatte, verschwunden, und es hätte ein kapitalistisches China gegeben, nicht aber eine kommunistische Revolution. Doch was für einen Wert hat es, sich in Selbstgesprächen darüber zu ergehen, was hätte sein können? Ich glaube nicht, daß es anders hätte kommen können. Das letzte, was der Westen sich wünschte, war ein starkes China, kapitalistisch oder nicht. Wenn wir heute kein kapitalistisches Land sind, so liegt es daran, daß der Westen unseren einheimischen Kapitalismus sehr früh unterband oder ihm vielmehr gar nicht erst gestattete, sich zu entwickeln. Hinsichtlich Japans hingegen bestanden keinerlei derartige Besorgnisse. Man wußte, daß es ein kleines Land war, das nie in jeder Hinsicht auf eigenen Füßen stehen konnte, so wie China, und deshalb immer verletzlich blieb – ein Gefolgsmann unter den Nationen, kein Führer, so eifrig es auch danach streben mochte.

»Seit seinem Sieg über uns«, sagte Dritter Onkel, »wurde Japan von den Weißen fast als gleichberechtigte Macht angesehen. Hatte es sich nicht als ebenbürtig erwiesen und sich seine Sporen im Räuberwesen der Welt verdient? Nun gab es kein Halten mehr. ›Wer China erobert, der erobert die Welt‹, schrieben die japanischen Militärexperten. Und das nächste halbe Jahrhundert widmete man dem Versuch, China zu erobern.

Mit den Entschädigungssummen, die Japan nach dem Krieg von 1895 von China forderte, gedachte es, für die nächsten zwanzig Jahre seinen großen Sprung nach vorn in der industriellen Entwicklung zu finanzieren. Aber China konnte nicht zahlen. Zweihundert Millionen Unzen Silber war eine zu hohe Summe, viel höher als die Einkünfte, über die China nach Tilgung all seiner aus den früheren Kriegen herrührenden Schulden an die Westmächte noch verfügte. Und außerdem waren da die Mandschu: nur drei Millionen in einem Volk von fünfhundert Millionen Menschen, die jedoch ein Drittel aller Einkünfte des Landes für sich verbrauchten.

Die staatlichen Bankiers von Shansi, die von jeher den

Schatz des Kaiserreichs an ungemünztem Silber verwaltet hatten, erklärten sich außerstande, das Geld zur Bezahlung der Kriegsschulden an Japan aufzubringen. Man schloß einen Anleihevertrag mit England, den höchsten in einer ganzen Serie von Verträgen, die sich katastrophal für China auswirken sollten. Binnen vierzig Monaten wurden Auslandsanleihen in Höhe von insgesamt fünfundfünfzig Millionen Pfund aufgenommen. Die Franzosen, die Deutschen und die Russen wetteiferten miteinander, China Geld vorzustrecken; Großbritannien jedoch sicherte sich die höchsten Anteile an diesem Geschäft.

Es war die mit fünf Prozent zu verzinsende Anleihe von 1895, das Geld zur Bezahlung der Kriegsschuld an Japan, die den Ruin des Kaiserreichs auslöste. China mußte zwölfhundert Millionen Franc zahlen; die Anleihezinsen betrugen, selbst bei dem bescheidenen Zinssatz von fünf Prozent, sechzig Millionen Franc pro Jahr, so daß sich die jährliche Schuldsumme, wenn man die fälligen Zahlungen für frühere Anleihen noch dazurechnete, auf etwa siebzig Millionen Franc belief. Nun betrugen aber die gesamten Zolleinnahmen des Landes nur achtzig Millionen Franc (das Zollwesen stand unter ausländischer Kontrolle). Und da das Silber zu jener Zeit im Wert sank, erklärten sich die Westmächte zur Bewilligung einer Anleihe nur dann bereit, wenn die Zinsen in Gold gezahlt wurden.

Als Sicherheit für ihre Anleihen verlangten die Westmächte die Verpfändung und Überlassung von Ländereien, Bergwerken, Naturprodukten, Fabriken, Importgütern und Eisenbahnen.

Jetzt kamen die schrecklichen Jahre, die Jahre des überstürzten, wilden und vollständigen Plünderns und Ausraubens. Nun, da Chinas Schwäche offenkundig war, taten die anderen Mächte sich zusammen, um das untergehende Land gewissermaßen abzuwracken. Großbritannien machte sich zum Herrn des gesamten Yangtsebeckens von Shanghai bis nach Szechuan, eines Gebiets, das nach den Worten Archibald J. Littles *(siehe Archibald J. Little »The British Sphere of Influence«, Oriental Club, London, Oktober 1898.)* ›für China dasselbe bedeutete wie das Mississippital für Nordamerika, der Flußlauf des Amazonas für Südamerika; das Herz eines Kontinents mit einem Umfang von sechshunderttausend Quadratmeilen und einer Bevölkerung von einhundertachtzig Millionen der fleißigsten und friedliebendsten Menschen, die es in der ganzen Welt gibt. Ein großartiger Plan.‹

Rußland brachte die Mandschurei und die Mongolei unter seine Herrschaft und baute Eisenbahnlinien in diesen Gebieten, um seinen Truppen den Weg nach China zu erleichtern. Frankreich bereitete sich auf eine erneute Invasion in Yünnan vor. Amerika entwickelte die sogenannte Politik der offenen Tür, womit die Forderung gemeint war, daß die nach China importierten Handelsgüter eines Landes niemals mit einem höheren Zoll belegt werden durften als die eines anderen. Japan rüstete sich für einen weiteren Krieg. Und um sich nicht ganz ausstechen zu lassen, bezeichnete jetzt auch Kaiser Wilhelm II. von Deutschland plötzlich China als ›die Gelbe Gefahr‹. Als das Land seinen Tiefpunkt erreicht hatte, ernannte er sich selbst mit einem hochtrabenden Redeschwall zum Führer des Christentums und der weißen Rasse in einem Kreuzzug gegen die farbigen und gelben Völker und besetzte die Provinz Shantung – alles nur, weil er bei der Aufteilung Afrikas zu schlecht weggekommen war und nun wenigstens von dem Beutegut in China einen Anteil ergattern wollte. Wer hätte gedacht, daß dieser Mann mit dem verkrüppelten Arm es in dieser Phase fertigbringen würde, der Welt den Stempel seiner wahnwitzigen Ansprüche aufzuprägen? Vielleicht gelang es ihm, weil er der erste war, der jenem Mythos von der Überlegenheit der weißen, arischen Rasse Ausdruck gab, der noch heute seine Verkünder findet.

Für mich«, sagte Dritter Onkel, während er die brütende Hitze der schweren Nachtluft von sich fortfächelte, »für mich hat die Revolution schon 1895 angefangen. Wenn man einen Punkt erreicht, an dem man nichts mehr zu verlieren hat, dann erhebt man sich und macht eine Revolution. Aber eine Revolution geht nicht allein von den Ausgebeuteten aus; auch die Ausbeuter tragen zu ihrer Vorbereitung bei. Das ist das Paradox der Geschichte. Sowohl die Japaner wie die Westmächte haben die Revolution von 1911 mit herbeigeführt, und wer weiß, ob uns nicht auch nach diesem großen Krieg wieder eine Revolution bevorsteht?«

Das war, wie gesagt, im Jahre 1940. Wir beide wußten damals in unserem tiefsten Herzen, daß eine neue Revolution in einer nicht allzu fernen Zukunft bevorstand. Aber wir hofften zu jenem Zeitpunkt noch immer, daß sie nicht kommen würde, denn wir hatten viel zu verlieren.

»Nach 1895 begann es auch mit unserer Familie bergab zu gehen«, fuhr Dritter Onkel fort. »Ich weiß das, denn ich war damals ständig zu Hause, in Szechuan. Schon seit den Aufständen der Taiping, der Nien und der Huei, bei deren Niederwerfung unsere Vorfahren mitgeholfen hatten, wurden zwei- bis dreimal im Jahr Steuern erhoben. Dieser Druck wurde Jahr für Jahr schwerer, bis schließlich jede Behörde – die Distriktsregierung, die Bezirksregierung, die Provinzregierung und die Staatsregierung – ihre eigenen Steuern verlangte: Haussteuern, Grundsteuern, Umsatzsteuern, Steuern für Salz, für Eisen, Wehrsteuern und Abgaben für die Befreiung der von Räuberbanden heimgesuchten Gebiete. Aber keine dieser Steuern wirkte sich so vernichtend auf unsere heimische Industrie und unseren Handel aus wie die »Likins«, die Wegezölle. Ehedem gab es bei uns zwischen Stadt und Land sowie auf unseren Straßen und Flüssen keinerlei Zollschranken. Im Jahre 1860 jedoch wurde der Zoll eingeführt, um die Kämpfe gegen die Taiping zu finanzieren. Der gesamte Handel auf Straßen und Flüssen, der Verkehr zwischen Stadt und Land und zwischen den einzelnen Provinzen und aller Gütertransport wurde mit einem Zoll belegt. Auf diese Weise lähmte man unser Geschäftsleben, vor allem den Warenim- und -export in Szechuan. Auf einer Strecke von siebzig Meilen mußten wir vierzehn bis zwanzig einzelne Zollgebühren erlegen, so daß eine Ladung Tabak aus Chengtu, wenn sie in Chungking anlangte, mit fünfundzwanzig Zöllen belastet war und viermal soviel kostete wie ursprünglich. Und nach 1895 wurden diese Zölle noch einmal fast verdoppelt. Aber die Einnahmen sanken, denn die große Masse der eingehenden Gelder war zur Bezahlung der Zinsen für die Kriegsentschädigungen und die Anleihen aus dem Westen bestimmt.

Unser Tabakhandel ging zurück. Und nun wurden wir von einer Flut von ausländischen Waren überschwemmt; denn unsere Zollbestimmungen enthielten eine Ausnahmeklausel, die die Waren aus dem Ausland betraf. Sie kamen mit einem sogenannten ›Transitausweis‹ herein und fielen somit nicht unter die uns durch all die Kriege aufgezwungenen Bestimmungen, sondern unterlagen nur einem Einfuhrzoll, der zwischen fünf und siebeneinhalb Prozent ihres Wertes betrug. Damit aber war der Untergang unserer nationalen Industrie besiegelt.

Um sich über Wasser zu halten, nahmen unsere Kaufleute nicht mehr die in unserem eigenen Land hergestellten Fertiggüter ab, sondern kauften englische und japanische Waren in Shanghai, transportierten sie mit einem Transitausweis nach Szechuan und hatten so ihren Verdienst, während diejenigen, die weiterhin die nationale Industrie unterstützen wollten, Bankrott machten. Wer einen chinesischen Betrieb gründen oder irgendwelche Industrien ohne ausländische Beteiligung ins Leben rufen wollte, war von vornherein ein toter Mann. Unter diesen Umständen war es für China unmöglich, ein moderner Industriestaat zu werden. Schließlich wurde noch ein Abkommen getroffen, nach dem ausländische Handelsgesellschaften chinesische Naturprodukte wie Rohbaumwolle mit einem Transitausweis aus dem Inneren forttransportieren konnten, ohne irgendwelche Straßenzölle dafür zahlen zu müssen, während von unseren chinesischen Kaufleuten, die das gleiche Rohmaterial ausführten, Zoll erhoben wurde. So kauften die westlichen Gesellschaften Nutzholz und Öl, Opium und Tabak, wenn sie diese Waren selbst aus dem Land holten, zu einem Fünftel des Preises, den eine chinesische Firma hätte fordern müssen. Wie konnte es da noch unabhängige chinesische Kapitalisten geben? Ein chinesischer Kaufmann, der überleben wollte, mußte zum Mittelsmann einer ausländischen Gesellschaft werden und die demütigende Rolle eines Angestellten und Dieners der westlichen Kaufleute übernehmen.

Unser Tabakhandel wurde also gedrosselt. Später wurde der Tabak in Südchina zu einem Monopolartikel der *British-American Company*, während in Nordchina der Tabakhandel völlig in die Hände der Japaner überging. Er wurde mit einem Transitausweis exportiert, brauchte nicht verzollt zu werden und kam in die Zigarettenfabriken, welche die Ausländer in Shanghai, Hankow und Tientsin, also in den ausländischen Konzessionen, diesen Enklaven der Westmächte auf chinesischem Boden, errichtet hatten. Schließlich kauften wir dann diesen Tabak in Form von Zigaretten zurück.

Handgewebte Textilien wurden durch den Import von Baumwollwaren aus Lancaster und später aus Indien verdrängt, wo die britischen Handelsgesellschaften von den billigen einheimischen Arbeitskräften profitierten. Später richteten dann die Japaner Webereien in den ihnen vertragsmäßig zustehenden chinesischen Häfen ein, überschwemmten den Markt mit Textilien und entrissen den Engländern dieses Absatzgebiet. Die chinesischen Arbeiter waren ebenso billig wie die indischen und obendrein fleißiger.

Chinesische Dschunken und Schiffe, die regelmäßig die Flüsse befuhren, mußten Zoll bezahlen; die ausländischen Dampfschiffahrtsgesellschaften hingegen, die nach 1895 damit begannen, ihre Schiffe den Yangtse hinauf und hinunter zu schicken, waren von allen Abgaben befreit.

So begann der Bankrott der Provinzen. Um die verheerenden Verluste auszugleichen, behielten die Verwaltungsstellen einen gewissen Anteil der Zölle zurück, anstatt ihn nach Peking zu schicken. Je nötiger die Mandschu-Dynastie Geld brauchte, um so säumigere Zahler wurden die Provinzverwaltungen und um so mehr Geld blieb an den Händen der unteren Beamten kleben.

Aber dein Vater hat sich nie für wirtschaftliche Fragen interessiert«, sagte Dritter Onkel. »Er war ein Gelehrter und glaubte an den Wert von Erziehung und Reformen. Gelehrte haben Angst vor Gewalttaten, sie fürchten sich davor, zu kämpfen und zu töten. Doch der Wandel ist kein friedlich durch sein Bett rinnender Fluß, keine Bewegung, die sich dem gemächlichen Schritt eines Sänftenträgers anpassen kann. Wegen dieses Krieges mit Japan im Jahre 1895 wurde, vor allem seitens der Gelehrten, die laute Forderung nach einem Wandel erhoben. Für kurze Zeit machte eine Reformbewegung unter dem Gelehrten Kang Yuwei von sich reden. Sie wurde rasch und blutig unterdrückt. Meiner Ansicht nach ist deinem Vater dieses Ende sehr nahegegangen, obgleich er nie etwas darüber sagte. Ich war damals zwar noch jung, und doch erhob sich in mir bei all dem Gerede über Demokratie, in dem sich die Reformisten ergingen, immer wieder eine spöttische Stimme. Ohne es begründen zu können, wußte ich doch, daß echte Autorität auf anderen Grundlagen fußen muß, daß Macht nur durch Waffengewalt erobert werden kann. Nur wenn wir stark wären, würden die Menschen uns achten, so wie die Weißen nach dem Krieg von 1895 Japan zu respektieren begannen, weil es stark war. Dein Vater war ein friedliebender Dichter. Er haßte die Gewalt, obgleich er doch von Gewalt umgeben war. Jetzt sind wir wieder im Krieg mit Japan. Und wer weiß, was nach diesem Krieg geschehen wird?«

Immer schwerer wurde die Luft in jener Nacht im Jahre 1940; die lastende Hitzeschicht wollte sich nicht heben. Morgen würden die Japaner wieder mit ihren Bombenflugzeugen kommen. Dritter Onkel und ich nippten an unseren Teetassen, fächelten uns und warteten auf die Kühle der Morgendämmerung.

Mein Vater, Chou Yentung aus Chengtu, schrieb: China, mein Heimatland, ist groß und gewaltig. Seine Flüsse und Ebenen, seine Berge und Wüsten, seine Geschichte und seine Menschen, alles ist von einem Umfang, einer Beständigkeit, einer Weite und einer Fülle, die den Geist erheben. Unverzagt steht China da und trotzt in seiner ruhigen, elementaren Wucht dem Ansturm der Zeiten. Eines Tages wird die Maschine seine gewaltigen Ausdehnungen überwinden, seine Flüsse nutzbar machen, seine Gebirge öffnen. Doch schon vor der Maschine hat der Mensch mit seiner Erfindungsgabe und seinem Fleiß überall, wo er konnte, Hand angelegt und vieles zuwege gebracht. Es gelang ihm, sich mit unserem Land und seiner ungeheuren Launenhaftigkeit auf guten Fuß zu stellen. Er liebte und hegte es, er pflügte es um und bepflanzte es, er malte und besang es. Vor allem aber schrieb er über unser Land, grub überall, wo eine Möglichkeit bestand, seine Worte in Stein, versuchte seine Größe in das kleine Maß der Schriftzeichen zu bannen, seine Weite in ein Gedicht zu pressen, seine erhabene Ruhe wie seinen Kummer mit Worten zu rühmen. Er meißelte Sinnsprüche in die Abhänge jedes Berges, in jede Höhlenwand, über jede Quelle; jedem Tal und jedem Gipfel wies er eine Legende, einen Namen, einen Geist zu. Er fuhr unter Lebensgefahr über seine mächtigen Flüsse und besang die Schrecken, die sein Herz bedrückten. Und so eroberte er sein eigenes Land, machte es fruchtbar und seinen Augen angenehm, und er war zufrieden damit. Und im blinden Reiche des Worts glaubte er zuweilen, sein Land vollauf zu verstehen und Herr seiner Ewigkeit zu sein.

Auch ich war so. Als ich dreizehn Jahre alt war, bestieg ich die turmhohen Mauern über der Neunäugigen Brücke, von der aus die Dschunken sich auf ihre gefährliche Reise den Großen Fluß hinab begeben. Dort oben spreizte ich die Hand, um die Landschaft zu greifen, tausend Meilen in der Spanne zwischen meinen Fingern zu fassen. Mit meinem Atem drangen die liebliche Ebene und ihre tausend Frühlingsfreuden in mich ein. Ich besaß diesen Frühling: den Pirol im Baum, der seinen Ruf weit über das Land schickte, die Amseln, die sich so leicht ihr Lied entlocken ließen, die Maulbeere, die unter dem spiegelnden Schatten ihrer Blätter aufglänzte. Mit gewandten Worten ergriff ich Besitz von alledem – Silben, auf Seidenpapier geschrieben. Hatte man mich nicht gelehrt, die reale Welt in die Form eines Wortes zu bannen, das dauerhafter ist als die vergängliche Wirklichkeit, in der alle Dinge fließen, blühen und verblühen, um uns zu entweichen? Die gesamte Poesie von zweitausend Jahren aber, die Klassiker, waren unvergänglich in Stein gegraben, ein Wald aus poliertem Granit, Sinnsprüche im Tempel des Konfuzius zu Sian *(In Sian sind alle chinesischen Klassiker auf 1 816 Steintafeln eingraviert. Diese Tafeln, die fast drei Meter hoch und einen Meter breit sind, nennt man den Steinernen Wald),* Worte, durch die Jahrhunderte erhalten. Alles das stand mir zu Gebote, denn ich war ein zukünftiger Gelehrter, einer der Privilegierten unseres Landes.

Der hinterlistige Frost des Wintermorgens, der sich wie ein Mörder eingeschlichen hatte, mußte dem hellen Sonnenlicht weichen. Ich hatte meinen Pelzrock abgeworfen, wanderte leichtfüßig bergan und hatte dabei das Gefühl, als stiege ich direkt in den blauen Himmel hinein – so klar war die Luft, so frei von jener fruchtbaren Feuchte, jenem grauen Baldachin aus Nebel, Mehltau und herabrinnendem Regen, der die satten Ebenen umfängt und ihnen auch im Winter ihre grüne Decke beläßt, so daß die Schwalbe nie von hier fortzieht.

So klomm ich mit meinem Freund Lin Tachun, den ich liebte und der mich liebte – empor, um hoch auf den Mauern der Stadt den Frühling zu suchen. Weit ließen wir unsere Augen schweifen, hinüber zu den großen Schneebergen von Tibet, um das zu suchen, was in jedem Jahr nur während weniger Frühlingstage sichtbar ist. Und in diesem Frühling des Jahres 1898 erspähten wir ihn, wie er über der jadegrauen Erde schwebte, den weißschimmernden dreieckigen Gipfel des Miniaganka, den unbezwungenen Berg. Mein Herz hüpfte, aber gleich darauf sagten meine Lippen: »Oh, soll ich auf der Schneegans des Ehrgeizes reiten?« Tachun drückte meine Hand und schaute stumm hinüber. Die helle Fläche seiner Stirn über den feinen, wie mit einem Pinsel gezeichneten Brauen leuchtete wie der Berg.

Mit dreizehn Jahren mußte ich erkennen, daß mein Lebenslied bereits geschrieben war; ein Extrakt aus der gehäuften Masse vergangener Worte, aus den Sätzen, Phrasen und Formeln großer und kleiner Dichter. Hier lag die neugeborene Erde, die weitgestreckte Ebene, deren Ränder wie mit dem Zollstock gezogen waren und die weit hinten in einem nachtfalterfarbenen Horizont verschwamm. Frische Iris wuchs an den Ufern, junges, himmelfarbenes Wasser tränkte die Erde mit einer Million funkelnder Tropfen, sammelte sich in winzige Kanäle, rieselte durch tausend Millionen Windungen in zahllose winzige, symmetrisch angelegte, handgepflügte Felder mit glatten Rändern.

Grün leuchtete auf ihnen der sprossende Reis, und der Raps begann seinen gelben Zauberteppich auszubreiten. Und doch war dies alles des heftigen Schocks der Entdeckung beraubt: Es war schon beschrieben.

Ich suchte nach einem Rausch neuer Worte, die ganz allein meine sein sollten, von mir gedacht und von mir geformt. Aber die Taschenspielerkunststücke ehemaligen Wissens beraubten meine Worte aller Süße.

Grün und golden dehnten sich die Felder unter unseren Füßen, um weiter hinten die Hügelhänge hinanzusteigen. Mit den wachsenden Kurven der handgegrabenen, handgepflügten Furchen wanden sie sich die Berglehnen empor, so weit das Auge reichte. Hier und dort brach die Magnolie zu einem Schaum schwebender weißer Vögel aus. Schneefall von Pflaumenblüten war über den Boden gestäubt.

Hart sind die Wege nach Szechuan, dem umschlossenen Paradies, sang der Dichter. Doch viele Dichter sind diese harten und gefährlichen Wege gewandert. Maler haben die Berge gezeichnet, welche die tobenden Steppenwinde von uns abhielten, die Dürre milderten und uns mit einer dunstigen Blütenhülle umgaben. Um dieser Bilder willen sah ich den Zauber der Berge nicht mehr. Aber noch keiner hatte den Miniaganka gemalt, wie er sich über die Erde erhob und von der

Stadt Chengtu aus zu erblicken war. Das war unsere Entdekkung, Tachuns und meine. Unsere ganz allein.

Chengtu, die quadratische, mit Gräben umgebene Stadt, deren Tore älter sind als die von Peking und auf eine dreitausendjährige Geschichte zurückblicken, Chengtu sonnte sich träge in der Ebene. Hier war der Schauplatz all der dramatischen Ereignisse der Drei Reiche, die uns allen bekannt waren. Lässig löste die Stadt den schmalen Gürtel ihrer Felder, sicher in ihrer Reife, stolz auf ihr Wissen, ihre Zünfte und Handwerke, ihre Bücher und ihre Gelehrten. Alle ihre Legenden waren Geschichte, so wie ihre Geschichte zur Legende geworden war. Ihre Festungen und Grabhügel, ihre Tempel und Heiligtümer, ihre tausendjährigen Bäume an den Ufern ihres Flusses, auf ihrer Ebene und noch weiter draußen waren Zeugen ausgefochtener Kämpfe, ausgesprochener Sätze, verwirklichter Kriegslisten und ausgeführter Pläne. Alles war an seinem Platz, bekannt, aufgeschrieben, erinnert. Gab es denn gar nichts mehr zu entdecken?

In jenem Frühling des Jahres 1898 bereiteten Tachun und ich uns auf die Bezirksexamen vor. Er war zwei Jahre älter als ich und nicht so fleißig. Er liebte es, über die Felder vor den Stadtmauern zu wandern, und oft streiften wir dort stundenlang umher. Doch wir folgten damit einem altbekannten Brauch, denn es war nur recht und billig, daß die jungen Gelehrten den Frühling genossen und nach Hause zurückkehrten, um neue Verse über ihn zu schreiben. Es war nichts Neues.

Am Ufer knieten Frauen, in derbe blaue Gewänder gekleidet, und tauchten die langen schmalen Ramie-Stoffbahnen in das fließende Wasser, um das Gewebe zu festigen. Aus ihren Hütten drang das leise Klappern der Webstühle wie Uhrenticken. Hakkatöpfer kneteten feuchten Lehm, ölig wie die gedüngte Erde unserer Felder, und fertigten daraus Quellwasserkrüge, die in diesem sonnigen Wetter rasch trockneten. Und all das war wie im *Buch der Lieder*, wo am Fluß der Hanf eingeweicht wird, das Schilfgras auf dem Wasser treibt, die jungen Männer einherschlendern und ihr Lachen hell aufblitzt wie die Kiesel, welche die Knaben über die Wasserfläche schnellen lassen.

Ein flimmernder Schmetterlingsschwarm schwebte wie eine leichte Brise über den jungen Bohnenfeldern, und wir gingen nach Hause, um nach den seidenen Worten zu suchen, die dieser Frühlingsepisode zukamen. Das Aroma unserer Tintentäfelchen *(in China haben die Tintentäfelchen einen feinen Geruch und sind mit zermahlenen Perlen und Goldstaub durchsetzt)* mischte sich mit dem Duft der Orchideen auf unseren Schreibtischen.

Alles war aufgezeichnet. War wirklich nichts vergessen?

Zur Nacht verfing sich ein Glühwürmchen in den jungen Blättern. Die schlaftrunkene Ebene war erfüllt von den trägen Wimmerlauten des Wassers und dem Schwirren von Millionen Insektenflügeln. Tachun und ich fanden kaum Schlaf; die Worte wollten nicht kommen. Am folgenden Tag wich die Erregung aus meinem Schreibpinsel.

Den ganzen Tag und die halbe Nacht hindurch beugte sich das kurzbeinige, stämmige Volk der Ebene mit seinen blassen Gesichtern und den gedrungenen Gliedern über die fruchtbare Erde und bearbeitete sie mit seinen Händen, wandte eigenhändig jede Scholle um, hob eigenhändig jeden Graben aus, spannte sich selbst vor den hölzernen Pflug und ließ seine Füße und Beine tief in den vom Dung fetten, feuchten, öligen Boden einsinken. Sie schleppten und pflanzten, sie hackten und häufelten, sie trugen Wasser und traten das Rad der Tretmühle. Den ganzen Tag und die halbe Nacht hindurch lief diese riesige Tretmühle ihrer Mühen und Plagen, die sie selbst, mit eigener Kraft, drehen mußten. Wir sahen es nicht.

Sie traten den Schlamm, sie traten das Rad, sie pflanzten und pflügten und düngten, über die Erde gebeugt in ewigem Diensteifer, so als schuldeten sie ihn der fetten Erde, die sich in ihrer Feuchte sonnte. Für uns waren diese unendlichen Mühen ein Teil der Landschaft oder doch etwas, das ihr rechtmäßig zustand – ihr und auch uns, die wir da umherschlenderten und nach einem geglückten Satz suchten.

Über den Hängen, die früher Weizenfelder getragen hatten, nickten jetzt Mohnblumen, weiße, glänzende, weitäugige Blüten. Wenn unsere Sänftenträger uns im Sommer auf ihre Schultern hoben und den Bergen zutrotteten, mußten sie alle vier Stunden innehalten und eine Pfeife rauchen, sonst hätten sie uns nicht weitertragen können. Rings um uns breitete sich ein verschwenderischer Tod: zuviel Arbeit, zuwenig Nahrung, Opium. Die pergamentene, gelb verfärbte Haut, die an den Wangenknochen klebte, das weiße Häutchen über den Augen, das vom Fleisch entblößte Knochengerüst, das unter der Haut hervortrat: alles ein Werk des Opiums. Doch das galt nur für diejenigen, die nicht genug zu essen hatten. Bei uns, den Mitgliedern der besitzenden Klasse, verwandelte ein Pfeifchen nach dem Essen die Blähsucht in angenehme Träume. Aber über diese Dinge war kein Gedicht geschrieben worden, und ich sah sie nicht. Tachun wurde mitunter nachdenklich, wenn er sich umschaute; aber meine Augen waren nicht die seinen, und ich weiß nicht, ob er damals das sah, was ich heute mit den Augen meiner Erinnerung sehe.

Nahe der südwestlichen Mauer von Chengtu stand der zwölfhundert Jahre alte Tempel des Großen Widders. Dort wurde in jedem Frühling der größte aller Märkte, der sogenannte Blumenmarkt, abgehalten, bei dem Hunderttausende von Menschen zusammenströmten. Es ist ein taoistischer Tempel, in dem der Geburtstag des Laotse vom fünfzehnten Tag des zweiten Monats bis zur Mitte des dritten Monats gefeiert wird. Während dieser vier Wochen herrscht auf dem großen Platz ein fröhliches Getümmel, und alle Dinge dieser Erde sind in den Buden ausgestellt, wo man sie betrachten, sich an ihnen freuen und sie kaufen kann.

Gegenüber den Tempeltoren schwingt sich eine Reihe von fünf steinernen Brücken über den Graben. Dahinter ziehen sich die schmalen Straßen hin, in denen der Reis- und Viehmarkt abgehalten wird und die Erträge der Felder feilgeboten werden. Hier gibt es lebende Schweine, Hühner, Enten und Tauben, aber auch einhundertsechsundachtzig verschiedene Gemüsesorten, bergehohe Stapel appetitanreizender Frische, die sich Bude an Bude, eine Meile lang, häuft. Männer und Frauen schütten Eimer klaren Wassers über diese grünen, rosafarbenen, gelben, weißen und roten Hügel. Innerhalb der Tempeltore, in einem achteckigen Pavillon mit gelbglasiertem Dach, sitzt Laotse, der alte Philosoph mit der mächtigen Stirn und dem kindlichen Lächeln, auf einem schwarzen Ochsen und reitet fort ins Nirgendwo, das ein Überall ist.

Im Hauptgebäude stehen zwei bronzene Widder, beide heilig, beide voll magischer Kräfte und doch äußerlich verschieden. Der Widder zur Linken ist einem echten Schafbock nachgebildet; der zur Rechten hingegen hat Tigerklauen, einen Löwenschweif, den Körper eines Hirsches und nur ein Horn; denn dieser Widder war ursprünglich ein Weihrauchgefäß, das ein Kabinettsminister vor vierhundert Jahren auf dem Markt von Peking kaufte und später nach Chengtu brachte und dem Tempel zum Geschenk machte. Die taoistischen Priester verkündeten damals, es sei ein Wunder geschehen, und erzählten eine Geschichte von einem wundertätigen Tier, das Laotse dem Tempel geschickt habe. Tausende kamen, und die Kranken wurden geheilt, wenn sie das Horn des Widders berührten. Ein skeptischer Gelehrter jedoch untersuchte das Tier und fand auf seiner Brust das Firmenzeichen des Pekinger Geschäfts, aus dem es stammte und das der taoistische Priester nicht vollständig hatte entfernen können. Trotzdem glaubten weitere Tausende an die Wunderkraft des Widders. Sie drängten sich herzu, rieben an seinem Horn, strichen ihm über die Nase und flüsterten ihm in die Ohren. Es hieß nämlich, daß diejenigen, die sich an einem Feind rächen wollten, dem Widder nur seinen Namen zu sagen und ihre Geschichte zu erzählen brauchten, denn er sei auch ein streitbarer Rächer allen Unrechts. Nachts im Traum, so erzählte man, verließ der Widder den Tempel, ging zu dem Übeltäter und stieß ihn mit seinem Horn, worauf dieser erkrankte und manchmal sogar starb. Wer aber von einer Krankheit befallen war, mußte beide Widder berühren, um Heilung zu erlangen. Allmählich waren die Widder von all den reibenden Händen ganz blank und abgegriffen; die Truhen des Tempels aber quollen über von Geldspenden. Weder Tachun noch ich glaubten an die Widder; doch es war ein köstliches Vergnügen, den Markt zu besuchen.

Diese Marktwochen waren auch ein Fest der Frauen, eines der wenigen, bei denen die Damen aus den vornehmen Familien durch die herrliche Frühlingsluft spazierten und in Begleitung ihrer Dienerinnen die Tempelgärten aufsuchten, um hier wie die azurblauen Pfauen umherzustolzieren und ihre neuen Kleider zur Schau zu tragen. Angeblich kamen sie, um das schöne Wetter und den Anblick der Blumen zu genießen; in Wirklichkeit jedoch, um sich zu zeigen.

Und obendrein war das Fest auch die eine große Gelegenheit für Liebespaare, sich zu treffen und Briefe oder mit ihrem Namen bestickte Taschentücher zu tauschen. Junge Männer, die an Mädchen versprochen waren, welche sie nie gesehen hatten und normalerweise auch nie zu Gesicht bekommen würden, bevor sie nach dem Weinbecher am Hochzeitsabend neben ihnen auf dem Brautbett saßen, versuchten jetzt den Heiratsvermittler zu bestechen, um einen flüchtigen Blick auf das Gesicht ihrer zukünftigen Frau zu erhaschen, wenn diese – scheinbar nichtsahnend – vorbeischwebte, eine schlanke Gestalt in der zarten Luft, duftend und weich im sanften Frühlingswind.

Große Damen und Kurtisanen waren unterwegs, aber auch Bauernmädchen mit ihren Müttern, die in ihrer Schürze ein Nest voller Eier oder eine junge Ente trugen. Die älteren, von der schweren Arbeit und den vielen Schwangerschaften verbrauchten Frauen humpelten auf eingebundenen Füßen daher und hatten sich ein Stück purpurfarbenen Zuckerrohrs als Spazierstock zurechtgeschnitten. Das Umherschlendern zwischen den Blumen ließ ihre Gesichter wieder jung werden.

Hand in Hand wanderten Tachun und ich zwischen den Käfigen dahin, in denen bunte Singvögel, Amseln, Dohlen, Elstern, Papageien und Fasanen saßen, junge Adler aus dem Hochgebirge und Falken aus dem Süden. Wir sahen jedoch auch kostbare Katzen und mit Elfenbeindeckeln versehene Flaschen, in denen Kampfgrillen saßen. Tachun liebte Vogel und besaß eine große Anzahl davon in schönen Käfigen mit Porzellanschälchen für das Futter, Rasseln, mit denen sie spielen konnten, und dünnen Stöcken aus Rosenholz und Elfenbein, die in Form von Zweigen geschnitzt waren. Auf diese künstlichen Zweige setzte er seine Vögel und ging mit ihnen spazieren, so daß sie umherfliegen, ihre Flügel ausprobieren und sich der Freiheit erfreuen konnten, um dann wieder auf den Finger ihres Herrn zurückzukehren.

Man sah auch Mandschu auf dem Markt. Sie kauften sich junge Falken, die sie auf der Faust umhertrugen. Diese Sitte pflegten sie noch immer, obgleich sie das Jagen und Reiten längst aufgegeben hatten.

Hier gab es alle Blumen der Welt. Keine Kälte erschreckte sie; sie versammelten sich zu diesem Fest, um das Herz des Frühlings zu erfreuen. Und sämtliche Völkerschaften von Szechuan strömten hier zusammen. Nicht nur Angehörige der Han wie wir, sondern auch die kraftvollen, großen und schönen Miao, die in den Bergen leben, in Asche gebackene Buchweizenkuchen essen und einander mit ihren hellen Stimmen von Tal zu Tal zusingen. Aus ihren hochgelegenen Dörfern kamen sie in gestickten Gewändern zum Markt. Ihre Frauen trugen silberne Reifen um Hals und Knöchel und in den Ohren silbernen Schmuck, der auf ihre Wangen herabrieselte. Auch die Tibetaner kamen mit ihren Mänteln aus den Fellen der Bären und Schneeleoparden, ihren Gewehren und ihren Gebetsmühlen. Sie hatten ihre Pelzhüte schief auf den Kopf gesetzt und verbreiteten überall, wohin sie kamen, einen eigentümlichen Geruch nach Yakbutter. Und die mürrischen, zurückhaltenden Lolos aus den Kalten Bergen sah man, die Hüte mit Fuchspelz verbrämt – zumeist Söhne von Grundbesitzern. Und die Yi und die Huei und die Mosi und noch manch andere Vertreter der verschiedenen Stämme von Szechuan, die in den unberührten Wäldern und den Bergen zwischen der Ebene und Tibet hausen.

Unsere Familien aber wechselten zur Zeit des Blumenmarkts in ihren Häusern die Behänge, Teppiche und Kissen aus. Auf den Höfen lagen alle Pelze in der Sonne, um später in Kampferholztruhen verstaut zu werden, bis es wieder kalt wurde.

Im Jahre 1898 jedoch bestand der Markt beim Widdertempel nicht nur aus Blumen und Vögeln, hellhäutigen Mädchen, die andachtsvoll Weihrauch verbrannten, und angehenden jungen Gelehrten, die ihnen in unschuldiger Leidenschaft verliebte Blicke zuwarfen. Diese Wochen waren auch erfüllt von Unruhe und verborgener Angst. Seit 1892 war jedes Jahr die eine oder andere Provinz unseres Landes von Überschwemmung oder Dürre heimgesucht worden, und überall war es zu Aufständen gekommen. Kein Jahr nach dem Opiumkrieg war vergangen, ohne daß eine Erhebung stattgefunden hätte. Trotz aller Bezauberung durch den Markt und die Blumen konnten wir unter dem Weihrauch- und Blütenduft den Geruch des Aufruhrs verspüren.

Taoistische Priester-Ärzte gingen durch die Menge, in graue Gewänder gehüllt, die Haare zu einem Knoten geschlungen, Brüder der Robe, Mitglieder einer Geheimgesellschaft, die zu den Kelao gehörte. Die Kelao war eine der vielen vor Jahrhunderten begründeten Bruderschaften und erhob den Anspruch, sich von der ersten aller Bruderschaften aus der Zeit der Drei Reiche herzuleiten. Es gab eine ganze Reihe von Geheimgesellschaften, die sich die verschiedensten Namen zulegten – Himmel und Erde, Weißer Lotos oder Triade –, und ihnen allen war ein gewisses taoistisches Element eigen, das diesen Verbindungen eine spirituelle und mystische Tiefe verlieh. Die Kelao stammten aus Szechuan und nannten den ersten Ming-Kaiser Chu Yuenchang ihren Schutzpatron. Da der Widerstand gegen die Mandschu in Szechuan jahrzehntelang angedauert hatte, waren sie ebenso wie alle anderen Geheimgesellschaften Feinde der Mandschu und Unterstützer der Ming. Die Mandschu-Dynastie hatte sie verbannt und zu einer Untergrundexistenz gezwungen, und so waren sie heruntergekommen, wie es solchen Bruderschaften oft ergeht, wenn sie kein edles Ziel mehr haben, für das sie kämpfen können. Manche dieser Kelao betrieben jetzt Bordells und Opiumhöhlen oder verdingten sich den Grundbesitzern, um aus den armen Bauern die Pachtsummen herauszupressen. Sobald sich jedoch ein neuer Aufstand ankündigte, besannen sich die Kelao von Szechuan ebenso wie die anderen Sekten wieder auf ihre alte Feindschaft gegen die Mandschu. Das war auch jetzt zu spüren. Als taoistische Medizinmänner verkleidet, reisten sie umher, beförderten Botschaften und fungierten als Verbindungsmänner zwischen den einzelnen Provinzen. Diese Bruderschaften haben ihre eigenen Parolen, ihre Geheimgesten, ihre Geheimsprache. Keiner, der nicht eingeweiht ist, darf von ihnen Kenntnis erhalten, und der Mann, der sie verrät, ist des Todes.

Über Nacht waren die Mauern von Chengtu plötzlich mit antidynastischen Plakaten beklebt. Man sah jedoch auch Aufrufe gegen die Missionare, die von den Anhängern Yus, des Hitzkopfes, stammten. Yu, ein erbitterter Feind der Dynastie, hatte die Einwohnerschaft einiger Ortschaften bei dem Überfall auf einen französischen Priester angeführt, der zwei chinesische Frauen hatte und die Bauern erpreßte. Die Kelao unterstützten Yu. Und überall im Volk erzählte man sich flüsternd von Aufständen in anderen Provinzen und vom Widerstand gegen die Ausländer und ihre unerträglichen Erpressermethoden. Man erklärte in aller Öffentlichkeit, daß die Mandschu ihre Untertanen an die Ausländer verkauften, daß bei einer Erhebung in Kuangtung hunderttausend Menschen hingemetzelt worden seien, daß die Scharfrichter fünfhundert pro Tag enthauptet hätten und daß es demnächst zu einem neuen Aufstand kommen müsse.

Wie wir so zwischen den Blumen dahinwandelten und die leise gemurmelten Sätze hörten, brach mir zuweilen der Angstschweiß aus; denn ich fürchtete mich vor Blutvergießen, hatte die edelsten Vorstellungen von einer durch Weisheit und Tugend erreichten Eintracht der Menschen und hielt es für möglich, ein solches Ziel zu verwirklichen. Ich wußte damals nicht, daß die Menschen sowohl edel wie gemein sind; daß nichts geschaffen werden kann, es sei denn unter Mühen und Qualen; daß der Mensch in einen See der Leiden geworfen ist, dessen Wellen härter sind als Granit, und daß er schwimmen muß, um sein Leben zu retten. Ich sah die Schönheit der Ebene, aber nicht die herzzerreißenden Leiden ihrer Bewohner. Ich freute mich am Glitzern und Schimmern des Wassers und machte mir nicht klar, daß jede Ackerfurche, die in dem lebenspendenden Schlamm unserer Felder umgewendet wurde, nicht nur mit Wasser und Dung, sondern auch mit Menschenblut durchtränkt war. Wieviel Blut war im Laufe der Jahrhunderte in dieser schönen Ebene vergossen worden, wieviel würde noch vergossen werden? Ein breiter Blutstrom wälzte sich an mir vorüber; aber ich stand auf seinem grasbewachsenen Ufer, wandte die Augen ab und sagte Gedichte auf.

Nicht so mein Freund. Als der Frühling weiter vorrückte,

sah ich, wie ein Schatten sich über seine scharfblickenden Augen lagerte und seine glatte Stirn verdüsterte. Er las eifrig viele Bücher des »Neuen Lernens«, die verboten waren und die er sich doch irgendwie zu beschaffen wußte. Dann sprach er von Maschinen und Erfindungen, und ich flehte ihn an, vorsichtig zu sein, und war doch gleichzeitig begierig, mehr über diese schrecklichen und wundervollen Dinge zu hören.

In den überfüllten Teehäusern gingen die Spione der Mandschu ein und aus. Auf den offenen Plätzen, unter den Spalieren, von denen das Geißblatt Duft und Schatten herabtröpfeln ließ, zwischen den Zwergbäumen und Bambusgrotten schlenderten die Agenten der Dynastie umher, nippten an ihren Teeschalen und lauschten auf die Gespräche der Gelehrten. Die Mandschu hatten Angst vor den Intellektuellen und den neuen Ideen. Die Kupferkessel stießen Dampfwolken aus, auf den Lacktabletts glänzten die Teetassen aus geblümtem Porzellan, die Kellner warfen gestickte Kissen auf Bambusstühle. Bettler schleppten ihre Wunden umher und übertönten unsere Gespräche mit dem Singsang ihrer hergeleierten Klagen. Kinder mit runzliger Haut schlugen Purzelbäume zwischen den Tischen und zwängten den Kopf von rückwärts zwischen ihre Füße. Scheuchte man sie fort, so kamen sie wieder, zudringlich wie Fliegen, hungrig und räudig wie die Hunde zu unseren Füßen, mit denen sie sich um die Speisereste balgten.

Die Bordells hängten mit Quasten verzierte Willkommenslaternen aus, die Mädchen gingen singend in Gruppen zur Blumenschau. Einige unserer älteren Freunde besuchten diese Mädchen, aber Tachun und ich waren noch zu jung – wir lauschten nur den Erzählungen über diese Dinge. In jedem Bordell saß ein Spion, der über die Studenten berichten mußte, die dort verkehrten, und die Mädchen in allem ausfragte, was sie gehört hatten. Und jetzt, wo sich die Stadt mit Studenten füllte, die zum Distriktsexamen gekommen waren, gab es viel Arbeit für die Spione. Ein Mann von vierzig Jahren, dessen Frau und Töchter Kleider nähten und Mäntel stickten, um seine Studien zu finanzieren, und der jetzt wieder nach Chengtu gekommen war, um sein Glück zum vierten Mal bei den Prüfungen zu versuchen, fand in diesem Frühling ein schlimmes Ende. Er gab in den Teehäusern nie Geld aus, denn er war ein witziger Mensch, dem die Söhne der Grundbesitzer den Tee bezahlten, um seine Gesellschaft zu genießen. Er brachte es auch fertig, das Bordell zu besuchen, dort jedermann zu amüsieren und dabei sehr wenig auszugeben. Dann aber wurde er beschuldigt, er sei ein Rebell und mit Rebellen im Bunde. Er wurde enthauptet.

Im weiteren Verlauf des Frühlings kam es hier und da auf dem Lande zu verzweifelten Ausbrüchen des angestauten Grolls, und die Garnisonen der Mandschu rückten aus, um die Bauern niederzumetzeln. Nicht nur unsere Brüder der Robe, sondern auch andere Bruderschaften in anderen Provinzen – der Weiße Lotos, die Kleinen Messer, Himmel und Erde und die Triade – vollzogen antidynastische Riten und bemalten Transparente, die zum Sturz der Regierung aufriefen. Und immer wieder sickerten aus dem Süden Gerüchte über einen Rebellen namens Sun Yatsen zu uns durch, ein Ungeheuer, das »Christentum gegessen« hatte und das Kaisertum stürzen wollte. Sogar unter den Gelehrten der Examenskommission gab es einige, die sich aufrührerisch gebärdeten. Zwei von ihnen unterbreiteten der Regierung ein Gesuch, in dem sie erklärten, sie könnten sich in einer Zeit, da China von den Ausländern in Stücke gerissen und vor ihren Augen portionsweise verschachert werde, nicht mehr mit der Korrektur von Aufsätzen über die alte Poesie befassen. Sie forderten neue Themen für die Examen. Dem einen von ihnen, der über gute Beziehungen verfügte, wurde gestattet, sich von seinem Amt zurückzuziehen, der andere wurde in die Grenzprovinz Sinkiang verbannt.

Die *Imperial Gazette* aus Peking brachte nicht nur Nachrichten vom Hofe, sondern auch Berichte über die Niederwerfung von Rebellionen. In der letzten Zeit war von so vielen Niederwerfungen die Rede gewesen, daß wir sie allmählich zu zählen begannen; und obgleich die Rebellen immer als Banditen bezeichnet wurden und das Ende solcher Berichte immer gleich lautete, daß nämlich die Rebellen vernichtet seien und das Land befriedet, waren wir doch im innersten Herzen erregt und begeistert, wenn wir von diesen Dingen hörten.

Nachts vernahmen wir von der Straße her das Klick-klack der Bambusklappern und den hohen, schrillen Ton der dreisaitigen Violine. Ein wandernder Geschichtenerzähler trug Balladen aus den letzten Zeiten der Ming-Dynastie vor, in denen die wirklichen Namen nur leicht abgeändert waren. Und Wundergeschichten waren im Umlauf, Geschichten von Hähnen, die sich in Hühner verwandelten; von Frauen, die Ungeheuer zur Welt brachten; von Sternen, die auf die Erde herabfielen. Alle diese Dinge und dazu die Hochwasserkatastrophen und Dürren, die einander seit 1892 alljährlich abgelöst hatten, waren unheilverkündende Vorzeichen, Hinweise auf das Ende der Dynastie.

Und eines Tages sprach Tachun mit mir von den langhaarigen Taiping und erzählte, daß Nanking, ihr letztes Bollwerk, sich niemals ergeben habe. Schließlich habe der Engländer Gordon die Mauern mit Dynamit gesprengt. Doch keiner der vierzigtausend Einwohner, die in der verhungernden Stadt noch am Leben waren, habe sich ergeben, und sie seien alle durch das Schwert hingerichtet worden. »Was für ein unerhörter Mut!« sagte Tachun mit weitaufgerissenen Augen und bebender Stimme.

»Die Taiping waren Rebellen«, erwiderte ich.

Und Tachun senkte die Augen und sagte nichts mehr.

Ein andermal sprach er von den Dingen, die einige Gelehrte schrieben. Reformisten nannte man sie, und sie stammten nicht aus unserer Provinz. Sie wollten einen Wandel herbeiführen. »Nichts in der Welt bleibt unverändert«, sagten sie. »Indien war vormals eine berühmte Nation. Aber es bewahrte seine Traditionen, ohne etwas daran zu ändern, und es gelang den Engländern, das Land mit Hilfe einer Handelsgesellschaft von nur einhundertzwanzig Mann zu unterjochen. ›Zuerst schlägt ein Staat sich selbst, dann schlagen ihn die anderen‹, lehrt Mencius.«

Tachun las mir aus einem Buch vor, das er sich verschafft hatte: »Es kann nicht mehr lange dauern, dann sind wir Chinesen zu Sklaven geworden, genau wie die Afrikaner; denn die westlichen Völker nehmen es sehr genau mit der Rassenfrage. Sie betrachten die anderen Rassen als ihre Feinde und behandeln die Eingeborenen, als seien sie Rinder und Pferde. Wenn wir nicht an die Zukunft denken, sondern uneinig bleiben, werden wir ein unbeschreiblich furchtbares Schicksal erleiden ...« Tachuns Stimme zitterte. »Ich weiß nichts über Afrika«, sagte er, »nur daß die Menschen dort eine schwarze Haut haben.« Wir starrten einander an, von Staunen erfüllt, daß es Gelehrte gab, die den Mut hatten, solche Dinge niederzuschreiben.

Als der Frühling in den Sommer überging, wurde Tachun kühner. Die Verfolgung läßt junge Rebellen reifen. Mit dreizehn, vierzehn und fünfzehn Jahren waren junge Burschen wie Tachun in ihrem Herzen bereits Rebellen. In Wirklichkeit allerdings hätte man sie eher Patrioten nennen müssen; denn sie erkannten, wie China zerstückelt werden sollte, und wollten unser Land retten. Aber viele Angehörige der älteren Generation in Szechuan fürchteten jede Veränderung. Sie waren gegen die Reform, die sie als das »Neue Lernen« bezeichneten, und vor allem hatten sie Angst vor der moralischen Zersetzung, die aus dem Westen drohte. »Müssen wir unsere Institutionen abschaffen, um uns selbst zu retten?« fragten sie. »Müssen wir Barbaren werden, um der Vernichtung zu entgehen? Wie können wir lernen, stark zu sein, und uns doch unsere Zivilisation bewahren? Wie können wir lernen, Maschinen zu bauen und Macht zu erringen, und uns dabei unsere Seele, unsere Moral und unsere Kultur – alles das, was den Menschen vom Tier unterscheidet – unversehrt erhalten?«

Während unsere Eltern diese Frage debattierten, wie sie es schon seit dem Taiping-Aufstand, also seit dreißig Jahren, taten, waren wir Jungen voller Unruhe. Wir sahen nur allzu deutlich, was geschah, und wir stellten alles in Frage. Manche von uns, auch Tachun, baten die Gelehrten und Kaufleute, die nach Peking oder Kanton reisten, ihnen heimlich Bücher oder Aufsätze des »Neuen Lernens« mitzubringen. Sie versammelten sich in den Teehäusern, um über die Reform und sogar über Dinge zu sprechen, die noch weiter gingen. Einige flüsterten sich den Namen Sun Yatsens, des Erzrebellen, zu, auf dessen Kopf ein Preis stand und der die Dynastie stürzen wollte.

»All unsere Kunst und Dichtung ist nicht imstande, uns zu

retten. Wir müssen alles vom Westen lernen, alles außer seiner Verderbtheit. Aber wir können nichts lernen, bevor wir nicht wieder wir selbst geworden sind. Dreihundert Jahre lang haben wir uns einer fremden Dynastie gebeugt. Wenn wir die Ausländer loswerden wollen, müssen wir zuerst die Mandschu, die uns an sie verkaufen, aus dem Lande jagen ...«

»Doktrinen und Moralbegriffe verändern sich je nach der Maschinerie, die ihnen zu konkreter Existenz verhilft. Ein Begriff muß verwirklicht werden, bevor man ihn erfassen kann; die Möglichkeit seiner Verwirklichung richtet sich nach den Produktionsmitteln. Ändert sich die Maschinerie, mit deren Hilfe er realisiert wird, so erfährt auch der Moralbegriff selbst eine Veränderung ...«

Diese Ideen, die wir in den verbotenen Büchern fanden, waren so neu, so beunruhigend, daß wir sie nicht verstehen konnten. Was war ein Produktionsmittel? Später erst erfuhr ich den Namen des Verfassers: Er war ein Reformist und hieß Tan Szetung.

Wenn jemand die christlichen Missionare verfluchte, widersprach Tachun: »Sie sind nicht die Urheber des Übels, sondern nur seine Werkzeuge. Wenn wir stark wären, könnten sie keinen Vorteil aus unserer Schwäche ziehen. Sind nicht unsere eigenen Beamten in ihrer Feigheit ihnen behilflich, unser Volk zu unterdrücken? Wir selbst müssen uns ändern und stark werden; dann gehen sie schon von allein.«

Aber es erschien uns zu schwierig, nach dieser Meinung zu handeln. Viel einfacher war es, den erreichbaren, sichtbaren Ausländer, den Missionar, zu schmähen und für alles Unglück verantwortlich zu machen. Die anderen Begriffe waren zu abstrakt für uns. Tachun glaubte nicht, daß die Missionare kleinen Kindern die Herzen und Augen ausstachen – ein Gerücht, das überall in Chengtu umlief und im Jahre 1899 zu Angriffen gegen das einzige Missionarskrankenhaus in der Stadt führte. Als die Leute schrien: »Nieder mit den fremden Schildkrötensöhnen!« sagte Tachun: »Es ist, als griffe man die Diener an Stelle des Hausherrn an.« Tachun war auch in dieser Hinsicht der Meinung Tan Szetungs, der jede blinde Feindschaft gegen den Westen lächerlich fand, da er genau wußte, daß die Ausbeutung des chinesischen Volkes mit Wissen unserer eigenen feigen und unterwürfigen Beamten und mit Einwilligung der Mandschu-Dynastie durchgeführt wurde.

So schwoll der Strom des Hasses immer höher an. Die Mandschu-Dynastie war sich dessen wohl bewußt. Sie hatte überall ihre Agitatoren, geschickte, redegewandte Männer, die auf den Jahrmärkten und Straßen zu den Menschen sprachen, welche sich um sie scharten. Diese Leute lenkten mit allem Bedacht unsere ganze Wut auf die Ausländer. Sie ließen Schmähschriften zirkulieren, in denen rotbärtige Missionare abgebildet waren, die kleinen Knaben die Hoden abschnitten. »Zerstört die Krankenhäuser!« hetzten sie. »Weist westliche Medizinen zurück, sie sind mit den Geschlechtsorganen kleiner Kinder zubereitet...« So brachten sie es fertig, die Reformforderungen und den Haß auf die Mandschu abzubiegen und zu einer einzigen Haßwelle gegen die ausländischen Missionare anschwellen zu lassen.

»Es ist verbrecherisch, das Volk in einen Kampf zu führen, ohne es zuvor zu unterweisen«, sagt Konfuzius. Die Mandschu waren schlau: Sie lenkten den Haß des ungebildeten Volkes gegen die Ausländer und benutzten so ihre eigenen Untertanen, die sie fürchteten, um die Ausländer, die sie haßten, umzubringen.

Man klagte die Missionare jetzt der gräßlichsten Verbrechen an, die sie nie begangen hatten. Die Bauern entledigten sich damals oft der Kinder, die als Krüppel geboren waren, und verkauften ihre Töchter, wenn sie zu viele hatten; denn sie waren so arm, daß sie hilflose oder unnütze Kinder einfach nicht ernähren konnten. Heute ist das anders geworden; es gibt keine Eltern mehr, die ihre Kinder umbringen. Die Missionare lasen diese unglücklichen Säuglinge auf oder kauften sie ihren Eltern ab und erzogen sie als Christen und sichtbare Zeugnisse ihrer Barmherzigkeit. Sie hatten auch manche Bekehrungen zu verzeichnen, vor allem in Zeiten, da Hungersnot und Teuerung herrschten; denn ein Mensch, der am Verhungern ist, bekennt sich zu jedem Glauben, wenn er nur eine Schale Reis dafür bekommt. Und den Missionaren lag daran, daß sie Ergebnisse ihrer Bemühungen vorweisen konnten.

Es ist schwer, in Hungerzeiten seine Töchter verkaufen zu müssen, und ich habe Eltern gesehen, die dabei weinten und schluchzten, bis sie ohnmächtig zusammenbrachen; aber es mußte geschehen, und es war immer noch besser, das Kind an eine reiche Familie zu verkaufen, damit es zu essen bekam und gerettet wurde, als es Hungers sterben zu lassen. Und es war auch hart, sich eines verkrüppelten Kindes entledigen zu müssen; aber warum sollte man es Jahre der Entbehrungen durchmachen lassen, die dann doch zu seinem Tode führen mußten?

Die Ursache all dieser Vorkommnisse war die Armut, die harte, schreckliche Armut der chinesischen Landbevölkerung. Wenn man daher sagt, daß die Missionare »Gutes« taten, indem sie einige Bauernkinder retteten, so muß man auch hinzufügen, daß diese »Wohltaten« auf unserer Armut beruhten und wir in diesen Zustand hauptsächlich durch die Kriege und die Verschuldung geraten waren, die uns die Regierungen eben der Mächte aufgezwungen hatten, die auch die Missionare in unser Land schickten. In diesem Licht erschien ihre tätige Nächstenliebe eher wie eine Verhöhnung unserer unglücklichen Lage.

Im Sinne solcher Überlegungen bearbeiteten uns die wortgewandten Agenten der Dynastie, bis die aufrüttelnden Sätze der Bruderschaften »Nieder mit den Mandschu, setzt die Dynastie der Ming wieder auf den Thron!« zu dem Ruf »Es lebe die Dynastie, nieder mit den Ausländern!« wurden.

Der Sommer mit seinen langen Abenden kam und mit ihm wie ein plötzlicher Donnerschlag die Nachricht, daß der Kaiser Kuanghsu endlich eine Bittschrift des Gelehrten und Reformisten Kang Yuwei entgegengenommen, ihrem Inhalt zugestimmt und ein kaiserliches Edikt an die Nation erlassen habe:

»Diejenigen, die sich als konservative Patrioten bezeichnen, sind der Ansicht, man müsse die alten Bräuche bewahren und sich neuen Ideen verschließen ... Wie können wir hoffen, unseren Platz unter den Nationen zu halten, wenn unsere Armee ungeschult und unser Finanzwesen in Unordnung ist, wenn unsere Gelehrten nichts wissen und unsere Handwerker nicht hinreichend ausgebildet sind...«

Noch mehr Edikte folgten, fegten daher wie welke Blätter im Herbststurm, so rasch, daß die Steinmetzen gar nicht die Zeit hatten, ihre Texte in Stein zu meißeln. Im Amtssitz des Gouverneurs und in den Teehäusern drängten sich die Studenten, die Gelehrten und die Angehörigen der oberen Stände, um die *Imperial Gazette* zu lesen. Die einen waren entsetzt, die anderen erfreut, und die Beamten knieten im Hof des Stadthauses, um der Verlesung der Edikte zu lauschen. Sollten sich unsere Träume so mühe- und kampflos in Wirklichkeit verwandeln? Wer im ganzen Land stand höher als der Kaiser? Und wenn der Kaiser selbst die Reform wollte, wer konnte sich ihm widersetzen?

Kang Yuwei war ein begabter Mann aus einer alten Familie, die für ihre neokonfuzianische Gelehrsamkeit bekannt war. Er und seine Freunde Liang Tsichao und Tan Szetung – Tachuns Lieblingsschriftsteller – wurden jetzt im ganzen Land berühmt. Sogar die Ausländer waren, wie es hieß, den Reformplänen freundlich gesinnt; der gute Ruf Kang Yuweis war über Chinas Grenzen hinausgedrungen. Wahrlich, wir erlebten den Beginn eines goldenen Zeitalters, in dem Könige auf den Rat der Gelehrten hörten und die Weisheit den höchsten Rang einnahm! Und wenn selbst die Ausländer dieser Entwicklung Beifall zollten, vielleicht würden sie dann auch einmal ihr Herz sprechen lassen, mit ihren Erpressungen aufhören und in ihre Länder zurückkehren? Mehr wünschten wir uns ja nicht.

Kang Yuwei schrieb einen erlesenen Stil. Seine Gesuche waren in Worte tiefster Ergebenheit gekleidet. Er stellte die Reformen, die er vorschlug, als eine Wiederentdeckung klassischer Traditionen hin – eher als eine neue Interpretation der Vergangenheit denn als wirkliche Neuerungen. Und die Tatsache, daß es ihm gelang, die Vergangenheit als Motivierung seiner Änderungsvorschläge heranzuziehen, gewann ihm auch die Zustimmung der zurückhaltenden älteren Generation. Ausschlaggebend aber war, daß er und auch die anderen Reformisten dem besitzenden Stand angehörten, also aus unseren Kreisen hervorgegangen waren.

Die jungen angehenden Gelehrten wie Tachun und ich waren am glücklichsten über die kaiserlichen Edikte, welche die Eröffnung von Schulen des »Neuen Lernens« und die Reform der Examensbestimmungen betrafen. Von nun an sollten moderne Themen zu Gegenständen der mündlichen und schriftlichen Prüfungen gewählt werden. Wir beschlossen, uns diesem Wandel anzupassen, indem wir einen Aufsatz über die in Szechuan benötigten Reformen verfaßten und einen Studienklub der Jungreformisten gründeten, der sich die nationale Befreiung und Erstarkung zum Ziel setzte, genau wie die Reformistenvereinigungen, die sich bereits in den Küstenstädten gebildet hatten.

Im Juli und August des Jahres 1898 wurden weitere Edikte erlassen, die die Verbreitung von Zeitungen und Zeitschriften im ganzen Lande anregten, dem von Liang Tsichao begründeten Übersetzungsbüro für wissenschaftliche und literarische Werke die offizielle Anerkennung aussprachen und die Steuern und Abgaben für Übersetzungen aufhoben. Tachun und ich waren darüber so erfreut, daß wir sofort beschlossen, fremde Sprachen zu studieren und uns als Übersetzer niederzulassen. Aber welche Sprache sollten wir wohl zuerst lernen? Wir entschieden uns für die japanische, denn die konnten wir leichter lesen, da sie dieselben Schriftzeichen benutzte wie die chinesische.

Auch einige Provinzgouverneure begünstigten die Reformpläne und verfaßten Denkschriften, die sie dem Kaiser übersandten. Die Mitglieder der älteren Generation kamen jetzt fast jede Woche zusammen, um die neuen Edikte zu diskutieren. Einige sprachen sich sehr zweifelnd darüber aus, während andere sich, wenn auch zögernd, voller Anerkennung äußerten. In unserer Familie wurden die Edikte zur Förderung von Handel und Industrie und die Bestimmungen zur Abschaffung der drückenden Wegezölle und zur Verminderung der Abgaben, die unseren Handel lahmzulegen drohten, mit lebhafter Zustimmung begrüßt. Jetzt würde wieder ein Tabakhandel ohne Verluste möglich sein.

Auch bei uns waren nun einige Übersetzungen zu haben, die Kaufleute aus Kanton und Hankow eingeführt hatten, und im August 1898 kündigten einige Schulen für »Neues Lernen« ihre bevorstehende Eröffnung in Chengtu an. Aber sie wurden nicht eröffnet.

Im September setzte die Reaktion ein. Die Abschaffung der Sinekuren, die Verkürzung der Ausgaben für die Beamtenschaft, die Aufhebung gewisser Gouverneursposten in der Provinz, das Verbot des Verkaufs von Beamtenstellen, die Überprüfung aller Inhaber ziviler und militärischer Posten und die Ankündigung einer allgemeinen Befähigungskontrolle für Beamte hatten den Unwillen der herrschenden Kreise erregt. Falls man sie examinierte, würden ihre Beamtenstellungen gefährdet sein; es gab bereits viel Arbeitslosigkeit unter den zweit- und drittklassigen Gelehrten, den halben Versagern und den Angehörigen des unteren Mittelstandes. Beamte beschwerten sich über Kang Yuwei, er versuche »ihre Reisschalen zu zerbrechen«; Militärbeamte, die in gutbezahlten Ruheposten saßen, waren ängstlich und erschrocken. Es gingen Gerüchte um, der Kaiser sei krank. Einige behaupteten, er sei wahnsinnig, andere, Kang Yuwei und Liang Tsichao seien zu anmaßend, wollten die Macht an sich reißen und gäben dem Kaiser Gift ein, um sein Hirn zu lähmen.

Am 21. September 1898 setzte sich die Kaiserinwitwe Tze Hsi, die Mutter des Kaisers, an die Spitze einer Gruppe von Beamten und Angehörigen des Mandschu-Adels und gab durch ein Edikt bekannt, daß Kuanghsu, ihr Sohn, erkrankt und nicht mehr in der Lage sei, die Staatsgeschäfte wahrzunehmen. Daher sei sie gezwungen, ihren Alterssitz zu verlassen und die Lenkung der Politik zu übernehmen. Yüan Shihkai, der zukünftige starke Mann Chinas, den die englischen Politiker in den folgenden zwei Jahrzehnten so hoch schätzen sollten, war es gewesen, der den Kaiser und die Reformisten an die Kaiserinwitwe verraten hatte.

Jetzt übernahmen die korruptesten und rückständigsten Adligen aus Mandschu-Geschlechtern, unfähige chinesische Beamte und Eunuchen die Macht. Der 21. September war der letzte Tag, den Kaiser Kuanghsu in Freiheit verbringen durfte;

für den Rest seines Lebens blieb er der Gefangene seiner Mutter, bis er schließlich im Jahre 1908, dreißig Stunden vor der Kaiserinwitwe, starb.

Direkt nach dieser Palastrevolution fanden im ganzen Lande Verhaftungen und Exekutionen statt. Die Reformisten wurden förmlich gejagt. Kang Yuwei und sein Freund Liang Tsichao konnten mit Hilfe japanischer und britischer Diplomaten entkommen, Tan Szetung und fünf weitere Gelehrte jedoch wurden hingerichtet: der Scharfrichter hieb ihre Körper in der Hüfte mittendurch. Zeitschriften wurden verboten, Studentenklubs geschlossen und sämtliche Zusammenkünfte von Studenten oder Gelehrten untersagt. Alle Exemplare reformistischer Druckwerke wurden eingezogen und ein großes Autodafé veranstaltet, bei dem »Bücher korrumpierenden und gemeinen Inhalts« verbrannt wurden.

Binnen einem Monat waren sämtliche Reformen widerrufen. Die Examen wurden wieder nach altem Muster abgehalten, Untersuchungen klassischer Schriften bildeten die Themen der Prüfungsaufsätze. Die Sonderprüfung für Beamte in Wirtschaftskunde wurde abgeschafft. Alle Bücher, deren Verfasser sich für die Reform eingesetzt hatten, wurden eingezogen und vernichtet; das gleiche Schicksal erfuhren die Werke, die von reformistischen Zeitungen empfohlen worden waren. Auch die Druckereien, die solche Werke hergestellt hatten, wurden zerstört. Das Übersetzungsbüro wurde geschlossen. Bald sah man keine Zeitungen mehr. Allen, auch den Gelehrten, war es verboten, bei der Regierung Denkschriften einzureichen oder Staatsangelegenheiten zu diskutieren. Keine öffentliche Versammlung durfte abgehalten werden. Die Verleger sämtlicher Zeitungen wurden verhaftet. Es dauerte Monate, bis die Wut dieser Säuberungsaktion sich ein wenig legte.

Jetzt wagte niemand mehr eine Kritik zu äußern; ja, die Angst vor Verrat ging so weit, daß man sich nicht einmal mehr seinen Freunden gegenüber aussprach. Einige Gelehrte, die Kang Yuweis reformistischen Aufsätzen begeistert zugestimmt hatten, verdammten ihn jetzt und hefteten Pamphlete gegen ihn an die Anschlagbretter, in denen sie behaupteten, Kang sei ein Ungeheuer und in seinem innersten Herzen ein Gefolgsmann der westlichen Barbaren; er habe versucht, das Land an den Westen zu verkaufen; er habe die konfuzianische Lehre geschmäht und verdiene zehntausend Tode. Und doch hatten kaum vierzehn Tage zuvor mindestens zwei Gelehrte aus Chengtu elegant geschriebene Essays über die Notwendigkeit einer Reform zirkulieren lassen und sogar eine Versammlung einberufen, in der ein neues, fremdes, schwer auszusprechendes Wort, »Demokratie«, diskutiert werden sollte.

Vom Erscheinen des ersten Reformedikts bis zu dem Tag, an dem der erste Kopf rollte, waren nur hundert Tage verstrichen. Der Sommer war vergangen, und nun sollte sich nichts ändern. Alles blieb, wie es war.

Die Hitze nahm ab. Die Seidenwürmer waren ausgeschlüpft. Das heiße Flimmern über den Feldern, der feuchte Dunst, den die schlaffe Ebene ausströmte und der sich über dem erntereifen Reis erhoben hatte, war einer neuen Kühle, dem Herbst, gewichen. Der Mond stieg seinem Zenit entgegen, die Zikaden beendeten ihr Sommerlied. Bald würde der Herbstregen kommen und still in die vorbereiteten Ackerfurchen sinken. Wie ein Sommergewitter, das die Blätter von den Bäumen reißt, war die Reformbewegung gekommen und hatte die Köpfe heruntergerissen, aber nun war wieder alles wie zuvor.

Tachun und ich kamen noch täglich zusammen, gingen miteinander spazieren und plauderten; aber unsere Beziehung hatte eine leichte, unausgesprochene Veränderung erfahren. Jeder von uns empfand in Gegenwart des anderen eine gewisse Hemmung und sogar Furcht. Die Zukunft dringt in uns ein, wandelt sich in uns, wird geformt und formt uns, während wir noch in der Gegenwart leben. Vor den hundert Tagen dieses Sommers hatten wir geglaubt, wir seien ein Herz und eine Seele; als sie jedoch vorüber waren, entdeckten wir, daß wir verschieden waren, und diese Verschiedenheit wurde täglich größer. Eines Nachmittags stritten wir uns ohne jeden Grund, und ich höhnte ihn: »Hast du deine Bücher verbrannt?« Es war, als trüge ich es Tachun persönlich nach, daß die Reform gescheitert war. Wir waren beide so erleichtert gewesen, vor allem Tachun, und nun hatten wir das Gefühl, das jener Philosoph gehabt haben muß, der, von einer unsichtbaren Kraft getragen, tagelang hoch in der Luft auf dem Winde geritten war und dann, durch das Gewicht eines bösen Gedankens, den er dachte, auf die Erde hinabgeschmettert worden war. Auch wir waren zu Boden geschleudert und lagen nun da, von dem undeutlichen Bewußtsein einer Schuld gequält. Unsere eigenen Worte schmeckten uns bitter, nach Krankheit.

Als ich sagte: »Hast du deine Bücher verbrannt?«, schlug Tachun die Hände vor die Augen, ließ den Kopf auf sein Schreibpult sinken und begann zu schluchzen. Die Tränen rannen über seine Handgelenke.

Ich verließ sein Arbeitszimmer, ging hinaus in den Garten und über die gewundenen Pfade, die vom Duft der herbstlichen Kassiablüten erfüllt waren, und als die schwarzen Tore sich wie gähnende Kiefer geöffnet hatten, um mich hinauszulassen, erblickte ich am Ende der Straße die rote Sonne, und mir war, als schwämme sie in Blut. Hier also mußten wir uns trennen, und jeder von uns mußte über tausend Meilen toten Grases gehen. Kalt ist der Brunnen der Vergangenheit. Stets stieg ein passendes Zitat an die Oberfläche, aber es verwandelte meinen Leib in dunkles, schmutziges Wasser.

Zu Hause wandte ich mich wieder den Klassikern zu und versuchte, die lästige Erinnerung an Tachuns Tränen mit einem Achselzucken abzutun. Ich wollte an nichts mehr glauben, mich nie wieder begeistern lassen; es schmerzte zu sehr, wenn man aus dem Himmel herabstürzte. Ich roch den scharfen, würzigen Duft der Herbstchrysanthemen, und eine bis dahin unbekannte Vorahnung junger Männlichkeit stieg in mir auf. Ich lernte das Fleisch kennen, die Spannungen des Körpers in der Entwicklung, die uns drängen, lyrische Gedichte zu schreiben, uns in die Idee der Frau und schließlich in die Frau selbst zu verlieben. Für mich jedoch war diese erste Ahnung künftiger Männlichkeit vermischt mit Angst und Bitterkeit, mit einer Welt von Ideen, die sich mir nur halb erschlossen hatte, die nur einen Frühling und einen Sommer lang Bestand gehabt hatte. Ihr Ende hatte mein Herz so vergiftet, daß ich für alle Zeiten an dem Wert weiterer Bemühungen zweifeln würde. So begann ich damals den Weg der Gleichgültigen, der

Ängstlichen und Resignierten einzuschlagen, derer, die sich jeder Tyrannei beugen und dabei die Entschuldigung vorbringen, daß sie »den Haß hassen«, »die Gewalt verabscheuen« und an die universale Liebe glauben. Ein einziger kleiner Fehlschlag hatte mich umgeworfen, und so schrieb ich in meiner Unwissenheit, die ich als Stärke empfand: »Ich habe gesehen, wie Menschen aufbegehrten, scheiterten und elend sterben mußten – vergebens, denn alles blieb, wie es vorher gewesen war. Was nützt es also, zu rebellieren? Besser, man verhält sich still...« Eines Tages sollte ich lernen, daß dieses schweigende Erdulden der Tyrannei ihr stärkster Schutzwall ist und daß Teilnahmslosigkeit, Angst und Gleichgültigkeit die wahren Mörder der menschlichen Freiheit sind. Aber das war erst später.

An meine Prüfungsthemen erinnere ich mich nicht mehr; die Tage, in denen ich Gedichte nach klassischem Muster und ein traditionelles Essay verfaßte, sind in meinem Gedächtnis ausgelöscht. Nach den Zeremonien in der Konfuzius-Halle saßen wir, zweitausend Prüflinge, für Tage von der Welt abgeschlossen, in den langen Reihen der Examenszellen. Ich erinnere mich nicht an ein einziges Wort mehr, das ich damals schrieb; aber ich höre noch immer die warnende Stimme, die sich in mir erhob, als meine Hand den Schreibpinsel über das Papier hielt. »Sei nicht zu kühn!« flüsterte sie. Hier und da ließ sich vielleicht ein Wort einfügen, das auf eine glückliche Neuerung hindeutete. Aber es galt, sich nicht zu weit vorzuwagen; der Prüfer war ein entschiedener Gegner des »Neuen Lernens«. Ein Geist, der nicht mein eigener war, führte meinen Schreibpinsel und gab mir günstige Wendungen ein. Mein Gehirn, klar wie jene Morgenstunden, in denen man den Gipfel des Miniaganka, diese dreieckige, in den Himmel ragende Speerspitze aus Schnee, von der Stadtmauer in Chengtu aus erblicken kann, brachte hochtrabende, beschwingte Sätze hervor, die nicht die geringste Bedeutung hatten. Selbstverständlich habe ich sie aus meinem Herzen getilgt.

Das Ergebnis war, daß ich als bester Kandidat aus der Prüfung hervorging. Viele hatten versagt. Auch Tachun hatte nicht bestanden.

Einige Wochen später besuchte Tachun mich eines Abends. Wir schlenderten durch die Bambushaine am Flußufer; ein stetiger kalter Wind bog die Bambusstengel, unsere Worte waren mühsam und befangen. Die Nacht sank herab, unsere Diener, die uns mit ihren Laternen leuchteten, wurden ungeduldig und murrten, weil zu Hause die Mahlzeit wartete. Tachun erzählte mir, daß er fortgehen wolle. »Nach Kanton. Und von dort fahre ich nach Japan. Ich schließe mich Sun Yatsens Gesellschaft zur Wiederbelebung Chinas an.«

Wieder schlug mein Herz wie rasend. Wieder spürte ich, wie diese schreckliche, gefährliche Unruhe mich überkam, wie die Furcht mich packte, so daß ich gleichzeitig angstgeschüttelt und gebannt war. »Sun Yatsen gilt als Bandit!« rief ich. »Das ist eine illegale Gesellschaft, die sich für Aufruhr und Gewalt einsetzt. Jeder, der ihr angehört, wird mit dem Tode bestraft. Sun ist ein offenkundiger Rebell, der das Christentum ›gegessen‹ hat, ein abscheuliches Ungeheuer mit grünen Augen und rotem Haar!«

»Aber mit dem, was er sagt, hat er recht. Eine Reform nützt uns nichts. Nur mit Hilfe einer Revolution können wir uns durchsetzen.«

»Wenn sogar ein Gelehrter wie Kang Yuwei scheitern mußte, was kann ein Sun Yatsen ausrichten, der nicht einmal ein Gelehrter ist!«

»Bildest du dir wirklich ein, wir Gelehrten wären allmächtig und allwissend? Glaubst du, wir hätten Himmel und Erde geschaffen? Chu Yuenchang, der erste Ming-Kaiser, war ein abtrünniger Mönch und ein Bauer. Der Han-Kaiser Liu Pei, mein Ahnherr, ging im Land umher und handelte mit Strohsandalen. Hast du die Geschichte vergessen? Wir Gelehrte haben kaum etwas geleistet, sondern immer nur Denkschriften verfaßt und protestiert.«

»Aber Sun hat dem Volk erzählt, er sei ein zweiter Hung Hsiuchuan aus dem Taipingaufstand. Er will tun, was die Taiping taten. Das ist Rebellion.«

»Wer behauptet denn, daß die Taiping unrecht hatten?«

Das war zuviel. Immerhin hatten mein Urgroßvater, mein Großvater und mein Vater gekämpft, um Rebellen wie die

Taiping zu unterwerfen. Ein echter Gelehrter zeichnet sich durch seine Treue zur Tradition aus. Tachun war auf dem besten Wege, ein Verräter, ein Rebell zu werden. Während ich noch nach Worten suchte, fuhr er fort: »Warum kommst du nicht mit mir? Es gibt so viele, die sich Suns Bewegung anschließen wollen. Viele, die den Wunsch haben, China zu retten.«

Ich hoffte, daß Tachun im Dunkel der Herbstnacht nicht die Angst auf meinem Gesicht bemerken werde. Der zögernde Mond ließ sich nicht blicken. Der Wind stöhnte in den Bambushainen. Hinter jedem Busch konnten Spione lauern. Die Bäume zu seiten der Allee, die wir entlangschritten, sahen aus wie riesige lauschende Eunuchen.

»Tachun, ich flehe dich an, überlege es dir! Was sollen wir tun, wenn die Dynastie gestürzt ist? Ein Haus ohne Herrn steht den Räubern aus allen vier Windrichtungen offen. So etwas ist gegen das Gesetz des Himmels.«

»Du kennst die Klassiker gut«, meinte Tachun sarkastisch. »Aber der Himmel sieht mit den Augen des Volkes und hört durch die Ohren des Volkes. Das Volk ist immer wieder aufgestanden, um Dynastien zu stürzen, wenn diese sich als unfähig und tyrannisch erwiesen. Auch das ist ein Gesetz des Himmels und in den Klassikern verankert. Es ist recht und ehrenhaft, gegen eine schlechte Regierung zu rebellieren. Und du, mein tüchtiger Freund, weißt das auch.«

Er sagte es mit einem bitteren Unterton, und ich fühlte, daß es für Tachun trotz all seiner Liebe zu mir doch hart gewesen sein mußte, sein Mißgeschick beim Examen zu schlucken, während ich bestanden hatte und als glänzendes Talent belobigt worden war.

»Sun Yatsen hat einen sehr schlechten Ruf. Sogar die Reformisten nennen ihn einen Banditen. Wie kannst du dich nur diesem Menschen anschließen, auf dessen Kopf ein Preis gesetzt ist? Wenn das Wasser verschlammt ist, sehen die Augen aller Fische wie Perlen aus. Denk doch an deine Familie! Was soll aus ihr werden, wenn bekannt wird, daß du ein Aufrührer bist? Sie werden um deinetwillen leiden und an deiner Stelle bestraft werden, genau wie die Sippe der Hung um Hung Hsiuchuans willen hingerichtet wurde.«

Ich blieb allein zurück, allein mit der schwermütigen Farbe der Sehnsucht, der Farbe der Nacht, mit einer mondlosen Nacht, einem zerrissenen Himmel.

Im Jahre 1908, als ich noch in Europa weilte, erhielt ich den Brief eines Freundes, der mir berichtete, daß Liu Tachun tot sei. Er war nach Kanton und von dort nach Hongkong gegangen. Ich weiß nicht, ob er mit Sun Yatsen zusammentraf, aber jedenfalls fuhr er nach dem Boxeraufstand, also im Jahre 1902 oder 1903, nach Japan. Dort trat er der von Sun Yatsen begründeten Revolutionären Liga bei und verprügelte gemeinsam mit anderen Studenten aus Szechuan einen Beamten, den die kaiserliche Regierung nach Japan geschickt hatte, um dort die Studenten zu überwachen und über ihre revolutionäre Tätigkeit zu berichten. Später kehrte er nach China zurück und nahm 1906 und 1907 an bewaffneten Aufständen teil (also an zwei der vielen Aufstände, die Sun Yatsens Revolutionäre Liga in den Jahren zwischen 1904 und 1912 in Szene setzte). Er wurde gefangengenommen. In Bauernkleidung stand er vor Gericht. Er weigerte sich, seine Gesinnung abzuschwören, beschimpfte die Richter und wurde enthauptet.

Der Freund, der mir von Tachuns Tod schrieb, hielt es für angebracht, in die Klagen über dieses Ende einige Worte des Lobes über die Brillanz seines Geistes einzuflechten: »Ein Ehrgeiz, so grenzenlos wie der Ozean, aber ein Schicksal, so zart und leicht verletzlich wie Papier. So mußte der unerschrockene Sproß eines edlen Hauses zugrunde gehen ...« Ja, es war ein Unglück, denn Tachun war der einzige Sohn seiner Eltern, und die Linie der alten Familie, der er angehörte, erlosch mit ihm.

Im Jahre 1898 aber verkörperte Tachun die Stimme meines Herzens. Selbst heute noch empfinde ich Sehnsucht nach seiner Gegenwart, seinem Geist, seiner Ehrenhaftigkeit, seinem Mut und seiner edlen Gesinnung. Sie strahlen in meinem Gedächtnis wie der Gipfel des Miniaganka, den wir an jenem Frühlingsmorgen über der Ebene emporragen sahen. Für einen alten Mann wie mich gibt es keine neuen Gefühlsregungen mehr. Sein kostbarster Besitz ist die Erinnerung an ehemalige Gefühle, und wenn er sie noch immer so empfinden kann wie einst, wenn sie im Lauf der Jahre nicht zu Staub zerfallen sind, kann er sich wahrhaft glücklich schätzen. Jene eine Herbstnacht ist mir deutlicher in Erinnerung als manches Jahr, das ich mit Marguerite, meiner Frau, verbrachte. Und doch hat Marguerite fast mein ganzes Leben ausgefüllt, Liu Tachun hingegen nur wenige Monate. Vielleicht hätte ich mit ihm gehen sollen ... Aber ich war kein Revolutionär; nie hätte ich der Vorkämpfer irgendeiner Idee sein können.

Und nun, in meinem siebzigsten Lebensjahr, habe ich weder einen Sohn noch eine Tochter an meiner Seite, und der einzige Mensch auf der Welt, der um mein Wohlbefinden besorgt ist und mir eine Tasse Tee bringt, wenn ich arbeite, ist Genosse Lu, ein ehemaliger Soldat der Roten Armee, ein einfacher Bauer. Er steht meinem Herzen näher als ein Sohn, wenn er sich über meine alten Bauzeichnungen beugt, voller Eifer, von mir, dem Intellektuellen und Gelehrten, etwas lernen zu können. Von mir will er lernen, von uns, die wir alles besaßen und so wenig getan haben. Denn was taten wir, während Lus Vater und sein Großvater litten und hungerten, getötet wurden, während sie mit ihrer Arbeit, ihrem Leben und dem ihrer toten oder verkauften Kinder für die Aufrechterhaltung einer alten, stinkenden, zusammenbrechenden Ordnung zahlten, während er und so viele seinesgleichen niedergemäht wurden wie Gras in diesen zahllosen Bauernaufständen, die durch alle Jahrhunderte immer wieder von neuem losbrachen, bis hin zu dem letzten, dem siegreichen, der die Welt für uns veränderte? Wir schrieben Verse. Jeder Felsen, jeder Berg und jeder Pavillon bewahrt ein Zeugnis unserer edlen Gefühle, unseres verfeinerten Geschmacks. Es ist gut, daß Liu Tachun und ein paar andere aus unserer Welt ausbrachen, um bei unserem Volk zu sein und mit ihm zu leiden und zu sterben. Zu wenige vielleicht – aber immer noch besser als keiner.

Heute neigen wir zusammen den Kopf über eine Blaupause, der Bauer Lu und ich, und er ist mir näher als ein Sohn. Der Bauer Lu wird da sein und mein Werk fortführen, wenn ich gegangen bin, und keiner meiner leiblichen Söhne ist ein so wertvoller Mensch wie er.

Im Frühling des Jahres 1899, also ein Jahr später, ging ich mit meinen Brüdern und einigen Vettern wieder zum Widdertempel. Aber ich konnte den Frühling und die Blumen nicht ertragen. Ich schützte eine Übelkeit vor, ging rasch nach Hause und kehrte nie mehr zum Widdertempel zurück.

Zwischen dem Jahr 1898, in dem mein Vater, Chou Yentung aus Chengtu, nach dem Scheitern der Einhunderttage-Reform seine Prüfungen nach klassischer Tradition ablegte, und dem Jahr 1964, in dem ich seine Erinnerungen lese, liegt eine Zeitspanne von sechsundsechzig Jahren. Dem freien, nicht an Kalender und Uhren gebundenen Bewußtsein des Menschen jedoch erscheint diese Frist kaum länger als die von gestern auf heute.

Im Herbst 1964 besuchte ich, seine Tochter, den Widdertempel von Chengtu. Er war, wie alle alten Monumente im heutigen China, restauriert und frisch gemalt. Die Gärten waren erweitert und in einen ständig geöffneten Park verwandelt worden. Zwischen den blühenden Sträuchern, unter den mit Geißblatt berankten Bögen, vorbei an Glyzinienbüschen, die ihre Blütentrauben über Teiche mit felsigen Ufern hängen ließen und durch die mit Paulownien, Zedern und Kampferbäumen bestandenen Alleen wandelten Hand in Hand kichernde Liebespärchen. Andere saßen auf den Bänken und redeten ernsthaft über ihre Zukunft. Ich trat in das Hauptgebäude des Tempelbezirks, und da waren die Widder. Sie standen rechts und links des Altars mit seinem taoistischen Trinitätssymbol und glänzten, wie sie seit jeher geglänzt hatten. Der linke, wohlwollende, von echter Schafsgestalt, sanft, fast hübsch, trug eine blanke Kupferglocke um den Hals. Rechts sah ich das streitbare Tier mit seinem einen Horn, das Gesicht von den vielen reibenden Fingern fast zerlöchert, die Ohren abgewetzt von den flüsternden Mündern, auf der Brust eine kleine Platte, deren halbverwischte Schriftzeichen sich eben noch entziffern ließen: Peking, Liulichang-Markt. Das Tier hatte die Beine und Klauen eines Tigers, den Schwanz eines Löwen und den schlanken Körper eines Hirsches. Aus der Mitte seiner Stirn wuchs ein einzelnes Horn.

»Aber das ist ja ein Einhorn!« rief ich.

Meine Vettern und Kusinen, die mich begleitet hatten, die

Söhne und Töchter meines Onkels, erklärten, man habe dieses Tier immer als einen Widder bezeichnet.

Das Widder-Einhorn ähnelte auf seltsame Weise dem schönen Tier, das ich auf einem Gobelin aus Beauvais in einem Pariser Museum gesehen hatte und das sich dort inmitten einer Blumenwiese mit einer Dame unterhielt.

»Komm, jetzt machen wir eine Aufnahme von dir und dem einhörnigen Widder«, sagte einer meiner Vettern.

Der achteckige Pavillon mit den gelbglasierten Ziegeln vor dem Haupttempel beschirmte noch immer die Statue des Laotse, der auf seinem schwarzen Ochsen davonritt, um die Wahrheit zu suchen. Das Kunstwerk stand jetzt in einem Glaskasten, vor dem eine Öllampe schimmerte. Auf dem Fußboden sah ich die drei Punkte der taoistischen Dreieinigkeit, in die hölzerne Decke waren die Acht Dreiecke eingeschnitzt. Die taoistische Fahne mit dem Polarstern, dem Symbol des Tao, die so viele Bauernmilizen zum Kampf gegen ihre Unterdrücker geführt hatte, hing an einer Wand.

Die taoistische Geistlichkeit hielt eine Konferenz, eine philosophische Versammlung, ab. In Peking, Chengtu und anderen Städten bemühten die Gelehrten sich jetzt um eine Neuauslegung des Taoismus, der ja wesentlichere Keime wissenschaftlicher Ideen enthielt als der Konfuzianismus. Erst vor kurzem war ein berühmter englischer Professor und Sinologe hier gewesen und hatte mit der Geistlichkeit taoistische Themen diskutiert. Die Herren hatten jetzt keine Zeit, sich mit mir über die Widder zu unterhalten. Aber meine Vettern erzählten mir, daß der Blumenmarkt immer noch in jedem Frühjahr abgehalten werde und daß er jetzt größer und schöner sei als je zuvor.

Achtes Kapitel

Wie alle Chinesen datierte Dritter Onkel die Ereignisse seines Lebens nach historischen Episoden. Das Geburtsjahr meines Vaters hieß in der Familie »das Jahr nach dem chinesisch-französischen Krieg«. 1898 war stets »das Jahr des Reformversuchs«. Alles, was geschah, beeinflußte in irgendeiner Form auch das Leben des einzelnen, und so nahm jeder passiv oder aktiv an der Geschichte seines Landes teil. Die Chinesen hatten stets Sinn für die Geschichte; schließlich sind sie ein Volk, das fortlaufende Chroniken über einen Zeitraum von mehr als zweitausendfünfhundert Jahren aufzuweisen hat. Und die Ereignisse des vergangenen Jahrhunderts haben die Berechtigung dieser Geschichtsverbundenheit nur bestätigt. Kein Volk entgeht der Geschichte; aber einige sind sich dieser Tatsache klarer bewußt als die anderen.

So bedeutete auch die Revolution nicht einen Riß in dem Gewebe der historischen Kontinuität. Zwischen Vergangenheit und Gegenwart gähnt nicht etwa eine Kluft, wie manche Europäer sich einbilden. Die Kommunistische Partei Chinas nennt sich selbst die Erbin und Nachkommin der Taiping, und der Taiping-Aufstand wiederum war eine ungeheure Bauernrevolte und als solche eine Nachfolgerin vieler anderer, die im Laufe der Jahrhunderte immer wieder aufgeflammt waren. Stets gibt es eine Vorlage, und das Weberschiffchen der Zeit läuft hin und zurück und verwebt die Jahrhunderte zu einer Einheit. Das Muster wechselt, aber der Webstuhl und das Gewebe bleiben stets dieselben, und der Faden reißt nie ab: Er ist die Geschichte eines Volkes. Wie der Große Fluß bewegt er sich durch wechselnde Landschaften.

»Im Jahr der Redlichen Fäuste war ich dreizehn, also alt genug, um zu verstehen, was vor sich ging.« So sprach Dritter Onkel von dem entscheidenden Jahr 1900.

Die Redlichen Fäuste waren eine von vielen Geheimgesellschaften, ähnlich wie die Älteren Brüder oder die Kelao in

Szechuan. Sie bestanden bereits im achtzehnten Jahrhundert unter der Bauernbevölkerung, die eine einzigartige und nie erlöschende Neigung zur Gründung solcher Bruderschaften hat. Mit unglaublicher Schnelligkeit können hier aus einer unbewegten, ruhigen Landschaft voll sprießender Reishalme und wogender Weizenfelder, über den gebeugten Rücken verkrümmter Menschen, die sich mühsam bewegen und arbeiten, arbeiten, immer nur arbeiten, aus den Massen in Lumpen gehüllter Geschöpfe Generäle, Heerführer und Helden aufsteigen. Unübersehbare Millionenscharen folgen ihnen und überrennen Gebiete, so groß wie ganz Europa. Unzerstörbar wie Gras, alles vertilgend und unsterblich, aber auch in der Erde wurzelnd wie Gras, erheben sie sich und kämpfen mit der ganzen Inbrunst von Menschen, die für die Gerechtigkeit kämpfen. Und dieser Impuls kann nie versiegen; denn so wie der Mensch ein Recht darauf hat, zu essen und zu lieben, hat er auch das Recht, Revolution zu machen. Die Redlichen Fäuste waren nur ein weiteres Beispiel in Zeit und Raum, eine weitere Episode dieses Überschäumens, dieses ständigen Gärens, das aus Armut und Hunger, Verwüstung und Verlangen aufstieg.

Wie die Soldaten des Affenkönigs der Sage, der sich ein Haar ausriß und damit eine ganze Armee herbeizauberte, banden die Bauern sich ein buntes Tuch um die Stirn, schmiedeten sich Lanzenspitzen aus ihren Pflugscharen und Schwerter aus ihren Töpfen und Tiegeln und rollten vorwärts wie der Ozean, gestaltlos, ungeordnet, unwiderstehlich.

Zuweilen waren auch die Mitglieder der besitzenden Klasse in diese Aufstände verwickelt. In den Städten bemühten sie sich oft, die Geheimgesellschaften und Bruderschaften unter ihre Kontrolle zu bringen, durch sie die Masse der Bauern zu beherrschen und in ihrem eigenen Interesse zu einer lenkbaren Armee zu machen.

Die Redlichen Fäuste erhoben sich in der Provinz Shantung, weil Shantung gleichzeitig von drei Katastrophen heimgesucht wurde: von der Überschwemmung, der Hungersnot und den Deutschen.

Kaiser Wilhelm, der das Wort von der »Gelben Gefahr« geprägt hatte und der zu spät auf der Walstatt der Plünderungen erschienen war, mußte feststellen, daß niemand seinen Anspruch auf die Führerschaft der weißen Rasse ernst nahm. Um diese Idee zu ihrer grauenvollen Reife zu bringen, bedurfte es weiterer dreißig Jahre und eines Hitler. Zwei deutsche Missionare waren ermordet worden, und Wilhelm hatte dafür eine hohe Entschädigungssumme sowie Eisenbahn- und Bergwerkskonzessionen gefordert und erhalten. Obendrein war ihm noch die Provinz Shantung als Einflußsphäre zugesprochen worden. Vier Jahre später erhoben sich in dieser Provinz die Redlichen Fäuste und breiteten sich bald über ganz Nordchina aus.

Auch die katholische Geistlichkeit in China verschaffte sich in den Jahren 1898 und 1899 eine Bestätigung ihrer Exterritorialität sowie einige Sonderrechte und Privilegien. Am 15. März 1899 wurden den französischen Missionaren durch ein kaiserliches Dekret besondere Vollmachten zugesichert. Eigentlich enthielt das Dekret nur eine offizielle Bestätigung bereits bestehender Rechte: daß nämlich die Bischöfe einem Vizekönig gleichgestellt waren und die Priester den Richtern und Präfekten. Die für Bischöfe ausgestellten Pässe waren in Ausdrücken gehalten, wie sie sonst bei Botschaftern üblich waren:

»Dieser Abgesandte des Großen Frankreich soll seinen Wohnsitz in China haben, um vor allem die Angelegenheiten des Großen Frankreich zu verwalten; er ist also ein mit allen Rechten ausgestatteter bevollmächtigter Gesandter. Dieser verehrungswürdige heilige Mann ist ein berühmter Gelehrter, der über unvergleichliche Tugenden und hervorragende Kenntnisse verfügt. Alle Beamten sind gehalten, ihn bei seinen sämtlichen Tätigkeiten zu unterstützen, bei allem, was sein Predigeramt und sein sonstiges Leben betrifft, bei dem Erwerb von Häusern und Ländereien, der Errichtung von Kirchen und anderen Gebäuden. Alles soll nach dem Willen dieses hohen Abgesandten geschehen, dem in jeder Weise Unterstützung und Hilfe zu gewähren ist. Man gehorche mit Zittern diesen Worten.«

Zur Ehre der protestantischen Missionen muß berichtet werden, daß diese 1899 die Gewährung derartiger Rechte ablehnten.

Und so banden sich denn im Jahre 1900 die Bauern ein hellrotes Tuch um den Kopf und zogen aus, um zu kämpfen. Aber ihr Kampf ging, von den Führern dirigiert, in die falsche Richtung. Missionare wurden massakriert, Konvertiten grausam ermordet, ein furchtbares Blutbad wurde angerichtet. Und die Vergeltung war noch furchtbarer. Peking wurde von den Truppen der Westmächte und Japans geplündert, fünfzigtausend Menschen erlitten den Tod. Die Brunnen waren mit Leichen angefüllt, überall auf den Straßen lagen die Toten, Frauen und Kinder schwammen in Blutlachen. Französische, englische und deutsche Soldaten gingen mit offenen Hosen umher, vergewaltigten die Frauen und spießten die Säuglinge auf ihre Lanzen. Einige junge Leute aus den Gesandtschaftsvierteln bewaffneten sich mit Gewehren und veranstalteten jeden Nachmittag zu ihrem Vergnügen Schießübungen auf Straßenpassanten. Mehrere militante Missionare rühmten sich der Anzahl von Bauern, die sie getauft und gleich danach erschossen hatten. Einer von ihnen, ein Amerikaner, schrieb: »Diese Woche habe ich achthunderteinundvierzig neue Seelen zum Himmel geschickt.« Und L. Lyall zitiert in seinem Buch über China *(L. Lyall, »China«, Ernest Benn Ltd., London 1934)* die erschütternden Sätze eines deutschen Offiziers, der sich damals auf seine Weise in Peking amüsierte: »Auf der Fasanenjagd schieße ich die Hähne und schone die Hennen, töte die alten Vögel und lasse die jungen laufen. Bei der Chinesenjagd aber töte ich sie alle, Männer und Frauen, Alte und Junge.«

An diesen grauenvollen Ereignissen war die Mandschu-Dynastie keineswegs unschuldig. Sie wußte um die Unruhe im Volk, lenkte die Erregung, die sie selbst bedrohte, gegen die Ausländer und verurteilte hinterher die Ereignisse. Die Tatsachen sind allgemein bekannt. Die Kaiserinwitwe verließ Peking und flüchtete sich nach Sian, kehrte jedoch schon 1901 zurück und hielt einen beinahe triumphalen Einzug in Peking. Die Ovationen wurden ihr jedoch nicht von ihren Untertanen, sondern von eben den Ausländern zuteil, die sie so gern umgebracht hätte und die jetzt herbeiströmten, um sie wieder willkommen zu heißen. Denn nunmehr wußten die Dynastie und die Westmächte, daß sie aufeinander angewiesen waren. Was bisher ein stillschweigendes Übereinkommen gewesen war, wurde jetzt offensichtlich: Man mußte zusammenstehen, um das Volk in Schranken zu halten. Alle westlichen Diplomaten begriffen das, und man begrub in Gedanken sämtliche Leichen – schließlich waren es in der Hauptsache chinesische Leichen gewesen. Die Kaiserinwitwe wurde plötzlich zu einer bezaubernden, äußerst kultivierten und geschmackvollen alten Dame. Die europäischen Damen drängten sich zu ihren Teeeinladungen, und westliche Zeitungen rühmten ihre geistigen und politischen Fähigkeiten.

Das Jahr 1900 bedeutete das Ende einer Zeitperiode. Aber es war auch das Ende eines bestimmten Geisteszustands. Zwar war die Kaiserinwitwe zurückgekommen; doch die Einstellung des Volkes hatte sich gewandelt. Der Hof kündigte Reformen an; doch es war zu spät. Nach der Erhebung der Redlichen Fäuste büßten Kang Yuwei und seine Reformistische Partei allen Einfluß in China ein. Kein Mensch glaubte mehr an die Möglichkeit einer Reform, aber jeder sprach von Sun Yatsen und der Revolution.

Von 1902 an kam es jedes Jahr zu einem Aufstand, manchmal sogar zu zweien. Obwohl alle diese Aufstände niedergeschlagen wurden, stieg Sun Yatsens Stern immer größer und strahlender am Horizont der Verzweiflung empor. Sun gab niemals auf, mochten die Zukunftsaussichten auch noch so düster erscheinen. Er war der freundlichste und gutmütigste aller Menschen, aber er wußte, daß Tyrannei nicht mit Worten getilgt werden kann.

In dem nach der Niederwerfung des Aufstands im Jahre 1901 diktierten Boxer-Protokoll wurde China auferlegt, einhundert Millionen Dollar zu zahlen (obgleich der Gelbe-Gefahr-Wilhelm gern eine viel höhere Summe erzwungen hätte), weitere Häfen und Städte zu öffnen, sich mit einer ständigen Besatzungstruppe in Peking einverstanden zu erklären und die Stationierung weiterer Truppen an den vorhandenen Eisenbahnlinien zuzulassen. Eine der Vertragsklauseln betraf die Gelehrtenbürokratie: Die Westmächte verboten China, in irgendeiner der größeren Städte, in denen gegen die Ausländer gerichtete Demonstrationen stattgefunden hatten, die Kaiserlichen Examen abzuhalten. Damit wurde dem Examenssystem alten Stils ein Ende bereitet – und im Grunde genommen war das ein verkappter Segen.

Der kaiserliche Hof verkündete Reformen und bat um Vorschläge. Das »Neue Lernen« wurde eingeführt, und die Provinzen machten sich diesen Schritt voller Eifer zunutze, um überall Militärakademien einzurichten, in denen die ausgehobenen Truppen nicht mehr im Gebrauch von Pfeil und Bogen unterwiesen wurden, so wie es die Mandschu, die den Zeiger der Zeit um vierhundert Jahre zurückdrehen wollten, 1898 angeordnet hatten. Ehrgeizige Militärinstrukteure wie Yüan Shihkai sahen eine Zukunft voraus, in der die Truppen die Macht in der Hand haben würden. Sie wollten eine neue Armee schaffen, eine Armee, die mit modernen Waffen ausgerüstet und ausgebildet sein sollte.

Ich war noch sehr jung: vierzehn Jahre nach der chinesischen Berechnung, dreizehn nach der der Ausländer; aber ich verstand das alles sehr gut. Und viele Mitglieder unseres Standes in Szechuan verstanden es ebenso gut. Wir wußten, daß es für uns darauf ankam, die Provinz zu mobilisieren, unsere Hilfsquellen zu nutzen und unsere eigene Macht auszubauen. Jeder wußte genau, was die plötzliche Freundschaft zwischen dem Mandschu-Hof und den Westmächten zu bedeuten hatte. Sie waren jetzt Verbündete im Kampf gegen das chinesische Volk.

Im Leben vieler Chinesen trat nunmehr eine entscheidende Wendung ein, auch im Leben deines Vaters. Und mein Leben wurde ebenfalls in eine andere Richtung gelenkt. Wären die alten kaiserlichen Examensmethoden nicht abgeschafft worden, so hätte dein Vater die Prüfungen nach der klassischen Tradition ablegen müssen, und wer weiß, vielleicht wäre er ein Mitglied der Hanlin-Akademie geworden.

Eine Denkschrift, die bei einer im Jahre 1896 abgehaltenen Versammlung unserer Familie aufgesetzt wurde, lautet:

»Großes Unheil ist über unser Land gekommen, Schrecken über Schrecken, so daß die Herzen der Menschen keine Ruhe finden. Familien müssen eine feste Richtschnur haben, sonst streben die Geister auseinander und Jammer und Verzweiflung untergraben ihr Dasein. Heute, da wir kaum zu atmen wagen, fragen wir voller Angst: Was wird das Morgen bringen? Vor einigen Jahren griffen die Japaner uns ohne vorherige Kriegserklärung an, schlugen uns und nahmen als Siegespreis Korea und Formosa. Wir alle müssen Geld beisteuern, um die Kriegsentschädigung, die sie verlangen, zu zahlen, und dabei haben wir noch gar nicht unsere früheren Kriegsschulden abbezahlt. Unsere Vorfahren haben hart gearbeitet, um uns einigen Luxus und eine gewisse Bequemlichkeit zu ermöglichen. Wie können wir jetzt vor ihnen bestehen?

Was sollen wir tun? Schon sind Männer unter uns aufgestanden und haben gesagt, wir könnten nur dann stark werden, wenn wir unsere Ausbildung reformieren und von unseren Feinden das Neue Lernen und die neuen Techniken der Industrie und Kriegführung übernehmen. Doch die Ältesten unserer Familien sind der Ansicht, daß eine solche Haltung weder moralisch noch redlich ist. Sie verdirbt die Herzen der Menschen und läßt sie die Tugenden mißachten. Ihr verderblicher Einfluß erstreckt sich auf die Männer wie auf die Frauen, so daß einige Frauen sich bereits in Männer verwandelt haben – eine Ungeheuerlichkeit, die uns erschauern läßt. Darum ermahnen wir unsere Nachfahren eindringlichst, nicht in die Falle des Neuen Lernens zu gehen und die wichtigsten Erfordernisse ihres Daseins nicht über der Erwerbung entarteter Kenntnisse zu vergessen.«

Im Jahre 1902 jedoch hielt die ältere Generation wieder einen Familienrat ab, um über das Schicksal der jüngeren einen Beschluß zu fassen. Dabei wurde entschieden, daß Ältester Bruder nach Japan oder über den östlichen Ozean gehen solle, um sich zum Lehrer ausbilden zu lassen. Zweiter Bruder, also dein Vater, sollte an die Küsten des westlichen Ozeans, also nach Europa, gehen, um die modernen Wissenschaften zu studieren, und ich, der Dritte, sollte nach dem Beschluß der Familie in die

Akademie der Neuen Armee eintreten, die kürzlich in Chengtu eröffnet worden war. Das behagte mir sehr, denn mein Geist hatte das Problem der Macht erfaßt. Und wenn man mir diese Laufbahn nicht zudiktiert hätte, so hätte ich sie selbst gewählt. Rings um mich sah ich, wie die Gelehrten disputierten, debattierten, Aufsätze schrieben und Ansprachen hielten. Doch viele von ihnen hatten keinerlei Hoffnung, eine Stellung zu bekommen. Für den hingegen, der ein Gewehr trug, war stets ein Posten offen.

Die Denkschrift der älteren Generation enthält die folgenden Überlegungen:

»In Anbetracht dessen, daß unser ältester Sohn den Titel eines Bakkalaureus erworben hat und Neigung für die Wissenschaften zeigt, und da er unser ältester Sohn ist, soll er verheiratet werden, auf daß er Nachkommen zeuge, um das Haus zu füllen und die alten Riten zu befolgen; und danach soll er in den Schulen am östlichen Ozean weitere Studien betreiben und sich für die Beamtenlaufbahn in der Verwaltung unseres Landes vorbereiten. Was unseren zweiten Sohn betrifft, so gelten seine Interessen dem Forschen und Erfinden. Wir werden für ihn eine Gelegenheit suchen, sich in den Wissenschaften des Neuen Lernens auszubilden, beispielsweise in denen des Bergbaus und Eisenbahnbaus, da unsere Provinz diese Hilfsquellen entwickeln muß. Daher mag er an den westlichen Ozean gehen. Unser dritter Sohn schließlich soll in die Militärakademie eintreten und sich dort in der Landesverteidigung ausbilden lassen ...«

Ich erinnere mich, daß ich damals dachte: Woher soll das Geld für alle diese Reisen kommen? Ich hoffte, daß man auch mich ins Ausland schicken werde. Am liebsten wäre ich nach Deutschland gegangen, weil die Deutschen zu jener Zeit als die besten Soldaten der Welt galten. Glücklicherweise hatte jede Provinz den Wunsch, würdige junge Männer zum Studium ins Ausland zu schicken. Die ältere Generation unserer Familie bemühte sich voller Umsicht um uns. Man beriet sich untereinander, und da wir durch Verwandtschaftsbeziehungen sowie gemeinsame Handels- und Klasseninteressen mit vielen Familien der höheren Stände verbunden waren, war es bald ausgemachte Sache, daß die Provinzregierung für die Ausbildung der jungen Männer aus guten und bekannten Familien – also für die junge Generation ihrer eigenen Kreise – sorgen werde.

So wie der Schiffer in den Schluchten des Großen Flusses das Nahen des Windes spürt und sein Segel stellt, um ihn aufzufangen, so drehte auch die Familie Chou im Hinblick auf ihre eigenen Interessen das Segel ihrer Entschlüsse um, akzeptierte das Neue Lernen und schickte deinen Vater nach Europa und deinen Ältesten Onkel nach Japan.

Aber damit, daß man Studenten ins Ausland schickte, war noch nicht alles getan. Es ging um mehr. Nach 1900 setzte sich allmählich eine neue Einstellung durch. Jede Provinz bemühte sich, ihre eigenen Reichtümer zu nützen. Wir in Szechuan hatten wertvolle Minerale, reiche Kohle- und Eisenvorkommen; wir brauchten daher vor allem eine Verbindung, eine Eisenbahnlinie, um unsere Produkte leichter aus der Provinz herausbefördern zu können.

Um dieses Eisenbahnprojekts wegen wurde dein Vater nach Belgien geschickt. Zu jener Zeit interessierte sich nicht nur unsere Provinz, sondern sämtliche Provinzen Chinas für den Bau von Eisenbahnlinien. Der Begriff der »Eisernen Straße« gewann plötzlich eine so unerhörte politische und auch gefühlsmäßige Bedeutung, daß er zum Symbol der nationalen Unabhängigkeit und schließlich zu einer der wichtigsten Triebfedern einer Bewegung wurde, die in der Revolution von 1911 gipfelte.

Zwischen der Erhebung der Redlichen Fäuste im Jahre 1900 und der Revolution von 1911 lagen nur elf Jahre; doch in diesen elf Jahren wurde die Dynastie gestürzt, die Republik ausgerufen, und China tat die ersten Schritte auf dem langen und beschwerlichen Weg, der in die Gegenwart führte.

Neuntes Kapitel

In den Schriften meines Vaters findet sich kein Hinweis auf die Redlichen Fäuste, nur der Text eines Volksliedes aus jener Zeit. Er hatte es wohl gehört oder sogar selbst gesungen:

»Die Geistersoldaten, sie werden kommen
Mit goldenen Helmen und silbernen Schilden.
Sie reiten auf mächtigen weißen Rossen
Und schwingen die Schwerter der redlichen Taten,
Sie töten, die bei uns eingedrungen
Und rächen, was man uns angetan ...«

Ich fand diese Zeilen zwischen einer Skizze für Abwasserröhren, einigen mathematischen Formeln, einem Vermerk der täglichen Ausgaben und der Adresse eines der Seidengeschäfte meiner Schwester – des größeren, das ihr Mann ihr überschrieben hatte und das dann konfisziert wurde, weil sie nach Amerika gegangen war und 1951 keinen Anspruch darauf anmeldete.

Es waren nicht die Geistersoldaten, die China retteten, sondern etwas viel Prosaischeres: eine Eisenbahn.

Vater hat auch vergessen zu berichten, warum und auf welche Weise die Provinzregierung von Szechuan ihn seinerzeit nach Europa schickte. Er war eben, wie Dritter Onkel es ausdrückte, ein Dichter; er schrieb zu seinem eigenen Vergnügen, nicht um eine Chronik seines Lebens aufzuzeichnen.

Das nächste Fragment seiner Autobiographie beschäftigt sich mit seiner Reise auf dem Yangtse. Er überspringt also die Jahre zwischen 1898, als er das Provinzexamen ablegte, und 1903, dem Zeitpunkt, da er, von der Leidenschaft großer Erwartungen erfüllt, Szechuan verließ. Andere jedoch, viele andere, erinnern sich sehr gut an diese Zwischenzeit und haben darüber berichtet. Denn die Frage der »Eisernen Straße« rumorte nach 1900 in den Köpfen aller Angehörigen der Gentry von Szechuan. Aber nicht nur bei uns, auch in Hupeh und

Hunan, in Kuangtung und allen anderen Provinzen forderten die Grundbesitzer und Kaufleute jetzt eine Eiserne Straße, eine eigene Eisenbahnlinie und das Recht, diese Linie selbst zu bauen und zu betreiben. Sie forderten auch das Recht, ihre eigenen Gruben und Bergwerke auszubeuten. Kurzum, sie wollten eine eigene nationale Wirtschaft aufbauen. Damit aber war gesagt, daß sie den Ausländern diese Rechte wieder abjagen wollten, daß sie die Bergwerke und Eisenbahnlinien, die Gruben und all die anderen Einrichtungen, die sie den Fremden bereits verkauft oder durch »Verträge« verpfändet hatten, wieder zurückhaben wollten.

Jedermann, ob hoch oder niedrig, verstand jetzt den Sinn des Schlagwortes »China den Chinesen«. Da jedoch diese innere Überzeugung nicht laut vernehmbar wurde, da sie sich nicht in herausfordernden Worten kundtat, glaubten gewisse westliche Beobachter, China sei nun »endlich« in die Knie gezwungen. »Jetzt wird alles einfacher sein«, berichteten sie nach dem Boxer-Aufstand. »Trotzdem sollten wir einige Vorsicht walten lassen, um keinen neuen Aufstand zu provozieren.«

In Szechuan schleuderte man keine Steine mehr gegen das europäische Missionskrankenhaus; im Gegenteil, es war sogar davon die Rede, auch ein chinesisches Krankenhaus zu bauen. Überall wurden Schulen des »Neuen Lernens« eröffnet, und es bestand eine rege Nachfrage nach Übersetzungen wissenschaftlicher Werke. Das Hauptinteresse aller aber galt der Eisenbahn.

1901 reichten die Regierung und die Kaufmannsgilden von Szechuan beim Hof in Peking ein Gesuch ein, in dem sie um die Erlaubnis baten, eine eigene Eisenbahn zu bauen. In den ersten Monaten des Jahres 1903 erhielten die Kaufleute dann durch den Gouverneur Hsi Liang die Genehmigung, mit Kapitalien, die in der Provinz selbst aufzubringen waren, diesen Bau in Angriff zu nehmen. Die Linie sollte von Chengtu nach Chungking führen, von da nach Ichang am Yangtse-Fluß und weiter zu der Dreierstadt Hankow-Hanyang-Wuchang in der Nachbarprovinz Hupeh, wo sie den Anschluß an die bereits vorhandenen Strecken gewinnen würde.

Die Frage dieses Eisenbahnbaus war es, bei deren Behandlung das zwingende Bewußtsein eines Wandels zuerst Gestalt annahm, sich zu einer geistigen Struktur verdichtete, mit der sich etwas anfangen ließ, aus der sich spezifische Forderungen und konkrete, praktische Probleme ergaben, die eine positive, unausweichliche Antwort verlangten. Eine derartige Kristallisierung eines allgemeinen Bewußtseinszustandes zu Begriffen aber, die jedem Bauern und jedem Beamten faßbar und verständlich sind, bildet oft den Auftakt zu einer Revolution.

Es sind viele Bücher über die Geschichte der chinesischen Eisenbahnen und die Rolle geschrieben worden, die jede einzelne Großmacht dabei gespielt hat. In den Büchern der europäischen Verfasser liest man immer wieder, die Chinesen hätten sich in ihrer abergläubischen Angst vor der Zerstörung von Gräbern dem Eisenbahnbau widersetzt. Die Firma Jardine Matheson jedoch stieß auf keinerlei Schwierigkeiten, als sie in den siebziger Jahren des vergangenen Jahrhunderts Land (und auch Friedhöfe) für den Bau von Eisenbahnstrecken kaufen wollte. Die Bauern zeigten sich durchaus willig, die Gebeine ihrer Vorfahren an einem anderen Ort neu zu bestatten, vorausgesetzt, sie erhielten für die Überlassung der Grundstücke eine entsprechende Barentschädigung. Die Beamten allerdings protestierten, denn sie hatten die strategische Bedeutung der Eisenbahnen begriffen. Ebenso wie die Missionstätigkeit, die Anleihen und der Opiumhandel war auch der Eisenbahnbau eine Angelegenheit, die in erster Linie nicht den Chinesen, sondern den Ausländern zugute kam. Eine Bahnstrecke war nicht nur ein Kommunikationsmittel, sondern vor allem ein strategischer und politischer Faktor von ungeheurer Wichtigkeit. Jeder wußte, daß Rußland die Transsibirische Eisenbahn und gewisse Strecken in Nordchina gebaut hatte, um seine Truppen in die neuen Grenzgebiete am Pazifik befördern zu können. Die Engländer und die Franzosen hatten den Bau von Eisenbahnlinien in China geplant, um ihre Waren zollfrei transportieren und bei ihrer Politik der Zerstückelung Chinas leichter Truppenverschiebungen vornehmen zu können. Warum sollten die Chinesen freudig bereit sein, den ausländischen Mächten diese bequemen Einfallswege in ihr Land zu eröffnen? Warum sollten sie sich so vollständig in ihre Hände geben?

Jede »private« ausländische Gesellschaft, die sich erbot, in China Eisenbahnen zu bauen, konnte auf die Unterstützung ihrer Regierung zählen, ja, es hieß, daß mindestens fünfundzwanzig Prozent der aufgebrachten Gelder Regierungsgelder waren.

Der Boxeraufstand hatte den Chinesen gezeigt, wie einfach es war, Truppen auf dem Schienenweg zu befördern, um sie chinesische Städte besetzen zu lassen. Eisenbahnanleihen wurden unter den härtesten Bedingungen gegeben: ein zehn Meilen breiter Landstreifen zu beiden Seiten des Schienenstrangs sowie sämtliche Bergwerke, Gruben und Bodenschätze dieses Gebiets fielen unter die Kontrolle der ausländischen Macht, welche die Eisenbahn gebaut hatte. Die Bahn selbst, der Grund und Boden, das rollende Gut und alles, was dazugehörte, galten bis zur Rückzahlung der Anleihe als Pfand; diese Rückzahlung jedoch sollte sich über vierzig Jahre erstrecken. Die ausländischen Güter wurden auf diesen Linien nahezu abgabenfrei befördert, während auf den chinesischen Waren hohe Steuern und Zölle lagen. Warum sollte China gewillt sein, unter solchen Bedingungen noch mehr Eisenbahnen zu bauen? So unvernünftig seine Weigerung dem Westen auch erscheinen mochte, in Wahrheit zeugte sie von durchaus gesundem Menschenverstand.

Nach 1900 war mit der Forderung, daß chinesische Eisenbahnen den Chinesen gehören müßten, der Anspruch auf echte Unabhängigkeit und auf die Beendigung der Fremdherrschaft erhoben. Denn echte Unabhängigkeit betrifft nicht nur die Politik, sondern auch die Wirtschaft.

Es ist viel über die unsympathische Rolle geschrieben worden, die England im Zusammenhang mit den chinesischen Eisenbahnen gespielt hat. Ebenso wie die Geschichte des Opiumkriegs ist auch diese nicht erfreulich und hat in chinesischen Gemütern manche Narbe und empfindliche Stelle hinterlassen, die leicht wieder zu einer schmerzenden Wunde aufbrechen kann. Aber eigentlich kann man in dieser Angelegenheit kein westliches Land seines Verhaltens wegen schwerer beschuldigen als die anderen. Wenn über die Manipulationen Englands im neunzehnten Jahrhundert mehr Material vorhanden ist, wenn mehr darüber geschrieben und publiziert worden ist als über die Schachzüge der anderen Nationen, so deshalb, weil England im Guten wie im Schlimmen nun einmal die dominierende Macht war. Hätte Kaiser Wilhelm II. damals die Reihe der kolonialistischen Ausbeuter angeführt, so wäre es vielleicht zu noch viel größeren Scheußlichkeiten gekommen. Und Japan, das doch eine asiatische Nation war, hat sich China gegenüber auch nicht anständiger verhalten als die Westmächte. Was schließlich die Vereinigten Staaten betrifft, die sich gegen Ende des neunzehnten Jahrhunderts noch als Neulinge an diesem kolonialistischen Räuberspiel beteiligen wollten, so waren sie damals vollauf beschäftigt mit ihren Beutezügen auf den Philippinen und in Lateinamerika. Zwar versuchten auch sie, sich Eisenbahnlinien und Konzessionen in China zu sichern, aber andererseits hatten sie kaum erst damit begonnen, ihre Grenzen über den Pazifik auszudehnen und waren noch nicht die Großmacht, die sie heute sind. So propagierten sie denn die »Politik der offenen Tür«, den freien Wettbewerb, während der deutsche Kaiser sich bemühte, die Fahne der weißen Rasse hochzuhalten. Und was war mit Frankreich und den anderen Nationen? Hätten sie anständiger gehandelt, wenn alles in ihrem Belieben gestanden hätte? Wäre China mit ihnen besser gefahren? Wenn das Thema »China in der guten alten Zeit« auftaucht, sagt mitunter der eine oder andere Europäer: »Oh, das waren die Engländer (oder die Franzosen oder die Deutschen oder die Italiener), die sich damals schlecht benommen haben, *wir* hatten damit nichts zu tun. Wir waren immer sehr beliebt bei den Chinesen. Wir sind nicht wie die anderen.« Aber in Wirklichkeit gaben sie sich gegenseitig nichts nach.

Denn Ausbeutung und Unterdrückung ist keine Frage der Rasse. Das System war es, die Einrichtung dieser weltweiten Räubermentalität des Imperialismus, welche die Westmächte dazu brachte, sich so zu verhalten, wie sie es taten. Ich mache mir in dieser Hinsicht keine Illusionen, und ich glaube auch nicht, daß irgendeine asiatische oder afrikanische Nation anders gehandelt hätte, wenn sie die entsprechende dominierende Machtstellung besessen und zu dem gleichen System kolonialistischer Profitanhäufung und Plünderei gehört hätte.

Nehmen wir zum Beispiel das kleine Belgien. Ich wurde, ebenso wie fünf weitere Kinder meiner Eltern, an einer von Belgiern gebauten Eisenbahnlinie in China geboren, ich schlief und erwachte beim Pfeifen der Lokomotiven, dem Rattern der Räder, dem Geruch des Kohlendampfes, ich hatte ständig den faszinierenden Anblick der endlosen Metallschienen vor Augen, die sich wie Peitschenschnüre über die Ebenen spannten, und in meinen Ohren tönte die auf- und abschwellende Melodie der vorüberbrausenden glänzenden Wagenkarawanen. Fünfundzwanzig Jahre lang arbeitete mein Vater für die »Belgischen Eisenbahnen in China«. Tage und Nächte, Wochen und Monate, seine ganze Jugend und seine mittleren Lebensjahre verbrachte er bei der »Eisernen Straße«, opferte sich auf für seine Bemühungen, die Züge in Gang zu halten und die Schienen und Schläfer vor Überfällen und plündernden Soldaten zu bewahren.

Von all den Mächten, die China so unermüdlich auf seinen Untergang zutrieben, erschien Belgien als die ungefährlichste und harmloseste, die einzige, die offenbar nur ehrliche Handelsabsichten hegte.

»Das Land Belgien ist klein«, schrieb Vizekönig Li Hungchang. »Außerdem haben seine Einwohner nicht den Wunsch, uns etwas wegzunehmen ...«

Im Jahre 1896 hatte der große Vizekönig Li Hungchang Belgien besucht und war dort fürstlich empfangen worden. Belgiens industrielle Fortschritte, vor allem auf dem Gebiet des Eisenbahn- und Bergbauwesens, hatten ihn tief beeindruckt.

Daneben hatte Belgiens Verhalten beim Boxeraufstand einen günstigen Eindruck auf die chinesische Öffentlichkeit gemacht. Die Belgier hatten kein großes Truppenkontingent zum Schutze des belagerten Diplomatenviertels in Peking geschickt; ihre Zeitungen sprachen ihr Bedauern über die »barbarischen Exzesse« aus, die sich die Soldaten der anderen Westmächte bei der Plünderung von Peking hatten zuschulden kommen lassen. Als dann 1901 der Vertrag unterzeichnet wurde, in dem die Westmächte das Recht erhielten, Garnisonen in der chinesischen Hauptstadt zu unterhalten, schickte Belgien ganze zwanzig Mann.

Auch die Tüchtigkeit und Besonnenheit der belgischen Ingenieure imponierte den Chinesen. Von welchen Motiven sich die belgische Regierung auch leiten lassen mochte, ihre Ingenieure und Techniker in China waren anständige, arbeitsame Menschen, die hielten, was sie versprachen und Rekordleistungen vollbrachten. Sie stellten auch an sich selbst hohe Ansprüche. Nein, die Chinesen fürchteten sich nicht vor dem kleinen, schwer arbeitenden Belgien, und diese etwas schroffen, aber zähen und zuverlässigen Eisenbahningenieure waren ihnen sehr sympathisch.

Die Belgier hatten stets anerkannt, daß die Abneigung der Chinesen, Eisenbahnkonzessionen an Ausländer zu vergeben, berechtigte politische Gründe hatte. Ullens de Schotten, ein belgischer Diplomat, schrieb: »Die Vorurteile und die abergläubische Abneigung gegen die Eisenbahn sind verständlich. Denken wir nur an unsere eigenen Vorfahren und die panische Angst, die sie vor den ersten Dampfmaschinen empfanden ... Der Opiumkrieg, die Plünderung von Peking im Jahre 1860, das Elend, das der Krieg mit sich gebracht hat – alles hat den Chinesen vor Augen geführt, wie gefährlich es für sie ist, die Ausländer in ihr Land zu lassen.«

Diese verständnisvolle, kluge Haltung der belgischen Politiker war es, die ihnen um die Jahrhundertwende ein gewisses Vertrauen seitens der Chinesen eintrug. Wie recht oder unrecht die Chinesen mit diesem Vertrauen hatten, können wir aus gewissen Werken belgischer Autoren, wie zum Beispiel denen des Jesuitenpaters Frochisse oder des Grafen de Lambermont, entnehmen.

Nach 1864 begann Belgien auf eigene Hand Vorstöße zu unternehmen, um Absatzmärkte im Fernen Osten zu gewinnen. Seit der 1831 erfolgten Trennung von den Niederlanden waren der belgischen Industrie die Märkte Niederländisch-Ostindiens verschlossen. Nun bemühte man sich, aus China Aufträge – vornehmlich über Eisenbahnmaterial – hereinzuholen. 1867 hatten britische und belgische Kaufleute gemeinsam einen Plan zum Bau von drei chinesischen Eisenbahnstrekken vorgelegt, die von Kanton nach Hankow, von Kanton nach Kalkutta und von Hankow nach Peking führen sollten;

es kam jedoch zu keinem Abschluß, da China den durchaus begründeten Verdacht hegte, England werde sich dieser Einrichtungen bedienen, um britische Truppen in das Innere des Landes zu transportieren.

Von 1867 bis 1895 scheiterten sämtliche Versuche der ausländischen Mächte, vermittels der Eisenbahnen in China einzudringen, an der hartnäckigen Weigerung der Chinesen. Der Belgier t'Kint, der den Auftrag hatte, die Interessen seines Landes voranzutreiben, schrieb hierüber in einem völlig verzweifelten Bericht: »Wir alle *müssen* im Fernen Osten zu einer solidarischen Haltung gelangen ... Wir *müssen* die energischsten Maßnahmen und jeden nur möglichen Druck anwenden, um unsere Ziele zu erreichen ... Nur unter dem Schutz der vereinten Bajonette von Frankreich und England werden wir in der Lage sein, Eisenbahnen zu bauen ... und die wichtigsten chinesischen Städte miteinander zu verbinden.«

Aber wenn Belgien während dieser dreißig Jahre auch auf dem Gebiet des Handels keine Erfolge verzeichnen konnte, so eroberte es sich doch eine gewisse geistige Einflußsphäre. Die flämischen Scheut-Missionare gründeten Niederlassungen in der Inneren Mongolei und in den Provinzen Chinghai und Kansu auf dem zentralasiatischen Hochplateau – also in armen, unfruchtbaren und spärlich bevölkerten Gegenden. Nur wenige Europäer konnten sich entschließen, ein solches Leben auf sich zu nehmen; die Flamen aber waren mutig und willig. Und so wie unter den Kaufleuten der einzelnen Länder gab es auch zwischen den verschiedenen kirchlichen Orden eine gewisse Rivalität. Wollten die Franziskaner ihren Einfluß in einer bestimmten Provinz geltend machen, so baten sie den Heiligen Stuhl, ihnen dieses Gebiet zu überlassen und den Dominikanern oder den Jesuiten andere Regionen zuzuweisen. Bei den protestantischen Sekten hingegen gab es keine derartige Abgrenzung der Tätigkeitsgebiete. Sie standen sich gewissermaßen gegenseitig im Weg, mit dem erheiternden Resultat, daß man ihre »Bekehrten« als professionelle Bekehrte hätte bezeichnen können. Die Menschen, die auf der Flucht vor Überschwemmungen und Dürren eine Schale Reis und ein Obdach suchten, fielen mit absoluter Regelmäßigkeit wieder vom Glauben ab, fanden von neuem zum Lichte des Christentums zurück und wanderten auf diese Weise von den Baptisten zu den Presbyterianern, weiter zu den Lutheranern und den Adventisten und wieder zurück zu den Baptisten, sooft sie in Not geraten waren.

Die katholische Kirche hingegen ging, wie gesagt, methodischer vor. Die Innere Mongolei, Chinghai und Kansu wurden den Scheut-Missionaren als Bekehrungssphären zugeteilt. Die Missionare erwarben große Ländereien und schürften in ihrem Bekehrungsgebiet nach Gold, Eisen, Kohle und anderen Mineralien. Der belgische Bischof von Lanchow schickte nicht nur regelmäßige Berichte an den Vatikan, sondern hielt auch seinen Monarchen Leopold II., König der Belgier, über die Ergebnisse der Missionsreisen in seinem Gebiet auf dem laufenden.

Leopold II. war eine erstaunliche Persönlichkeit. Er verfügte über eine unerhörte Arbeitskraft und hatte dabei Vorstellungen von Macht und Ruhm, die den anderen regierenden Häuptern seiner Zeit abgingen. Die von seinem Bewunderer, Graf Louis de Lichtervelde, verfaßte Biographie *Das Leben Leopolds II.* enthüllt die außerordentliche Spannweite seiner Bestrebungen. »Aus den Konsularberichten und privaten Informationsquellen«, schreibt Monsieur de Trannoy, ein anderer Bewunderer Leopolds, »hatte der König ersehen, welche Reichtümer die Philippinen bargen und welch beträchtlichen Profit man von einer vernünftigeren Ausbeutung des Bodens und der Bodenschätze dieser Inseln erwarten durfte. Allein das Tabakmonopol schien hohe Gewinne zu versprechen.«

Diese Bestrebungen konnten jedoch »des hartnäckigen Stolzes der Spanier wegen« nie verwirklicht werden. Später kämpften Spanien und die Vereinigten Staaten um die Philippinen, und Amerika gewann. Leopold blickte taktvoll beiseite.

»Wir müssen versuchen«, schrieb der König am 24. Januar 1874 an seinen Botschafter, den Grafen de Lambermont, »uns bei sämtlichen englischen Eisenbahnprojekten in China einzuschalten.«

»Der König war überzeugt, daß Belgien die besten Aussichten hatte, Konzessionen in China zu bekommen, sofern es die Empfindlichkeit und das Mißtrauen der Chinesen in geschickter Weise berücksichtigte. In seiner Umgebung wußte man so genau über seine Ideen Bescheid, daß manche sich scheuten, ihm Gedanken zu suggerieren, die mit geheimen, sich ihm fast unwiderstehlich aufdrängenden Tendenzen übereinstimmten.« Mit diesen feinfühligen Sätzen leitet der ehrwürdige Pater Frochisse, SJ, im Jahre 1912 seine Darstellung der Taten Leopolds II. ein.

»Erschrecken Sie nicht«, schrieb ein gewisser Jules Devaux, ein belgischer Offizier, an den Biographen des Königs, »wenn ich die Aufmerksamkeit einer Ihnen bekannten Persönlichkeit auf den Vorschlag lenken möchte, eine chinesische Provinz mit einer belgischen Armee und belgischen Kolonisten zu besetzen.«

Bei der Aufteilung Afrikas hatte Leopold durch außerordentlich geschickte diplomatische Winkelzüge den Kongo ergattert. Die Westmächte hatten dort eine viel wildere, stürmischere Balgerei veranstaltet als in China und waren zudem auf viel schwächeren Widerstand gestoßen, so daß diese ganze Bewegung mit einer absoluten und totalen Zerstückelung des Schwarzen Erdteils endete. Stammeshäuptlinge, die weder lesen noch schreiben konnten, zeichneten einen Krakel auf ein Stück Papier, erhielten ein paar Stoffballen und einige Stränge Glasperlen und gaben so den raubgierigen europäischen Nationen große Stücke von Afrika für Waren, die nur wenige englische Pfund wert waren. Wie aus der von Lady Stanley verfaßten Biographie Sir Henry Morton Stanleys hervorgeht, wurden mehr als fünfhundert derartiger Verträge zwischen afrikanischen Häuptlingen und dem Afrikaforscher Stanley abgeschlossen, und diese Verträge waren so geschickt und einwandfrei abgefaßt, daß die europäischen Staatskanzleien keinerlei juristische Einwände dagegen erheben konnten.

In Amerika hatten die Angelsachsen, wie Graf de Lichtervelde uns erzählt, bei ihren Unterhandlungen mit den Rothäuten zu der gleichen Methode gegriffen. Es fanden sich Universitätsprofessoren wie Professor Arntz in Brüssel und ein gewisser Sir Travers Twiss in Oxford, die solche Maßnahmen zur Erlangung der Oberhoheit befürworteten, da auf diese Weise der Schein der Legalität gewahrt blieb.

Trotz der englischen Versuche, sich im Delta des Kongoflusses festzusetzen und trotz der portugiesischen Versuche, Teile dieser Kolonie zu annektieren, trug Leopold II. den Sieg über seine Gegner davon und sicherte sich das, was er selbst »den Löwenanteil von Afrika« nannte. Er erwarb den Kongo als sein Privateigentum, das er später testamentarisch dem belgischen Staat vermachte.

»Das ganze Ausmaß seiner Geschicklichkeit jedoch bewies Leopold II. erst bei den belgischen Unternehmungen in China. Als die Begehrlichkeit der Großmächte sich immer mehr auf China konzentrierte, begriff Leopold, daß gerade die Schwäche und Kleinheit Belgiens seinem Land bei der Erringung einer wirtschaftlichen Vormachtstellung von Nutzen sein konnten.« (Memoiren des Barons van der Elst.)

Und nun gingen weitere belgische Gruppen in den Fernen Osten – allein vier in den Jahren 1898 bis 1900. Es lag Leopold daran, seine Pläne in China voranzutreiben. Durch seine Nichte, die Königin Victoria, der er häufig schrieb (und Ratschläge erteilte), blieb er in enger Verbindung mit der englischen Politik, obgleich das Foreign Office den Onkel der Königin und seine Art, sich überall einzumischen, nicht unbedingt sympathisch fand. Für sein chinesisches Abenteuer brauchte der König Spezialisten, das heißt körperlich leistungsfähige und geistig wache Menschen. Darum wählte er Offiziere, die an dem Kongo-Feldzug teilgenommen hatten und nebenbei ausgebildete Prospektoren, Geologen und Ingenieure waren. Diese Männer, die allgemein »die Männer des Königs« hießen und nur ihm allein verantwortlich waren, sollten seine Pioniere in China sein. Es ist nicht bekannt, ob Leopold ihnen zusätzlich zu ihrem Offiziersgehalt einen Betrag aus eigener Tasche zahlte, aber eins ist sicher: es gelang ihm, sie mit Begeisterung für ihre Aufgabe und unbedingter Königstreue zu erfüllen. »Belgiens Bestand in der Zukunft kann nur durch seinen Reichtum gesichert werden«, erklärte er ihnen. »Reichtum aber bedeutet ausländische Märkte.« Er war ein guter Menschenkenner, und die Männer, die er nach China schickte, machten nur einen einzigen Fehler: sie legten allzuviel leidenschaftliche Hingabe für ihren König an den Tag.

Um diplomatische Komplikationen zu vermeiden, erteilte Leopold seinen Pionieren Vollmachten im Namen des »Unabhängigen Kongostaates«, dessen Bürger sie auf diese Weise wurden. Da der Kongo Privatbesitz des Königs war, konnte keine auswärtige Regierung sich bei der belgischen auf diplomatischem Wege über diese »Kongo-Offiziere« beschweren, die in königlichem Auftrag nach China gingen.

Bei der Suche nach einem chinesischen Kongo fiel Leopolds Wahl auf die Provinz Kansu – jene Provinz, in der mein Urgroßvater und mein Großvater eine Grenzstadt verwaltet und Revolten niedergekämpft hatten. Sie galt als die ärmste und – wenn man von Tibet und Sinkiang absah – unzugänglichste von allen chinesischen Provinzen und wurde daher von den anderen Mächten vernachlässigt. Aber der König hatte die Berichte der reisenden Missionare gelesen, er kannte die Bücher Richthofens und vertiefte sich in die Karten von Zentralasien. So erstand in seinem Geist das Bild eines von den Westmächten aufgeteilten China, das mitten im Herzen von Asien ein zweites Kongo enthielt: die Provinz Kansu, den Löwenanteil. »Ich werde mir auch von China das beste Stück verschaffen«, sagte er.

Ich erfinde das nicht. Dieser Gedankengang findet sich in den von Leopolds belgischen Bewunderern verfaßten Biographien des Königs.

Die Mitglieder der flämischen Scheut-Mission untersuchten Kansu auf seine Bodenschätze hin. Die Bevölkerung dieses Landes lebte in einem Zustand unfaßbarer Armut, doch unter seinem Boden gab es Eisen und Blei, Silber, Gold und Kupfer, Antimon und Kohle (letztere in unerhörten Mengen), Uranerze und Öl, und in den Salzpfannen fand sich Salz und Salpeter. Wie an einer Schnur von Oasen zog sich zwischen der Ordos-Wüste und dem Gebirge quer durch Kansu die große asiatische Seidenstraße, über die fünfzehnhundert Jahre lang der Handel zwischen China und Europa gegangen war.

Ein großer Teil Kansus glich einem langgestreckten Korridor. Leopold faßte nun den Plan, eine Eisenbahnstrecke durch diesen Korridor zu legen, eine von Belgien kontrollierte Strekke, die vom Chinesischen Meer im Osten nach Lanchow, der

Hauptstadt von Kansu, verlaufen sollte und von da durch Zentralasien und Persien bis zur Türkei. Lanchow war ein Treffpunkt für Mongolen und Türken, Tibetaner und Chinesen, Perser und Afghanen und alle Steppenvölker. Es war der Ausgangspunkt der Kamelkarawanen durch den eurasischen Kontinent. Eine von Belgien gebaute Eisenbahn, die durch Eurasien führte... man stelle sich den Gewinn vor, den sie erbringen mußte! Leopold stellte ihn sich vor, und er dachte auch an die Mineralien, die unter dem Boden von Kansu lagen. Die anderen Mächte sollten sich ruhig an der Leiche Chinas einfinden und sich in ihrem Blutrausch um die bekannten und leicht zu erreichenden Ostprovinzen raufen. Kansu aber würden sie vergessen, und Leopold würde es ganz still für sich einstecken, ohne daß irgendein englischer, deutscher, französischer, russischer oder amerikanischer Diplomat ihm auf die Schulter klopfte und einen Anteil davon verlangte.

Wenn jedoch die Chinesen etwas von diesen Plänen erfuhren, würde alles verloren sein. Er mußte sie geheimhalten und das Mißtrauen der argwöhnischen Chinesen einschläfern. Er mußte ihnen die Überzeugung einimpfen, daß Belgien zu klein war für andere Dinge und nur daran interessiert, zu Handelszwecken Eisenbahnlinien zu bauen. »Das einzige Land, das uns gegenüber keine unehrenhaften Absichten hegt«, schrieb denn auch der Vizekönig Li Hungchang.

Der »Mann des Königs«, der im Jahre 1898 Kansu erforschte, war ein Generalmajor Wittamer, ein Offizier aus dem Kongo. In seiner Begleitung befand sich ein außergewöhnlicher Mann namens Paul Splingaerd. Bei ihren Reisen besuchten sie die Außenposten der Scheut-Missionare, um dort auszuruhen und sich mit Lebensmitteln und Geld zu versorgen. Generalmajor Wittamer führte über alles, was er erlebte, ein genaues Tagebuch und wurde dabei bestens von den belgischen Bischöfen unterstützt, die nur zu glücklich waren, zwei Landsleute beherbergen zu dürfen. Die beiden Männer umgingen die britischen und französischen Einflußsphären und machten auch im Norden um die russischen einen großen Bogen, so daß ihre Reisen fast unbemerkt blieben. All das wäre nicht möglich gewesen ohne Paul Splingaerd, dessen Lebensgeschichte nie geschrieben wurde. Splingaerd war mit siebzehn Jahren als Kammerdiener eines belgischen Konsularbeamten nach China gekommen, hatte chinesisch lesen, schreiben und sprechen gelernt, eine Chinesin geheiratet und wurde schließlich zum Nachrichtenoffizier der belgischen Regierung ernannt. Später ließ er sich als Zollbeamter in Tientsin nieder und verdiente viel Geld. Sein ältester Sohn, der ebenfalls mit einer Chinesin verheiratet war, lebte als Kaufmann in Peking, und ich ging dort mit Paul Splingaerds Enkeln zur Schule.

Die beiden Männer fuhren den Gelben Fluß von Lanchow bis Ninghsia auf einem Floß hinauf. Hier preßten die »neunfach gefalteten Berge« den Fluß in Schluchten und Stromschnellen, ähnlich wie es dem großen Yangtse in Szechuan geschah, und das Flußbett, das weiter oben und weiter unten eine halbe Meile breit war, verengte sich bis auf sechzig Meter.

Im Sommer 1900 erreichten sie die Mongolei und den Sitz von Monsignore Hamer, dem Apostolischen Vikar der südwestlichen Mongolei. Dann kamen die Nachrichten vom Boxeraufstand. Da Monsignore Hamer befürchtete, die Unruhen könnten sich bis in die Mongolei und die Ordos-Wüste ausbreiten – die Mandschurei war, wie er gehört hatte, bereits ein Meer von Blut –, bat er Wittamer, nach Peking zu gehen und die Hilfe der dort stationierten französischen Truppen zu erbitten. Der Monsignore wurde dann tatsächlich im Juli 1900 umgebracht. Wittamer hatte Peking nicht mehr rechtzeitig erreichen können; doch gelang es ihm nach manchem Abenteuer, China zu verlassen und seinem König im Oktober 1900 Bericht zu erstatten.

Eine weitere, von Oberst Five geführte Expedition ging ebenfalls nach Kansu. Auch Oberst Five war ein alter Kongo-Offizier, einer von denen, die Leopold so zärtlich »meine treuen Afrikaner« betitelte. Ein dritter Abgesandter des Königs, George Warocque, untersuchte die Erzvorkommen in Kansu.

Sosehr man sich auch bemühte, diese Expeditionen geheimzuhalten, schließlich bekamen die anderen Mächte doch Wind davon und gerieten sofort in wilde Aufregung über die Absichten der belgischen Regierung. Graf Charles d'Ursel, der nach Peking gegangen war, um dort die Handelsbeziehungen zwischen Belgien und China zu »fördern«, schrieb damals: »Sämtliche Diplomaten in Peking verteidigen die Interessen ihrer Regierungen und wollen keinen Zollbreit zurückweichen. Wieviel Anlaß zu Konflikten zwischen den europäischen Nationen hält China doch bereit!«

Nun wurden auch die Chinesen auf die aus der Habgier der Nationen entstandenen Rivalitätsstreitigkeiten aufmerksam. In einem schwachen Versuch, den letzten Rest ihrer Selbständigkeit zu wahren, versuchten sie einige Jahre hindurch, eine Nation gegen die andere auszuspielen.

Auch der Graf Charles d'Ursel befand sich als Vertreter des »Unabhängigen Kongostaates« in China. Schließlich richtete der deutsche Botschafter Baron Heyking an den bevollmächtigten belgischen Minister in Peking eine offene Beschwerde über »diese Kongobelgier«. Die Engländer, die bessere Diplomaten waren, zeigten sich nach außen hin nicht beunruhigt, drängten jedoch privat die Chinesen, diesen Parvenüs aus dem Kongo alle Konzessionen zu verweigern.

Die diplomatische Korrespondenz jener Tage ist streckenweise ein sehr amüsantes Kapitel. Pater Frochisse erzählt in seinem Buch eine Geschichte, die mir auch der Sohn von Paul Splingaerd im Jahre 1932 in Peking berichtete. Demnach hatte Graf d'Ursel in Begleitung des überall so nützlichen Splingaerd dem Vizekönig Li Hungchang einen Besuch abgestattet – eben dem Mann, den die Belgier in ihr Land eingeladen hatten und von dem sie die Eisenbahn- und Bergwerkskonzessionen zu erhalten hofften. Li sagte zu dem Grafen: »Ich höre, Sie vertreten einen afrikanischen Staat. Wie kommt es dann, daß Sie überhaupt nicht schwarz sind?«

Nach einigen Verhandlungen wurden alle Privilegien, die andere Nationen genossen und die sowohl Personen und Waren wie die exterritorialen Rechte betrafen, auch dem unabhängigen Kongostaat zuerkannt. Auf diese Weise wurde im Jahre 1897 der Kongofreistaat zum finanziellen Werkzeug der Politik des Königs der Belgier in China. Von nun an kam es häufig vor, daß Anleihen, die Belgien offiziell dem Kongo gewährte, dazu verwendet wurden, Bergwerks- und vor allem Eisenbahnkonzessionen in China zu erwerben.

Von alledem jedoch war den Chinesen nichts bekannt – ebensowenig wie den echten Kongolesen. In den Augen der Vizekönige Li Hungchang und Chang Chihtung war Belgien »das beste Land«. Afrikaner waren in China unbekannt, abgesehen von diesen seltsam hellhäutigen Vertretern des unabhängigen Kongostaates. Als der Plan einer Eisenbahnstrecke Peking–Hankow auftauchte und zwischen den Amerikanern, den Engländern und den Franzosen ein wilder Wettstreit um die Baukonzession entbrannte, war auch Belgien in der Lage, sich zu bewerben. Zwar war es viel kleiner als die anderen Länder, konnte aber einen enormen psychologischen Vorteil aufweisen: es hatte »keine schlechten Absichten«.

Der Mann, den die Mandschu-Dynastie zum Verwalter des gesamten Eisenbahnwesens und Hauptunterhändler ernannt hatte, hieß Sheng Hsinsun, auch bekannt unter dem Namen Sheng Hsuanhuai. Er war in höchstem Maße korrupt und skrupellos und verfügte über ein unvergleichliches Geschick, bei jeder Unterhandlung von allen Seiten Geld zu erpressen. Anfänglich war Sheng geneigt, den Vereinigten Staaten die Konzession für die Strecke Peking–Hankow zu erteilen, und Amerika erhielt auch tatsächlich zunächst die Priorität zugesprochen. Die Engländer verdarben sich ihre Chancen, weil ihr Vertreter, in der Meinung, er habe ohnehin die Oberhand, zu arrogant wurde und zu hohe Forderungen stellte. Leopold II. hatte als belgischen Vertreter bei den Verhandlungen über den Eisenbahnvertrag wiederum einen »afrikanischen« Offizier der belgischen Armee entsandt: Emile Francqui. Er war eigens zum Konsul in Hankow, der Residenz des Vizekönigs Chang Chihtung, ernannt worden (der eigentlich die Engländer begünstigte, aber durch die hochfahrende Art des englischen Abgeordneten verärgert war), um die Verhandlungen voranzutreiben und das Kommen und Gehen der anderen Unterhändler zu beobachten. Hankow, eine der drei Städte, die sich über den Großen Fluß spannen, war der gegebene Mittelpunkt aller Eisenbahnlinien und des gesamten Flußtransports in China. Francqui saß Monate hindurch, einen erstickend heißen Sommer und einen eiskalten Winter lang, in Hankow und versuchte, mit den richtigen Leuten ins Gespräch zu kommen.

Unterdessen verhandelte Cheng immer weiter mit der *American China Development Company*, hinter der amerikanische Finanzkreise standen. Geschenke wurden ausgetauscht, die »goldenen Schnüre, mit denen die Gunst festgebunden wird«. Die Engländer boten ein Darlehen an, aber ihre Bedingungen erwiesen sich wiederum als unannehmbar. Weitere Geschenke gingen hin und her. Der für den Bau dieser Eisenbahnstrecke nötige Betrag war sehr hoch, und es erschien unmöglich, daß Belgien aus eigenen Mitteln so viel Geld auftreiben konnte. Der König schrieb an Francqui, er möge die Verhandlungen vorantreiben. Doch die stets zaghaften belgischen Bankiers erhoben beim Gedanken an »dieses gefährliche chinesische Wagnis« ernste Einwände. Sie schlugen vor, eine Interessengemeinschaft für eine Eisenbahnanleihe zu begründen und sich in dieser Hinsicht mit Frankreich zu verbünden. Man führte vorbereitende Gespräche mit französischen Finanzkreisen. Damit, so meinte man, würde Belgien auch England gegenüber ein wenig der Rücken gestärkt werden; denn das kleine Belgien vermied es im allgemeinen ängstlich, den Ärger der Bank von England zu erregen. Andererseits aber bestand die Gefahr, daß eine Annäherung an Frankreich den Ruf Belgiens in China untergraben würde. Immerhin galt Belgien dort als »weniger habgierig und blutdürstig« als die anderen Nationen, während der »überlegte Terror«, mit dem Frankreich im Jahre 1885 mehrfach die Küstenorte in Schrecken versetzt hatte, noch nicht vergessen war.

Vielleicht war es zu bewerkstelligen, daß Frankreich im wesentlichen das Geld aufbrachte, Belgien aber die Eisenbahn baute und das gesamte Material und rollende Gut sowie die Ersatzteile lieferte. Damit konnte es großen Einfluß gewinnen, einen ungeheuren Gewinn einheimsen – und zum Schluß Kansu besetzen.

Die Finanzgespräche mit Frankreich mußten so lange wie irgend möglich geheimgehalten werden, vor allem England und Deutschland gegenüber. Das Manövriertalent Leopolds II. offenbarte sich jetzt in den präzisen, klaren und durchdachten Anweisungen, die er seinen getreuen Afrikanern in China zukommen ließ.

In Peking jedoch, in dem kleinen, eng beschränkten Kreis, in dem die Diplomaten sich begegneten, in dem sie miteinander Karten spielten und der eine mit der Frau des anderen schlief, war es äußerst schwierig, ein Geheimnis zu wahren.

Der französische Botschafter in Peking hatte eine glänzende Idee: warum sollte man nicht die russisch-chinesische Bank als eine Art Vermittler einschalten, um die Engländer zu täuschen? Sein bester Freund war der Botschafter des Zaren in Peking. Das französisch-russische Bündnis war ein Faktor in der europäischen Diplomatie. Und, was das Beste war, die russisch-chinesische Bank war im Grunde weder russisch noch chinesisch, sondern arbeitete mit französischem Geld. Ein Darlehen der Bank brauchte offiziell nicht für die Eisenbahnstrecke Peking–Hankow bestimmt zu sein, sondern konnte irgendeinem anderen Projekt gelten.

Durch Finten, Ausweich- und Umgehungsmanöver und andere Taktiken im Guerillakrieg der Finanzwelt lenkte man die Engländer so gründlich von der Fährte ab, daß sie erst in den letzten Wochen der Verhandlungstätigkeit begriffen, daß all diese scheinbar unzusammenhängenden Vorgänge allesamt zu dem einen großen Plan der Eisenbahnanleihe gehörten. Es war George Morrison, der Korrespondent der Londoner *Times*, der im Mai 1889 schließlich entdeckte, was hier vorging und die Engländer auf diese belgisch-französisch-russische *entente* hinsichtlich des Eisenbahnprojekts aufmerksam machte. Nunmehr werde England völlig vom Bau der wichtigsten Eisenbahnstrecke Chinas, nämlich der, die von Norden nach Süden verlief, ausgeschlossen sein, so schrieb Morrison. Diese Strecke aber verlaufe über Englands Einflußsphäre, das Tal des Yangtse, und bedrohe somit den englischen Handel in China. Da mit der Einführung von »Vorzugsfracht- und Beförderungssätzen (auf der Eisenbahn) zu nationalen Zwecken« zu rechnen sei, bestehe eine ernste Gefahr für die britischen Interessen.

Und Archibald Little schrieb im Oktober 1898: »So wie die Dinge jetzt stehen, hat Rußland (das soeben die Mandschurei überrannt hatte) ein britisches Pfandrecht auf eine (nördliche) Eisenbahnstrecke hinfällig gemacht, Deutschland hat uns aus Shantung hinausgewiesen, und Frankreich hat die für Yünnan bestimmten britischen Waren mit einem Transitzoll von zehn Prozent belegt und gleichzeitig die erbärmliche chinesische Regierung gezwungen, zu einem Zollsatz in Höhe von zwei Dritteln der üblichen fünf Prozent, die in den anderen chinesischen Häfen erhoben werden, Waren über die Grenze hereinzulassen. Durch ein gegen uns gerichtetes System von Vorzugstransit- und anderen Zöllen will man uns nötigen, das Werk, das drei Generationen von Engländern in China aufgebaut haben, unseren *skrupellosen* Rivalen zu überlassen. Andernfalls sind wir gezwungen, um die Existenz unseres Handels zu kämpfen.« Und er fügte hinzu: »Es bleibt uns keine andere Wahl; wir müssen bei der Aufteilung, die jetzt vor sich geht, mitmachen.«

Für eine Weile kamen die Verhandlungen nun zum Stillstand. Doch während dieser Zeit wetteiferten die Amerikaner, die Briten, die Franzosen und die Russen in den gerissensten Manövern. Jeder versuchte die anderen zu täuschen, jeder beschuldigte die anderen skrupelloser und unehrenhafter Machenschaften. Immer größere Geschenke wanderten in Shengs Tasche. Vizekönig Chang, der noch immer die Engländer begünstigte, weigerte sich, Francqui zu empfangen. Pater Frochisse behauptet zwar, er habe »nie einen Europäer empfangen«, doch das trifft nicht zu: Cheng hatte einem englischen Abgesandten eine Audienz gewährt. Jetzt aber erwies sich, daß die Amerikaner langsam, aber sicher an Boden gewonnen hatten. Nicht nur Sheng, sondern auch Chang war sichtlich geneigt, ihnen die Konzession zu erteilen.

Francqui, der »seinen Weg mit Gold pflasterte«, gelang es indessen, bei Vizekönig Chang vorgelassen zu werden. Dieser erklärte ihm rundheraus, die *American China Development Company* habe das günstigste Darlehensangebot für den Bau der Eisenbahnstrecke Peking–Hankow gemacht. Würde Belgien sich wohl mit denselben Bedingungen einverstanden erklären? Francqui bejahte diese Frage ohne Zögern. Chang und Sheng, die daraufhin übereinkamen, dem belgischen Vorschlag zuzustimmen, brachen damit zwar das halbe Versprechen, das sie den Amerikanern gegeben hatten; doch bei großen Geschäften dieser Art setzt sich nun einmal derjenige durch, der im richtigen Augenblick entweder die höchste Bestechungssumme bieten oder mit irgendeinem anderen persönlichen Trumpf aufwarten kann.

Trotz dieses ersten Erfolgs zögerten die belgischen Finanzleute noch immer, den Plan tatkräftig zu unterstützen. Leopold war außer sich. Er konnte ihnen nicht sagen, daß dieses Eisenbahnprojekt, so umfangreich und einträglich es auch war, für ihn nur den ersten Teil eines ungleich weiter gespannten Planes darstellte. Chang, der mächtige Vizekönig, hatte ja gesagt, die Amerikaner und Engländer waren geschlagen, die Deutschen hatten sich überhaupt nicht gerührt, und nun wollten die Belgier durch ihre Knickerigkeit alle errungenen Vorteile zunichte machen? Auf Leopolds Drängen hin begründeten die belgischen Finanzleute eine *Société d'Études des Chemins de Fer en Chine (Gesellschaft zum Studium der Eisenbahnen in China)*, und nun erreichte der verzweifelte Francqui wenigstens von ihnen, daß sie drei Bevollmächtigte nach China schickten, um die konkreten Verhandlungen über den Bau der Strecke Peking–Hankow aufzunehmen.

Es kamen drei »Belgier«. Als sie eintrafen, stellte sich heraus, daß Rizzardi, der Chef dieser Mission, ein naturalisierter Belgier italienischer Abstammung und dazu stocktaub war. Masy, der zweite Mann, war ein linkischer Bahnhofsvorsteher, dem man aus unbekannten Gründen in aller Eile die Rolle eines Delegierten zugeschoben hatte. Der dritte, ein Leutnant de Borchgrave d'Altena, war ein ungewöhnlich hübscher junger Mann, dessen Hauptinteresse der *ars amatoria* der chinesischen Frauen galt. Keiner der drei Delegierten wußte, wozu er eigentlich nach China gekommen war, und auch von ihren Vollmachten hatten die Herren nur einen äußerst vagen Begriff.

Die Berichte über die Tätigkeit der Delegation lesen sich wie eine Farce. Francqui hatte die größte Mühe, diese »bevollmächtigte Delegation« so weit zu bringen, daß sie einen Vertrag unterschrieb. Die Chinesen waren erstaunt; sie hatten noch nicht erfaßt, daß jedem »großen Geschäft« ein Element der Verrücktheit beigemengt ist – eine Tatsache, die für 1898 ebenso gültig ist wie für 1964. Immerhin gelang es Francqui, eine von seiner Delegation unterzeichnete Vorvereinbarung unter Dach zu bringen.

Jetzt aber gerieten die englische und die deutsche Regierung in Wut. Der englische Botschafter Warren trommelte mit den Fäusten auf die Tische chinesischer Beamter und drohte mit den fürchterlichsten Strafen, weil die Chinesen es gewagt hatten, hinter seinem Rücken einen derartigen Vertrag abzuschließen. England und Deutschland starteten eine Pressekampagne gegen Belgien, das sie beschuldigten, sich als Strohmann für ein französisch-russisches Bündnis hergegeben und seine Neutralität verletzt zu haben. Die Mauern der Londoner Häuser waren beklebt mit antibelgischen Flugschriften. Sheng wurde von den Vereinigten Staaten, England und Deutschland bedroht. Aber das kümmerte ihn nicht; er war damit beschäftigt, ein ungeheures Privatvermögen zusammenzuscharren.

Mitten in diesem allgemeinen Aufruhr weigerten die Brüsseler Bankiers sich plötzlich, die Vorvereinbarung zu ratifizieren, und erklärten, die finanziellen Klauseln seien unpräzise und man habe »nicht genügend Sicherheiten« in Form von Pfandrechten und Konzessionen vorgesehen. Eine zweite Delegation fuhr nach China. Da jedoch der Vertrag bereits durch ein kaiserliches Dekret ratifiziert worden war, konnten Sheng und Vizekönig Chang nicht mehr davon zurücktreten, ohne sich den Angriffen der Ultrareaktionäre (die unter keiner Bedingung mit dem Bau einer Eisenbahn einverstanden waren) auszusetzen. So willigten sie denn in die Bedingung ein, daß der von China zu zahlende Zinssatz von vier auf vier Komma vier Prozent erhöht und einige andere Klauseln zugunsten Belgiens abgeändert wurden.

Aber selbst damit waren die Geldleute der *Société Générale* noch nicht zufrieden. Sie forderten weitere Garantien, und vor allem paßte es ihnen nicht, daß die Chinesen darauf bestanden, die Eisenbahn binnen zehn Jahren zurückkaufen zu können.

Leopold II. jedoch war entschlossener denn je, »seine« Eisenbahn in China durchzusetzen. Denn vor seinem geistigen Auge stand nach Beendigung der Strecke Peking–Hankow bereits der Bau einer Ost-West-Strecke, die vom Ozean bis nach Kansu, »seinem« zukünftigen Kongo, verlaufen sollte. Wieder sandte man eine Delegation ab, und diesmal erhielt ihr Führer Dufournay, ein Bauingenieur aus Brüssel, den persönlichen Befehl Leopolds, auf Abschluß der Verhandlungen zu drängen. Er tat es auf eine geradezu großartig buchstäbliche Weise, indem er sich zu dem Wohnsitz Shengs in Shanghai begab, wohin dieser sich zurückgezogen hatte, um fern von Peking, den Spionen des Hofes, drohenden Diplomaten und anderen Belästigungen die (selbstverständlich mit Geschenken unterstützten) Verhandlungen weiterzuführen. Dufournay kam mitten am Nachmittag unangemeldet in Shengs Palast an und erklärte, er werde nicht wieder weggehen, bevor er nicht »völlige Genugtuung« von seiten Chinas und einen unterzeichneten Vertrag in Händen habe. Sheng war sehr ärgerlich über dieses ungehörige und grobe Betragen und ließ Dufournay mehrere Stunden warten. Der Belgier jedoch ließ sich, fest entschlossen, nicht von der Stelle zu weichen, im Hof nieder, und als es Abend wurde, ergriff Sheng seinen Schreibpinsel, malte einige Worte auf ein Stück Papier und sagte: »Da haben Sie's.«

Dufournay stürzte zu einem Postamt und schickte ein Kabeltelegramm ab: »Der Vertrag ist unterschrieben, lang lebe der König.« Es war der Geburtstag Leopolds, und Dufournay wollte seinem König ein besonders schönes Geburtstagsgeschenk machen. Vielleicht erhoffte er sich als Gegengabe einen Freiherrntitel.

Später an diesem Abend begab sich Dufournay zu dem französischen Konsul und wedelte ihm mit seinem »Vertrag« vor der Nase herum. Dieser ließ seinen Dolmetscher kommen, der das Papier in Augenschein nahm und erklärte, daß darauf weder ein Name noch ein Datum verzeichnet sei und es sich demnach nicht um einen Vertrag handeln könne.

Unterdessen hatte Sheng Hsinsun durch das Telegrafenbüro (er war unter anderem auch Postminister) eine Kopie von Dufournays Telegramm erhalten. Er entnahm daraus, daß Leopold II. persönlich an der Eisenbahnstrecke Peking–Hankow interessiert war, und informierte Chang darüber. Daraufhin zeigten sich die Chinesen wesentlich verhandlungsbereiter, denn nun vermuteten sie, daß an der ganzen Sache viel mehr war, als sie gedacht hatten.

Mittlerweile hatten die Engländer sich mit den belgischen Bankiers in Verbindung gesetzt und diesen beschränkten Europäern die fürchterlichsten Geschichten über das entsetzliche Elend in China erzählt. Sie versicherten kategorisch, das chinesische Volk werde niemals dem Bau einer Eisenbahn zustimmen, da diese »die Gräber der Vorfahren zerstöre«. Nun galten aber die Engländer als Chinaexperten, und die belgischen Finanzleute bauten auf die Bank von England. Wieder hatte es den Anschein, als werde Leopold seine Pläne nicht durchführen können.

Trotz alledem hielt der geduldige Francqui die Verhandlungen im Gang, indem er den Chinesen vor Augen hielt, daß eine Anleihe von mehr als hundert Millionen belgischen Franc eine sehr hohe Summe und nur schwer aufzubringen sei. Vermutlich leuchteten seine Gründe den Chinesen nicht sehr ein; schließlich hatten sie sich verpflichtet, den Japanern das Zwölffache dieses Betrags als Kriegsentschädigung für den Krieg von 1894–95 zu zahlen, und hatten bei den Engländern ein entsprechendes Darlehen aufgenommen, das mit fünf Prozent, also mit sechzig Millionen Franc pro Jahr, verzinst werden mußte. Die Zolleinnahmen Chinas betrugen insgesamt pro Jahr nur achtzig Millionen Silberfranc, so daß also drei Viertel der Zolleinnahmen auf die Zinsen für ein einziges Darlehen verwendet werden mußten . . .

Die Engländer hatten unterdessen in der Erwartung, daß die Verhandlungen mit Belgien scheitern würden, das (von der Firma Jardine Matheson finanziell gestützte) *Peking Syndicate* begründet, während eine andere Londoner Finanzgruppe, Hovely und Jameson, nunmehr auf der Bühne der Ereignisse auftauchte. Beide waren offensichtlich »private« Gesellschaften, beide hatten ihre Agenten in China, welche die weitere Entwicklung der Peking-Hankow-Eisenbahnangelegenheit beobachteten und hofften, daß sie schließlich doch zugunsten Englands ausgehen werde.

Wieder mußten Sheng, Vizekönig Chang und Vizekönig Li Hungchang heftigen Angriffen sowie den vereinten Schmeicheleien und Drohungen der Franzosen, Amerikaner, Engländer und Russen standhalten. Die Chinesen konnten zweien der von den belgischen Bankiers geforderten Vertragsklauseln noch immer nicht zustimmen: a) daß das gesamte Bau- und Ausrüstungsmaterial belgisch sein müsse und b) daß Belgien nach Fertigstellung der Linie Peking–Hankow eine Option auf die Linie Kanton–Hankow erhalten müsse. Sheng verlangte, daß die Linie Peking–Hankow binnen drei Jahren betriebsfertig sein müsse und daß der Bau gleichzeitig von zwei Seiten, nämlich von Peking und Hankow aus, in Angriff genommen werden solle. Endlich trug Francqui oder vielmehr Leopold II. doch den Sieg davon. Die Bankiers stimmten zu, die Darlehenssumme wurde beschafft, und am 26. Juni 1898 wurde der Vertrag unterzeichnet.

Nun hielt England mit seinem Unwillen nicht mehr zurück. Und zwar galt die Sorge Großbritanniens nicht dem Königreich Belgien, sondern einem getarnten Eindringen Rußlands auf dem Schienenwege in die englische Domäne, das Yangtsebecken. Wieder trommelten in den Häusern der chinesischen Würdenträger Fäuste auf die Tische, wieder wurden wütende Stimmen laut. »Die Chinesen haben *ihr Wort gebrochen!*« empörte sich Sir Claude MacDonald (der – nach seiner Lieblingsdrohung – auch »Kanonenboot-MacDonald« genannt wurde). »Dafür *muß* China bestraft werden«, schrieb ein anderer britischer Diplomat. Man drohte mit Kanonenbooten, mit Soldaten, die plündern und morden würden, und schon gab die »erbärmliche Regierung« nach, versprach den Engländern eine Entschädigung und setzte sich so selbst ins Unrecht.

Heute ist England zwar auf den Rang einer kleineren Macht herabgesunken und die von Waffen starrenden Vereinigten Staaten haben seinen Platz eingenommen; doch immer noch versucht die Kanonenboot-Diplomatie den Mut der Menschen durch eine Zurschaustellung ihrer Kräfte zu lähmen. Und obgleich diese Methoden sich während der letzten achtzig Jahre als selbstmörderisch erwiesen haben, werden sie sich halten, bis eine neue Generation, erschrocken über ihre eigene Gewaltsamkeit, zum Bewußtsein unserer einheitlichen Welt und Menschheit gelangt.

In England nahm die Pressekampagne gegen Belgien immer heftigere Formen an. Eine amerikanische Zeitung aus jenen Tagen berichtet: »Die Mauern von London sind bedeckt mit Manifesten, in denen die Regierung zum Handeln aufgefordert wird.« Sir Claude MacDonald erpreßte von der verängstigten Mandschu-Dynastie die Konzession für nicht weniger als fünf weitere chinesische Eisenbahnstrecken sowie andere Privilegien. Li Hungchang, von dem man annahm, er habe sich durch die Rubel des Zaren bestechen lassen, wurde auf Grund der dringenden Vorhaltungen von Sir Robert Hart (dem englischen Oberzollinspektor, der mächtiger war als jeder Vizekönig) seines Postens enthoben. Damit war der Zorn der Briten endlich besänftigt.

Leopold II. aber hatte bekommen, was er haben wollte: die »große Zentralstraße«, die Eisenbahnstrecke von Peking nach Hankow, das erste Stück des Anteils von China, den er sich ersehnte.

Schon bei ihrem ersten Auftauchen auf dem Börsenmarkt im Jahre 1898 wurde die Anleihe für chinesische Eisenbahnen um den doppelten Betrag überzeichnet. Die französischen Banken übernahmen drei Fünftel, die belgischen zwei Fünftel der Anteile. Wie viele davon in die Hände russischer Aktionäre wanderten, ist ein Geheimnis. Die Anleihe betrug einhundertzwölf Millionen fünfhunderttausend Franc und wurde mit fünf Prozent im Jahr verzinst. Als Sicherheiten galten die kaiserlichen Einkünfte und der Reingewinn der Eisenbahn. Die Betriebsvereinbarungen waren für eine Zeitspanne von vierzig Jahren abgeschlossen, wobei dem belgischen Syndikat umfassende Verwaltungsvollmachten übertragen waren. Die Belgier hatten die Oberaufsicht über die ganze Strecke und das Recht, die Fahrpläne zu bestimmen, das Personal einzustellen und die Höhe der Beförderungsgebühren festzusetzen. Dafür erhielten sie zwanzig Prozent des Nettogewinns, den die Eisenbahn nach Bezahlung aller Betriebsunkosten und Darlehenszinsen abwarf.

Die Vermessung der Strecke Peking–Hankow erfolgte im Jahre 1899 durch belgische Fachleute. Im Frühjahr 1900 begann man mit den Bauarbeiten. 1904 waren die Schienen gelegt, und am 15. November 1905 war die Brücke über den Gelben Fluß fertig. Jean Jadot, der unermüdliche belgische Chefingenieur, hatte mit größter Sorgfalt den geeignetsten Platz für diese Brücke gewählt, die 3,03 Kilometer lang war und einhundertundzwei Bögen hatte. Insgesamt betrug die Strecke Peking–Hankow eintausendzweihundertundvierzehn Kilometer.

Es war der erste große Triumph Belgiens in China, ein Erfolg, auf den die Belgier noch heute außerordentlich stolz sind. Aber auch der Gewinn, den dieses Werk einbrachte, war außerordentlich. Später sollten die Belgier dann noch weitere Strecken bauen, darunter als wichtigste die Lunghai-Bahn, die große Ost-West-Strecke, die von der Küste nach Kansu führte. Die Arbeiten dafür wurden jedoch erst 1913 in Angriff genommen.

1908, also genau zehn Jahre nach der Unterzeichnung des Peking-Hankow-Vertrags, schloß der zähe Sheng Hsinsun mit der *British Hongkong and Shanghai Bank* und der Französischen Bank für Indochina einen Darlehensvertrag über fünf Millionen Pfund Sterling. Bis zum Oktober 1923 sollte diese Summe mit fünf Prozent verzinst werden, von da ab bis zur endgültigen Rückzahlung im Jahre 1939 mit viereinhalb Prozent. Die Chinesen nahmen diese ungeheure und drückende Anleihe auf, um die Strecke Peking–Hankow von den Belgiern zurückkaufen zu können. Leopold erhob energisch Einspruch; er bat die englischen und französischen Finanzleute, den Chinesen das Geld nicht zu leihen. Aber Frankreich rückte von den belgischen Interessen ab und näherte sich England. Das sich damals anbahnende englisch-französische Finanzbündnis war ein Ausdruck der *Entente Cordiale*, die sich während des Ersten Weltkriegs von 1914 bis 1918 bewähren sollte. Es war aber auch der Auftakt zu einem neuen Bankenkonsortium, das darauf hinarbeitete, die finanzielle Umklammerung Chinas noch zu verstärken.

Unmittelbar nach der Unterzeichnung des Vertrags über den Bau der Strecke Peking–Hankow bemühte Leopold II. sich mit allen Kräften, nun auch die Konzession für die Strecke Hankow–Kanton in die Hand zu bekommen. »Ich will das Rückgrat Chinas«, sagte der erbarmungslose alte König. Eine Strecke, die als fortlaufende, ungebrochene Linie von Peking über Hankow nach Kanton führte, würde ihm ein Übergewicht über alle anderen Mächte sichern; sie würde Belgien zu einer Großmacht in China machen. Danach sollte dann die horizontal von Osten nach Westen verlaufende Strecke an die Reihe kommen, jene Strecke, die den Pazifik mit Zentralasien verbinden würde... Man kann sich vorstellen, wie Leopold vor der Karte von China stand und ein Kreuz darauf zeichnete, ein riesiges Kreuz aus Eisen, die Eiserne Straße, die ganz China umspannte: ein senkrechter Strich und ein waagerechter... und am Ende des waagerechten Striches die Provinz Kansu, sein Herzenswunsch, ein zweiter Kongo.

Aber der Bau der Strecke Hankow–Kanton war nicht ohne die Mitwirkung amerikanischer Finanzleute durchzuführen, da die Konzession sich in den Händen von J. Pierpont Morgan befand. Er forderte für die Morgan-Finanzgruppe einen Anteil an der Verwaltung der Linie.

In seiner Biographie Leopolds II. schreibt der Graf de Lichtervelde: »Nach 1905 wollten die Chinesen die Eisenbahnkonzession, welche die Amerikaner erworben hatten, zurückkaufen und boten einen sehr vorteilhaften Preis dafür. Der König, dem es auf die Eroberung des chinesischen Marktes ankam, tat sein möglichstes, um den amerikanischen Finanzleuten von dem Verkauf ihrer Anteile abzuraten, ja, er bat sogar den amerikanischen Präsidenten Theodore Roosevelt, ihn zu unterstützen, auf daß seine weitgespannten Pläne über rein finanzielle Überlegungen den Sieg davontrügen.«

Doch 1905 kam es zu einem chinesischen Boykott der amerikanischen Waren, der die Westmächte erschütterte. Zum ersten Mal erprobten sich die Chinesen in der Anwendung moderner Wirtschaftssanktionen, und zwar mit außerordentlichem Erfolg. Der Boykott war ein Protest gegen die amerikanischen Gesetze zur Einwanderung farbiger und »asiatischer« Arbeitskräfte. Die Amerikaner gaben erschrocken die Hankow-Kanton-Linie auf, erzielten dabei jedoch einen ungeheuren Preis. Auch Leopold strich für seine Anteile eine große Summe ein, aber er war entsetzt über diese Wendung der Ereignisse.

»Das ist eine nationale Niederlage«, erklärte er bitter. Er spürte, wie seine Chance, den belgischen Einfluß im Fernen Osten zu festigen, in nichts zerrann.

Aber trotz alledem gaben die Belgier nicht auf. Sie hatten inzwischen Vereinbarungen über den Bau von zwei weiteren Bahnstrecken getroffen, und eine dieser Strecken war die Lunghai-Linie, der waagerechte Strich des Kreuzes. Der endgültige Bauvertrag kam jedoch erst 1912 zustande, zu einer Zeit also, in der Leopold II. bereits tot war. Und dann brach der Erste Weltkrieg aus, und obgleich nun China in ein Chaos gestürzt wurde, das fast vierzig Jahre anhalten sollte, wurde Kansu doch nie zu einem zweiten Belgisch-Kongo.

Die Chinesen wußten, wie gesagt, nichts von den kolonialistischen Bestrebungen des Königs der Belgier, die durchaus im Sinne der damaligen Zeit waren. Wenn auch einige der aufmerksamsten Gelehrten sich durch das Schicksal Afrikas etwas beunruhigt fühlten, so ahnten sie doch nicht, daß Leopold ein zweites Belgisch-Kongo in China begründen wollte. Belgien galt als eine sehr sympathische und dazu auf technischem Gebiet besonders tüchtige Nation, und dieser vorzügliche Ruf veranlaßte alle chinesischen Provinzregierungen, selbst diejenige des fernen Szechuan, von 1903 ab Studenten nach Belgien zu schicken, um sie dort zu Ingenieuren ausbilden zu lassen. In ganz China riet man den jungen Männern, die sich für Bergbau und Eisenbahnbau interessierten, nach Belgien, in dieses »kleine und harmlose« Land, zu gehen.

Auch in Szechuan erwog man den Bau einer Eisenbahn, und bereits 1903 wurde die private Eisenbahngesellschaft der Provinz Szechuan ins Leben gerufen, obgleich es noch vier Jahre – also bis 1907 – dauerte, bevor sie vom chinesischen Staat voll anerkannt wurde. Man vereinbarte, daß die Verwaltungsbeamten von der Zentralregierung ernannt, der Bau und der Betrieb der Strecke jedoch von den Kaufleuten in Szechuan finanziert werden sollten. Dieses System eines gemischten Unternehmens, bei dem der Bau und der Betrieb von privater Seite unter staatlicher Oberaufsicht durchgeführt wurden, ähnelte der Art, wie man jahrhundertelang die staatlichen Monopole für Salz- und Eisenvorkommen gehandhabt hatte. In etwas abgeänderter Form findet sich das System noch heute in den kleineren gemischten Unternehmen, die sogar nach der Revolution von 1949 noch in China bestehen. Wenn die kommunistische Regierung eine Privatfirma übernimmt, gewährt sie dem Kapitalanleger einen gewissen Anteil an dem Betrieb, ein festes Gehalt für seine Arbeit und zahlt ihm einen bestimmten Zinssatz für das von ihm investierte Kapital.

Es waren vor allem die Kaufleute und Großgrundbesitzer

von Chengtu, die auf die Gründung dieser Privatgesellschaft drängten. Die Aktien der neuen Eisenbahngesellschaft waren bald bei allen Mitgliedern der besitzenden Klasse von Szechuan sehr begehrt. Man veranstaltete Versammlungen, hielt Reden, und überall herrschte große Begeisterung. Die Bewohner von Szechuan waren von jeher berühmt für ihre Beredsamkeit; sie waren, wie es hieß, imstande, »sich die höchsten Berge hinauf- und die längsten Flußtäler entlangzureden«. Die einzige Ausnahme von dieser Regel scheint mein Vater gewesen zu sein. Aber nicht nur auf den Volksversammlungen sprach man in Szechuan von der Eisernen Straße, die Gelehrten verfaßten auch Aufsätze und Gedichte über die erbaulichen Themen des Verkehrs und Transports, die dann in den Zeitungen veröffentlicht wurden. Ein Spaßvogel schrieb sogar einen Aufsatz im Namen der Geister der Ertrunkenen, all jener, deren Schiffe an den Klippen des Großen Flusses zerschellt waren. In dem Aufsatz flehten diese Seelen, die so zahllos waren wie die Kiesel an den schmalen Uferstreifen unterhalb der Klippen, alle diejenigen, die noch nicht zu Wassergeistern geworden waren, an, doch ja in aller Eile die Eiserne Straße zu bauen, um so das gefährliche Spiel mit dem Tode zu beenden, zu dem man bei einer Reise aus Szechuan in die anderen Provinzen gezwungen war.

Um die konservativen Gemüter der alten Leute zu beruhigen, die besorgten, eine Eisenbahn könne die Geister der glückbringenden Orte vertreiben und Fehlgeburten oder Seuchen bewirken, schrieb auch mein Großvater in seiner Eigenschaft als Arzt einige Zeilen über dieses Thema:

»Unser Land führt heute einen Kampf um Leben und Tod. Die Eindringlinge, die anfänglich nur seine Küsten heimsuchten, sind nun den Großen Fluß hinaufgefahren und bis in das Herz von Szechuan vorgestoßen. Wollte man im Yangtse das Blut sammeln, das unsere Brüder im Norden, Süden und Osten vergossen haben, er würde anschwellen und über seine Ufer treten. Im Westen hören wir wieder die eisernen Hufe der russischen Horden. Von allen Seiten strömen sie auf uns zu, und unser Volk kann sein Elend nicht länger ertragen.

Während der letzten Jahrzehnte haben weise Männer miteinander Rat gepflogen, und heute wissen wir, daß Moral und Weisheit nach alter Sitte nicht genügen, wenn wir überleben wollen; wir brauchen auch die Wissenschaft. Der Wissenschaft sind viele wunderbare Erfindungen zu verdanken, und manche davon sind uns seit Jahrhunderten bekannt. Wir wollten jedoch die Harmonie der Natur nicht durch die Erfindung von Instrumenten zerstören, die Schrecken und Furcht verbreiten können. Heute hingegen müssen wir unseren Geist anstrengen und lernen, uns selbst zu verteidigen. Zu diesem Zweck müssen wir uns nach Mitteln und Wegen umsehen, und eines dieser Mittel ist die Eiserne Straße.

Die Eiserne Straße wird unserem guten Volk von Szechuan die Möglichkeit verschaffen, mit Leichtigkeit unsere Provinz zu verlassen und wieder dahin zurückzukehren und so den Handel zu fördern; sie wird die Bande zwischen unseren einzelnen Regionen festigen und uns gestatten, einander in Frieden zu besuchen. Im Kriegsfall werden wir unsere Truppen rasch dem Feind entgegenschicken und ihn vertreiben können, anstatt zu warten, bis er bei uns einfällt und uns besiegt. Nicht länger wird der Große Fluß seinen Zoll an Menschenleben erheben, die hungrigen Geister werden aufhören, seine Ufer heimzusuchen. Die Eiserne Straße kann weder den lebenden Menschen noch den Geistern unserer Ahnen ein Leid antun.

Sie wird die Wege des Handels erleichtern und uns Reichtum bringen; sie wird es den Gelehrten ermöglichen, ihr Wissen untereinander auszutauschen; sie wird die Schritte der Freunde leiten und so den Zusammenhalt der Kultur vertiefen ... ja, wenn die Eiserne Straße erst einmal gebaut ist, wird es sein, als könnten wir einen zehntausend Meilen entfernten Horizont mit einem einzigen Schritt erreichen. Es wird auch keine Räuber mehr geben, denn einer wild daherbrausenden Lokomotive können sie nicht auflauern. In Sicherheit werden unsere Frauen und Kinder schlafen, und beim Erwachen wird sie das Lächeln ihrer Verwandten begrüßen. Die Entfernungen werden verschwinden, wir werden den Raum erobern ...«

Mit dieser Begeisterung und diesem lyrischen Erguß über die Eisenbahn steht mein Großvater neben Erasmus Darwin, der 1792 die Dampfkraft mit den enthusiastischen Reimen feierte:

> Bald, unbezwung'ner Dampf, treibt nun dein Arm voran
> Den raschen Wagen, zieht den schweren Kahn,
> Trägt gar auf breiten Schwingen, wie im Traum,
> Ein schwebendes Gefährt hoch durch der Lüfte Raum.
> Die Scharen drängen sich, hinabzusehen
> Und lassen fröhlich ihre Tücher wehen ... usw.

Und wenn heute in China manche Schriftsteller Lobeshymnen auf Hochspannungsmasten, Flugzeuge und Staudämme verfassen, sollte man nicht vergessen, daß fortschrittliche englische Poeten noch im Jahre 1930 ähnliche Gedichte schrieben. Für die meisten von uns Asiaten sind diese Dinge heute noch Wunder, und als besonders wunderbar empfinden wir es, daß wir selbst sie produzieren können. So ist es auch verständlich, daß mein Vater ebenso wie viele andere ältere Ingenieure nach einem Leben voll verzweifelter Enttäuschungen eine tiefe Befriedigung verspürte, als im Jahre 1952 in Szechuan endlich eine Bahnstrecke gebaut wurde – eben die Strecke, die vor fünfzig Jahren geplant worden war, die Eiserne Straße, um derentwillen diese Männer 1903 zur Abrundung ihrer Studien nach Belgien geschickt worden waren. Einer von ihnen beugte sich altersblind hinab, um die Schienen zu streicheln und zu küssen – nicht nur, weil dies eine Eisenbahn war, sondern weil sie von Chinesen und für Chinesen gebaut war. Ein so tiefes, starkes Gefühl mag heutigen Europäern sinnlos, naiv, lächerlich oder kindisch vorkommen; es ist trotzdem typisch für China, und nicht nur für China, sondern für ganz Asien und Afrika, und es wird morgen für Lateinamerika typisch sein. Und Männer wie mein Vater söhnten sich so mit einer Regierung aus, die es bewerkstelligte, daß ihr fünfzig Jahre alter Traum endlich Wirklichkeit wurde.

Denn selbst im heutigen China ist die Eiserne Straße mehr als eine Verbindung zwischen einzelnen Orten, mehr als ein Transport- und Verkehrsmittel; sie ist die Schlagader unseres einheitlichen Körpers, die Erfüllung unserer Wünsche, das Geflecht, das unseren Kontinent zusammenhält. Und wenn die jungen Studenten von heute in den ratternden Eisenbahnwaggons durch das Land fahren, dann reist mit ihnen die Romantik des Pionierzeitalters: Sie rollen über Eisenschienen, die aus Chinas eigenen Eisengießereien stammen; Kilometer um Kilometer dringen sie in das Herz ihres eigenen Landes ein, eröffnen sich neue Orte und erobern die Berge und Flüsse ihres eigenen Landes. Das ist die industrielle Revolution Chinas. Sie kommt fünfzig Jahre später als anderswo; aber sie ist gekommen, und nun kann niemand den Zeiger der Zeit mehr zurückdrehen.

Die Eisenbahngesellschaft von Szechuan gab zweierlei Aktien aus: solche im Wert von einhundert Silberunzen und andere, die nur zehn Silberunzen wert waren. Einige Familien, darunter auch die unsere, kauften viele Aktien. Dritter Onkel zeigte sie mir im Jahre 1940: eine kleine Truhe, angefüllt mit wertlosen bedruckten Papieren. Er hatte sie sich zur Erinnerung aufbewahrt. Und er ging auch mit mir zu der Stelle, wo die Eisenbahnlinie hätte verlaufen sollen, und erzählte mir dort, wo nichts zu sehen war, von der Strecke, die man 1903 geplant hatte.

Da die Bevölkerung von Szechuan unbedingt alles, was ihre eigene Eisenbahnstrecke betraf, selbst bestimmen wollte, war es keinem Ausländer erlaubt, Aktien der Gesellschaft zu erwerben – wobei der Begriff »Ausländer« so weit gespannt war, daß er sogar die Bewohner der anderen chinesischen Provinzen mit einbezog. Auf diese Weise wollte man vermeiden, daß europäische Firmen durch Zwischenhändler oder christliche Konvertiten größere Posten von Aktien aufkaufen ließen. Es war deutlich zu spüren, daß der neue Slogan »Chinesische Eisenbahnen für die Chinesen« die Westmächte nicht schrekken konnte. Sie machten sich darüber lustig, prophezeiten ein absolutes Fehlschlagen dieser Bestrebungen und wiesen darauf hin, daß China weder das nötige Kapital noch die erforderliche Kenntnis, Fähigkeit, Ausdauer und Disziplin besäße, um irgend etwas aus eigener Kraft aufzubauen oder zu betreiben. Die Abneigung gegen jede ausländische Einmischung war jedoch in den Jahren zwischen 1901 und 1905 so stark, daß der Hof dem Verlangen der Provinzen nachgab und sich dem Druck widersetzte, den die ausländischen Diplomaten in Peking mit ihren Überredungskünsten sowie mit finanziellen und physischen Zwangsmaßnahmen auszuüben versuchten.

Die Eisenbahngesellschaft von Szechuan achtete auch darauf, daß kein Missionar Anteile erwarb. Es war bekannt, daß die britische Regierung im Jahre 1898 versucht hatte, in Chengtu Grundstücke für ein künftiges Konsulat zu erwerben. Sie hatte sich mit einem Mitglied der englischen Mission in China in Verbindung gesetzt, und dieser Mann hatte unter dem Vorwand, eine Schule bauen zu wollen, ein Stück Land von etwa zwanzig Morgen zu dem lächerlichen Preis von sechzehnhundert Silberunzen an sich gebracht. Zwei Kanadier, die am Krankenhaus von Chengtu arbeiteten, ein gewisser Dr. Kilborn und ein Dr. Endicott, hörten von der Sache und veranstalteten eine Protestversammlung gegen dieses illegale Vorgehen. Um derartigen Versuchen zuvorzukommen, reservierte die Eisenbahngesellschaft von Szechuan ihre Aktien zunächst nur für die Mitglieder der Gentry in der Provinz und untersuchte genau Persönlichkeit und Hintergründe der Bewerber, bevor sie weitere Anteile ausgab.

Aber die Mandschu brauchten Geld, und die Zolleinnahmen unterstanden der Kontrolle der Westmächte, die in Ruhe den günstigsten Augenblick abwarteten. Sie wußten genau, daß die Untüchtigkeit und Bestechlichkeit der Mandschu ihnen in die Hände arbeiten würden. Unterdessen legten sie Truppen in die größeren Orte und die wichtigsten Stationen »ihrer« Eisenbahnstrecken.

Das Geld, das die Eisenbahngesellschaft von Szechuan und die Eisenbahngesellschaften der anderen Provinzen aufbrachten, sollte in einer neu begründeten Bank, der Verkehrsbank, deponiert werden. Und hier war der wunde Punkt, denn der geschäftstüchtige Sheng Hsinsun, der Minister für das Post-, Telegrafen- und Verkehrswesen, der vor kurzem zum Leiter des neuen Eisenbahnunternehmens ernannt worden war, erhielt auch den Posten eines Direktors im Aufsichtsrat der neuen Bank.

Die Gesellschaft richtete in Chengtu eine Eisenbahnschule ein, in der Facharbeiter, Vorarbeiter und Techniker für die Eisenbahn ausgebildet wurden. Die Schule wurde im Jahre 1904 eröffnet. Man stellte französische und japanische Lehrkräfte an, deren Gehälter von dem in der Provinz gesammelten Geld bezahlt wurden. Daneben wählte die Provinzregierung »die meistversprechenden jungen Männer der Provinz« aus, um sie zum Studium des Eisenbahn- und Bergbauwesens nach Belgien zu schicken. Dieser Maßnahme war es zu verdanken, daß mein Vater, der Sohn einer »hochangesehenen Gelehrtenfamilie«, im Sommer des Jahres 1903 zusammen mit drei anderen jungen Männern Szechuan verließ, um nach Belgien zu gehen und dort zu lernen, wie sie eine Eiserne Straße für ihr Land bauen konnten.

Dadurch, daß mein Vater zum Studium ins Ausland ging, wurde er später zu einem »zurückgekehrten Studenten«. Mit diesem Ausdruck, der für die nächsten fünf Jahrzehnte in China verwendet wurde, bezeichnete man einen Studenten, der in seine Heimat zurückkehrte, nachdem er seine Studien in Europa, Amerika oder Japan absolviert hatte. Solch ein Fachmann des »Neuen Lernens« galt dann als das bevorzugteste aller Geschöpfe. Man sah zu ihm auf, verehrte ihn, drängte sich um ihn und pries ihn als einen Mann, der die östliche und westliche Weisheit in seiner Person vereinte und dazu bestimmt war, sein Land vor dem Untergang zu erretten. Dies war seine Bestimmung, seine Verantwortung, seine historische Aufgabe in einem Land, in dem die Aufzeichnung geschichtlicher Ereignisse stets zu den Grundlagen der Kultur gehörte und die Angst, als kulturelle Einheit aus dieser Welt zu verschwinden, sowie der verbissenste und hartnäckigste Widerstand gegen ein solches Geschick ein Jahrhundert hindurch das gefühlsmäßige Hauptthema des gesamten Volkes gewesen waren.

Die Klasse der chinesischen Gelehrten und Grundbesitzer hatte schon immer die Mandarine gestellt, und sie war es auch jetzt, der die »zurückgekehrten Studenten«, diese Mandarine des »Neuen Lernens«, entstammten. Die Mandschu profitierten nur wenig von der neuen Mode der auswärtigen Studien;

anfänglich waren sie nicht erpicht darauf, und später waren sie nicht mehr an der Macht. Dagegen kamen eine ganze Anzahl von Söhnen der aufstrebenden Kaufmanns- und Händlerklasse in den Genuß der neuen Möglichkeiten. Auch wenn sie kein Stipendium erhielten, waren sie gewöhnlich in der Lage, aus eigenen Mitteln ein Auslandsstudium, und sei es auch nur in Japan, zu bestreiten. Später schafften es dann auch unbemittelte Chinesen, sich als Werkstudenten im Ausland durchzubringen; mancher von ihnen zählt heute zu den bedeutendsten Männern Chinas.

Um die Jahrhundertwende gab es in China bei einer Gesamtbevölkerung von fast vierhundert Millionen Menschen eine Million vierhundertdreiundvierzigtausend Mitglieder der Gentry, also der Gelehrten- und Grundbesitzerklasse. Von dieser Zahl, die nicht ganz zwei Prozent der Gesamtbevölkerung ausmachte, hatte nur ein Drittel Verwaltungsposten inne, so daß sich also ein beträchtlicher Restbestand an halbbeschäftigten oder beschäftigungslosen enttäuschten Intellektuellen ergab. Als privilegierte Klasse, deren Mitglieder sich im Examen den Titel eines Gelehrten – den einzigen Adelstitel, den China kannte – erworben hatten, war sie von jeder Arbeitspflicht wie von körperlichen Strafen befreit. Die höhere Gentry hatte auch geringere Grundsteuern zu bezahlen, wie denn überhaupt die Staffelung der Grundsteuer so eingerichtet war, daß derjenige, der den geringsten Grundbesitz hatte, dafür im Verhältnis die höchsten Steuern zahlen mußte. Im Verlaufe des neunzehnten Jahrhunderts hatte die Gentry auch eine gewisse militärische Macht erlangt. Und als nun die Provinzregierungen, die sich aus Mitgliedern der Beamten-Gentry zusammensetzten, die Auslese der Kandidaten vornahm, die zum Studium ins Ausland geschickt werden sollten, war es nur natürlich, daß ihre Wahl vornehmlich auf die Söhne ihrer eigenen privilegierten Familien fiel und die Bauern dabei kein Wort mitzureden hatten. So konnten in den Jahren 1904 und 1905 Hunderte von jungen Leuten ins Ausland gehen. 1906 fuhren allein aus Szechuan viertausend Studenten nach Japan.

Die Studenten, die so ins Ausland geschickt wurden oder aus eigenem Willen hinausgingen, hatten das Bewußtsein, nach Herkunft und Verdienst einer privilegierten Klasse anzugehören. Und dieser Nimbus haftete auch den zurückgekehrten Studenten an und blieb ihnen weiterhin erhalten, auch als sich längst gezeigt hatte, daß die Studenten, die ins Ausland gingen und dann zurückkehrten, so viele ihrer auch sein mochten, nicht allein in der Lage waren, China zu retten. Doch andererseits muß auch betont werden, daß sich viele Führer der Revolution von 1911 aus den Reihen dieser aus Japan zurückgekehrten Studenten rekrutierten.

Schon vor 1900 hatte es einige »zurückgekehrte Studenten« gegeben. Und zwar war es der Kantonese Jung Hung gewesen – ein junger Mann, dessen Vater als Makler für britische Firmen in Hongkong arbeitete –, der dem General Tseng Kuofan, welcher gegen die Taiping gekämpft hatte, zuerst den Gedanken eingab, junge Chinesen zum Studium ins Ausland zu schicken. Jung Hung ging 1846 aus eigenen Mitteln nach Amerika, studierte an der Yale-Universität und kehrte dann nach China zurück. Hier beauftragte Tseng Kuofan ihn mit der Einrichtung eines Arsenals; denn Tseng war überzeugt, daß es nötig sei, die chinesische Armee zu modernisieren. Jung Hung erhielt die Vollmacht, Anlage, Inventar und alles Nötige für ein Arsenal zu beschaffen und begründete daraufhin im Jahre 1865 die Kiang Nan-Fabrik in Shanghai, das erste moderne Arsenal Chinas.

Aber Jung Hungs Interesse galt nicht der Schaffung von Arsenalen; ihm kam es darauf an, daß möglichst viele junge Chinesen Gelegenheit erhielten, im Ausland zu studieren. Er suggerierte Tseng die Überzeugung, daß mindestens einhundertzwanzig Studenten an ausländische Hochschulen geschickt werden müßten. 1867 reichte Tseng ein entsprechendes Gesuch beim Kaiserlichen Hof ein, der dann vier Jahre später, also 1871, seine Zustimmung erteilte. Befähigte Knaben zwischen zwölf und sechzehn Jahren sollten ausgewählt und ins Ausland entsandt werden; allerdings durfte ihre Zahl pro Jahr nicht mehr als dreißig betragen, und die Genehmigung wurde nur für vier aufeinanderfolgende Jahre erteilt. Die jungen Leute sollten fünfzehn Jahre fortbleiben: zwei Jahre wurden für die Hin- und Rückreise veranschlagt, dreizehn Jahre sollten dem Studium gewidmet sein. Die Erteilung des Stipendiums war mit der Bedingung verknüpft, daß die Studenten keine Europäerin heiraten durften.

Das bedeutendste Mitglied dieser ersten Gruppe war Chan Tienyu, ein Eisenbahningenieur, der im Jahre 1909 die Strecke Peking–Kalgan baute – die erste Eisenbahnstrecke, die im ersten Jahrzehnt des zwanzigsten Jahrhunderts ausschließlich von Chinesen gebaut und betrieben wurde.

In den Jahren 1872 bis 1876 gingen also, der kaiserlichen Genehmigung entsprechend, einhundertzwanzig junge Chinesen zum Studium ins Ausland. Weitere sieben wurden 1875 zum Studium des Militärwesens nach Deutschland geschickt. Alle diese jungen Männer mußten vor ihrer Abreise einen Sprachkursus von sechs Monaten absolvieren. Vor Beginn des eigentlichen Studiums wurden ihnen noch weitere vier Monate zugebilligt, um sich in der Sprache des Landes, in dem sie die Hochschule besuchen würden, zu vervollkommnen. Sie waren verpflichtet, ein Tagebuch zu führen, in das sie regelmäßig ihre Gedanken, Taten und Erlebnisse einzutragen hatten. Alle drei Monate erhielt der Auslandsstudent den Besuch eines Studienaufsehers, der sich nach seinem Befinden erkundigte, sein Tagebuch las und dem jungen Mann, je nach den Umständen, aufmunternde Ratschläge, Ermahnungen oder Verweise erteilte. Vor allem schärfte man den Studenten ein, daß sie nicht zum Christentum übertreten und keine ausländische Frau heiraten dürften. Die Familien der jungen Leute nahmen keineswegs Anstoß an dieser Fürsorge, die der Staat für seinen kostbarsten Besitz, die Auslandsstudenten, an den Tag legte; im Gegenteil, sie waren sehr befriedigt darüber. Im übrigen waren die japanischen Studenten im Ausland den gleichen Vorschriften unterworfen und lebten ebenfalls unter einer Art Vormundschaft; ja, der japanische Staat verlangte von ihnen sogar eine noch strengere Disziplin als der chinesische von seinen Studenten. Denn trotz aller Vorschriften heirateten sogar damals schon einige der chinesischen Studenten Europäerinnen und kehrten mit ihren jungen Frauen in die Heimat zurück. Hinsichtlich der Arbeitsmöglichkeiten erwuchsen ihnen dadurch weder Vorteile noch Nachteile, obgleich ihr

Privatleben durch die Ehe, die sie eingegangen hatten, einen etwas anderen Verlauf nahm als das ihrer Kollegen.

Als die Mandschu-Dynastie jedoch in den achtziger Jahren des vergangenen Jahrhunderts ihre Macht schwinden sah, wurde sie immer intoleranter. Überall wurden Reformwünsche laut, die Studenten waren sichtlich mit neuen Ideen infiziert. Jetzt wurde die Studienaufsicht ganz offen zu einer politischen Überwachung. Und dabei blieb es auch. Sogar noch im Jahre 1935, also während der Regierungszeit Tschiangkaischeks, als ich in Brüssel an derselben Universität studierte, deren Vorlesungen dreißig Jahre vorher mein Vater besucht hatte, übte die Kuomintang-Botschaft eine strenge politische Kontrolle über die chinesischen Studenten aus. Das ging so weit, daß einzelne »umstürzlerische Elemente« verprügelt wurden und im Jahre 1936 in Berlin sogar ein Mord an einem angeblich kommunistischen chinesischen Studenten verübt wurde.

1881 weigerte sich die Dynastie, weitere Ausreisegenehmigungen für Studenten zu erteilen, und wollte das Aufsichtsbüro, dessen Leiter Jung Hung war, auflösen. In Amerika verfaßte der Schriftsteller Mark Twain, der stets verständnisvolles Interesse für China gezeigt hatte, eine Bittschrift, die mehrere Rektoren amerikanischer Universitäten unterzeichneten und in der gefordert wurde, man möge den chinesischen Studenten, die sich bereits im Ausland befanden, die Fortsetzung ihrer Studien ermöglichen und weitere Studenten schicken. Aber es half nichts, alle Studenten wurden zurückgerufen.

Trotzdem ging 1882 eine Gruppe von zehn Studenten und 1892 eine von zwanzig nach Deutschland und England, um dort die Militär- und Marineakademien zu besuchen. Dies geschah auf Verlangen des Vizekönigs Li Hungchang, der Offiziere für den Aufbau einer modernen Armee und Marine benötigte. Aber es blieb bei dieser Ausnahme: in den Jahren zwischen 1882 und 1892 erhielt kein Student einer anderen Fakultät von der Mandschu-Regierung die Genehmigung zu einem Auslandsstudium. Nach der »Erhebung der Redlichen Fäuste« im Jahre 1900 jedoch wurden die Tore endlich weit aufgetan. Auch in dieser Tatsache spiegelte sich die wachsende Macht der Provinzen auf Kosten der immer schwächer werdenden Zentralregierung. Provinzeisenbahnen, Provinzmilizen, Provinzstipendien, alle diese Dinge sind Ausdruck ein und derselben Bewegung, die sich angebahnt hatte, als nach dem Taiping-Aufstand die militärische Macht in die Hände der chinesischen Gentry in den Provinzen überging.

Im Jahre 1949 gab es in diesem Land, das nahezu sechshundert Millionen Einwohner zählte, knapp fünfzigtausend »zurückgekehrte Studenten«. Viele davon – wie mein Vater und später auch ich – hatten auf Grund eines Stipendiums studiert. Diese Stipendien kamen aus den verschiedensten Quellen. Zunächst kannte man nur die Stipendien der Provinzregierungen. Dann, nach der Revolution von 1911, herrschten für lange Zeit chaotische Zustände, und nur wenige Studenten konnten mit staatlichen Stipendien ins Ausland gehen. Als dann 1928 die Kuomintang Tschiangkaischeks ans Ruder kam, begann auch die Zentralregierung wieder Stipendien zu vergeben. Viele Stipendien jedoch kamen aus dem Ausland, vor allem aus Amerika und England. Als nach Beendigung des Ersten Weltkrieges die Westmächte nach China zurückkehrten, zeigten sie Interesse dafür, eine neue, westlich ausgerichtete chinesische Elite finanziell zu unterstützen. Jedes Land hoffte dabei, daß die auf seinen Hochschulen ausgebildeten Chinesen ihm später eine Vorzugsstellung einräumen würden; dafür würden schon die Gebote der Dankbarkeit, freundschaftliche Bande und der kulturelle und emotionelle Einfluß sorgen. Auch Leopold, der schlaue König der Belgier, hatte eine solche Entwicklung vorausgesehen. Er hatte davon gesprochen und darauf gedrungen, junge Chinesen zur Ausbildung nach Belgien zu schicken. »*Ils seront des nôtres*«, hatte er erklärt – das werden unsere Leute sein. Wenige Jahre nach dem Boxeraufstand erbot sich sowohl Belgien wie Amerika, China seinen Anteil an der Entschädigungssumme zurückzuerstatten, unter der Bedingung, daß diese Beträge zu Ausbildungszwecken verwendet werden sollten – eine Geste, die diesen Ländern die Dankbarkeit der Chinesen sicherte. Amerika finanzierte mit diesem Geld eine Universität in China (die Tsinghua-Universität in Peking), und in den Jahren 1909 und 1910 gingen hundert chinesische Studenten in die Vereinigten Staaten.

Das war der Beginn der Schutzstaat-Politik in China, einer Politik, kraft der eine gebildete asiatische Elite herangezogen wurde, deren Gedanken, Wünsche und Gefühle sich mehr auf ihr Ausbildungsland als auf ihr Geburtsland konzentrierten. Häufig waren die Mitglieder dieser Elite nicht geneigt, in ihre Heimat zurückzukehren, da sie der Ansicht waren, ihre im Ausland gereiften Talente würden in ihrem Mutterland brachliegen. Noch heute, im Jahre 1964, besteht für den zurückgekehrten Studenten in Afrika, Indien und Indonesien dieses Problem, so wie es sich in China vor 1949 darstellte.

Viele Europäer sind der Ansicht, ihre Bereitwilligkeit, den Asiaten eine Ausbildung an ihren Universitäten zukommen zu lassen und Geld für Stipendien auszugeben, sei ein Beweis ihrer altruistischen Motive und ihrer Absichten, den asiatischen Ländern Gutes zu tun. Und sie geraten in heftige Entrüstung, wenn diese ihre Motive angezweifelt werden, wie dies heute geschieht, und behaupten dann, die Asiaten bissen nach der Hand, die ihnen Futter reiche. Unglücklicherweise jedoch sind viele Asiaten – und unter ihnen sogar Filipinos – durch die Erfahrungen der Vergangenheit verbittert. Sie spüren, daß die Westmächte Studien und Stipendien auch nur als ein Mittel betrachten, ihren Einfluß zu wahren und Menschen zu gewinnen, die mit ihrem Standpunkt sympathisieren.

Wo liegt hier die Wahrheit? Der Westen hat sich gewiß nicht lediglich durch philanthropische Motive leiten lassen, obgleich es in den westlichen Ländern eine Unzahl freundlich gesinnter und humaner Menschen gibt, die Geld für gute Zwecke stiften. Auch aus Schlechtem kann Gutes erwachsen, und ganz bestimmt ist manches Gute getan worden, welche Motive auch immer zugrunde gelegen haben. Eines Tages wird es vielleicht jedem möglich sein zu studieren, wo er will, ohne daß er dabei zwangsläufig bestimmten Einflüssen ausgesetzt ist. Was mich selbst betrifft, so erhielt ich im Jahre 1935 ein Stipendium, das aus dem belgischen Entschädigungsfonds für den Boxeraufstand stammte. Ich ging also zum Studium nach Belgien und folgte somit den Fußstapfen meines Vaters. Aber letzten Endes war es doch chinesisches Geld, das hier für meine Ausbildung aufgebracht wurde; im Grunde bestritt das chinesische Volk, das die Entschädigungssummen für den Boxeraufstand von 1900 bezahlt hatte, die Ausgaben für meine Jahre in Belgien. Und darum muß ich auch den Chinesen dafür dankbar sein, daß sie mir – so wie seinerzeit meinem Vater – eine privilegierte Stellung eingeräumt und eine »zurückgekehrte Studentin« aus mir gemacht haben. Später studierte ich dann mit einem Stipendium des British Council in England und bin also auch den Engländern zu Dank verpflichtet. Aber diese Tatsache hat keinen Einfluß auf mich ausgeübt. Denn Wahrheit muß Wahrheit bleiben und läßt sich um keinen Preis erkaufen.

An einem von den Wahrsagern als günstig benannten Spätsommertag des Jahres 1903, an dem der Große Fluß Hochwasser führte, verließen Yentung und seine Gefährten die Stadt Chengtu. Der Gouverneur und die Notabeln von Chengtu hatten ein festliches Abschiedsmahl für sie veranstaltet, und in ihren Ohren dröhnte noch der betäubende Lärm der Knallfrösche. Weinend hatten sie von ihren Vorfahren Abschied genommen; mit Tränen in den Augen hatten sie sich tief vor den Gräbern der Dahingeschiedenen verneigt; schluchzend hatten sie ihren Eltern und Geschwistern Lebewohl gesagt, und noch hörten sie im Geiste die mahnenden Stimmen: »Bekehre dich nie zum Christentum, denn damit stößt du dich selbst aus der Familie aus.« Die jungen Leute reisten auf einer großen Passagierdschunke. Sie bestiegen ihr Schiff in Chengtu an der Neunäugigen Brücke, die noch heute steht und an der noch immer die letzten Frachtdschunken festmachen. Zwischen Seidenballen, Kisten voller Opium und Tabakbündeln wurden auch ihre mit Kupferecken verzierten Kasten aus lackierten Häuten und ihre Koffer aus Kampferholz mit Seilen an den Eisenringen des Fußbodenrandes befestigt. So begann die gefahrvolle Reise in dem stumpfnasigen Boot, das sie den Mien-Fluß hinunter zum Großen Yangtse, nach Chungking und von dort durch die Schluchten nach Ichang und Hankow und schließlich bis nach Shanghai tragen sollte. Bevor Yentung und seine Gefährten den ausländischen Dampfer bestiegen, um nach Westen, in das Land ihrer zukünftigen Studien, zu fahren, sollten sie noch sechs Monate lang eine Sprachenschule in Shanghai besuchen und dort Französisch lernen.

Im Oktober 1964 gab Dritter Onkel mir eine Fotografie meines Vaters, die 1903, wenige Tage vor seiner Abreise, in Chengtu aufgenommen worden war. Sie zeigt einen schlanken jungen Mann mit spitzem Gesicht, der seidene Schuhe und eine Jacke und Hosen aus bester schwarzer Seide trägt. Die Jacke hat die typischen hufeisenförmigen Ärmelaufschläge der Mandschu-Zeit, das Haar ist zu einem Zopf geflochten. Der junge Mann hat eine bemerkenswerte Ähnlichkeit mit seinem Vater: ein Gelehrter, kein Beamter – kein Mensch, den es nach Macht gelüstet.

Ich möchte meinen, daß mein Vater beim Abschied von seiner Familie zwar den konventionellen Kummer zur Schau trug, in seinem innersten Herzen jedoch glücklich und erregt war, und daß er sich bei aller äußerlichen Fügsamkeit wie ein Vogel vorkam, der aus dem Käfig befreit ist. »Nun, da ich dem westlichen Meer entgegenfahre, ist mein Kummer groß und heftig«, schrieb er, wie es die Sitte gebot. Und sicherlich vergoß er auch ein paar konventionelle Tränen. Aber er hatte bereits seine ersten privaten Streifzüge in das Gebiet des Neuen Lernens unternommen und seine leidenschaftliche Liebe für diese Dinge entdeckt.

Vor seiner Reise war er Teil einer Familie, eines lebendigen Organismus gewesen, der eine Reihe vielfältiger Persönlichkeiten zu einer organischen, in Liebe verbundenen Gesamtheit zusammenfaßte. Genaugenommen hatte er bis dahin kein eigenes Gesicht gehabt. Er hatte sich gewaltsam von dieser Struktur frei machen müssen, und da er durch seine klassische Erziehung fest in sie eingebettet war, muß diese Befreiung ihn viel Mühe gekostet haben. Aber nachdem er seine Familie verlassen hatte, wurde er allmählich er selbst: ein ganz auf sich gestellter Mensch, der für seine Entscheidungen nur sich selbst verantwortlich war und die Qual des Alleinseins kennenlernte. Er war dazu bestimmt, seine Freiheit zu gebrauchen und sein Leben lang den Preis dafür zu zahlen.

Elftes Kapitel

Wer nicht über die Wege von Szechuan gefahren,
Weiß nicht, was Reisen bedeutet.
Schau, wie das Boot sich flußaufwärts kämpft,
Tief gebeugt, am Boden kriechend,
Plagen sich keuchend die Männer, zerren an knirschenden Seilen,
Die ihren Rücken zerschneiden,
Und die steinernen Klippen, die Wände des Flusses,
Hallen wider von ihrem Gestöhn.
Schmal und hoch der Himmel über den Schluchten,
Und bei der Stadt des Weißen Kaisers
Spürst du es noch, wie Frost auf Holz.
Nur der Atem des Frühlings
Trägt dich hinaus aus den würgenden Schluchten ...

Ihre große Passagierdschunke, deren dreiflächige Segel gehißt waren, folgte dem Mien-Fluß bis zu seiner Vereinigung mit dem Fluß des Goldenen Sandes. Dann waren sie auf dem Großen Fluß, dem Sohn des Ozeans, angelangt und fuhren auf ihm nach Chungking – eine Reise von zehn Tagen oder mehr, je nach dem Willen des Windes. Die Dschunke hatte die übliche Form: siebenundvierzig Fuß lang, mit niedrigem Deck. Die Besatzung bestand aus achtzehn Ruderern und dem Rudermann oder Kapitän. In Chungking würde man einen Lotsen an Bord nehmen, der das Schiff durch die Schluchten bis nach Ichang führen sollte.

Bei Tagesanbruch wurden die Ankerplatzgebühren entrichtet und die Flußgottheiten mit Knallfröschen, gebratenem Schweinefleisch und Orangen gnädig gestimmt; am Abend erhielten die Ruderer ihre tägliche Schnur Münzen, damit sie ihre Pfeife Opium rauchen und ihre Schale Reis verzehren konnten. Auch einige von den Passagieren rauchten; die reicheren Kaufleute verwendeten »Yünnanerde«, die, wie es hieß, von besserem Geschmack war als die Produkte aus Szechuan.

In Neichiang, der für ihren Zucker und ihre Ramiestoffe bekannten Stadt zwischen Chengtu und Chungking, wurden die jungen Gelehrten von einer Abordnung der dortigen Kaufmannschaft begrüßt, die Kollekten für die Eisenbahngesellschaft veranstaltet und den Mitgliedern der Gentry dringend empfohlen hatte, Aktien zu kaufen. Wenn erst einmal die Eisenbahnlinie gebaut war, würde sie durch die Stadt führen, und dann würde es möglich sein, den Zucker und die eingemachten Früchte, die berühmtesten Erzeugnisse von Neichiang, zu niedrigeren Preisen zu exportieren. Die jungen Männer wurden zu einem Festmahl eingeladen, und jeder von ihnen erhielt als Abschiedsgeschenk fünf Pfund Neichiang-Konfekt, mit Honig vermischte gemahlene Nüsse, frische Orangen und gezuckerte Früchte. Die Honoratioren und Beamten der Stadt nahmen an dem Festmahl teil und veranstalteten am nächsten Tag, als das Schiff wieder ablegte, ein Feuerwerk. Die Lokalzeitung, die von einem fortschrittlichen, für das »Neue Lernen« begeisterten Lehrer geleitet wurde, verglich die jungen Reisenden mit dem unerschrockenen Mönch Hsuen Tsang aus der Zeit der Tang-Dynastie, der im siebenten Jahrhundert nach Indien gezogen war, um dort buddhistische Schriften zu sammeln: »Zehntausend Mühen und Plagen konnten ihm nichts anhaben.« Diese prachtvollen jungen Leute, so schrieb die Zeitung, würden die Wissenschaft, den neuen Menschheitserlöser, nach Hause bringen, der China stark machen und es befähigen werde, den Kopf wieder hoch zu tragen. »Wir sind genug beschimpft worden. Lange genug hat man uns mit Verachtung behandelt. Jetzt aber wollen wir auf eigenen Füßen stehen und den anderen Nationen auf gleicher Ebene begegnen. Diejenigen, die gekommen sind, um uns auszuplündern, werden dorthin zurückkehren, wohin sie gehören, in ihre eigenen Länder, und uns in Frieden lassen.« Diese Stimmung hochgespannter Hoffnungen trug die jungen Leute wie ein anschwellender Wind den Fluß hinab und hinaus aus Szechuan.

Chungking, der Flußhafen, türmte sich, in Dunst gehüllt, auf seinen Felsen. Grau wie dichter Rauch hockte die Stadt über den grauen Sandsteinklippen, auf denen sie saß wie ein gespenstischer Reiter, der sein Roß in den Fluß treiben will. Hier maß der Sohn des Ozeans von Ufer zu Ufer fast eine Meile und strömte so rasch dahin wie ein galoppierendes Pferd. Ein weiterer Nebenfluß, der schöne Kialing, ergoß sich an dieser Stelle in den bereits machtvollen Strom. Diese Begegnung bot ein erstaunliches Bild, denn die Wasser des Kialing waren hellblau, während der Sohn des Ozeans, der Millionen von Tonnen roter Erde mit sich wälzte, eine rotgoldene Färbung aufwies. Seite an Seite flossen sie dahin, der Hauptstrom und sein Nebenfluß; angefüllt mit dem geschmolzenen Schnee aller Berge, trieben sie ihre rasche Flut vorwärts, dem Gebirgswall entgegen, in den sie eine Bresche schlagen würden, um in die Ebene zu entweichen und dem Ozean zuzueilen.

Von seinen Mauern umgürtet, vor denen sich schmutzige Hütten wie Gesteinsbrocken an die Flanken der Hänge klammerten, saß Chungking auf dem vorragenden Felsmassiv: eine unruhige, von der Cholera heimgesuchte Stadt voll halbverhungerter Bauern, die ihre Kinder verkauften; denn im Norden wütete eine Hungersnot, und Mädchen waren zum Preis von zwanzig Münzenschnüren zu haben. Die Reichen hatten sich zu den Schwefelquellen begeben, um den von Gestank verpesteten Spätsommer und Frühherbst fern von dem unheimlichen Tod zu verbringen, der die Treppenstraßen der Stadt mit Leichen übersäte. Die ganze Stadt war ein einziger Schwarm von Fliegen, der summend über den Exkrementen und den Leichen hing. Die Ratten waren so groß wie Katzen. Sie fraßen die Katzen und die Leichen, und Scharen der fetten Tiere lieferten sich regelrechte Schlachten. Mütter legten ihre Säuglinge in Käfige und Körbe aus Drahtgeflecht, die an Haken von den Deckenbalken herabhingen. Aber die Ratten waren doch schlauer: Sie kletterten an den Balken hinauf, ließen sich von dort auf die Kinder fallen und fraßen sie auf.

Die Studenten wurden in das Wohnhaus des Präsidenten der Kaufmannsgilde von Chungking eingeladen, das auf einer Erhebung über dem Kialing thronte, einem kühlen Ort in der feuchten klebrigen Hitze. Auch hier war wieder die Rede von der Eisenbahn. Die Beamtenschaft von Chungking hatte bereits Listen der Aktionäre aufgestellt. Sie hoffte, daß man mit dem Bau der Strecke hier beginnen und ihn gleichzeitig nach beiden Richtungen – also nach Hankow und nach Chengtu – weiterführen würde, denn Chungking war der bedeutendste Flußhafen der Provinz.

Chou Yentung hatte Verwandte in Chungking, denen er einen Besuch abstattete. Sie beklagten sich über den Wegezoll, der auf ihrem Tabak lag. Kleinere Betriebe waren bereits bankrott, nur die ausländischen Firmen florierten. Wenn nun auch noch die neuen Zölle auf die Dschunken und einheimischen Boote in Kraft traten, würden die Flußschiffer noch mehr zu leiden haben. Die englischen Raddampfer, die seit einiger Zeit den Fluß bis Chungking befuhren, waren von allen Abgaben befreit, und auch mit dieser Bestimmung waren wieder die Reisschalen vieler Menschen zerbrochen.

Pflichtgemäß berichtete Yentung in einem Brief an seine Familie über diese Klagen; in der Hauptsache jedoch verfaßte er einige Gedichte über die Stadt Chungking. Er erwähnte die Cholera und auch die Beriberi, die er mit ihrem chinesischen Namen als »fußschwellende Atemkrankheit« bezeichnete; wahrscheinlich meinte er, daß dieser Bericht seinen Vater interessieren würde. Man schrieb die Beriberi einem giftigen Wind zu, wie er in feuchten Gebieten häufig auftritt, und behauptete, daß sein übler Hauch, wenn er von den Füßen des Menschen zu seiner Brust emporsteigt, Unregelmäßigkeiten des Herzschlags und der Pulse verursache, daß er aber tödlich wirke, sobald er auch den Atem befalle. Im Jahre 1903, in dem mein Vater diesen Brief schrieb, hielt übrigens auch die westliche Medizin die Beriberi noch für eine Infektionskrankheit.

Als Yentung die Stadt Chungking verließ, spielte er mit seinen Freunden Mahjong, dieses Matrosenspiel, das der Seefahrer Cheng Ho seinerzeit aus der Ferne mitgebracht hatte. Bevor die Segel gesetzt wurden, brachte die Besatzung den Flußgeistern mit besonderer Feierlichkeit ihre Opfergaben dar, denn nun sollte ja der gefährliche Teil der Reise beginnen. Die Wasser gingen hoch, und die von der Flut ausgewaschenen Markierungen entlang dem Felsenufer sahen aus wie waagerechte Pinselstriche. Von der starken Strömung getragen, machte das Boot rasche Fahrt. Flußabwärts, wenn die Segel schlaff und faltig herabhingen, war die Strecke in weniger als zwei Wochen zu durchmessen, während man flußaufwärts zwei Monate und mehr dazu benötigte. In beiden Fällen jedoch bestand die Gefahr, in einer der Stromschnellen umzukommen, deren jede ihren eigenen Namen, ihre Besonderheiten, ihre Wirbel und gefährlichen Zeiten hatte. Und mit jeder war eine Legende, ein Lied, eine bestimmte Beschwörungsformel verbunden. Nur der Lotse kannte sie alle. Die Augen auf das Wasser gerichtet, stand er am Steuerruder, mit den Bewegungen seiner Finger lenkte er die Männer, die sich unermüdlich in die Riemen legten.

»Beeil dich, o Bootsmann, denn einer buckligen Schildkröte gleich wallt das mächtige Wasser auf. Seine schuppige Haut sieht aus wie die Schilde von zehntausend Kriegern; es siedet vor innerer Lebendigkeit und ist doch so glatt, als ließe es sich falten wie ein seidenes Tuch – aber hüte dich vor seiner Hinterlist! Beeil dich, denn jetzt verfolgen sie uns, die Ungeheuer. Blitzschnell tauchen sie zu beiden Seiten unserer Planken auf. Schau, wie die Augen des Ungeheuers uns anstarren, schau die Blasen, die ihr Atem aufsteigen läßt, wenn das Wasser zischt und kocht und dann zurücksinkt, hinabgesogen in seine eigenen Tiefen. Sieh dies wundervolle dicke Wasser, goldfarben, von der Farbe unserer roten Erde, wie es vorübereilt, tausend galoppierenden Pferden gleich. Furcht befällt mich, o Bootsmann, darum beeil dich und entzünde noch mehr Weihrauchstäbe für die hungrigen Geister der Ertrunkenen, die so gierig Ausschau halten nach Menschen, welche den Flußdrachen ihre Gebühr entrichten sollen. Stell sie hin, die Schüsseln mit gebratenem Schweinefleisch, Hühnern und duftenden Orangen, und flehe die Geister der Ertrunkenen an, sich unser zu erbarmen und uns heil und gesund die Stromschnellen überwinden zu lassen.«

Die Lieder der Ruderer tönten um die vordere Kabine, wo die Passagiere unter Mattendächern lagen, abgeschirmt gegen den Sonnenschein, der über den Himmel zerstreut war; denn Sommer auf dem Fluß bedeutet einen Wolkenbaldachin, der den Sonnenball zu einer formlosen gleißenden Helligkeit auseinanderzerrt.

Als der Steuermann, der Führer des Schiffes, die erste Stromschnelle erspähte, begann er zu singen:

»Haiyaya Haiyaya Heiheihei!
Ein leichter Wind weht, mein Körper ist kalt,
Hei Hei Hei!
Laßt uns das Schiff nach Peichow bringen,
Einer an den andern gekettet.
Hei Hei Hei Haiyaya Hei!
Wer Geld hat, sitzt zu Hause,
Hei yaya Hei!
Aber wer kennt sie, die Leeren.
Die Trockenen, ihr Ach und ihr Weh,
Heihei!«

Als sie sich den Stromschnellen von Kuanyin näherten, veränderte sich der Rhythmus der Lieder, die der Steuermann sang. Er wurde drängender, und das »Hei Hei« der Ruderer ertönte schärfer und rascher.

»Hei yaya Hei!
Vor uns die Stromschnellen des Kuanyin,
Hei Hei Hei!
Die gnädige Göttin Kuanyin vernimmt kein Gebet,
Hei yaya Hei!
Sie hat weder Augen noch Ohren – hei hei.
Hätten wir nicht unsrer Arme Kraft,
Kämen wir nie an den Felsen vorbei.
Hei yaya Hei Hei yaya Hei!
Du und ich, aneinander gekettet, jeder von uns ein Held,
Hei Hei Hei yaya Hei!
Hier nur vorbei ... oh, vorbei ... oh, vorbei ... in den glatten Strom,
Nimm deine Kraft zusammen ... so, oh ... so, oh ... vorwärts ... aaaa!«

Die jungen Männer hörten den letzten erleichterten Jauchzer, während das Schiff über die Stromschnellen von Kuanyin hinwegschoß. Nun entspannten sich die Ruderer, lachten und scherzten. Dann wurden sie auf einmal still und verzogen sich einer nach dem anderen zum Achterdeck, um sich dort für ein paar Minuten auszustrecken und eine Pfeife Opium zu rauchen.

Kurz bevor man zum Engpaß der Dämonen, der gefährlichsten von allen Stromschnellen, kam, warnte der Steuermann die Passagiere. Der Lotse stand aufrecht da und beobachtete die Lichtreflexe auf dem Wasser, und die Ruderer sagten zueinander: »Schaut ihn an, wie er dem Großen Alten Herrn, dem Sohn des Ozeans, den Puls fühlt; denn er kennt die Pulse, die Arterien und Venen des Alten Herrn und der Flußdrachen.« Die Blicke auf seine Hände gerichtet, saßen sie weich und gefügig da, spürten den Wasserkraken, errieten seine Launen und erprobten ihre Muskeln gegen dieses ganz aus Muskeln bestehende Ungeheuer. Mit fast unmerklichen Fingerbewegungen und einem leichten Nicken dirigierte der Lotse die Kraft der Männer.

Und nun verwandelte sich ihr Lied in ein überstürztes Weiterhasten, das wie ein Trommelwirbel dröhnte. Über ihnen drohte die schwarzgrüne Masse des Teufelsfelsens, und zu seinen Füßen öffnete sich ein großes Loch in dem brüllenden Wasser; der ganze Fluß schien um diesen gähnenden Schlund zu kreisen. Schon spürten die Männer, wie die hölzernen Planken des Bootes zu zittern begannen, wie es sich hob und langsam in die Kreisbewegung hineinglitt, in diesen Wirbel, der sich mehr und mehr verengte.

»Helihaha ha he! Ah, der Himmel verdüstert sich! He He!
Der Wind wird zu Sturm, he he!
Die große Woge schwillt an, he he!
Helihe he, Helihe he!
Fürchte nicht den Wind, he he,
Fürchte nicht die Woge, he he!
Streng dich an! Hei hei!
Bleibe stark! Heilihei!

Stoß es durch, he he,
Helihehe he ... he hetsohetsohetsohetso ... aaaaah!«

Sie hatten es geschafft, und in strahlender Dankbarkeit sang der Steuermann mit den Ruderern:

»Vorüber aiyah, ein Engpaß, loah
noch ein Engpaß, naole
Ein Stein ... ist überwunden ... heei ...«

Die Ruderer stießen langgezogene Töne aus, das Keuchen ihres Atems endete voller Erleichterung in einem anschwellenden Jodler, der von den Klippen widerhallte, bis es schien, als trieben sie im Echo ihrer eigenen Stimmen dahin.

»Die Sonne im Osten
wirft einen hellen Schein, looo ...
Hell scheint die Sonne aufs Wasser des Chialing, lei he he,
Hell scheint die Sonne auf das Herz
von Bruder und Schwester, loo he he!
Rudere sie zum Ufer, mach fest, he he!
Kauf ein Stück geblümten Stoff,
ein Kleid für meine Schwester, loo ah hei he he!
Steht auf, wei!
All ihr Trockenen, waa ...y!«

Und dann beklagten sie ihr hartes Leben, so wie die Arbeiter in aller Welt, wenn sie in Liedern von ihrer Arbeit erzählen:

»Oh, Ruderer sein, ist Bitterkeit gehäuft auf Bitterkeit,
hei, hei!
In Regen und Wind gilt's den Ankerplatz erreichen,
Sagst du ein Wort, der Wind bläst's davon, hei, hei!
Der Wind weht unser Leben fort.«

Im Spätsommer 1962 unternahm ich die gleiche Reise wie sechzig Jahre vor mir mein Vater; aber da gab es keine Passagierdschunken mehr. Für kurze Strecken gab es noch einige mit Waren beladene Lastkähne. Sie wurden von Menschen flußaufwärts geschleppt, so wie mein Vater und später auch meine Mutter es erlebt hatten. Und obgleich nur noch wenige dort zu sehen waren, wo man früher viele sah, so gab es sie doch noch immer: nackte Männer, waagerecht nach vorn gebeugt, so daß sie aussahen wie sonnenverbrannte Maden. Nackt, splitternackt zogen sie an dem aus Bambusfasern gedrehten Seil, das ihren Rücken so fürchterlich entstellt hatte; Schritt für Schritt bewegten sie sich in dieser Spur des Riesenwurms am Fuße der Klippen vorwärts. Aber nun bestand Hoffnung für sie. Sie gehörten zur letzten Generation, die diesen Schleppdienst verrichten mußte. Noch fünf, zehn Jahre weiter, und kein Bootsschlepper würde mehr zu sehen sein. Sie wußten, daß es aus war damit, daß ihre Söhne Schulen besuchen und in Fabriken arbeiten würden. Schon jetzt fuhren drei Dampfer die Schluchten hinauf und hinunter, und bald würden drei weitere eingesetzt werden. Und nun tönte aus dem Lautsprecher des kleinen Dampfers, auf dem ich reiste, ein neues Lied der Ruderer:

»Steh du aufrecht in dem Boot,
Weiter, weiter, rühr dein Ruder,
Rühr dein Ruder, streng dich an,
Boot fliegt vorwärts, vorwärts, he-he-he!
Wenn dies Schiff 'nen Motor hätte,
Wäre es ein Motorschiff,
Und dann wär' es rasch und wendig,
Und dann wär' es rasch und sicher.
Wollen wir dahin gelangen,
Müssen wir uns heut noch mühen.
Sprich davon, und es wird kommen,
Sprich davon, und es ist da.
Du und ich, wir all zusammen
Laßt uns in die Zukunft schaun, oh,
Fest, ihr Herzen, fest, ihr Hände, fest ... nur wartet ...
fest ... aaaaaah!«

Doch wenn die Lieder sich auch gewandelt hatten, so waren noch immer die Stromschnellen da, obgleich die gefährlichsten Felsenriffe inzwischen gesprengt waren. Dieses entsetzliche Wasser mit seinem sichtbaren und hörbaren Saugen und Zischen war auf eine erschreckende Weise lebendig – das furchteinflößendste Wasser, das ich je gesehen habe. Aus schauerlichen Tiefen hob es sich empor wie eine Haut aus Wasser, schwoll an und zog sich brodelnd auseinander, bis es aussah wie der Rückenpanzer einer Schildkröte, die Umrisse gezackt wie ein Diamant. Und an jeder Spitze bildete sich ein Loch, das den sich auflösenden Diamanten schluckte und in sich hineinsog. Ein Stück weiter wallten Blasen auf, wuchsen empor, platzten spritzend auf, und schon breitete sich eine neue sechseckige Tierhaut über die Wasserfläche. Sah man nur eine Weile dort hinunter, so kam es einem vor, als ritte man auf dem Rücken eines vorsintflutlichen Ungeheuers, dessen Haut sich runzelte und wieder entspannte, während das Tier sich schaukelnd fortbewegte. Ein zarter Schaum, ein kaum sichtbarer Felsen, der eben aus dem Wasser ragte, und gleich darauf die Strudel und ein Gefühl, als kreisten Wasser und Himmel um einen fast unbemerkbaren Mittelpunkt aus feinem, hellem Schaum. Langsam, ganz langsam tat sich darin ein Trichter auf, der einen hinabsaugen wollte in die Tiefen, aus denen dies alles gekommen war. Und so ging es immer weiter, die ganzen zweihundert Kilometer der Schluchtenstrecke.

So fuhr also im Jahre 1903 die Dschunke durch die Schluchten, in denen Himmel und Wasser nur die obere und untere Seite eines Felsenspalts sind und wo das Knarren des Bootes und die Stimmen der Menschen rüttelnd umeinander kreisen und endlos im Echo des Windes nachhallen. Vom Strom vorangetrieben, schossen sie vorbei an den flußaufwärts gehenden Dschunken, die von zwanzig oder dreißig völlig nackten Männern gezogen wurden. In einer langen Reihe wankten diese Männer dahin und schleppten das Schiff. Sie hielten sich in der schmalen Rinne, die zu diesem Zweck in die Klippen gehauen war – in der Spur eines Riesenwurms, die dort ausgemeißelt war, wo der Fuß keinen Halt mehr fand. Denn der Fluß, der bei Chungking eine Meile breit ist, strömt hier durch einen Tunnel, der von einer Wand zur anderen knapp einhundert Meter mißt und durch den doch die gesamte Wassermasse gezwängt werden muß. Nie ließ sich genau vorausberechnen, wann der Bug des Schiffes gedreht werden mußte, denn ständig änderte sich die Richtung mit dem Zickzackweg des durch den Tunnel schießenden Wassers. Die Felsen zu beiden Seiten griffen nach dem Fluß, und dieser schlug zurück. In der Mitte des Tunnelbetts ragte ein Kamm zackiger Felsen aus dem Wasser – ein versunkenes Gebirge, an dessen Schroffen schon viele Dschunken zerschellt waren.

Die jungen Leute banden sich für den Fall eines Schiffbruchs an Bohlen und Kisten fest; so konnten sie notfalls eine Weile im Wasser treiben, obgleich auch die Gefahr bestand, daß sie mitsamt ihrem Brett von einem Strudel gegen die Felsen geschleudert wurden. Wenn ihre Gedanken nicht gerade von der Todesangst gefesselt waren, rezitierten sie Gedichte; denn auch hier hatte alles einen Namen und eine Legende, alles war von den Dichtern beschrieben und ein Teil ihrer selbst geworden. Hier lagen die Schlachtfelder der Drei Reiche, hier hatte Liu Pei – der Ahnherr von Chou Yentungs Freund Liu Tachun – sich sein Reich erkämpft; auf diesem Hügel stand der Tempel für Chang Fei, den großen Freund Liu Peis, der in der Schlacht gefallen und hier beerdigt war. Auf jenem Abhang befand sich der Irrgarten, den Chuko Liang, der Weise und Magier, selbst angelegt hatte, um seine Feinde zu verwirren.

Am Morgen kam die Sonne heraus und beschien die dichten Baumreihen oben auf den Klippen. Hier gab es Höhlen, die wie Pockennarben in den Felswänden wirkten und von entlaufenen Bauern bewohnt waren. Manche behaupteten, diese Menschen seien Halbaffen, andere, sie seien die Abkömmlinge der Ureinwohner, die dem Blutbad von Chang Hsienchung entronnen waren. Sie waren so arm, daß sogar ihre Weiber nackt herumliefen – Troglodyten, die von den Vorüberfahrenden mit Steinen beworfen wurden.

Die Stadt des Weißen Kaisers tauchte auf: Wie eine Fata Morgana erhoben sich ihre Tempeldächer und Säulen zwischen Sonne und schimmerndem Wasser. Wolken hingen um ihre Dachkanten und drangen unter der Stadt wie durch eine Tür hervor. Die weißleuchtenden Dächer der Ortschaft Hsianghsi sahen noch ebenso aus wie seinerzeit, als der Dichter und Staatsmann Chu Yuan dreihundert Jahre vor Christus hier geboren wurde. Und obgleich er achthundert Meilen von hier entfernt ertränkt worden war, hatten sich die Fische des kleinen Hsi Ling-Flusses, der sich am Anfang des Ortes in den Großen Yangtse ergießt, aufgemacht und waren die ganze Strecke hinabgeschwommen, um den Leichnam zu suchen und ihn zurückzubringen in seinen Heimatort und zu seiner Schwester. Seit jener Zeit hießen diese Fische Regenbogenfische oder auch Pfirsichblütenfische, denn seit dem Liebesdienst, den sie dem toten Dichter erwiesen hatten, leuchteten sie in den schönsten Farben, und keiner fing oder tötete sie.

Die jungen Gelehrten waren tief beeindruckt von der Größe und unbezwinglichen Macht des Flusses. »Ich war überwältigt«, schrieb einer. Ein anderer zitierte den Dichter Su Tungpo: »Der Mensch war immer sterblich, und doch, welche Beklommenheit überfällt ihn, wenn er dem Tod begegnet.« Aber sie fanden nicht ein Wort des Mitleids für die Ruderer, kein Wort, keinen Blick für diese Wurm-Menschen, die da aneinandergekettet ihren Weg entlangkrochen und die Schiffe stromaufwärts schleppten ...

Noch zweimal sollte Yentung unter anderen Umständen diese Reise machen. Er hinterließ die folgenden Verse, die er im Rückblick geschrieben und nicht datiert hatte:

»Zu jung damals, um Größe zu erkennen;
Nichts im Sinn, als die Landschaft zu betrachten und Gedichte zu rezitieren;
Wie schirmt uns die Gefühllosigkeit der Jugend doch gegen Schmerzen ab!
Heute träume ich oft von der Stadt, die wie eine Wolke auf den Klippen hing,
Und beim Erwachen vergieße ich Tränen über die Lieder der Ruderer ...«

So wie ich im Jahre 1962 schossen damals die jungen Männer durch die Schluchten, durch dieses Labyrinth aus Wind, Felsen,

Wasser, unter diesem seltsamen Himmel, der wie ein graues, totes Auge zwischen den tausend Fuß hohen Klippen herabblinzelt auf den eingezwängten Strom. Ihr ganzes Leben lang sollte ihnen diese Reise in Erinnerung bleiben: dieses unaufhörliche Rütteln von Schiff und Ruder, Felsen, Stimme und saugender Woge, eine Wildnis eingesperrter Laute, aus der es kein Entrinnen gab. Und ebenso werden auch in mir das Dröhnen und der wolfsgleiche Schatten unseres Dampfers, der bei Sonnenuntergang durch die Schluchten glitt, lebendig bleiben. Zweihundert Kilometer flußabwärts waren sie heraus aus den Schluchten und in Ichang, wo die britischen Kanonenboote verankert lagen, eine weiße christliche Kirche sich über den Klippen erhob und eine andere Provinz begann.

Nun weitete sich der Fluß, wurde mit jeder Meile breiter und glatter, bis er schließlich von Ufer zu Ufer wiederum eine Meile maß. Und dann wurde er noch breiter und floß durch ein Land, das wie ein Schwamm war, vollgesogen von Wasser, übersät mit Seen und Teichen und nassen, schwitzenden Feldern. Und immer mehr und mehr weitete sich der Fluß, bis er so breit war wie die See und die Reisenden seine Ufer nicht mehr erblicken konnten. Schließlich erreichten sie die Stadt Shanghai. Aber der Sohn des Ozeans floß weiter und ergoß seine Fluten ins Meer. Von den Schneemassen der hundert Berge in Tibet vorwärtsgetrieben, verströmte er sein sattes Rotgold in den Ozean, und das Meer färbte sich golden auf Meilen in der Runde.

Zwölftes Kapitel

Shanghai war für Yentung schon beinahe nicht mehr China, obgleich es für die Menschen aus dem Westen fast ganz China bedeutete. Hier bildete sich für die nächsten fünfzig Jahre die größte Zusammenballung von Reichtum und Armut, die eine chinesische Stadt überhaupt kennenlernen sollte. Hier wuchs auch jener Mittelstand empor, der sich damals mit einer so massiven Macht kundtat: mit den aus Ziegeln, Steinen und Marmor erbauten Banken und Geschäftshäusern der ausländischen Firmen, die in ihrer Wucht wie ein Gegenstück der großen Mauer wirkten. Draußen vor dieser Mauer aber lag der weite, hungrige Kontinent mit seinen vierhundert Millionen Menschen. Den Bewohnern dieser eindrucksvollen Festungen erschien er wie eine Art Anhängsel, ein Reservat, aus dem man sich Nachschub an Dienerschaft und billigen Arbeitskräften für die Zigarettenfabriken, Mühlen und Textilfabriken beschaffen konnte. Jeder Ausländer, der nach China kam, unterlag diesem gleichen Irrtum: für ihn war Shanghai gleichbedeutend mit China.

Yentung war zunächst von Ehrfurcht erfüllt, benommen, tief beeindruckt. »Welch ungeheure Macht haben diese Fremden doch!« Er bewunderte sie und empfand zugleich einen leichten Groll. Der Name der Firma Jardine Matheson wurde nur mit angehaltenem Atem ausgesprochen, so als sei die Rede vom Kaiserhaus. Es gab ganze Straßen, auf denen sich Chinesen, sofern sie nicht zur Dienerschaft der Ausländer gehörten, nicht sehen lassen durften. Schlenderten sie doch einmal hindurch, so mußten sie jeden Augenblick gewärtig sein, daß ein Sikh-Polizist ihnen einen Fußtritt versetzte oder seinen Knüppel auf sie niedersausen ließ. Auf dem Fluß kreuzten die Kanonenboote von fünf ausländischen Mächten, auf den breiten Straßen marschierten die Soldaten von sieben Nationen; die Chinesen aber besaßen nur hölzerne Segeldschunken, auf denen Tausende und aber Tausende ehemaliger Ruderer hausten, die jetzt, da die ausländischen Dampfboote ihnen den größten Teil ihrer Verdienstmöglichkeiten wegnahmen, zu einem Bettlerdasein verurteilt waren.

Jenseits dieser Ausländerkolonie herrschte ein Elend, so konzentriert, so aufdringlich und erbarmungslos, wie Yentung es noch nicht erlebt hatte. Da standen die hohen, mit Glasscherben gespickten Mauern. Sie schützten die mit englischem Gras bepflanzten Rasenflächen, aus denen Scharen von Kulis tagtäglich das Unkraut herauspflückten. Aber dort, wo ihre ehrfurchtgebietende weiße Fläche endete, begann die Zone, in der kleine Mädchen von sechs und acht Jahren für die Bordelle verkauft wurden. Und gleich dahinter breiteten sich die übelsten Slums der Welt aus, in denen zweihunderttausend Menschen bei lebendigem Leibe verfaulten: Straßenkehrer, Rikschakulis, Prostituierte, die zu alt und zu krank waren, um anderswo noch ihr Leben fristen zu können, und dazu alle die Diebe, Mörder und kleineren Gauner, die sich für die schmutzigen Geschäfte der Finanzpolitik hergaben. Die Werber, die nach billigen Arbeitskräften für Amerika und die Südsee Ausschau hielten, betrachteten diesen Stadtteil als ein ausgezeichnetes Jagdrevier, und es kam so weit, daß europäische Sprachen den Begriff »shanghaien« in ihren Wortschatz aufnahmen, wo er in der Bedeutung von »jemanden an Bord eines Schiffes lokken, das Arbeitskräfte benötigt« gebraucht wurde.

Die Bevölkerung von Shanghai trug Kleider, die so geschnitten waren wie die Yentungs. Aber die Menschen verwendeten hellere Stoffe, sie sprachen einen fast tonlosen Dialekt mit unzähligen Zischlauten, sie waren rasch zu Fuß, schoben und stießen, und ihre Gesichter waren nur selten von einem Lächeln erhellt. Sie eilten dahin, drängelten sich überall durch, murmelten unanständige Worte, und ihre Augen waren wachsam und scharf wie Messer, die jeden Augenblick zustechen können. Zuweilen kamen sie Yentung ebenso fremd vor wie die Europäer, denen er sorgsam aus dem Weg ging. Denn hier in Shanghai war es nicht ungefährlich, sich einem Europäer zu nähern; man wußte nie, ob er schlagen oder nur fluchen würde, und ein Chinese war ihm gegenüber machtlos.

Anfänglich wohnte Chou Yentung in der Nähe der Sprachenschule, die später der französischen Aurora-Universität angegliedert wurde. Nach einer Weile jedoch wurde den Studenten aus Szechuan die fade Kost zuwider, und sie logierten sich bei einem Kaufmann ein, der aus der Stadt Kiating in ihrer Heimatprovinz stammte. Er hieß Wu Ling, arbeitete als Agent im Nutzholzgeschäft für eine englische Firma in Shanghai und handelte auch ein wenig mit Opium. Wu Ling wohnte in der Chinesenstadt, wo er ein schmales, sehr häßliches, mehrstöckiges Ziegelhaus besaß. Alles Geld, das er erübrigen konnte, schickte er nach Hause, um Land in Szechuan zu kaufen. Zwei seiner Söhne waren Angestellte bei einer britischen Firma: kleine, schlanke, hochnäsige Burschen, die *Three Castles*-Zigaretten rauchten – diese Zigaretten galten als englisch, obgleich der Tabak dafür in China angebaut wurde und die Fabrik auf chinesischem Boden lag. Die jungen Männer führten die Studenten aus Szechuan in Shanghaier Bordelle, wo zwei von ihnen sich sofort infizierten. Yentung schrieb an seinen Bruder: »Ich bin nicht hingegangen, weil ich der Grundsätze unserer Familie gedachte. Aber das Wasser und die Erde hier sind mir fremd, und darum steht es schlecht um meine Gedärme. Laß jedoch Mutter nichts davon wissen, damit sie sich keine Sorgen macht.« Die Familie schickte ihm Körbe voll Bohnengallerte, Essiggemüse und Schinken, und er erholte sich wieder.

Noch nie im Leben hatte er so viele Ausländer gesehen wie auf seinem Weg zur Sprachenschule. Und immer, wenn er ihnen begegnete, spürte er die Angst, die sich wie eine Hand um seine Kehle legte. Am meisten schüchterten ihn die riesigen bärtigen Sikh-Polizisten mit ihren Knüppeln und den Pistolen im Gürtel ein. Bärte sind in China sehr selten, und wenn man gelegentlich einmal solch eine weiße Verlängerung am Kinn eines Gelehrten erblickt, wirkt sie nicht so sehr wie ein körperliches Attribut als vielmehr wie eine Vervollständigung der Sanftmut, ein Zeichen der Weisheit. Für Yentung aber war von nun an der Begriff des Barts irgendwie verknüpft mit jener großen Ratlosigkeit, die ihn stets befiel, wenn er versuchte, diese unbegreiflichen Europäer zu verstehen. »Sie setzen mich immer wieder in Erstaunen«, schrieb er an seinen Bruder. »Nie kann ich voraussehen, was sie als nächstes tun werden. Sie verfolgen mit absoluter Rücksichtslosigkeit ihre Interessen und kümmern sich nicht um das Elend, das sie uns bringen; aber gleichzeitig sind ihre Zeitungen voll tönender Worte über ihre edle Gesinnung, ihre Rechtlichkeit und all das Gute, das sie tun. Sie empören sich über unsere öffentlichen Hinrichtungen und unsere Grausamkeit den Hunden gegenüber. In der Geschichte der Plünderungen und Morde jedoch, die sie in unserem Land verübt haben, sucht man vergeblich nach solch mitleidvoller Korrektheit.«

Wie war es möglich, daß der Westen China tagtäglich auf jede erdenkliche Weise ausplünderte, daß er die Mandschu-Dynastie unterstützte, weil sie ihm als Garant seiner Interessen galt, und doch andererseits in der Internationalen Kolonie von Shanghai und in den Konzessionen Revolutionären und Rebellen wie Kang Yuwei und seinem Freund Liang Asyl gewährte und so ihre Hinrichtung durch die Kaiserinwitwe verhinderte? Wie konnte er den Abdruck von Artikeln gestatten, in denen Reformen gefordert wurden, und gleichzeitig seine Ausbeutungspolitik fortsetzen, die jede Reform illusorisch machte?

»Sie sind unlogisch und unverständlich, mein Bruder.«

Diese Doppelgesichtigkeit, dieser Abgrund, der hier zwischen Worten und Taten, zwischen frommen Moralpredigten und eigennütziger Wirklichkeit bestand, rief in Yentungs Kopf eine gefährliche Verwirrung hervor.

»Sie wissen nie, was sie wollen, außer daß sie immer mehr wollen. Sie sind von einer unglaublichen Raubgier besessen, aber sie vergießen Tränen, wenn sie einem Bettler Geld schenken. Und sie sind imstande, Tausende dem Hungertod preiszugeben, um das Vergnügen zu haben, wenigen ein Almosen zu reichen und so Gutes zu tun.« So grübelte Yentung, und genau wie ihm erging es unzähligen jungen Chinesen, die plötzlich der Welt des Westens gegenüberstanden. »Ich bewundere ihre Erfindungsgabe auf technischem Gebiet, aber sonst kann ich nichts an ihnen bewundern. Wie wird es mir in ihrem Land ergehen?«

Und irgendwie verband sich für ihn dieses Staunen mit dem Vorhandensein von Bärten. Sein Leben lang sollte Yentung sich vor Bärten fürchten. Nicht vor den Bärten des chinesischen

Theaters, diesen Drahtgestellen, die der Schauspieler sich über Mund und Wangen hängt, sondern vor richtigen Bärten, den Bärten der Sikhs und der Bischöfe. Denn die Bärte der Sikhs verschmolzen in seiner Erinnerung wieder mit einer anderen Episode.

Im Jahre 1899 hatte er einmal erlebt, wie der französische Bischof sich in seiner großen Sänfte auf den Schultern von acht Männern durch die Silberschmiedestraße von Chengtu tragen ließ. Jeder Laut auf der Straße verstummte, und die Männer nahmen die weißen Turbane vom Kopf, um den Würdenträger wie einen Vizekönig zu grüßen; denn so gebot es das neue Gesetz. Vor der Sänfte schritten die braungekleideten Liktoren einher und wirbelten mit Stäben herum, als wollten sie die Luft vom Atem der Chinesen reinigen. Ein anderer Mann schlug auf einen Gong und rief: »Platz für den Erlauchten Großen Mann, Platz!« Dem Zug folgte in einiger Entfernung die übliche Menge: Bettler und zerlumpte Kinder, die lachten und fluchten. Auf dem Bauch des Bischofs glänzte ein großes Kreuz, und von seinem Kinn wallte ein mächtiger Bart herab. Die Sikh-Polizisten hatten ebensolche Bärte, und auch sie hatten dicke, harte Bäuche. Auch sie schwenkten ihre Knüppel, traktierten die Rikschakulis mit Fußtritten und zerbrachen ihnen manchmal sogar die Deichseln ihrer Wagen. Und man konnte nichts dagegen tun, überhaupt nichts.

Auch Herr Bonami, Yentungs französischer Lehrer an der Sprachenschule, trug einen Bart. Yentung war überzeugt, daß alle bedeutenden Europäer Bärte trugen; und vielleicht traf diese Annahme für das Jahr 1903 auch zu.

Er war daher in den Unterrichtsstunden von Herrn Bonami stets etwas nervös. Des Bartes wegen konnte Yentung die Lippenbewegungen seines Lehrers nicht erkennen, und dieser Umstand erschwerte es ihm, sich eine klare Vorstellung von den Lauten der französischen Sprache zu machen. Nach drei Monaten wußte er viele Vokabeln und war in der Lage, einen einigermaßen fehlerlosen französischen Brief zu schreiben. Nach vier Monaten konnte er einfache Aufsätze schreiben. Aber er konnte nicht gut sprechen, weil der Bart von Herrn Bonami es ihm unmöglich machte, die Worte deutlich zu hören.

Und dann geschah etwas, das seine Verwirrung fast bis zur Unerträglichkeit steigerte. Er hat den Vorfall in seinen Lebenserinnerungen festgehalten.

Nach dem Aufstand der Redlichen Fäuste war es mir endlich vergönnt, mich mit dem Neuen Lernen zu befassen. Ein aus Japan zurückgekehrter Student eröffnete eine Schule des Neuen Lernens, deren Kurse ich besuchte. Vor allem aber studierte ich zu Hause und lernte auf eigene Faust. Ich begann mich mit Mathematik zu beschäftigen; ich lieh mir alle Bücher über Weltgeschichte aus, deren ich habhaft werden konnte; ich kaufte mir zwei Werke über Physik und Biologie. Ich begeisterte mich für die Wissenschaft des Westens und ihre großartige Logik, ja, es ist nicht übertrieben, wenn ich sage, daß ich wie verzaubert war. Infolge meines Lerneifers hatte meine sonstige Entwicklung sich etwas verzögert; die westliche Wissenschaft aber bewirkte, daß ich mich plötzlich gereift, im Besitz alles Wissens fühlte. Im Gegensatz zu anderen jungen Männern meiner Generation, die sich durch Freunde mit Kurtisanen bekannt machen ließen, um bei diesen neue Entzückungen kennenzulernen, hatte ich für derlei Zeitvertreib nichts übrig. Die Bücher gewährten mir eine fast physische Freude. Die Entdeckung, daß das Weltall durch mathematisch bewiesene Gesetze gelenkt wird und daß alle Erscheinungen, die man bisher als mysteriös und transzendent angesehen hatte, durch die menschliche Vernunft erklärbar und voraussagbar waren, erfüllte mich mit einer leidenschaftlichen Erregung. Hier endlich war das, wonach ich immer gesucht hatte. Welch unheimliche Macht war dem Menschen doch gegeben! Wahrlich, der Mensch konnte der unumschränkte Herr seiner Welt sein, wenn er sich diese Möglichkeit in Weisheit und vornehmer Gesinnung zunutze machte.

Ich las über die wissenschaftlichen und industriellen Umwälzungen in Europa, und dabei wurde mir klar, daß meiner Generation die Aufgabe zufiel, diese Fortschritte auch für China zu erreichen, es aus seiner Rückständigkeit in die Neuzeit herüberzuführen.

Meine Hingabe an die Wissenschaft erhielt nun einen neuen

Sinn. Ich fühlte mich als Entdecker einer neuen Welt. Es war wie bei der Explosion eines Gestirns, wenn die Kometen in den Raum hinauswirbeln und ihn in Brand setzen: Unzählige Fragen stürmten auf mich ein und wollten nach den Gesetzen des Neuen Lernens beantwortet werden. Ich entdeckte eine Tugend, der unsere Klassiker noch keine Lobreden gewidmet hatten: den Geist der Neugierde, der unabhängigen Forschung. Das also meinte der Westen, wenn er von Freiheit sprach! Denn dort in Europa war der Geist der Forschung zu seiner höchsten Freiheit gelangt. Dort hatte der Mensch kühn alle Dinge in Frage gestellt, sogar seinen eigenen Körper und seine eigenen Überzeugungen – auch auf die Gefahr hin, das Universum zu sprengen und selbst dabei zugrunde zu gehen. Keine Moralvorschriften, kein ethisches Gesetz stand diesem leidenschaftlichen Wissensdrang im Wege. Vielleicht war der Europäer deshalb so barbarisch geblieben, vielleicht war er deshalb so ungeduldig, vielleicht war sein ungehobeltes Wesen nur Ausdruck eines völligen Mangels an Ehrfurcht, eine urwüchsige Jugendlichkeit, die ihn immer weitertrieb, ohne Rücksicht auf die Folgen. Diese Eigenschaften mochten falsch und tadelnswert sein, aber vielleicht würde der Westen eines Tages, wenn alle Antworten gefunden waren, gut und edel werden und von uns Weisheit, Geduld und Achtung vor dem Leben der Mitmenschen erlernen.

In euphorischer Stimmung las ich die erste chinesische Übersetzung von Huxleys *Ethics and Evolution*, die im Jahre 1896 angefertigt worden war und die ein Hakka-Kaufmann aus Kanton mitgebracht hatte. Nach dieser Lektüre konnte ich nächtelang nicht schlafen. Meiner Ansicht nach war es das großartigste Buch, das ich je gelesen hatte, ein Buch, das die entscheidenden Fragen nach dem Menschen selbst stellte. Ich war überwältigt.

Als Herr Bonami uns aufforderte, einen Aufsatz mit dem Titel »Das beste Buch, das ich je las« zu schreiben, schrieb ich über *Ethics and Evolution*. Ich enthüllte darin meine Gefühle und berichtete, welche Offenbarung das Buch für mich bedeutet hatte. Ich schrieb wie im Fieber. Und voller Freude dachte ich daran, daß Herr Bonami aus meinem Aufsatz ersehen mußte, daß sogar wir in Szechuan ein solch wichtiges Buch kannten. Denn er behandelte uns oft wie unwissende Kinder, und obgleich ich mich nie dagegen gewehrt hatte, gefiel mir das doch nicht.

Am folgenden Tag rief mich Herr Bonami in sein Büro, einen großen Raum mit einem mächtigen braunen Schreibtisch und einem Teppich auf dem Fußboden. Er saß hinter seinem Schreibtisch. Plötzlich geriet sein Bart ins Zittern, und er fing an zu schreien. Ich war so erschrocken, daß ich ihn zuerst nicht verstand. Dann öffnete sein Mund sich noch weiter, trat an mich heran und schrie mir mitten ins Gesicht, so daß ich seine Zähne und seinen Gaumen sah.

»Was für gotteslästerliche Ideen, was für ein Blödsinn! Der Mensch soll vom Affen abstammen? Das kommt alles von diesem verrufenen Darwin und seiner Verbrecherbande!« brüllte er mit wesentlich mehr Lautstärke als Genauigkeit. »Wo haben Sie diesen Dreck her? Wenn das die Art Bücher ist, die Sie auch in meinem Heimatland lesen wollen – in dem Land, in dem Sie sich Kultur und Bildung erwerben sollen –, dann muß ich die Menschen dort vor Ihnen warnen!«

Und so ging es weiter. Er lief im Zimmer umher, er schrie, und sein Bart zitterte dabei. Da er beim Gehen dauernd empört mit den Armen herumfuchtelte, fürchtete ich jeden Augenblick, er werde mich schlagen – und wie sollte ich darauf reagieren? Meine Würde wäre verletzt. Ich konnte es nicht hinnehmen, daß jemand mich schlug, und darum würde ich ihn möglicherweise töten oder Selbstmord begehen müssen, damit nach meinem Tode mein Geist an ihm Rache nehmen konnte. Er überragte mich um Kopfeslänge und war sicherlich doppelt so schwer wie ich. Am liebsten wäre ich davongelaufen, aber mein Stolz nagelte mich fest, so daß ich starr vor ihm stehenblieb. Ich schwitzte vor Angst. Körperliche Gewalttätigkeit hat mir stets Übelkeit verursacht.

Dann ging ich hinaus, meinen Aufsatz, den er mitten durchgerissen hatte, in der Hand. Es dauerte Jahre, bis ich diese Szene zu verstehen begann. Waren denn Huxley und Darwin nicht ein Teil der europäischen Wissenschaft? War die europäische Welt nicht gleichbedeutend mit dem Begriff der Wissenschaft? Sollte ich denn nicht von den Europäern lernen, was sie wußten? Ich hatte das Gefühl, daß ich Herrn Bonami nie wieder ins Gesicht sehen könnte, und spielte mit dem Gedanken, nach Szechuan zurückzugehen. Ich versuchte, zu einem anderen Lehrer zu kommen oder Privatstunden zu nehmen; ich erklärte dem Studienaufseher, ich fühle mich nicht wohl und könne daher nicht am Unterricht teilnehmen. Nach einer Weile jedoch redete der Studienaufseher mir zu, wieder in den Sprachkursus von Herrn Bonami zurückzukehren, und sagte dabei, ich könne sonst nicht nach Europa fahren. Nach drei Wochen ging ich wieder hin. Herr Bonami sprang von seinem Stuhl auf, begrüßte mich herzlich und fragte mich, ob es mir wieder besser ginge. Er hatte alles vergessen, alles. Ich aber sollte es nie vergessen.

Herr Bonami war vermutlich ein strenger Katholik und nahm daher Anstoß an Huxley und Darwin, die von der Kirche auf den Index gesetzt worden waren. Aber das wußte Yentung nicht. Er wußte nicht, daß Europa seine eigenen Wissenschaftler, Erfinder und Entdecker verfolgt hatte. Das war so und ist noch immer so. Im Jahre 1964 wurde eine Lehrerin im amerikanischen Bundesstaat Mississippi ihres Postens enthoben, weil sie versucht hatte, ihren Schülern die Darwinsche Evolutionstheorie zu erklären. Im großen Zusammenhang der Vorurteile erscheint so Herrn Bonamis Zorn im Jahre 1903 verständlicher.

Bei Yentung aber löste er eine Gewissens- und Vertrauenskrise aus und stürzte ihn in tiefe Depressionen. Denn wenn er nicht an die Wissenschaft glauben durfte, woran sollte er sonst glauben? Der ganze Komplex, der sich mit den Worten »Ausländer« und »Christentum« umreißen läßt, war für ihn (und ist für viele Asiaten noch heute) mit einem fast unerträglichen gefühlsmäßigen Beigeschmack behaftet. Und die Verletzungen, die hier seiner geistigen Struktur zugefügt wurden, waren viel tiefer, als er selbst spürte. Um seine Angst zu überwinden und wieder zu Bonami zu gehen, bedurfte es für ihn eines großen Aufwands an Logik und Willenskraft. Nachdem er dann einige Jahre in Europa verbracht hatte, begann er allmählich zu begreifen, welch widerstreitenden Einflüssen und welch heftigen Strömungen und Gegenströmungen auf allen Gebieten das Europa des beginnenden zwanzigsten Jahrhunderts ausgesetzt war. Aber trotz allem, was später geschah, gelang es ihm doch nicht, seine Furcht völlig zu überwinden. Er fühlte sich unbehaglich und unsicher in den Häusern der Europäer. Er gab sich dort nie so, wie er war; und in seiner Angst, er könne auf irgendeine Weise die in Worten und Taten so rasch aufflammende Heftigkeit dieser Menschen herausfordern, benahm er sich ihnen gegenüber fast unterwürfig. Wenn sie auf China zu sprechen kamen, verfiel er in Schweigen und zog sich ganz in sich zurück wie in eine hermetisch versiegelte Kiste. Wie viele junge Leute seiner Generation hatte auch er stets das Gefühl, die Europäer wollten ihn ausspionieren und »ein Loch in seine Seele bohren«. Ihr leidenschaftlicher Drang, »den Orientalen zu verstehen«, wirkte in seinen Augen wie eine ungebührliche Zudringlichkeit. Denn die chinesischen Anstandsregeln lehren, daß die Beziehungen zwischen Bekannten und Freunden glatt, ungezwungen und angenehm sein sollen wie kühl strömendes Wasser und daß Zuneigung sich niemals erzwingen läßt, auch nicht durch den Zwang der Liebe.

Die Erfahrung, die Yentung mit Herrn Bonami machte, war kein Einzelfall. Mancher Chinese wurde vom Studium der westlichen Wissenschaften durch die Missionare abgehalten, die gekommen waren, um die Menschen in Übersee »zu belehren«, und die das falsch machten, weil sie den Religionsunterricht als eine Vorbedingung für jeden anderen Unterricht hinstellten. Hätten sie den chinesischen Schülern ihr weltliches Wissen vermittelt und ihnen das Beste gegeben, was der Westen anzubieten hatte: Naturwissenschaften, Philosophie, Humanismus, Literatur – die Geschichte wäre vielleicht anders verlaufen. Statt dessen boten sie diesen häufig hochgebildeten Menschen kindische Geschichten über Gott und den Teufel, über Himmelsversprechungen und Höllendrohungen und tischten ihnen Dinge auf, die ein zivilisierter Mensch als verächtlich und unwürdig ablehnen muß. Ein Jahrhundert lang begnügten sie sich in der Hauptsache damit, die Bibel zu übersetzen; eine

Erziehung ohne Bekehrung zum Christentum lag außerhalb ihrer Interessen.

Und so verband sich für die Chinesen der Name Christus nicht mit dem Begriff des Lernens, sondern mit dem Begriff »Opium«, nicht mit der Erlösung der Menschheit, sondern mit der Ausplünderung Chinas. Die schlimmen Folgen dieser Tatsache sind noch heute und sogar unter den Menschen meiner Generation sichtbar – und nicht nur in China.

Es waren die chinesischen Gelehrten selbst – zuerst die Reformisten und später die Revolutionäre –, die damit anfingen, Bücher aus den europäischen Sprachen zu übersetzen. Sie taten es gegen den Widerstand der Mandschu-Dynastie und erfuhren dabei kaum Unterstützung durch die Missionspädagogen. Die wenigen Männer, die hier eine Ausnahme machten, mußten manchen Tadel einstecken, weil sie die Chinesen »nutzlose Dinge« lehrten und so »das Aufkommen revolutionärer Ideen begünstigten«.

Nach dem Zwischenfall mit Bonami vertraute Yentung seinem Bruder an: »Ich habe mehr Angst als beim Überqueren der Stromschnellen. Damals wußte ich mein Leben in Gefahr; jetzt ist mir, als schwebe mein Geist über einem schwindelnden Abgrund. Ich weiß nicht mehr, was ich glauben soll, und ich zweifle sogar an so allgemeinen Begriffen wie »hart und weich«, »flüssig und fest« – kurz, in meinem Kopf herrscht ein schreckliches Durcheinander. Wenn ich gehe, weiß ich wohl, daß mein Körper sich von einem Punkt zu einem anderen bewegt hat; aber ich kann mich nicht mehr erinnern, wie ich dahin gelangt bin. Worin besteht das Wesen des Westens, und wie soll ich ihn je begreifen?«

Zu solch verzweifelten Selbstgesprächen veranlaßte ihn die Begegnung mit der Welt des Westens, die ihm so unerforschlich, doppelgesichtig und schizophren erschien. Und wenn seine Verwirrung sich auch etwas legte, die Angst blieb. Doch sie hinderte Yentung nicht, gegen Ende des Jahren 1903 den Dampfer zu besteigen, der ihn von Shanghai nach Marseille bringen sollte. Er trug noch immer seinen Zopf, obgleich schon damals viele Kaufleute und Studenten, die nach Japan gingen, sich den ihren abschneiden ließen. Sie begaben sich damit in

Gefahr; noch im Jahre 1907 wurde auf dem Bahnhof von Peking ein Mann von der Menge gelyncht, weil er einen falschen Zopf trug und versehentlich den Hut gelüftet und so sein Geheimnis enthüllt hatte. Etwas später sollte auch Yentung sich den Zopf abschneiden lassen, obgleich seine Mutter erst nach zehn Jahren, nämlich bei seiner Rückkehr nach China, davon erfuhr. Doch zu dieser Zeit waren schon fast alle Zöpfe gefallen.

Die Studenten aus Szechuan, die im Winter 1903 in Shanghai an Bord der *Porthos*, eines Dampfers der französischen Schiffahrtslinie *Messageries Maritimes*, gingen, um von hier nach Marseille zu fahren, führten eine Unmenge von Gepäckstücken, darunter viele Behälter voll mehr oder weniger duftender eßbarer Dinge, mit sich.

Chou Yentung hatte fünf große konservierte Fische in geflochtenen Körben; ferner fünf mit gelacktem und geöltem Stoff ausgekleidete Weidenkörbe, die je gute acht Pfund wogen und mit gegorener Bohnengallerte in Paprikasoße gefüllt waren; zehn luftdicht verschlossene zwei Fuß hohe Porzellankruken mit verschiedenen Süßigkeiten; mit Obst, Honig, Lotossamen und Mandeln zubereitete Kuchen, deren blättrige Umhüllungen mit schwarzem Sesam und Pfeffer bestreut waren; kandierte Früchte, Quitten, Limonen, saure Pflaumen; Oliven gegen Schwindelanfälle; Pakete mit Schwalbennestern für kräftigende Suppen; viele Päckchen mit chinesischen Medizinen gegen die verschiedensten Krankheiten, die sein Vater selbst rezeptiert und zubereitet hatte: gegen Schwächeanfälle, Erkältungen, Schüttelfrost und Fieber aller Art, sämtlich in dunkelrote, wasserdichte Ölhäute gepackt; konservierte, entwässerte, gepreßte und lackierte Enten in flachen Rotangtaschen, die mit roter und goldener Folie beklebt waren. Durch die Schnäbel der Tiere war ein Loch gebohrt und eine Pisangschnur gezogen, so daß man sie aufhängen konnte. Außerdem hatte er zwei Schinken aus Yünnan bei sich, an denen noch die Schweinsfüße waren und die man ebenfalls aufhängen konnte. Dazu kamen vier Körbe mit Orangen, Bambusbüchsen mit eingemachten Goldorangen, Lackbüchsen mit Tee, zwölf Krüge mit Essiggemüsen, die seine Mutter selbst zubereitet hatte, sowie die verschiedensten Gewürze und in Salz und Nelken eingemachte Gemüse.

Zweifellos hatten auch die anderen Studenten einen ähnlichen Vorrat an Lebensmitteln bei sich, der sie in Europa vor dem Hungertod bewahren sollte. Die Chinesen im Ausland klagten nämlich alle über die gleichen Beschwerden: ihr Magen verlangte nach der Beruhigung der gewohnten Reismahlzeiten, ihr Gaumen sehnte sich nach Geschmacksnuancen und Substanzen, die ihm unerreichbar waren. Denn ebenso wie Auge, Ohr und Nase leiden auch die Zunge und die Finger an Heimweh; sie alle brauchen das Gefühl, den Geschmack, die Form, die Töne und Düfte, die ihnen vertraut sind, wenn sie dem Geist den Begriff des Behagens vermitteln sollen. Und die Leute aus Szechuan mit ihrer großen Vorliebe für Chili, den tränen- und schweißtreibenden roten Pfeffer, mit dem sie ihre Speisen würzen, jammern überall im Ausland über Magenbeschwerden – Ausland aber ist in dieser Hinsicht für sie jedes Land jenseits der Grenzen von Szechuan.

Als all diese Vorräte in die gemeinsame Kabine der vier Studenten gebracht waren, kam es zu einer Auseinandersetzung mit dem Steward. Wu Ling und einer seiner Söhne, welche die Abreisenden an Bord begleitet hatten, legten sich ins Mittel, und Wu Ling überreichte dem Steward seine Karte, die auf der einen Seite englisch, auf der anderen chinesisch bedruckt war.

»Deine Familie scheint ja sehr reich zu sein«, bemerkte Wu Lings Sohn hämisch zu Yentung. Er betrachtete die Kampferholzkisten mit den kunstvoll gravierten Kupferbeschlägen; die braunlackierten Schweinslederkoffer, in denen Pelze, lange, gefütterte Seidengewänder und Satinjacken lagen; die kleineren schwarzlackierten Lederkoffer mit den Stoffstrümpfen, den Gürteln und Schärpen und der seidenen Unterwäsche; die verschiedenen Kästen mit den Schriftrollen und Büchern – eine ganze Prozession an Kisten und Behältern, die von den Kulis die Laufplanke heraufgewuchtet wurden. »Diese vulgäre Art, auf den Reichtum anderer anzuspielen, ist in Shanghai üblich«, schrieb Yentung. »Ich nahm keine Notiz davon.«

Der Steward, ein Eurasier aus Annam, benahm sich sehr arrogant. Verächtlich schrieb Yentung über den Mischling: »Er versucht, sich die Gunst seines weißen Herrn zu erschmeicheln.«

Als der französische Obersteward erschien, äußerte Wu

Ling kein Wort mehr, sondern nahm es hin, daß dieser mit der ganzen Grobheit, die damals alle Reden und Handlungen der Weißen begleiteten, erklärte, dieses stinkende Zeug gehöre nicht an Bord eines französischen Schiffes und ein Teil des Gepäcks müsse zurückbleiben. Yentung opferte den Fisch, einen Teil der Gemüse und einen Schinken. Klugerweise erinnerte er sich daran, daß er etwas Silbergeld in der Tasche hatte. Das Aufblitzen der Münzen erwarb ihm die allgemeine Sympathie. »Ich weigerte mich, alle Eßwaren wegschaffen zu lassen, denn ich wußte, daß wir sie während der Reise nötig haben würden.«

Der französische Steward war gegangen, der Eurasier verschwand, und plötzlich fand der Kabinenboy, ein Chinese aus Annam – ein Hakka –, noch reichlich Platz für das gesamte Gepäck. Der Fisch, der Schinken und die Gemüse kehrten zurück. Der chinesische Koch erklärte sich bereit, gegen eine geringe Extragebühr für die Studenten zu kochen und ihnen das Essen in der Kabine servieren zu lassen. So vermieden sie das französische Restaurant und brauchten auch nicht im Speisesaal zweiter Klasse zu sitzen, obgleich man ihnen dringend empfohlen hatte, sich schon während der Überfahrt im Gebrauch von Messer und Gabel zu üben. »Wir wollen doch den schrecklichen Tag noch nicht vorwegnehmen, an dem wir nicht nur die europäischen Wissenschaften studieren, sondern auch die Kleidung der Europäer tragen und lernen müssen, ihre Speisen zu essen.«

Als die Abschiedsstunde schlug, wurden Gedichte verfaßt, in denen von früheren Reisenden die Rede war, die »den Wind in ihren Ärmeln getragen« hatten. Freunde, die ihnen das Geleit gaben, gelobten, daß sie am einsamen Strand stehen, mit ihren Augen den Horizont absuchen und in Erwartung ihrer Rückkehr ihren Lidern keinen Schlaf gönnen würden.

Wu Ling sollte während der Revolution von 1911 umkommen, da er in Verdacht geraten war, einige Revolutionäre an die Mandschu verraten zu haben. Die Engländer hatten geschmuggelte Munition beschlagnahmt, die Mandschu ließen eine Anzahl von Studenten hinrichten. Auf Wu Ling fiel ein Verdacht, und er erlag einem privaten Mordanschlag.

Ein Zittern erschütterte die *Porthos*, Sirenen heulten, Yentung wurde plötzlich von Kopfschmerzen befallen. Er sah, wie die Küste zurückwich und das goldgelbe Wasser allmählich blau wurde. Der Wind zerrte an seiner Kappe; als er sie festhalten wollte, berührte seine Hand den Zopf.

Die *Porthos* lief das damals von den Franzosen besetzte Saigon an. Dort wurden die Studenten von der chinesischen Kaufmannsgilde in Cholon, dem chinesischen Händlerviertel der Stadt, begrüßt und gerieten damit unversehens in ein anderes China, das Übersee-China: ein handeltreibendes, derbes, rasches, auf Gewinn bedachtes, rauhstimmiges und drängelndes China ohne wissenschaftliche und literarische Bildung, aber dafür voll brennenden Interesses für alles, was im »Alten Berg der Ahnen« vor sich ging, und von leidenschaftlichem Haß gegen die Mandschu beseelt.

Hier wie auch in Singapur hatten die jungen Leute Freunde und Verwandte – sogenannte »Bambusschößling-Verwandte«, die sich ihnen nicht durch das gemeinsame Blut, sondern durch Adoption und Zuneigung verbunden fühlten; denn die Hakka nennen sich in jedem Teil der Welt gegenseitig »Vetter« oder »Bruder«, helfen einander und leihen sich Geld. Man behauptet auch, ein Hakka betrüge den anderen nie; aber das stimmt nicht, sie tun es doch.

Wieder vertraute Yentung dem Bruder seine Eindrücke an: »Wie lebendig, wie rasch im Denken, aber auch wie besessen aufs Geldverdienen sind sie im Vergleich mit uns in Szechuan! Wir zu Hause sind träge, hier ist man geschäftig. Dabei herrscht immer ein Wetter wie bei uns in den heißesten und feuchtesten Sommertagen; doch das kann ihrem Tatendrang keinen Abbruch tun. Und wie sie die Mandschu hassen!«

Für die Überseechinesen war der Name Sun Yatsen zu einem magischen Begriff geworden. Sie sprachen dauernd von ihm und fürchteten nicht, daß ihnen das schlecht bekommen könnte. Die Reicheren sprachen auch von Kang Yuwei, dem Reformisten, der ihnen vertrauenswürdiger erschien als Sun.

»Wir haben hier Nguen Wenhsin kennengelernt, einen bedeutenden Mann, dessen ältester Sohn in Frankreich studiert. Er ist ein Anhänger von Sun Yatsen. Sun selbst soll sich, wie es heißt, im Norden, in Hanoi, aufhalten. Man erzählt, er plane einen Aufstand, den er von Hanoi aus in die Provinz Kwangsi hinübertragen will. Andere behaupten, Sun sei nicht hier, sondern in Amerika. Sun ist hier, Sun ist da, Sun ist gleichzeitig überall. Aber keiner hat ihn wirklich mit eigenen Augen gesehen.«

Nguen Wenhsins Vater war ein Taiping, der Anführer einiger Bauernbataillone, gewesen und nach der Niederwerfung des Aufstands im Jahre 1864 aus China geflohen. Wenhsins Bruder war von der Preßpatrouille erfaßt und als Arbeitskuli nach Malaya verkauft worden, wo er mit Hunderten seinesgleichen fünf Jahre lang den Dschungel rodete und Straßen baute. Schließlich konnte er sich freikaufen, ging nach Siam, arbeitete dort in einer kleinen Sägemühle, lernte mit Elefanten umzugehen, die beim Holzfällen im Dschungel verwendet wurden, und schaffte es durch seinen ungewöhnlichen Fleiß, binnen dreißig Jahren ein wohlhabender Mann zu werden. Jetzt betrieben die beiden Brüder – der eine in Bangkok, der andere in Saigon – einen gemeinsamen Holzhandel. Der alte Vater schlurfte umher und erzählte von seinen Erlebnissen während des Taiping-Aufstands:

»Das war im Herbst. Eine Anzahl von uns, den Roten Turbanen, besetzte die Flußflotte von Kanton, und als diese Mandschu-Hunde den Fluß überqueren wollten, legten sie sich in den Hinterhalt und töteten etwa fünfhundert der Unseren. Da waren auch ein paar Engländer und Amerikaner, die ihnen beistanden; aber die ließen wir laufen, obgleich sie vierzehn von unseren Dschunken versenkt hatten, denn so lautete der Befehl des Himmlischen Königs. Aber es kamen immer mehr Hunde-Soldaten, und wir mußten machen, daß wir wegkamen, und flüchteten uns auf eine Dschunke. Zweihundert Mann waren wir und hatten eben Platz genug, um uns zu setzen; aber wir hatten nichts zu essen und zu trinken, und unterwegs starb die Hälfte der Leute an ihren Verwundungen und am Durst. Wir anderen hatten Glück und gelangten an ein Ufer. Aber da waren wir in Annam, und nun kamen französische Soldaten und legten uns in Ketten. Ein paar Tage später mußten wir abmarschieren, in den Dschungel. Dort bauten wir eine Straße, achtzig Mann, und nach vier Jahren waren nur noch fünfzehn von uns übrig.«

Er überlebte wie durch ein Wunder, sie ließen ihn frei, und er wurde ein kleiner Straßenhändler, der Papierspielzeug und Glaskugeln für Kinder verkaufte. Schließlich ersparte er sich die nötige Summe, um sich einen Händlerstand zu kaufen und die Kopfsteuer zu zahlen, welche die Franzosen von allen Chinesen erhoben. »Und jetzt warte ich auf die Revolution«, schloß er, »damit ich in das Land meiner Ahnen zurückkehren kann. Ich will nicht sterben, bevor ich nicht die Revolution erlebt habe.« Der alte Mann stiftete viel Geld für Suns Bewegung.

Sowohl Wenhsin wie sein erst siebzehn Jahre alter Sohn sollte bei einem Aufstand umkommen, den Sun Yatsen 1907 oder 1908 von Indochina aus organisiert hatte. Mit hundert anderen Revolutionären wurden sie in einer offenen Feldschlacht förmlich in Stücke gehackt.

In Saigon wurde China für Yentung auf einmal zu einem viel realeren, klareren und lebendigeren Begriff. Nicht nur seine Heimatprovinz Szechuan, sondern ganz China wurde ihm plötzlich gegenwärtig. Dachte er dort auch an seinen Freund Liu Tachun? Erkundigte er sich nach ihm? Yentung erwähnt das nicht, aber er schreibt: »Plötzlich begreife ich die Notwendigkeit eines Wandels und die Leiden meines Volkes viel besser.«

Nachdem das nun vollbesetzte Schiff – Franzosen in der ersten Klasse, Kaufleute aus Annam und Tonking und chinesische Studenten in der zweiten – aus Saigon ausgelaufen war, entdeckte man einen Maschinenschaden. Mit Mühe und Not gelangte die *Porthos* in den Hafen von Singapur. Überrascht stellte Yentung fest, daß er wiederum in eine chinesische Stadt gekommen war, wenngleich diese hier von den Engländern verwaltet wurde. »Wir wurden von den hiesigen Kaufmannsgilden eingeladen. Einige der Kaufleute hier sind außerordentlich reich.« In Singapur war Sun Yatsens Einfluß nicht so stark wie in Indochina, obgleich die Stadt später zu einem seiner finanziellen Hauptstützpunkte bei der Vorbereitung der Revolution in China werden sollte und Sun im Jahre 1910 hier auf ungefähr zehntausend Anhänger zählen konnte.

Der Haß auf die Mandschu-Dynastie aber war hier ebenso deutlich spürbar wie in Saigon. Bereits 1898 hatten die Chinesen von Singapur, wie Yentung erfuhr, lebhaft für das Abschneiden des Zopfes agitiert, und diese Bewegung war noch immer nicht abgeklungen. Die meisten Chinesen in der Stadt waren als sogenannte »Schweine«, als Kontraktarbeiter, hierhergekommen; daneben gab es noch eine kleine Anzahl politischer Flüchtlinge. In Singapur regierten die Engländer, und die Chinesen arbeiteten. Das Britische Empire benötigte immer mehr fleißige und ausdauernde »menschliche Schweine«, die man nach Malaya schicken konnte; denn neuerdings galt auch die Malaiische Union als offenes Feld für den britischen Eroberungsdrang.

Die erste Nation, die Chinesen für die Schwerarbeit auf ihren Schiffen regelrecht kidnappte, waren die Portugiesen, die an den Küsten aller Meere von Indien bis China ihre Raubzüge unternahmen. Die Holländer wiederum, die Arbeitskräfte für ihre ostindischen Kolonien brauchten, führten das System der Vertragsarbeiter, der »chinesischen Schweine«, ein. Es war den Untertanen der Mandschu bei Todesstrafe verboten, das Land zu verlassen; aber die Armut und die immer wieder aufflammenden und unterdrückten Revolten schufen trotzdem einen Vorrat an »menschlichen Schweinen«, an Menschen, die willig und bereit waren, auszuwandern. Dies gilt besonders für die Zeit nach dem Taiping-Aufstand. Im Jahre 1860 zwangen die Westmächte die Mandschu-Dynastie, in einen Vertrag einzuwilligen, nach dem es den Chinesen gestattet war, das Land zu verlassen – eine Maßnahme, die den »Schweinehandel« außerordentlich erleichterte. Der Preis, den der Werber erhielt, betrug vierzig Silberdollar. Davon bekam der angeworbene Arbeiter zehn Dollar, während dreißig für seine Überfahrt berechnet wurden. Sein Verkauf als Arbeitskraft nach Niederländisch-Ostindien brachte dem dortigen Kontraktschließer einhundert Dollar ein. Mit seinem Daumenabdruck unterzeichnete der Chinese einen »Kontrakt« (den er oft gar nicht lesen konnte), in dem er sich verpflichtete, drei Jahre für die Gesamtsumme von einhundertachtzig Dollar, also für sechzig Dollar pro Jahr, zu arbeiten. Wollte er sich nach dem Abschluß dieser drei Jahre freikaufen, so mußte er einhundert Dollar an den Plantagenbesitzer zurückzahlen. Hinsichtlich seiner Ernährung war er auf eine von seinen Arbeitgebern betriebene Kantine angewiesen, die verhältnismäßig hohe Preise verlangte. Er konnte die Plantage nicht mehr verlassen. Außerdem unterhielt der Plantagenbesitzer auch Opiumhöhlen, in denen der Arbeiter noch mehr Geld ausgab, so daß er bald Schulden bis zu hundert Dollar machte und nach drei Jahren einen neuen Dreijahresvertrag abschließen mußte. In Malaya wandten die Engländer das gleiche System an. Um 1900 traten britische und portugiesische Kaufleute als Werber auf; die Schlepper- und Prellerarbeit für sie aber besorgten chinesische Gangster in Shanghai, Kanton und anderen Häfen.

Yentung stellte fest, daß Kang Yuwei in Singapur vor allem in den Kreisen der reicheren und angeseheneren Chinesen treue Anhänger hatte. Die Gestalt Sun Yatsens hingegen war zwar umstritten, übte jedoch auf die große Masse eine wahre Faszination aus. Die Wahrsager in den Tempeln der heiligen Affen von Singapur und Penang prophezeiten den Sieg Sun Yatsens. Sie erzählten, wie Sun im Jahre 1894 mit achtzehn anderen Männern einen Revolutionsbund begründet hatte. Siebzehn von ihnen waren verhaftet und enthauptet worden, und allein Sun war noch da, um den revolutionären Gedanken in die Tat umzusetzen... Das bewies, daß der Himmel auf seiner Seite war. Er war in London verhaftet worden, aber auch da hatte der Himmel ihm einen Helfer in Gestalt des englischen Arztes Dr. Cantlie geschickt. Sun reiste durch die ganze Welt und predigte überall die Revolution, und so viele Fallen man ihm auch stellte, immer gelang es ihm auf wunderbare Weise, der Gefahr zu entgehen. Er war auch ein Mitglied der Geheimgesellschaft »Triade«, die diesen Namen trug, weil sie sich als Emblem die drei symbolischen Kreise für Himmel, Erde und Menschheit gewählt hatte, die auf den Fußböden der taoistischen Tempel in Szechuan eingemeißelt waren. Diese Geheimgesellschaft verfügte über eine große Macht unter den Reihen der armen »Schweine« von Singapur.

Kang oder Sun? Welcher von beiden würde China retten? Kang sammelte Geld für Aufstände in China; aber ihm ging es darum, den Kaiser aus seiner Gefangenschaft zu befreien und das Kaisertum zu erhalten. Im Juni 1900 waren zwei japanische Freunde Sun Yatsens, Miyasaki und Kiyafugi, im Auftrag von Sun nach Singapur gekommen, um Kang ein Bündnis vorzuschlagen. Da man jedoch Geld bei ihnen gefunden hatte und beide zum Zwecke der Selbstverteidigung ein Messer im Gürtel trugen, wie es bei Japanern (und auch bei Malaien) üblich ist, behauptete Kang, die Japaner seien geschickt worden, um ihn zu ermorden. Er zeigte sie bei den britischen Behörden an, und sie wurden verhaftet und eingesperrt. Im Juli 1900 kam Sun persönlich nach Singapur, um die Haftentlassung seiner Freunde zu erwirken – eine außerordentlich mutige Tat, da die Mandschu alles dafür gegeben hätten, ihn umbringen zu lassen. Die Engländer wollten ihn nicht in Singapur haben und legten ihm nahe, wieder abzureisen. Noch einmal bot er Kang ein Bündnis an; aber Kang lehnte ab und erklärte, er glaube nicht an eine gewaltsame Revolution, sondern nur an eine nach den Regeln der Ordnung verlaufende Reform. Die beiden gingen auseinander und sollten sich nie wieder begegnen.

In den Augen der reichen Kaufleute von Singapur war Kang der Erzieher des Kaisers, ein Gelehrter von Ruf, der vorübergehend in Ungnade gefallen war. Die tückische, verworfene Kaiserinwitwe würde nicht ewig leben; nach ihrem Tod würde der Kaiser aus seiner Haft befreit werden, er würde Kang zurückberufen, und dann würden die Reformisten das Reich regieren. Darum erschien es diesen genau kalkulierenden Geschäftsleuten als eine klare Vorbedingung künftigen Einflusses, wenn sie Kang mit Geld versorgten. Sun war arm, unbekannt, geächtet, kein Gelehrter und ganz gewiß kein vornehmer Herr mit gutem Namen. Tauchten die Anhänger Suns auf, um Geld für die Revolution zu sammeln, so sagten die reichen Kaufleute: »Wenn ihr uns garantieren könnt, daß die Revolution erfolgreich sein wird, geben wir euch etwas, sonst nicht.« Suns Einfluß erstreckte sich auf die kleinen Ladeninhaber, die Arbeiter, die Kulis und die jungen Studenten. Die aber waren bereit, für ihn zu sterben.

All das erfuhr Yentung von Chia, einem Hakka-Kaufmann,

der die Studenten in seinem Heim auf der Kling Street empfing und bewirtete. Chia war ein patriotisch gesinnter Mann und hatte sich durch den Handel mit Ananas ein kleines Vermögen erworben. Sein Vater war gegen Ende des Taiping-Aufstandes aus China geflohen; seine Mutter hatte im Frauenregiment der Taiping gekämpft und war dabei getötet worden. Ein Onkel von ihm besaß Pfefferplantagen auf Borneo. Chia stiftete Geld für die Sache Sun Yatsens und war Mitglied der Geheimgesellschaft »Triade« in Singapur.

Wieder war Yentung verblüfft. Die Engländer, die er in Szechuan zu hassen gelernt hatte, weil sie offen das gesamte Yangtsebecken für sich forderten, traten hier als die Beschützer der Chinesen auf. Unter ihrer Herrschaft ging es den Chinesen in Singapur gut; viele von ihnen verdienten viel Geld und priesen die Engländer. Hier lebte Kang Yuwei, ein Flüchtling aus China, der sich in dem verhängnisvollen September 1898, als die Reform in China gescheitert war, heimlich an Bord eines englischen Kanonenbootes begeben und sich dem Schutz eines Sikh-Polizisten anvertraut hatte – also einem dieser entsetzlichen bärtigen Riesen. Die Mandschu hatten Desperados geworben, um ihn ermorden zu lassen, aber er war mit dem stillschweigenden Einverständnis der Engländer in Singapur geblieben. Und trotzdem unterstützten die Engländer nach außen hin die Mandschu-Dynastie ...

Andererseits war Sun Yatsen in London, wo die Mandschu-Dynastie ihn mit der stillschweigenden Billigung gewisser Beamter des Foreign Office gewaltsam entführt hatte, wiederum durch einen Engländer gerettet worden, durch eben den Dr. Cantlie, der Suns Lehrer und Freund gewesen war, als dieser in Hongkong Medizin studierte.

Während der achtundvierzig Stunden, die das Schiff im Hafen von Singapur lag, konnte Yentung feststellen, von welch leidenschaftlichem Patriotismus die Überseechinesen erfüllt waren. Ihm kam es vor, als sei er in einen Irrgarten der Sonderlichkeiten und Widersprüche geraten, die sich gegenseitig aufhoben und ihn in stummes Staunen versetzten. Die Engländer führten Opium aus Indien und China zu ermäßigten Preisen in Singapur ein und stellten chinesische Kaufleute an, die für sie die Ware vertreiben mußten. Und diese chinesischen Kaufleute verkauften das Opium an die armen chinesischen Kulis, die ihrerseits – ganze Bootsladungen voll – zur Arbeit im Dschungel verkauft waren und kein Heim und keine Frau hatten, nichts um ihre Leiden zu lindern als das Opium. Bei diesem höchst anstößigen System brachten die Engländer es fertig, den größten Teil des Gewinns einzustreichen und dabei die Chinesen die schmutzige Arbeit tun zu lassen, und auch die reichen Chinesen verdienten an dem Opium, das sie ihren armen Landsleuten verkauften. In den Jahren 1903 und 1904 stammten fünfundneunzig Prozent der britischen Regierungseinnahmen in Singapur und Malaya aus dem Opiumhandel. Aber in England war eine große Bewegung im Gange, um den Fluch des Opiums zu bannen, ebenso wie man sich auch lautstark für die Abschaffung des Sklavenhandels einschließlich des Handels mit »menschlichen Schweinen« einsetzte.

Am Morgen seines zweiten Tages in Singapur, wenige Stunden bevor er an Bord zurückkehrte, ging Yentung zu einem Barbier in der Cross Street und ließ sich seinen Zopf abschneiden. Vielleicht war es sein neuerwachtes, fieberhaft erregtes, ja fast verzücktes patriotisches Bewußtsein, das ihn zu diesem Schritt veranlaßte. Viele Zöpfe waren in Singapur schon gefallen, denn hier war das Schnappen der Schere nicht so gefährlich wie in China. Zu dieser folgenschweren ersten Tat des Ungehorsams und der offenen Rebellion (und auch der Auflehnung gegen seine Familie! Schließlich hatte seine Mutter ihn gewarnt und ihm erklärt, mit dem Zopf würde er sich gleichzeitig sein Leben abschneiden – und sie hatte recht damit gehabt, da ja die Strafe der Enthauptung darauf stand), zu dieser Tat also hatte Yentung sich einen Begleiter mitgenommen: einen jungen Kantonesen namens Tan Hsiakkim. Dieser, ein Neffe von Chia, war ein erstaunlich vielseitiger junger Mann: er konnte Opernarien singen, er war ein guter Ringkämpfer, er spielte verschiedene Musikinstrumente einschließlich des europäischen Klaviers. Im Jahre 1909 ging er heimlich nach China zurück und kam bei einem gescheiterten Aufstandsversuch ums Leben. »Er hatte große Ähnlichkeit mit meinem Freund Tachun«, schreibt Yentung, »und er stand neben mir, als die Schere des Barbiers schnappte. Später meinte er im Scherz, nun, da mein Hals nackt sei, werde es weniger Schwierigkeiten machen, mir den Kopf abzuschlagen. Er hatte keine Angst vor Tabu-Worten und unterschied sich darin von den meisten Kantonesen, die niemals Worte wie ›Messer‹, ›schneiden‹ oder ›Tod‹ aussprechen.«

Während der restlichen Reise ließ Yentung sich das Haar in die Stirn wachsen. Später, als er sich in Brüssel zu einem Dandy entwickelte, lernte er, es zu scheiteln und mit Pomade zu glätten. Nach seiner Rückkehr nach China trug er einen Bürstenschnitt.

Der Zopf wanderte in ein Sandelholzkästchen mit fest schließendem Deckel, das in Yentungs Besitz blieb, bis seine Frau Marguerite es eines Tages fand. Sie beschrieb mir, ihrem Kind, die Szene auf ihre Weise, indem sie die lebendige Präsensform benutzte und mit den Händen andeutete, wie sie damals in den Sachen herumgekramt hatte:

»Ich veranstalte ein großes Aufräumen in dem neuen Haus. Was soll ich auch mit all diesen Koffern anfangen?

So finde ich also dieses Kästchen, und was sehe ich? Zuerst halte ich das Ding für eine Schlange, denn dein Vater hat einen Haufen chinesische Medizinen, die ich immer wegwerfe. Ich will das da auch wegwerfen, aber der Kasten ist so hübsch, und der Gegenstand ist in Papier eingewickelt. Also frage ich ihn zuerst:

›Was ist das?‹

Und dein Vater sagt: ›Mein Zopf.‹

›Warum in aller Welt hebst du den auf?‹

Er sagt: ›Für meine Mutter.‹

Andernfalls hätte seine Mutter sich Sorgen gemacht, denn jeder, der diesen Zopf findet, kann ihn verhexen und ihm schaden. So gibt er mir denn das Kästchen, und ich tue meine Taschentücher hinein und lege den Zopf in einen Umschlag. Wir haben das Ding mit nach China genommen, und er hat es seiner Mutter gegeben. Lieber Gott, habe ich gelacht!«

An Bord der *Porthos* war Yentung der Meinung, nun habe er die europäischen Frauen entdeckt. Und bis er Marguerite traf, waren sie für ihn »die häßlichsten Geschöpfe auf Erden«, wie er sich seinem jüngeren Bruder gegenüber ausdrückte. Besonders abstoßend fand er ihre Stimmen und ihre Füße, die größer waren als die seinen und die in Lederschuhen mit Absätzen steckten. Ihre Hände, ihre Nasen, die Art, wie sie lachten und dabei den Mund aufrissen, alles an ihnen erschien ihm abscheulich. Wie konnte nur jemand derartige Geschöpfe als Frauen ansehen? Und doch, liegt nicht gerade in dem Nachdruck, mit dem er von der Häßlichkeit der Europäerinnen spricht, schon die leichte Andeutung einer Faszination?

Er und die anderen Studenten diskutierten ganz offen über Frauen. Sie konnten es nicht fassen, daß einige chinesische Studenten, die ins Ausland gegangen waren, dort europäische Frauen geheiratet hatten. »Ich habe gehört, daß sie doch tatsächlich lange, haarige Schwänze haben und nur so viele Röcke tragen, damit man den Ansatz nicht bemerkt.« Diese Sätze schrieb der junge Yentung, der nichts von Frauen wußte, im Alter von siebzehn Jahren.

(So unglaublich es klingt: zweiundfünfzig Jahre später bin ich dem gleichen ehrwürdigen Aberglauben begegnet. Unter den Überseechinesen in Malaya kursiert noch immer das Gerücht, die europäischen Frauen hätten Schwänze.)

Nach Suez wurde die Sonne bleicher. Sie war nun gewissermaßen ersetzt durch ein schwimmendes graues Licht, eine Mischung aus grauem Wasser und bleifarbenem Himmel, und in diesem Licht sahen die Frauen an Bord plötzlich ganz anders aus. Ihre Haut wirkte feiner und heller und ihr nicht schwarzes Haar fast hübsch, wenn sie fröhlich über den aufspritzenden Gischt lachten und der Wind ihre Röcke flattern ließ.

Und nun kamen die stürmischen Wasser Europas, das in hartes Grau verhüllte Mittelmeer, das Yentung so haßte, bis er seine kraftspendenden Eigenschaften entdeckte. Der Wind blies ihm schneidend ins Gesicht, als er und die anderen Studenten, in pelzgefütterte Gewänder gehüllt, in Marseille an Land gingen. Sofort sammelte sich eine neugierige Menge um sie. »Die Leute kamen und faßten mich, meine Kleider und meinen Hut an. Noch nie hatte ich so viele Weiße gesehen.«

Er war heil und gesund über den trennenden Ozean gelangt.

Man schrieb das Jahr 1904, und der Tag seiner Ankunft war ein kalter Februartag.

Ein Vertreter des chinesischen Konsuls hatte sich zu ihrer Begrüßung eingefunden. Die Studenten setzten ihre Kappen auf, an denen sie falsche Zöpfe befestigt hatten; glücklicherweise verlangte die chinesische Etikette nicht von den Männern, daß sie ihre Kopfbedeckung abnahmen. Sie begrüßten den Vizekonsul und einen riesengroßen bärtigen Ausländer, der mit ihm gekommen war. Yentung notierte: »In ihrem eigenen Land sind die Ausländer viel höflicher zu uns als in China.« In Shanghai hatten die Ausländer verächtlich auf ihn herabgeblickt, und ein Sikh-Polizist hatte ihn gestoßen und mit dem Fuß nach ihm getreten. Hier aber wurde er mit lächelnder Liebenswürdigkeit willkommen geheißen, obgleich der große Mann seine Hand zu fest drückte und sein Bart Yentung erschreckte wie die Bärte aller Europäer.

Die Menschen, die sich um ihn drängten, blickten ihn neugierig, aber freundlich an. »Ein Chinese, ein Chinese«, flüsterten sie. Und einer trat sogar auf ihn zu und sagte: »Willkommen in unserem Land.«

Der erste Anblick Europas war für ihn – ebenso wie später für seine Tochter – düster und bedrückend. Die Menschen schienen es alle so eilig zu haben; sie blickten sorgenvoll drein, und alles war grau: die Gesichter, die Straßen, die Häuser, der Himmel. »Das alles vermittelte mir ein Gefühl fast unerträglicher Schwermut, mein Bruder. Hier leben die Menschen in steinernen Häusern versteckt, hinter dem feindseligen Glitzern ihrer Fensterscheiben, und die Straße ist hart und nicht wie bei uns dazu gemacht, mit einem Freund auf ihr dahinzuschlendern.« In seinem ersten europäischen Winter waren seine Augen nicht imstande, die gedämpften Farben und Tonungen der europäischen Städte zu erkennen, Graugrün von Silbergrau zu unterscheiden und die feinen Nuancen der schwarzen und braunen Töne zu erfassen. Er sah blaue Augen, Bärte, ruckartige Bewegungen, eine allgegenwärtige Unbeholfenheit und Heftigkeit. Aber es war nicht die rasche, gehässige Heftigkeit, die er von Shanghai her kannte, sondern eine andere – gewissermaßen die Heftigkeit milieugestörter, verkrampfter Kinder, die Gegenstände zerbrechen, weil sie nicht gelernt haben, ihre eigene Kraftanstrengung durch eine gewisse Geschmeidigkeit abzudämpfen. Dieser Eindruck verursachte ihm eine ständige körperliche Übelkeit, unter der er sein ganzes Leben hindurch leiden sollte. Und doch mußte er staunen, wie geschickt diese Menschen, die in ihren Lebensäußerungen so plump und unbeholfen wirkten, mit Maschinen umgingen. Er lernte sie zu lieben und gleichzeitig zu hassen; aber sein Leben lang brachte er es nicht mehr fertig, sich ganz von Europa zu lösen, abgesehen von den Zeiten, in denen er sich ganz in sich selbst verschloß.

Der große bärtige Mann brachte sie in einer Pferdedroschke zu einem Hotel, in dem Yentung sein Zimmer als sehr klein empfand (das Gepäck fand nur teilweise darin Platz). Der Bärtige lachte über das Gepäck und schlug ihm auf die Schulter. Yentung zuckte zusammen und fühlte sich zunächst beleidigt; es brauchte einige Zeit, bis er davon überzeugt war, daß diese Geste freundschaftlich gemeint war. Der Bärtige deutete den Studenten an, sie sollten nun ein wenig schlafen. Dann zeigte er auf seine Uhr, die an einer Kette hing, wies auf seinen Mund und begann an seinen Fingern zu zählen. Yentung verstand, daß er ihm den Zeitpunkt der nächsten Mahlzeit mitteilen wollte. »*Je comprends*«, sagte er. Der Bärtige war entzückt. »Was für ein ausgezeichnetes Französisch Sie sprechen. *A bientôt, monsieur.*«

Am folgenden Tag bestiegen sie den Zug. Yentung hatte noch nie in einem Zug gesessen, obgleich er den Bahnhof in Shanghai kannte. Die Leute starrten zu ihnen hin und flüsterten: »*Ils sont Chinois, des Chinois!*« Wieder war Yentung drauf und dran, sich über sie und ihren Geruch – »er verursacht mir immer noch Brechreiz« – zu empören; aber sie waren so freundlich, daß er sich beruhigte.

Sie erreichten ihren Bestimmungsort, und der Bärtige, ein Monsieur Navarre, brachte Yentung in ein großes graues Haus, wo sie von einer sehr dicken weißhaarigen Dame, einem jüngeren, ebenfalls dicken Mädchen und einem Mann empfangen wurden, der auch einen Bart trug. Dies war die Familie, bei der Yentung wohnen sollte. Man zeigte ihm sein Zimmer, einen großen warmen Raum mit zwei Fenstern, Vorhängen und Teppichen. Er fand ihn wunderhübsch, aber zu abgeschlossen; er war an offene Fenster gewöhnt. Als sein Gepäck gebracht wurde, hob die dicke weißhaarige Dame ihre Arme zum Himmel – eine Geste, die Yentung erst verstand, als er sah, daß ihre kleinen blauen Augen auf die Koffer gerichtet waren und ihr Gesicht einen Ausdruck annahm, den er wiedererkannte: Es war der gleiche Ausdruck, den er schon auf dem Gesicht von Wu Ling bemerkt hatte. Die noch nicht verzehrten Eßvorräte ließen die Dame zurückschaudern; ihr Gesicht verzog sich, und eine Flut von Worten entströmte ihrem Mund. Dabei schüttelte sie heftig den Kopf. Glücklicherweise war nicht mehr allzuviel übrig, doch Yentung erwartete eine weitere Sendung. Die anderen Studenten waren in anderen Häusern, ebenfalls bei belgischen Familien, untergebracht.

An diesem Abend aß Yentung am Tisch der Familie Berckmans – so hießen seine Wirtsleute. Sie beobachteten ihn beim Essen, er begann sich mit ihnen zu unterhalten und fand allmählich Gefallen daran. Die Frauen lachten immerzu, besonders das dicke junge Mädchen, das einen mächtigen Schopf gelber Haare hatte, die nach allen Seiten zu fließen schienen. Nach dem Essen ging er wieder in sein Zimmer. Das Bett war groß, und er erstickte fast unter den heißen weichen Eiderdaunen. Aber die Laken und ihr Lavendelduft gefielen ihm. Es dauerte lange, bis er einschlafen konnte.

Am nächsten Nachmittag kam Monsieur Navarre und unternahm mit ihm und den anderen drei Studenten einen Spaziergang. Sie betraten ein großes Geschäft und kauften Anzüge und Schuhe, Hüte, Mäntel und Regenschirme. Überall liefen die Menschen zusammen, starrten sie an und flüsterten: »Chinesen oder Japaner?« Als Yentung wieder zu Hause war, legte er seine chinesischen Gewänder in den Koffer und schloß ihn ab. Ihm war, als legte er seine Persönlichkeit fort und verwandelte sich in einen anderen Menschen. Er war hierhergekommen, weil er lernen wollte, so stark zu sein wie die Europäer. Darum mußte er ihre Kleidung tragen, ihre Speisen essen und sein chinesisches Ich fortschließen und sicher aufbewahren, fern von diesen Menschen und ihrer Neugierde.

Das jedenfalls hatte er sich vorgenommen. Aber die Dinge sollten sich anders entwickeln.

Wenn man Chou Yentung später fragte: »Hast du deine Studentenjahre in Europa genossen?«, zog er ein etwas verdutztes Gesicht, lächelte dann und blickte gewöhnlich Marguerite, seine Frau, an, bevor er antwortete: »Ich habe damals hart gearbeitet. Wir hatten keine Zeit, irgend etwas zu genießen.«

Genießen. Für ihn bedeutete dieses Wort etwas anderes als Erfahrungen sammeln, alles versuchen, es sich schmecken lassen, nachdenken, vorwärtsdrängen, lachen, ärgerlich werden, sich empören und lieben – mit einer ihm bisher unbekannten Gier –, sich langweilen, sich nicht langweilen, Heimweh haben, trinken, in sich selbst versinken, sich in Taten stürzen, in Gesten, Launen und Stimmungen, die er später wieder abstreifen würde wie eine Schlange ihre Häute. Yentung war in Europa ein anderer Yentung, ein Nicht-Er, so wie seine Tochter in Europa eine Nicht-Sie war. Doch weder Vater noch Tochter verzichteten je völlig auf jenes andere Ich, auf die zusammengefaltete, weggepackte und vor jeder Berührung geschützte Persönlichkeit, auf den scheuen, wachsamen Menschen tief in dem anderen, der seine Einsamkeit in Lachen umsetzte, seine Verstörtheit in Spott, der mit lärmender Anstrengung all die zusammenhanglosen Gesten, Reden und Forderungen imitierte, die man brauchte, um den anderen nicht fremd zu erscheinen. Um in der großen Einsamkeit, die Europa hieß, nicht allein zu sein, tat Yentung hier Dinge, die er in seinem eigenen Land nie getan hätte. Er paßte sich sehr rasch an. Binnen drei Monaten bewegte er sich mit völliger Selbstverständlichkeit in den neuen Kleidern. Das Lernen fiel ihm leicht, und es boten sich Unterhaltungen jeder Art.

Nach und nach gewöhnte er sich ein unterwürfiges Lächeln an, weil er die Sympathie der anderen gewinnen oder doch wenigstens nicht mit ihnen in Konflikt geraten wollte. Er bemühte sich, jedem Streit aus dem Wege zu gehen. Und er hatte bald herausgefunden, daß er mit einem ständigen Lächeln die anderen erfreute und sie zu dem Glauben verleitete, er fühle sich glücklich. Er war damit der lebende Beweis für die

Richtigkeit der damals in Frankreich vorherrschenden Meinung – die ihre Weisheit aus einer populären Operette bezog –, die Annamiten und Chinesen seien jetzt sehr glücklich und lächelten daher dauernd.

Yentung schrieb an seinen Bruder: »Sie haben außerordentlich viel Energie, ihre Städte sind sauber und ihre Wohnungen stets aufgeräumt. Sie arbeiten sehr hart. Ach, wenn sie nur wollten, sie könnten uns so sehr helfen!«

Mit einer wahrhaft fanatischen Wissensgier stürzte er sich in seine Studien. Immer seltener versuchte er, den anderen Studenten China zu erklären. Er ließ sie reden.

»Bist du in China ein Prinz?«

»Ist es wahr, daß ihr Mäuse eßt?«

»Stimmt es, daß ihr den kleinen Mädchen die Füße abschneidet?«

Neben derartigen Fragen hörte er auch:

»Die Chinesen haben die älteste Zivilisation der Welt.«

»Ihr seid eine hochkultivierte Nation.«

Und gleich darauf folgte dann:

»Unsere Priester bringen euch nun endlich die Zivilisation.«

»Als Weiße haben wir die Pflicht, den farbigen Rassen die Grundbegriffe der Gerechtigkeit und Zivilisation beizubringen.«

Denn in jenen Jahren, die Yentung als Student in Europa verbrachte, sprachen die Europäer ganz offen von ihrer Pflicht als »Weiße Männer« und bekannten sich ohne Scham oder Schuldgefühl zu ihrer gottgewollten Überlegenheit. Die Zeitungen sagten es, und die Bücher lehrten es, daß das Gehirn des weißen Mannes größer und schwerer war als das Gehirn eines Farbigen. In den Kirchen sah man Plakate:

»Spendet für die armen kleinen Neger in unseren Missionen!«

»Wir bitten um eure Mildtätigkeit für die chinesischen, in ihrem Aberglauben befangenen Heiden.«

»Euer Geld wird chinesische Seelen für den Himmel retten.«

Es gab auch Bilder, auf denen Jesus Christus im Himmel thronte, während Strahlen von seiner Brust ausgingen, in der ein großes Feuer seine roten Flammen emporzüngeln ließ.

Diese Strahlen verliefen zur Erde hinunter und trafen dort auf zwei Menschen: auf einen Priester in brauner Kutte und eine weißgekleidete Nonne. Von deren Händen gingen wiederum Strahlenbündel aus, die allerdings etwas weniger dicht waren und sich über die Köpfe von schwarzen, kraushaarigen Negern, bezopften Chinesen und federgeschmückten Rothäuten verteilten, welche mit gefalteten Händen und zum Himmel erhobenen Augen auf ihren Knien lagen. Der Hintergrund war voller rauchgrauer Wolken, aus denen die Scharen hervortraten und dem Licht entgegengingen.

»Mit zehn Franc kaufst du einen kleinen Chinesen frei.«

Yentungs Wirtin, Madame Berckmans, brachte eins dieser Bilder von einer Missionspredigt über China mit nach Hause. Beim Essen erzählte sie Yentung davon:

»So ein reizender Missionar, Monsieur Chou! Er hat fünf Jahre in Ihrem Land gelebt. Und er hat uns alles über die Foltern erzählt, die Sie anwenden. Schrecklich!« Sie schauerte genußvoll zusammen und ließ die festen Reihen der Speckfalten in ihrem Nacken erbeben. Ihr übriger Körper war in steife Kleidungsstücke gezwängt, die knackten und seltsame kleine Explosionsgeräusche von sich gaben. Erst nachdem Yentung Marguerite kennengelernt hatte, bekam er eine Ahnung von dem Ursprung der Geräusche, die von Madame Berckmans ausgingen. Sie ließ sich von ihrem Dienstmädchen in ein Korsett schnüren, genau wie Marguerite von Josephine, ihrem Mädchen. Die beiden zogen dabei mit aller Kraft, wobei Marguerite sich am Türknopf festhielt, während das Mädchen die Füße fest gegen den Boden stemmte.

Monsieur Berckmans pflegte Yentung mit einem Ausdruck benommener Überraschung anzustarren, wenn dieser die Treppe hinaufging oder herunterkam. Es war jedesmal, als habe er ihn noch nie gesehen. Im Winter trug der Hausherr abends eine Samtjacke, im Sommer ging er in Hemdsärmeln. Zu beiden Seiten seines Gesichts hing ein Schnurrbart herunter – sehr schwarz, weil er ihn färbte. Auch einen Kinnbart hatte er, der jedoch unter diesem Schnurrbart fast verschwand, da er ihn zu färben vergaß. Diese Zusammenstellung mit den vollen bläulichen Lippen in der Mitte wirkte auf Yentung fast obszön, denn sie erinnerte ihn an einige der Masken des chinesischen Theaters, die die schlimmsten Eigenschaften verkörperten. Später, als er eine bescheidene Erfahrung hinsichtlich der europäischen Frauen gewonnen hatte, begann er sich zu fragen, wie wohl das Eheleben von Monsieur und Madame Berckmans aussehen mochte.

Dann wurde einer der chinesischen Studenten wahnsinnig. Er war gleichzeitig mit Yentung nach Brüssel gekommen. Insgesamt gab es jetzt ungefähr fünfzehn chinesische Studenten in Belgien. Sie hatten einen Verein gegründet und hielten Verbindung mit den Vereinigungen chinesischer Studenten in Paris, London und anderen Städten. Anfänglich trafen sie sich einmal monatlich in dem Zimmer eines der Studenten, um von China, von der Revolution und von Sun Yatsen zu sprechen. Bald schon mieteten sie auf gemeinsame Kosten einen Raum über einem Café, der so zu ihrem Klubzimmer wurde. Sie hatten dort auch Gelegenheit selbst zu kochen, und bereiteten sich von nun an einmal in der Woche eine chinesische Mahlzeit, die ihr Heimweh ein wenig linderte.

Und natürlich sprachen sie auch über die Weißen, ihre Behauptung, daß sie einer höheren Rasse angehörten, und ihre Überzeugung, daß sie alles wüßten.

»Ah«, meinte Monsieur Navarre, wenn er hin und wieder mit den Studenten zusammentraf, »wozu braucht ihr denn unsere Maschinen, unseren Reichtum (übrigens sind wir in Wirklichkeit ziemlich arm; wir müssen so viel für unsere Kolonien ausgeben) und unsere Wissenschaft? Ihr habt eure Weisheit, die Weisheit der Zeitalter, euren Konfuzius!«

Der junge Mann, der wahnsinnig wurde, war von Anfang an sehr scheu und zurückhaltend gewesen und hatte schwer unter Heimweh gelitten. Als die chinesischen Studenten ihren Verein begründet hatten, erschien er zwar bei den Zusammenkünften, sprach aber fast nie ein Wort, außer wenn die Rede auf die geistige Überlegenheit des Ostens und den technischen Fortschritt des Westens kam.

Diese geistig-seelische Erhabenheit, das einzige, was man China unbehindert gelassen hatte, prägte sich dem Denken der chinesischen Studenten als eine feststehende, unanzweifelbare und bewundernswerte Tatsache ein. Allmählich waren sie dazu gelangt, sich selbst als die Hüter einer höheren Weisheit zu betrachten, als die Bewahrer einer Moral, welcher der schmutzige Materialismus der westlichen Lebensweise nichts anhaben konnte. Und diese Überzeugung, die jeder realen Grundlage entbehrte, wurde zu ihrer einzigen Zuflucht, zum Ventil all ihrer Nöte. Sie bekehrten sich wieder zu der Haltung ihrer Eltern, die immer davon gesprochen hatten, man müsse die Tugenden der konfuzianischen Lehre bewahren, dabei aber die praktischen Errungenschaften der industriellen Revolution in Europa übernehmen. Die Antithese vom materialistischen Westen und dem spiritualistischen Osten gewährte den heimwehkranken jungen Männern eine innere Befriedigung und erleichterte es ihnen, ihre aus Liebe und Haß gemischten Beziehungen zu den Menschen des Westens zu ertragen. Man mochte sie schlagen und demütigen und zu einer minderwertigen Nation stempeln; sie wußten doch, daß es einen Punkt gab, an dem ihre Unterlegenheit sich ins Gegenteil verkehrte: diese unglaubliche Weisheit. Ihr verschleierter Glanz machte sie zu den anerkannten Meistern verborgener Geheimnisse, um die der Westen sie beneidete ...

Der Student, der wahnsinnig wurde, hatte die Absicht, Literatur zu studieren, da er sich eine aus östlichen und westlichen Elementen gemischte Poesie zum Ziel gesetzt hatte. Nach einiger Zeit aber ließ er verlauten, er könne von Europa nichts lernen, in China sei alles unendlich viel besser.

Er bewohnte, ebenso wie die anderen Studenten, das Gastzimmer einer belgischen Familie. Dort hatte er angefangen, für sich selbst zu kochen; aber seine Freunde hatten bald den Eindruck, daß er sich nicht ausreichend ernährte, da er im Verlauf der Wochen immer magerer wurde. Die meisten der jungen Leute erhielten Lebensmittelsendungen aus China, die drei Monate unterwegs waren, und viele von ihnen hatten sich zu erfahrenen Einkäufern entwickelt und besorgten sich ihr Fleisch und ihre Fische selbst. Sie versuchten, ihren Gefährten zum Essen zu überreden und bereiteten eigens Gerichte für ihn; aber er schüttelte nur lächelnd den Kopf und erklärte, er habe schon gegessen und sei nicht hungrig. Zu den

Versammlungen brachte er seine Flöte mit, auf der er alte Weisen spielte, und die Studenten sangen gemeinsam Arien aus chinesischen Opern, rezitierten Gedichte und fühlten sich für einige Stunden glücklicher und der Heimat näher. Der kranke junge Mann saß lächelnd dabei und hatte offensichtlich seine Freude daran. Eines Tages aber kam er nicht wieder. Die anderen hörten, er sei erkrankt, und Yentung machte sich mit zwei anderen Studenten auf, um ihn zu besuchen.

Sie trafen ihn in seinem Zimmer an. Er spielte Flöte und war noch mehr abgemagert. Alle Fenster waren fest geschlossen, obgleich es ein sehr heißer Sommertag war. Die Freunde öffneten die Fenster und redeten ihm zu, er solle sie zu einem Spaziergang und einer gemeinsamen Mahlzeit begleiten. Er beteuerte lächelnd, er habe schon gegessen. Als die jungen Leute fortgingen, trafen sie im Korridor die Wirtin des Studenten. Sie hatte ihnen zuvor die Tür geöffnet, und die jungen Leute hatten die Hüte gezogen, wie man es sie gelehrt hatte, und krampfhaft lächelnd »*Bonjour, Madame*« gesagt. Jetzt sah Yentung sich die Frau etwas genauer an. Sie war ebenso dick wie Madame Berckmans, aber es war eine Korpulenz von ganz anderer Art: nicht eine, in der sich die Säfte der letzten guten Mahlzeit zu speichern schienen, sondern eine undurchdringliche, glanzlose, wachsweiße, fast leblos wirkende Dicke. Die Frau bewegte sich lautlos. In dem Korridor herrschte ein muffiger Geruch, der von den Wänden, den Möbeln und sogar vom Fußboden auszugehen schien.

Zwei Tage später war der junge Mann in einer Anstalt. Die Studenten erfuhren es durch Monsieur Navarre, der häufig unangemeldet, mit fröhlicher Miene, in ihrem Klub auftauchte – so häufig, daß die Studenten ihn einmal im Monat zum Essen einluden, da er dies sichtlich erwartete. An den anderen Tagen blieb er nicht zum Essen, sondern saß ein Weilchen bei ihnen und stellte Fragen an sie. Nach und nach gewannen sie den Eindruck, daß er »ein Loch in ihre Seele bohren« wollte. Sie widersprachen ihm nie, wenn er ihnen Vorträge über ihr eigenes Land hielt, und je mehr er fragte, um so freundlicher lächelten sie ihn an und gaben nur solche Antworten, die ihn ihrer Ansicht nach erfreuen mußten.

»Ah«, sagte Monsieur Navarre gelegentlich, »wie seid ihr doch vom Glück begünstigt, meine Freunde. Ihr könnt in euch selbst eine Verbindung zwischen der Weisheit der Zeitalter und unserer modernen Zivilisation schaffen, und das wird eurem Volk unendlich viel Segen bringen. Aber trotzdem, vergeßt es nie, daß ihr östlichen Menschen eine andere Tradition habt als wir. Eure Völker sind glücklich; versucht nicht, einen allzu raschen Wandel herbeizuführen. Hört nicht auf diese Ungeheuer, die euch die Revolution predigen wollen. Reform, ein Wandel in den Grenzen der Ordnung, Tradition: darin liegt die Zukunft für euer Land.«

Die Studenten nickten. Stets zeigten sie ihm ihr Lächeln und eine Miene beeindruckter Aufmerksamkeit. Wenn sie zu mehreren ausgingen oder wenn Monsieur Navarre sie irgendwohin führte, lächelten sie, bis ihre Gesichtsmuskeln schmerzten.

Nachdem der Student wahnsinnig geworden war, kam Monsieur Navarre in den Klub, um es den Studenten zu erzählen, obgleich einige schon von dem Vorfall gehört hatten. »Ach ja«, sagte er, »euer Freund ist jetzt in einer Anstalt. Sein Geist ist verwirrt.« Hier machte er eine bedeutungsschwere Pause. »Wir haben viele Bücher bei ihm gefunden« – Pause –, »viele *schlimme* revolutionäre Bücher.« Monsieur Navarres Gesicht rötete sich, seine Züge gefroren zu steinharter Wut, seine Hand fuhr empor, der Zeigefinger bewegte sich hin und her, und sein Bart sah auf einmal doppelt so groß aus wie gewöhnlich. »Meine Kinder (denn so kann ich euch nennen, da ihr ja unter meiner Obhut steht), laßt euch das zur Lehre dienen. Lest niemals diesen... diesen Schmutz! Ihr tragt eine ernste und schwere Verantwortung. Ihr müßt die edlen, geheiligten und bewundernswerten Tugenden eures großen Landes am Leben erhalten. Lest eure Klassiker, eure Weisen und, das bitte ich euch, laßt euch nicht vergiften durch eine solche Propaganda aus den Mühlen der Hölle, die den Gesetzen der Religion und der natürlichen Ordnung widerspricht.« Und nun hielt Monsieur Navarre eine lange Rede über »diese abscheulichen Nihilisten, die Feinde aller geheiligten Institutionen, die Blutvergießen und Unmoral über die ganze Welt verbreiten möchten«. Zum Schluß beschwor er sie: »Bleibt eurem Kaiser treu, erweist euch als würdige Söhne eurer edlen Familien!«

Die Studenten lächelten und nickten.

Doch Monsieur Navarres Rede versetzte Yentung nicht in Schrecken, sondern sie erweckte in ihm die Erinnerung an Liu Tachun, an die Unterhaltungen über Sun Yatsen und an den Tag, an dem er sich in Singapur den Zopf hatte abschneiden lassen. Hier in Europa sprachen alle nur von den Fortschritten in China; aber die chinesischen Zeitungen, die einige der Studenten erhielten, brachten auch Nachrichten über Aufstände und blutige Vergeltung. Yentung konnte den Gedanken an den jungen Mann, der wahnsinnig geworden war, nicht loswerden. Drei Tage später nahm er daher Hut und Stock und begab sich zu dem Haus, in dem jener gewohnt hatte.

Dieselbe blasse, dicke Frau öffnete die Tür. Er stand vor ihr und stammelte eine Entschuldigung.

»Ihr Freund ist nicht hier, er ist krank«, sagte die Frau. »Aber kommen Sie doch herein. Setzen Sie sich einen Augenblick hin und ruhen Sie sich aus.« Sie führte ihn in ein Zimmer mit Stühlen, deren Polsterung mit Kreuzstickerei verziert war. Außerdem sah er eine Lampe mit einem purpurfarbenen Samtschirm, einen Kaminsims aus Marmor, auf dem unter einem Glassturz eine vergoldete, von Engelsgestalten umgebene Uhr die Zeit anzeigte. Es gab auch Wachsblumen unter Glas, und in einer Ecke stand eine große Vase mit Binsen und Pfauenfedern darin. Die Frau setzte sich ihm gegenüber und blickte ihn unverwandt an.

»Ihr Freund wird lange krank sein, er ist sehr zart und nervös«, sagte sie. »Jetzt wird das Zimmer leer stehen. Wirklich schade.«

Der Blick ihrer blauen, wimperlosen Augen war wie ein Bann.

»Warum ziehen Sie nicht hierher? Hier hätten Sie eine kleine Küche für sich und könnten sich Ihr Essen selbst kochen. Das Essen bei Madame Berckmans ist nicht gut, ich kenne sie doch. Sie spart an allen Ecken und Enden und betrügt Sie. Hier hätten Sie es viel besser. Und es wäre auch billiger.«

Sie rückte näher, und nun nahm er auch ihren Geruch wahr

– diesen muffigen Geruch, der in der ganzen Wohnung herrschte. »Ich kümmere mich immer sehr gut um meine Freunde, da hat sich noch niemand beklagen können. Und ich habe die Chinesen gern. Ja, ich habe sie alle gern. Sie haben eine so wundervolle Haut.« Sie hob ihre Hand und strich ihm über die Wange. »Wie eine Babyhaut«, sagte sie. »Sie haben nicht ein einziges Haar im Gesicht.«

Yentung saß da wie gelähmt. Schauer des Entsetzens durchrieselten ihn; und doch war da auch so etwas wie ein Zauber, der ihn reglos dasitzen ließ, während sie ihn immer weiter streichelte. Sie begann bei den Schläfen und ließ ihre Hand über seine Wange heruntergleiten, zuerst auf der einen Seite, dann auf der anderen, mit sanften, regelmäßigen Bewegungen. Die Haut ihrer Hand war ein wenig feucht, so als hätte sie sie vorher mit einer Salbe bestrichen. Doch als sie an seinem Schlips herumzunesteln begann und ihre Finger einschmeichelnd zwischen seinen Kragen und seinen Hals schob, stand er auf und sagte: »Ich muß jetzt gehen.« Rasch schritt er zur Tür, öffnete sie, eilte durch den Korridor und fingerte hastig an dem Türknopf der Wohnungstür herum, wie besessen vor Angst, sie könnte ihm nachkommen und ihm von hinten ihre Finger in den Kragen schieben. Dann war er auf der Straße. Er wunderte sich, warum er ein so seltsames Gefühl in den Beinen und in seinem ganzen Körper hatte.

Als er, noch immer geschüttelt von Abscheu und innerer Erregung, wieder in der Wohnung der Berckmans' ankam, fand er hier einen Brief seines Freundes Poh Hungwen vor. Die chinesischen Studenten in Frankreich, die sich in einem Verband organisiert hatten, fragten an, ob er wohl für ein paar Tage nach Paris kommen wolle.

Yentung erzählte Monsieur Navarre, daß er nach Paris fahren und dort einen Freund besuchen werde, und Monsieur Navarre meinte, das sei eine gute Idee. »Sie haben hart gearbeitet und sich fern gehalten von diesen Ungeheuern, die so viele junge Gemüter verdorben haben«, sagte er. Plötzlich legte er Yentung eine Hand auf die Schulter, schaute ihm tief in die Augen und wandte ihm die ganze mächtige Breitseite seines Bartes zu. »Wenn Sie wiederkommen«, sagte er, »werden wir uns überlegen, wie Sie Ihre Sommerferien verbringen sollten, und auch noch etwas anderes in Angriff nehmen. Sagen Sie mir, haben Sie noch nie das Bedürfnis nach einem Gott verspürt, nach einem liebreichen Vater, dessen Schutz Sie sich anvertrauen können und dessen Beistand und Hilfe Ihnen in allen Nöten gewiß ist? Haben Sie sich noch nie gewünscht, die Tröstungen unserer Religion kennenzulernen? Ja, Monsieur Yentung, ich habe Sie genau beobachtet, und ich habe festgestellt, daß Sie von allen Studenten, die ich kenne, der würdigste sind.«

Yentung erinnerte sich, daß Monsieur Navarre dieselben Worte auch zu einem anderen Studenten gesagt hatte, der vor einigen Wochen zum allgemeinen Ergötzen im Klub darüber berichtet hatte.

»Würden Sie nicht gern nach Ihrer Rückkehr die göttliche Heilsbotschaft von einem Diener Gottes übermittelt bekommen?«

»Das geht nicht«, sagte Yentung. »Da müßte ich zuerst meine Mutter um Erlaubnis fragen.«

Monsieur Navarre ließ nicht locker. »Wir zwingen unseren Glauben selbstverständlich niemandem gegen seinen Willen auf«, sagte er. »Aber Sie sollten es sich doch überlegen. Sie sind hergekommen, um unsere Wissenschaft und unsere Zivilisation in sich aufzunehmen. Warum wollen Sie sich dann nicht gleichzeitig das kostbarste Gut aneignen, das wir den anderen Völkern zu bieten haben, unsere Religion?«

Aber in diesem Punkt war Yentung unnachgiebig. Für einen solchen Vorschlag hatte er kein Lächeln und kein Kopfnicken; er konnte ihm unter keinen Umständen zustimmen.

»Ich verehre meine Ahnen«, erwiderte er, »und ich müßte mich mit ihnen beraten, bevor ich Ihre erhabene Religion annehmen könnte.«

Monsieur Navarre ließ seine Hand sinken. Yentung fühlte sich bedrückt und erschöpft. Er war froh, als er endlich den Zug nach Paris besteigen konnte. Madame Berckmans und ihre dicke Tochter brachten ihn zum Bahnhof und bugsierten ihn auf einen Eckplatz, und Madame Berckmans küßte ihn zum Abschied auf beide Wangen, als wäre er ihr eigener Sohn.

Dann standen die beiden vor dem Wagenfenster und winkten.

»Und fallen Sie mir nicht auf so ein französisches Mädchen herein, die sind zu nichts gut«, rief Madame Berckmans und wedelte dabei mit ihrem Taschentuch. Yentung nickte, obgleich er nicht ganz verstand, was sie meinte.

Als der Zug aus dem Bahnhof rollte, rieb er seine Wangen dort, wo die feuchten Lippen sie berührt hatten. Diese Küsserei machte ihn sehr nervös. Und doch fühlte er sich angezogen. Er wußte nicht, ob er diese Art unsympathisch oder angenehm finden sollte. Besser gesagt, er wußte es nicht mehr, denn er hatte nun zu leben begonnen, und leben heißt seine eigene Veränderlichkeit vergessen, so wie die lebendige Schlange ihre Häutungen und Erneuerungen vergißt.

Auf dem Bahnhof in Paris wurde Yentung von Poh Hungwen abgeholt, einem Studenten, den er auf der Überfahrt von China kennengelernt hatte. Poh war ein großer, gutaussehender junger Mann, der sich sehr elegant kleidete und eine Perle im Schlips trug. Sein Vater war ein Bankier in der Provinz Shansi. Yentung schaute auf das fröhliche Treiben in den Straßen von Paris. Die Menschen erschienen ihm hier weniger gehemmt. Sie schlenderten umher, plauderten ungezwungen und scherzten mit lauter Stimme. Paris gefiel ihm vom ersten Augenblick an.

»Aber das Beste hier ist unsere Revolutionäre Partei«, sagte Poh zu ihm. »Heute abend nehme ich dich zu einer Versammlung mit. Du solltest wirklich herziehen und in Paris studieren. Es ist einfach herrlich hier, so echt demokratisch. Jeder kann sagen und denken, was er will.«

Yentung bemerkte auch, daß sein Französisch anders klang als das Französisch, das Poh sprach. Dieser lachte über seine Aussprache und sagte: »Du sprichst das typische belgische Französisch. Die Leute hier werden dich auslachen.«

Die Versammlung fand im oberen Stockwerk eines sehr kleinen chinesischen Restaurants statt, das diesen Raum für derartige Zwecke vermietete. Etwa vierzig Studenten waren anwesend, darunter einige Annamiten. Außerdem waren auch ein paar französische Mädchen da. Sie waren mit den Studenten befreundet und benahmen sich sicher und ungezwungen. Yentung fand sie hübsch und war sehr angetan von ihren sanften Gesichtern und weichen Haaren.

Sie aßen chinesische und annamitische Gerichte, und Yentung trank auch etwas Wein. Alle diese Menschen hier kamen ihm so interessant und klug vor, und sie sprachen so offen über die Revolution. Auch von der Französischen Revolution war die Rede. »So etwas brauchten wir für unser eigenes Land«, sagten sie. »Eine Revolution, wie Frankreich sie gehabt hat – natürlich in größerem Maßstab.« Und sie tranken auf die Freiheit. »Das ist wirklich etwas Großartiges«, sagte Poh Hungwen zu Yentung. »Wir haben jetzt erfahren, was Freiheit bedeutet. Unsere Aufgabe ist es, zurückzugehen nach China und dort eine Revolution zu machen. Dann wird es auch in China Freiheit, Gleichheit und Brüderlichkeit geben wie in Frankreich und den anderen europäischen Ländern.« Und leise fügte er hinzu: »Weißt du schon, daß Sun Yatsen demnächst nach Europa kommen wird? Wir werden eine ganz große Versammlung für ihn veranstalten. Sämtliche Studentenvereine in Europa sollen ihre Abordnungen hinschicken, damit wir alle erfahren, was er sagt, und gemeinsam die Revolution vorbereiten können.«

Yentung ging mit Poh, dessen Zimmer er für diese Nacht teilte, nach Hause. Die beiden redeten noch stundenlang und verspürten dabei ein Gefühl der Brüderlichkeit, das all ihre Zweifel und Befürchtungen zunichte machte. Sie hatten noch nichts Wirkliches getan, aber in diesen Augenblicken fühlten sie sich stark und einig.

»Wir müssen als Praktiker handeln«, sagte Poh. »Wir müssen wissenschaftlich denken. Wir müssen die Revolution wissenschaftlich organisieren.«

Er studierte Architektur und hatte gewaltige Pläne, durch die alle Städte Chinas in prachtvolle Metropolen verwandelt werden sollten. »Sie werden noch schöner sein als Paris«, versicherte er.

Yentung war überwältigt von solch großartigen Aussichten. Er selbst hatte bisher nicht in derartigen Ausmaßen geplant, sondern nur von einer Eisenbahnlinie in seiner Heimatprovinz

Szechuan geträumt. »Natürlich brauchen wir Eisenbahnen«, sagte Poh. »Mein Vater behauptet das auch. Aber wir brauchen auch schöne Städte.«

Und nun entwarfen sie ein Regierungsprogramm für das China der Zukunft, und Yentung sah sich bereits an der Spitze einer Organisation, die viele tausend Kilometer lange Eisenbahnstrecken baute. Auf seinen Wink hin fuhren die Züge gehorsam hin und her, beladen mit Kohle und Eisen für die großen Fabriken, die ihren Rauch zum Himmel emporsandten. Lange glatte Linien aus Stahl umspannten das Land von Osten nach Westen, von Norden nach Süden. Keine Armut und kein Hunger mehr, keine Überschwemmungen, kein Elend und vor allem keine Demütigungen und Beschimpfungen mehr. »Wir sind ebenso viel wert wie die anderen. Wir haben fünftausend Jahre überlebt. Was ist die Zivilisation Europas im Vergleich zu der unseren?«

So schwelgten die beiden jungen Männer in Worten und Gedanken.

Als sie am zweiten Tag von einem langen Spaziergang am Seineufer zurückkamen, fanden sie in Pohs Wohnung zwei gar nicht sehr höfliche Polizeibeamte vor, die sie aufforderten, mit ihnen zur nächsten Wache zu kommen.

Yentung war entsetzt. Was war das? Was sollte das bedeuten? War denn Frankreich nicht die Mutter der Revolutionen? Hatte es nicht seine eigene Revolution gehabt und seinen eigenen König enthauptet? (Das war zwar mehr als hundert Jahre her; aber was bedeuteten hundert Jahre in der Geschichte eines Landes!) Und nun wollten diese Polizisten von ihnen die Namen aller Teilnehmer an dem gestrigen Essen erfahren und wollten wissen, worüber man gesprochen hatte. Vor allem aber interessierten sie sich für die Annamiten, die dabeigewesen waren – wie hatten sie sich geäußert? Dann wandten sie sich zu Yentung und stellten ihm eine Frage nach der anderen. Warum war er gekommen? Kannte er einen Dr. Sun? War er ihm jemals begegnet? Wann gedachte er nach Brüssel zurückzufahren?

Yentung brachte seine Antworten so stotternd vor, daß die Polizisten ungeduldig wurden. Poh hingegen ließ sich nicht einschüchtern und antwortete ziemlich hochfahrend. Jawohl, sie waren Studenten; ja, sie hatten eine Studentenvereinigung gegründet, eine demokratische Vereinigung. Nein, sie strebten keinerlei gesetzeswidrige Ziele an, sondern sie veranstalteten nur Sammlungen zu gemeinnützigen Zwecken und hatten sich zusammengeschlossen, um sich gegenseitig zu helfen. Das war alles. Dr. Sun? Sie kannten Dr. Sun nicht persönlich; sie hatten nur gehört, daß er ein großer Mann und ein großer Patriot sei; aber sie standen nicht mit ihm in Verbindung.

Schließlich sagte der Polizist: »Also bitte, Sie sind hierhergekommen, um zu studieren, und nicht, um Unruhe zu stiften. Denken Sie daran.« Dann schickte er sie weg wie zwei ungezogene Kinder, denen man eine Strafpredigt halten muß.

Auf dem Heimweg sagte Yentung zu Poh: »Hast du mir nicht erzählt, Frankreich sei ein freies Land?«

»Das schon«, antwortete Poh. »Aber die Polizei ist nicht immer so frei, und außerdem mußt du bedenken, daß die Franzosen die Unterdrücker der Annamiten sind. Jetzt fürchten sie natürlich, daß eine Revolution in China auch eine Revolution in Annam zur Folge haben wird.«

Aber das war für Yentung schwer zu verstehen. Wie kam es, daß die Franzosen sich nicht freuten, wenn ein anderes Land eine Revolution ähnlich der ihren machen wollte? »Warum sollten sie dagegen sein? Wir haben ebensoviel Recht auf eine Revolution wie sie.«

Poh seufzte. »Mein Lieber, was für sie gut ist, muß nicht notwendigerweise auch für uns gut sein. So behaupten sie wenigstens. Wenn wir unsere Revolution machen, könnten wir sie vielleicht aus dem Lande jagen, und davor haben sie Angst.«

Yentung fuhr nach Brüssel zurück. Und hier in Brüssel hielt Sun Yatsen im Mai 1905 eine Versammlung ab, zu der die Studenten aus ganz Europa zusammenströmten. Dreißig Studenten traten der Vereinigung bei, die er damals begründete und die sich später zur Revolutionären Liga entwickeln sollte. Aber Yentung berichtete seinem Bruder mit keinem Wort über diese Versammlung und hat auch sonst keinerlei Aufzeichnungen darüber hinterlassen. Trotzdem scheint er an der Versammlung teilgenommen und Sun Yatsen gesehen zu haben, denn viele Jahre später deutete er es mir gegenüber an.

Es war an einem kalten Märztag des Jahres 1925 in Peking. Sandwirbel aus der Wüste peitschten unsere Gesichter. Vater und ich standen unter Millionen von Trauernden auf der Straße, ich in meinem dicken Mantel und Stiefeln, um den Hals den langen Schal, den ich so gern hatte und dessen zwei Troddeln mir beim Gehen auf den Rücken trommelten. Lange standen wir so, stundenlang, wie mir schien. Vater hielt sich kerzengrade, reckte den Kopf hoch und schaute. Ich konnte nichts sehen, bis Vaters Freund, Herr Hua Namkwei, der mit uns gekommen war, mich auf seine Schultern hob. Und nun erhaschte auch ich einen flüchtigen Anblick von den Kränzen und Fahnen und den sich überschneidenden Linien der weißen Banner auf dem Sarg, in dem der Körper jenes Mannes ruhte, der die Revolution von 1911 angeführt und unser aller Leben verändert hatte und der bei seinem Tode erklärt hatte: »Die Revolution ist noch nicht zu Ende. Ihr müßt weitermachen.«

Herrn Huas Brillengläser glitzerten, und er atmete so sonderbar. Mein Vater schaute nur, und ich folgte der Richtung seiner Blicke. Aber da war nichts, woran meine Augen sich festhalten konnten, nur eine riesige Menschenmenge, die sich unaufhaltsam vorwärts schob, mehr, immer mehr, wirre Haufen von Gesichtern, schwarze Bänder, Fahnen, eine ungeheure, kompakte Flut aus Traurigkeit und Schweigen; und obgleich mir zum Weinen zumute war, spürte ich doch nicht den festen Kern dieses Kummers, den ich so gern aus mir herausgepreßt hätte, sondern nur Müdigkeit und eine innere Gereiztheit.

»Vater, Vater, wer ist das?«

»Das erzähle ich dir später, nicht jetzt.«

»War er ein Freund von dir?«

»Ich bin ihm einmal begegnet, in Belgien.«

»Vater, warum ist er gestorben? Und warum sind die Blumen alle weiß?«

»Nicht jetzt. Später.«

Doch dieses Später kam nie. Wir gingen nach Hause, und er erzählte mir nichts. Aber ich fand trotzdem heraus, wer der Mann gewesen war. Es war Sun Yatsen.

Vierzehntes Kapitel

Ich will die Fotografien ausbreiten.

Wenn ich so tastend nach festen Punkten in der Vergangenheit suche, wundere ich mich, daß etwas, das so lebendig war, zu einer so schmerzlich gedämpften, luftzarten Zusammenhanglosigkeit werden konnte. Vielleicht ist es doch wahr, daß das Dauerhafteste am Leben eines Menschen der Nachruf auf seinem Grabstein ist. In meinem Fall hat eine klassische Erziehung mich angehalten, die Lebenssäfte aller Dinge auszutrocknen und alle Ereignisse durch das Sieb des Gehirns zu treiben. Und doch wurde auch ich einer Leidenschaft fähig, und die Welt erfüllte sich für mich mit dem Strahlenglanz des Verlangens; auch ich besaß einen Regenbogen im Himmel, selbst wenn er sich später in ein Würgeeisen verwandelte, das um meinen Hals geschweißt war.

Ich sichte den Staub, der mir geblieben ist, versuche mit meinen Blicken die Wärme, die Kraft, die versunkene und doch einst erlebte Herrlichkeit zu bannen. Ich breite die Fotografien aus.

Hsueh Mah, unsere Dienerin, die bei mir blieb, als Marguerite mich verließ, stößt einen Falkenschrei aus: »Ah, Alter Herr sieht sich wieder die Fotografien an!« Höflich konstatiert sie stets, was ich tue: »Ah, Alter Herr sieht nach den Weinreben«, »Alter Herr ißt jetzt ...«

Ich breite sie auf meiner Bettdecke aus, diese zweidimensionalen Gestalten, und Hsueh Mah bückt sich und blickt mir über die Schulter, obgleich sie, genau wie ich, die Bilder schon hundert- oder zweihundertmal gesehen hat. Ich kann es nicht mehr zählen, wie oft ich sie schon aus der obersten Schublade der Kommode herausgeholt habe, die 1913 aus Belgien mit uns hierherkam und die 1948 bei mir zurückblieb, weil sie nutzlos geworden war, genau wie ich.

Zum hundertsten- oder zweihundertstenmal machte Hsueh Mah sich bereit, die kleinen Laute des Interesses oder der Freude auszustoßen, Jubelrufe, Seufzer; denn auf ihre bäurische Art ist sie respektvoll und höflich und weiß, daß sie diese Dinge sagen und mir ihre Aufmerksamkeit bekunden muß.

»Ah, das ist die Alte Herrin, als sie noch jung war ... wie schön ... wie vornehm ... aber hat sie denn nicht gefroren mit diesen nackten Schultern?«

Leise tritt der Abend ins Haus, der Garten verliert seine Sperlinge, eine einzelne Elster kehrt mit schwirrenden Flügeln zum Nest zurück.

Marguerite blickt aus der großen vergilbten Fotografie. Ovales Gesicht, große bernsteinfarbene Augen, rotes Lockenhaar, bloße Schultern, die Gestalt direkt unterhalb der Schulterblätter in den feinen Musselin gehüllt, den man damals – 1905 oder 1906 – trug, eine Kette mit einer Kamee daran um den Hals. Der rüschenbesetzte Sonnenschirm paßte stets zum Kleid.

Bis ich ihr begegnete, war der Rohstoff von Kummer und Freude stets durch meine Erziehung in Schach gehalten. Wie ein guter Fechter zwischen sich und seinem Gegner einen Abstand hält, so machte ich durch kunstvoll gedrechselte Phrasen und wohllautende Verse die Gestalten, deren Gewicht und Substanz meinem ruhigen Dasein gefährlich hätten werden können wie geschleuderte Steine, zu einer Art Geisterparade. Zivilisation ist letzten Endes Formulierung, die Kunst, allen Dingen eine Beziehung zu uns zu entnehmen, sie jedoch gleichzeitig in Bilder zu verwandeln, die auf einen Schirm geworfen sind. Doch der magische Schleier, den ich zwischen das Leben und mich gespannt hatte, wurde weggezogen, als ich Marguerite begegnete. Von diesem Augenblick an war alles Glück – jener voreilige Gewinn, der dem Verlust vorausgeht.

So komme ich denn zu meinem Schmerz und meiner Freude, zu der Liebe meines Lebens. Wie aufgeregte Schwalben im Mairegen zerrt dieses flatternde Wunder an meinem Herzen, und meine Schläfen pochen, während mein verdicktes, langsames Altmännerblut durch die allzu brüchigen Adern rollt. Es verlangt nach einer Auferstehung, die doch nicht kommen kann.

Ich begegnete ihr auf dem Käsemarkt von Ixelles, zu einer so frühen Morgenstunde, daß ein wohlerzogenes junges Mädchen eigentlich noch gar nicht hätte unterwegs sein dürfen ... aber sie war es.

Der Käsemarkt war ein rabelaissches Durcheinander schmackhafter Gerüche auf flachen runden Brettern, die so sauber gewaschen und geschrubbt waren wie die Pflastersteine des Platzes, auf dem der Markt stattfand. Nie konnte ich mir diese Szene ins Gedächtnis rufen, ohne gleichzeitig noch etwas anderes zu verspüren – nicht den Käseduft etwa, sondern so etwas wie einen nüsternweitenden Schock beim Anblick eines Schlachtfeldes. Es war, als wären zwischen den Tischen hervor, hinter denen die rotbackigen, drallen flämischen Frauen mit ihren Umschlagetüchern, den weiten Röcken und den schweren Brüsten saßen, wie aus plötzlich sich auftuenden Schützengräben ganze bewaffnete Heere mit lauten Schreien in den Kampf gestürmt.

Da stand Marguerite und starrte Löcher in den Schweizer Käse. Ich starrte sie an, und ich war verliebt.

Ich bin ganz sicher, daß es Liebe auf den ersten Blick war; denn von diesem Tag an konnte ich Käse essen und tat es sogar gern, während es mir bis dahin widerstrebt hatte, ein Stück Käse auch nur anzusehen. Jeden Morgen ging ich quer über den Markt zum naturwissenschaftlichen Seminar der Universität, und immer hatte ich mein Taschentuch gezogen und fest gegen meine Nase gepreßt, sobald ich um die südliche Ecke dieses duftenden Bezirks bog. Und ich wagte erst wieder zu atmen, wenn ich bei einem Bierhaus angelangt war, vor dem die Stühle übereinandergestapelt in der Morgenluft standen.

Und da war sie. Sie stand auf den Pflastersteinen, und die Sonne strahlte zurück von ihrem rotgoldenen Haar, einem wahren Sturzbach von Haar, das aussah wie das kraftvoll gewellte Wasser des Großen Flusses. Das Taschentuch sank von meiner Nase herab. Ich ging an diesem Tag nicht in die Vorlesung. Statt dessen folgte ich ihr. Und während ich hinter ihr herging, wurde die Liebe, die mich so unversehens überfallen hatte, mit jedem Schritt realer und fester.

Nun, da ich alt bin, sinne ich nach über dieses erstaunliche Wunder von Körper und Seele. Wie sehr sie eins sind, wie sie einander zur Einheit formen. Ich denke an den Geruchssinn, eine der wesentlichsten Triebkräfte unserer Erfahrungen. Vor jenem Tag teilte ich die Gerüche in gute und schlechte, angenehme und abstoßende ein. Aber ich wußte nicht, daß sie so rasch, in einem einzigen Augenblick der Erregung, ihre Plätze vertauschen können. Ja, sogar der Geruch, diese dauerhafteste Voraussetzung unserer Erfahrung, unterliegt dem Gesetz der Verwandlung. Und nun, da sich mir alles verdünnt, da sogar das Salz seinen Geschmack verliert und meine Erinnerungen durchscheinende Gespenster sind, die ein Windstoß verwehen kann, bleibt mir nur das Wissen um diese Verwandlung – ein Wissen, so trocken wie Staub, denn dem Begreifen bin ich heute ebenso fern wie damals; aber das Wunder der Liebe ist von mir gewichen.

Marguerite zerbrach die Zäune, hinter denen meine Gefühle so brav in der Gangart der konventionellen Dichtung und der vorausschaubaren Empfindung einhergetrabt waren. Von nun an mußte ich die ganze Welt neu lernen, und an jenem Morgen begann ich mit den Gerüchen.

Seit diesem Tag empfand ich den Geruch Europas und den Geruch der Europäer als gut. Bis dahin hatten alle Menschen, die nicht Chinesen waren, für mich gestunken. Milch roch schlecht, und die Europäer rochen nach Milch und Hammelfleisch. An dem kalten, unfreundlichen Wintertag, an dem wir in Marseille an Land gingen, erweckte der Geruch der Pferdedroschke, der Pferde und des Haferschrots in mir die Sehnsucht, nach Chengtu zurückzukehren, das im Gegensatz zu Marseille in meiner Erinnerung nach Frühlingspflaumenblüte, Kapuzinerkresse und Magnolien roch. Die öffentlichen Kloaken hatte ich vergessen. Und jetzt weiß ich, daß auch unsere Sinne durch Worte bedingt und durch unsere Erziehung vorgeformt werden. Und daß auch sie uns betrügen.

Es war ein Spätfrühlingstag, ein Maitag im Europa des Jahres 1905, ein von Maiblumen besternter, von Rosen überquellender Tag, an dem ich Marguerite begegnete. Ich hatte bereits ein neues Lebensgefühl verspürt, ein Verlangen danach, stundenlang durch die nie endende Dämmerung zu wandern. Nun sah ich Farben aus dem einheitlichen Grau auftauchen, in das Europa bis dahin für mich gehüllt war, eine ganze Skala von Nuancen, für die ich keine Namen wußte. An jenem Tag ging ich stundenlang umher, und die Sonne, die ihre spitzfingrigen Zeichnungen über jeden Stein warf, lockte grüne Luftspiegelungen hervor, so beweglich wie die Schattierungen der Jade. Die Härte, die Derbheit und die allzu gedrungene Frische der Menschen wurde zu einem liebenswerten, begeisternden Überschwang robuster Fröhlichkeit. Die Leute auf der Straße waren nett zu mir: sie sahen mich neugierig an und wünschten mir dann einen guten Tag. Wie gut und freundlich sie doch waren! Ich mochte sie gern und hielt Brüssel für die hübscheste Stadt, die ich kannte.

Alles an Marguerite war widerspenstig und eigensinnig, alles war das, was ich nicht war und nie werden würde. Sie war als Hauslehrerin nach Irland gegangen, weil sie das eingeschränkte Dasein einer wohlerzogenen jungen Dame zu Hause nicht aushalten konnte, und sie hatte dort den Typhus bekommen. Nach ihrer Rückkehr nach Brüssel interessierte sie sich für einen hübschen Offizier, der jeden Morgen durch die Alleen des Bois ritt (darum stand sie auch so früh auf). Sie sprach nie ein Wort mit ihm, aber trotzdem ging sie immer wieder hin, in der Hoffnung, ihn auf seinem Braunen zu erblicken. Sie schritt durch den frischen, frohlockenden frühen Morgen; sie trug ihre kraftvolle, herrliche Jugend und den Reichtum ihres roten Haares über das Kopfsteinpflaster von Brüssel, der engen, engen Stadt mit den engen Häusern, die auf Marguerite herabblickten. Hinter jedem der mit Spitzengardinen verhangenen Fenster war ein »Spion« angebracht, ein Spiegel, in dem man die Straße überblicken konnte, ohne selbst gesehen zu werden. Wie müssen sie später gewispert haben, die Leute, die in ihre Spiegel starrten und uns zusammen vorbeigehen sahen! Marguerite war unruhig und nervös, las Romane, träumte von den unmöglichsten Ausbruchsversuchen, nahm Gesangsstunden, ging mit dem Dienstmädchen, das ihr Handschuhe und Gebetbuch nachtragen mußte, zur Kirche, lief ohne Hut weg, um Blumen zu kaufen, war unglücklich und schrieb und schrieb, um ihr Unglück loszuwerden.

An jenem Morgen folgte ich ihr in einem gewissen Abstand

bis zu ihrem Haus und merkte mir Straße und Hausnummer. Am Nachmittag war ich wieder in ihrer Straße, ging hin und her und schaute auf zu dem großen Gebäude mit seiner blaßgelben Fassade und den schmiedeeisernen Verzierungen und zu den Fenstern, die so schmal und zusammengekniffen wirkten wie die Gesichter der belgischen Frauen, wenn sie mit spitzen Lippen die Straße überqueren; schaute auf zu dem Außenspiegel, der schräg vor dem Fenster angebracht war, und hoffte, sie werde einen Blick hineinwerfen und mich vielleicht sehen . . .

Aber der Blick, der über unser Schicksal entschied (welch absurde Redewendung heute, da der kalte, überlegte Blick der Geschichte auf mir ruht und alles, was einst so wichtig war, zu Staub geworden ist, der sich in einem unbeachteten Winkel ansammelt), dieser Blick fiel aus den Augen ihrer Mutter auf den »Spion«. Als ich am nächsten Tag vergebens gehofft hatte, sie auf dem Käsemarkt wiederzusehen, ging ich wieder in die Straße und schritt langsam vor dem Hause auf und ab, wanderte bis ans Ende der Straße und wieder zurück, so langsam, wie ich irgend zu gehen wagte.

»Wer ist eigentlich der kleine Chinese, der da draußen vor unserem Haus steht?«

Und dann, o Wunder, öffnete sich die Tür, und Marguerite kam heraus und ging quer über die Straße auf mich zu. Ich stand auf dem gegenüberliegenden Bürgersteig, starrte hinauf und war so erschrocken und verwirrt, als ich sie kommen sah, daß ich ganz vergaß, den Hut zu ziehen.

Marguerite hat später die ekstatische Erregung dieses ersten Augenblicks mit ihrem Spott verächtlich gemacht und den magischen Blick ihrer Mutter in den Spiegel zu einer trivialen unheilbringenden Neugierhandlung gestempelt. Sie hat immer die Macht besessen, Glück zu zerstören, so wie ihr auch die Macht gegeben war, Leben zehnmal lebendiger zu machen. Alles, was durch sie hindurchging, vergrößerte sich. Selbst als ich dachte, es machte mir nichts mehr aus, konnte sie noch immer diesen Zerrspiegel in Aktion setzen und mich damit an den Rand meiner Kraft bringen. Aber das war viel später, Jahre später, als aus ihr eine verbitterte, nicht ohne Grund vorzeitig gealterte Frau geworden war. Jahrelang blieb in mir das herrliche Glück jenes Augenblicks, in dem sie auf mich zukam, lebendig, und es tröstete mich auch noch dann, als unsere Welt der Liebe sich in eine Trümmerstätte verwandelt hatte. –

Oh, erzähle mir nur nicht, für mich gäbe es keinen Himmel und kein Paradies. Ich habe mir gewiß den Himmel verdient, denn meine Hölle habe ich schon auf Erden gehabt, das kann ich dir sagen. Wenn ich es doch nur vorher gewußt hätte – aber wir waren so glücklich in diesen ersten Jahren. Mein Sohn wurde geboren, und ich mußte so leiden; aber er sagte: »Meine liebe, geliebte Frau, ich werde dich nie verlassen«, und meine Mutter half mir das Kind versorgen.

Oh, erzähle mir nur nicht, ich hätte gesündigt, denn ich kann dir von Dingen berichten, die die Hölle zum Paradies machen – von Dingen, die mir auch widerfahren sind. Ich hatte mir immer so vieles gewünscht, so vieles, das geschehen sollte. Es kam davon, daß ich all diese Bücher gelesen und nichts Rechtes zu tun hatte. Aber wenn ich ins Paradies komme, dann möchte ich sie wiedersehen, diese hübschen grünen Affen, so wie ich sie damals auf der Reise mit Yentung sah, als ich und mein Sohn zum erstenmal nach China kamen. Auf all diesen Klippen und zwischen den Bäumen hüpften sie in großen Sprüngen hinauf und herunter und verspotteten uns, und unser Boot schoß durch die Stromschnellen, und wir waren an Fässer angebunden. Aber ich bin sicher, daß sie uns verspotteten, und ich winkte ihnen zu und lachte. Ich möchte sie unbedingt im Paradies wiedersehen; denn als ich sie damals sah, wußte ich, wie schön dieses Land war, schön und schrecklich, und es war Hölle und Paradies zugleich, so daß ich keine Angst mehr hatte.

Ich habe mir immer einen Ort gewünscht, an dem ich mein Herz lassen könnte. Hier aber mußte ich alles lassen, alles. Die Leute sagen manchmal, ich vergrößerte die Dinge in meiner Erinnerung; aber nichts war so groß wie diese Erregung, diese Ewigkeit, diese Qual und dieses Leiden und ein Gesicht, das stellvertretend war für alle Liebe auf Erden.

Denn die Liebe hat mir ihre große Last aufgebürdet, und wenn ich jetzt nur daran denke, muß ich weinen über diesen Wahnsinn. Nur die grünen Affen entsprachen dieser Vision, die einst ein blendender Glanz war und heute ein jämmerlicher Scherbenhaufen.

Nun muß ich zuerst einmal tief atmen, den Spiegel der Erinnerung blank reiben, die Spinnweben des Schweigens und der Träume fortputzen, ja meinen Kopf, den Kopf einer Gefangenen, von den Spinnweben all meiner Träume leerfegen und das sehende Auge auftun. Es soll kein Mitleid haben mit meinem Spiegelbild.

Ich dachte, er sei ein asiatischer Prinz, und damit fing alles an, in Glanz und Pracht, ein Donner, der lauter dröhnte als die Stimmen meiner Familie. Die Denis sind immer so überheblich gewesen, und ich freute mich, daß ich ihnen das antun konnte. Und nie werde ich zu ihnen gehen und sie um Verzeihung bitten. Nie will ich von ihnen zu hören bekommen: »Ich habe es dir ja vorher gesagt.«

Ich dachte, er sei ein asiatischer Prinz, obgleich ich heute nicht mehr weiß, wie ich auf diesen Gedanken kam. Vielleicht weil ich alle diese Romane gelesen hatte. Es gab so viele, und ich hatte sie alle gelesen. Ich hatte ja sonst nichts zu tun.

Ich sah ihn an und hatte den Wunsch fortzugehen, fortzugehen mit ihm. Am liebsten wäre ich auf ihn zugetreten und hätte gesagt: »Bitte, Euer Hoheit, kann ich nicht in Ihr Land kommen? Ich muß fort von diesem Leben, denn es ist kein richtiges Leben, und ich kann es nicht mehr aushalten. Zur Messe gehen mit einem Dienstmädchen, das mir die Handschuhe und das Gebetbuch nachträgt, Verwandte besuchen und sonst nichts als warten, warten, warten. Ich habe nichts zu tun, und ich bin zwanzig Jahre alt.«

Ich lächelte ihn an, und dann nahm er seinen Hut ab, und ich zitterte am ganzen Körper und sagte: »Wollen Sie nicht hereinkommen und eine Tasse Kaffee mit uns trinken?« Und dann ging ich in mein Zimmer und legte mich aufs Bett.

Meine Mutter kam herein und sagte: »Was ist denn mit dir?« Und ich antwortete: »Gar nichts, ich habe nur so schreckliche Kopfschmerzen.«

Er saß mit meiner Mutter im Salon und trank Kaffee. Mutter sagte, er sei ein netter junger Mann und bestimmt ein Prinz, denn er hätte so kleine weiße Hände.

Am nächsten Morgen stand ich sehr früh auf. Ich hatte nicht geschlafen, und ich wollte wieder zum Marktplatz gehen. Vielleicht würde er auch da sein. Aber unten scheuerte Josephine die Halle und die vordere Treppe, es mußte also noch sehr früh sein. Zu früh vielleicht. Ich setzte meinen Hut auf und sah in den Spiegel, und der Hut gefiel mir nicht. Darum nahm ich ihn wieder ab und setzte meinen Sonntagshut auf, den weißen mit den großen Rosen, und ich schlug mir leicht auf die Wangen, damit sie ein bißchen Farbe bekämen.

Dann nahm ich den Hut wieder ab und fing an zu weinen. Und jetzt konnte ich natürlich nicht mehr ausgehen – mit diesem geschwollenen Gesicht und den roten Augen. Ich setzte mich ans Fenster und schaute auf die Straße und sah die Häuser: grau, grau, traurig und trübe. Jetzt konnte ich deutlich erkennen, wie schrecklich es war, wie klein und eingeengt: mein Leben, dem ich doch nicht entfliehen konnte.

Dann muß ich wohl stundenlang auf und ab gegangen sein, und meine Mutter machte sich Sorgen. Sie wollte, daß Josephine den Doktor holte, aber ich sagte: »Nein, nein. Komm, wir machen lieber einen Spaziergang in den Bois.«

»Aber du weißt doch, das kann ich nicht. Der Doktor hat gesagt, ich dürfte nicht so viel gehen wegen meiner Krampfadern.«

Beim Mittagessen brachte ich kaum einen Bissen herunter, und nun wurde meine Mutter noch ängstlicher und ließ doch den Doktor holen. Der aber sagte: »Das sind nur die Nerven, das gibt's oft bei jungen Mädchen. Sehen Sie zu, daß Sie Ihre Tochter verheiraten, Madame, dann geht das alles vorüber.«

»Verheiraten! Dazu müßten wir einen passenden Mann finden, Herr Doktor, aber das ist heutzutage nicht so einfach«, sagte meine Mutter. Wie oft hatte ich das schon gehört!

Als der Doktor gegangen war, setzte ich mich wieder ans Fenster und schaute und schaute. Dann fiel mir ein, daß ich mir eine Handarbeit vornehmen oder etwas singen könnte. Ich hatte eine gute Stimme und mußte sie mir erhalten. Ich begann zu singen, übte Tonleitern, und dann blickte ich wieder in den Spiegel. Und da sah ich ihn. Du hast Halluzinationen, sagte ich zu mir selbst.

Aber es war keine Halluzination. Ich konnte ihn sehen, wie er regungslos da drüben auf dem Bürgersteig stand und zu unserem Haus herüberstarrte.

Ich ging die Treppe hinunter, aber als meine Hand die Haustür berührte, hielt ich wieder inne. Ich konnte die Tür nicht öffnen, um herauszufinden, was er wollte. Ich konnte nicht wieder das tun, was ich am Nachmittag zuvor getan hatte. Also wieder hinauf. Ich rief Josephine und sagte: »Josephine, geh doch zu dem Kurzwarengeschäft an der Ecke, ich habe kein rotes Garn mehr für meine Stickerei.«

Josephine putzte gerade das Silber. »Ich kann jetzt nicht fort, Mademoiselle, ich muß erst mit dem Silber hier fertig sein.«

Aber ich sagte: »Ich putze es für dich fertig – geh jetzt, geh!«

Mein Gott, wie lange sie brauchte, um ihren Hut aufzusetzen und ihren Mantel anzuziehen! Und dann mußte sie erst noch im Hintergarten zum Himmel hinaufblicken, um auch sicher zu sein, daß es nicht regnen würde – alles wegen eines Gangs zum Kurzwarenhändler, hundert Meter weit. Zum Schluß sagte sie: »Jetzt habe ich vergessen, meine Schuhe anzuziehen.« Sie hatte noch ihre Hausschuhe an, und darum stieg sie hinauf in ihre Dachkammer, um ihre Straßenschuhe zu holen.

»Aber das macht doch nichts«, wandte ich ein. »Du kannst doch ruhig so, wie du bist, zur Ecke gehen.«

»Nein, auf die Straße gehe ich nicht ohne feste Schuhe«, erklärte sie eigensinnig.

Ich drängte sie. »Ja, ja, nun geh schon.« Aber sie blieb noch einmal stehen und fragte: »Was für ein Rot? Es gibt doch viele rote Seidengarne. Welche Schattierung brauchen Sie?«

Ich mußte also noch einmal die Treppe hinaufsteigen, einen roten Seidenfaden holen und ihn ihr zeigen. Und sie stand da und drehte ihn so bedächtig in ihren Fingern hin und her, bis ich fast geschrien hätte vor Ungeduld.

Langsam, ach, so langsam, ging sie durch die Halle – und ich hinter ihr her –, hantierte an der Tür herum, die verschlossen war, nahm den Schlüssel, steckte ihn ins Schloß und drehte ihn herum – und ich immer hinter ihr –, und als sie endlich die Tür öffnete, wurde es hell, und er stand auf dem gegenüberliegenden Bürgersteig. Und dann machte Josephine die Tür von draußen zu.

Aber ich hatte ihn wiedergesehen, und ich wußte, daß auch er mich gesehen hatte. Und dann, ja, was kam dann noch? Wenn ihr Kinder erwachsen seid, werdet ihr wissen, was das ist. Aber ich hoffe ihr werdet mehr Glück haben als ich. –

Ich weiß, viele Leute können es nicht verstehen. Und manchmal begreife ich auch nicht, warum es so kommen mußte. Ich weiß, daß ich mein Leben zerstört habe, mein ganzes Leben. Nie habe ich mir vorgestellt, daß es so sein würde, Hölle und Paradies, alles auf einmal ...

Und meine Kinder wollen alles immer so genau wissen. Vor allem die eine, die dauernd fragt: »Wie hast du meinen Vater kennengelernt?« Aber das habe ich euch doch erzählt; ich habe ihn kennengelernt, als er noch ein Student war. Ich dachte, er sei ein Prinz. Ein chinesischer Prinz.

Ihr wollt die Fotografien sehen? Nicht schon wieder. Na, also gut ... wenn es sein muß. Ganz von Anfang an? Schön. Diese hier wurde aufgenommen, als ich sechs Jahre alt war, so alt wie du jetzt. Da seht ihr auch meine rotgoldenen Ringellocken – die »englischen Locken«, wie man damals sagte. Meine Kleider kamen aus England, sie machen dort sehr hübsche Kinderkleidung. Da, der Hut mit dem blauen Samtband und der Schottenrock. Wir waren nicht reich, weil mein Vater gegen den Willen seines Vaters meine Mutter geheiratet hatte, die arm war und eine Holländerin. Sie waren beide noch sehr jung, als sie heirateten. Und darum konnte er nicht studieren und ein reicher Mann werden wie Onkel Eugène, der in Antwerpen lebt und einen Haufen Geld hat, sondern er mußte zur Eisenbahn gehen und ein Regierungsangestellter werden und so seinen Lebensunterhalt verdienen. Er gehorchte seinem Vater nicht, und ich handelte gegen den Willen meines Vaters, als ich euren Vater heiratete. Er liegt wohl im Blut, dieser Ungehorsam.

Auf diesem Bild hier trage ich meinen kleinen Hermelinmuff, einen englischen Mantel und einen englischen Hut. Wir waren damals angesehene Leute und hatten ein hübsches Haus in einer guten Wohngegend; denn inzwischen war Großvater gestorben und hatte uns etwas Geld hinterlassen. Er hatte uns also nicht enterbt, wie die übrige Familie angenommen hatte. Ich kam daraufhin ins Kloster der Damen vom Heiligen Herzen, wo sie nur Adlige und Mädchen aus den besten Kreisen aufnehmen. Mich nahmen sie auf, obgleich meine Mutter eine Bürgerliche war.

Aber ich konnte nie so sein wie die anderen, die Milch in den Adern hatten. Zunächst einmal war das Essen abscheulich, und ich hatte immer guten Appetit. Meine Mutter brachte mir ganze Körbe voller Eßwaren. Ich verzehrte sie nachts, und daher habe ich auch so schlechte Zähne: von den vielen Süßigkeiten, die ich im Schlafsaal des Klosters unter der Bettdecke genascht habe.

Die strengen Klosterregeln gingen mir gegen den Strich. Ich mochte das gräßliche Zeug nicht herunterschlucken, das man uns gab und das ein frommes Opfer für den Herrn darstellen sollte. Ich hielt es nicht aus, stundenlang auf den Steinen in der kalten Kapelle zu knien. Ich wollte keine Nonne werden. Die ganze Zeit über hatte ich den Wunsch fortzulaufen. Und ich war zu gesund, so gar nicht blutarm. Und ich hatte dieses rote Haar, das die Nonnen immer glattstriegeln und in Zöpfe flechten wollten und das sich doch nicht bändigen ließ. Aber ich lernte singen und Klavier spielen, und als ich achtzehn Jahre alt war, riß ich aus und fuhr nach Irland. Ich konnte es nicht mehr aushalten, und ich konnte auch nicht zu Hause sitzen und darauf warten, daß einer mich heiraten würde. Ich wollte reisen und andere Menschen kennenlernen. In Irland bekam ich Typhus, und mein Haar fiel aus, und später hatte ich nie wieder so viel Haar wie zuvor. Vor meiner Krankheit reichte es mir bis in die Kniekehlen. Das hier ist ein Bild von mir aus Irland. Da, seht ihr, ich stehe hinter diesem kleinen Mädchen. Ich sollte es in Französisch unterrichten.

Die Leute waren keine Iren, sondern sehr reiche Engländer, Lord und Lady Soundso, den Namen habe ich vergessen... Ich aß damals viele Bananen wegen des Typhus. Ich mochte Bananen gern. Ich lernte auch ein bißchen Englisch, und dann fuhr ich wieder nach Hause.

Gelegentlich, etwa einmal im Jahr, fuhren wir nach Antwerpen, um die Familie zu besuchen. Das war gräßlich. Meine Mutter weinte auf der Rückfahrt immer, weil die Verwandten sie so schlecht behandelt hatten. Alle in der Familie Denis waren so schrecklich hochnäsig. Wenn man Holländer und nicht adlig war, blickten sie auf einen herab.

Ich konnte morgens nie lange schlafen, vor allem im Frühling. Dann stand ich auf und ging spazieren. Meine Mutter sagte, das käme vom Frühling und ich hätte es mit den Nerven, doch das würde alles vorübergehen, wenn ich erst einmal verheiratet sei. Aber wen sollte ich heiraten? »Du hast eine Mitgift«, sagte meine Mutter, »du wirst einen ordentlichen Mann in einer guten Position heiraten. Einen Mann, wie dein Vater einer ist, einen, der später eine Pension bezieht.«

Meine Mutter hatte keine anderen Kinder außer mir. So war es der Wille meines Vaters gewesen, wie sie mir erzählte; er hatte nicht gewünscht, daß sie noch mehr Kinder bekam. Er veranlaßte sie, Watte mit ein wenig Essig zu benutzen, wie es bei den Aristokraten üblich ist. Zwar war es von der Kirche verboten, aber sie brauchten ja nur zur Beichte zu gehen, dann war alles wieder in Ordnung. Abgesehen davon war meine Mutter eine protestantische Holländerin, die ihre Sünden nicht zu beichten brauchte. Das war auch ein Punkt, den die Familie an ihr mißbilligte: daß sie Protestantin war. Sie war sehr sauber, eine echte Holländerin. Jedesmal wenn sie zur Toilette ging, wusch sie sich hinterher.

Alles, was meine Mutter tat, geschah aus Liebe zu mir. Oft hat sie meinem Vater etwas verschwiegen. Aber die Nachbarn waren gehässig und eifersüchtig. »Kein Mädchen ist so schön und stolz wie meine Tochter«, pflegte meine Mutter zu sagen. Und an einem Frühlingsmorgen verließ ich das Haus und ging in die Stadt, und da sah ich euren Vater. Er stand auf dem Käsemarkt und wollte ihn wohl gerade überqueren, und ein großer Wagen voller Bierfässer rollte an ihm vorüber, und die Pferde mit den langen Haaren an den Hufen atmeten weißen Dampf aus. Er stand da, und ich glaubte, er sei ein asiatischer Prinz. Als ich nach Hause ging, kam er hinter mir her; aber er hat nie erfahren, daß ich ihn zuerst entdeckt hatte.

Wenn zwei Menschen über dasselbe Ereignis berichten, so fallen ihre Berichte verschieden aus; der eine hat Einzelheiten bemerkt, die dem anderen entgangen sind. Marguerites und Yentungs Erzählungen über ihre erste Begegnung unterscheiden sich in mancher Hinsicht; aber ich mußte diese kleinen Widersprüche so lassen, wie sie waren, denn schließlich stammten die Berichte von zwei verschiedenen Menschen. Eines jedoch ist ihnen gemeinsam: beide erinnern sich an die atemberaubende, strahlende Schönheit jener Morgenstunde. Die Zeit, die diese beiden Menschen so sehr veränderte, hat an dem Bild, das sie sich von jenem leuchtenden Beginn bewahrt haben, kaum eine Änderung vorgenommen. Und obgleich nichts schmerzlicher für sie gewesen sein kann, als erkennen zu müssen, welch ein Gegensatz zwischen den Menschen bestand, die sie geworden waren, und denen, die ihre Erinnerung ihnen vor Augen stellte, hielt Marguerite doch unwandelbar an dem Eindruck jenes Morgens fest, auch wenn Yentung behauptete, sie habe versucht, ihm sogar diese Erinnerung zu zerstören. Mit Hilfe dieses Fixsterns konnten sie die Wucht der Bewegung abmessen, die sie vorwärtsgetrieben hatte, die Gewalt der Leiden, die sie geformt und schließlich auseinandergerissen hatten. Dieser eine Segen wenigstens war ihnen geblieben: sie hatten einen unverrückbaren leuchtenden Ausgangspunkt, zu dem sie zurückkehren konnten und der allen außer ihnen selbst unerreichbar war. Das Wunder ihres Herzens bestand darin, daß trotz all der Veränderungen, die sie an sich selbst erlebt hatten, dieser eine kurze Augenblick unverändert und unüberwindlich die Zeiten überdauerte.

Aber das war nur der Prolog gewesen. Während der nächsten drei Jahre, von 1905 bis 1908, entwickelte ihre Begegnung sich zu einer Situation und schließlich zu einem Skandal. Welches Entzücken müssen die Damen verspürt haben, die, steif in ihre Korsetts gezwängt, mit zusammengepreßten Lippen hinter ihren »Spionen« saßen und die Straße beobachteten, stickend, Kuchen essend und Kaffee trinkend, welch eine Würze muß ihnen die Geschichte von Marguerite und Yentung gewesen sein für die endlosen Nachmittage, für all die Tage, die so unerbittlich durchtränkt waren mit Klatschgeschichten (deren Wichtigkeit der Gesellschaftsklasse, der diese Damen angehörten, Farbe und Ton verlieh)!

Und da an diesem Punkt meine Mutter die Bühne betritt und sich gewissermaßen in ihre eigene Zukunft, die China hieß, hineinzwängte, sollte ich wohl zunächst einiges über ihre Familie und ihren sozialen Hintergrund berichten.

Bis vor kurzem wäre es mir allerdings unmöglich gewesen, ein Bild der Familie Denis zu zeichnen – genauer gesagt, bis zu den drei Tagen im Jahre 1963, die Armand Denis, ein Vetter meiner Mutter – eine »bekannte Fernsehpersönlichkeit« bei der BBC, der *British Broadcasting Corporation*, wo seine Filme über afrikanische Tiere ungeheuer populär waren –, in Singapur mit mir verbrachte. Als wir damals gemeinsam im chinesischen Capitol-Restaurant saßen und gebratene Ente, Haifischflossen und Zuckermais aßen, begann er von der Familie Denis zu erzählen, davon, was alle die Vettern getan hatten und noch taten.

Bis dahin war ich auf die Erinnerungen meiner Mutter angewiesen, die im Hinblick auf ihre Familie nicht sehr freundlich waren. Meinen belgischen Großvater hatte ich nicht nach meinen Verwandten gefragt, da ich ihn mit solchen Sachen lieber nicht behelligen wollte. Als ich 1935 zum Studium nach Brüssel kam, war ich sehr gehemmt. Es war mir peinlich, über meine Mutter oder über die Familie zu sprechen, und ich hatte das Gefühl, daß es ihrem Vater ebenso erging. Die brieflichen Beziehungen zwischen den Mitgliedern der Familie Denis waren nie sehr herzlich gewesen, und ich nahm mir damals die Schweigsamkeit meines Vaters zum Vorbild. Immerhin war meine eigene Stellung als »unsere Kusine aus China« gelinde gesagt zweideutig. Die Heirat meiner Eltern hatte meiner belgischen Familie – und ebenso meiner chinesischen Familie – viel Aufregung und Kummer bereitet, und die Erinnerung daran hatte sich zu einer Aura der Mißbilligung verdichtet, die von den Verwandten meiner Mutter ausströmte, sich über mein neunzehnjähriges verlegenes und schüchternes Ich breitete und wie eine sich erhärtende Geleeschicht alle Gespräche abschnürte, die ich bei den Familienbesuchen in Belgien führen mußte, so daß ich mich auf die ungefährlichen Themen wie Studium, Wetter und Gesundheit beschränkte.

Ich machte auch nicht den Versuch, Tante Lucy, der Frau von Henri Denis, dem Verteidigungsminister – einem anderen »Vetter« – weitere Informationen zu entlocken, obwohl Tante Lucy sehr gesprächig und freundlich war – zumindest freundlicher als die anderen. Und als ich sie im Jahre 1947 wiedersah, war ihr Mann so alt geworden, daß sie ihn in einem Rollstuhl umherfahren mußte, und sie selber hatte vieles vergessen. Sie erinnerte sich nur noch an den Zweiten Weltkrieg und jene schrecklichen Jahre, in denen die beiden alten Leute offenbar viel hatten ausstehen müssen.

Es war also Armand Denis, der mir in Singapur schließlich eine etwas unzusammenhängende und durcheinandergewürfelte Familiengeschichte bot. Sein vor kurzem erschienenes Buch *On Safari* war ein Bestseller; er hatte mich darin erwähnt, und nun taute er unter dem Einfluß des chinesischen Weins vollends auf, wurde redselig auf verbreitete sich über das Thema der Familie Denis.

Es hatte mehrere Generäle dieses Namens gegeben. Zu einem gewissen Zeitpunkt war, wie Armand versicherte, der halbe belgische Generalstab mit den Denis versippt. Ursprünglich schrieb sich der Name Dennys, war also flämischer Herkunft, und wurde dann zu Denis französiert. Die Geschichte begann mit einem reichen Kaufmann in Mecheln, dessen Bruder Bürgermeister der Stadt war. Dieser Kaufmann, der Großvater von Armand und meiner Mutter, hatte mehrere Söhne, aber, soweit Armand sich erinnern konnte, keine Töchter. Einer seiner Söhne, der älteste, starb im Alter von neunzehn Jahren an Meningitis; Armand Denis wurde nachträglich nach ihm benannt. Ein anderer Sohn, Jean Denis, war allgemein als »der Fahrradmann« bekannt. Meine Mutter erwähnte mir gegenüber oft den Namen von Onkel Jean und behauptete, ich sei ihm ähnlich und habe die gleiche Vorliebe für »Leute aus den unteren Gesellschaftsklassen«, die ihm zum Verhängnis geworden war. Sie sagte das häufig, vor allem wenn wir Karten spielten, denn sie wußte, daß ich mich darüber ärgerte. Onkel Jean galt als der Leichtfuß der Familie, und auch ich war dazu bestimmt, das schwarze Schaf zu sein.

Armand bestätigte mir, daß Onkel Jean recht ordinäre Neigungen gehabt habe. In seiner Jugend gab es für ihn nur eine einzige Beschäftigung, die ihn befriedigte: die Veranstaltung von Radrennen unter seinen Freunden – Metzgergehilfen, Saufbrüdern und Kaffeehausbesuchern. Und das war zweifellos keine passende Tätigkeit für den Sohn eines angesehenen Bürgers und Neffen des Bürgermeisters der Stadt Mecheln. Seine Freunde klemmten sich eine halbe Zitrone oder eine Zwiebel zwischen die Zähne, damit ihnen der Wind nicht den Mund austrocknete, und dann rasten sie unter Jean Denis' Leitung auf ihren Rädern dahin. Hinterher konsumierten sie auf seine Kosten Unmengen von Bier. Ein solches Verhalten galt in jenen Tagen natürlich als empörend und skandalös. Aber Jean ging noch einen Schritt weiter. Er verheiratete sich mit einer Kellnerin (wie Armand behauptete, nach Aussage meiner Mutter mit einer »Person niedriger Herkunft«) und hatte viele Kinder mit ihr, unter anderem einen Sohn namens Eugène, der einmal bei chemischen Experimenten mit einem Bunsenbrenner seine eigenen Kleider in Flammen setzte, aber keinen ernsteren Schaden davontrug. Jean emigrierte später mitsamt seiner zahlreichen Nachkommenschaft nach Südamerika – ob nach Argentinien oder nach Brasilien, ist nicht bekannt; jedenfalls verlor die Familie ihn, zweifellos zu ihrer großen Erleichterung, aus den Augen. Ich würde meine Verwandten in Südamerika gern einmal kennenlernen, obgleich sie über den Besuch einer solchen »Verwandten« wahrscheinlich nicht entzückt wären, denn schließlich sind sie Europäer und keine Chinesen. Der Begriff der Sippengemeinschaft wird in Europa lange nicht so gepflegt und verehrt wie in China.

Ein anderer Sohn dieses Großvaters Denis, des Kaufmanns, war George, der den Spitznamen »Eisenbahn-George« trug. Er war der Vater meiner Mutter. George heiratete zwar nicht unter seinem Stande, aber nach den Begriffen der Familie Denis schloß er doch fast eine Mesalliance, denn er nahm ein holländisches Mädchen ohne Mitgift, Matilda Rosalie Leenders, zur Frau. Sie war die Tochter eines Ingenieurs, der mit vierundneunzig Jahren aufrecht in seinem Stuhl sitzend starb und der irgendwie mit dem Bau des Zuiderzee-Damms zu tun hatte, aber sehr arm war. Marguerite Denis, meine Mutter, war das einzige Kind ihrer Eltern.

Ein dritter Sohn, Eugène, war der Vater von Armand. Er verheiratete sich gut, nämlich mit einem vornehmen jungen Mädchen aus dem gehobenen Bürgertum namens Anne Van De Bogaerde, das eine ansehnliche Mitgift hatte. Sie entstammte einer bekannten, reichen und vitalen Familie, aus der, wie Armand mir berichtete, auch der Schauspieler Dirk Bogarde hervorgegangen ist. Außer Armand hatte das Ehepaar noch eine Tochter, Angèle, die ihrerseits sieben Kinder in die Welt setzte. Ich bin ihr zweimal in meinem Leben begegnet, und sie gefiel mir außerordentlich, denn sie ist eine sympathische, ruhige Frau von großer Charakterstärke, die meiner Mutter äußerlich sehr ähnelt, jedoch ein völlig anderes Temperament besitzt. Meine Mutter vertrug sich nicht gut mit ihr. Aber bei meiner Mutter war es fast Prinzip, die Verwandten nicht zu mögen. Die Gründe dafür waren mir unverständlich, bis ich 1935 nach Belgien kam – also zweiunddreißig Jahre nachdem meine Mutter dieses Land für immer verlassen hatte – und dort die hermetisch verschlossenen Gesichter, die zusammengepreßten Lippen und die wachsamen Augen meiner Verwandten sah. Damals hatte ich das Gefühl, einen grundlegenden Unterschied zwischen China und Belgien entdeckt zu haben: in China mußte man die Mitglieder seiner Familie lieben, in Belgien mußte man sich mit ihnen streiten.

Außer dieser Familie Denis existierte noch eine andere, die mit der ersten aber nur weitläufig verwandt war. Ein Mitglied derselben namens Louis, ein Sohn des obenerwähnten Bürgermeisters, war General. Dessen Sohn wiederum, Henri, war ebenfalls General und später Verteidigungsminister, und seine Frau war die nette Tante Lucy, die mich so oft zum Tee einlud und mir dauernd Kuchen vorsetzte, weil ich so dünn war.

Henri war seinerzeit ein sehr geistreicher Mann und ein Liebhaber schöner Autos. Unglücklicherweise hatte er 1940 den Posten des Verteidigungsministers inne und mußte sich zu Beginn des Zweiten Weltkrieges den Deutschen ergeben (obgleich Belgien sich vierzehn Tage gegen die deutschen Truppen gehalten hatte, länger als manches größere Land). Henri Denis, der aus diesem Grund viele Anfeindungen erdulden mußte, ging in die Schweiz, wo er dann eine Sklerose bekam, die auch sein Gehirn in Mitleidenschaft zog.

Henri Denis hatte zwei Schwestern, Jeanne – die »Wanderniere-Jeanne« genannt – und Marthe, die einen Mann mit einem langen, düsteren Bart und einem langen Gesicht heiratete, der sich nur von rohen Eiern ernährte (sonst ist nichts über ihn bekannt). Tante Lucy und Onkel Henri Denis hatten einen Sohn, Robert, der 1937 eine geschiedene Frau heiratete. Diese Tatsache wurde sogar im Jahre 1937 noch als unerhörter Skandal angesehen, da die Belgier damals mit höchster Anteilnahme den Fall von Wallis Warfield und dem damaligen König von England verfolgten. Nachdem Robert dem Beispiel Eduards VII. gefolgt war, ließ er sich als Notar in Léopoldville im Kongo nieder. Die einzige Erinnerung, die Armand mit Robert Denis verband, war ein großes Diner in Léopoldville, an dem auch die Mutter von Roberts Frau, also jener Geschiedenen, teilnahm und bei dem ein künstlicher Haarteil der alten Dame in die Gulaschschüssel fiel, die der afrikanische Kellner ihr gerade servierte. Armand erzählte diese Geschichte unter schallendem Gelächter und mit echt flämischem Behagen und fügte hinzu, daß der Kellner ungerührt die Schüssel weiter herumgereicht habe, so daß die anderen Gäste sich das Fleisch herausklauben mußten, das nicht von dem Toupet verdeckt war.

Daneben gab es noch einen weiteren Zweig der Familie, der von einem gewissen Léon Denis abstammte, welcher ein leidenschaftlicher Kirchengegner und überhaupt ein sehr cholerischer Herr gewesen sein soll. Er war mit einer Frau namens Eugenie verheiratet, deren Spitzname »Fegefeuer-Eugenie« lautete. Eugenie litt an krankhafter Geschwätzigkeit. Sie redete so unentwegt, daß ihr Mann sie schließlich amtlich für geistesgestört erklären ließ, worauf sie sieben Jahre in einem vornehmen und respektablen Heim für nervenkranke Damen verbrachte. Während dieser Zeit festigte sich in ihr die Überzeugung, daß sie bereits gestorben sei und nun die Leiden des Fegefeuers erdulden müsse. Als sie nach sieben Jahren wieder zu ihrer Familie zurückkehren durfte, redete sie noch mehr als früher und sprach vor allem über ihre Erfahrungen im Fegefeuer.

Léon Denis hatte zwei Söhne, George und Henri, die beide Kavallerieoffiziere wurden. Léons entschiedener Antiklerikalismus hatte sich auf George, den älteren Sohn, vererbt, der an einem Pfingsttag mit seinem Pferd mitten in eine Prozession der Marienkinder hineinritt. Dieser Vorfall führte dazu, daß in der belgischen Armee von da an ein Denis weniger als Offizier Dienst tat.

Ein anderer Vetter, dessen Namen Armand vergessen hatte, hieß allgemein »der Schwätzer«. In dem Kaffee- und Bierlokal in der Nähe seines Hauses in Antwerpen war für ihn ein Stuhl reserviert, auf dem er tagtäglich von Mittag bis Mitternacht saß und Reden hielt. Punkt vier Uhr jeden Nachmittag erhob er sich von seinem Stammplatz und sagte zu dem Kellner: »Halten Sie mir den Stuhl frei; ich gehe jetzt nach Hause, eine Tasse Kaffee trinken.« Zwanzig Minuten später war er wieder da und redete weiter. Kein Mensch erinnert sich daran, worüber er eigentlich redete.

Die Frauen der Familie Denis waren weder so brillant noch so wunderlich wie viele der Männer. Sie sind fast alle in Vergessenheit geraten – außer meiner Mutter. Sie allein ragt aus dieser farblosen Schar heraus: heftig, kraftvoll, faszinierend und unheimlich lebendig. Der Eindruck, den sie auf Fremde machte, muß ganz außerordentlich gewesen sein. Sie führte den Spitznamen »die Romantische«, würzte die Langeweile ihres Daseins mit Romanen, die sie verschlang, lief zweimal von zu Hause fort und zog sich damit die allgemeine Mißbilligung zu. Die leidenschaftliche Unbesonnenheit, mit der sie gegen Anstand und Schicklichkeit verstieß, um meinen Vater heiraten zu können, schlug den Gefühlen der Familie Denis eine tiefe Wunde, die immer noch nicht verheilt war, als ich,

Marguerites Tochter, sechsundzwanzig Jahre später nach Belgien kam. Mein Großvater holte mich in Brüssel auf dem Bahnhof ab. Er sah mich kurz an und sagte: »Na, ich hoffe nur, du wirst nicht auch mit einem Chinesen davonlaufen wie deine Mutter.« Aber ich lief doch davon – zwar nicht mit einem Chinesen, aber zurück nach China. Er hat das nie verstanden, konnte mir nie verzeihen und strich mich aus seinem Testament.

Meine Großmutter, Matilda Rosalie Leenders, habe ich nie kennengelernt, denn als ich im Jahre 1935 nach Brüssel kam, war sie bereits tot. Meine Mutter hatte mich nach ihr benannt, und diese Namensgebung bedeutete für mich eine Last, der ich mich erst spät entziehen konnte, nachdem ich jahrelang voll innerer Abwehr zusammengezuckt war, wenn mein Name ertönte. Nie paßten Namen weniger zu einem Menschen. Glücklicherweise erhielt ich bei der Taufe noch zwei andere, auf die ich zurückgreifen konnte. Eine Fotografie meiner Großmutter stand stets auf einem Tisch im Schlafzimmer meiner Eltern in Peking; sie zeigte eine typische Holländerin, ziemlich kräftig gebaut, in langen Röcken, mit freundlich blickenden Augen, heller Haut, rostbraunem Haar, das sich weich, in natürlichen Locken, um ihren Kopf ringelte. Die Denis haben graue, braungefleckte Augen, glatte braune Haare und sind hoch gewachsen, die Männer durchschnittlich ein Meter achtundsiebzig bis ein Meter fünfundachtzig. Meine Mutter war etwa ein Meter siebzig groß, ganze fünf Zentimeter größer als mein Vater.

Wenn es so aussieht, als hätte es unter meinen chinesischen Verwandten keine Käuze und Sonderlinge gegeben, während sie auf der flämischen Seite geradezu überwiegen, so ist damit nicht gesagt, daß tatsächlich keine existiert hätten. Mein Urgroßvater zum Beispiel besaß sicherlich ungewöhnlich viel Charakter und Unternehmungslust. Aber in China wurden die Verschrobenheiten übersehen, über die Schwächen sprach man nicht, und in den Familienannalen fehlt jeder Hinweis auf irgendwelche Spitznamen. Auf der belgischen Seite hingegen war kein solch ehrfurchtsvoll tilgender Schwamm in Tätigkeit, der ausgefallene Charaktere in sittenstrenge Vorfahren verwandelt hätte. Im Gegenteil, die Mitglieder der Familie Denis genossen es förmlich, aufeinander herumzuhacken und vor allem sich gegenseitig Spitznamen zu geben. Und meine Mutter hatte in dieser Hinsicht ein ganz besonderes Talent.

Als ich nach Szechuan in die Familie Chou zurückgekehrt war, gelang es mir nie, meine Vettern zu irgendwelchen unehrerbietigen Äußerungen über die ältere Generation zu verlocken – der kindliche Respekt war viel zu tief in ihnen verwurzelt. So blieb mir nichts übrig, als geduldig zu warten und aufzupassen, ob ich vielleicht den Anschein einer mit der üblichen Sittenstrenge versöhnenden Unbeherrschtheit erspähen könnte. Ein einziges Mal wurde ich Zeuge eines offenen Streits, bei dem Erste Tante, die sich offenbar von den neuen Ideen hatte anstecken lassen, wütend ihre Wasserpfeife gegen ihren Mann, Ersten Onkel, den ältesten Bruder meines Vaters, schüttelte. »Wir leben in einer modernen Zeit, ich verlange die Scheidung!« rief sie. »*Und* Unterhalt!« Da die Regeln des Anstands meiner Neugierde hier eine Grenze setzten, zog ich mich diskret zurück. Die fünf Kriegsjahre, die ich innerhalb der Familie in China verbracht hatte, taten ihre Wirkung, so daß ich die Tugenden der drei berühmten Affen nachahmte und nichts sah, nichts hörte, nichts redete.

Die Mitglieder der Familie Denis aber lebten in einem glückseligen Zustand des offenen Kampfes, der über Jahrzehnte hinweg brieflich weitergeführt wurde und auch mit dem Tod der Gegner nicht erlosch. Sie waren Meister in der Kunst, schneidende Gesten der Ablehnung zu machen, Türen zuzuschlagen, die Lippen aufzuwerfen und einen abrupten Aufbruch zu inszenieren. Sie wetteiferten darin, einander beleidigende Worte an den Kopf zu werfen und boshafte Spitznamen zu ersinnen. Der ständige Kreuzzug gegeneinander war geradezu ihr Lebenselement, und zu ihren Lieblingsbeschäftigungen gehörte es, Menschen aus ihrem Testament zu streichen.

Da mein Vater mit seinen Idealen der Harmonie und gegenseitigen Nachsicht nicht das richtigste Rüstzeug mitbrachte, um gegen das Erbteil anzutreten, das meine Mutter an heftigen Worten, gehässigen Bemerkungen, verzehrender Leidenschaft und brennender Sehnsucht nach Dingen, die größer sind, als das Leben sie bieten kann, aufweisen konnte, zog er sich in die Festung des Schweigens zurück, und dies ist auch der hervorstechendste Zug, durch den er in der Erinnerung seiner Kinder weiterlebt.

Ich habe jedoch manches von meiner Mutter in mir. Meine ganzen Kinderjahre hindurch kämpfte ich gegen sie nach Art der Familie Denis, und schließlich schworen wir einander – wiederum in echt Denisschem Stil – ewige Feindschaft. Ich bin überzeugt, daß Mutter so, in diesem ewigen Kriegszustand mit mir, glücklicher ist, als wenn es zu einer erniedrigenden Aussöhnung gekommen wäre. Ich bewundere sie. Sie schuf eine Situation und erregte einen Skandal. Für jedes Kind wird die Verbindung, die seine Eltern eingegangen haben, zu einer unbezweifelbaren, festen Tatsache, zu dem Grund, auf dem es steht. Wenn die Verbindung meiner Eltern fast eine seltsame Laune der Geschichte war, so übertrug sich davon auch etwas auf mich. Im Bewußtsein, daß ich mich in einer etwas anormalen Lage befand, hütete ich mich, die allzu gefährlichen Wolkenballungen des vergangenen Sturms wieder heraufzubeschwören. Die Begrüßungsworte meines Großvaters auf dem Brüsseler Bahnhof im Jahre 1935, er hoffe, daß ich nicht wie meine Mutter mit einem Chinesen davonlaufen werde, schnitten mir sofort die Lust auf weitere Fragen ab. Die Denis hatten den Schock noch immer nicht überwunden. Sie preßten die Lippen zusammen und starrten mich an, und ich bemühte mich, beruhigend dumm und harmlos auszusehen.

Es war wiederum Armand Denis, durch den ich erfuhr, daß die einzelnen Zweige der Familie sich beraten hatten, ob sie mich in ihren Häusern »empfangen« sollten oder nicht. »Mischblut, Marguerites Nachkommenschaft.« Diese Worte haben sich in ihrem Mund bestimmt ausgenommen, als sprächen sie vom Abschaum der Menschheit. Sie empfingen mich dann schließlich doch, und irgendwie überlebten sie es.

Marguerite Denis wurde 1885 geboren. Sie lernte Chou Yentung im Frühling des Jahres 1905 kennen. Bald trafen die beiden sich häufiger, schlenderten zusammen durch den Bois de la Cambre oder fuhren vielleicht sogar im schönen Wald von

Soignes spazieren. So etwas konnte die Familie Denis nicht dulden. Ein Onkel kam aus Mecheln angereist, ein anderer aus Antwerpen; ein Vetter brach seine Badekur in Spa ab und kam mit der Postkutsche, und ein weiterer, der als Stiftsherr in einer Abtei lebte, verließ diesen weltabgewandten Winkel und eilte ebenfalls in einem Pferdewagen herbei. Die Tanten griffen zum Riechsalz, besuchten einander (welch köstliche, endlose, dem Klatsch geweihte Nachmittage!) und begaben sich sodann zu den restlichen weiblichen Mitgliedern der Familie, die in Klöstern und Stiften lebten, um den Rat dieser weisen Damen zu erbitten. Unter gar keinen Umständen konnte eine Denis einen Chinesen heiraten – einen Heiden, man denke nur! Die verschiedensten Vorschläge wurden laut: man solle Marguerite zu einer Großtante, der Äbtissin eines Karmeliterklosters, schicken, wo sie eine Zeitlang in religiöser Zurückgezogenheit leben könnte; man solle sie in ein Heim für nervenkranke Damen einsperren; man solle schnellstens irgendeinen annehmbaren Mann für sie suchen und sie verheiraten. Die Mutmaßung, sie könne vielleicht von einem Dämon behext sein, führte zu einer Zeremonie, bei der sie mit Wasser besprengt und Gebete über ihrem Kopf gesprochen wurden. Ihre eigene Mutter vergoß Ströme von Tränen, war aber stillschweigend damit einverstanden, daß die jungen Leute sich heimlich trafen. Yentung, den ein erzürnter Vater zur Vordertür hinausbeförderte, kam zur Hintertür, die eine in Tränen aufgelöste Mutter ihm öffnete, wieder herein und bekam in der Küche von dem Mädchen Josephine, das diese Romanze hingebungsvoll förderte, Kaffee vorgesetzt. Die Damen der Familie Denis zerrissen sich die Münder über Matilda Leenders. Eine Holländerin, deren eigene Großmutter in Niederländisch-Ostindien geboren war – was konnte man da schon anderes erwarten? »Farbiges Blut kommt immer wieder zum Vorschein.«

Marguerite erhielt strengen Stubenarrest. Ihr Vater schloß sie in ihr Zimmer ein und nahm selbst den Schlüssel an sich. Die Mahlzeiten wurden ihr durch Josephine gebracht. Eines Morgens, während ihr Vater in seinem Büro war, trat Marguerite mit dem Fuß ein Loch in die Tür, kroch hindurch und lief davon. Noch im Jahre 1919 zeigte man Marguerites Sohn die (inzwischen reparierte) Tür. Die Denissche Verwandtschaft erklärte das Mädchen daraufhin für verrückt. »Wir wollen nichts mehr mit ihr zu tun haben.«

Nachdem Marguerite Denis die Tür eingetreten hatte, ging sie schnurstracks zu Chou Yentung und blieb bei ihm. Die Familienchronik erwähnt nicht, ob sie sich die Zeit nahm, ihren Hut (den Sonntagshut mit den Rosen) aufzusetzen. Die beiden verschwanden für ein paar Tage; wie und wohin, weiß ich nicht, aber vielleicht fuhren sie nach Paris, wo Yentung Freunde hatte. Eine Woche später war Yentung wieder da und suchte den chinesischen Konsul und seinen Studienaufseher auf. Der Konsul drohte dem jungen Mann, er werde ihn nach China zurückschicken. Marguerite wurde ihren Eltern gewaltsam wieder zugeführt. »Jetzt ist sie entehrt und muß in ein Kloster gehen«, sagten die Tanten.

Aber Marguerite hatte es in dieser kurzen Zwischenzeit geschafft, schwanger zu werden. Einen Monat später verkündete sie der Familie triumphierend diese Tatsache. »*Jetzt* werdet ihr uns ja wohl heiraten lassen, ja?«

Das war 1908, wiederum im Frühling. Nun wurde ein Bischof herbeizitiert. Ich habe versucht, diesen Bischof ausfindig zu machen, konnte aber seinen Namen nicht erfahren. Aus dem Redeschwall, den Marguerite eines Tages in die Ohren ihrer aufmerksamen Tochter träufeln ließ, entnahm ich, daß der Bischof offenbar von Großmutter Denis geholt worden war. Großmutter Denis war eine ungeheuer fromme, ehrfurchtgebietende Matriarchin, die zwei Reihen Jettperlen um den Hals und Hüte mit schwarzgefärbten Straußenfedern trug und deren Schwester die Generalsuperiorin der Damen vom Heiligen Herzen war. Der Bischof war vermutlich ein Verwandter von ihr. Sie war Witwe, seit Großvater Denis gestorben war, ohne seinen Sohn George, den Vater von Marguerite, zu enterben – ein Zeichen von Schwäche, das allgemein bedauert wurde. Der Bischof hatte eine Unterredung mit dem chinesischen Konsul und eine zweite mit Chou Yentung, der hierfür ins Konsulat beordert wurde.

Leider werde ich nie erfahren, was mein Vater zu dem Bischof und was dieser zu ihm sagte. Jahrzehnte später erfuhr ich jedoch, daß der Bischof sich mit der Eheschließung einverstanden erklärte, obgleich Yentung sich kategorisch geweigert hatte, zum katholischen Glauben überzutreten.

Vielleicht war der Bischof ein schlauer Politiker nach der Art König Leopolds II. Vielleicht dachte auch er an den großen Plan, ein mächtiges Kreuz aus Eisenbahnlinien auf die Landkarte von China zu zeichnen. Um aber Eisenbahnen in China bauen zu können und das Gedeihen der belgischen Industrie in dieser Epoche der beginnenden Krise vor dem Ersten Weltkrieg zu sichern, mußten Missionare ihre heilige Arbeit unter den Heiden verrichten. Möglicherweise träumte der Bischof von katholischen Ortschaften an den belgischen Eisenbahnlinien, von katholischen Kirchen, die überall, von der Küste bis tief ins Innere des Landes, verstreut lagen; von Scharen katholischer Gläubiger, die im Norden, im Süden, im Osten und im Westen auf den von Belgiern erbauten Eisenbahnen kreuz und quer durch China reisten . . .

»Immerhin wird durch den Einfluß unserer Tochter Marguerite diese Heirat dazu führen, daß ein katholisches Heim begründet und eine Flamme Christi unter den Heiden aufleuchten wird. Ihre Kinder werden Katholiken sein.« Kein Wort über die Schwangerschaft, welche die Gedanken einiger Tanten so heftig verdüsterte. »Lasset uns darin die Hand Gottes sehen, einen der unerforschlichen Ratschlüsse des Herrn.«

»Euer Vater konnte gut reden, als er noch jung war. Er konnte jeden beschwatzen. Wenn Papa ihn vorn zur Haustür hinausgeworfen hatte, öffnete Josephine ihm die Hintertür, er stahl sich wieder herein, und Mama befahl Josephine, ihm eine Tasse Kaffee vorzusetzen.« Bei diesen Worten sah Marguerite Yentung mit jener Mischung aus Leidenschaft und Haß an, die für alle ihre familiären Beziehungen so kennzeichnend war, und ihre Tochter sah diesen Blick, hörte die Worte und bewahrte sie in ihrem Gedächtnis auf. »Er hat den Bischof beschwatzt.«

Wenn das Gespräch bei diesem Punkt angelangt war, stand mein Vater immer auf und ging hinaus, um nach seinen Päonien, seinen Dahlien oder irgendwelchen anderen Blumen zu sehen, die um die betreffende Jahreszeit blühten.

»Dieser junge Mann ist aus guter Familie, intelligent und nicht den Lastern ergeben, die man sonst unter den Heiden findet. Er hat mir versichert, daß er nicht anderweitig gebunden ist, und der Vertreter des Kaiserreichs China, seine Exzellenz Wang, der chinesische Botschafter, hat diese Auskunft bestätigt. Soweit ich verstanden habe, liegen die Besitzungen der Familie irgendwo in der Nähe von Tibet.« Und nun wurde Monsignore lyrisch. »Ah, Tibet, der goldene Mittelpunkt Asiens, das Herz dieses unerforschlichen, hermetisch verschlossenen Kontinents, wird eines Tages durch den Willen Jesu Christi, unseres Herrn, voll und ganz unserer Heiligen Mutter, der Kirche, angehören. Wie ich höre, haben die Protestanten in der Heimatstadt des jungen Mannes gewisse Anstrengungen unternommen und ein Krankenhaus sowie eine Missionsstation begründet; aber wir sind auch noch da, wir auch. Es ist an der Zeit, daß in diesen Bezirken der Finsternis mehr katholische Heime entstehen, um den Millionen von Seelen dort das Licht des Erlösers zu bringen.«

Da Vater eine Bekehrung strikt ablehnte, war eine große kirchliche Feier ausgeschlossen. Und gewiß gab es noch viele Tränen und Beschwörungen. Die Familie Denis brach jede Verbindung mit Marguerite ab, und die Aussteuer wurde in aller Eile besorgt, zwölf Stück von jeder Sorte: zwölf Korsetts, zwölf »Beinkleider« und ebenso viele Unterröcke, Untertaillen, Bettjäckchen und Nachthemden. Noch fünfundzwanzig Jahre später trug Marguerite die letzten Flanellnachthemden aus dem Jahre 1908. Zwischen jenem Frühlingsmorgen auf dem Käsemarkt und dem 1. Juli 1908, an dem die Ziviltrauung stattfand, lagen drei Jahre – so viel Zeit hatte Marguerite gebraucht, um ihren Kopf durchzusetzen. Und nun mußte plötzlich alles in größter Eile vor sich gehen.

Natürlich erzählte Marguerite nicht in dieser Form von ihrer Hochzeit, wenn später in Peking irgendwelche Belgierinnen, Französinnen oder Holländerinnen, die mit Chinesen verheiratet waren, zu ihr kamen, um Kaffee zu trinken und über ihre Nöte zu jammern. Dann wurde die Hochzeit zu einer großen Angelegenheit mit chinesischen Diplomaten in Frack und Zylinder, einer kirchlichen Feier in der Kathedrale, dem Segen des Bischofs, einem Schleier aus Mechelner Spitzen und einer Hochzeitsreise an die See – »und am nächsten Tag übergab ich mich bereits und erwartete mein erstes Kind«. Ich erinnere mich genau an diesen nicht für meine Ohren bestimmten und daher geflüsterten Satz, denn ich fragte mich verwundert, welcher Zusammenhang wohl zwischen dem Sich-Übergeben und einem Baby bestehen mochte, das der Doktor aus dem Paradies abgeholt hat und in seinem Köfferchen mitbringt.

Vier Monate später, im Oktober 1908, wurde mein Bruder Sohn des Frühlings geboren.

Meiner Ansicht nach hat Sohn des Frühlings die näheren Zusammenhänge seiner Geburt erfahren. Vielleicht hat man es ihm erzählt – nicht offen und natürlich, sondern mit kleinen Wespenstichen und höhnischen Anspielungen, die ihn fürs Leben zu einem seelischen Krüppel machten. Ich kann mir einfach nicht vorstellen, daß einige meiner belgischen Tanten darauf verzichtet hätten, jemanden unglücklich zu machen, wenn sich ihnen die Gelegenheit bot. Mein Bruder verbrachte den größten Teil seiner Kindheit in Europa. Zwar fuhr er 1913 mit seinen Eltern nach China, aber sie schickten ihn bereits 1914 nach Belgien zurück – so daß er eben zum Ausbruch des Ersten Weltkriegs zurechtkam. Danach aber kehrte er erst 1925 nach China zurück, und das war zu spät für ihn. Vielleicht war er deshalb immer so bitter gegen seine Mutter – abgesehen davon, daß er darunter litt, ein Eurasier zu sein. Natürlich war das in jenen Tagen ein Unglück, und gewisse Leute empfinden noch heute so. Aber ich glaube, noch mehr als unter seiner gemischten Abstammung litt mein Bruder unter der Tatsache dieser legitimierten beinahe illegitimen Geburt, obgleich so etwas weder ungewöhnlich noch eine Katastrophe ist. Er ließ sich dadurch innerlich zermürben, und das ist sehr zu bedauern, denn er war begabt und hätte sicher viel erreicht, wenn er so wie ich imstande gewesen wäre, den ganzen Unsinn abzuschütteln, den die Menschen zusammentragen, um sich auf eine behagliche Weise unglücklich zu fühlen; wenn er kein Sündenbewußtsein gehabt, sondern sich entschlossen hätte, sich selbst von allem reinzuwaschen, indem er sich hinstellte und die Wahrheit fröhlich aller Welt verkündete, indem er die Lästerzungen ungescheut herausforderte und zu verstehen gab, was wichtig ist und was nebensächlich. Wichtig aber ist, sein Leben mit Freude zu leben.

Sorgsam zusammengerollt mit einem Pergament – einem Diplom der Fakultät für Ingenieurwissenschaft an der Universität Brüssel, auf dem Chou Yentung bestätigt wurde, daß er im Oktober 1910 das Ingenieurexamen bestanden hatte – fand ich noch ein anderes Papier: ein Telegramm vom 13. Juni 1908, das den Stempel der chinesischen Botschaft in Brüssel trug, bei der es eingegangen war. Der Zeitpunkt des Eintreffens war genau angegeben: dreizehn Uhr zehn. Das Telegramm stammte aus Chengtu und enthielt vier chinesische Wörter, die aus dem damals für chinesische Kabeltelegramme gebräuchlichen Code übersetzt waren: »Informiert Yentung Heirat gestattet.«

Der Briefwechsel zwischen Yentung und der Familie Chou in Chengtu, der schließlich zu dieser Genehmigung seiner Heirat mit einer Ausländerin führte, ist verlorengegangen. Keinerlei Aufzeichnung spricht von dem Kummer und dem Schock, den Yentungs Absicht auf dieser Seite der Welt ausgelöst haben muß. Und sosehr ich mich auch bemühe, den Staub zu sichten, so intensiv ich auch auf die Fotografien starre, ich kann die Gestalten darauf nicht ins Leben zurückrufen und die tiefe Wunde nicht wieder zum Bluten bringen. Das Kabel aus China nennt die Stunde, in der die Erlaubnis gewährt wurde. Aber wie war es dazu gekommen?

Bestimmt hat man sich in Chengtu schwere und bittere Sorgen gemacht. Und bestimmt wurde die Familie Chou damals in eine ebenso große Aufregung gestürzt wie die Familie Denis in Brüssel. Aber abgesehen von diesen vier kurzen Worten gibt es keinen Hinweis auf das, was die Familie meines Vaters dachte – sofern man nicht eben diese Kürze als einen Hinweis auffassen will.

»Dein Vater hat uns erzählt, daß deine Mutter aus einer ausgezeichneten Familie stammt.« So lautete die einzige Bemerkung, die Dritter Onkel mir gegenüber je über die Heirat seines Bruders machte. Und ich mußte bis 1964 warten, bevor ich noch etwas über jenes Ereignis zu hören bekam, das doch sämtliche Zukunftspläne der Familie Chou für ihren Zweiten Sohn zunichte machte.

1964, als Dritter Onkel wußte, daß seine Tage gezählt waren, sagte er zu mir: »Ja, deine Mutter hat es wohl schwer gehabt, als sie hierher zu uns kam. Sie verstand uns nicht, und wir verstanden sie nicht. Vielleicht waren wir rückständig.« Das sagte er mit der großen Höflichkeit seines Herzens.

Und mein Vetter Kuangyung, den ich Sechster Bruder nenne und der jetzt ein Mann von vierzig Jahren ist, sagte zu mir – sehr schüchtern, weil es ein großes Wagnis ist, auf diese Dinge auch nur anzuspielen –: »Ich fand es immer sehr mutig von deiner Mutter, daß sie von so weit her zu uns nach Szechuan gekommen ist. Es muß sehr schwierig für sie gewesen sein. Wenn du ihr schreibst, dann sage ihr bitte, daß wir, die jüngere Generation, ihren Mut bewundern und zu schätzen wissen.«

»Das war es. Sehr schwierig. Aber für die Familie in Szechuan muß es auch schwierig gewesen sein. Sie hatten die Genehmigung für die Heirat erteilt.« Und ich berichtete davon, wie ich das Kabel vom Juni 1908 gefunden hatte, in dem mein Vater die Erlaubnis erhielt, eine Ausländerin zu heiraten.

»Ach«, meinte Sechster Bruder, »ich hätte gar nicht gedacht, daß unsere Familie im Jahre 1908 schon so großzügig war. Ich wußte nichts von dem Kabel. Natürlich war ich damals noch nicht geboren, aber ich hörte doch später, daß viele aus der älteren Generation über die Sache sehr aufgebracht waren und ihre Erlaubnis verweigerten. Ich frage mich nur, wie es dann doch dazu gekommen ist.« Er machte eine Pause und fuhr dann fort: »Sag bitte meiner verehrten Zweiten Tante, deiner Mutter, daß wir uns ihrer annehmen wollen, falls sie irgendwann den Wunsch hat zurückzukommen.« Und er stellte sein eigenes Haus zur Verfügung und erbot sich, meine Mutter in ihren alten Tagen zu versorgen. »Es ist jetzt anders geworden in China.«

»Ich werde es ihr mitteilen«, sagte ich. »Nicht direkt, denn sie würde meinen Brief nicht lesen. Aber ich werde es sie wissen lassen.«

Im Juli 1908 hatte also die Liebe einen Sieg errungen: Chou

Yentung und Marguerite Denis heirateten. Marguerite hatte sich als stärker erwiesen als die Familie Denis. Aber das sind Siege, für die ein Mensch bezahlen muß.

Vielleicht war es mein Bruder, der mit der Tragödie seines Lebens für den Mut meiner Mutter bezahlt hat. Zweifellos hat er am meisten gelitten unter dem, was sich aus der eingetretenen Tür, aus der Verletzung aller Konventionen und diesem Versuch, die Liebesgeschichte von Romeo und Julia noch zu übertreffen, ergeben hatte. Denn die Rache der Familie beschränkte sich nicht darauf, daß man ihm als Kind die Tür zeigte, die seine Mutter eingetreten hatte, um mit seinem Vater auf und davon zu gehen. Man ließ ihn auch die ganze Empörung fühlen, die ein solcher Verstoß nicht nur gegen das Moralgesetz, sondern auch gegen das Eigentum, das geheiligte und geliebte Eigentum in Gestalt einer Tür, bedeutete – und die Türen in den belgischen Bürgerhäusern sind solide, aus gutem Holz gearbeitet und dazu bestimmt, in alle Ewigkeit zu halten. Die Zerstörung einer Tür ist ein Attentat gegen das Eigentum, das nur ein Mensch verüben kann, der reif fürs Gefängnis ist; denn wer weiß, wozu so ein Türzertrümmern noch führen kann? Die Stimme meines Bruders zitterte noch vor überraschter Mißbilligung, als er mir 1958, also zwanzig Jahre später, diese Geschichte erzählte. Aber schon als er mit sechzehn Jahren nach China kam, hatte diese vorwurfsvolle Haltung des Familienkollektivs ihre Wirkung auf ihn ausgeübt: Die allgemeine Mißbilligung hatte ihn für sein ganzes Leben unsicher gemacht; nur wußte ich das damals noch nicht, weil er äußerlich so kräftig wirkte.

Und noch ein Mensch mußte für den Mut meiner Mutter zahlen: Josephine, das Dienstmädchen. In der Zeit, in der Yentung um Marguerite warb, fungierte Josephine als Botin und Kaffeespenderin, trabte mit Briefen hin und her und öffnete Hintertüren, ganz im Stil von Julias Amme. Josephine erhielt als Lohn ihr Essen und fünf Franc im Monat, sie schlief in einer Dachkammer und hatte Krampfadern, die sich wie Schlangen um ihre Beine wanden, kurz, sie war die typische Vertreterin der unteren Stände jener Tage. Im Winter schleppte sie zweimal täglich schwere Kohleneimer aus dem Keller bis hinauf in den zweiten Stock. Sie war ein Findelkind, ein unerwünschtes Kind, dem der Makel seiner Geburt anhaftete, und mußte darum auf alle Zeiten Gott und der Gesellschaft in Demut dafür danken, daß sie ihr so gute Dienstherren gegeben hatten wie die Denis' – eine nur dreiköpfige Familie. Und diese Holländerin war eine so nette »Madame«; sie hatte zwar gelegentlich eine Leberkrise, war aber immer freundlich zu Josephine.

Für Marguerite, Matilda Leenders und Josephine, diese drei Frauen mit ihrer Sehnsucht nach romantischen und märchenhaften Erlebnissen, war Chou Yentung der chinesische Prinz. Wenn Marguerite während der Wochen, in denen es ihr verboten war, ihren chinesischen Prinzen zu sehen, in einem Wutanfall irgend etwas zerbrach, so fegte Josephine die Scherben zusammen und trug bald darauf wieder eine wortreiche geheime Botschaft zu Yentung.

Und nachdem Josephine der Familie vierundzwanzig Jahre hindurch treu gedient hatte, zahlte man ihr das Gehalt bis zum Monatsende aus und kündigte ihr. Sie wurde entlassen, weil eine angeheiratete Tante der Denis-Familie, die in der sehr eleganten Avenue Louise in Brüssel wohnte, eines Tages erschien, um Marguerite und ihrer Mutter mitzuteilen, daß sie nicht mehr damit rechnen könnten, einmal im Monat von ihr eingeladen zu werden und daß sie dem jungen Paar, wenn es wagen sollte, bei ihr aufzutauchen, die Tür vor der Nase zuschlagen werde (was in Anbetracht der überall vorhandenen »Spion«-Spiegel leicht zu bewerkstelligen war). Auf dieses ernste Warnsignal hin warf George Denis, Marguerites Vater, Josephine aus dem Haus. Marguerite weinte, schenkte Josephine zwei in ein Taschentuch geknüpfte belgische Frank und winkte ihr aus dem Fenster nach.

Die Sache mit der Tür und die mit Josephine erzählte mein Bruder mir, als er sich einsam und verzweifelt fühlte und ich sein einziger Freund war. Zusammen wanderten wir über die Westberge von Peking: er ein junger Eurasier, der sich bereits verloren sah, für den es keinen Platz auf Erden gab, der nirgendwo hingehörte; ich die viel Jüngere, die beobachtete, zuhörte, lernte und auf diese Weise gerettet wurde.

Josephine starb im Armenspital von Brüssel. Vor ihrem Tod schrieb sie noch einen Brief, in dem sie ihre ehemalige Dienstherrschaft um Verzeihung bat. Mein Bruder bekam diesen Brief in die Hand und las ihn.

Hätte ich all das schon vor langer Zeit gewußt, der Lauf der Dinge hätte sich vielleicht anders entwickelt. Aber ich erfuhr es erst, als es zu spät war. Ich war begeistert, ja fast ekstatisch vor Stolz bei dem Gedanken, wieviel Schwung und Mut meine Mutter gehabt haben mußte, um alle Hindernisse zu überwinden und kühn ihren Weg zu gehen, sich ganz ihrer Liebe anzuvertrauen und dafür ihr Leben lang zu bezahlen. Vielleicht tat sie etwas völlig Unsinniges, aber sie tat es doch mit Kraft und Entschlossenheit, und wenn ihre späteren Jahre kummervoll waren, so waren sie doch nicht leer und nichtig – falls man nicht meint, daß ein Übermaß an Leiden auch in gewisser Weise töricht ist. Und wenn es die Hölle auf Erden war, so muß es zeitweise auch das Paradies gewesen sein, so wie sie es fühlte, als sie während der Flußreise nach Szechuan die grünen Affen auf den Klippen beobachtete. 1962, als ich die gleiche Reise machte, hielt ich Ausschau nach den grünen Affen, konnte aber keinen entdecken. Ich fand auch niemanden, der sich an grüne Affen erinnerte. Und wenn meine Mutter sich als besiegt erklären mußte, so nur, weil die Geschichte ein zu machtvoller Strom war, als daß sie sich ihr hätte entgegenstemmen können, und weil die Zeit durcheinandergeraten war, nicht aber ihr unerschrockenes Herz.

Sechster Bruder machte, wie gesagt, den Versuch, die Gegenwart mit einer Vergangenheit auszusöhnen, die er nicht gekannt hatte. »Sag ihr, daß wir, die jüngere Generation, ihren Mut bewundern. Sag ihr, daß wir uns um sie kümmern wollen . . .« Es war zu spät.

Hier sitze ich, Erbin meines Vaters, mit den auf dem Bett ausgebreiteten Fotografien, einer chinesischen Gedichtzeile, die sagt: »So wird ein Zollbreit Leidenschaft zu einem Zollbreit Staub«, und ohne jedes Schuldgefühl. Nichts spüre ich als das Gefühl eines geschlossenen Kreises, einer Vollständigkeit.

Von 1903 bis 1913 lebte Chou Yentung in Belgien, zuerst als Student, später als verheirateter Mann und Ingenieur. Er arbeitete in Fabriken und Bergwerken und absolvierte achtzehn Monate lang ein Praktikum bei der belgischen Eisenbahn. Er war glücklich und erfolgreich in seiner Arbeit und erntete volle Anerkennung bei seinen Kollegen. Die Tatsache, daß die Familie Denis diese Verbindung mißbilligte, scheint das junge Paar nicht weiter bedrückt zu haben; die Perle ihres Glücks ruhte in sicheren Austernschalen, unerreichbar für gehässige Tanten. Sie lebten in Woluwe St. Lambert, einem der besseren Vororte Brüssels, wo sie in den Jahren 1911 und 1912 auf der Rue Albertyn 55 eine Wohnung hatten. Nach der Geburt ihres Sohnes Sohn des Frühlings hatte der Zorn von Marguerites Vater sich so weit gelegt, daß er einwilligte, seinen ersten Enkel (in einem Taufkleidchen aus echten Mechelner Spitzen!) bei der kirchlichen Feier über das Taufbecken zu halten. Neben seinem chinesischen Namen erhielt der Kleine auch den christlichen Vornamen seines Großvaters: George.

So war George Sohn des Frühlings, auch Chou Tzechun genannt, durch seine beiden Namen mit zwei Identitäten versehen und doppelt ausgestattet durch das reiche Erbe zweier Kulturen und zweier Rassen, und er hätte in jeder Hinsicht doppelte Möglichkeiten gehabt, hätte nicht sein zwiespältiges Ich dem entgegengestanden. Da er innerhalb der Familie Chou in Chengtu der erste männliche Vertreter seiner Generation, der vierundzwanzigsten, war, rückte er an die Spitze der Liste aller Nachkommen. Lady Hung war, wie berichtet wurde, hocherfreut, und auch der Ahnherr Chou Taohung, der bereits achtundachtzig Jahre zählte, geruhte seiner ausländischen Schwiegertochter den Ausdruck seiner Freude zu übermitteln. Sohn des Frühlings war dazu bestimmt, die Lampen vor den Seelentäfelchen mit Öl zu versorgen, und von seinem Zeigefinger sollte der Blutstropfen fallen, wenn beim Begräbnis seines Großvaters der rote Punkt auf das obere Ende von dessen

Seelentäfelchen gemalt werden mußte. Ihm würde der Vorrang vor allen Söhnen seiner Onkel zustehen, gleichgültig ob diese älter oder jünger waren als sein Vater, denn er trug die Titel Erster Enkel und Erster Urenkel.

Zwischen der chinesischen und der belgischen Familie wurden Geschenke ausgetauscht. Marguerite schrieb einen Brief an ihre Schwiegermutter, den Yentung in die rituellen Ausdrücke des Respekts und der kindlichen Ergebenheit übersetzte. Und Marguerite begann auch Chinesisch zu lernen. »Ich will eine Chinesin sein«, erzählte sie überall. Sie gab ihren belgischen Paß zurück und nahm die chinesische Staatsangehörigkeit an. Dieser Entschluß sollte ihr Leben später sehr erschweren; aber es war nun einmal nicht ihre Art, etwas halb zu tun.

Fotografien aus jener Zeit zeigen meinen Bruder Sohn des Frühlings als einen hübschen kleinen Jungen, der kerzengerade mit übereinandergeschlagenen Armen und einem feinen hellen Gesichtchen dasteht, auf dem Kopf eine kleine Seidenkappe, gehüllt in ein nach chinesischer Art zugeschnittenes Gewand aus Seidenbrokat. Für ihn wurde keine Kleidung aus England bestellt. Marguerite nähte ihrem Sohn Kittelchen, wie sie ihrer Vorstellung nach ein kleiner Chinese trug, und die Seiden und Brokate, die als Geschenke der Familie Chou aus Szechuan eintrafen, bestärkten sie in dem Glauben, daß sie einen Aristokraten geheiratet hatte. Jetzt hieß Sohn des Frühlings allgemein »der kleine chinesische Prinz«, wenn er mit Marguerite und seiner holländischen Großmutter im Park spazierenging.

»Ich habe einen Sohn, ich bin eine echte chinesische Schwiegertochter«, erklärte Marguerite.

Als Yentung und Marguerite im Jahre 1913 nach China fuhren, nahmen sie ihren Sohn mit sich. »Mein Sohn ist ein Chinese.« In der Einwohnerliste von Woluwe sind alle drei als chinesische Staatsbürger verzeichnet.

Aber wenn die Zeit für den ganz in sein Glück versunkenen Yentung stehengeblieben war, so war sie doch für sein Land nicht stehengeblieben, sondern hatte, genau wie der Große Fluß, alle Dinge mit sich gerissen und war weitergerollt, ihrer unvermeidlichen Auflösung zu. Yentung sollte erfahren, daß kein Reisender an den Ort zurückkehrt, von dem er aufgebrochen ist, da durch die Zeit alles eine Wandlung erfährt. Nicht nur Marguerite kam in ein neues Land; auch Yentung sah das, was er einst gekannt hatte, nicht wieder. Über diese zehn Jahre von 1903 bis 1913 hat Dritter Onkel, der in Szechuan geblieben war, einen eingehenden Bericht niedergeschrieben.

Ich war fünfzehn Jahre alt, als mein Zweiter Bruder Yentung 1903 nach Shanghai abreiste. Unser Ältester Bruder ging im Jahre 1905 nach Japan. Er war damals bereits ein Jahr verheiratet, aber seine Frau war kränklich, und das Kind, das sie empfangen hatte, kam nicht zur Welt. Sie starb wenige Jahre später, woraufhin Ältester Bruder von seinen Studien in Japan zurückkehrte, um eine zweite Ehe einzugehen. Diesen Umständen ist es zuzuschreiben, daß der erste, der unseren verehrten Eltern einen Enkel bescherte, mein Zweiter Bruder Yentung in Belgien war. Die ganze Familie war hocherfreut über dieses Ereignis.

Da ich selbst als Dritter Sohn durch den Rat der älteren Generation unserer Familie für eine militärische Laufbahn bestimmt worden war, verließ ich Szechuan während dieser Jahre nicht, sondern besuchte zuerst die Schule des Neuen Lernens, die 1902 in Chengtu eröffnet worden war, und trat dann 1905 in die Militärakademie von Chengtu ein. Unser Vater war als ein leidender Mann aus Kansu zurückgekehrt, aber er sah ein, daß die Zeiten sich geändert hatten. Unsere verehrte Mutter sorgte für uns alle. Unser Jüngster, Sechster Bruder, sowie drei Schwestern lebten noch zu Hause, während zwei Brüder in Kansu gestorben waren.

Die Finanzen unserer Familie waren nicht eben in gutem Zustand, und wir hatten viele Schwierigkeiten; aber wir hielten diese Sorgen vor meinem Zweiten Bruder auf der anderen Seite des Westlichen Ozeans geheim. Wir wollten nicht, daß Unruhe sein Herz bedrückte; denn bei den anhaltenden Studien mochte seine Gesundheit gelitten haben. Alle unsere Hoffnungen aber waren auf ihn gerichtet und auf die Zeit, da er zurückkehren und den Bau der Eisenbahnen in Szechuan leiten würde. Ja, die ganze Stadt Chengtu, unsere Blutsverwandten wie die uns durch Zuneigung Verwandten und die vielen Freunde, die sich durch die Tugenden unserer Vorfahren mit unserer Familie verbunden fühlten, sie alle erkundigten sich getreulich nach seinem Wohlergehen, und sie alle sehnten den Tag seiner Rückkehr herbei.

Überall kündigte sich ein Wandel an, und wir jungen Kadetten von der Militärakademie trugen zwar noch einen Zopf über unseren Uniformen nach europäischem Schnitt, aber dabei einen Degen nach Art der japanischen Offiziere, und unsere aufgewühlten Herzen gehörten nicht mehr der Dynastie. In den Nachtstunden debattierten wir über die neuesten Ereignisse und gebrauchten dafür in aller Offenheit das neue Wort »Politik«; allerdings sprachen wir es nur vorsichtig aus, um nicht dabei ertappt zu werden. Und die Frage, die bei all unseren Gedanken und Reden obenan stand, war natürlich die, wie wir Herren in unserem eigenen Land werden könnten.

Der Wind des Neuen Lernens wehte. Uns erschien er ein Sturm, denn er riß manches Blatt vom Baum der Feudalgesellschaft, wenn er auch den Baum selbst nicht zu stürzen vermochte. Er regte uns dazu an, immer mehr in Frage zu stellen, immer mehr und Kühneres zu fordern. Weil unsere Familie zwei ihrer Söhne ins Ausland geschickt hatte, stand sie im Ruf der Fortschrittlichkeit. Doch unser verehrter Großvater Taohung wurde allmählich alt, wenngleich er noch voller Energien war, und unser Vater war ständig krank. So ergab es sich, daß ich mit siebzehn Jahren Verantwortungen übernehmen mußte, die meinem Alter eigentlich noch nicht zustanden. Neben dem Studium an der Militärakademie führte ich die Geschäftsbücher unserer Tabakfirma und half meiner Mutter in allen Pacht- und Steuerfragen. Damit erwarb ich mir viel praktische Erfahrung, der ich gewiß einen Teil meiner späteren Erfolge in der Geschäfts- und Finanzwelt zu verdanken habe.

Der Einblick in die wirtschaftlichen Manipulationen, den ich allmählich gewann, ließ mich eine Krise für uns – und nicht nur für uns – vorausahnen. China war finanziell ausgeblutet, da zweiundachtzig Prozent der Staatseinnahmen zur Rückzahlung der Kriegsentschädigungen an die Westmächte verwendet werden mußten. Wie war dieses sinkende Land noch aus dem Morast der Schulden und des Elends zu retten?

Zu jener Zeit hatten einige unserer Verwandten angefangen, sich neben dem Tabakhandel auch im Holzgeschäft zu betätigen; doch diese Bemühungen führten infolge der ungeheuren Wegezölle auf alle Transportgüter zum Bankrott. Für die Beförderung eines Warenballens von Ichang nach Chungking, also für eine Lastkahnfahrt von hundert Meilen, waren vierzig Silberunzen an Zoll zu zahlen, und bis Chengtu verdoppelte sich dieser Betrag. Auch die Grundsteuern wurden ständig erhöht; je nach dem Distrikt betrugen sie für die gleiche Anbaufläche zwischen sechsundneunzig und dreihundertsiebenundachtzig Silberunzen, wobei die Steuer um so höher angesetzt wurde, je kleiner der Besitz war. Als wir Land verkaufen mußten, um unsere Schulden im Tabakgeschäft zu zahlen, belief sich die Verkaufssteuer auf ein Drittel des Grundstückswertes.

In einer Zeit, in der meine Altersgenossen spielten, forschte ich nach den Ursachen dieser katastrophalen Lage, saß über den Geschäftsbüchern und beobachtete den Markt. Dabei sah ich auch, was im Baumwollgeschäft vor sich ging. Seit dem elften Jahrhundert schon gab es in China Baumwolle, und zwar insbesondere die kurzstapelige Sorte. Sie kam aus Khotan, und wir verwendeten sie seit Jahrhunderten für unsere Baumwollkleider und Baumwollschuhe. Nun jedoch kamen riesige Mengen ausländischer Baumwollwaren ins Land. Ich las darüber, wie in Indien viele Millionen von Handwerkern, die ihre eigene Baumwolle gesponnen und auf den Handwebstühlen gewebt hatten, durch die Konkurrenz der Spinnereien in Lancashire arbeitslos geworden waren. Jetzt drohte uns ein gleiches Schicksal. Auch wir wurden mit ausländischen Baumwollwaren überschwemmt, nur standen diesmal die Textilfabriken, die den Ausländern gehörten, in unserem eigenen Land, in den Konzessionen, die wir den Fremden als ihr Eigentum eingeräumt hatten, und diese konnten sich zur Herstellung der Baumwolle, die sie uns verkauften, der chinesischen Arbeitskräfte bedienen, die billiger waren als ihre eigenen. Obendrein waren diese Erzeugnisse als ausländische Waren nicht unseren Zöllen unterworfen.

Ich lernte auch die Geschichte des Opiums kennen und erfuhr, wie man damit alles Geld aus uns herausgesogen hatte und wie wir nach 1850 begonnen hatten, unser eigenes Opium anzubauen, da dieser Fluch nun einmal über uns gekommen war. Im Anfang dieses Jahrhunderts waren in Chengtu sechzig Prozent der Männer Opiumraucher. Und ich studierte auch die Verhältnisse auf dem Teemarkt. Vor 1850 hatten wir an alle Länder viel Tee verkauft; dann jedoch verloren wir den Teemarkt an Indien, wo die Engländer große Teeplantagen angelegt hatten. Und nun versuchten sie auch noch, uns die Teeausfuhr nach Tibet wegzunehmen.

Ich las über Afrika, und das Herz brannte mir im Leib vor Zorn und Entsetzen. O Himmel, dachte ich, soll das alles auch uns widerfahren?

Und so wurde ich Nationalist, und wenn ich auch einen Zopf trug, so tat ich es doch nur, um Kopf und Körper beieinander zu halten. Und mancher junge Offizier an der Akademie wurde ein Nationalist so wie ich.

Im Jahre 1907 war es schließlich so weit, daß die gesamten Einnahmen Chinas nicht ausreichten, um die Zinsen für all unsere Schulden und Auslandsanleihen zu bezahlen – ganz zu schweigen von einer Rückzahlung der Kapitalien. Da der Silberwert gesunken war, hatten wir uns bereits 1896 einverstanden erklärt, die Anleihezinsen in Gold zu bezahlen. Als Garantie für die Rückzahlung waren unsere Ländereien, Bergwerke, Eisenbahnen und Naturerzeugnisse verpfändet, unsere Zolleinnahmen waren in den Händen der Ausländer, und nun sollten auch noch sämtliche Wegezölle an sie verpfändet werden.

Nur eines war uns geblieben, eines, woran wir uns klammern konnten mit der festen Absicht, niemals auch nur einen Schritt zurückzuweichen: die Eisenbahnstrecke Szechuan–Hankow, unsere eigene Eisenbahn, die wir selbst bauen wollten. Das war unser letzter Halt, der einzige konkrete Besitz, den wir niemals aufgeben würden. Zwar gab es noch viele andere Probleme, aber die waren recht vage und ungreifbar und entzogen sich unserer Kontrolle. Die Eisenbahn aber war unsere eigene Sache. Und ich war stolz darauf, daß mein Bruder Ingenieur wurde und Eisenbahnen bauen sollte; denn auf diese Weise würde sich der Familie Chou ein neuer Weg zur Entfaltung ihrer Energien eröffnen.

Aber trotz unseres Entschlusses, den Ausländern zu widerstehen, gab es doch auch manches, was wir von ihnen lernen konnten. Zugleich mit dem Neuen Lernen waren allerlei kuriose und merkwürdige ausländische Dinge zu uns gelangt, die neue Wünsche in uns erweckten. Die Ausländer boten uns ihre Waren an, und da sie billig waren, kauften wir sie. Zu den Erzeugnissen, die auf dem Wasserweg nach Chengtu kamen, gehörten auch die Uhren, und da die Ausländer wußten, daß wir wie behext waren von dem Gedanken an Eisenbahnen, verkauften sie uns Uhren, auf deren Zifferblatt eine Lokomotive gemalt war. Sie waren aus Nickel, kosteten dreißig Dollar, und man nannte sie »Eisenbahnuhren«. Daneben gab es noch eine teurere Sorte mit einem Gehäuse aus Silber oder Gold, die genau wie eine Wanduhr die Viertel-, halben und ganzen Stunden schlug.

Die Ausländer verkauften uns auch Lampen, Tischlampen mit weißen Porzellanschirmen. Jede Frau wünschte sich so eine Lampe für ihr Schlafzimmer. Um sie zu verwenden, mußte man Kerosin, ein ausländisches Öl, kaufen, und dieses Öl war sehr teuer. In den ausländischen Läden kosteten vier Katties Lampenöl eine Silberunze, also dreihundert Kupfermünzen pro Kattie. Somit war das Kerosin dreizehnmal so teuer wie das Rapsöl, das wir gewöhnlich benutzten. Trotzdem wollten alle vornehmen Familien jetzt ihre Häuser hell erleuchten. Die Gesellschaft, die dieses Öl verkaufte, wandte nun einen sehr schlauen Trick an: Sie gab die Lampen umsonst ab. Wenn aber jemand erst einmal eine Lampe hatte, wollte er sie natürlich auch benutzen und kaufte das dafür nötige Kerosin. Um den Ölverkauf noch weiter zu steigern, machte die Gesellschaft nun zusätzlich zu jedem Kattie Öl dem Käufer ein Geschenk: das Bild einer schönen Dame, das man an die Wand hängen konnte. Der Name der Gesellschaft, die uns das Kerosin verkaufte, lautete *Standard Oil Company*, und ihr Sitz war in New York. In einem einzigen Jahr verkaufte sie den Chinesen einhundert Millionen Gallonen, also fast fünfhundert Millionen Liter Kerosin für ihre Lampen. Für die Lampen vor unserer

Ahnenhalle jedoch verwendeten wir nie etwas anderes als unser eigenes Rapsöl.

Später, als die Zigaretten aufkamen, wiederholte sich der gleiche Vorgang. Der Käufer erhielt zu jedem Päckchen Zigaretten einen Aschenbecher, und die Leute bildeten sich ein, sie bekämen etwas umsonst.

Diese Methoden, das Publikum zum Kauf anzuregen, waren neu für uns, und mancher kaufte zunächst nur, weil es ihm Vergnügen machte, etwas Neues in der Hand zu halten und darüber reden zu können. Nach diesem ersten Schritt aber erging es uns wie mit dem Opium. Wir konnten nicht mehr ohne dieses neue Spielzeug auskommen, und obgleich wir die Ausländer haßten und genau wußten, daß wir uns zugrunde richteten, kauften wir weiterhin ihre Waren.

So lernte ich eine Kunst der Ausländer kennen: die Kunst, im Herzen des Menschen Unrast, Unbeständigkeit und den Hunger nach neuen Dingen zu erwecken. Diese neuen Bedürfnisse wurden ihre besten Helfer. Später brachten sie uns noch Grammophone, parfümierte Seife und viele andere Dinge. Ich vermied es stets, sie zu kaufen, da ich meinen Geist von solchen Gelüsten frei halten wollte. Einzig die Fotografenapparate hielt ich von jeher für sehr nützlich.

Vor 1900 kannten die Menschen in Szechuan die Kunst der Fotografie noch nicht. Wenn man ein Bild haben wollte, verpflichtete man einen Maler. Die besten Künstler kamen aus Kanton; sie malten Porträts auf Porzellan oder Glas und brannten das Porzellan, so daß die Farben für immer erhalten blieben. Die Hakka, die als Kaufleute zwischen Szechuan und Südchina hin und her zu reisen pflegten, brachten den berühmten Künstlern in Kanton Bilder, die in Chengtu entworfen waren, und die Kantonesen fügten dann gewisse Verschönerungen hinzu, bevor sie die Porträts auf Porzellan übertrugen.

Als jedoch die Fotografie nach China kam, verschwand die alte Kunst allmählich, und bald gab es keine Glasmalerei mehr. 1902 war in Chengtu ein Fotografenatelier eröffnet worden, und Zweiter Bruder ließ hier ein Bild von sich aufnehmen, bevor er nach Europa reiste. Das Fotografieren war recht teuer;

die Gruppenaufnahme einer Familie kostete acht Silberunzen. Viele Mitglieder der älteren Generation behaupteten, die Seele des Menschen werde dabei von der Maschine aufgesogen, und selbst wenn man nicht daran sterbe, so könne man doch sehr krank werden, wenn man sich fotografieren lasse. Trotz dieser Warnungen jedoch wollte jeder junge Mann ein Bild von sich haben, und im Jahre 1907 ließ sich endlich auch unser Verehrter Ältester, Taohung, gemeinsam mit zwei Ältesten anderer Zweige unserer Familie, die ebenfalls über achtzig Jahre alt waren, fotografieren. Ich erinnere mich genau an diesen Tag, denn ich selbst hatte den Fotografenkünstler zu diesem Zweck in unser Haus bestellt und auch dafür gesorgt, daß ein Arzt zur Stelle war, falls die Verehrten Alten irgendeinen Schaden erleiden sollten. Später hatte ich dann die Idee, auch die Familiendokumente sowie die Schriftrollen, die Pflanzen und Blumen in unserem Garten und die Familienporträts unserer Ahnen fotografieren zu lassen. Denn eine Fotografie bleibt erhalten, während das Original zerfällt, und sie läßt sich auch nach einigen Jahren kopieren.

Alle diese neuen und ausländischen Dinge also kamen ins Land und verleiteten uns dazu, unser Geld auszugeben. Einige waren gut, wie zum Beispiel die Fotografie. Andere waren nutzlos und nur dazu angetan, unseren Ruin zu beschleunigen. Ich versuchte alles einmal, aber ich ließ mich nicht verführen und fiel den Verlockungen nicht zum Opfer. Ich wußte, daß ich stets chinesische Waren vorziehen, chinesische Kleidung tragen, chinesische Speisen essen und mein Geld in China lassen würde. Nie habe ich auch nur eine einzige Kupfermünze außerhalb der Grenzen meines Landes angelegt, denn ich wollte mein Land nicht verkauft, sondern stark sehen. Wenn ich Fehler machte, so geschah es, weil ich nicht wußte, wie man unserem Land helfen konnte. Immerhin aber gehörte ich in jenen Jahren, in denen ich nach einer Möglichkeit suchte, unseren Kopf aus der Schlinge zu ziehen, welche die Ausländer um unseren Hals gelegt hatten, zu den wenigen, die begriffen hatten, daß finanzielle Hörigkeit und wirtschaftlicher Zwang schlimmer sind als feindliche Armeen, die in ein Land einfallen. Denn einen fremden Soldaten kann man sehen und bekämpfen; der anhaltende, stille und geheime Aderlaß aber, dieses vampirhafte Blutsaugen, läßt sich nicht ohne weiteres erkennen.

Die Ausländer waren schlau. Sie spürten, wie der Wind wehte, und merkten genau, daß die Situation in China sich nach 1900 etwas zu versteifen begann. Sun Yatsens Revolutionäre Liga wuchs, und alle Studenten, die nach Japan gingen, selbst Älterer Bruder, waren begeistert von dem Gedanken an eine Revolution. Jedes Jahr kam es im Frühjahr und im Herbst zu Aufständen. Die Ausländer begannen davon zu sprechen, daß sie sich gegen uns zusammentun müßten, »um einen wirksamen Kampf gegen die wachsenden Forderungen der Chinesen führen zu können«, wie sie es in ihren Zeitungen ausdrückten. Die »wachsenden Forderungen«, das war unser Wunsch, Herr im eigenen Land zu sein.

So kam es denn zur Begründung des berühmten Konsortiums, einem Zusammenschluß von vier großen Banken, der französischen, der britischen, der amerikanischen und der deutschen Staatsbank, hinter denen die Macht der vier Regierungen stand. Wie schlau und verschlagen die Ausländer waren, geht aus der Tatsache hervor, daß sie behaupteten, es handele sich bei ihrer Beteiligung an Eisenbahnlinien und Bergwerken oder dem Aufbau neuer Industrien auf unserem Boden lediglich um kommerzielle Spekulationen, während sie in Wirklichkeit die militärische und finanzielle Macht ihrer Regierungen hinter sich wußten. Keine von all diesen Unternehmungen war rein kommerzieller Natur, überall spielten politische Motive mit. Das Konsortium bedeutete eine Interessengemeinschaft von England, Frankreich, Amerika und Deutschland. Und wie konnten sie uns fester in die Hand bekommen, als indem sie uns für weitere fünfzig Jahre durch neue Darlehen zu ihren Schuldnern machten?

Heute kann ich rückblickend eine überraschende Tatsache feststellen, die ich damals fast übersehen habe. Unsere Gegner waren zu jener Zeit langsamer als wir; die Glut unseres auflodernden Nationalismus griff schneller um sich, als sie erwartet hatten. Sie waren so verstrickt in ihren Zank um die Beute, daß sie sich nicht rechtzeitig zusammenschließen konnten.

Und infolge dieser Uneinigkeit war es uns möglich, im Jahre 1908 zwei Eisenbahnstrecken von ihnen zurückzukaufen: die Strecke Peking–Hankow und die Linie von Kanton nach Hankow. Unsere Freude über diesen gelungenen Rückkauf war groß, für sie aber war er ein Warnsignal, das nun die Bildung des Konsortiums beschleunigte. Die Engländer drängten darauf, da sie klarer als die anderen sahen, was hier vor sich ging. Und 1909 war es wieder so weit, daß sie sich bemühten, der Mandschu-Dynastie eine weitere Eisenbahnanleihe aufzudrängen, durch die sie die neu geplanten Strecken, unter anderem unsere Strecke in Szechuan, in die Hand bekommen würden.

Dabei war innenpolitisch in all diesen Jahren viel von einer Reform die Rede, und man versprach uns auch eine Verfassung. Ich erinnere mich, daß ich 1906 die Übersetzung eines englischen Zeitungsartikels las, in dem die Verdienste der Kaiserinwitwe hervorgehoben wurden. »Ihre Majestät hat die Absicht, als die Urheberin fortschrittlicher Reformen in die Geschichte einzugehen«, hieß es da. Einige Leser mögen das ja geglaubt haben, aber die meisten wußten doch, was für ein Betrug da an uns verübt wurde. Man versprach uns eine Nationalversammlung, eine Verfassung und eine demokratische Regierung, und dabei wußten wir die ganze Zeit über, daß so etwas völlig unmöglich war, da uns die Grundlage fehlte, auf der solche liberalen Einrichtungen allein basieren können: die Befriedigung der elementarsten Bedürfnisse. Man berief eine Provinzialversammlung ein, viele unserer Beamten in Chengtu gingen auch hin, und es wurden viele Reden gehalten; aber dann löste sich alles wieder auf wie Nebel an der Sonne, denn es war ja auch nichts anderes gewesen als Nebel. Eine Zeitlang sah es so aus, als würden sich Kang Yuweis Ideen durchsetzen, und seine Anhänger verurteilten mit scharfen Worten alle revolutionären Umtriebe. Aber die meisten von uns jungen Kadetten sprachen das Wort »Reform« nur widerwillig aus; wir wußten, daß eine Veränderung ohne Gewalt undenkbar war. Armer Kang Yuwei! Wie Treibholz, das an einen Strand geschwemmt wird, blieb er immer mehr hinter der Strömung unserer Nöte und Wünsche zurück, bis schließlich selbst so junge, unerfahrene Burschen wie ich, die keineswegs zu den

Fortschrittlichsten zählten, ihn als überlebt betrachteten. Als schon fast alle Zöpfe gefallen waren, trug er standhaft den seinen weiter; er unternahm eine Reise durch die Balkanstaaten, sprach sein Bedauern über die häufigen Königsmorde in diesen von Unruhen zerrissenen Ländern aus und riet den Monarchen, ihre Paläste mit höheren Mauern zu umgeben. Schließlich verbrachte er die letzten Jahre seines Lebens in den Diensten eines ungehobelten und fast völlig ungebildeten Kriegsherrn. Denn die Geschichte eilt voran, so wuchtig wie die Strömung des Großen Flusses. Sie nimmt keine Rücksicht auf die Eitelkeit eines einzelnen, und nichts ist überflüssiger als Mutmaßungen über Dinge, die hätten sein können. Im Jahre 1908 starb die Kaiserinwitwe, einen Tag nach ihrem unglückseligen Sohn, dem hinter festen Mauern gefangenen Kaiser Kunghsu, und nun saß ein dreijähriges Kind greinend auf dem Drachenthron. Unterdessen hatte der mächtige Oberbefehlshaber Yüan Shihkai, der die Armee fest in der Hand haben wollte, in ganz China die Militärakademien neu organisiert. Während die Gelehrten von Demokratie redeten, baute er sich seine eigene Macht auf, und diese Macht war die Armee. Bereits 1894 waren in der Nähe von Tientsin zehn Bataillone durch deutsche Offiziere gedrillt und ausgebildet worden. Sie unterstanden Yüan Shihkai, auf den seine reformistischen Freunde Kang Yuwei und Tan Szetung damals ihre ganze Hoffnung setzten. In jenem verhängnisvollen September 1898 verriet Yüan den letzteren an die Kaiserinwitwe. Und nun wurden sämtliche Reformversuche einschließlich der modernen militärischen Ausbildung wieder eingestellt. Während der nächsten anderthalb Jahre, also bis 1900, wurden die Truppen wieder im Gebrauch von Pfeil und Bogen unterwiesen. Als dann 1903 die Reformideen erneut hoffähig wurden, organisierte Yüan in mehreren Städten Trainingszentren. Sein Ziel war es, sich eine ergebene persönliche Gefolgschaft aus jungen Berufsoffizieren zu schaffen. Viele schickte er nach Deutschland und Japan, zumeist ehrgeizige und machthungrige junge Männer, von denen einige sich der Revolution verschrieben. Sehr bald schon bildeten sie, je nach den in den einzelnen Provinzen vorherrschenden Neigungen, Juntas und Cliquen. Als ich an die Paoting-Militärakademie im Norden abkommandiert wurde, lernte ich eine Reihe von ihnen kennen. Allerdings blieb ich nicht lange dort, sondern wurde bald zum aktiven Einsatz zurückberufen, da wir wieder einmal bedroht waren. Die Engländer nämlich wollten Tibet erobern. 1904 hatten sie einen ersten Versuch in dieser Richtung unternommen, indem sie eine Expedition nach Lhasa entsandten. Nun wurden unsere Truppen aus Szechuan zur Verstärkung in die Grenzgarnisonen gelegt. Unser Vizekönig Chao Erfang hatte es sich damals zur Aufgabe gemacht, die Grenzen gegen die Engländer zu sichern. Ein Jahr lang tat ich Garnisondienst und kehrte 1909 zurück, um an der Militärakademie von Chengtu den Posten eines Instrukteurs zu übernehmen.

In jenem Jahr, das ich an der Grenze verbrachte, festigte sich meine Überzeugung, daß es aus unserer verzweifelten Lage keinen anderen Ausweg gab als den Weg der Gewalt. Alles Reden über eine Reform war Heuchelei, die nur darauf abzielte, uns zu täuschen. Und all diese korrupten Gestalten, die von einer konstitutionellen Monarchie sprachen, beschwindelten uns. Wenn wir stark sein wollten, mußten wir kämpfen. Und so entschied ich mich für den Weg der Gewalt.

Unsere Familie aber wurde immer ärmer. 1910 starb unser Vater im Alter von knapp siebenundvierzig Jahren. Ich gab meinen Posten auf und kehrte zurück, um die vorgeschriebenen drei Trauerjahre zu Hause zu verleben, vor allem aber, um aus unserem Ruin zu retten, was noch zu retten war. Denn während der Zeit, die ich an der tibetanischen Grenze verbrachte, hatte niemand sich unserer Finanzen annehmen können.

Yentung, meinem Zweiten Bruder jedoch, schrieben wir nichts über all diese Ereignisse nach Belgien, denn wir wollten sein Herz nicht in Unruhe versetzen. Oft dachte ich: wenn Zweiter Bruder wieder da ist, können er und ich gemeinsam das Familienvermögen wieder aufbauen. Denn eine große Veränderung kündigt sich an, und wir müssen uns darauf vorbereiten.

Sechzehntes Kapitel

Mehrere Jahre lang habe ich die Memoiren von Menschen gesammelt, welche die Revolution von 1911 erlebt hatten, und nach Männern aus der Generation meines Vaters gesucht, die Zeugen der ersten Unruhen in der Provinz Szechuan gewesen sind. Alle diese Erinnerungen sind jetzt schriftlich festgehalten, und Puyi, der Exkaiser von China, der bei der Revolution von 1911 seinen Thron verlor, hat es unternommen, diese Schriften zu sammeln und gleichzeitig seine eigene Lebensgeschichte zu schreiben.

Der verläßlichste Zeuge, den ich fand, war der Schriftsteller Li Chiehjen, den man den Maupassant von China nennt. Er wurde in Chengtu in Szechuan geboren, verbrachte fünfzehn Jahre in Frankreich und Japan, kehrte dann nach Szechuan zurück und schrieb viele Romane. In seiner Jugend nahm er an der Revolution von 1911 teil. Er war ein großer Liebhaber der französischen Literatur und sprach ein ausgezeichnetes Französisch. Seine Bücher, die schon vor der Revolution von 1949 beliebt waren, wurden später neu aufgelegt. So umspannt sein Lebensbogen zwei Revolutionen und zwei Gesellschaftssysteme, die er als aktiver Teilnehmer wie als Beobachter erlebte.

Li schenkte mir seine Zeit, stellte mir seine Aufzeichnungen zur Verfügung und erzählte mir alles, woran er sich irgend erinnern konnte. Damit bewies er, der Schriftsteller, eine so außerordentliche kollegiale Großzügigkeit, daß ich mich stets in seiner Schuld fühlen werde. Wir verbrachten mehrere Tage zusammen, in denen er sprach und ich mir Notizen machte. Er war ein kleiner, lebhafter Mann mit sehr leuchtenden Augen und einem scharf geschnittenen Gesicht, der stets in lange, fließende Seidengewänder gehüllt war. Er wirkte viel jünger, als er war, und sein Tod im Jahre 1963 traf uns alle wie ein unvorbereiteter Schlag, denn er hatte in seiner Sprache und seinen Bewegungen immer den Eindruck eines jungen Mannes gemacht und nicht ein einziges weißes Haar gehabt. Bei seinem

Tode war er fünfundsiebzig Jahre alt, sah jedoch aus wie ein unglaublich jung gebliebener Fünfundvierziger.

Ihr nennt mich einen Augenzeugen der Revolution; aber wer kann eine so große Umwälzung, wie eine Revolution es ist, in ihrer Gesamtheit überblicken? Der Mensch ist stets bemüht, die Größe auf sein eigenes Zwergenmaß herabzuzwingen, eine Landschaft auf ein Blatt Papier zu bannen, ein Gebirge und einen See in einem winzigen Steingarten darzustellen und so seinem Herzen eine edle Weite zu verleihen, ohne sich doch völlig überwältigt zu fühlen. Mir als Schriftsteller ist diese Wahrheit bewußt, und ich weiß auch, wie unzulänglich alle Worte sind, um die Wirklichkeit darzustellen – vor allem die Wirklichkeit einer Revolution, die dem normalen Zeitablauf einen solchen Schwung versetzt, daß man immer meint, man könne mit den Ereignissen nicht Schritt halten und müsse aus Leibeskräften rennen, um seinen Platz zu behaupten und nicht zurückzufallen. So vieles ist geschehen, daß mir die Zeiten fast ein wenig durcheinandergeraten und ich immer wieder staunend versuchen muß, die vergangenen Jahrzehnte in meinem Kopf zu ordnen. Scheint es mir doch, als seien die Ereignisse von 1911 kaum eine Woche her . . .

Im Frühjahr 1911 kehrte ich zusammen mit einigen anderen Studenten aus Japan zurück. Ich hatte fünf Jahre lang ziemlich planlos Gesetzeskunde und Politik studiert und schon damals den Wunsch zu schreiben in mir verspürt. Ich hatte auch bereits einige Beiträge für Studentenzeitschriften geliefert, von denen manche sehr fortschrittlich waren, insbesondere das in Japan herausgegebene *Szechuan Magazin*. Als ich nach Shanghai zurückfuhr, befanden sich in Japan etwa fünftausend Studenten aus Szechuan, und sie galten, abgesehen von denen aus Hunan, als die leidenschaftlichsten Revolutionäre. Das erschien fast paradox, da Szechuan unter den chinesischen Provinzen eine der abgeschlossensten und den Einflüssen aus dem Westen verhältnismäßig wenig ausgesetzt war. Aber vielleicht waren die Studenten von hier gerade deshalb so feurige Patrioten, weil die Feudalgesellschaft von Szechuan so fest an ihren Grund und Boden gebunden war und die hiesige Gentry kaum Beziehungen zu den von ausländischem Kapital getragenen Unternehmungen hatte. Es hatte sich hier noch nicht so wie in den an der See gelegenen Provinzen eine Klasse von Zwischenhändlern entwickelt, die hinsichtlich ihres Einflusses und ihres Vermögens völlig vom Westen abhingen. Und das war wesentlich; denn ein großer Teil der aus Szechuan stammenden Studenten, die nun so wie ich aus Japan zurückkehrten, waren überzeugte Revolutionäre und Mitglieder der Revolutionären Liga Sun Yatsens.

Ich hatte mir in Japan meinen Zopf abschneiden lassen und kaufte mir in Shanghai eine Mütze mit einem daran befestigten falschen Zopf. Von dort aus fuhr ich als Zwischendeckpassagier auf einem englischen Dampfer den Großen Fluß hinauf nach Hankow. Bereits an Bord fiel mir auf, wie wenig Menschen sich nach der westlichen Mode kleideten, während ich in Japan kaum einen Chinesen mit langem Gewand gesehen hatte und die meisten von uns dort die Uniform der japanischen Studenten trugen – den späteren Sun-Yatsen-Anzug, der heute als das typische Kommunistenkleid gilt. Dabei besteht die Uniform der japanischen Studenten auch jetzt noch aus einer Hose und einer Jacke mit engem Kragen. Nach meiner Ankunft in Hankow legte ich diese Kleidung ab und zog wieder ein langes, kühles Gewand aus Nesseltuch, Baumwollhosen und Baumwollschuhe an. So begab ich mich gewissermaßen in ein vergangenes Ich zurück und hatte dabei das seltsame Gefühl, als machte ich innerhalb der Zeit einen Schritt rückwärts.

Da Sun Yatsens Liga in Tokio etabliert war, hatte in den Universitätskreisen in Japan der Gedanke der Revolution natürlich stets im Vordergrund gestanden; es war ein wilder Strudel voll endloser Reden und Diskussionen gewesen. Nun kam es mir vor, als tauchte ich wieder in einen stillen Teich mit totem, fauligem Wasser ... Doch bald schon sollte ich merken, wie falsch dieser Eindruck war. Wie ein alter, mit Malereien verzierter Tempel, so stand der Bau der Dynastie mit seiner nie endenden Korruption noch immer auf dem Untergrund von Schmutz und Elend; doch sein Gebälk war von innen ausgehöhlt. Ich war nicht der einzige, der sich anfänglich täuschen ließ. In Shanghai hatte ich die ausländischen Zeitungen gelesen, die sämtlich ihre Genugtuung über den Stand der Dinge ausdrückten. »Nie ist eine Dynastie volkstümlicher gewesen«, schrieben die Ausländer noch 1911. Sie waren dabei, ihre eigene Macht zu festigen, und es sah auch wirklich so aus, als kämen wir keinen Schritt weiter. Vor wenigen Monaten erst war im Süden ein neuer Aufstand gescheitert, und es hatte ein großes Blutvergießen gegeben.

Die erste Klasse des englischen Dampfers, auf dem ich reiste, war der weißen Rasse vorbehalten, während wir uns unter Deck zusammendrängen mußten. Ausländische Kanonenboote fuhren den Sohn des Ozeans hinauf und herunter. In der Provinz Hunan war es zu einer großen Hungersnot gekommen, und nun war das Gebiet der Dreierstadt Hankow, Wuchang und Hanyang zu beiden Seiten des Großen Flusses überschwemmt von Hunderttausenden hungernder Bauern. An den Enden der langen Stangen über ihren Schultern hingen Körbe, in denen sie ihre Kinder trugen. Die Konzessionen der Ausländer waren mit Stacheldrahtzäunen umgeben, und Sikhs und korsische Polizisten patrouillierten davor auf und ab und scheuchten jeden, der den Versuch machte, hindurchzukriechen und um Essen zu betteln, mit Schlägen zurück. Außerhalb der ausländischen Konzessionen las man jeden Morgen die Toten von den Straßen auf: dreißigtausend in einer Woche. Diejenigen, die zu schwach waren, um sich noch zu bewegen, saßen in Reihen da und starrten auf die Vorübergehenden; hinter ihren Augen blickten mich ihre nackten Schädel an.

In Ichang, wo der Fluß die Ebenen verläßt und die Schluchten beginnen, die nach Szechuan führen, kreuzten die Kanonenboote der Engländer über den Yangtse. Auf den Höhen, welche die Landschaft beherrschten, ragten das Gebäude des britischen Konsulats und eine große katholische Kirche mit weißem Turm und weißem Kreuz, von hohen weißen Mauern umgeben, über die Klippen. Die Abhänge darunter waren übersät mit windschiefen, dunklen und schmutzigen, auf hohen Pfählen hockenden Hütten, den Behausungen unseres Volks. Dieser Anblick, der mein neues, in Japan gefördertes Nationalbewußtsein empfindlich traf, ließ die Wasser des Hasses in mir hochsteigen und sich gallenbitter in meinem Mund sammeln. Ein Sklavenvolk, ein Sklavenvolk – die Sklaven aller!

Von Ichang flußaufwärts verkehrte jetzt ein Schleppdampfer, die *Shutung*. Die Kaufmannsfamilien von Chungking und Chengtu hatten ihn 1908 in Betrieb genommen, und nun schleppte er einen flachen Lastkahn mit sechzig Tonnen Waren und so vielen Menschen, wie sich irgend darauf verstauen ließen, gewöhnlich an die dreihundert. Zu beiden Seiten überholten wir die Dschunken, die noch immer Schritt für Schritt von nackten, runzligen, sonnenverbrannten Männern gegen den Strom durch die Schluchten gezogen wurden. Auf den Klippen sah ich ameisengroße Menschen, die Steine brachen. »Die bauen die Gleisbettung für unsere Eisenbahn – die Eisenbahn, von der wir, die fünfzig Millionen Einwohner von Szechuan, seit Jahren geträumt haben«, sagte einer der Passagiere zu mir, und auf einmal begannen alle von der Eisenbahn, von unserer Szechuan-Eisenbahn, zu sprechen. Der Verwalter der Eisenbahngesellschaft in Ichang, ein Mann namens Li, hatte fast hunderttausend Mann für die Arbeiten am Bahnkörper eingesetzt. »Wir in Szechuan wollen keine Ausländer beim Bau unserer Eisenbahn dabeihaben.« Man hatte den Schleppdampfer *Shutung* eigens der britischen Firma Thornycrofts abgekauft, um mit ihm Baumaterial den Fluß heraufzuschaffen.

Aber manche der Szechuanesen an Bord der *Shutung* waren kritischer. Wie üblich entspann sich eine allgemeine Unterhaltung, und alle berichteten mir offen, was geschehen war. Obgleich der Gouverneur von Szechuan bereits im Jahre 1903 die Genehmigung erhalten hatte, die Bahnlinie zu bauen, waren jetzt, also 1911, erst einhundertfünfundzwanzig Li, ungefähr achtzig Kilometer des Bahnkörpers, fertiggestellt – eine Strecke, die von Ichang aus westwärts nach Kuifu, in der Richtung auf Chungking zu, führte. Man hatte sich entschlossen, zuerst diesen Abschnitt zu bauen, obgleich er der schwierigste und somit der kostspieligste von allen war. Zur Überwindung der Schluchten mußten hier eine ganze Anzahl von Brücken über die im Zickzack verlaufenden felsigen Höhen gespannt und fast ebenso viele Tunnel durch die Felsen gebohrt werden. Viele Szechuanesen hätten es vorgezogen, mit einem einfacheren Abschnitt zu beginnen und zunächst die Strecke von Chengtu ostwärts bis Chungking und dann die von Chungking nach Ichang fertigzustellen. Aber dieser Plan begegnete einer anderen Schwierigkeit: Man hätte das gesamte Material einschließlich der Schienen per Schiff flußaufwärts durch die Schluchten transportieren müssen, und das erschien vielen als undurchführbar. Wenn man hingegen in Ichang begann und in Richtung auf Chungking zu baute, konnte das Material auf dem kleinen, von der *Shutung* geschleppten Lastkahn flußaufwärts befördert werden. Aber nun waren alle entsetzt, wie langsam die Arbeit vor sich ging.

»Bedenkt nur einmal: die Strecke von Ichang nach Chengtu beträgt dreitausend Li, und bisher haben wir erst knapp einhundert Li Gleisbettung. Wenn wir so weitermachen, brauchen wir dreißig Jahre, bis die ganze Strecke fertig ist. Und dieses kleine Stückchen hat uns schon fünf Millionen Silberunzen gekostet. Das ganze Silber im Reich des Jadekaisers wird für unser Vorhaben nicht ausreichen.«

Seit 1903 hatte man in Szechuan Geld für unsere Eisenbahn gesammelt. Die großen und kleinen Aktien hatten unter der Gentry guten Absatz gefunden – aber wie viele Menschen gehörten zur Gentry? Weniger als zwei Prozent der Bevölkerung. Die Eisenbahngesellschaft hatte daher »Ertragsaktien« ausgegeben, also Aktien, deren Wert durch den Landertrag garantiert war und drei Prozent von der Pachtsumme für das Land ausmachte. Eigentlich war vorgesehen, daß die Großgrundbesitzer diese Anteile kaufen sollten, doch diese gaben sie an ihre Pächter weiter. Außerdem kamen Summen für den Eisenbahnbau herein, indem man Abgaben auf Salz und gewisse (nicht ausländische) Konsumgüter erhob und die Wege- oder Transportzölle erhöhte – alles Gelder, die der kleine Mann aufbrachte. Die Gesamtsumme belief sich auf vierzehn Millionen Silberunzen; man hatte jedoch veranschlagt, daß etwa siebzig Millionen benötigt wurden.

»Nun sagt bloß, wie kriegen wir da endlich Ordnung hinein? Die Direktoren der Gesellschaft, die doch alle zur Gentry gehören, liegen sich dauernd in den Haaren mit dem Hauptbüro in Chengtu und den Nebenbüros in Ichang und Chungking. Alle diese Direktoren wirtschaften in die eigene Tasche, und dabei geht es doch um das Geld unseres Volks, das wir uns in jahrelanger Arbeit vom Munde abgespart haben. Und jetzt wird das alles für Banketts und Opium hinausgeworfen.«

Ich hatte schon einiges über diese Zustände gehört. Nach ihrer Gründung im Jahre 1903 war die Eisenbahngesellschaft immer mehr in Abhängigkeit von der Regierung geraten, die durch ihre Leute eine Kontrolle ausüben ließ. Die Gelder aus den Ertragsaktien und den Wegezöllen wurden veruntreut. 1906 hatten Studenten aus Szechuan bereits in Japan diese Mißstände angeprangert und verlangt, die Gesellschaft wieder zu einem echten, durch Kaufleute in Szechuan selbst verwalteten Privatunternehmen zu machen. Solange Regierungsbeamte hier ihre Hände im Spiel hatten, war die Korruption nicht einzudämmen, und es würden immer wieder Gelder verschwinden; schlimmer noch, es bestand immer die Befürchtung, daß die Regierung ihr im Jahre 1903 gegebenes Versprechen rückgängig machen und unsere Eisenbahn an die Ausländer verkaufen werde.

1907 hatten zwei mit mir befreundete Studenten nach ihrer Rückkehr aus Japan versucht, in Chengtu einen Aufstand anzuzetteln; aber der Versuch war fehlgeschlagen, und die Anführer waren enthauptet worden. Doch das Volk sah nicht schweigend zu. Vielleicht kam es daher, daß so viele von den Gelderhebungen für den Eisenbahnbau betroffen waren, jedenfalls nahm die ganze Bevölkerung lebhaften Anteil an dieser Sache, und als die Studenten hingerichtet wurden, trat der Richter, der das Urteil hatte ausfertigen müssen, von seinem Posten zurück und schloß sich den Revolutionären an.

Im Jahre 1910 hatte wiederum unsere Szechuaner Studentenvereinigung in Japan eine öffentliche Anklage gegen den Verwaltungsdirektor erhoben, der eine große, aus Steuergeldern bestehende Summe, die ihm anvertraut war, »sicherheitshalber« bei einer Privatbank in Shanghai deponiert hatte. In jenem Jahre kam es zu einer Goldbarren-Psychose in Shanghai, und die betreffende Bank erklärte den Bankrott. Das Geld löste sich in nichts auf. Jeder wußte, daß der Verwaltungsdirektor es in seine eigene Tasche gesteckt hatte; da er jedoch ein Regierungsangestellter war, geschah ihm nichts.

Und so gingen die Reden auf dem Schiff hin und her, und wir alle waren verbunden durch ein Gefühl der Brüderlichkeit. Unter den zweihundert oder mehr Passagieren befanden sich auch einige Mitglieder der Kelao-Geheimgesellschaft. Ich gab das Zeichen der Teetassen, und gleich kamen zwei von ihnen, um sich mit mir zu unterhalten. Auch sie hatten viele Freunde und Genossen in Japan, und wir waren uns sofort nahe. Ich empfand Trost und Kraft bei dem Gedanken, daß die Kelao in Szechuan den aus Japan zurückgekehrten Studenten ihre Unterstützung angedeihen ließen. Wie gewöhnlich hatten sie ein vorzügliches Nachrichtensystem, und die Revolutionäre Liga hatte mit ihrer Hilfe einen Botendienst eingerichtet, der alle Provinzen umfaßte.

Doch trotz des Trostes, den die Kelao mir vermittelten, blieb mein Herz sorgenvoll. Oh, mein Land, sagte ich, wann wirst du diese Teufel loswerden? Nicht die Teufel da draußen, sondern auch die Teufel in dir, die dafür sorgen, daß du schwach bleibst. Niemand ist gut zu den Schwachen. Nur wenn wir stark sein könnten wie Japan, würden sie es nicht mehr wagen, mit ihren Kanonenbooten in unseren Gewässern zu kreuzen, uns von den Bürgersteigen herunterzustoßen und Truppen in unserem Land zu stationieren. »Revolution«, flüsterte ich und sah mich um, ob ich ein Vorzeichen erblicken könnte. Wolken ballten sich zusammen, ein Schatten über der Stadt Ichang, Vorbote eines nächtlichen Gewitters.

In Wanhsien, mitten in der Schlucht, kletterte ein grauhaariger Mann, dünn wie ein Opiumraucher, an Bord und wurde von einem der Kelao-Brüder, die bei mir saßen, als Onkel Chu begrüßt. Er war ein Angestellter der 1907 begründeten Telegraphengesellschaft; seitdem konnte man von Szechuan aus in die ganze Welt kabeln. Chu, der auch ein Kelao-Bruder war, hielt mit seinem Wissen nicht zurück, sondern erzählte uns von der geplanten Nationalisierung der Eisenbahnen.

»Nationalisierung? Was soll das bedeuten?« fragte ich.

»Es bedeutet, daß sie uns an die Ausländer verkaufen wollen«, sagte Chu. »Macht euch darauf gefaßt, meine Brüder, daß alle unsere Befürchtungen eintreffen werden.«

Gerüchte über eine Nationalisierung waren schon seit 1906 in Umlauf gewesen. Mir war bekannt, daß viele Ausländer – Engländer, Japaner und Deutsche – bei Hof auf die Annahme ihrer »Darlehen« drängten. Und da beim Abschluß jedes Darlehens eine bestimmte Summe in die Taschen der Minister wanderte, waren diese nur allzu willig, auch die Eisenbahnrechte zu verkaufen. Bisher hatte die Gentry in den Provinzen diesen Plänen einen so hartnäckigen Widerstand entgegengesetzt, daß sie nichts zu unternehmen wagten. Nun jedoch lieferte die Tatsache, daß die Privatgesellschaften sich als so untüchtig erwiesen hatten, den Ministern eine willkommene Ausrede, dem energischen Druck der Ausländer nachzugeben.

Ein Bankenkonsortium der vier Mächte hatte ein großes Darlehen zum Bau von Eisenbahnen angeboten. Wieder einmal hatten die Ausländer den Postminister Sheng Hsinsun, der jetzt auch staatlicher Direktor für den Eisenbahnbau war, sowie einige andere chinesische Beamte für sich gewonnen und benutzten sie nun dazu, bei den Mandschu die Annahme des Darlehens durchzusetzen. Sheng war damals wohl der verhaßteste Mann in ganz China. In den Jahren 1894 und 1895, also auf dem Höhepunkt des Chinesisch-Japanischen Krieges, hatte er Bestechungssummen von den Japanern angenommen; ein weiteres Vermögen hatte er bei den Verhandlungen mit den Belgiern gemacht, die zum Abschluß des Vertrags über den Bau der Strecke Peking–Hankow führten, und als schließlich im Jahre 1908 die chinesische Regierung diese Linie gegen den Willen des Königs der Belgier zurückkaufte, hatte er natürlich auch wieder seine Anteile eingestrichen.

Daneben war Sheng auch oberster Verwalter der Hanyehping-Eisenindustrie, die der Vizekönig Chang Chitung in der Dreierstadt aufgebaut hatte. Er verwaltete sie so gut, daß sich bald ein Defizit von sechs Millionen Pfund ergab und die Gesellschaft in die Hände der Japaner überging. Sheng behielt jedoch seinen Posten, und in jedem Eisenbahnbauvertrag, den er unterzeichnete, wurde die Klausel eingefügt, daß ein bestimmter Anteil des Materials von den Hanyehping-Werken bezogen werden müsse. Es konnte daher nicht überraschen, daß Sheng auf die Annahme eines neuen großen Eisenbahn-Darlehens drängte, sich dafür einsetzte, daß der Bau der geplanten Eisenbahnen Ausländern übertragen wurde und sich außerdem bemühte, seine Freunde, die Japaner, mit in das Konsortium hineinzubringen. Auf diese Weise würde sich in den Vertrag wieder die Klausel einfügen lassen, daß der für die Schienen benötigte Stahl von den Hanyehping-Eisenwerken kommen müsse, und Sheng würde sich damit einen weiteren Zuwachs zu seinem ungeheuren Vermögen sichern.

Am Hof in Peking und zwischen den Großmächten war es in dieser Sache zu aufgeregten Verhandlungen und skandalösen Manipulationen gekommen, über die jedoch meistens keine Aktenbelege angefertigt wurden. Rußland, das auch in das Konsortium hineinwollte, hatte die Franzosen dringend gebeten, seine Bemühungen zu unterstützen; England lehnte Rußland jedoch ab, während Frankreich Einwände gegen den Beitritt Japans erhob. Dann verlangte plötzlich Amerika, sich mit fünfundzwanzig Prozent an dem Darlehen zu beteiligen, und berief sich dabei auf eine Klausel in einem 1904 getroffenen Abkommen, die folgendermaßen lautete: »Sollte das Kapital für den Bau der Strecke Szechuan–Hankow nicht ausreichen, so wird die chinesische Regierung England *und die Vereinigten Staaten von Amerika* davon in Kenntnis setzen.« Nun reichte, wie die Amerikaner erklärten, das Kapital tatsächlich nicht aus, und der amerikanische Botschafter war deshalb im Juli 1909 beim Mandschu-Hof vorstellig geworden und hatte damit gedroht, daß »sofern er keine zufriedenstellende Antwort erhalte, die chinesische Regierung für alle Folgen allein verantwortlich sei...« – die übliche diplomatische Kanonenboot-Drohung. Immerhin wurde Amerika auf diese Weise ein fester Partner des Bankenkonsortiums, das nun übereinkam, den Bau von zwei Strecken, nämlich der Strecke Szechuan–Hankow und der Strecke Hankow–Kanton, zu finanzieren. Ihre Anteile an der letzteren hatten die Amerikaner zwar im Jahre 1905, als sie zu einem Drittel fertiggestellt war, den Chinesen zurückverkauft; aber jetzt, da es um die restlichen zwei Drittel ging, waren sie wieder auf dem Plan.

Um dem Volk die Tatsache zu verheimlichen, daß die Regierung wieder einmal den Ausländern gegen Bargeld die Kontrolle über die Eisenbahnen übertragen hatte, verwendete man den Ausdruck »Nationalisierung«. Das Konsortium hatte bereits der Vergebung eines Darlehens in Höhe von sechs Millionen Pfund Sterling zugestimmt. Jetzt wurde durch ein kaiserliches Edikt vom 9. Mai 1911 die Nationalisierung der Eisenbahnen verkündet. Damit aber büßten die in den chinesischen Provinzen begründeten privaten Eisenbahngesellschaften die ihnen garantierten Rechte ein, ihre eigenen Eisenbahnen zu finanzieren und zu bauen.

Der Bruder von der Robe Chu hatte die Telegramme gesehen, in denen die Provinzregierung von Szechuan angewiesen wurde, die für die Nationalisierung nötigen Schritte zu ergreifen. »Was sollen wir tun? Man erklärt uns allen, das sei eine gute Sache, denn so würden die Eisenbahnen schneller fertiggestellt, und China bekäme rascher Anschluß an die moderne Zeit. Aber das Volk ist überall dagegen, vor allem bei uns in Szechuan. Blut wird fließen, und die Köpfe werden von den Körpern fliegen. Sollen wir ihnen im Namen der Nationalisierung mit drei tiefen Verbeugungen unser Land ausliefern? Ich für meinen Teil will lieber sterben.«

Während unser Schleppdampfer sich durch die Schluchten stromauf kämpfte, verbreitete sich die Nachricht unter den Passagieren. An jeder Landungsstelle tauchten neue Gerüchte auf: in Chengtu hätten die Aktionäre der Eisenbahngesellschaft Protestversammlungen abgehalten; in Ichang habe der Verwalter telegrafisch bei dem Hauptbüro angefragt, was aus den hunderttausend Bauarbeitern und Ingenieuren werden solle, wer sie bezahlen solle, ob die vorhandenen Kapitalien übernommen würden und ob die Arbeiten gestoppt werden sollten, bis die Nationalisierung vollzogen sei. Wir alle wußten, daß es sich um eine Farce handelte. Wie konnte ein Staat, der kein Geld hatte, eine Nationalisierung durchführen – ein Staat, dessen gesamte Einkünfte auf die Zahlung von Kriegsentschädigungen und Darlehenszinsen und die Rückzahlung von Darlehen verwendet werden mußten? Er hatte doch nichts mehr in der Hand: die Zölle – sogar die Wegezölle – waren ebenso verpfändet wie alle anderen Einnahmequellen. Wie konnte der Staat dann bei dieser beabsichtigten Nationalisierung der Eisenbahnen die Aktionäre der Gesellschaften entschädigen? Womit wollte er ihnen ihre Anteile bezahlen?

Als ich am 20. Mai 1911 in Chungking an Land ging, hörte ich, daß der große Eisenbahn-Darlehensvertrag abgeschlossen und von Sheng Hsinsun in seiner Eigenschaft als Verkehrs-, Post- und Telegrafenminister sowie den Vertretern des Bankenkonsortiums der vier Großmächte Amerika, England, Frankreich und Deutschland unterzeichnet worden sei.

Du weißt, wie unser Chengtu ist: eine alte, uralte Stadt, Bäume, Blumen, Bücher, alte Buchläden, eine stille Stadt, stolz auf ihr Alter und ihre Geschichte. Doch als ich Ende Mai 1911 hierher zurückkehrte, war sie voller Unruhe, reizbar und verängstigt. In den Teehäusern, den öffentlichen Gärten und auf den Straßen, überall verspürte man diese Unrast. Eine angstvoll lauernde Stadt, in der jeden Augenblick ein Aufstand ausbrechen konnte.

Man sagt immer, es falle einem Menschen am schwersten, seine eigenen Hände zu zeichnen, weil er sie ständig sieht und dieser Anblick ihn blind macht. Mir aber, der ich damals frisch aus Japan kam, gingen die Augen auf vor Erstaunen über Chengtu, meine eigene Stadt. Ich wunderte mich, wie es möglich war, daß diese dicken Beamten noch immer durch die Straßen gehen konnten, vor sich die Trommler, auf ihren Köpfen die Korallenknöpfe, auf ihren feierlichen Gewändern die Fasanen und Löwen, Pfauen und Leoparden, die vorn und hinten eingestickt waren, um den zivilen oder militärischen Rang des Trägers zu bekunden. Und je höher der Rang des Beamten war, um so mehr schien er für den Gedanken der Nationalisierung eingenommen zu sein, während die Beamten des siebenten, achten oder neunten Grades Schweigen bewahrten und nur vielsagend seufzten. Der Ruf »Ich kaufe Tee«, der so häufig in den Teehäusern ertönte, war nicht mehr die Einleitung zu einem freundschaftlichen Gespräch über geschäftliche

Dinge, für Ehrfurchtsbezeigungen einem Älteren gegenüber, für die Bitte um Gewährung einer Gunst oder für eine jener Grundstück- oder Warentransaktionen, wie sie gewöhnlich in einem Teehaus oder einem Restaurant vorgenommen werden, weil das Heim nicht der richtige Ort für solch weltliche Dinge ist; nein, dieser Ruf war jetzt eine Art Trompetensignal, auf das hin müßig umherschlendernde Männer plötzlich eine bestimmte Richtung einschlugen, kleine Gruppen zu größeren verschmolzen, während einzelne Personen stehenblieben, um den Debatten über die Fragen der Nationalisierung und das Eisenbahndarlehen zu lauschen. Dann lösten sich die Gruppen schweigend auf, und die Menschen wanderten weiter ins nächste Teehaus, um dort die Ausführungen eines anderen Mannes anzuhören.

Anfänglich hatte das alles den Anschein absoluter Ruhe – höchstens daß ein paar mehr Leute als sonst sich lässig, mit unbeteiligter Miene durch die Straßen treiben ließen, hier und da verweilten und eine Tasse Tee tranken. Aber auf einmal hatten die Gesichter der Menschen eine andere Farbe, und ein so absichtlich sanfter Ausdruck lag auf ihnen – wie eine Maske über einer Grimasse. Und für jeden, der das Volk von Szechuan kannte, waren die ungewöhnliche Ruhe dieser Menschengruppen, das Fehlen aller scherzhaften Bemerkungen und schlagfertigen Antworten, das Schweigen, das plötzlich eintrat, wenn Beamte in der Nähe waren, Vorboten eines aufziehenden Sturms.

Sogar meine Mutter, die das Haus nie anders als in einer Sänfte verließ, sprach jetzt über Eisenbahnen, als hätte sie schon einmal in einem Zug gesessen, und ihre Wasserpfeife gurgelte, wenn sie in ihrem Ärger tief inhalierte. Bereits am Tage meiner Ankunft, noch bevor die zeremonielle Begrüßung vorüber war, sagte sie zu mir: »Hast du von der Sache mit der Eisenbahn gehört? Dieser Sheng ist ein Schurke! Aber diese Kerle dürfen unsere Eisenbahn nicht verkaufen! Ich will selbst nach Peking gehen, um dagegen zu protestieren.« Sie zitterte vor Aufregung über diese Schmach, und ich machte mir Sorgen um ihre Gesundheit.

An den Gefühlen meiner Mutter erkannte ich am deutlichsten, daß tatsächlich ein Wandel eingetreten war, obgleich äußerlich alles so rückständig wirkte wie eh und je. Die Frauen veränderten sich. Es gab Familien, in denen die Töchter sich weigerten, ihre Füße einzubinden. In anderen wieder wollten die Mädchen nicht den Mann heiraten, den man für sie ausgesucht hatte; sie liefen fort, um zu studieren oder sich der Revolutionären Liga anzuschließen – Dinge, die im Grunde gleichbedeutend waren. In meiner eigenen Familie hatte eine jüngere Kusine erklärt, sie werde nie einen Mann heiraten, den sie nicht zuvor gesehen habe, und sie hatte verlangt, daß man ihr zumindest eine Fotografie vorlege. Alle diese Dinge galten als unerhört und skandalös, und die alten Leute sprachen von der Verderbnis der Jugend und zitierten die alten Moralvorschriften. Wenn jedoch das Thema der Eisenbahn auftauchte, waren alle einer Meinung. Die Eisenbahn mußte in unseren Händen bleiben, in den Händen der Szechuanesen, sie mußte als rein chinesisches Unternehmen betrieben werden. Keine vorgetäuschte Nationalisierung, keine ausländischen Anleihen!

Straßauf, straßab schwoll das Murren an, und es klang wie das Grollen eines fernen Gewitters. Ob im Teehaus oder im Bordell, in der Kaufmannsgilde oder in der Schule, morgens und abends und zur Nacht rings um die Eßbuden, überall ging das Gerede, wuchs und breitete sich aus. So wie im Frühling der Bienenstock dröhnt und anzuschwellen scheint, so erging es unserer Stadt Chengtu, so erging es ihrer Bevölkerung, die sich darauf vorbereitete, dem kommenden Gemetzel Widerstand zu leisten.

Jetzt wurden auch die einzelnen Punkte des abgeschlossenen Darlehensvertrags bekannt: zehn Millionen Pfund Sterling vom Konsortium und möglicherweise weitere zehn Millionen von den Japanern. Der Zinssatz betrug, wie es hieß, acht Prozent. Aber es gab da auch noch Geheimklauseln, und gerüchtweise verlautete, daß auch diesmal wieder ein Gebiet von zehn Meilen beiderseits der Eisenbahnlinie der Kontrolle der ausländischen Erbauer dieser Strecke unterstellt werden sollte, so wie es die Engländer bei den früheren Bauverträgen erzwungen hatten. Das bedeutete, daß die Ausländer das Vorzugsrecht auf sämtliche in dieser Zone anfallenden Bodenschätze erhalten sollten ... Aber es war unmöglich, in Chengtu den vollen Wortlaut des Vertrags zu erfahren. Die ganze Sache war ohne vorherige Befragung der neu organisierten Provinzversammlung – des Provinzialrats – durchgeführt worden und infolgedessen illegal. Entsprechend den Reformbestimmungen mußte der seit 1908 bestehende Provinzialrat in allen die Provinz betreffenden Angelegenheiten befragt werden, und die Szechuan-Hankow-Eisenbahn war zweifellos unsere eigene Angelegenheit. Acht Jahre lang hatten wir uns abgemüht, um das Geld dafür zusammenzubringen. Mehr als jede andere Provinz hatte Szechuan für seine Eiserne Straße geblutet. Geld, Geld. Wieviel wir bezahlt hatten, wird nie jemand erfahren; aber wir alle, von den Dirnen im Bordell bis zum ärmsten Bauer, wir alle hatten für dieses Geld geschuftet. Wie gewöhnlich hatte auch diesmal der arme, bereits im Elend versunkene Bauer von Szechuan mehrere Millionen Silberunzen beisteuern müssen: er hatte nicht nur die drei Prozent vom Landertrag bezahlt, sondern auch die Reissteuer und die Salzsteuer, die vier Kupfermünzen je Kattie betrug. Jahre um Jahre seines Lebens hatte er dafür geschwitzt. Und jetzt wollten sie uns die Eiserne Straße wegnehmen? Sogar den Sänftenträgern schwollen vor Zorn die Halsadern an, wenn sie riefen: »Unsere Eiserne Straße – an die Ausländer verkauft!«

Die Handwerker, die Bergleute und kleinen Händler, die Schiffer und die Bauern – alles Menschen, die nicht einmal hätten sagen können, wie eine Eisenbahn aussah – sie alle waren zornig.

Wir zurückgekehrten Studenten wußten besser Bescheid als die meisten. Wir hatten unsere Verbindungen zu den Zeitungsredaktionen und suchten die genauen Bedingungen des Konsortium-Darlehens in Erfahrung zu bringen; aber wie üblich gab es dabei auch einige Geheimklauseln. Es wurde erzählt, daß der amerikanische Unterstaatssekretär im Auswärtigen Amt gesagt habe: »Wir haben das alte Prinzip der Einflußsphären aufgegeben; das neue System ist das der Aufteilung unter die verschiedenen interessierten Nationen.« Und nun erfuhr man auch Einzelheiten über diese neue Aufteilung Chinas, die mit der Aufteilung der neuen Eisenbahnlinien ihren Anfang nehmen sollte. Die vier Großmächte waren übereingekommen, den einzelnen Mitgliedern des Konsortiums allein von unserer Eisenbahnlinie die folgenden Strecken mitsamt den Baurechten, den Betriebsrechten und allen anderen Rechten zuzusprechen:

England: 600 Kilometer,
Amerika: 600 Kilometer, davon 400 in Szechuan,
Frankreich: 600 Kilometer.

Der Rest sollte zwischen England und Deutschland aufgeteilt werden; England sollte außerdem noch einen sehr großen Anteil an der anderen Linie, der Strecke Kanton–Hankow, erhalten.

Jede Nation stellte für ihre Teilstrecke den Materialkäufer und den Chefingenieur, hatte das Recht, Posten zu verteilen, Personal einzustellen, die Finanzen und das Material selbständig zu verwalten und besaß außerdem eine Option auf sämtliche Bodenschätze innerhalb der Zehn-Meilen-Zone zu beiden Seiten der Strecke.

Eine weitere Vereinbarung, die eine Währungsreform und die industrielle Entwicklung betraf, war, wie wir hörten, in Vorbereitung. Die Eisenbahnanleihe wurde allerdings nicht zum Nennwert ausgegeben: die chinesische Regierung würde für jede gezeichnete Hundert-Dollar-Aktie nur neunzig Dollar erhalten.

Sämtliche Hauptstrecken würden von den Ausländern übernommen werden, gleichgültig ob sie bereits fertiggestellt, im Bau begriffen oder erst geplant waren. Obgleich die Szechuan-Eisenbahn ursprünglich als Weiterführung oder Nebenlinie gegolten hatte, wurde sie jetzt auf Wunsch der Engländer und Amerikaner als Hauptlinie angesehen.

Das Direktorium der Eisenbahngesellschaft von Szechuan berief nun eine außerordentliche Mitgliederversammlung in Chengtu ein, die als Protestaktion gedacht war und am 17. Juni stattfand. Das Direktorium hatte für seinen Protest nicht nur patriotische Gründe. Seit acht Jahren hatten diese Herren sich darauf gefreut, eines Tages viel Geld an diesem privaten Unternehmen, der Eisenbahn, zu verdienen, und sie hatten sich auch in der Zwischenzeit keinen Zwang auferlegt. Sie alle hatten sich, wie man bei uns sagt, »die Finger an den süßen kandierten Früchten klebrig gemacht« und Posten mit hochtönenden Titeln und noch höheren Einkünften untereinander verteilt. Minister Sheng nun, der um gewisse Veruntreuungen wußte und dem Protest des Direktoriums zuvorkommen wollte, hatte eine Rechenschaftslegung über die Finanzen der Gesellschaft gefordert und damit einen Antrag wiederholt, der bereits 1908 gestellt worden war. Eine solche Rechenschaftslegung aber war gar nicht möglich, da die Geldgeschäfte und sonstigen Manipulationen der Gesellschaft viel zu undurchsichtig waren.

Sheng, der selbst keineswegs eine reine Weste hatte, wollte jede Möglichkeit ausschalten, durch irgendein geschicktes Manöver der Korruption beschuldigt zu werden. Deshalb hatte er Tuan Fang, einen Chinesen, dessen Vorfahren vor drei Generationen Mandschu geworden waren, zum Direktor der Szechuan-Hankow- und der Hankow-Kanton-Eisenbahn ernannt. Tuan Fang war Vizekönig von Nanking gewesen und hatte seinerzeit als »modern« gegolten, da er 1905 mehrere europäische Länder bereist hatte, um die dortigen politischen Systeme zu studieren und eine demokratische Verfassung für China vorzubereiten. Bei den Ausländern war er sehr beliebt, denn er ließ seine Söhne im Ausland erziehen, war ein liebenswürdiger und gastfreier Mann, der ein gutes Leben zu schätzen wußte und für einen Mandschu (der er ja im Grunde gar nicht war) sehr fortschrittlich. Bei seiner Rückkehr aus Europa hatte er der Kaiserinwitwe Tze Hsi einen Elefanten zum Geschenk gemacht, der dann an Unterernährung einging. Zwei Jahre später hatte er bei den Beisetzungsfeierlichkeiten für Tze Hsi einigen Fotografen erlaubt, Aufnahmen von dem Trauerzug zu machen, und war daraufhin wegen Respektlosigkeit seines Postens enthoben worden. Jetzt holte Sheng ihn wieder aus der Versenkung hervor, weil er einen Mann brauchte, der es mit der aufgebrachten Kaufmanns-Gentry aufnahm.

Die Räume der Eisenbahngesellschaft in Chengtu befanden sich im Yueh-Gebäude auf der Yuehfu-Straße. Vor dem Haus stand wie ein Wandschirm eine breite, behauene Ziegelmauer, die bösen Geistern den Zutritt verwehren sollte. Es war ein sehr heißer Junitag, als ich von der Menge hier hineingeschwemmt wurde. Wie eine riesige Wasserwoge hatte das Volk sich durch die Straßen ergossen und war auf die Ziegelmauer zugeströmt, vor der die Woge sich teilte, um sich dahinter wieder zu vereinigen und sich durch den schmalen Eingang in den Hof zu pressen. Eine unbezwingliche, erbarmungslose Flut rollte da heran, fast lautlos. Dort, wo sonst nicht mehr als fünfzig oder hundert Aktionäre zusammenkamen, hatten sich an diesem Tag tausend eingefunden. Auch ich war von dieser Strömung mitgerissen worden, und während ich noch im Hof stand, konnte ich bereits die Klagelaute hören, die aus dem Versammlungsraum herausdrangen. Das Weinen von Männern, kläglicher als bei einer Beerdigung.

Mein Freund Lung Mingchien, ein Revolutionär und Mitglied einer Geheimgesellschaft, kam an mir vorbei und drängte nach vorn, indem er sagte: »Platz da, wir sind auch Aktionäre!«

Drinnen war es zum Ersticken heiß, aber niemand fächelte sich, alle Fächer steckten vergessen in den Kragen. Die Menschen standen da, drängten sich um die Plattform, auf der das Direktorium saß, und nun hörte ich noch deutlicher dieses Weinen, dessen Ursprung ich nicht ermitteln konnte. Hinter einem langen Tisch sah ich die Direktoren und einige Beamte, die vor Hitze und Angst zu zerfließen schienen. Und dann schrie jemand:

»Organisiert euch! Organisiert euch! Gründet eine Liga zur Rettung der Eisenbahn! Jeder muß Mitglied werden ... tragt euch ein ... tragt euch ein! ... Ein Gesuch ... nicht drängeln, nicht stoßen ... weint doch nicht so laut ... hierher ... tragt euch ein ... tragt euch ein!«

Lo Lun, ein Grundbesitzer, Mitglied des Provinzialrates und treuer Gefolgsmann der Monarchie, stand da und schrie wie die anderen, und ebenso Pu Peiying, ein Mann aus angesehener Familie und gleichfalls Mitglied des Provinzialrates. »Wir sind verkauft!« schrien sie. »Man hat uns verkauft, es ist aus mit der Provinz! Sie haben unser Szechuan an die Ausländer verkauft, es ist aus mit unserem Land ...«

»Verräter, Verräter!« ertönte es von einer anderen Seite. »Wir wollen nach Peking marschieren, jawohl, laßt uns marschieren ... wir fordern den Kopf des Verräters Sheng!«

Ich blickte mich um. Ich sah Handwerker, Studenten und Grundbesitzer, sogar zwei Mitglieder der Hanling-Akademie, siebzig und achtzig Jahre alt, mit strähnigen Bärten und wackligen Beinen, die, von ihren Schülern gestützt, auf die Plattform gehoben wurden und deren zitternde alte Stimmen in dem allgemeinen Lärm ungehört verhallten. Schließlich rief einer der revolutionären Studentenführer – es war entweder Lung Mingchien oder Wu Yuchang –: »Wir verlangen, daß der Vertrag mit dem Konsortium außer Kraft gesetzt und das Darlehen rückgängig gemacht wird. Wir wollen die Rechte auf unsere Eisenbahn zurückhaben! Das sind die Forderungen der Liga zur Rettung der Eisenbahn. Hiermit ist die Liga gegründet! Tragt euch ein!«

Plötzlich hatten wir eine Liga zur Rettung der Eisenbahn. Die Erregung war ungeheuer. Man bildete auf der Stelle ein Organisationskomitee und beschloß einen Protestmarsch, um dem Gouverneur von Chengtu die Forderungen der Liga zu überbringen. Da das Direktorium in vollem Staat mitmarschieren sollte, ließen sich die Direktoren und Ratsherren rasch in ihren Sänften nach Hause tragen, um ihre Staatsgewänder, Hüte und Schuhe zu holen. Sie sollten auf diese Weise den Provinzgouverneur formell von der Gründung einer Liga zur Rettung der Eisenbahn und ihrer Opposition gegen die Nationalisierung der Linie Szechuan–Hankow in Kenntnis setzen.

Um die Mittagsstunde wand die Prozession sich durch die Straßen. An der Spitze marschierten die alten Hanling-Akademiker, dann kamen die Mitglieder des Direktoriums, die verschiedenen Kaufmannsgilden, die Herren vom Provinzialrat, eine Anzahl von Grundbesitzern, einige junge Offiziere der Neuen Armee, mehrere Zeitungsschreiber, viele Schullehrer und sogar der Direktor der Akademie von Chengtu, an der mein Vater, dein Vater und dein Großvater studiert haben. Auch viele der unteren Beamten schlossen sich an; in ihren Staatsroben, mit den Rangabzeichen auf den Jacken, marschierten sie daher, wenn auch nicht in den ersten Reihen. Hinter ihnen kamen die kleinen Ladenbesitzer, Handwerker und Bootsführer, und vor und hinter unserer Prozession gingen einige von unseren neuen Polizisten, um dafür zu sorgen, daß alles ordnungsgemäß verlief. Wir hatten seit 1905 eine Polizei, und der Polizeichef, der allgemein »Chou der Kahlköpfige« genannt wurde, war ein sehr energischer Mann. Er stand im Grunde ganz auf unserer Seite, obgleich er es nicht zu zeigen wagte. Gewöhnlich spotteten wir über die Leute Chous des Kahlköpfigen, denn sie waren alle Opiumraucher und konnten nie einen Dieb erwischen. Statt dessen hatten sie mit den »Rittern der Dächer« (wie wir die Diebe nennen) ein Abkommen getroffen, nach dem gegen einen gewissen Geldbetrag, den zur einen Hälfte die Diebe, zur anderen die Polizisten einstrichen, bestimmte Häuser verschont blieben. Jetzt marschierten sie, denen ein solcher Aufzug großen Spaß machte, scherzend und lachend mit uns und schrien aus Leibeskräften: »Schützt unsere Eisenbahn! Rettet unser Land!«

Am folgenden Abend hielten mehrere aus Japan zurückgekehrte Studenten, unter ihnen Lung Mingchien und Wu Yuchang, eine Versammlung ab. Dabei wurden verschiedene Entschließungen gefaßt. Vor allem wollte man für die Liga zur Rettung der Eisenbahn Gelder sammeln und weitere Mitglieder gewinnen, um so die revolutionäre Bewegung voranzutreiben. Wir wußten, daß einige standhafte Monarchisten wie die Mitglieder des Provinzialrates Lo Lun und Pu Peiying, die Grundbesitzer und die reichen Kaufleute nur deshalb für unsere Rechte auf die Eisenbahn eintraten, weil sie in die Geldaffären der Eisenbahngesellschaft verwickelt waren. Sie dachten nur an ihren eigenen Profit und sträubten sich gegen eine offizielle Rechenschaftslegung. Später jedoch ließen sie sich von Sheng oder von Tuan Fang bestechen, so daß sie schließlich nachgaben. Wir aber hatten ganz andere Motive: wir wollten eine Revolution, um die Mandschu-Dynastie zu stürzen und der Ausbeutung unseres Landes durch die Ausländer ein Ende zu machen. Die meisten von uns, Studenten wie ich, hatten ziemlich unklare Vorstellungen, die sie aus der Französischen Revolution und den Taten Garibaldis bezogen. Sun Yatsens Revolutionäre Liga in Japan hatte sämtliche Nuancen des revolutionären Gedankenguts ineinander verschmolzen, aber nur wenige ihrer Mitglieder hatten ein klares Programm. Wie man eine Revolution macht, mußten wir lernen, indem wir sie machten. Und wir sollten auch Renegaten und Verräter unter uns haben, denn so ist es in jeder Revolution, und man kann nichts anderes erwarten. Viele beginnen den Aufstieg, aber nur wenige harren aus bis zum Gipfel; doch die Reihen füllen sich ständig auf, und aus der Masse des Volkes erstehen immer wieder neue Kämpfer. Wer eine Revolution macht, kann nicht stehenbleiben, um diejenigen zu zählen, die gefallen oder gestrauchelt sind oder die Sache verraten haben.

Da sämtliche Postämter dem Verkehrsminister Sheng unterstanden, war es uns von Anfang an fast unmöglich, Verbindung mit ähnlichen Protestbewegungen in anderen Provinzen aufzunehmen. Jedes Telegramm und jeder Brief wurde entweder zensiert oder überhaupt nicht befördert. Einige von uns erboten sich daher, einen regelrechten Kurierdienst zu organisieren. Diese Einrichtung funktionierte gut; allerdings starb manch einer unserer Kuriere in diesem heißen Revolutionssommer an Erschöpfungszuständen, Malaria oder Typhus. Andere wieder erhielten den Auftrag, Waffen zu besorgen oder Methoden zu ersinnen, um Waffen und Munition in die Städte einzuschmuggeln. Wieder andere, wie zum Beispiel Lung und ein zurückgekehrter Student namens Wang, gingen in andere Städte, um dort Untergruppen der Liga zu begründen und sich mit den Kelao-Brüdern im Hinblick auf die Organisation von bewaffneten Aufständen und Morden an Beamten zu beraten. Da die revolutionäre Bewegung illegal war und jeder, der dabei ertappt wurde, seinen Kopf verlor, blieben uns nur zwei Möglichkeiten: ein geheimes Bündnis mit den Kelao und die Bildung revolutionärer Geheimzellen innerhalb der Neuen Armee. Im Verlauf der Unruhen in Szechuan wurden beide Methoden angewandt, doch zunächst kamen wir an die Hauptbataillone der Neuen Armee nicht heran. Sie befanden sich in der Grenzgarnison Tatsienlu, da gerüchtweise verlautete, daß die Briten einen neuen Einfall in Tibet planten.

Dein Dritter Onkel war damals Offiziersanwärter in der Neuen Armee; er kann dir erzählen, wie damals unter den jungen Offizieren in den Militärakademien die Zellen organisiert wurden. Die meisten dieser Offiziere stammten aus begüterten Familien, die Eisenbahnaktien gekauft hatten, so daß sie in ihrem innersten Herzen durchaus auf unserer Seite standen. Während der Monate Juni und Juli wurden sie dann sehr aktiv. Wir wurden über alles, was anderweitig vor sich ging, durch die Kuriere unterrichtet.

Auch in den Provinzen Hunan, Hupeh und Kuangtung, durch welche die beiden Eisenbahnstrecken ebenfalls verlaufen sollten, herrschte große Aufregung. In Peking wurde Minister Sheng durch den Mandschuprinzen Tsai Tse, einen Onkel des Kaisers, gestützt. Mit vier aufständischen Provinzen konnte man es nicht aufnehmen, und vielleicht hätten die Mandschu auch teilweise nachgegeben, wenn die Vertreter der ausländischen Interessengruppen ihnen nicht so zugesetzt hätten. Alle Konsuln waren überzeugt, daß nichts geschehen werde. »Ein Sturm im Wasserglas«, erklärten sie. Was das Volk wirklich fühlte und wie tief sein Gefühl war, das ahnten die Fremden nicht. Und so beruhigte der Hof sich wieder.

Um die Protestabordnungen der Provinzen, die nach Peking gekommen waren, friedlich zu stimmen, veranstaltete Tuan Fang im Garten der Drei Prinzen, dem späteren Zoo, eine Versammlung unter dem Motto: »Wie können wir unser Land durch Anleihen retten?« Seine Beweisführung war von genialer Einfachheit: »Das beste Mittel, um die Europäer günstig zu stimmen, ist, Geld von ihnen zu erbitten und ihnen dafür irgend etwas zu verpfänden. Sie haben zuviel Geld und zuwenig von allen anderen Dingen.« Die Versammlung endete mit einem schweren Tumult. Die Abgeordneten ließen sich nicht beschwatzen, sondern begannen die gekauften Sprecher mit Steinen zu bombardieren und als Verräter zu beschimpfen.

Nun erhielt Tuan Fang, der neuernannte Eisenbahndirektor, von Sheng den Auftrag, mit jeder der unzufriedenen Provinzial-Eisenbahngesellschaften getrennt zu verhandeln. Kuangtung galt als die schwierigste Provinz. Vor den Kantonesen hatten alle Angst, weil sie so wild und rebellisch waren und so vielfältige Verbindungen mit den Überseechinesen hatten. Die letzteren aber waren entschiedene Anhänger Sun Yatsens und hatten erst vor wenigen Monaten zweihunderttausend Dollar zur Finanzierung eines Aufstands gesammelt. Die Überseechinesen besaßen auch viele Eisenbahnaktien, doch die Strecke durch die Provinz Kuangtung war im Jahre 1910 fertiggestellt worden, und bis Hankow fehlten nur noch die Strecken, die durch die Provinzen Hunan und Hupeh verlaufen sollten. Um die Überseechinesen nicht noch mehr gegen den Hof aufzubringen, machte Tuan Fang daher das Angebot, den Aktionären ihre privaten Anteile an der Strecke Hankow–Kanton zum Marktwert abzukaufen; da die Aktien gestiegen waren, würden die Aktionäre dabei einen guten Schnitt machen. »Es war stets ein Fehler unserer Kaufleute, daß sie gern einen Vorteil auf lange Sicht für einen raschen Profit opferten«, schrieb er. Aber die Aktionäre veranstalteten einen Run auf die Bank, um ihr Geld in Silbermünzen abzuheben. Der Gouverneur gab Befehl, sie zu verhaften, und viele von ihnen flohen nach Hongkong. Auch die kantonesischen Studenten in San Francisco und Japan erhoben ein empörtes Geschrei, aber sie waren weit weg, so daß ihre Stimmen ungehört verhallten.

In Hunan war die Opposition ebenfalls sehr heftig. Hier versuchte Tuan Fang es mit einer anderen Methode. Das Volk von Hunan verweigerte dem amerikanischen Ingenieur Barclay, der die Vorarbeiten für den Eisenbahnbau überwachen sollte, die Einreise in die Provinz. In der Neuen Armee und auch in den Arsenalen stammten viele junge Offiziere und Mannschaftsmitglieder aus Hunan. In den Jahren 1909 und 1910 war es zu großen Flutkatastrophen gekommen, von denen eine Million Bauern in Hunan betroffen wurden, und daher war die Möglichkeit einer Revolte dort immer gegeben. Die Eisenbahnaktien für die Strecke in Hunan jedoch waren vornehmlich in den Händen von Kaufleuten und anderen Stadtbewohnern. Tuan Fang beschloß, die gewöhnlichen kleinen Anteile zum Kaufpreis zurückzukaufen, während er die größeren Anteile, die sich im Besitz der wichtigeren Aktionäre, der Kaufleute, befanden, zum Nennwert gegen nationale Eisenbahnaktien umtauschen und beginnend mit dem Tage, an dem sie den Besitzer wechselten, Zinsen dafür zahlen wollte. Der Gouverneur von Hunan forderte Truppen an, die auch hinbeordert wurden, so daß die Möglichkeit eines Aufstandes fürs erste ausgeschaltet wurde.

In der Provinz Hupeh waren nur wenig Beiträge für den Eisenbahnbau eingekommen, da die dortigen Kaufleute nicht so erpicht auf eine Eisenbahn waren wie die von Szechuan. Hupeh war zentral gelegen; der Große Fluß, der hier breit und glatt dahinströmte, durchquerte die Provinz in horizontaler Richtung und bot vorzügliche Transportmöglichkeiten. Außerdem war die Eisenbahnstrecke Peking–Hankow bereits von den Ausländern fertiggestellt worden. Shanghai war nahe und damit auch die ausländischen Industrien, in denen man sein Kapital investieren konnte. Doch während die Reichen noch zögerten, veranstalteten die kleineren Aktionäre in allen drei Teilen der Dreierstadt Versammlungen und schickten Protestabordnungen nach Peking. Die Bewegung wurde unterdrückt, da in Wuchang größere Einheiten der Neuen Armee lagen. In Hankow wiederum gab es ausländische Konzessionen und Truppen, Fabriken und Geschäfte. Hier hatten die britisch-amerikanische Tabakgesellschaft und die Japaner Zigaretten- und Textilfabriken eingerichtet, und alles chinesische Kapital war in der Form von sogenannten »Käufer«- oder Maklerinvestitionen in ausländischen Unternehmen untergebracht. Viele der Eisenbahnaktien waren zudem einzelne oder »offizielle« Aktien, das heißt, sie waren in den Händen von Beamten, die man gezwungen hatte, sie durch »freiwillige Beiträge« (also praktisch durch Gehaltsabzüge) zu erwerben, und diese Leute waren heilfroh, wenn sie jetzt ihr Geld ohne Verlust zurückbekommen konnten. Die Bevölkerung von Hupeh war bereits daran gewöhnt, nationale Anteile der Peking-Hankow-Eisenbahn zu besitzen, da die chinesische Regierung diese Strecke ja 1908 zurückgekauft hatte. Hier verkündeten die Mandschu, aus den schönen Plänen werde nie etwas werden, wenn nicht die Ausländer die Strecken bauten. Die bisherige Untüchtigkeit der privaten Eisenbahngesellschaften schien ein Beweis für die Richtigkeit dieser These zu sein, so daß die Regierungspropaganda eine gewisse Wirkung hatte. Trotzdem schwelte unter der verhältnismäßig ruhigen Oberfläche die Unzufriedenheit.

Somit hatten Sheng, Tsai Tse und Tuan Fang es vor allem mit der Provinz Szechuan, der unbotmäßigsten von allen, zu tun.

Unsere Kuriere brachten uns Nachrichten aus Peking. »Überlaßt das nur mir«, hatte Tuan Fang gesagt. »Diese Szechuanesen sind als Schwätzer bekannt. Sie werden das Maul aufreißen, aber sonst werden sie sich nicht rühren. Nichts als szechuanesische Ratten, die nie aus ihrer Provinz herausgekommen sind! Hochnäsiges Pack, das auf die anderen herabsehen will – und dabei sind sie selbst nur rückständige Halbwilde. Gib ihnen eins mit der Peitsche, und sie liegen auf dem Bauch.« Den Beinamen »Ratten« führten wir in ganz China, da alle Städte in Szechuan von diesen gefräßigen Nagern wimmelten.

Keiner glaubte im Ernst, daß das Volk von Szechuan bereit sein würde, für seine Eisenbahn zu kämpfen. Die Minister machten sich nicht klar, daß ihnen hier nicht nur die besitzende Klasse der Kaufleute und Grundbesitzer, sondern sämtliche Schichten der Bevölkerung gegenüberstanden. Zugegeben, die Eisenbahngesellschaft von Szechuan hatte nichts geleistet, und es waren auch Gelder veruntreut worden; aber der Mann, der bei dem Bankkrach in Shanghai die drei Millionen Silberunzen verloren hatte, war ein von Sheng eingesetzter Regierungsangestellter gewesen und nicht ein Kaufmann aus Chengtu.

Schließlich war die Gentry auch deshalb zum Widerstand entschlossen, weil zwar von einer Rechenschaftsdarlegung die Rede gewesen war, aber kein Wort darüber verlautete, daß die Aktionäre eine Entschädigung erhalten sollten oder die bereits geleistete Arbeit vergütet werden würde.

»Die nehmen uns nicht nur unsere Eisenbahnrechte weg, sondern wollen uns auch noch das Geld stehlen, das wir gesammelt haben.«

»Sie nehmen uns Szechuanesen nicht ernst, weil sie während der letzten drei Jahre keine Schwierigkeiten mit uns hatten. Die sollen sich vorsehen! Denen werden wir's zeigen! Mal sehen, was sie sagen werden, wenn sie uns erst mal richtig kennengelernt haben!«

In jedem Teehaus, jedem Restaurant und jedem Barbierladen wurden Drohungen gegen den »Verräter Sheng« laut.

Szechuanesische Abgeordnete, die man nach Peking geschickt hatte, mußten vor der Bittstellerhalle warten und sich beschimpfen lassen. In Chengtu wurden unterdessen weitere Versammlungen abgehalten. Und auf den Telegrafenbüros standen Tag für Tag die Menschen und fragten: »Neues aus Peking?«

Die Liga zur Rettung der Eisenbahn breitete sich aus und hatte bald Zweigstellen in jeder größeren Stadt. Studenten verfaßten Schmähschriften und hielten öffentliche Ansprachen. Ein Schauspieler namens Yang Sulan verkaufte sein Land und stiftete den Erlös dafür der Liga. Ein anderer Mann namens Kuo ertränkte sich in dem Brunnen seiner Familie und hinterließ einen Brief, in dem er den Verräter Sheng mit seinem Fluch belegte.

Ein Sprung in einen Brunnen galt damals als die beste Form des Selbstmordes. Ein Brunnen war sauber, und man wurde durch einen solchen Tod zu einem Wassergeist, während ein Mann, der sich erhängte, zu einem traurigen, rachsüchtigen Geist wurde. Außerdem gab es in Chengtu viele Brunnen, fast jedes Haus besaß einen.

»Ich hoffe«, hatte Kuo in seinem Testament geschrieben, »daß die Liga sich nicht als ein Drachenkopf mit einem Wurmkörper erweist. Möge mein Tod ihr Kraft verleihen.«

Diese klassische Geste des Lieber-tot-als-entehrt rief in der ganzen Stadt eine ungeheure Erregung hervor. Die Teehausaufwärter organisierten eigene Protestgruppen, Zeitungen zitierten die großen Männer der früheren Epochen, und sogar die Dirnen im Blumenviertel schrieben Verse, in denen sie Sheng verdammten und ihre Kunden aufforderten, einen heldenhaften Geist zu beweisen. Und selbst vor den Pfandhäusern prangten Transparente mit der Inschrift »Achtung vor unserer Eisenbahn!«

Der Sommer wurde heißer. Die Schulen schlossen, und die Studenten gingen zurück in ihre Heimatdörfer. Dort setzten sie ihre Agitationstätigkeit fort, so daß binnen kurzer Zeit in allen Teilen der Provinz kleine Untergruppen der Liga bestanden. Immer neue Versammlungen wurden abgehalten. Tausende von Protestbriefen wurden geschrieben. Dreizehnjährige Mädchen erklärten, sie wollten nach Peking marschieren, und Kinder verzichteten auf ihre Süßigkeiten, um Geld für die Liga stiften zu können. Die Menschen schrieben mit dem Blut aus Wunden, die sie sich selbst zugefügt hatten, und sogar ein kanadischer Missionar gab seiner Sympathie mit unserer Sache Ausdruck – ein Dr. Kilborn, derselbe Mann, der dreizehn Jahre zuvor gegen den britischen Konsul protestiert hatte, weil dieser sich eines Missionars als Strohmann hatte bedienen wollen, um im Gebiet von Chengtu Land aufzukaufen.

Da Telegramme der Liga zur Rettung der Eisenbahn nicht übermittelt wurden, schickten wir Abgeordnete mit einer mündlichen Botschaft in die anderen Provinzen: »Wisset, daß unser Kampf ein Kampf für die Rechte des Volkes, ein Kampf gegen Unterdrückung und Tyrannei ist. Wenn wir, das Volk von Szechuan, geschlagen werden und die Tyrannen die Herrschaft erringen und das Land besudeln – glaubt ihr etwa, daß dann nur wir allein darunter zu leiden haben?« Ferner wurde ein Rundschreiben ähnlichen Inhalts, das die Unterschriften von Lo Lun, Pu Peiying sowie vieler anderer Kaufleute, Grundbesitzer, Beamter und Provinzialräte trug, an die Provinzialräte der anderen Provinzen gerichtet, denen ebenfalls die Nationalisierung ihrer Eisenbahn drohte. Wir schickten noch weitere Abgeordnete nach Peking, die sich mit der dortigen szechuanesischen Studentenvereinigung in Verbindung setzen, bei der Beamtenschaft gegen das Darlehen des Konsortiums Stimmung machen und dem Regenten erklären sollten (der spätere Kaiser Puyi war damals erst fünf Jahre alt), daß die Liga zur Rettung der Eisenbahn keine Rebellion beabsichtige und keine antidynastischen Ziele verfolge, sondern sich lediglich gegen Shengs Pläne wende, die als verbrecherisch bezeichnet wurden. Denn es bestand die Gefahr, daß der argwöhnische Hof in jeder Bewegung sofort eine Rebellion erblickte. War aber Szechuan erst einmal zu einem »Rebellennest« erklärt, würde unweigerlich ein Blutbad folgen. In Kuangtung waren, wie es hieß, zur Strafe für eine Erhebung im Jahre 1893 einhunderttausend Menschen hingerichtet worden, und seitdem waren Jahr für Jahr bei der Unterdrückung der überall aufflackernden Revolten Ströme von Blut geflossen.

Aber Sheng brachte es fertig, die szechuanesischen Beamten bei Hofe zu bestechen, und auch der Leiter der Verwaltungsstelle in Ichang ließ sich schließlich von ihm kaufen. Er befand sich ohnehin in einer äußerst schwierigen Situation, da er hunderttausend Arbeiter und eine Anzahl Ingenieure beim Streckenbau eingesetzt hatte und hinsichtlich der Materiallieferungen von Shanghai abhängig war, während er seine Gelder aus Chengtu erhielt. Anfänglich hatte er sich einer Nationalisierung widersetzt. Aber Tuan Fang hatte ihm telegrafiert, die Strecke Ichang werde zwar nunmehr von amerikanischen Ingenieuren gebaut werden, aber er, Li, werde seinen Posten als Verwalter behalten und auch sein bisheriges Gehalt weiterbeziehen, die Arbeiter würden weiterhin beschäftigt, die Lieferungen aus Shanghai würden künftig rascher eintreffen, und jede Veruntreuung von Geldern werde nunmehr aufhören. Tuan deutete die Möglichkeit an, daß Li sogar zum stellvertretenden Inspektor der gesamten Eisenbahnlinie ernannt werden könne. Diese Bestechung tat ihre Wirkung: Li sprach sich offen für die Nationalisierung aus. Als die Mitglieder des Direktoriums von Lis Abfall hörten, gerieten sie außer sich und drohten, sie würden die Gräber seiner Ahnen öffnen und ihre Knochen umherstreuen. Doch dann geschah nichts dergleichen.

Ende Juni sah es so aus, als seien die Verfechter unserer Sache in Szechuan völlig isoliert. Die ganze Provinz war von der Außenwelt abgeschnitten. Keine Telegramme oder Botschaften – offizielle wie private –, die irgendwie mit der Eisenbahnangelegenheit zusammenhingen, wurden befördert, und kein Mensch außerhalb von Szechuan erfuhr, was hier vor sich ging. Wären nicht die Kelao-Brüder und die Studenten mit ihrem Kurierdienst gewesen, so hätten sich die Methoden der Regierung voll ausgewirkt.

Sheng selbst begann jetzt etwas unruhig zu werden. Vielleicht hätte er nachgegeben, wenn nicht wiederum die ausländischen Diplomaten seine Befürchtungen mit einem Achselzucken abgetan und auf die Erfüllung des Vertrags gedrängt hätten. Sheng hatte Angst, daß irgendwelche Abgeordneten der Provinz Szechuan bis zum Regenten vordringen könnten. Da dieser ohnehin über Sheng die Nase rümpfte, ihn einen »imitierten Ausländer« nannte und als Erzkonservativer eigentlich überhaupt keine Eisenbahnen in China haben wollte, hätte der ganze Vertrag dadurch gefährdet werden können. Darum entschloß er sich jetzt, Gewalt anzuwenden, und erteilte Chao Erfeng den Befehl, nach Chengtu zu gehen und »strenge Maßnahmen« zu ergreifen. Tuan Fang begab sich unterdessen in die Dreierstadt, um dort einige Bataillone der Neuen Armee zur Verstärkung der Garnison in Ichang für den Fall bereitzustellen, daß die Unruhen sich über die Grenzen von Szechuan hinaus ausbreiten sollten.

Chao Erfeng, damals Vizekönig von Szechuan und Sikang, galt zu jenem Zeitpunkt als der mächtigste Mann Chinas. Die Engländer hatten ihn als ihren gefährlichsten Feind kennengelernt, als er seine Funktionen als Grenzverteidiger bis an die Grenzen der Kolonie Britisch-Indien ausdehnte. Dein Dritter Onkel diente unter Chao Erfeng an der tibetanischen Grenze, als dieser, nachdem Sir Francis Edward Younghusband 1904 in Tibet eingedrungen war, allen weiteren Übergriffen der Engländer für sechs Jahre ein Ende machte, indem er überall Truppen stationierte und auch nach Lhasa ging, wo er sowohl den Engländern wie den Russen alle Einflußmöglichkeiten abschnitt. Die Engländer hatten Chao auch in Verdacht, daß er die Gebirgsstämme gegen sie ausgewiegelt habe. Das ganze Gebiet, das die Engländer erst 1895 annektiert und ihrer Kolonie Indien einverleibt hatten (obgleich seine Bewohner einer völlig anderen Rasse angehörten), war ein Unruheherd und seine Einwohner, die Naga, in ständigem Aufruhr begriffen – ein Zustand, der bis zum heutigen Tag andauert. Chao hatte sein Hauptquartier in Tatsienlu, einer wichtigen Garnisonsstadt, welche die Pässe zwischen Szechuan und Tibet beherrscht. Von hier aus setzte er im Juli 1911, als er zur Befriedung von Chengtu aufgerufen wurde, einige Truppenkontingente einschließlich eines Bataillons der Neuen Armee in Richtung auf unsere Stadt in Bewegung.

Die Astrologen in Chengtu prophezeiten ein Massaker: »Das

ist das Jahr Hsin Hai, das Jahr des Schweins. Das Schwein muß unter dem Messer des Metzgers bluten. Chao Erfeng, der Metzger, kommt nach Chengtu. Hütet euch, denn das Licht des Metzgers leuchtet in seinen Augen!«

Im Juli herrschte eine grauenhaft schwüle Hitze, die auch während der Nachtstunden nicht nachließ. Ich hatte ständig das Gefühl, als sei mein ganzer Körper in Schweiß gebadet. Aber auch die innere Glut wuchs, und heute erinnere ich mich an nichts mehr als an diese ungeheure Erregung, die uns ganz und gar ausfüllte und uns gefühllos machte gegen alles andere: gegen Unbequemlichkeiten, Familienbande und sogar gegen Hunger und Durst. Jeden Tag fanden Versammlungen statt, jeden Tag wurden Reden gehalten, und daneben gab es noch die Geheimzusammenkünfte zur Nachtzeit.

»Sobald ich sie schlage, werden sie vor mir im Staube liegen«, sollte Chao Erfeng gesagt haben. »Erinnert euch an Chuko Liang aus den Tagen der Drei Reiche. Er verfuhr hart mit den Szechuanesen, und sie verehren ihn noch heute und tragen zum Zeichen der Trauer um ihn noch immer weiße Hanfbänder um die Stirn. Das sind die Menschen von Szechuan. Ich kenne sie. Sie gehorchen nur, wenn man sie schlägt; Milde verachten sie, aber vor Strenge fürchten sie sich. Anschreien und schlagen muß man sie, das ist das einzige Mittel, um die Szechuanesen zum Gehorsam zu bringen. Sogar Chang, der Gelbe Tiger, mußte 1640 feststellen, daß sie schwierig, undankbar und streitsüchtig sind; kein Wunder darum, daß er versuchte, sie auszurotten.« Chao hatte in den Jahren 1903 und 1904 Aufstände in Nordszechuan gewaltsam unterdrückt und glaubte daher, die Bevölkerung unserer Provinz zu kennen.

»Das Licht des Blutbads leuchtet in Chaos Auge«, warnten die Astrologen.

Als die Mitglieder des Provinzialrates, die Chao am Tage seiner Ankunft bewillkommneten, ihn darauf hinwiesen, daß der Geist des Volkes aufgerüttelt sei, schrie er sie an: »Geist des Volkes? Was ist das, der Geist des Volkes? Wieviel kostet das Pfund Geist? In Szechuan gibt es so etwas nicht. Sagt mir doch, hatten etwa die Rebellen, die ich 1898, 1904 und 1907 hinrichten ließ, irgendwelchen Geist? Das sind nur diese Studenten aus Japan, die Unruhe stiften.«

Ich habe Chao Erfeng zweimal gesehen. Das erste Mal, als er ankam und an den Toren der Stadt von der Beamtenschaft ehrfurchtsvoll begrüßt wurde. Er stieg aus der großen, von acht Männern getragenen Sänfte, vor ihm eine berittene Ehrengarde mit federgeschmückten Hüten, gestickten Stiefeln und schimmernden Mänteln, deren hufförmige Aufschläge ihnen bis über die Hände fielen. Das Zaumzeug der Pferde war mit Quasten verziert. Hinter Chaos Sänfte sah man wiederum eine berittene Garde und einen Trupp kräftiger, gut bewaffneter Soldaten. Das war etwas anderes als unsere Zwei-Flinten-Miliz, die wir im Scherz so nannten, weil ihre Mitglieder keine Waffen, sondern statt dessen Fächer und Opiumpfeife bei sich trugen. Chao war ein schwerer, etwas dicklicher Mann mit einem viereckigen, vollkommen reglosen, ein wenig pockennarbigen Gesicht. Er hatte langsame Bewegungen und war sich seiner Macht sichtlich bewußt. Man erzählte von ihm, er sei homosexuell; aber wenn es zum Kampf ging, schonte er auch seine Lieblinge nicht, und wenn sie eine Schlacht verloren, ließ er sie hinrichten. Zum Zeichen seines hohen militärischen Rangs war auf seiner Jacke vorn und hinten ein Greif eingestickt, und auf seinem Hut trug er einen Rubin. In seiner linken Hand hielt er zwei schön geschnitzte Walnüsse aus Jade, die er ununterbrochen hin und her rollte. Seine Scharfrichter waren berühmt für die Schnelligkeit, mit der sie arbeiteten.

Am 11. Juli wurde wieder eine Aktionärsversammlung einberufen, zu der auch Chao Erfeng erschien. Pu Peiying, der bei dieser Gelegenheit im Namen der Eisenbahngesellschaft sprach, erklärte Chao, daß gemäß dem Wortlaut der Verfassung nicht über das Privateigentum einer Gesellschaft verfügt werden könne, es sei denn, man habe zuvor in einer Generalversammlung die Zustimmung aller Aktionäre eingeholt. Die Edikte über die Anleihe und die Nationalisierung der Eisenbahnen jedoch hätten der Nationalversammlung nicht zur Beratung vorgelegen und seien daher illegal.

Chao geriet in höchsten Zorn und las ein Telegramm von

Tuan Fang vor, in dem den Rebellen in Szechuan die strengsten Strafen angedroht wurden.

Die Versammlung ließ sich jedoch durch diese Botschaft nicht einschüchtern, sondern wurde nur um so wütender. Im Saal, im Hof und auf der Straße begannen Tausende zu johlen und zu schreien, worauf Chao Erfeng sich merklich verstört zurückzog.

Die Liga zur Rettung der Eisenbahn verlangte ein Versprechen, daß die von der Eisenbahngesellschaft zusammengebrachten und auf den Banken von Shanghai, Ichang und anderen Städten deponierten Gelder im Besitz der Gesellschaft zu bleiben hätten und nicht willkürlich vom Verkehrsministerium übernommen werden dürften. Am 15. Juli jedoch ließ Chao Erfeng verkünden, daß Li, der Verwalter von Ichang, eingewilligt habe, daß die Gelder der Verkehrsbank zur Fortsetzung der Arbeiten verwendet werden könnten. Das war ein erster Schritt zur Beschlagnahme des Vermögens der Gesellschaft.

In aller Eile berief man eine neue Versammlung ein, zu der auch Chao eingeladen wurde. Er erschien jedoch nicht, obgleich die Aktionäre, ohne zu essen, den ganzen Tag über bis zum Abend auf ihn warteten.

Jetzt nahm die allgemeine Unruhe überhand. In jeder Straße standen Mitglieder der Rettungsliga und hielten Ansprachen. Alle Berufszweige hatten inzwischen ihre eigenen Gruppen: die Kaufleute, die Handwerker, die Gemüsehändler, die Laternenmacher, die Silberschmiede, die Seidensticker und die Dungsammler. Sogar die Bettler, die Tauben, die Stummen und die Krüppel hatten ihre Delegierten bei der Liga, und ebenso die Musikanten und die Aufwärter in den Teehäusern und Restaurants. In allen Schulen und Akademien, in sämtlichen Instituten des Alten und des Neuen Lernens hatten sich solche Gruppen gebildet. Und nun rief die Liga zum Generalstreik auf.

»Alle Wasser des Himmelsflusses *(der Himmelsfluß = die Milchstraße)* können unser Feuer nicht löschen«, lautete der Kriegsruf der Liga.

Als ich an jenem Nachmittag ausging, hörte ich das Zuklappen der hölzernen Läden vor den Geschäften. Die Menschen blieben stehen und sahen wortlos zu, und mir schien, als hielten selbst die Kinder in ihren Spielen inne. Und doch war es noch nicht dunkel; die Papageien in ihren Käfigen hingen noch an ihren Wassernäpfen, und die Katzen lagen noch in der Sonne und wärmten sich.

Auf das Geheiß der Rettungsliga setzten sogar die Sänftenträger ihre Sänften nieder. »Um sich so rasch Gehorsam zu schaffen, muß die Liga die Unterstützung der Bruderschaft, der Kelao, gehabt haben«, berichteten die Beamten an Chao. Dieser versuchte daraufhin, die Kelao auf seine Seite zu bringen; doch dieser Versuch mißlang.

Studenten gingen umher und forderten die Geschäftsleute auf, ihre Läden zu schließen. Neben jedem Studenten aber schritt ein Bruder der Robe, und bei seinem Anblick legten die Handwerker ihre Werkzeuge hin, und die Sänftenträger setzten ihre Sänften ab. Binnen zwei Stunden waren sämtliche Betriebe in der Stadt geschlossen, sogar die Bordelle und die Opiumhöhlen. Nur in den kleinen Sträßchen vor den Mauern der Stadt, wo man Vögel in Käfigen verkaufte, wurden die Vögel noch gefüttert.

All das ging ruhig und diszipliniert vor sich. Nirgends ertönten laute Stimmen, nirgends rotteten sich Menschen zusammen; denn Chao hatte gedroht, beim leisesten Zeichen der Unordnung »die Köpfe von den Körpern zu trennen«. Der Generalstreik betraf auch die Schulen und die Märkte. Nur die Polizisten taten weiterhin ihren Dienst; aber sie konnten nichts unternehmen, damit die Geschäfte wieder aufgemacht wurden. An diesem Abend blieben auch die Theater und Teehäuser geschlossen.

Nun, da die Bewegung sich ausbreitete, bekamen die reichen Kaufleute, die Direktoren und Ratsmitglieder Angst, der brausende Strom der Revolte könne sie in einem viel schnelleren Tempo, als ihnen lieb war, mit sich reißen. Der Streik war als »Trauer um unseren verstorbenen Kaiser« angekündigt, und diese Worte standen auch auf den breiten Stoffstreifen, die über die Fronten der geschlossenen Läden gespannt waren.

Eine loyale Trauer um den verstorbenen Kaiser aber ließ sich nicht als Vorwand verwenden, um unter der Bevölkerung ein Blutbad anzurichten. Der Kaiser, auf den sich die Worte bezogen, war natürlich Kuanghsu, in dessen Namen den Kaufleuten von Szechuan im Jahre 1903 das Recht auf ihre eigene Eisenbahn garantiert worden war, und die Trauer um ihn war indirekt eine Trauer um die Verletzung dieser Rechte.

Jetzt veröffentlichten die ängstlichen Mitglieder des Direktoriums ein Rundschreiben, in dem sie darauf hinwiesen, daß die ganze Angelegenheit auf legale Weise bereinigt werden müsse. Die Eisenbahn könne, wie sie erklärten, vorläufig im Privatbesitz bleiben, während die Frage der Anleihe im Nationalrat geklärt und dann den Provinzialräten vorgelegt werden solle. Das war ein Zurückzieher, und das Wort »vorläufig« wirkte höchst verdächtig. Das Rundschreiben endete mit den Worten: »Sollte der Rat beschließen, daß die Nationalisierung legal ist, werden wir uns, wie es die Verfassung vorschreibt, einem solchen Beschluß unbedingt fügen, selbst wenn die Aktionäre dabei einen Verlust in Kauf nehmen müssen.«

Der Geist der Ergebung, der aus diesen Sätzen sprach, war das Werk einer kleinen Gruppe innerhalb des Direktoriums, die von Wang Wenping und Chou Shanpei angeführt wurde. Chao Erfeng lobte den Inhalt des Rundschreibens und erklärte sich damit einverstanden. Nun aber, so sagte er den Direktoren, müßten sie die Liga zur Rettung der Eisenbahn auflösen und nach einer friedlichen Lösung der Streitfrage suchen.

»Diese Liga braucht ihr doch gar nicht. Wer ist da schon drin als diese aufsässigen Rowdies, die Studenten aus Japan?«

Einige Direktoren stimmten ihm zu. »Ja, wir wollen in Ruhe die gesetzliche Entscheidung abwarten.«

Eine neue Versammlung wurde einberufen, in der über den Erfolg dieser friedlichen Aktion berichtet werden sollte. Wieder war es ein sehr heißer Tag, ein »Herbsttigertag«, wieder wogte die Menge unruhig hin und her. Aber man spürte, daß die Einigkeit vom Juni nicht mehr vorhanden war. Es gab jetzt zwei Gruppen. Die »Gemäßigten«, die vor Gewalttaten zurückschreckten, forderten das Volk auf, die Eisenbahn zum Besten des Landes zu opfern. Sie berichteten, daß Chao die

Szechuanesen wegen ihrer unbedingten Zurückhaltung, ihrer Disziplin und ihres Respekts vor der Verfassung gelobt habe, und stellten die Tatsache, daß Chao der Vorlage einer neu gefaßten Bittschrift in Peking zugestimmt hatte, als einen großen Sieg hin. Die zweite Gruppe, die nunmehr als die der »Extremisten« bezeichnet wurde, bestand aus uns, den zurückgekehrten Studenten und anderen Revolutionären. Wir betrachteten die Vorschläge der »Gemäßigten« als eine schmähliche Kapitulation und wollten keinen Schritt zurückweichen.

Chou Shanpei sagte den Versammelten, daß Chao sich für den Erfolg der neuen Petition verbürgt und erklärt habe, er werde andernfalls von seinem Posten als Vizekönig zurücktreten.

»Natürlich müssen wir weiterkämpfen; aber nun kommt es darauf an, den richtigen Weg zu wählen – einen friedlichen und legalen Weg. Mit Gewalt erreichen wir nichts. Das wäre so, als wollten wir versuchen, den Mond aus dem Wasser zu heben. Laßt uns den Streik abbrechen und unsere Märkte, Läden und Schulen wieder öffnen.«

Kaum hatte Chou Shanpei ausgesprochen, als sich ein wildes Johlen und Schreien erhob. Niemand glaubte an Chao Erfengs Versprechungen.

»Wir machen nicht auf, bevor wir unsere Rechte nicht wiederhaben! Ausgeschlossen! Alle Feuer des Himmels mögen auf die Erde fallen, wir weichen nicht. Kriechende Hunde, Sklaven ... kriechende Hunde ...«

Die Gemäßigten flohen. Der Streik ging weiter.

Nach einer Woche erwies sich der Streik als höchst unbequem. Die Bevölkerung von Chengtu belief sich auf dreihunderttausend Menschen, von denen fünf Sechstel innerhalb der Stadtmauern wohnten. Die Wasserversorgung bot kein Problem, da man an einigen Stellen schon in vier bis acht Fuß Tiefe auf Wasser stieß und bei zwölf bis sechzehn Fuß überall Grundwasser fand. Grundwasser ist jedoch nur zum Waschen verwendbar und nicht zum Trinken, da es zu stark mit dem Bodenschmutz durchsetzt ist. Zum Trinken brauchte man lebendiges Wasser, also Quellwasser aus dem Gebirge oder Flußwasser, und darum brachten täglich achthundert bis tausend Wasserträger Flußwasser in die Stadt. Jetzt aber streikten auch die Wasserträger, und so war kein gutes Wasser für den Tee vorhanden, und der mit Brunnenwasser zubereitete Tee schmeckte schlammig, auch wenn man das Wasser noch so lange kochte.

Schließlich mußten die Anführer der Rettungsliga den Wasserträgern erklären: »Ihr seid nicht im Streik. Ihr verkauft eure Kraft, um essen zu können, deshalb braucht ihr nicht länger zu streiken.« Also begannen die Wasserträger wieder Wasser zu schleppen.

Nun kam wieder Flußwasser in die Stadt, und auch der Nachtdung wurde wieder hinausgeschafft. Bis dahin war der Nachtdung über eine Woche lang gesammelt worden, so daß sich bei dieser Hitze ein entsetzlicher Gestank entwickelt hatte. Es durfte auch wieder Gemüse in die Stadt gebracht und auf den Straßen verkauft werden. Die Geschäfte und Märkte blieben zwar geschlossen, aber in den Gassen und Nebenstraßen sah man viele kleine Verkaufsbuden.

Die Rettungsliga errichtete überall auf den Straßen »Traueraltäre«, um den Verkehr zu behindern – auch vor den Häusern der Reichen, die kein Geld zur Rettung der Eisenbahn gestiftet hatten. Gruppen von Studenten gingen überall umher, sammelten Beiträge ein und paßten auf, daß die Läden geschlossen blieben.

Wieder ging eine Woche vorüber, wieder wurde eine Versammlung abgehalten. Bei dieser Versammlung machten Wang und Lung, die beiden Studentenführer, den Vorschlag, das Volk solle sich weigern, Abgaben und Steuern zu zahlen und auch mit dem Abliefern der Beiträge an Korn und Bargeld sowie der Bezahlung der Wegezölle warten, bis die Angelegenheit mit der Eisenbahn zu aller Zufriedenheit geregelt sei. »Das ist eine durchaus legale und demokratische Form des Protests, wie sie in demokratischen Ländern mit einer Verfassung üblich ist. Die Franzosen und auch die Engländer haben im Verlauf ihrer Geschichte schon so gehandelt.« Da China »bald« eine Verfassung bekommen sollte, folgerten wir stillschweigend, daß wir berechtigt seien, diese demokratischen Formen der Opposition anzuwenden. Chou Shanpei aber, der jetzt auf sehr gutem Fuß mit dem Vizekönig Chao Erfeng stand, wandte sich an die Kaufleute und Ladenbesitzer. »Wir haben jetzt zwölf Tage lang keinen Handel treiben können«, sagte er. »Ihr müßt euer eigenes Kapital aufzehren, genau wie ich, und das ist schlecht für uns. Wenn wir diesen Unsinn noch weitertreiben, verlieren wir unser Geld. Wozu?«

Er erzählte den Leuten, daß der britische Konsul ihm, Chou, einen Besuch abgestattet und sich mit versöhnlichen Worten als »Vermittler« angeboten habe. Man hatte zehn Änderungen an den einzelnen Punkten des Anleihevertrags vorgeschlagen, und der Konsul hatte versprochen, seiner Botschaft in Peking darüber zu berichten und um entsprechende Schritte zu bitten. Chou Shanpei strahlte vor Zufriedenheit, als er diese Geschichte erzählte. Sogar die Engländer bewunderten, wie er sagte, die Ruhe und Disziplin der Kaufleute von Chengtu. Dann deutete er noch an, daß die Engländer den Wunsch hätten, sich wegen der Eisenbahnangelegenheit direkt mit den Aktionären der Gesellschaft zu verständigen. (Beabsichtigen die Engländer vielleicht, die anderen Ausländer in dieser Sache zu hintergehen? Wer weiß.)

Nun bestieg der Student Lung, mager und abgezehrt von den Anstrengungen der letzten fünf Wochen, wieder die Plattform. »Wenn wir unsere Eisenbahn nicht zurückbekommen, geht der Streik weiter!« rief er. »Ohne eigene Eisenbahn ist Szechuan verloren.«

Nach ihm erhob sich Yuchang, ein anderer Revolutionär, und sprach über die Steuern. Er begann mit der landwirtschaftlichen Ertragssteuer und verlangte, das Volk solle sich weigern, sie zu zahlen. »Vor mehr als hundert Jahren ging es einmal darum, die Gesellschaft des Weißen Lotos, die allzu mächtig geworden war, zu bekämpfen. Man erhob eine Steuer, die wir bezahlten und seitdem immer weiterbezahlt haben. Und diese Steuer ist von Jahr zu Jahr gestiegen; sie ist heute höher als die Grundsteuer für das bewirtschaftete Land. Ich schlage vor, daß von nun ab jeder Distrikt sein Geld für sich behält. Wir müssen uns weigern, alle diese Abgaben und Steuern zu zahlen, und wir müssen aufhören, Häuser und Felder zu kaufen und zu verkaufen, um auf diese Weise die Umsatzsteuer einzusparen. Wir wollen keine Ertragssteuer, keine Salzsteuer und keine Ölsteuer mehr entrichten. Wir müssen uns weigern, irgendeinen Beitrag zu den Zinsen für ausländische Darlehen oder irgendwelche Kriegsentschädigungen zu leisten, die der chinesische Staat mit den ausländischen Mächten vereinbart hat; denn wenn wir weitermachen wie bisher, besitzen wir bald überhaupt nichts mehr.«

Wu wurde mit einem so ohrenbetäubenden Beifall überschüttet, daß der Polizeichef, der fast an jeder Versammlung teilnahm, sich verwirrt umblickte und fortging. »Ja, ja, ja!« schrien die Menschen. »Lieber verhungern als nachgeben! Laßt die Schulen geschlossen! Kauft nichts, verkauft nichts! Jeder, der uns in den Weg treten will, ist ein Verräter, und wir werden die Gebeine seiner Ahnen ausgraben und umherstreuen ...«

Nun begriff Chao Erfeng endlich, daß dies kein gewöhnlicher Protest und kein gewöhnlicher Aufruhr war, sondern eine organisierte, tief verankerte und weitverbreitete Bewegung. Er berief seine hohen Offiziere zu einer Beratung und schickte mehrere Geheimtelegramme ab. Durch die Kelao-Brüder aber wurde bekannt, daß er jetzt mehrere Bataillone der Neuen Armee kommen ließ. In der vierzehnten Nacht des Streiks wurden zweimal die Stadttore geöffnet, um viele Soldaten einzulassen. Und nun lief das Gerücht um, daß die Tore für alle anderen geschlossen bleiben würden. Es sollten keine Lebensmittel mehr in die Stadt gelangen, das Volk sollte verhungern.

»Wenn ihr den Hunger nicht ertragen wollt, dann geht doch und verschluckt das Christentum!«

»Ihr könntet ja auch Ratten fressen!«

Alle, die jetzt ängstlich wurden und den Streik abbrechen wollten, mußten sich solche Dinge sagen lassen. Unterdessen verließen Lung, Wang und einige andere Studenten die Stadt und gingen nach Tzechow, um in dieser kleinen Stadt südlich von Chengtu mit den Kelao-Brüdern einen bewaffneten Aufstand vorzubereiten.

Der 7. September, der Allerseelentag (im chinesischen Kalender der fünfzehnte Tag des siebenten Monats), ist der Tag, an dem alle Seelen, die in der Hölle sind, heraufsteigen und auf der Erde umherwandern. An diesem Morgen lag eine große Stille über der Stadt. Vor den Häusern der Mandschu und den Behörden standen Posten: Soldaten mit groben roten Gesichtern, die ganz anders aussahen als die Truppen der städtischen Garnison, Soldaten aus den Grenzbezirken, in der Neuen Armee gedrillt und ausgerüstet und um ihrer Wildheit willen berüchtigt. Ich befand mich in der Buchlädenstraße, als ich plötzlich eine Gruppe von Männern sah, die ihre Zöpfe um den Hals gewickelt hatten, als wollten sie rennen. Sie drängten sich vorwärts und verkündeten dabei mit lauter Stimme, daß Pu Peiying und Lo Lun, die beiden Ratsmitglieder und Vertreter der Eisenbahngesellschaft, von Chao Erfeng festgenommen worden seien. Ich schloß mich der Menge an, der die Menschen von allen Seiten zuströmten. Schließlich waren wir vor dem Amtssitz des Vizekönigs angelangt und schoben uns an den zwei Steinlöwen, die das Tor bewachten, vorbei in den äußeren Hof, wo an allen Seiten Soldaten mit aufgepflanztem Bajonett und viele Polizisten aufgestellt waren. Dann wurden wir durch die nachdrängende Menge in den inneren Hof geschleust, der vor der Audienzhalle lag. Auf der hohen steinernen Plattform, die sich rings um die Audienzhalle zog, standen die Beamten in ihren Roben und Hüten und schrien uns an: »Hinaus mit euch, hinaus! Schickt uns einige Vertreter, aber ihr anderen macht, daß ihr hinauskommt!« Doch hinter uns war diese kompakte Masse, die uns vorwärts schob und nicht hörte, was die Beamten riefen, und aus vielen Mündern hallte der Ruf: »Laßt Pu Peiying und Lo Lun wieder frei!« Ein paar junge Burschen und einige Männer wurden auf diese Weise die Steinstufen zur Plattform hinaufgedrängt. In ihren Händen hielten sie das Banner mit der Trauerinschrift für den verstorbenen Kaiser, um zu zeigen, daß sie keine Aufrührer, sondern nur Bittsteller waren.

»Wenn ihr nicht sofort wieder hinuntergeht, geben wir den Soldaten Feuerbefehl!« schrie ein Beamter. Und dann schossen die Soldaten. Ich sah nur, wie die Mündungen der Gewehre hoch gingen und die Bajonette aufblitzten, und dann hörte ich einen dumpfen Ton. Plopp, plopp, machte es – ganz gedämpft, selbst Knallfrösche verursachen mehr Lärm. Und Menschen, die erschossen werden, kreischen oder schreien auch nicht, selbst dann nicht, wenn sie nur verwundet werden. Die Leute um sie herum sind es, die schreien.

Nun hatte die Menge kehrtgemacht und stürmte aus dem Hof. Alle Münder waren aufgerissen, aber kein Schrei drang heraus. In wenigen Augenblicken war der Platz wie leergefegt, bis auf ungefähr zwanzig blutüberströmte Körper, die auf den Steinen des Hofes lagen und nie wieder aufstehen sollten.

Auch draußen vor dem Hof begannen die Soldaten jetzt auf die Menge zu feuern. Durch die Tore mit den steinernen Löwen, die eine Tatze erhoben hatten, als zählten sie die Schüsse, rannten die Menschen, zerstreuten sich in den Straßen und schrien: »Ein Massaker!« Und wieder hörte man Schüsse.

Ein Zug Soldaten – vielleicht auch zwei – war in der Handwerkerstraße aufmarschiert, um das Volk zurückzudrängen und zu verhindern, daß es sich der Masse vor dem Amtssitz des Gouverneurs anschloß. Jetzt feuerten diese Soldaten auf die Handwerker.

Und als die Soldaten, die in den anderen Teilen der Stadt stationiert waren, diese Schüsse vernahmen, begannen auch sie zu feuern.

Später in dieser Nacht ging das Gerücht um, Chao Erfeng habe am Morgen neun Vertreter der Eisenbahngesellschaft, unter ihnen die beiden Ratsmitglieder und die Hanling-Akademiker, die beiden alten Gelehrten Meng und Yen, zu einer Besprechung eingeladen und dann verhaftet. Chao hatte sie zwingen wollen, die Märkte wieder zu öffnen, den Streik abzubrechen und die Resolution über die Weigerung, Steuern, Abgaben oder Tribute in Naturalien und Bargeld zu zahlen, für null und nichtig zu erklären. Wie wir hörten, sollten die neun Männer noch an diesem Abend hingerichtet werden.

Das war das Massaker vom Allerseelentag in Chengtu.

Am Abend zuvor waren in jedem Haus die Feuer entfacht worden, um Päckchen mit Papiergeld und Gaben für die Seelen der Verstorbenen zu verbrennen. Auf dem Lande waren überall auf den Feldern die Papiergaben vor den Gräbern aufgeflammt. Aber die Tore der Stadt waren fest verschlossen, die Wachen verstärkt. Keiner durfte die Stadt verlassen, keiner kam herein. Soldaten und Militärpolizisten durchsuchten die Häuser nach Revolutionären.

Die Mitglieder unserer Liga hatten in dieser Nacht eine geheime Zusammenkunft. Wir wußten, daß wir die Revolutionäre außerhalb der Stadt warnen mußten. Unsere Kuriere konnten wir nicht schicken; zwei von ihnen waren bereits ergriffen und enthauptet worden. Wir konnten auch keine Telegramme oder Briefe absenden. Die Soldaten jagten uns. Und da hatten Lung und Wu die Idee mit den Wasserbotschaften.

Ein Mitglied unserer Revolutionsgruppe war damals im Geschäft eines Holzhändlers angestellt. Dort lagerten viele Holzbretter, in die Schriftzeichen zur Erinnerung an den verstorbenen Kaiser eingeschnitzt werden sollten. Lung schlug nun vor, unsere Botschaften auf solche Bretter zu schreiben, diese dann mit Holzöl einzureiben, in Ölpapier zu wickeln und in den Fluß zu werfen, der sich rasch stromabwärts zu allen Städten und Dörfern am Ufer tragen würde. Das war die einzige Möglichkeit, die uns blieb, um die Geschehnisse in der Stadt bekanntzumachen. Lungs Kriegslist war nicht neu. Sie war schon früher in Kampfzeiten verwendet worden, und als ich nach Frankreich ging, um mich dort mit Literatur zu beschäftigen, entdeckte ich, daß sogar in der Geschichte von Tristan und Isolde über diese gleiche List, dem Wasser eine Botschaft anzuvertrauen, berichtet wird.

Auf etwa hundert Bretter schrieben wir je einundzwanzig Worte; dann verschnürten wir die Bretter zu kleinen Paketen und warfen sie in den Fluß. Diese Arbeit nahm etwa sechs bis acht Stunden in Anspruch. Bei Tagesanbruch waren wir fertig, und man konnte es als ein wahres Wunder bezeichnen, daß keiner von uns dabei ertappt worden war. Unsere Botschaft lautete:

»Schlächter Chao setzte Pu und Lo gefangen,
Er massakrierte das Volk von Szechuan.
Freunde, erhebt euch, rettet und beschützt unser Land!«

Am folgenden Tag gelang es mir, mit Hilfe eines Vetters, der Offizier in der Neuen Armee war, durch eines der Stadttore hinauszuschlüpfen. Ich ging nach Pihsien, in jenen Bezirk, in dem unsere Familie ihre Ahnengräber, Heiligtümer und Felder hat.

Die Kelao-Brüder verfügten in Pihsien über große Macht. Wie du weißt, waren sie seit dreihundert Jahren Gegner der Mandschu und hatten im Jahre 1901 sogar einen Versuch unternommen, die Kaiserinwitwe bei ihrer Rückkehr von Sian nach Peking zu ermorden. Ihren Anweisungen gehorchten die Flußschiffer, die kleinen Ladenbesitzer, die Dungsammler, die Wasserträger und die Sänftenträger; aber sie hatten auch Anhänger unter den Kaufleuten, den Pfandleihern, den Grundbesitzern und neuerdings sogar unter den Studenten. Die Verwaltung der öffentlichen Kloaken lag in ihren Händen, denn der »Dungführer«, der Anführer der Dungsammler, war Mitglied der Bruderschaft, die so eine neue Einnahmequelle hatte.

Es heißt zwar, die Menschen machten selbst ihre Geschichte; aber sie tun dies doch nicht ganz nach ihrem Willen, da sie sich die Umstände, unter denen sie Geschichte machen, nicht aussuchen können, sondern von der Vergangenheit übernehmen müssen. Auch wir mußten mit dem Material, das uns zur Verfügung stand, Geschichte machen: mit den Geheimgesellschaften, den jungen Offizieren und der aufrührerischen Gentry, mit der Not unserer Bauern und unserem Feudalsystem. Alle diese Elemente sollten bei der Durchführung der Revolution Verwendung finden. Denn ein Ideal allein bedeutet noch nichts; es muß durch die vorhandenen Mittel zur physischen Realität gelangen, damit man sagen kann, es existiere tatsächlich. Und wir benutzten alles, was wir hatten, um eine Revolution in Gang zu bringen.

Aber wir waren junge, unerfahrene Revolutionäre. Diese Krise der Geschichte hatte sich unserem Leben aufgedrängt, und es gab keine Möglichkeit, ihr zu entrinnen. Während dieser anstrengenden Sommermonate wurden wir alle mit Haut und Haaren in eine Tätigkeit hineingezogen, an die wir später nur noch mit Staunen und Verwunderung zurückdenken konnten. Und doch war der Lauf der Dinge unausweichlich.

Schon vor dem Massaker vom Allerseelentag hatte die Bruderschaft sich im Einvernehmen mit den Revolutionären auf einen bewaffneten Aufstand vorbereitet. Anläßlich eines Jahrmarkts hatte sie die Gelegenheit wahrgenommen, um in diesem Teil der Ebene von Chengtu eine große Anzahl von Männern zu mobilisieren. Dieser Markt fand in Hsinfan statt, einem Ort zwischen Pihsien und Kuanhsien, der Hochburg der Kelao, wo der Mienfluß zu seinem großen Bogen ansetzt. Viele Menschen strömten zum Markt: alte Frauen mit Nestern voller Eier, junge Burschen mit Körben, die sie verkaufen wollten, Männer mit einem Bambusstab auf der Schulter, an dessen beiden Enden Fleisch zum Verkauf hing, andere, die Schweine vor sich her trieben. Und mit dieser Menge, die zum Jahrmarkt von Hsinfan wanderte, kamen auch die Kelao-Brüder, als Bauern, Schiffer, Holzfäller oder Landstreicher verkleidet. Zwischen den Zuckerrohrstengeln hatten sie Gewehre versteckt, und in ihren Körben lag zwischen den Eiern die Munition. Sie versammelten sich im Tempel des Ortes, wo sie in den geräumigen Höfen lagern konnten.

Als ich Pihsien erreichte, waren dort schon fast zweitausend Kelao-Brüder eingetroffen. Die Abgaben für die Eisenbahn hatten für die Bauern eine schwere Belastung bedeutet; jeder kleine Pächter und Landeigentümer hatte seinen Anteil entrichten müssen. Nun war die Beamtenschaft wie gelähmt, ja in Pihsien selbst starb ein Beamter buchstäblich vor Angst. Seine Frau und seine Tochter erhängten sich neben seinem Sarg.

Die Häupter der Kelao im dortigen Distrikt trafen ein, unter ihnen Chang Hsi, der Anführer von mehreren tausend Bergarbeitern aus den Reinen Treuen Bergen hinter Kuanhsien, wo sein Hauptquartier, der Reine Treue Taoistentempel, zwischen tausendjährigen Ginkgobäumen emporragte. Viele diese Männer waren Mitglieder der jetzt aufgelösten Milizen gewesen. Sie hatten nichts Rechtes zu tun und waren stets zum Kampf bereit.

Auch ein anderer Chang kam, ein Drachenkopf-Großmeister, in seinem bürgerlichen Leben Oberinspektor der Schulen von Chengtu, ein sanfter, feinsinniger Mann, dabei ein leidenschaftlicher Opiumraucher.

Und schließlich kam noch ein dritter Chang, ein Pfandleiher, der reichste Mann im ganzen Distrikt Pihsien. Die Pfandleihen fungierten als Banken und verliehen Geld zu einem Zinssatz von zehn Prozent im Monat. Dieser Chang hatte gute Beziehungen zu vielen Beamten und Grundbesitzern; in den Häusern der großen Familien, wo andere nur verschlossene Türen fanden, konnte er wertvolle Geschenke und gutes Gold einheimsen. Und Pihsien ist ein reicher Distrikt, in dem man überall auf Ahnenheiligtümer, Grabstätten der wohlhabenden Familien und die großen Wohnhäuser der Grundbesitzer stößt. Chang, der Pfandleiher, kannte sie alle.

Der Tempel des Schutzgeistes von Pihsien, in dem die Kelao-Bruderschaft ihre Anhänger versammelte, war sehr geräumig. Der Schutzgeist war zu seinen Lebzeiten ein ehrenwerter Beamter gewesen und hatte, wenngleich er jetzt körperlos war, doch noch immer ein Anrecht darauf, am achtundzwanzigsten Tag des dritten Monats bei seiner alljährlichen Besichtigungsreise rund um die Stadt und durch die Felder in einer von vier Männern getragenen Sänfte zu sitzen. In seinem hinter der Audienzhalle gelegenen Schlafzimmer kamen die Häupter der Kelao zusammen, um ihre strategischen Pläne zu entwerfen. Die drei Changs nahmen abwechselnd auf seinem Bett Platz und rauchten hier ihre Opiumpfeife.

Ich war sehr beeindruckt, als ich so die ganze Macht der Bruderschaft sah, von denen jeder der drei Changs einen Teil verkörperte: der Chang aus den Bergen stand für die militärische Gewalt, der aus der Schule vertrat die Strategie, der Pfandleiher war die Verkörperung der Finanzkraft. Als die drei Changs mich aufforderten, zu ihnen zu kommen und ein Gespräch mit ihnen zu führen, zitterte ich, als hätte der Kaiser selbst mich zu sich gerufen; denn sie waren in der Tat machtvolle Männer. Viel Tapferere als ich hatten Angst vor den Kelao und ihren wilden Gefolgsleuten, deren Zahl ständig anschwoll. Besonders gefürchtet waren die Kohlenbrenner, Holzfäller und Zimmerleute, die sogenannte Westarmee, die diesen Namen führte, weil sie westlich von Chengtu lag. Später stießen etwa fünfhundert Studenten zu ihr, die von den Schulen und Akademien geflüchtet waren, um sich der Revolution anzuschließen und für die Eisenbahn zu kämpfen. Aber die Studenten waren jung und idealistisch und nicht gewöhnt an schwere Arbeit, Kampf und Entbehrungen. Sie blickten auf die Kelao herab, und man mußte sie in eigenen Studentenbataillonen zusammenfassen, denn sie waren zwar vom besten Willen beseelt, konnten sich jedoch der militärischen Disziplin nur schwer fügen. Sie redeten von Freiheit, wußten aber nicht, daß man sich die Freiheit erst erobern muß. Sie übten scharfe Kritik an den Opium- und Spielhöhlen und den Bordellen, die ein unabdingbarer Bestandteil der Kelao-Truppen waren, und ihr Idealismus fühlte sich abgestoßen von den Gangstermethoden der Brüder. Sie hatten keine Ahnung, wie man eine Revolution macht, und zwischen ihrer Auffassung und der der Schiffer, Kohlenbrenner und Holzfäller bestand ein himmelweiter Unterschied. Glücklicherweise befanden sich aber auch ein paar vortreffliche Revolutionäre unter ihnen, die genau wußten, wie man sich der Kelao bedienen und sie einsetzen konnte – Männer, die für die Revolution kämpften und starben und einen einwandfreien Lebenswandel führten. Wi Yuchang, der Student aus Japan, hatte den klugen Einfall gehabt, zwei der drei Changs als Mitglieder der Revolutionären Liga einzutragen. Dieser junge Mann verstand etwas von der Technik der Revolution und hatte bereits an mehreren Aufständen im Süden teilgenommen. Ich hingegen hatte keinerlei Erfahrung. Ich träumte davon, daß alles sauber und edel sein müsse, und als ich vor dem Chang vom Berge stand und er mich anbrüllte: »Na, was ist mit dem roten Berg?«, schauderte ich entsetzt zurück. Der Ausdruck »roter Berg« ist eine Bezeichnung für ein Massaker, und man stellt sich darunter einen Leichenhaufen, einen ganzen Hügel blutender Körper vor.

Schließlich gelang es mir aber doch, ihnen über die Ereignisse in Chengtu zu berichten. Aber die Anführer der Kelao wollten wissen, über wie viele Soldaten Chao Erfeng in Chengtu verfügte. Denn sie waren praktisch denkende Männer und wollten keinen Kampf riskieren, wenn sie nicht sicher waren, daß sie ihn auch gewinnen konnten. Da jedoch die Soldaten heimlich zur Nachtzeit in die Stadt geschleust worden waren, konnte niemand mit Sicherheit sagen, wie viele es waren, obgleich man ihre Zahl auf etwa zwei- bis dreitausend schätzte.

Nach einigen Tagen schlug Wu Yuchang, der erfahrene Revolutionär, vor, daß die unzufriedenen Studenten nach Chengtu zurückgehen und versuchen sollten, dort etwas auszurichten. Da ich gute Beziehungen hatte und einige Offiziere der Neuen Armee kannte, deren Hilfe uns später sehr zustatten kommen sollte, war es auch für mich das richtigste, daß ich wieder nach Chengtu ging und mich bemühte, mehrere Offiziere für uns zu gewinnen. Nichts ist besser als ein Freund innerhalb der Festung, denn er kann uns die Tore öffnen, wenn die Zeit dazu reif ist.

Ich ging also nach Chengtu zurück, konnte jedoch wenig erreichen. Die wichtigsten Dinge wurden von anderen vollbracht, nicht von mir. Zunächst erhob sich für uns das Problem, wie wir uns Waffen und Munition verschaffen konnten. Einige von unseren szechuanesischen Studenten waren erfahrene Waffenschmuggler, während wieder andere sich auf die Verfertigung von Bomben verstanden. Bei den Aufständen von 1908, 1909, 1910 und 1911 waren Studenten wie Wu Yuchang, der auch schon Herausgeber einer Zeitung in Japan gewesen war, nach Hongkong gegangen und hatten dort Waffen und Munition für die Revolutionäre beschafft, die sie auf vielerlei Weise ins Land schmuggelten: in Haarpaketen für Perücken und sogar in Brautsänften und unter den Röcken und den roten Schleiern von »Bräuten«. Auch die Kelao-Schiffer überall am Fluß waren ausgezeichnete Schmuggler. In Pihsien gab es nur einige alte Flinten, ein paar Speere, Lanzen und große Messer und dazu eine uralte Kanone aus den Tagen der Taiping, die auf der Stadtmauer stand. In Chengtu konnten die Studenten auch nicht viel zusammenbringen: Sie hatten lediglich einige alte Waffen, Erbstücke aus der Mingzeit, die man zur Erinnerung an die Ahnen aufbewahrte. Ein Student, der sich uns anschloß, hatte als einzige Waffe ein japanisches Taschenmesser bei sich. So begannen wir fast ohne Hilfsmittel, uns Messer zu verfertigen, und beteiligten uns, wo wir konnten, am Waffenschmuggel.

Ein neues Lied machte jetzt unter dem Volk die Runde. Die Menschen summten es bei der Arbeit, hielten jedoch die Worte zwischen den Zähnen zurück, so daß man nur die Melodie hörte. »Chao Erfeng, Chao Erfeng«, hieß es darin, »du magst sehr stark sein, du magst unbesiegbar erscheinen. Aber die Zeit steht auf unserer Seite, und wir werden dich schlagen; denn wir sind viele, und du bist nur einer.«

Und dann begann mit einemmal das Land zu marschieren. Wenige Tage nach dem Massaker wurde Chengtu gleichzeitig von Osten und Südosten angegriffen. Das war der Erfolg der Holzbretter, die wir in den Fluß geworfen hatten. Im Distrikt Huayang, ein Stück flußabwärts an den Ufern des Mien, hatte ein Mann namens Tsin der »Schwarze Maulesel«, ein Salzschmuggler und Seidensticker, Bruder der Robe und Mitglied der Revolutionären Liga Sun Yatsens, eins dieser Bretter aufgefischt. Da er jedoch seinen eigenen Nachrichtendienst hatte, war er über das Massaker von Chengtu bereits unterrichtet; noch in derselben Nacht hatte ein Botenläufer ihm die Nachricht übermittelt, und später hatte ein Fischer ihm eines der Bretter gebracht. Daraufhin hatte Tsin seine Boten in die Ortschaften geschickt, die noch weiter flußabwärts lagen. Auch dort hatten die Einwohner unsere Bretter entdeckt. Und nun mobilisierte Tsin die Bruderschaft seines Bezirks. Die Trommeln ertönten, und während die Beamten sich ängstlich in ihren Schlafzimmern verkrochen, zog Tsin mit tausend Kelao-Brüdern aus, um Chengtu zu stürmen. Das Aufgebot war mit Stangen und Lanzen aus Bambusstäben bewaffnet; einige Männer hatten sich aus ihren Spaten behelfsmäßige Schwerter verfertigt. Unterwegs stießen aus allen Flecken und Ortschaften weitere Freiwillige zu ihnen. Aus der dunklen Nacht über den Feldern und den windschiefen, brüchigen Hütten kamen die Bauern und kleinen Pächter hervor. Zuerst wollten sie nur sehen, was hier los war; dann aber, als sie es erfahren hatten, schlossen sie sich den marschierenden Männern an, deren Zahl sich so verdreifachte.

Am 18. und 19. September stürmten die Scharen gegen die Tore von Chengtu; aber die Truppen Chao Erfengs, darunter die Soldaten der Neuen Armee, traten ihnen mit ihren neuen blitzenden Gewehren entgegen. Die Feuerwaffen erwiesen sich als stärker, die Freiwilligen wurden in die Flucht geschlagen und ließen viele Tote zurück. Sie starben am Osttor und am

Südtor – vor allem am Südtor, denn hier waren tausend der Angreifer nur mit Stöcken bewaffnet. Doch Tsin hielt sich für unbesiegbar, da die taoistischen Wahrsager ihm versichert hatten, daß keine Kugel ihm ein Leid zufügen könne.

Unsere Bretter schwammen noch immer den Fluß hinab und wurden überall aufgelesen. Und in allen Flecken und Weilern der Ebene erhoben sich die Männer, mehr und immer mehr, und ließen ihre Gongs und Trommeln ertönen. Hier waren es zwanzig, dort hundert, und alle waren sie arm, und die meisten von ihnen besaßen keinerlei Waffen. Diese Scharen, die aus dem Nichts erstanden waren, schwollen an wie ein Strom; die ganze Ebene hatte sich plötzlich mit Kämpfern bevölkert. Keiner wußte mehr, ob er den Schatten eines Baumes oder den eines Soldaten sah, ja es war, als seien alle Bäume selbst zu Soldaten geworden. Die Menschen weigerten sich, Steuern und Abgaben an die Regierung zu zahlen, und die Kelao-Brüder gingen umher und sammelten Geld im Namen der Eisenbahngesellschaft. Die großen Grundbesitzer und die vornehmen Familien waren mit dieser Entwicklung durchaus nicht einverstanden, und hier und da kam es auch zu Streitigkeiten zwischen den einzelnen Gruppen der Kelao-Brüder, von denen einige sich aufs Plündern verlegten. Wo die Kelao auftauchten, kamen in ihrem Gefolge auch Bordelle, Opiumhöhlen und Spielbuden. Die Revolutionäre mußten feststellen, daß die Disziplin ins Wanken geriet.

In Chengtu erreichte Chao Erfeng durch seine Machenschaften einen endgültigen Bruch zwischen den Gemäßigten und den Revolutionären. Er entließ einige Mitglieder der Gentry aus der Haft und veröffentlichte einen Aufruf, in dem er die Eisenbahnangelegenheit und die Frage der Steuern und Abgaben völlig getrennt behandelte. Er versprach, sich der Forderungen hinsichtlich der Eisenbahn anzunehmen, drohte jedoch allen, die ihre Steuerzahlungen verweigerten, die strengsten Strafen an.

Inzwischen nahmen in der Ebene die wilden und ungeregelten Kämpfe ihren Fortgang. Städte und Dörfer wurden eingenommen und wieder verloren und wechselten mehrmals den Herrn. Man redete insgeheim schon von einem neuen

Taiping-Aufstand. Manche behaupteten, Chu von der Roten Lampe, der sich einen Nachkommen der Ming-Kaiser genannt hatte, sei wiederauferstanden. Dieses Gerücht war auch seinerzeit beim Beginn des Boxeraufstandes 1911 aufgetaucht.

Chao Erfeng mußte jetzt die Entdeckung machen, daß die Revolutionäre auch auf die Offiziere der Neuen Armee einen gewissen Einfluß gewonnen hatten und er nicht mehr unbedingt auf deren Loyalität bauen konnte. Seine Spione berichteten ihm von Vorbereitungen zu neuen Aufständen und erzählten auch, daß die Kaufleute von Chungking mit den Revolutionären gemeinsame Sache machten und den Kelao-Brüdern auf Schmuggelwegen Geld für eine Revolte zukommen ließen. Von Chungking aus wurden jetzt Waffen auf Dschunken stromaufwärts befördert. Sie kamen aus Hongkong und Kanton und waren durch Kaufleute, manchmal auch durch wandernde Händler oder Bettler eingeschmuggelt worden. Gelegentlich waren die Waffen einfach in Salz gebettet. Kein Kommandant der Welt konnte sämtliche Männer, Frauen und Kinder, die durch die Felder wanderten, anhalten und durchsuchen lassen; niemand konnte auf jedem kleinen Boot, das den Strom hinauffuhr, nach Waffen forschen.

In Tzechow, dem Ort südöstlich von Chengtu, wo Lung und Wu im August mit den Kelao-Brüdern verhandelt hatten, erhob sich das Volk, und das gleiche geschah weiter südlich in Junghsien. Auch in Hsinching kam es zu einer Revolte. Das aber war eine gefährliche Sache, denn nahe der Stadt befand sich ein Ausbildungslager der Neuen Armee. Es ging das Gerücht, daß sogar der Kommandeur des dort stationierten Bataillons mit den Revolutionären in Verbindung stehe.

Vizekönig Chao Erfeng muß sich gewiß in schwerer Bedrängnis gefühlt haben, wenn er sich über die Karte von Szechuan beugte und all die Orte im Süden, im Westen, im Osten und Norden der Provinz suchte, in denen diese Sturmfeuer der Revolte wie Irrlichter über einem Sumpf immer von neuem aufflackerten und nie ganz erlöschen wollten. Aber er konnte jetzt nicht mehr einlenken. Sheng kabelte ihm aus Peking: »Die Rebellen sind zu unterdrücken.«

Aus der Militärakademie von Chengtu wurde berichtet, daß

einige der Kadetten erklärt hatten, sie würden nicht gegen ihre eigenen Landsleute auch nicht gegen die Eisenbahnrechte zum Kampf antreten, denn diese seien legitim und unbestreitbar.

Chao Erfeng berief einen Kriegsrat ein. Auf die höheren Offiziere konnte er sich verlassen. Sie waren in der Mehrzahl keine Szechuanesen, da es zu den politischen Grundsätzen der Dynastie gehörte, die Offiziere und Beamten der höheren Ränge niemals in ihrer Heimatprovinz einzusetzen, um so jedem Nepotismus vorzubeugen. Viele der höheren Offiziere waren Hakka. Die Hakka gelangten in Szechuan seit jeher leicht in den Besitz derartiger Posten, weil man von ihnen annahm, daß sie weniger zu Lokalpatriotismus und Korruptionsaffären neigten. Chao brauchte mehr Truppen. Er verfügte über etwa dreitausend reguläre Soldaten der Neuen Armee und konnte daneben noch mit weiteren dreitausend Milizsoldaten rechnen. Aber er wußte, daß die Kelao zwar schlecht bewaffnet waren, jedoch insgesamt fünfzehntausend Mann auf die Beine gestellt hatten. Nun sandte er ein Telegramm an Tuan Fang, den Direktor der Eisenbahnen, der zu jener Zeit in der Dreierstadt Hankow–Hanyang–Wuchang saß, und bat ihn, Verstärkung nach Chengtu zu schicken, damit er die »hiesigen Banditen und ihre Anstifter« in Szechuan ein für allemal vernichtend schlagen könne.

Dann beauftragte er einen General namens Chen, auf dessen Loyalität er bauen konnte, die Rebellen in Pihsien zu schlagen und in dem ganzen Gebiet bis hinauf zum taoistischen Kloster in den Reinen Treuen Bergen Ruhe und Ordnung zu schaffen. Es galt, den drei Changs, dem vom Berge, dem von der Schule und dem Pfandleiher, das Handwerk zu legen. Chen nahm Pihsien und Kuanhsien, marschierte mit seinen Truppen ins Gebirge hinauf bis zum Tempel und wieder herunter, und die Aufgebote der Kelao sowie die Einheiten der Studenten schmolzen vor ihm dahin. Als er sich jedoch nach dieser vollbrachten Befriedigungsaktion umsah, mußte er feststellen, daß die Kelao sich hinter seinem Rücken von neuem erhoben und ihm all seine Eroberungen wieder entrissen hatten. Er unternahm einen zweiten Eroberungszug; aber es war, als wolle er Wasser mit einem Schwert zerteilen. In mühsamen und gründlichen Aktionen ließ er das ganze Land nach Rebellen durchkämmen; doch er fand nur harmlose Bauern und Landarbeiter. Die Ernte stand kurz bevor, auf den Feldern wimmelte es von angeworbenen landfremden Arbeitskräften, und keiner konnte feststellen, ob diese Leute in Wirklichkeit Bauern oder Soldaten waren.

»Der Feind hat weder Umriß, noch Form, noch Inhalt«, schrieb Chen. »Ich weiß nicht, wer mein Freund und wer mein Feind ist. Ich bekomme nur Schatten zu fassen, keine Körper.«

In jedes Städtchen, jede Ortschaft legte Chen seine Soldaten; aber das Land gehörte trotzdem nicht ihm. Von Chao Erfeng traf eine Rüge nach der anderen ein, weil Chen es nicht fertigbrachte, diese verwilderten Banditen auszurotten. Schließlich zog er sich nach Pihsien zurück, verstärkte die Wälle, verrammelte die Tore und mußte nun jede Nacht mit anhören, wie draußen vor den Mauern die Kriegshörner der Kelao-Truppen schauerlich über die Felder hallten. »Ich weiß nicht, was meine Soldaten denken.« Binnen wenigen Tagen war ein großer Teil seiner Waffen verschwunden; die Soldaten hatten sie an die Kelao verkauft.

In Hsinfan hatte der städtische Richter, der vor Angst schon halb wahnsinnig war, Befehl gegeben, einen zwölfjährigen Jungen, der in einer Menschenmenge einen Knallfrosch hatte explodieren lassen, zu Tode zu prügeln. Der Befehl löste wilde Tumultszenen aus. Unter Anführung ihres Bezirksvorsitzenden, der den Namen »der Steuermann vom Lastkahn« trug, rückten die Kelao zur Rettung des Jungen an, stürmten das Haus des Richters, erschlugen seine Gefangenenwärter und hackten seinen Henker in Stücke. Dann besetzten die Kelao die Stadt Hsinfan im Namen der Revolutionsarmee.

All das waren Einzelkämpfe gewesen, ein blindes, unübersichtliches Hin und Her voller Blut und Schrecken. Doch allmählich ließ sich in dem Chaos eine Richtung erkennen, denn nun erstand eine neue disziplinierte »Oststraßen-Armee«. Lung Mingchien, der infolge seiner übermenschlichen Anstrengungen völlig abgemagert war, hatte sie auf die Beine gestellt und gedrillt. Er vereinigte seine Truppen mit denen Tsins, des Schwarzen Maulesels – jenes Mannes, der überzeugt war, keine Kugel könne ihn treffen –, und jetzt stürmten sie gemeinsam das weiter unten am Mienfluß gelegene Junghsien, einen wichtigen Platz auf der Straße nach Chungking.

Während Tzechow, das die Kelao nach einer blutigen Schlacht eingenommen hatten, später wieder in die Hand der Regierungstruppen fiel, konnte Chao Erfeng Junghsien nie wieder zurückerobern. Die starke und gut organisierte revolutionäre »Oststraßen-Armee«, welche die Kelao mit ihren Gangstermethoden unter strenger Kontrolle hielt, verteidigte die Stadt erfolgreich gegen alle Angriffe. Die Einnahme von Junghsien war am 25. September erfolgt, also drei Wochen vor dem 10. Oktober, dem Tag, an dem in der Dreierstadt die »offizielle« Revolution ausbrach, und Junghsien war die erste Stadt Chinas, in der eine Republik ausgerufen wurde. Noch heute sind in Szechuan manche Leute der Ansicht, daß die Revolution in Junghsien, in unserer Provinz, ihren Anfang nahm und daß diese Tatsache öffentlich anerkannt werden sollte.

Lung Mingchien starb kurz danach an Erschöpfung, und Wu Yuchang übernahm seine Stellung und hielt Junghsien weiter gegen die Regierungstruppen.

Auf Chaos Bitte um Verstärkung hin war Tuan Fang mit zweitausend Mann – Eliteregimentern der Neuen Armee, die in Wuchang stationiert waren – aufgebrochen und marschierte am 24. September in Szechuan ein. Die Dreierstadt war durch den Abzug dieser Truppen aller Verteidigungskräfte beraubt; nur eine schwache, undisziplinierte Miliz, einige unerfahrene Rekrutenbataillone, die im innersten Herzen für die Sache der Revolution waren, befanden sich noch hier. Den Revolutionären in der Dreierstadt wurde augenblicklich klar, daß es darauf ankam, den entscheidenden Schlag zu führen, solange Tuan Fang in Szechuan war.

Schon seit einiger Zeit ging in der Dreierstadt das Gerücht um, daß am 6. Oktober ein »großes Massaker« stattfinden werde. Im Jahre 1911 fiel auf den 6. Oktober das Erntefest oder Mondfest, das am fünfzehnten Tag des achten Monats im Mondkalender gefeiert wird und somit ein bewegliches Datum ist. Vor achthundert Jahren war es an diesem Tag zu einer erfolgreichen Erhebung gegen die mongolische Yuan-

Dynastie gekommen, die Dschingis-Khan begründet hatte, nachdem er aus Sibirien in China eingefallen war. Der Tag des Herbstfestes hieß in der Dreierstadt auch Tag des Tatarenmordes, die Mandschu fürchteten ihn, denn auch sie waren Tataren.

Die Revolutionäre waren jedoch am 6. Oktober noch nicht zum Losschlagen bereit, und so verschoben sie das Datum ihrer Erhebung auf den 15. Oktober. Am 10. Oktober aber zwang sie die Explosion einer Bombe, die ein Student in einem Privathaus fabriziert hatte, zum sofortigen Handeln. Darum steht in allen Geschichtsbüchern, daß die Revolution am 10. Oktober 1911 in Wuchang ihren Anfang nahm.

Noch am 8. oder 9. Oktober hatte der in der Dreierstadt ansässige britische Konsul geschrieben: »Alles ist ruhig. Die Gerüchte über eine Rebellion sind stark übertrieben. Im Gegenteil, seit ihrer Niederlage in Kanton im April dieses Jahres verlieren die Revolutionäre immer mehr an Boden . . .«

So kam es also zu der Revolution von 1911. Hätte Tuan Fang nicht die Truppen aus der Dreierstadt abgezogen, um Chao, dem Vizekönig von Szechuan, zu Hilfe zu eilen; hätte Chao sich in der Frage der Eisenbahnrechte nicht so halsstarrig gezeigt; hätte Minister Sheng nicht den Vertrag mit dem Konsortium über die Eisenbahnanleihe unterzeichnet; hätten die Ausländer ihn nicht gezwungen, Chao zu zwingen, Gewalt anzuwenden . . . Aber nein, die Revolution wäre trotzdem ausgebrochen – in anderer Form vielleicht, aber ausgebrochen wäre sie.

So wie die Dinge lagen, hatte das Volk von Szechuan den ganzen langen heißen Sommer des Jahres 1911 hindurch Tag für Tag gekämpft. Vom 11. Mai, dem Tag, an dem die Nationalisierung der Eisenbahn verkündet wurde, bis zum 10. Oktober, dem Tag, an dem die Revolution ausbrach und die Mandschu abdanken mußten, hatte es ununterbrochen seinen Widerstand bekundet, zuerst mit friedlichen Methoden, später in blutigen Aufständen.

Doch der 10. Oktober brachte für uns noch nicht das Ende der Kämpfe. Wir in Szechuan wußten nicht, daß in Wuchang eine Revolution stattgefunden hatte und daß die Republik ausgerufen war; denn sämtliche Verbindungen waren abgeschnitten. Wir wußten nur, daß Tuan Fang mit seinen Truppen Ichang erreicht und Tzechow zurückerobert hatte, daß er jetzt auf Chengtu zumarschierte und daß viele Köpfe fallen würden.

Das wogende, gestaltlose Hin und Her der Kämpfe ging weiter. Die Erntefelder waren von den Stiefeln der kommenden und abziehenden Truppen zerstampft, nur der Mohn für das Opium gedieh an den unberührten Hängen. Am 15. Oktober unternahm die in Junghsien stationierte Östliche Revolutionsarmee einen Angriff auf die Regierungsgarnison bei den Salzbergwerken von Tzeliuching. Wer die Salzbergwerke in der Hand hatte, konnte auch über die Einnahmen daraus verfügen. Die offene Feldschlacht endete ergebnislos. Tuan Fang befestigte Tzeliuching und nahm dann Neichiang, die Zuckerstadt. Es sah so aus, als würde er nunmehr gegen Junghsien ziehen, um die Östliche Revolutionsarmee, unsere beste Armee, vernichtend zu schlagen. Doch die Offiziere der Neuen Armee waren unter Tuan Fang, dem falschen Mandschu, ebenso unzufrieden wie unter Chao Erfeng. Zudem waren sie während ihres Aufenthalts in der Dreierstadt unter den Einfluß von Sun Yatsens Liga geraten, die an ihr patriotisches Gefühl appeliert hatte. Ihnen stand keineswegs der Sinn nach diesem Abschlachten von Bauern, Schiffern und Studenten. Die jungen Offiziere revoltierten und ermordeten am 25. November ihren Kommandanten Tuan Fang. Und nun besetzte die Östliche Revolutionsarmee unter Wu Yuchang am 26. November Neichiang und am 28. November Tzeliuching.

Auch in Chungking revoltierten die Regierungstruppen, holten die Mandschuflagge herunter, hißten die Revolutionsflagge und riefen die Republik aus. Das geschah am 22. November. Den Anstoß zu dieser Revolte hatte ein aus Japan zurückgekehrter Student namens Hsia gegeben, der Zugführer einer kleinen Einheit der Neuen Armee in Chengtu. Er hatte den Befehl erhalten, die in der Nähe von Chungking gelegene Garnison zu verstärken; aber statt dessen marschierte er auf Chungking, machte dabei einen Umweg um Tzechow, das zu diesem Zeitpunkt noch in den Händen Tuan Fangs war, und zog mit zweihundert Mann in Chungking ein. Binnen wenigen Stunden fiel so eine Stadt mit einer halben Million Einwohner in die Gewalt eines Zugführers. Es wurde eine fast unblutige Eroberung. Die katholischen Priester wurden in Kanonenbooten evakuiert; als sie jedoch merkten, daß sie von den Revolutionären nichts zu befürchten hatten, kehrten sie wenige Wochen später in die Stadt zurück.

In Chengtu herrschte noch immer Chao Erfeng. Er hatte als erster von dem Umsturz in Wuchang gehört, ließ sich jedoch durch diese Nachricht zunächst nicht erschüttern. Aufstände waren für ihn nichts Unbekanntes. Er selbst hatte ein gutes halbes Dutzend davon niedergeschlagen; gewiß war auch das wieder eine der üblichen Rebellionen, die man in Blut ersticken mußte und nach der dann die Köpfe fallen würden wie Grashalme unter der Sichel des Schnitters. Am 15. Oktober jedoch begann er etwas unruhig zu werden. Am 17. Oktober hörte er, daß die gesamte Dreierstadt in den Händen der Revolutionäre sei und daß ein ehemaliger Brigadekommandeur der Neuen Armee seinen Zopf abgeschnitten habe, zu den Revolutionären übergegangen sei und die Republik ausgerufen habe. Er sei jetzt der Militärgouverneur der Dreierstadt.

Jetzt suchte Chao eben die Männer auf, die er zuvor hatte festnehmen lassen. Er ging zu Pu Peiying, Lo Lun und Chou Shanpei, erklärte sich zu Kompromissen bereit und bemühte sich um eine Aussöhnung. Diese ehrenwerten Herren waren ebenso erschrocken wie er selbst, denn auch ihnen wuchsen die Ereignisse über den Kopf. Chao machte Pu Peiying zum Militärgouverneur von Chengtu, setzte einen seiner eigenen Gefolgsleute als Vizegouverneur ein und proklamierte eine Militärregierung, der er in Erinnerung an die Han-Dynastie den Namen Große Han-Militärregierung verlieh. Vielleicht hoffte er, daß er eines Tages das Beispiel des Han-Kaisers Liu Pei nachahmen und ein eigenes Kaiserreich in Szechuan würde errichten können ...

Sich selbst wies Chao die Rolle des Grenzverteidigers zu, um die Truppen in der Hand zu behalten. Das Volk von Chengtu jedoch wollte eine echte Revolution haben. Die Männer schnitten ihre Zöpfe ab und erklärten, sie würden keinem Kaiser mehr gehorchen, gleichgültig, ob er den Mandschu oder einer anderen Dynastie angehörte. Die Große Han-Militärregierung löste sich sehr rasch wieder auf. Pu Peiying flüchtete, und eine kleine Gruppe von jungen Offizieren der Neuen Armee setzte Lo Lun und den Direktor der Militärakademie an die Spitze der neuen Regierung. Allerdings sollten ihnen diese Männer nur als Marionetten dienen; die jungen Offiziere hofften, nach dem klassischen Muster von Militärputschs durch sie die Macht an sich reißen zu können. Auch in anderen Provinzen kam es zu solchen Militärputschs: eine nach der anderen sagte sich von den Mandschu los, und die Macht fiel in die Hände derer, die mit einem Gewehr umgehen konnten.

Und jetzt wandten die jungen Offiziere sich auch gegen Chao. Am 22. Dezember 1911 wurde er gefangengenommen und enthauptet. Das war das zweite Mal, daß ich Chao Erfeng sah. Allerdings sah ich bei dieser Gelegenheit nur einen Kopf, der an seinem Zopf hochgehalten wurde, während hunderttausend Menschen johlten und in die Hände klatschten. Das geschah auf dem großen Platz vor den zwei Steinlöwen, an derselben Stelle also, an der drei Monate zuvor die Soldaten Chao Erfengs in die Menge gefeuert hatten.

Nun aber brach ein Chaos über Chengtu herein. Die Grundbesitzer und die reichen Kaufleute befehdeten einander mit Unterstützung der Gangsterbanden; die Kelao und die Revolutionäre mischten sich ein. Es war ein wildes Durcheinander von Intrigen und Gegenintrigen, bei dem jeder nur für sich selbst kämpfte. Ende Dezember 1911 gab es zwei Regierungen in Szechuan: eine in Chengtu und eine in Chungking. Die Regierung in Chungking bekannte sich zu Sun Yatsen, während die von Chengtu nicht einmal vorgab, revolutionär zu sein. Keine von ihnen jedoch wollte die Mandschu zurück haben.

Während der nächsten achtundzwanzig Jahre, von 1911 bis 1939, machten die Kriegsherren von Szechuan, die aus dem Stand der jungen Offiziere hervorgingen und den Rittern des europäischen Mittelalters glichen, die Kelao-Brüder, die Mitglieder der Gentry und alle unruhigen Elemente einander die Herrschaft über die Provinz streitig. In jeder Stadt, in jedem Dorf, auf jeder Straße wurden diese Kämpfe ausgetragen. Szechuan blieb in der Feudalzeit stecken und kam erst 1949 wirklich zur Ruhe.

Ich verbrachte mehrere Tage mit Lo Chiehjen und auch mit anderen Männern, welche die Revolution von 1911 erlebt oder an ihr teilgenommen hatten. So bemühten wir uns, diese Jahre wiederaufleben zu lassen, die Begeisterung, den Opfermut, die Hoffnungen und Irrtümer und dann das rasche Dahinwelken dieser Hoffnungen, die bereits 1913, nicht viel später als ein Jahr nach Ausbruch der Revolution, zum Tode verurteilt waren. Heute verhilft uns die Erforschung der vergangenen Ereignisse zu mancher verspäteten Einsicht; denn heute kennen wir auch ihre Nachwirkungen und wissen um die Tragik jener langen Periode mörderischer Wirren, die wir als die Jahrzehnte der Kriegsherren bezeichnen. Dritter Onkel faßte diese Erkenntnis zusammen:

»Wir haben vor allem eines nicht verstanden. Wir glaubten, all unsere Sorgen würden behoben sein, wenn erst einmal die Mandschu gestürzt wären. Und darum schlossen wir einen Kompromiß mit unseren eigentlichen Feinden, den Ausbeutern, welche die Mandschu unterstützt hatten und bald einen anderen finden sollten, den sie unterstützen konnten.«

»Was hast du zur Zeit der Revolution von 1911 getan, Dritter Onkel?«

Auf diese Frage antwortete Dritter Onkel mit dem freundlichen, milden Lächeln, das stets auf seinem Gesicht erscheint, wenn man ihn plötzlich festnageln will und er eine vorsichtige Ausflucht vorbereitet. »Was konnten wir tun? Zunächst befahl man uns jungen Offizieren der Neuen Armee, gegen das Volk vorzugehen. Aber natürlich konnten wir nicht auf die Leute schießen. Keiner von uns aus Chengtu hätte es fertiggebracht, auf seine Landsleute zu schießen. Wir schlossen uns sehr bald der Revolution an; aber ich wurde vorher noch einmal nach Tatsienlu geschickt, weil die Engländer uns in Tibet wieder Schwierigkeiten machten. Chao Erfeng, der Vizekönig, war unser Kommandeur. Nach seinem Tod ging unser Bataillon wieder nach Chengtu zurück. Überall herrschte ein wildes

Durcheinander, und niemand wußte, welche Regierung nun wirklich die Macht besaß. Die Engländer rückten vor, überschritten die äußerste Linie, die sie zuvor selbst zur Nordgrenze Indiens gemacht hatten, und zogen willkürlich die sogenannte McMahon-Linie. Wäre nicht der Erste Weltkrieg ausgebrochen, so hätten sie gewiß versucht, wenigstens einen Teil von Tibet an sich zu reißen. Und bei uns war es, als sei plötzlich ein stehendes Gewässer aufgerührt worden und tausend seltsame Ungeheuer seien ans Licht gekommen. Jeder kämpfte gegen jeden, und manchmal schien es mir, als werde dieser Wirrwarr nie ein Ende finden.«

Dritter Onkel, der 1912 wieder in Chengtu war, stand natürlich auf der Seite der Großen Han-Militärregierung, die sich aus Mitgliedern der Grundbesitzerkreise zusammensetzte. 1913 befehligte er die Garnison von Chengtu und nahm dann später an den Kämpfen teil, die ausbrachen, als die Provinzen Szechuan und Yünnan sich 1916 von Yüan Shihkai lossagten. Er focht unter einem Kriegsherrn von Szechuan, dem berühmten Liu Hsiang, der bis 1940 einen großen Teil der Provinz beherrschte, und diente ihm auch mehrere Jahre als Finanzberater und Helfer bei der Ausrottung der Opiumsucht. Diese Tätigkeit ermöglichte es ihm dann, aus der Armee auszuscheiden, sich den Geschäften zu widmen und das Vermögen der Familie neu aufzubauen.

»Natürlich war alles, was ich getan habe, völlig reaktionär«, meinte Dritter Onkel lachend, »aber wie konnte ich es damals besser wissen?«

Als er das sagte, saßen wir mit mehreren kommunistischen Schriftstellern zusammen. Alle nickten zu seinen Worten. Es war alles geklärt, die Vergangenheit abgeschlossen. Mein Onkel hatte seinen Lebensbericht niedergeschrieben und war als geborener Kapitalist eingestuft worden. Wenn er jetzt erzählte, wie er gegen die Revolution gekämpft hatte, brauchte er nichts zu befürchten; denn man hatte seine Vergangenheit akzeptiert, so wie er selbst diese Gegenwart, die er einst bekämpfte, akzeptiert hatte.

Wenn Szechuan auch gewissermaßen die Zündschnur der Revolution gewesen war, so war es doch nicht die erste Provinz, die sich von der Mandschu-Dynastie lossagte und zu der neu ausgerufenen Republik bekannte. Im Gegenteil, es folgte sogar als letzte dem Beispiel der südlichen und westlichen Provinzen Chinas, die sich nach dem Aufstand von Wuchang eine nach der anderen erhoben und ihre Unabhängigkeit von der Mandschu-Dynastie verkündeten. Die Mandschu-Beamten in den einzelnen Städten wurden ihrer Ämter enthoben, während die chinesischen Beamten sich, sobald sie sahen, wie der Wind wehte, schleunigst in aufrechte Republikaner und Anhänger Sun Yatsens verwandelten. Und eben dieser allzu leicht vollzogene Umschwung, die reibungslose, fast mechanische Raschheit, mit der dieser Frontenwechsel stattfand, war der schwache Punkt und der Anlaß für das spätere Scheitern der Revolution. Die Macht verblieb in den Händen derselben Klasse, die sie bisher innegehabt hatte: in den Händen der Grundbesitzer, Beamten, Mandarinen und Literaten, die sich nun mit den Befehlshabern der Neuen Armee (die ja selbst dieser Klasse entstammten) verbündeten und ihnen die nötigen Waffen und das Geld zu ihrer Bezahlung verschafften. Dazu kamen noch Glücksritter, schlaue und ehrgeizige Militärs, die sich jetzt ebenfalls den Weg zur Macht erkämpften. Auch sie brauchten Waffen und Geld und wurden auf diese Weise sehr schnell von den Westmächten abhängig, deren Herrschaft zu brechen sie geschworen hatten.

Die Mitglieder der Gentry waren die ersten, die einen Versuch unternahmen, die Revolution, der sie sich vorübergehend angeschlossen hatten, wieder abzublasen. Diese Republikaner von eigenen Gnaden, die es sich in der Macht so behaglich gemacht hatten, verfolgten die echten Revolutionäre fast mit dem gleichen blutdürstigen Eifer wie vor ihnen die Mandschu.

Sun Yatsen, der ja aus China verbannt war, befand sich beim Ausbruch der Revolution im Oktober 1911 gar nicht im Lande, sondern in England. Sein englischer Freund Dr. Cantlie erzählt die folgende hübsche Anekdote: Sun Yatsen erhielt ein Telegramm, las es und faltete es wieder zusammen. Später, als sie beim Tee saßen, sagte er beiläufig: »Ach, übrigens, man hat mich gebeten, Präsident der chinesischen Republik zu werden.« Er kehrte im Dezember zurück und wurde am 1. Januar 1912 in Nanking zum Präsidenten der chinesischen Republik ausgerufen. Nanking, die alte Hauptstadt der Ming-Dynastie, war 1853 auch die Hauptstadt der Taiping gewesen. Ebenso wie die heutige kommunistische Partei bekannte auch Sun Yatsen sich zu dem geistigen und politischen Erbe der Taiping; aber daneben fühlte er die Verpflichtung, die Tradition der chinesischen Ming-Kaiser zu bewahren. Entsprechend der chinesischen Sitte, die Ahnen über alle wichtigen Vorgänge zu informieren, begab sich Sun zu den Gräbern der Ming-Herrscher in Nanking, um ihnen mitzuteilen, daß ihre Geister nun, nachdem sie zweihundertsiebenundsechzig Jahre auf ihre Rache gewartet hatten, in Frieden ruhen könnten. Er erzählte ihnen, daß die fremden Herrscher China verlassen hätten und daß China nun endlich zu sich selbst gekommen sei – ein freies, unabhängiges Volk, das mit den anderen Nationen auf gleicher Stufe stehe.

Zu sich selbst gekommen... Aber ach, so war es nicht, denn die Westmächte hatten den Kampf nicht aufgegeben. Schon waren sie dabei, die Revolution zu untergraben, und sie verfügten über willige Helfer. Ein Land kann nicht an den Feind vor seinen Toren verraten werden, wenn die Verräter nicht innerhalb dieser Tore sitzen. Und für Geld und Machtpositionen lassen sich stets solche Verräter finden. Es ließe sich eine lange Liste »starker Männer« aufstellen, die zu gefügigen Marionetten der ausländischen Mächte wurden – nicht nur in China, sondern in jedem Land, das sich aus einer feudalen Vergangenheit einen Weg in die Gegenwart bahnen und darum kämpfen mußte, in Unabhängigkeit zu überleben.

Sehr bald schon erschienen im Ausland Zeitungsartikel, die gegen Sun Yatsen gerichtet waren, ein allgemeines Chaos voraussagten und von Massakern sprachen, auf die man sich gefaßt machen müsse. George Morrison, ein Korrespondent der Londoner *Times*, schrieb, Sun sei ein Verrückter, ein Hysteriker, ein gefährlicher Träumer, der unrealistischen romantischen Ideen nachhinge. Die Botschafter der Westmächte in Peking, die sich eine Weile erschrocken zurückgehalten hatten, taten sich jetzt wieder zusammen und verhandelten mit Yüan Shihkai, dem Oberstkommandierenden der Neuen Armee, einem »vernünftigen und zuverlässigen Mann, mit dem man ein vertrauliches Wort reden konnte«. Daß George Morrison im folgenden Jahr den Posten eines Beraters bei Yüan Shihkai erhielt, konnte niemanden überraschen.

Man mußte versuchen, Sun, den Träumer, aus dem Weg zu räumen und Yüan an seine Stelle zu schieben; denn Sun war unbestechlich und hatte den Wunsch, China wahrhaft unabhängig zu machen und ihm – nach einem Klischee, das Sun vermutlich in England kennengelernt hatte – endlich den ihm zukommenden »Platz an der Sonne« zu verschaffen. »China darf nicht länger die Kolonie aller oder, richtiger gesagt, noch weniger als eine Kolonie sein.« Er rechnete damit, daß die westlichen Demokratien China helfen würden, die ihm gebührende Stellung zu erringen und so der ganzen Welt ein Leben in Frieden und Harmonie zu ermöglichen. Und darin eben bestand seine große Torheit, daß er glaubte, er könne mit Worten und Vernunftgründen die Sache Chinas vertreten und so Gerechtigkeit erlangen. Wie stellte er sich das vor? Konnte man wirklich von den Westmächten erwarten, daß sie eine so begehrenswerte und gewinnbringende Beute fahrenließen? Ausgeschlossen. Nicht nur daß Suns Appelle ungehört verhallten und nirgends veröffentlicht wurden, es geschah alles, um ihn und seine Revolution zu liquidieren.

Die ersten Druckmittel, die man anwandte, waren natürlich wirtschaftlicher Natur. Der langlebige Sir Robert Hart (derselbe, der bereits 1885 die verängstigten Mandschu gezwungen hatte, den Franzosen nachzugeben, indem er die Getreidelieferungen zurückhielt) sorgte jetzt dafür, daß die Regierung Sun überhaupt keine Gelder erhielt, ließ dafür aber Yüan Shihkai im Norden große Beträge zukommen. Auch gewisse ausländische Banken machten Yüan im Jahre 1912 Geschenke und Geldzuwendungen. Die republikanische Regierung Sun Yatsens in Hankow und Kanton wußte nicht, wovon sie ihre Soldaten bezahlen sollte, während Yüan seine Streitkräfte vergrößern konnte und reichlich mit Waffen versorgt wurde. Denn die Macht kam und kommt leider auch heute noch aus den Mündungen der Gewehre, und die Westmächte, die ihre Gewehre in China mit solchem Erfolg angewandt hatten, bewaffneten nun Yüan, ihren starken Mann, damit er für sie kämpfte.

Das Bankenkonsortium spielte bei alledem eine wichtige Rolle. Cantlie schreibt in seiner Biographie Sun Yatsens: »Im Bankenkonsortium hatte eine grundlegende Veränderung stattgefunden. Unabhängig von den eigentlichen Bankgeschäften erlangte es eine politische Bedeutung, die von den Mächten anerkannt wurde. Deshalb wurden nun auch Japan und Rußland als Mitglieder aufgenommen, so daß jetzt also alle sechs Mächte, die wesentliches Interesse an China hatten, im Konsortium vertreten waren.« Diese vereinigte Finanzfront begann nun mit einer Kampagne, die bewußt auf eine Unterminierung der Verhältnisse in China abzielte, um so die finanzielle Abhängigkeit des Landes von den fremden Mächten zu festigen.

Der erste Beweis dafür, daß die Westmächte und besonders England hinter Yüan Shihkai standen, war das jetzt auftauchende Gerücht über eine Anleihe mit dem hochtrabenden Namen »Reorganisations-Anleihe«. Das Bankenkonsortium hatte sich hiernach erboten, der Republik eine große Summe zu leihen und als Sicherheit dafür die nationale Salzsteuer verlangt, unter der Voraussetzung, daß diese ebenso wie der noch verbliebene Rest der inländischen Transporteinnahmen dem von Ausländern verwalteten Maritimen Zolldienst unterstellt wurde, der bereits die gesamten Einnahmen aus dem chinesischen Außenhandel und einen Teil der Straßenzölle kontrollierte. Als oberster Inspektor für die Salzsteuer war ein Engländer vorgesehen, dem ein Deutscher zur Seite stehen sollte. Um den finanziellen Einfluß der Mächte auch für die Zukunft zu sichern, wurde inzwischen ein Büro für Internationale Anleihen gegründet – etwas Ähnliches wie der heutige Weltwährungsfonds. Die Leitung hatte ein Deutscher, Rechnungsprüfer waren ein Russe und ein Franzose.

Sun und seine Revolutionspartei protestierten gegen diese Machenschaften, und man muß es den Amerikanern zur Ehre anrechnen, daß sie sich unter der Präsidentschaft von Thomas

Woodrow Wilson mit Rücksicht auf die Gefühle der Chinesen aus dem Konsortium zurückzogen. »Die Bedingungen der Anleihe scheinen uns gegen die administrative Unabhängigkeit Chinas zu verstoßen«, verkündete Wilson. Leider verdarb er selbst die Echtheit dieser Geste, indem er hinzusetzte: »Unsere Interessen sind die der offenen Tür – einer Tür der Freundschaft und des beiderseitigen Vorteils.« Da die Politik der offenen Tür lediglich auf eine Bestätigung gleicher Bedingungen für alle ausländischen Mächte hinsichtlich der Importzölle hinauslief, betrachteten die Chinesen Wilsons Erklärung als etwas zweideutig, und obgleich zunächst ein Gefühl der Dankbarkeit überwog, erfüllte die spätere Haltung Amerikas doch nicht die chinesischen Erwartungen.

Sun Yatsen gehört zweifellos zu den großen Männern der Geschichte. Er war eine wahrhaft edle Persönlichkeit und besaß einen klaren Blick für alles, was gut und richtig war und dazu außerordentlichen Mut; aber sein Fehler war es, daß er glaubte, auch die anderen müßten so hingebungsvoll, edel und selbstlos sein wie er. Er hatte weder Zeit noch Raum für Niedrigkeit und kleinliche Gelüste. Sein ganzes Leben hindurch blieb er befangen in dem einen großen Traum: die Mandschu zu stürzen und eine Republik zu errichten, ein freies China, das den anderen Nationen gleichgestellt war und von ihnen geachtet wurde. Er ging noch weiter: er entwarf das Bild einer geeinten friedlichen Welt, in der die Starken und Reichen den Armen und Schwachen helfend zur Seite standen. Er war, wie Cantlie bemerkt, »ein sehr liebenswerter Mensch«. Aber er sollte bitter enttäuscht sterben – enttäuscht nicht nur vom Westen, den er für anständig und demokratisch gehalten hatte, sondern auch von Japan. Wieder und wieder hatte er an die Westmächte appelliert und sie um Verständnis, um eine internationale Zusammenarbeit gebeten. Er hatte darauf hingewiesen, daß es bei seiner Revolution keine Pöbelherrschaft und keine Massaker gegeben habe und daß die ausländischen Interessen nicht verletzt worden seien. Es war auch nicht zu einem großen Blutbad unter den Mandschu gekommen, obgleich drei Millionen von ihnen abgesondert in ihren eigenen Stadtvierteln lebten und somit durchaus die Möglichkeit zu Pogromen bestanden hätte. Aber es hatten sich keine ereignet. Sun bat um eine Chance für China. Er sprach von Gerechtigkeit, Anständigkeit, Ehrlichkeit ... Nichts davon wurde ihm zuteil.

Wenn China heute kommunistisch ist, so waren es die Westmächte, die ihm diese Richtung aufgezwungen haben; und wenn die Völker Asiens zu glauben beginnen, daß nichts sich ohne Waffengewalt erreichen läßt, so deshalb, weil man ihnen diese Tatsache seit Jahrzehnten bewiesen hat. Alles ist durch Erfahrung bedingt, unsere Zukunft lag bereits vor unserer Geburt fest. Und heute lernt die junge Generation wiederum, daß die Waffe letzten Endes der einzige Schiedsrichter ist, auch diesmal ist es der Westen, der diese Lektion erteilt.

Sun Yatsens Traum von einer weltweiten Brüderlichkeit, der aus seiner tiefen und aufrichtigen Freundschaft mit einzelnen Engländern und Amerikanern – wie zum Beispiel mit dem englischen Arzt Dr. Cantlie – erwachsen war, sollte zerrinnen und sich schließlich in Bitterkeit verwandeln. Er erlebte die gleiche Enttäuschung und geriet in das gleiche geistige Dilemma wie mein Vater und – damals wie heute – so viele Tausende, ja Hunderttausende von Asiaten, die ebenfalls gezwungen sind, gegen die Ausbeutungsgelüste der Westmächte zu protestieren, während sie im privaten Leben freundschaftliche Beziehungen mit Ausländern unterhalten.

Yüan Shihkai machte sich keine Illusionen und träumte keine solchen Träume von Frieden und Gerechtigkeit. Er war aus demselben Stoff wie diejenigen, die ihn unterstützten: skrupellos, unehrlich und nur auf sein eigenes Fortkommen bedacht. Für die Westmächte war er das Idealbild des starken, rücksichtslosen Mannes. Nicht nur George Morrison, sondern auch ein amerikanischer Missionar namens Goodnow war eifrig bemüht, im Westen ein günstiges Bild von ihm zu zeichnen. Cantlie schreibt: »Vielleicht mehr als alles andere haben diese Berichte Suns Namen in England beschmutzt und die umstürzlerischen Umtriebe des Bankenkonsortiums begünstigt.«

Um die Einheit zu retten, erbot Sun sich schon sehr bald, zurückzutreten und seinen Präsidentenposten Yüan zu überlassen – eine Geste, die typisch war für seinen idealistischen Charakter. Sun meinte, wenn Yüans persönlicher Ehrgeiz befriedigt sei, werde er gewiß zum Besten des Volkes wirken. Seiner Ansicht nach würden ein demokratisch zusammengestelltes Kabinett, eine Nationalversammlung und das allgemeine Wahlrecht genügend Schutz gegen eventuelle Versuche Yüans bieten, sich zum Diktator aufzuschwingen. Denn genügten diese Dinge nicht auch im demokratischen England und in Amerika? Richteten sich dort nicht die Herrscher nach der Stimme des Volkes, die sich in den Parlamenten kundtat? Sun hatte nur wenig Ahnung von dem, was auch in einer Demokratie die wirkliche Grundlage der Macht bildet, und ganz gewiß verstand er nichts von der Wirtschaft und der Bedeutung des Geldes in der Politik. Bald schon sollte er sie zu seinem eigenen Schaden kennenlernen. Er hatte es sich nicht träumen lassen, daß Yüan die Mitglieder der Nationalversammlung nach seinem Gutdünken auswählen, daß er Wahlergebnisse fälschen und einen Soldaten mit geladenem Gewehr hinter jeden Volksvertreter stellen würde, um sich so seine Ja-Stimmen zu sichern ... alles Tricks, die man noch heute in Teilen der Welt anwendet, welche den gleichen Leidensweg gehen müssen wie einst China.

Yüan wollte Kaiser werden. Seine Wahrsager hatten ihm diese ruhmreiche Laufbahn prophezeit. Er überlistete oder ermordete alle Gegner, gleichgültig, ob diese Gegnerschaft wirklich war oder nur in seiner Einbildung bestand. Und sicher hielt er Sun, als dieser ihm die Präsidentschaft anbot, für einen unglaublichen Narren. Nie hat er Suns Motive und den Sinn jenes vornehmen und ergreifenden Telegramms begriffen, das dieser ihm schickte und das ein historisches Dokument darstellt:

Ich könnte einen Krieg zwischen Süden und Norden nicht mit ansehen, denn unser Volk würde so sehr darunter leiden. Wenn dieser Krieg durch Ihre Anstrengungen vermieden werden kann, so ist es nur recht und billig, daß ich Ihnen Glauben schenke und die Präsidentschaft an Sie abtrete.

Diese Selbstverleugnung um des Volkes willen mußte Yüan als der Gipfel der Naivität erscheinen. Yüan, das Konsortium,

Morrison und Goodnow blieben von derartigen Gefühlen unberührt. Wer kümmerte sich schon ernstlich um das Volk, wenn außerordentliche Interessen auf dem Spiele standen?

Jahre später, genauer gesagt im Jahre 1918, sollte George Morrison, der so vieles getan hatte, um Sun Yatsens Ruf zu schaden und für Yüan die Unterstützung Londons zu gewinnen, seine Handlungsweise bereuen. »Hätte ich gewußt, daß so viel Gutes an Sun war ...«, vertraute er Cantlie an. Aber da war es zu spät.

George Morrisons Sohn Ian, der 1949 mein Liebhaber wurde, hat mir ausführlich von seinem Vater erzählt. Er hat ihn sehr gefürchtet, denn George Morrison, der erst spät geheiratet hatte, war seinen Söhnen ein strenger und harter Vater.

»Er behandelte alle Chinesen mit Verachtung, so als stünde er hoch über ihnen.«

»Er hielt Yüan für tüchtig – und außerdem hatte Yüan ihm ein großes Jadesiegel geschenkt. Er verkleidete sich gern als chinesischer Beamter.«

Die vom Botschafterviertel in Peking ausgehende Hauptstraße hieß Morrisonstraße und behielt diesen Namen bis 1949.

Die Schachzüge und Betrügereien, die damals angewendet wurden, sind in die Geschichte eingegangen; wir besitzen Aufzeichnungen über die hinterlistigen Kniffe, die Scheinmanöver, die Morde und Machenschaften der Banken und des Konsortiums.

Suns Anhänger waren von dieser Wendung der Ereignisse wie gelähmt. Einige ließen sich von Yüan bestechen und gingen zu ihm über, andere entsagten angeekelt ihrem Posten, und wieder andere wurden hingemordet. Im Frühling des Jahres 1913 wurde Sun wieder einmal als vogelfrei erklärt und mußte aus seinem Vaterland flüchten.

»Gott sei Dank, den sind wir los!« schrieb Morrison frohlockend. Und nun begann Yüan mit einem wahren Gemetzel unter den Anhängern Suns. Sie mußten um ihr Leben laufen.

So hatte Yüan Shihkai mit Hilfe der Demokratien Chinas ersten Versuch, zu einer demokratischen Staatsform zu gelangen, zunichte gemacht. Vom Bankenkonsortium floß Geld in seine Taschen, gutes Silbergeld, mit dem er seine Macht festigen konnte.

Jetzt aber begann der große Ausverkauf. Alles in China wurde verpfändet, nicht nur die Zolleinnahmen, die Transportabgaben und die Salzsteuern, sondern auch die Bergwerke, die Eisenbahnen und die Häfen mitsamt ihren Einrichtungen. Cantlie erzählt, wie die Anleihe des Konsortiums einen grundlegenden Wandel im ganzen Zollwesen nach sich zog, wie die ausländischen Diplomaten ganz offiziell die Treuhänderschaft über sämtliche Einnahmen an sich rissen und der Regierung nur den Restbetrag beließen, der nach Bezahlung der Anleihezinsen übrigblieb.

»So wie wir es 1911 vorausgesagt haben«, heißt es im Jahresbericht der *Banque de la Société Générale de Belgique* von 1913, »hat die chinesische Regierung sich entschlossen, einige wichtige Eisenbahnprojekte in die Tat umzusetzen. Es wurde ein Anleihevertrag über zehn Millionen Pfund Sterling mit unserer Gesellschaft – der Belgischen Gesellschaft für Eisenbahnen und Straßenbahnen in China, einer 1908 durch Leopold II. begründeten Tochtergesellschaft der Belgischen Bank – unterzeichnet. Ein internationales Finanzsyndikat, dem unsere Gesellschaft angehört, hat der chinesischen Regierung (Yüan Shihkai) eine Anzahlung von einer Million zweihundertfünfzigtausend Pfund auf eine Gesamtanleihe in Höhe von zwölf Millionen fünfhunderttausend Pfund gemacht. Dieses Syndikat ist auch an dem Konsortium der sechs Mächte beteiligt, das soeben den großen Reorganisations-Anleihevertrag mit China abgeschlossen hat.«

Mit diesen glatten Worten, diesen harmlos klingenden Floskeln aus der Finanzwelt, wurde das Schicksal der Revolution von 1911 besiegelt. China war wieder einmal ein Land der Verheißung – aber nicht für die Chinesen, sondern für die ausländischen Kapitalisten.

Englische Historiker wie Sir John Pratt und Sir Frederick Whyte haben seitdem die Entschlüsse von damals bedauert und erklärt, man habe »auf das falsche Pferd gesetzt«. Aber ob es nun das falsche oder das richtige Pferd war, die Absichten und Praktiken bleiben doch dieselben, und gleichgültig, ob die betreffende Institution Konsortium oder Weltbank heißt, noch heute werden die »starken Männer« nicht zugunsten ihres eigenen Volkes, sondern nur um der imperialistischen Interessen willen unterstützt. Und auch heute wird das Ende ebenso aussehen wie damals in China.

Im März 1913, am gleichen Tag, an dem bekannt wurde, daß Sun Yatsens bester Freund und tatkräftigster Helfer durch von Yüan Shihkai gedungene Mörder in Peking umgebracht worden war, setzten die Vertreter des Konsortiums und Yüan Shihkai ihre Unterschriften unter den großen Reorganisations-Anleihevertrag über fünfundzwanzig Millionen Pfund, der eine »Reorganisation« der Eisenbahnen und Bergwerke, der Naturerzeugnisse und der Währung vorsah. Sun bat das Konsortium, die Zahlung an Yüan zurückzuhalten, da dieser das Geld zur Ausrüstung einer Armee für den Bürgerkrieg verwenden wolle – was auch den Tatsachen entsprach. Vier Tage nachdem das Konsortium Sun feierlich versprochen hatte, Yüan *nichts* zu zahlen, streckte es diesem zwei Millionen Pfund für seine Armee vor.

Goodnow, der inzwischen auch zum Berater Yüans aufgerückt war, phantasierte über ihn: »Er mag ein wenig skrupellos sein, aber wir müssen bedenken, daß die chinesische Auffassung von Anständigkeit ... nicht der unseren entspricht.« Goodnow nannte Sun einen Rebellen, ließ durchblicken, daß er ein Feind des Christentums sei (was nicht stimmte, denn Sun Yatsen war zum Protestantismus übergetreten) und erfand, um die Meinung der Amerikaner zu beeinflussen, die wildesten Geschichten über die Revolutionäre, die er als wahre Teufel hinstellte. Außerdem begann er jetzt mit einer Pressekampagne, um seinem Gönner zum Kaiserthron von China zu verhelfen. In einem Artikel nach dem anderen versuchte er zu beweisen, daß ein republikanisches System sich für China nicht eigne, sondern daß das Volk einen Kaiser – mit anderen Worten Yüan Shihkai – brauche.

Unterdessen war jedoch im August 1914 der Erste Weltkrieg ausgebrochen. Zwar bestand das Bankenkonsortium noch immer, aber die Westmächte brachten jetzt in blutigen Kämpfen ihre Rivalitäten zum Austrag, und Millionen junger Menschen starben auf den Schlachtfeldern Flanderns. Wozu?

Am 12. Dezember 1915 wurde Yüan von einem sogenannten Parlament – das sich einzig aus seinen Anhängern zusammensetzte – gebeten, den Drachenthron zu besteigen. Die unmittelbare Folge war, daß sich sechzehn von den achtzehn chinesischen Provinzen gegen ihn erhoben. Denn ungeachtet aller wortreichen Versicherungen damaliger China-Experten wie Goodnow wollte das chinesische Volk *keinen* Kaiser haben. Sehr erschrocken gab Yüan seinen Versuch auf. Und nun sah Japan wieder eine Chance für sich. Die Westmächte waren damit beschäftigt, ihre eigene Jugend in Massenvernichtungen von asiatischem Ausmaß hinzuschlachten. Jetzt hatte Japan Gelegenheit, die Welt zu erobern. Und den Anfang wollte es mit China machen ... Yüan, der nun in schwerste Bedrängnis geraten war, bemühte sich um Geld; aber die Westmächte hatten andere Sorgen – sie hatten weder Zeit noch Geld für Yüan Shihkai. Im Juni 1916 starb Yüan, von all seinen Helfern und sogar seinen Ratgebern verlassen.

Nun verlor das Geld seinen Wert. Schon vor Yüans Tod hatten die Bankiers sich geweigert, die Banknoten seiner Regierung einzulösen. Auch das Silber verschwand; es wanderte zurück in die Münzhäuser oder in die Taschen der Provinzbeamten. Und jetzt war das Unheil da. Jede Provinz in ganz China war auf sich selbst angewiesen, überall proklamierten die Provinzarmeen ihre Unabhängigkeit. In Yünnan wie in Szechuan, in Kuangsi wie in Shensi regierten die »Warlords«, die Kriegsherren, und einer kämpfte gegen den anderen. Der sogenannte »Warlordismus«, die Epoche der Kriegsherren, hatte begonnen.

Ich besitze einen privaten Bericht über jene Zeit, einen Brief des Belgiers Joseph Hers, der damals bei der Belgischen Gesellschaft für Eisenbahnbau in China angestellt war. Diese Gesellschaft, die in enger Verbindung mit dem Konsortium arbeitete, hatte 1913 den Vertrag über den Bau der Lunghai-Bahn abgeschlossen – jener horizontalen Strecke von der Küste des Ozeans bis in die Provinz Kansu, von der Leopold II. geträumt hatte.

Brief von Joseph Hers, leitender Angestellter der Belgischen Gesellschaft für Eisenbahnbau in China.

Meine liebe Suyin,
Du hast mich gebeten, Dir etwas aus meinen Erinnerungen mitzuteilen. Ich lernte Deinen Vater 1913 kennen, als er sich um eine Stellung bei uns bewarb, und traf ihn dann 1914, einige Monate vor Ausbruch des Krieges, wieder, als er beim Bau der belgischen Eisenbahnen in China mitarbeitete.

Wir schreiben 1913. Die Revolution ist vorüber (sofern man nicht der Meinung ist, sie habe gerade erst begonnen). Die Mandschu-Dynastie ist abgetreten. Sun Yatsen ist nach China zurückgekehrt, und am 1. Januar 1912 ist die Republik ausgerufen worden. Sun hat sich sofort darangemacht, seinen großen Traum zu verwirklichen, nach dem China über ein riesiges Eisenbahnnetz verfügen soll...

In Peking erinnert sich die provisorische Regierung unter Yüan Shihkai daran, daß die französisch-belgische Gruppe die Eisenbahn Peking–Hankow gebaut hat und daß diese Strecke sich gut rentiert. Mit Hilfe der zwölfhundert Kilometer langen Linie sah sich die chinesische Regierung in der Lage, das Eisenbahnmonopol, das die Engländer und Amerikaner im Yangtse-Becken und in Südchina angestrebt hatten, zu brechen. Die russischen Diplomaten waren uns im Jahre 1898 dabei behilflich; aber die Engländer haben es uns nie vergessen. (Noch im Jahre 1924 kam eine englische Zeitung in Hankow wieder auf dieses Thema zurück.) *(Zusatz von Joseph Hers zu der Abschrift aus seinem Tagebuch.)* Immerhin fühlen sie sich sowohl durch die wachsende Macht der Vereinigten Staaten wie durch Japan bedroht.

Am 1. April 1912 trat Sun Yatsen zugunsten Yüan Shihkais von dem Posten des Staatspräsidenten zurück. Binnen zwölf Monaten wurden in Peking zwei Verträge unterzeichnet; der eine betraf den Bau der großen Ost-West-Strecke, der Lunghai-Linie, der andere den Bau einer Strecke, die quer durch die mächtigen Gebirgsketten nach Chengtu in Szechuan führen sollte. Es erscheint sicher, daß Yüan Shihkai, ein schlauer, in militärischen Dingen erfahrener Mann, diese neue Ära in China beherrschen wird. Er ist rücksichtslos, ein vollendeter Stratege. Für den Augenblick befindet sich China noch in einem Zustand glühender Erregung. Das Gefühl steht im Vordergrund, und Sun Yatsen ist das Idol und der Held der Millionen, nicht so sehr, weil er ein kraftvoller Volksführer wäre als vielmehr weil sein Traum vom Sturz der Mandschu-Dynastie – ein Traum, der noch vor wenigen Jahren völlig absurd war – Wirklichkeit geworden ist. Dinge, die so unbezwinglich erschienen wie die Große Mauer, ließen sich hinwegfegen wie ein Spinnennetz. Ich bin nicht der Meinung der Engländer, die Sun für einen Menschen halten, der sich das Vertrauen der Öffentlichkeit nicht gewinnen kann und dessen Sturz gewiß ist. Einige meiner chinesischen Freunde haben eine sehr schlechte Meinung von Yüan und sagen: »Seine größte Geschicklichkeit beweist er, wenn es darum geht, sein eigenes Volk zu betrügen.«

Ich schmeichle mir, die Denkart der Chinesen zu kennen. Oft handeln sie genau entgegengesetzt wie wir, indem sie ihre Gefühle offen zeigen – ein Zug, dem nur wenig Europäer Aufmerksamkeit widmen. Ich neige zu der Annahme, daß diejenigen, die so sehr darauf bedacht sind, Yüan zu stürzen, möglicherweise über das Ziel hinausschießen und so eine neue Umwälzung einleiten könnten.

Vorläufig aber liegt es in unserem Interesse, den Eisenbahnbau voranzutreiben, und in diesem Punkt dürfte Yüan unseren Wünschen wesentlich zugänglicher sein als jeder andere Mann. Obgleich Sun von einem großen Eisenbahnnetz träumt, einem Netz von mehreren hunderttausend Meilen, das die Ebenen Chinas im Westen mit Tibet und Turkestan verbinden soll, im Norden mit Sibirien und im Süden mit Indien und Birma, würden die Nationalisten in seiner Umgebung bestimmt alles tun, um uns die denkbar schwersten Bedingungen für den Bau dieser Linien zu stellen.

Seit den ersten Monaten des Jahres 1913 treffen zahlreiche französische und belgische Techniker mit der Transsibirischen Eisenbahn ein, um beim Bau der Lunghai-Linie mitzuwirken. Auch Griechen und Italiener sind dabei und dazu einige chinesische Ingenieure, die soeben ihr Studium an den französischen und belgischen Universitäten abgeschlossen haben. Bei anderen Vorhaben würden sie auch kaum mit einer Anstellung rechnen können, da das ganze Yangtse-Becken britisch ist und dort die englische Sprache dominiert.

Die Büroangestellten kommen aus den französischen katholischen Schulen in Shanghai. Aber diese jungen Leute aus Shanghai sind das harte Leben und die strenge Moral der Nordchinesen nicht gewöhnt. In der Station Chengchow haben sie gesehen, wie eine Ehebrecherin und ihr Partner nach hiesiger Sitte bestraft wurden. Sie waren entsetzt darüber – es sind eben Menschen aus der Großstadt.

In der kleinen Welt der Eisenbahn arbeitet man hart und führt ein hartes Leben. Die Häuser unserer chinesischen Angestellten sind kaum besser als Bauernhütten. Es gibt keine Eisschränke darin, kein elektrisches Licht, nichts. Einmal im Monat erhalten wir Post, und dann kommen auch das Bier und die Konserven, die wir in Hankow oder Tientsin für die Europäer bestellt haben.

Zwischen den Männern, die hier arbeiten, gibt es keine Rassenschranke. Bei den Frauen ist das etwas anderes. Da ist zunächst die Rivalität zwischen den europäischen Frauen selbst: den Französinnen, den Belgierinnen, den Griechinnen und den Italienerinnen. Dann aber fällt die kühle Verachtung auf, mit der sie alle die Frauen behandeln, welche mit chinesischen Ingenieuren verheiratet sind. Diese unglücklichen Europäerinnen müssen hier feststellen, daß ihre Männer wesentlich schlechter bezahlt werden als die Europäer. Ein gesellschaftlicher Kontakt ist überhaupt nicht vorhanden. Zwar arbeiten wir alle zusammen im Büro oder draußen am Bahndamm; aber dann geht jeder seiner Wege. Nur einmal im Jahr kommen wir alle zusammen – sonst höchstens, wenn wir wieder einmal eine Sammlung für die Opfer der fast ununterbrochenen Hungersnöte veranstalten. Nach der Hungersnot pflegt der Bürgerkrieg mit all seinen verheerenden Folgeerscheinungen zu kommen; aber auch er bringt uns nicht näher zusammen.

Unsere schlimmsten Feinde sind die Truppen dieses oder jenes Generals, die unsere Züge benutzen, ohne einen Fahrpreis zu bezahlen, oder auch unsere Lokomotiven und Waggons einfach requirieren. Und außerdem gibt es noch die Räuber – die Banden des Weißen Wolfs oder des Leoparden – die Menschen rauben, um Lösegeld zu erpressen.

Gegenwart und Vergangenheit begegnen einander: der Bericht meines Freundes Joseph Hers, die Erinnerungen von Li Chiehjen und die von Drittem Onkel. Sie bilden Teile eines Panoramas, das ich selbst mit eigenen Augen nicht gesehen habe; sie schildern die ersten Schritte des Langen Marsches, der 1949 endete.

Und hier noch eine letzte Betrachtung des Schriftstellers Li Chiehjen:

Das Scheitern der Revolution von 1911 war das sicherste Zeichen dafür, daß die Revolution von 1949 heranreifen würde. Es war wie in einem Wald, wo ein alter Baum das Wachstum des jungen behindert, bis der Blitz den alten Baum fällt oder ein Sturm ihn umwirft.

Dieses Scheitern veranlaßte viele Studenten, ins Ausland zu flüchten. Andere gaben alle Hoffnungen auf und wurden bitter und zynisch. Wieder andere wurden durch Yüans Leute ermordet. Nach 1913 setzte Yüan in Szechuan einen Militärgouverneur ein, der die Aufgabe hatte, mit allen Revolutionären aufzuräumen. Und die Kriegsherren, die auf Yüan folgten, machten Jagd auf jeden, der im Verdacht stand, ein Kommunist zu sein und ließen die Menschen mitten auf der Straße niederschießen oder enthaupten, ohne ihnen Zeit zu lassen, auch nur ein einziges Wort zu ihrer Entlastung vorzubringen.

Wu Yuchang, der revolutionäre Student, der in Junghsien – dem ersten Ort Chinas, der sich von den Mandschu losgesagt hatte – gemeinsam mit Lung Mingchien die Fahne der Revolution gehißt hatte, war sich bereits 1912 darüber im klaren, was für eine Art Mann Yüan war. Er suchte Sun Yatsen auf, und vermutlich beschwor er ihn, Yüan Shihkai nicht zu trauen. Aber er konnte nichts ausrichten und kehrte nach Szechuan zurück.

Die Revolutionäre Partei begründete damals die sogenannte Vereinigung für Arbeit und Studien in Frankreich. Warum gerade Frankreich? Weil französische Offiziere sowohl in Wuchang wie in Shanghai die Revolutionäre durch Waffenschmuggel und militärische Ausbildung unterstützt hatten. Außerdem waren die jungen chinesischen Studenten leidenschaftliche Bewunderer der Französischen Revolution. Das Ziel der Vereinigung war, junge Männer mit einer Arbeitserlaubnis nach Frankreich zu schicken, wo sie gleichzeitig arbeiten und studieren sollten.

Nach dem Ausbruch des Ersten Weltkriegs benötigten Frankreich und die anderen Länder dringend Arbeitskräfte, so daß viele chinesische Arbeiter die Plätze von Franzosen einnahmen, die an der Front standen oder gefallen waren. Viele Tausende von Arbeitern und Studenten gingen damals nach Frankreich, unter ihnen Tschou En-lai, der heutige Ministerpräsident Chinas, Chen Yi, heute Marschall und Außenminister, sowie Teng Hsiaoping, Li Fuchun und Nieh Jungchen, alles bedeutende Mitglieder der heutigen chinesischen Regierung. Sie und all die vielen anderen, die als Studenten oder Arbeiter oder auch in beiden Eigenschaften nach Frankreich gegangen waren und 1919 oder 1920 zurückkehrten, brachten nicht nur die Ideen der Französischen Revolution, sondern auch die des Kommunismus mit nach Hause.

Und die beiden Ströme, der Strom der ins Ausland Gereisten und derjenige der zu Hause Gebliebenen, sollten sich vereinigen und gemeinsam die Revolution vollenden, die Sun Yatsen begonnen hatte. Das aber geschah im Jahre 1949.

Achtzehntes Kapitel

Im Januar des Jahres 1913 verließ Chou Yentung mit seiner Frau und seinem Sohn Belgien, um nach China zurückzukehren. Sein Großvater, Chou Taohung, war im Dezember 1912 gestorben. Nun lag er in seinem doppelten Sarg und wartete auf seine Beerdigung.

Yentung wußte es zwar nicht, aber die Familie war damals sehr knapp bei Geld. Auch aus diesem Grund war die Beerdigung, die sehr kostspielig sein würde, immer noch hinausgeschoben worden. Der Tabakhandel wollte nicht florieren. Infolge der politischen Krisen hatte die Währung sich verschlechtert, und die Inflation ließ die Preise so rapid in die Höhe schnellen, daß die Kupfermünzen, wie man sagte, schon zerfressen waren, wenn sie von einer Hand in die andere übergingen. Die Regierung in Chengtu und die in Chungking gaben jede ihre eigene Währung heraus. Die Familie konnte froh sein, daß sie die guten, soliden Särge aus Lamnu-Holz – sowohl den äußeren wie den inneren – bereits vor zwanzig Jahren erworben hatte, als Taohung noch ein rüstiger Siebziger war. Und auch die Grabstelle hatte man vorsorglich schon seit etwa dreißig Jahren für ihn reserviert – andernfalls hätte die Familie sich kein angemessenes Begräbnis leisten können.

Taohung also lag im Sarge und wartete auf einen für die Beisetzung günstigen Tag, während sein Enkel, der ihm seinen ersten Urenkel brachte, an Bord eines Dampfers die Heimreise aus dem Land am westlichen Ozean angetreten hatte. Und die Familie sann indessen auf Mittel und Wege, sich genügend Geld für die doppelte Feier zu beschaffen: für die Beerdigung des Ahnherrn und ein schickliches Begrüßungsfest zu Ehren der fremden Schwiegertochter, die Chou Yentung nun in die Familie bringen würde.

Auf dem Dampfer, der uns zurücktrug, begann es. Es war, als hätte ein Ungeheuer jahrelang geduldig wartend auf der Lauer gelegen. Und jetzt hatte es sich aufgemacht, um mich für den Rest meines Lebens mit seiner wölfischen Gier zu jagen.

Ach, großes Ungeheuer, halte sie noch ein wenig zurück von meinem Strand, die hochgetürmten dunklen Wasser deiner Grausamkeit! Denn sieh, ich wohne auf einer kleinen Insel, fast in einer Art Miniatur-Paradies, ähnlich meinem Spielzeuggarten zu Hause mit den winzigen Bäumchen, den Bergen aus glitzernden Kieseln und dem Teich, der eine Tasse voll Wasser enthält. Ach, vergönne mir noch etwas Zeit, nur eine kleine Frist noch!

Aber die Zeit ließ sich nicht aufhalten. Die Zerstörung unseres Glücks begann bereits auf dem Dampfer, und von da an sollte es immer so weitergehen. Keine Scham ist so tief wie die, vor dem geliebten Menschen entblößt zu werden. Lieber eine Million fremder Zeugen, als erleben zu müssen, wie in die vertrauensvollen Augen ein Ausdruck des Zweifels tritt.

Und der Zweifel prüfte mich und befand mich als mangelhaft. Die überschwenglichen Illusionen waren plötzlich verweht, der Dunstkreis rührseliger Phantasiegebilde in nichts aufgelöst, und nun waren unsere so unähnlichen Köpfe gemeinsam unter ein Joch gebeugt, das härter war als das der Liebe: die Benommenheit unserer Enttäuschung hielt uns gefangen. Geist und Körper hatten sich in einem leidenschaftlichen Traum gefunden und mußten beim Erwachen feststellen, daß der Traum selbst eine Kette war.

Es war ein Abstieg, ein Sturz: von der ersten Begegnung und den sehnsuchtsvollen Blicken zum Fenster hinauf, über die Verzückung und den Überschwang der Liebe, die Seligkeit eines Herzens voll ruhigen Glücks und die Gemeinsamkeit mit einem geliebten Menschen – hinab in diesen Abgrund harten, vorwurfsvollen Schweigens. Wie der Schatten der Regenwolken über einer Stadt hatte das Leid, vor dem ich mich weggeduckt hatte, sich zusammengeballt und strömte nun über die geliebte Frau herab, drückte sie zu Boden und färbte ihr helles, verwüstetes Haar mit Kummerstreifen.

Und ich konnte nichts tun, als bei ihr sein, während sie in ihre Tragödie hineinwuchs, in ihre Entfaltung, in ihr Ende, in den engen Tod der Liebe.

Zum erstenmal bekam ich es zu spüren, als ich die Schiffskarten bestellte. Ich verlangte zwei Karten erster Klasse und erhielt die höfliche Auskunft, daß die erste Klasse auf diesem Schiff für »Farbige« gesperrt sei. Als ich auf meinem Willen bestand, erklärte man mir, die erste Klasse sei ausverkauft.

Marguerite war nicht mitgegangen. Als ich aus dem Passagebüro trat, war ich wie benommen. Ich hatte das, was die Leute mir gesagt hatten, nur zum Teil begriffen. Der Ton war so höflich gewesen, so glatt und ölig, daß er mir keine Angriffsfläche bot.

»Was hast du denn? Fühlst du dich nicht gut?« fragte Marguerite, als ich nach Hause kam.

Ich sagte, es sei nichts weiter; aber ich hätte nur für die zweite Klasse buchen können, da die erste besetzt sei.

»Mach dir nichts daraus«, meinte sie. »Mir ist es ganz gleich, wie ich fahre – Hauptsache, ich komme nach China. Ich freue mich so darauf, dein schönes Szechuan und deine Mutter kennenzulernen. Glaubst du, sie wird mich gern haben?«

Sie hatte das schon so oft gefragt, und ich hatte ihr ebenso oft, mit soviel Inbrunst und Zuversicht, versichert, daß meine Mutter sie bestimmt liebhaben würde. Und nun hatte ich einen gallebitteren Geschmack im Mund, als ich hörte, wie jemand Lügen hervorbrachte, und zu meinem Erstaunen feststellen mußte, daß dieser Jemand ich selbst war.

Als wir gemeinsam die Fahrkarten abholten, sagte der Mann im Büro – groß, blond, mit einer leisen Stimme – zu Marguerite: »Aber Madame, Sie können erster Klasse fahren, wenn Sie es wünschen. Nur was Monsieur betrifft, müssen wir bedauern. Wir haben unsere Vorschriften.«

»Oh«, sagte Marguerite erschrocken, »aber er ist doch mein Mann. Ich fahre natürlich mit ihm zusammen.«

»Wie Sie wünschen, Madame.« Er gab uns eine Kabine zweiter Klasse und betrachtete dann unseren Sohn mit zweifelnden Blicken. »Ziemlich groß für sein Alter, nicht? Erst vier Jahre und einige Monate, sagten Sie?«

Als wir das Büro verließen, war die Sonne für mich verdunkelt; aber dann hörte ich Marguerites von Herzen kommendes, trotziges, beruhigendes Lachen. Ihr Gesicht war leicht gerötet, ihr Haar leuchtete wie eine zweite Sonne. »Reg dich nicht auf, Yentung. So sind eben die Engländer. Die haben von jeher einen kleinen Vogel gehabt, wenn es um Rassenfragen ging. Wir hier in Belgien sind anders. Und auf einem französischen Schiff würde uns so etwas auch nicht passieren. Übrigens benehmen die Engländer sich uns gegenüber beinahe genauso. Ihrer Ansicht nach gehören die Völker vom Kontinent einer niedrigeren Rasse an als sie. Ich war in England, ich weiß Bescheid.«

Arme Marguerite. Sie hatte etwa eine Woche in London verbracht, hatte Stadt und Menschen als kalt und unfreundlich empfunden und behauptete seitdem, sie kenne die Engländer. Ich fühlte mich etwas erleichtert. Natürlich, es lag nur an den Engländern. Sie waren eben so merkwürdig.

»Warte nur, bis wir in deinem Land sind und du anfängst, deine Eisenbahn zu bauen«, sagte Marguerite. Sie sprach immer davon, als sei es meine eigene Eisenbahn. »Und wenn wir dann in deine Provinz kommen, werde ich mich chinesisch kleiden und mich in allem genauso verhalten, wie eine chinesische Frau. Schade, daß meine Füße so groß sind; aber seit ihr eine Republik habt, binden die Chinesinnen sich ihre Füße ja nicht mehr ein. Wie ich mich auf deine Familie freue! Ich weiß bestimmt, ich werde sie alle sehr lieb haben.«

In dieser Nacht schwor ich mir, daß ich mich nie, niemals von ihr trennen würde. Ich würde sie glücklich machen, koste es, was es wolle. Nie würde ich ihren Mut vergessen, den Ton ihres Lachens. Ich habe mein Versprechen gehalten.

In Singapur wollte man uns im englischen Hotel kein Zimmer geben, und die chinesischen Hotels waren heiß und ungemütlich, umgeben von Bordellen, Opium- und Spielhöhlen. Marguerite hatte Hitzblattern, und der Junge weinte die ganze Nacht hindurch. Unsere Kleidung war viel zu schwer für dieses feuchte, heiße Klima. Ich machte einen Besuch bei alten Freunden und nahm Marguerite mit. Sie saß schweigend dabei, während wir uns unterhielten, und meine Freunde starrten sie neugierig an. Nach kurzer Zeit fühlten wir uns unbehaglich, das Gespräch stockte. Wir wanderten in den Straßen umher und gingen zum Hafen, um die Schiffe auf dem Meer zu betrachten – einem Meer wie Silberfolie, hartes Gleißen unter einer harten Sonne. Ich fühlte die Blicke auf mir, nicht gehässig, sondern erstaunt: ein Chinese und eine Europäerin ...? Marguerite sagte, sie sei müde; ihre Füße waren von der Hitze geschwollen.

»Wenn wir nach China kommen, werde ich chinesische Kleidung tragen, und dann wird niemand mich mehr anstarren.«

Ach, arme Marguerite. Als sie nach China kam, wurde sie als die Frau eines Chinesen von ihren Landsleuten gemieden, andererseits aber war und blieb sie für uns eine Europäerin, die weiße Frau, der die Menge überall nachlief, die man anstarrte und der man Spottnamen zurief: »Großnase! Westliche Teufelin!« Und wenn bei den Unruhen die Erregung der Menge und ihr Haß auf die Weißen wieder einmal anwuchsen, dann mußte auch sie wie alle anderen Ausländer hinter verschlossenen Türen bleiben, sich verstecken oder sich evakuieren lassen.

Es war Liebe zwischen uns, Leidenschaft; wir hatten Kinder, und wir betrogen einander nicht. Aber die Umgebung, in der wir lebten, ließ es nicht zu, daß wir vergaßen, was zwischen ihrem Europa und meinem China vorgefallen war, welch gewaltiger Berg finsterster Ungerechtigkeiten sich da aufgetürmt hatte. Durch ihre Heirat mit mir hatte sie sich in den Augen ihrer eigenen Landsleute erniedrigt, und in den Augen der meinen gehörte sie zu diesen Ausländern, die uns so viel Böses angetan hatten. Ein auswegloses Labyrinth, in dem wir, verfolgt vom Unheil der Vergangenheit, umhertaumelten, zusammengekettet durch die Lügen, an die wir geglaubt hatten.

Und heute, nachdem ich endlich wieder in die Realität zurückgekehrt bin, weiß ich nicht, wer von uns am meisten gelitten hat.

Shanghai war eine einzige Marter, denn dort wurde es nur allzu offenbar, daß ich in meinem eigenen Land ein untergeordnetes, verächtliches Geschöpf war. Es gab da Parks, Restaurants und Cafés, die Marguerite wohl betreten durfte, ich jedoch nicht. Ich hatte keine Rechte in einer chinesischen Stadt, die nicht den Chinesen gehörte; sie hingegen besaß Rechte – auf Grund einer Sache, die man als »Haut« bezeichnete.

Von Shanghai nach Hankow nahmen wir einen englischen Dampfer. Auch hier war die erste Klasse für Europäer reserviert; aber es gab kein anderes Schiff. Marguerite stützte sich auf die Reeling und starrte in den Fluß. Sie fuhr mit unserem Sohn in der ersten Klasse, ich in der zweiten. Ich hatte darauf bestanden: »Da unten ist es zu heiß für dich.«

In Hankow wohnten wir in der französischen Konzession in einem kleinen Hotel, das von einer französischen Eurasierin betrieben wurde. Es war Sonntag, und Marguerite wollte zur Kirche gehen. Ich ging nicht mit ihr, sondern blieb im Hotel und paßte auf den Kleinen auf. Als sie wiederkam, waren ihre Augen rot umrändert. Wir warteten in Hankow auf einen Dampfer, der stromaufwärts gehen sollte. Aber es war eine unruhige Atmosphäre. Alle sagten, es könne jeden Augenblick ein Bürgerkrieg ausbrechen, und die Truppen Yüan Shihkais rückten von Norden heran, um den Süden zu erobern und mit Sun Yatsen und der Revolution ein Ende zu machen. Der Große Fluß war voller ausländischer Kanonenboote.

Kein Schleppdampfer, kein kleinerer Dampfer fuhr nach Szechuan. Wir mußten eine Dschunke mieten.

In dieser Nacht schluchzte Marguerite: »Yentung, wird es in deiner Provinz besser sein?«

Was konnte ich antworten? »China ist arm, aber bald, sehr bald wird alles besser werden. Du wirst es schon sehen. Das ist erst ein Anfang.«

»Diese Bettler, dieser Schmutz, dieses Elend . . .?«

»Wir haben so viele Kriege und so viel Aufruhr erlebt.« Und dann fügte ich hinzu: »Und daran sind die Ausländer schuld, Marguerite, die Weißen. Sie sind hergekommen und haben uns den Kampf aufgezwungen.«

»Aber wie ist das möglich?« erwiderte sie. »Wo wir doch so viel Gutes getan und immer versucht haben, euch zu helfen? Du weißt doch selbst, daß wir in Belgien Geld für die Chinesenkinder gesammelt haben.«

Wie konnte ich ihr die Heuchelei der »Mildtätigkeit« erklären, ohne sie zu verletzen? Auch Marguerite hatte das Silberpapier der Schokoladentafeln, die sie aß, aufbewahrt und es zu einem Ball geknetet, und als der Ball groß genug war, hatte sie ihn den Barmherzigen Schwestern gebracht, damit sie die Seele eines kleinen Chinesenmädchens damit retten könnten... Das war in ganz Europa Mode geworden; alle Schulmädchen taten es und dachten dann voller Rührung an die Chinesenkinder – oder manchmal auch an die kleinen Negerkinder –, deren Seelenheil von dem Silberpapier der Schokoladentafeln abhing. Wie konnte ich Marguerite die Erniedrigungen, die ihr Volk uns zugefügt hatte, vorwerfen? Und schließlich hatte Belgien sich nicht ganz so schlimm verhalten wie die anderen Staaten.

Da kein Dampfer ging, mietete ich, wie gesagt, eine Privatdschunke zur Weiterfahrt nach Szechuan. Alle Zeitungen waren voll von Berichten über die Untaten der Räuberbanden, und in allen Provinzen wurde gekämpft. Ich war ungeduldig und wollte endlich nach Szechuan kommen. Wenn wir erst einmal in Chengtu bei meiner Familie waren, würde alles viel besser sein. Szechuan konnte auf eigenen Füßen stehen und noch immer ein in sich abgeschlossenes, sich selbst genügendes Reich sein. Ich würde mit der Arbeit an unserer Eisenbahn beginnen. Szechuan würde autonom, unabhängig sein... Ich konnte gar nicht früh genug von Hankow wegkommen.

Zweiundsiebzig Tage brauchten wir für die Fahrt stromaufwärts von Hankow nach Chungking. Während dieser zweiundsiebzig Tage schien Marguerite um zehn Jahre zu altern.

Wir landeten in Chungking, und als ich meinen jüngeren Bruder sah, der gekommen war, um uns abzuholen, rief ich:

»Warum habt ihr mir das nicht gesagt? Warum habt ihr es mir nicht geschrieben?« Er verbeugte sich vor meinen harten Worten. »Wir wollten dich in deinem Studium nicht stören... du bist so wichtig für uns...«

Ich starrte ihn an. Als ich 1903 fortfuhr, war er ein fünfzehnjähriger Junge gewesen, der auf Anordnung der Familie die Militärakademie besuchen sollte. Jetzt trug er eine graue Offiziersuniform mit Epauletten. Er hielt sein Gesicht respektvoll von Marguerite abgewandt, so wie es Sitte bei uns ist, wenn wir einer Frau unsere Hochachtung bezeugen wollen. Marguerite aber glaubte, er wolle sie damit beleidigen. Ich erklärte es ihr, doch sie ließ sich nur schwer überzeugen.

Elend und Verwüstung, wohin man sah. In den Straßen von Chungking drängten sich die zerlumpten Menschen. Wohin wir uns auch wendeten, überall folgten uns die Bettler wie Fliegenschwärme, stellten sich vor uns hin und entblößten ihre Schwären. Marguerite schrie auf, als eine Frau ihr einen grauenvoll stinkenden Eiterklumpen vor die Augen hielt: ein Kind ohne Gesicht, dessen Nase und Augen eine einzige schleimige und faulige Wunde waren. Die Häuser zerbröckelten. Kinder liefen hinter Ratten her, um sie zu fangen und zu verschlingen. Das Gildenhaus, in dem wir als Gäste wohnen sollten, war seit Jahren nicht mehr gestrichen worden. Und überall dieser fürchterliche Gestank. In den kleineren Gassen verwesten die Leichen.

»Wir konnten dir das nicht schreiben ... es ging nicht.«

In jener Nacht saß ich nach dem Festessen mit meinem jüngeren Bruder zusammen. Beim Essen hatten mir einige Kaufleute, die ich vor acht Jahren hier getroffen hatte, und dazu mehrere andere ihre Glückwünsche ausgesprochen – ihre Ansprachen waren voll rühmender Worte gewesen. Nicht ein einziges Mal deuteten wir an, was wirklich hier vorging; nicht einmal verletzten wir das Gebot der Höflichkeit, die gegenwärtigen Zustände nicht zu erwähnen.

»Erzähle mir, was geschehen ist, Bruder. Erzähle mir von diesen zehn Jahren.«

»Ich weiß nicht, wie ich es dir erklären soll. Du siehst es ja selbst: wir werden immer ärmer und ärmer. Und überall gibt es Unruhen und Aufstände. Wir hatten eine Revolution; aber jetzt ist es genau wie zuvor, vielleicht noch schlimmer.«

»Ich habe gelesen, daß die Ausländer uns jetzt helfen. Da war doch diese große Anleihe ...«

»Je mehr sie uns helfen, um so ärmer werden wir.«

»Und die Eisenbahn, unsere Eisenbahn? Ich bin zurückgekommen, um unsere Eisenbahn zu bauen, in unserer Provinz ...«

»Bruder, ich habe dir so viel zu erzählen. Ich weiß nicht, wo ich anfangen soll.«

Am nächsten Tag bestiegen wir unsere Sänften und traten die zehntägige Reise nach Chengtu an. Mein Bruder war sehr aufmerksam gewesen und hatte für uns, vor allem für Marguerite, getan, was er konnte. Und wir sprachen viel während dieser Tage. Ich erfuhr von den Leiden, die mein Volk erduldet hatte, und die Angst schnürte mir die Kehle zu. Würde Marguerite unter diesen Umständen bei mir bleiben? Würde sie mich verlassen? Das würde ich nicht ertragen können.

Am Nachmittag des zehnten Tages erreichten wir Chengtu, und nun waren wir zu Hause, wurden von meiner Mutter willkommen geheißen und konnten endlich meinem Großvater, Chou Taohung, der schon seit sechs Monaten in seinem großen Sarg auf sein Begräbnis wartete, unsere letzte Ehrerbietung erweisen. Marguerite und ich verbeugten uns vor dem mächtigen braunen Sarg, der in der Ahnenhalle stand. Wir verbeugten uns vor den Reihen der Seelentäfelchen, während meine Mutter jeden der Ahnen beim Namen rief und ihm Marguerite vorstellte. So wurde meine Frau in die Familie aufgenommen.

Ich war glücklich an diesem ersten Nachmittag in Chengtu, an dem ich mich endlich wieder zu Hause fühlen und beobachten durfte, wie liebevoll meine Mutter ihren ersten Enkel sofort ins Herz schloß und wie sehr sich alle bemühten, nett zu Marguerite zu sein. Die Strapazen der beschwerlichen Reise waren vorüber, nun würde Marguerite zur Ruhe kommen. Und nach und nach würde sie sich hier einleben. Mein älterer Bruder war aus Respekt vor meiner Frau nicht erschienen (denn es schickt sich nicht, einer jüngeren Schwägerin ins Gesicht zu blicken); aber sonst waren viele Verwandte gekommen, sogar Angehörige der älteren Generation und dazu viele Freunde mit ihren Frauen sowie die Frauen einiger Beamter. Sie alle wollten meine Frau begrüßen. Am Abend würde der Gouverneur uns zu Ehren einen Empfang geben. Meine jüngeren Schwestern hatten sich bemüht, ein wenig französisch zu lernen, um sich mit Marguerite unterhalten zu können; aber es kam nicht mehr dabei heraus als ein verlegenes Kichern. Sie waren sehr schüchtern.

Natürlich würde Marguerite vor allem lernen müssen, sich zurückzuhalten und ihren unbekümmerten Überschwang zu zügeln. Sie fand es herrlich, in einer Sänfte getragen zu werden, und zuerst wollte sie immer den Vorhang heben, um auf die Straße spähen zu können. Aber das gehörte sich nicht. Die Leute liefen ohnehin hinter der Sänfte her, sobald sie merkten, daß eine Ausländerin darin saß – auch wenn die Vorhänge herabgelassen waren. Für die Menge war das etwas Neues und Aufregendes. »Eine fremde Frau, eine fremde Teufelin! Wir wollen ihre große Nase sehen ...« Immer versuchten wir für Marguerites Ausflüge eine kleine Begleitmannschaft zusammenzustellen, und da unsere Umständlichkeit und jede Beschränkung ihrer Bewegungsfreiheit sie ungeduldig machte, mußte ich ihr erklären, daß alles nur aus Höflichkeit und liebevoller Fürsorge geschah.

In den ersten Tagen schien alles gutzugehen. Marguerite war ein wenig nervös. Die unangenehme feuchte Hitze, diese ewige Wolkendecke, welche die Dünste und Dämpfe der Erde nicht aufsteigen ließ, und dazu die Moskitos setzten ihr zu und machten sie reizbar. Ein paarmal begann sie zu weinen; aber dann wischte sie hastig die Tränen ab und sagte: »Es ist nichts – nur die Hitze. Die ist so erstickend.«

Es kamen viele Besucher. Da die Beerdigung meines Großvaters nun bald stattfinden sollte, wurden viele Gesellschaften veranstaltet, um den Geist des Dahingeschiedenen zu unterhalten. Marguerite mußte stundenlang bei den Damen in den Frauengemächern sitzen und zusehen, wie diese zur Ergötzung des verehrten Toten Mahjong spielten. Ich glaube, das war ihre schwerste Prüfung, denn Frauen sind untereinander nur selten liebevoll.

Ich mußte jeden Morgen ins Rathaus gehen, denn ich führte nun den Titel eines Chefingenieurs der Provinz und bezog ein Gehalt in Silbergeld. Das war sehr günstig, denn das Geld verlor rasch an Wert, und nur Silber und Gold, die soliden Metallstücke, blieben wertbeständig. Das Papiergeld fiel auf ein Fünfhundertstel, auf ein Tausendstel und schließlich auf ein Zehntausendstel seines Nominalwerts. Es war ein so katastrophaler und scheinbar endloser Sturz, daß alle Maßnahmen, die Preise zu stabilisieren, nur das Gegenteil bewirkten. Wir hatten den Geldwert stets nach dem Getreidepreis berechnet, und in früheren Jahrhunderten war bei uns nur wenig Geld in Umlauf gewesen, weil viele Bezahlungen in Naturalien erfolgten. Nun aber wurde Getreide gehortet, da es wegen der ewigen Kämpfe zu Mißernten gekommen war und die Bauern feststellen mußten, daß das Bargeld allzu schnell wertlos wurde. Ich aber bekam wertvolle Silbermünzen ausgezahlt. Die Hälfte meines Gehalts gab ich meiner Mutter, und damit konnte ich ihr ein wenig helfen, denn die Familie hatte inzwischen fast alle ihre Ländereien und Besitztümer sowie ihr Barvermögen eingebüßt.

Nominell gab es eine Regierung in Chengtu und eine in Chungking, die sich gegenseitig befehdeten. Beide Regierungen verhandelten sowohl mit Yüan Shihkai wie mit Sun Yatsen und mit den Regierungen von Yünnan und Kueichow, den weiter südlich gelegenen Provinzen. Ein wichtiger Faktor in diesen Verhandlungen und bei all diesem Schachern war der Opiumhandel. Es war mir völlig klar, daß unter diesen Umständen keine Eisenbahn gebaut werden konnte, denn es gab weder Geld noch eine Möglichkeit, Material zu beschaffen. Trotzdem mußte ich jeden Tag in mein Büro gehen, einen großen prächtigen Raum, den man eigens für mich bereitgestellt und mit einem riesigen Arbeitstisch möbliert hatte, an dem ich Baupläne zeichnen und Berechnungen vornehmen sollte. Man hatte beschlossen, daß ich als erstes mit dem Bau der Strecke zwischen Chengtu und Chungking beginnen sollte, da diese innerhalb der Grenzen der Provinz lag. Aber dabei wußte ich ebenso genau wie jeder andere, daß es fürs erste völlig unmöglich war, auch nur eine Bahnschwelle zu legen. Doch ich war nun einmal der einzige Ingenieur in Chengtu und nannte einen großartigen Titel und ein Silbergehalt mein eigen. Ich verwendete meine Zeit darauf, mit dem Vizegouverneur und den Beamten zu schwatzen und Tee zu trinken. Keiner wußte, was eigentlich wirklich vor sich ging. Uns blieb nichts übrig, als zu warten. Die Militärs hielten die Herrschaft in den Händen und wetteiferten um die Macht. Sie bereiteten sich auf weitere Kämpfe vor, und darum waren sie einzig an Waffen interessiert – und nebenbei am Opium, mit dem sich der Ankauf der Waffen, die hauptsächlich aus Frankreich bezogen wurden und über Yünnan hereinkamen, finanzieren ließ.

Mit Marguerite wurde es immer schwieriger. Wie es eigentlich begann, kann ich nicht sagen. Wenn ich nachmittags nach Hause kam, war sie zuweilen schlechter Laune und alle anderen so eigenartig schweigsam. Es gab so vieles, was sich nicht erklären ließ, was jenseits aller Erklärungen lag. Marguerite verstand sich auf keines der Dinge, die man von einer Schwiegertochter erwartete. Und es wollte ihr nicht in den Kopf, daß sie dazu verurteilt sein sollte, den ganzen Tag im Hause zu verbringen und nur bis zum vorderen Hof gehen zu können, zwanzig Schritte hin, zwanzig Schritte zurück. Die Familie beharrte auf den strengsten und konservativsten Regeln – nicht um Marguerite zu quälen, sondern um sie zu schützen. Aber das Ergebnis war fürchterlich. Wenn sie ausgehen wollte, wurden die umständlichsten Vorbereitungen getroffen. Der ganze Haushalt beriet sich ängstlich über die Wetteraussichten, und unweigerlich wies der eine oder andere darauf hin, daß dies für einen Ausgang kein günstiger Tag sei. Bestand Marguerite trotzdem auf ihrem Vorhaben, so wurden eine Tante, zwei Schwägerinnen und vielleicht noch einige Kusinen bestimmt, die sie begleiten sollten. Vor allem aber wurden ein paar jüngere Vettern zum Schutz der Frauen beordert – nicht etwa weil ihnen tatsächlich etwas hätte widerfahren können, sondern weil ein solches Unternehmen so ungewöhnlich war. Es hatte auch keinen Erfolg, darauf hinzuweisen, daß viele junge Mädchen jetzt allein ausgingen und daß meine eigene Mutter ja eine Reise nach Kansu unternommen habe; Marguerite mußte umsorgt werden, und man tat es mit solcher Gründlichkeit, daß sie schließlich vor Nervosität fast einen Schreikrampf bekam.

Waren dann schließlich sämtliche Vorbereitungen für diese Expedition beendet, so war Marguerite in einen solchen Zustand der Verzweiflung geraten, daß sie erklärte, sie wolle nicht mehr fort, und sich statt dessen schluchzend auf ihr Bett fallen ließ. Nun konnte wieder niemand verstehen, warum sie ihre Absicht geändert hatte. Man glaubte, sie sei krank, und schickte nach einem Arzt, und sie zog den Bambusvorhang so heftig vor, als schlüge sie eine Tür zu.

Marguerite beleidigte, ohne es zu wollen, auch viele Freunde der Familie, die teils um der Höflichkeit willen, teils aber auch aus Neugier, zu Besuch kamen. Selbstverständlich handelte es sich dabei nur um weibliche Gäste, unter denen sich einige boshafte Zungen befanden, die es nicht lassen konnten, ein paar hämische Bemerkungen über Marguerites Füße, ihre Figur, ihre Kleidung und ihre Manieren oder ihren Mangel an Manieren in das Gespräch einfließen zu lassen. Obgleich Marguerite diese Worte nicht verstand, war sie doch allmählich so empfindlich geworden, daß sie jeden in Verdacht hatte, er rümpfe über sie die Nase.

Und dann ereignete sich die Sache mit den Ahnen. Eines Tages nahm mein älterer Bruder mich beiseite und erzählte mir so beherrscht und schonend, wie er irgend konnte, daß Marguerite meine Mutter und all unsere Ahnen beschimpft habe. Trotzdem sei man willens, ihr zu verzeihen und den Vorfall zu übersehen, da sie ja eine Fremde sei. Mit der Zeit werde sich das schon bessern. Sie dürfe aber nicht den Enkelsohn gegen die Familie aufhetzen. Der Kleine schlüge sie alle, Marguerite ermunterte ihn noch dazu, und alle fürchteten sich davor, da er zwar noch ein kleiner Junge, aber für sein Alter sehr kräftig sei.

Ich weiß selbst nicht, warum ich in diesem Augenblick meinem älteren Bruder so schroff antwortete. Vielleicht lag es daran, daß ich den Kopf voller Sorgen hatte und verzweifelt war über die Sinnlosigkeit dieser Tage, die ich damit verbrachte zu schwatzen, Tee zu trinken und so zu tun, als arbeitete ich. Jedenfalls erklärte ich Älterem Bruder, China sei jetzt eine Republik, und da müsse man mit diesen alten Vorurteilen endlich einmal aufräumen. Er starrte mich entsetzt an, dann schlug er die Augen nieder, wandte sich um und ging davon. Er hatte seine Pflicht erfüllt, die darin bestand, Ordnung in der Familie zu halten, und nun zog er sich völlig von mir zurück. Das war schlimm. Ich hatte ihn zutiefst beleidigt.

Ich ging in unser Zimmer, wo Marguerite schluchzend auf dem Bett lag. Oh, dieses Schluchzen, es zerriß mir das Herz, es ließ meine Knie wanken und drehte mir den Magen um. Später gewöhnte ich mich etwas daran; aber ich blieb weiterhin verwundbar – so sehr verwundbar, um meiner Liebe willen.

Trotzdem entwickelte ich mit der Zeit eine gewisse Technik darin, mich gegen den Laut ihres Schluchzens, den Ton ihrer Stimme abzuschließen. Es war ein Selbstschutz. Ich wußte, daß draußen im Hof vor unserem Zimmer die jüngeren Mitglieder der Familie versammelt waren, eine neugierige kleine Schar, die wissen wollte, was hier vor sich ging. Mit vielen »Pssst« brachten sie sich gegenseitig zum Schweigen. In der ersten Zeit hatten die Kinder auch manchmal mit dem Finger kleine Löcher in die Papierbespannung der Fensterrahmen gebohrt, um zu Marguerite hineinschauen zu können; aber diese war darüber so wütend geworden, daß sie es unterließen. Die Mütter der Kinder aber waren unglücklich, denn wenn Marguerite ihre Kinder anschrie, beleidigte sie damit auch sie, und darum machten sie manche unfreundlichen Bemerkungen über meine Frau.

Ich setzte mich zu ihr, wenn auch etwas widerstrebend, da ich vor der Heftigkeit, die sie so offen bekundete, zurückschreckte. Ja, vor dieser Heftigkeit und vor ihrer ständigen nagenden und ohnmächtigen Wut, die unserer Liebe so tödliche Wunden schlug. Ich liebte Marguerite; aber wenn ich sie so auf dem Bett liegen sah, wenn sie mir ihr von den Tränen und den reibenden Fingern rotes und verschwollenes Gesicht zuwandte und ihr rotblondes Haar – einst ihr köstlichster Schmuck, jetzt eine gelbbraune, fast ein wenig obszöne Masse, so unähnlich unseren schwarzen, glatten Haaren – wenn dieses Haar sich flimmernd über das Kissen bewegte, da dachte ich plötzlich: Lieber Himmel, wie häßlich sie ist, wie abstoßend, wie fremd! Und auf einmal sah ich sie so, wie die anderen Mitglieder meiner Familie sie sehen mußten: groß, plump, mit eckigen Bewegungen, der Inbegriff alles dessen, was uns schlecht, unverständlich und fern erscheint. Selbst ihr Atem war anders als der unsere – so wild, so undiszipliniert. Welch sonderbare Behexung hatte mich glauben lassen, sie sei schön? Nun war der Bann gebrochen, und meine Verzauberung enthüllte sich als das, was sie wirklich war: fast eine Perversion, eine Obszönität. Wie hatte ich nur eine solche Frau heiraten können?

Sie hielt nur für einige Minuten an, diese unerträgliche

Vision, und sie sollte niemals wiederkommen. Als ich meinen inneren Widerwillen überwand und eine Hand auf Marguerites Arm legte, fuhr sie hoch: »Rühr mich nicht an, rühr mich nicht an!« Wenn sie geahnt hätte, wie wenig mir in diesem Augenblick daran gelegen war, sie anzurühren. Ich setzte mich auf den Stuhl ihr gegenüber und sagte:

»Pack deine Sachen. Wir gehen weg.«

»Nein!«

»Ja. Wir gehen weg. Sofort. Heute noch.«

Ich verließ das Zimmer und hatte dabei das Gefühl, als sei ich nur eine Ausstrahlung meiner eigenen Glieder und meines Körpers – nicht ich selber, sondern ein anderer, der neben mir stand und mir den Befehl gab, meine Sachen zu packen und das Haus zu verlassen. Während der nächsten drei Tage hielt diese schützende Trance an und schirmte mich ab gegen alle Menschen und Dinge, gegen verwirrte Vorwürfe, gegen Marguerites Triumph. Ein schwacher Mann, der plötzlich aufsässig geworden war und wie im Traum eine harte Entscheidung getroffen hatte, die er selbst nicht klar umreißen oder erläutern konnte. Dritter Bruder wurde noch am selben Abend in aller Eile herbeigerufen und kam aus seinem zwanzig Meilen entfernten Lager angeritten. Wieder war er es, der alles für uns regelte.

Die Art unseres Weggehens war beschämend, denn meine Mutter klammerte sich an uns und zupfte mich leise schluchzend am Ärmel – ihre Tränen durften der Sitte gemäß nur dem alten Mann in seinem Sarg gelten. Um sie zu schonen, erfand Dritter Bruder ein Märchen: die Regierung benötigte mich dringend anderweitig, und ich würde bald zurückkehren. Aber Marguerite verweigerte meiner Mutter die Gnade dieser barmherzigen Lüge. »Ich lüge nie«, sagte sie und bat meine Schwestern, meiner Mutter zu sagen, daß wir nie wiederkommen würden, nie. »Wir Europäer lügen nicht«, fügte sie hinzu. »So etwas ist verächtlich.«

Wir nahmen Sohn des Frühlings, den Ältesten Enkel, mit uns, und er wurde dadurch zu unserem ersten Opfer. Dieser Abschied war ein wirklicher Tod, denn es sollte nie ein Wiedersehen geben.

All das tat ich für Marguerite. Um sie und unsere Liebe zu retten, begab ich mich in dieses saugende Dunkel ohne Ausweg, in dieses Labyrinth, in dem ich am Ende selbst allein zurückbleiben sollte. Ich folgte der geliebten Frau in den Irrgarten unserer Jahre, um schließlich zu einer noch viel tieferen Verlassenheit verdammt zu werden, als ich meiner Mutter auferlegt hatte. Und auch Sohn des Frühlings traf dieses Los, wenngleich wir damals, als wir ihn mit uns nahmen, nicht wußten, welches Schicksal ihn erwartete. Ohne die Familie war für ihn kein Platz in China.

Nur an den Abenden, wenn die Schatten ineinanderfließen, erinnere ich mich zuweilen an jenen Herbsttag, an dem wir fortgingen. Die Grillen zirpten ein frühes Winterlied, und Marguerites Haar ringelte sich auf ihrem sieghaften Kopf. Jetzt, da ich die Ereignisse in einem historischen Abstand betrachten kann, verstehe ich alles viel besser. Aber Verstehen ist auch Tilgen. Es erklärt die kleinen Schmerzen und läßt sie gleichzeitig aufgehen in einem großen Zusammenhang, bezieht sie ein in den großen Kummer, der das Gewebe unseres Lebens ausmacht, so wie ein Baum, dessen Wurzel durch den Stich eines bösartigen Insekts beschädigt ist und der in all den Jahren seines Wachstums und Bestehens das Mal dieser Wunde trägt und verkrüppelt bleibt, allmählich in die Landschaft eingeht.

Wer hatte recht, wer unrecht? Es gab weder Recht noch Unrecht. Sie bemühte sich mit aller Kraft, eine der Unseren zu werden. Die protestantischen Missionare im Krankenhaus luden sie ein, sie zu besuchen; aber sie ging nicht hin, sondern erwiderte stolz, ihr Platz sei bei ihrem Mann und seiner Familie. Doch es gab keine Gemeinsamkeit zwischen ihr und der Familie, denn sie konnte sich mit ihren neuen Verwandten nicht unterhalten. Allein stand sie der Verkörperung einer ganzen Geschichte gegenüber, dem angesammelten Groll eines ganzen Jahrhunderts, all den unbewußten Feindseligkeiten und Voreingenommenheiten, die in ihr nur eine Vertreterin der weißen Rasse sahen; und alles Leid, das die Weißen uns angetan hatten, erhob sich gegen sie und verwehrte ihr den Zugang zu den Herzen der Meinen. Sie wiederum konnte und wollte nicht begreifen, daß sie all ihren früheren Gewohnheiten entsagen mußte, um in den Rahmen einer Feudalfamilie zu passen.

Nie wurde ihr auch nur ein Haar gekrümmt. Nie wurde sie belästigt oder bedroht; aber die Atmosphäre um sie herum war nicht freundlich. Die Kinder riefen ihr Schimpfworte nach, wie es seit Jahrzehnten bei uns üblich ist. Ich hatte ihr gesagt, sie dürfe sich nichts daraus machen – aber wie konnte ich das von ihr erwarten? Und dann waren da die alltäglichen Kleinigkeiten. Ein Junge von zwölf oder dreizehn Jahren, der die Ausländer haßte (wie so viele der jungen Leute damals, vor allem in Szechuan, wo der Geist der Revolution noch immer weiterlebte), leistete sich den dummen Scherz, auf ihren Rock zu urinieren, während sie vor einem offenen Laden stand und einige handgeflochtene Körbe betrachtete. Meine Schwestern scheuchten ihn weg, und mein jüngster Vetter gab ihm einen Stoß. Er war ein kleiner Herumtreiber, ein Betteljunge, und er machte sich rasch aus dem Staub. Alle lachten: die Menge ringsum, meine Schwestern und auch mein Vetter. Aber Marguerite konnte nicht darüber lachen. Sie weinte wieder, die halbe Nacht hindurch. »Deine Leute mögen mich nicht, und ich kann nicht so sein wie sie.« Ich versuchte sie zu beruhigen und schob alles auf die unruhigen Zeiten.

Aber bei anderen Gelegenheiten konnte ich sie nicht beruhigen. Ich konnte ihr nicht erklären, daß der gute Wille eines einzelnen Menschen nicht ausreichte, um das Bild der Kanonenboote und der ausländischen Truppen auszulöschen. »Wenn dein Volk uns nicht so viel Unrecht angetan hätte, wären wir auch nicht so«, sagte ich manchmal. Aber davon konnte ich sie nie überzeugen, und so gab ich es denn auf. Es wäre das Ende unserer Liebe und unserer Ehe gewesen, wenn ich darauf bestanden hätte, ihr die historischen Tatsachen vorzuhalten. »Was hat das mit mir zu tun?« hätte sie gefragt.

Viele Jahre noch lebte ich mit ihr zusammen; aber ihr Charakter und ihr Wesen änderten sich immer mehr, und ihr Haar begann zu ergrauen.

Wir kamen nach Hankow. Das gesamte Yangtse-Becken war noch immer Einflußzone der Engländer, unterstand ihrer

Kontrolle. Nichts hatte sich mit der Revolution geändert, gar nichts... wenigstens kam es mir damals so vor. Ich mußte eine Stellung finden, um Geld zu verdienen. Um jedoch eine Stellung zu bekommen, mußte man Englisch können. Keine britische Firma stellte einen Mann ohne englische Sprachkenntnisse ein, und andere Firmen hatten keine Stellungen zu vergeben – nicht für einen Ingenieur. Die Russen im Norden wollten Leute haben, die Russisch konnten, und die Franzosen im Süden beschäftigten nur aus Frankreich zurückgekehrte Studenten.

Aber eine Hoffnung blieb mir: die von den Belgiern gebaute Eisenbahn, die Peking-Hankow-Linie. Ich ging zum belgischen Konsul in Hankow. Er empfahl mir, im Büro der Belgischen Gesellschaft für Eisenbahnbau in China vorzusprechen, und gab mir die Adresse.

Ich ging zu der Gesellschaft. Hinter dem Schreibtisch dort saß ein großer, sehr großer Mann mit einem kurzgeschnittenen Bart und etwas vorstehenden blauen Augen: Joseph Hers. Bei der Strecke Peking–Hankow, die China zwar im Jahre 1908 zurückgekauft hatte, die aber noch immer belgische Ingenieure beschäftigte, war kein Posten frei. Kein Posten für einen chinesischen Ingenieur bei einer chinesischen Eisenbahn! Aber die Belgier beabsichtigten jetzt weiter im Norden eine andere Strecke zu bauen, die von Osten nach Westen verlaufen sollte: die Lunghai-Linie. Der Vertrag darüber war in diesem Jahr unterzeichnet worden. Möglicherweise hatte man dort Verwendung für mich.

Ich wartete sieben Wochen in Hankow. Während dieser sieben Wochen bot der belgische Konsul Marguerite an, sie zu repatriieren. Sie lehnte ab.

»Ich bleibe bei meinem Mann.«

Der Konsul sprach von Unruhen.

»Es wird Unruhen in China geben, Kriege. Bei den Chinesen ist das immer so, sie können untereinander nie einig werden. Wir raten allen europäischen Frauen und Kindern, das Land zu verlassen. Sie haben zwar einen chinesischen Paß, aber wir werden ein Auge zudrücken, da Ihre Familie bestens bekannt ist. Wenn die Verhältnisse etwas friedlicher geworden sind, können Sie ja wiederkommen.« Auf dem Yangtse kreuzten die Kanonenboote, um Eigentum und Leben der Europäer zu schützen; man erwartete jeden Tag die Landung ausländischer Truppen.

Unsere Liebe, die bereits in Chengtu bedroht war, hatte sich unterdessen zu einem Gefühl gewandelt, das seine ganze ursprüngliche Leuchtkraft eingebüßt hatte. Etwas anderes, wofür wir keinen Namen hatten, war an ihre Stelle getreten: ein unbedingtes Aufeinander-Angewiesensein und ein unheilbarer Groll, vermischt mit einem erschreckenden Mitleid füreinander, für das wir keine Worte fanden und das sich uns drückend auf die Brust legte. Ich verließ das Haus, um zu weinen. Die Tränen rannen aus meinen Augen, während ich durch die Straßen ging, und doch wußte ich nicht, ob ich um meinetwillen oder um ihretwillen weinte. Sie ging jetzt jeden Tag zur Kirche. Unser Sohn wurde sehr mager und nervös. Wir beschlossen, ihn nach Belgien zurückzuschicken; wir beide jedoch wollten beieinander bleiben.

Und so geschah es. Als Marguerite vor die Wahl zwischen ihrem Sohn und mir gestellt war, entschied sie sich für mich. Sohn des Frühlings fuhr in der Obhut des belgischen Ehepaars de Vos, das selbst drei Kinder hatte, auf einem Dampfer zurück. Im Dezember kam er heil und gesund in Belgien an und wurde von seinem Großvater George Denis abgeholt. Er war damals fünf Jahre und zwei Monate alt.

»Wir dürfen nicht noch mehr Kinder haben, Yentung«, sagte Marguerite. »Gott weiß, was für eine Zukunft ihnen bevorstehen würde.«

Ich ahnte damals schon, was die Zukunft für sie bereithielt. Meine Kinder würden nirgendwo zu Hause sein. Stets würde diese doppelte Bürde auf ihnen lasten, und sie würden keinen Ort haben, den sie ihr Land, ihre Heimat nennen konnten. Auf der ganzen Welt würde es für sie so etwas nicht geben. Eurasier, von allen verachtet ... Wir durften nicht noch mehr Kinder haben.

Aber wir hatten noch sieben. Die Priester, bei denen Marguerite zur Beichte ging, sorgten mit ihren Geboten dafür.

Eines Tages erhielt ich einen Brief von der Belgischen Gesellschaft. Man bot mir eine Stellung als Vorarbeiter bei der Lunghai-Linie an. Ich würde an meinem Arbeitsplatz wohnen müssen, irgendwo auf dem Land in Nordchina.

Ich nahm an. Für die nächsten acht Jahre, bis 1921, arbeitete ich unter belgischen Ingenieuren am Bau der Lunghai-Linie mit. Ich war ein Chinese und konnte daher nie einen der höheren Posten erhalten, wie die Europäer, die oft weit weniger fachkundig waren als ich, sie innehatten. Ich konnte nie so viel verdienen wie ein Europäer, obgleich ich später als Hilfsingenieur die gleiche Arbeit leistete. Nein, ich erhielt höchstens den vierten oder dritten Teil von dem Gehalt eines Weißen. Was Marguerite betraf, so war sie die Frau eines Chinesen, und die Frauen der belgischen Ingenieure blickten auf sie herab und wollten nicht mit ihr verkehren. Aber dieses Leben war die einzige Möglichkeit, die uns beiden geblieben war. Sie sprach oft davon, daß sie mich verlassen wolle, daß sie zurückgehen werde. Aber sie hat es in all diesen Jahren nie getan. Erst 1949 entschloß sie sich dazu.

Marguerite Denis ging auf und ab, immer auf und ab. Mit dumpfen Schlägen klappten die Pantoffeln hinter ihren Fersen gegen den Boden. Ihre Tochter beobachtete sie mit den sehenden Augen, die kein Mitleid kennen, die schärfer blicken als die Liebe. Sie sah die grauen Strähnen im Haar ihrer Mutter, die Schuppen auf dem schwarzen Kragen der Bluse, das hagere Gesicht, die Hände mit den dicken Adern – und wieder einmal sah sie mit den Augen der Erinnerung den schweren vorgewölbten Leib. Sie sah ihn durch den Rock hindurch, diesen Leib mit seinen Falten, die aussahen wie zusammengeringelte Schlangen. Das Kind hatte ihn gestern nachmittag gesehen, als es unvermutet ins Schlafzimmer gekommen war, und es hatte bei diesem Anblick einen lauten Schrei ausgestoßen. Aber die Frage, wie Mamas Leib so hatte werden können, tanzte ununterbrochen im Vordergrund seiner Gedanken herum und wollte sich nicht niederzwingen und verscheuchen lassen. Mit sechs Jahren wußte man genau, daß die kleinen Kinder in der Reisetasche des Doktors ankamen. Ein Engel brachte sie dem Doktor vom Himmel herab, und der brachte sie dann der Mama und legte sie ihr ins Bett. Aber warum sagte die Mama dann: »Du bist schuld daran, daß ich meine Figur verloren habe«, und warum legte sie dabei mit einem so grollenden Blick die Hand auf ihren Leib?

Und Mama sprach. Es war wie eine Reaktion auf den schweigenden, ungerührten Blick dieser Augen, die starr, ohne zu blinzeln, auf sie gerichtet waren. Und diese Reaktion trat immer ein. Mit sechs Jahren bewahrt ein Kind alles in seinem Gedächtnis auf, vor allem ein Kind, das ein akustisches Gedächtnis hat wie ein Tonbandgerät und das sich später an Dialoge, Szenen und unzählige kleine Ereignisse erinnern konnte, die sich zu einer einheitlichen Geschichte zusammenschlossen. Jeder Schritt von Mama unterstrich wie ein Trommelschlag den Swingrhythmus ihrer Sätze. Sie sprach im Gleichtakt mit ihren schlappenden Füßen, und das Kind zeichnete in seinem Kopf das Bild der Mutter auf, wie sie im Haus hin und her ging; es sah, wie die Wände sich nach außen wölbten, sich ausdehnten, um die Geschichte zu fassen, die das Wesen dieses Kindes formte und seine Zukunft voraussagbar machte. Aber Mama soll nicht wieder weinen, dachte das Kind. Das mag ich nicht. Dann gehe ich wieder hinaus und sehe nach den Weinreben, so wie Papa es macht, und betaste die harten grünen Kügelchen, aus denen einmal Weinbeeren werden sollen, und tue so, als verstünde ich mich genau auf diese Dinge. Und mein Herz wird wissen, wie es ist, wenn man für alle Zeiten nicht ein einziger Mensch ist, aber auch kein doppelter, kein geteilter; denn das Haus meines Lebens hat zwei Türen, und die Menschen, die durch die eine Tür eintreten, gebrauchen nie die andere. Stets müssen die Dinge, die darin sind, peinlich voneinander getrennt bleiben. Nur ich benutze sie alle und besitze die Schlüssel, mit denen ich beide Türen meines Hauses nach Belieben öffnen und schließen kann.

So zeichnete das Kind in seinem Kopf die zwei Türen zu dem Haus mit den dehnbaren Wänden. Und Mama sprach und antwortete den angespannten, stummen Blicken, denn sie konnte das Schweigen nicht ertragen. Mama hatte niemanden, mit dem sie reden konnte, keinen einzigen Menschen, niemanden als dieses verhaßte, geliebte Kind, dieses Kind, das sich niemals mit einer Redensart, dem Bruchteil einer Geschichte, einem begonnenen Spiel oder einer angefangenen Arbeit zufriedengab, sondern immer darauf bestand, weiterzumachen, immer weiter, länger als alle anderen; das stets nach mehr und immer mehr verlangte und sich dabei selbst zermürbte, bis die Mama erschöpft aufschrie und das jüngere Kind zu weinen anfing oder irgend jemand geschlagen wurde. Oh, dieser verhaßte, verhaßte und doch unentbehrliche Zeuge der Monologe, die zugleich Dialoge waren! Man brauchte jemand, der zuhörte, während die Leere sich mit Worten füllte. Beide sprachen sie zu dem Kind, Papa und Mama; aber jeder für sich. Und nie, nie stimmten die Geschichten überein. Doch das Kind bewahrte sie alle in seinem Gedächtnis.

Was habe ich getan? Mein Gott, mein Gott, ich wollte doch fort; aber wie kann ich das jetzt? Was habe ich getan, um das zu verdienen? Ja, vielleicht ist es eine Strafe. Letzten Samstag hat Pater Clement mich gefragt, warum ich nicht noch mehr Kinder haben will, und ich antwortete ihm: »Sind denn acht, und davon vier tote, noch nicht genug? Mein Herz ist gebrochen.« Und da hatte er doch die Stirn, zu mir zu sagen: »Madame, Sie sind so stark wie ein Pferd.« Aber das war das letzte Mal, daß ich in seine Kirche gegangen bin. Nächsten Sonntag gehe ich in die Tungtang-Kirche. Es stinkt dort, und die Bettler vor der Tür sind fürchterlich; aber ich werde den Stock eures Vaters mitnehmen und sie wegtreiben. Ich will mir nicht die Krätze oder den Aussatz von ihnen holen.

Diese Priester wissen überhaupt nichts. Sie hätten nur einmal mein Leben führen sollen. Sie hätten nur selbst einmal Kinder kriegen sollen, dann würden sie mich vielleicht verstehen. Ja, ich wünschte, sie hätten mein Leben gelebt. Nur ein kleiner Abschnitt davon hätte ihnen schon genügt. »Madame, wie alt ist Ihr jüngstes Kind?« Sie haben mir mein ganzes Leben zerstört. Wenn sie nicht gewesen wären, ich hätte nie wieder ein Kind bekommen.

An dieser Stelle wußte das Kind, daß nun wieder das große Unglück zur Sprache kommen würde, das Unglück seiner eigenen, so unwillkommenen Geburt. Es suchte rasch nach einer Ablenkung: »Mama, erzähl mir von meinem Bruder, von Sohn des Frühlings.«

Mama hielt inne in ihrem auf und ab schwingenden Rhythmus; ihr Gesicht war mit einemmal weich und entspannt. Der Erstgeborene würde kommen, er würde in sein Land zurückkehren, bald, bald, vielleicht schon nächstes Jahr. Sie setzte sich hin, plötzlich ganz gelockert und vertrauensselig wie bei einer Tasse Kaffee. Ihre Hände bewegten sich ruhig und gleichmäßig, beschäftigten sich mit einer Strickarbeit, die keinen Anfang und kein Ende zu haben schien. Schals, Mützen und Pullover entstanden, aber der kleine Berg aus Strickwolle, der aus dem Arbeitskorb hervorquoll, nahm nie ab. Dieser Korb, über dessen rauhes Weidenflechtwerk sich aus Wolle gehäkelte Gänseblümchen spannten, schien einen unerschöpflichen Vorrat zu bergen – ebenso unerschöpflich wie Mamas Lebensgeschichte.

Zweiundsiebzig Tage waren es, auch wenn manche Leute mir das heute nicht glauben wollen. Aber jeder, der einmal diese Reise in einem kleinen Boot gemacht hat, wird wissen, daß ich recht habe. Es waren Unruhen im Land, der Norden kämpfte gegen den Süden, genau wie heute. Nichts hat sich geändert, nichts wird sich jemals ändern, außer den Namen der Kriegsherrn. Damals war es Yüan Shihkai im Norden, der gegen Sun Yatsen im Süden kämpfte. Alle Europäer waren für Yüan Shihkai; aber dein Vater wollte wie gewöhnlich nicht sagen, auf wessen Seite er stand. Und in Hankow sah man so viele Soldaten auf den Straßen. Ich ging zum belgischen Konsul dort, und er war grob zu mir, weil dein Vater ein Chinese war. »Madame, kein Mensch, der seine fünf Sinne beisammen hat, wäre jetzt nach China gekommen!« Er erklärte mir, ich sei nun auch eine Chinesin, und wenn mir irgend etwas zustieße, könnte die belgische Regierung nicht die Verantwortung dafür übernehmen. Und als ich wieder ging, begleitete er mich nicht einmal bis zur Tür. Oh, ich fühlte mich gedemütigt, so schrecklich gedemütigt, und alles nur, weil mein Mann ein Chinese war. Aber was ist denn nur mit diesen Menschen geschehen?

dachte ich. Mit all diesen Europäern, die hierhergekommen sind? Bilden sie sich vielleicht ein, sie seien aus dem Schenkel Jupiters entsprungen, daß sie sich so arrogant aufführen können? Ich bin eine Denis, und ich werde ihnen erzählen, daß mein Großvater Bürgermeister von Mecheln war. »Unternimm etwas!« sagte ich zu deinem Vater; aber er durfte nicht einmal die Konzessionen betreten, denn die waren nur für die Europäer da, und wenn die Zeiten unruhig waren, zogen sie einen Stacheldraht rund um den ganzen Bezirk. Das Land gehörte nicht den Chinesen, und es gab britische und französische und belgische und noch andere Konzessionen, und ein Stacheldrahtverhau, so dick, daß man kaum hindurchsehen konnte, war zwischen ihnen und den Chinesen errichtet. Ich konnte dort aus und ein gehen, und wenn sie mich sahen, öffneten sie mir immer das Stacheldrahttor; dein Vater aber mußte draußen bleiben.

Und so mieteten wir eine Dschunke für die Fahrt flußaufwärts. Es war schwer, überhaupt ein Boot aufzutreiben, das diese Reise unternehmen wollte; aber wir fanden doch eines, wir bezahlten gut. Oh, nie werde ich diese Reise vergessen! Ich war gewiß die einzige Europäerin, die in diesem Jahr nach Szechuan fuhr – und bestimmt machte auch kein Europäer diese Fahrt. Es war schrecklich, und doch habe ich nie etwas so Wundervolles erlebt. Es war kein Segeln und kein Rudern, es war ein Klettern, das Ersteigen eines Wasserbergs, der uns entgegenbrauste, und so sprachen auch die Ruderer von ihm: Sie schoben das Boot gegen den Großen Fluß. Die meiste Zeit wurden wir gezogen, Schritt um Schritt, immer weiter hinauf, gegen die Strömung. Und die Männer, die uns zogen, waren nackt, sie trugen nicht einmal Hosen. Die Kleidung sei wertvoller als die Menschen, hieß es, und wenn die Männer ins Wasser fielen und ertränken, dann gingen wenigstens keine Kleider dabei verloren.

Es war keine große Dschunke; nur wir drei, die Ruderer und der Bootsführer waren darauf. Nach ein paar Tagen kam es mir vor, als hätte ich mein ganzes Leben auf diesem Boot verbracht. Ich war jung und kräftig, und am liebsten hätte ich mitgerudert; aber das ließ dein Vater nicht zu.

Ich trug kein festes Mieder und kein Korsett, und auch meine Schuhe hatte ich ausgezogen, oh, und es war wundervoll, Stunden um Stunden so an Deck zu liegen und nichts zu sehen als Wasser und Sonne! Es war April, und die weiten Abhänge waren weiß von Blüten. Ich wußte nicht, daß das Opium war, bis dein Vater es mir sagte.

Und dann kamen wir nach Ichang, und das war fünfzehnhundert Meilen entfernt von Shanghai, wo wir an Land gegangen waren; aber zwischen dort und hier lagen eine Ewigkeit und anderthalb Welten; denn nun sollten wir die Schluchten passieren und würden nach Szechuan kommen, und ich dachte: Dort wird es anders sein, nicht so entsetzlich armselig.

Ich band deinen Bruder mit einem Seil an ein Faß, so daß er auf dem Wasser treiben würde, falls etwas passieren sollte. Und ich hängte ihm zum Schutz noch den Rosenkranz mit der geweihten Medaille der Muttergottes um den Hals. Aber wirkliche Angst hatte ich gar nicht. Ach, es war wundervoll, ganz wundervoll! Nie hatte ich etwas Ähnliches gesehen. Nicht einmal der Ozean ließ sich damit vergleichen, denn der Ozean ist nur eine große Wasserfläche, und nach einer Weile vergißt man ihn; aber hier mußten sich die Schiffsleute die ganze Zeit über jeden Schritt des Weges erkämpfen. Zweieinhalb Monate lang kämpften die Schlepper und die Ruderer auf unserer Dschunke um unser Leben, und sie waren mir näher als meine eigene Familie. Und obgleich ich selbst nicht mitruderte, hatte ich doch das Gefühl, als sei ich ein Teil von ihnen und kämpfte gemeinsam mit ihnen gegen das Wasser. Sie gewöhnten sich an mich, und der Bootsmann brachte mir Gemüse oder ein Hühnchen, und manchmal, wenn wir vor Anker lagen, brachte er auch ein kleines Papierspielzeug fur deinen Bruder, eine Gliederpuppe oder eine kleine Windmühle oder auch ein Stückchen Kuchen, und ich lernte ein paar Worte wie »Danke«. Wenn wir abends an Land gingen, hob der Bootsmann Sohn des Frühlings auf seine Schultern und spielte Pferd und Reiter mit ihm. Und dein Bruder lachte und lachte. Die ganze Zeit über war er nie krank, sondern fühlte sich glücklich, genau wie ich. Herrlich waren die Farben des Frühlings in den Schluchten, und sogar ein Sturm, der uns überfiel, konnte mich nicht schrecken.

Damals sah ich die Affen auf den Klippen – ich konnte sie gar nicht übersehen. Nichts als Wasser und Himmel und unsere Dschunke zwischen den zwei hohen Wänden der Klippen. Und sie waren grün, so grün. Ich hörte, wie sie uns auslachten. Und es war, als sei man schon tot und führe in einem Boot geradewegs in den Himmel.

Die Ruderer sangen. Ich spürte es immer, wenn wir eine Stromschnelle passieren mußten, denn dann erhob der Bootsmann seine Stimme, als wolle er sprechen; aber seine Worte endeten mit einem langgezogenen Ton, der wie ein Ruf klang. Er rief das Lied auf, seinen Beginn, und die Worte kamen immer schneller und schneller, im Takt der Ruderschläge. Hei, hei, hei, hei! So ruderten und sangen sie. Und auch ich schob das Boot voran; ich spannte alle Muskeln und trieb es mit der Kraft meiner Gedanken weiter, kämpfte gegen die Gewalt der Strömung und steuerte es durch die Stromschnellen. Einmal waren wir einem Strudel so nahe, daß ich sein Auge erblickte, ein schreckliches Auge, das sich immer tiefer und tiefer senkte und mich dabei lauernd beobachtete. Ich spürte, wie mein Gehirn dem furchtbaren Gehirn hinter diesem Auge nachzugeben begann: Es wollte mir seinen Willen aufzwingen, mich an sich ziehen, näher und immer näher, um dann mich und das ganze Boot hinunterzureißen. Auf einem Dampfer kannst du nie erfahren, wie es ist, wenn man in den Schluchten um sein Leben kämpfen muß. Eine Dampferfahrt, das ist gar nichts. Und das Lied prallte gegen die Felsen und von dort wieder zurück auf uns, und wir kamen an einer Höhle vorbei, vor deren Öffnung eine Kette gespannt war, um den Drachen des Wassers dort drinnen gefangenzuhalten. Und alle schrien, als wir an dem Strudel vorbeischossen, und dann blieb er zurück, knurrte vor sich hin, leckte an den Felsen und warf eine weiße Schaumspitze empor.

Über Nacht machte die Dschunke am Flußufer fest, und wir stiegen aus und streckten unsere Beine. Immer gab es dort etwas zu essen, immer war dort ein kleiner Ort, ein paar Häuser, und die Menschen kamen und starrten mich an. Aber das störte mich nicht so wie später in der Stadt, wo ich diese Menschenmengen nicht mehr ertragen konnte. Während dieser Reise taten sie mir nie etwas Böses an. An einer Stelle, an der wir hielten, erhob sich nur eine einzige elende Hütte auf Pfählen über das Wasser. Sie starrte von Schmutz, der hintere Teil brach bereits zusammen, und davor sah ich nur Abfallhaufen, ein mageres Schwein und ein paar Ferkel, so dünn, daß es ein Jammer war, wie sterbende Katzen. Aber in der Hütte stand das schönste Mädchen, das ich je gesehen habe, mit heller Haut und wunderbaren Augen. Ich hatte inzwischen gelernt, in den Gesichtern rings um mich Unterschiede zu entdecken. Das Gesicht dieses Mädchens aber werde ich nie vergessen. Man sagte mir, ihr Name lautete »Blume auf einem Misthaufen«, und keiner hätte besser zu ihr passen können – so schön war sie mitten in diesem Schmutz. Der Ort war entsetzlich arm. Die anderen waren alle weggezogen oder gestorben, es war da wohl auch irgendeine Seuche gewesen. Nur dieses Mädchen und die paar Schweine waren übriggeblieben, und auch sie würden sterben. Sie bereitete uns aus unserem Reis und den Gemüsen, die wir noch hatten, eine Mahlzeit, und wir gaben ihr etwas Geld. Ich wollte ihr gern etwas schenken, und darum gab ich ihr ein Taschentuch. Sie besaß nichts außer ihren Hosen und ihrer Jacke, und niemand konnte sagen, was aus ihr werden sollte.

Wir kamen heraus aus den Schluchten, und da war es wieder drei Wochen später, und wir legten an einem großen Ort mit einer Kirche an. Und auf einmal war alles anders, und die Menschen waren nicht mehr so freundlich. Ich fühlte es, obgleich keiner mich berührte und niemand mir etwas antat. Aber ich merkte doch, daß sie mich haßten. Es gab hier auch Stacheldraht und einige Engländer und Sikhs – vielleicht war das der Grund. Und auch zwei Kanonenboote sah ich hier. Das machte mich sehr nervös, und von da an hatte ich immer Angst vor Menschenmengen.

Als wir in Chungking ankamen, erwartete uns dort der Bruder deines Vaters, ein Offizier in einer schmucken Uniform, der auf einem weißen Pferd saß. Zuerst dachte ich, er wolle mich beleidigen, weil er sich nur einmal vor mir verbeugte und mich dann nicht mehr ansah; aber Yentung erklärte mir hinterher, das sei in seinem Lande so üblich. Alles ist in China umgekehrt als bei uns, alles. Sie knöpfen ihre Kleider anders zu als wir, sie begrüßen sich anders und tun in allem das Gegenteil.

Als ich ein Bad genommen und deinen Bruder gewaschen hatte, schaute ich aus dem Fenster. Es war wunderschön draußen, wenn auch sehr heiß. Ich konnte zwei große Flüsse sehen, die zusammenströmten. Ringsherum standen Berge, und die Stadt wirkte wie eine Festung, die auf einer Felsenzunge zwischen den beiden Flüssen lag. Ich dachte daran, was für ein Jammer es doch war: ein so hübsches Land, und die Menschen so arm, so elend, alles so schmutzig. Und diese bettelnden Kinder, kleine Skelette mit aufgetriebenen Bäuchen, die sich mühsam umherschleppten. Jeden Tag sammelte man die Menschen auf, die auf den Straßen verhungert waren. Und von alledem hatte dein Vater mir nie etwas erzählt. »Warum hast du mir das nicht erzählt?« fragte ich. Und er sagte: »Daran seid ihr schuld, ihr Weißen.« – »Aber wie kann ich an so etwas schuld sein?« entgegnete ich. Und dann hatten wir einen heftigen Streit. Dein Vater hat nie wieder gesagt, es sei unsere Schuld. Denn schließlich konnte er nirgends Arbeit finden außer an einer belgischen Eisenbahn – einer Linie, die mein Volk in seinem Land baute. So hat er denn seither den Mund gehalten, und nun weiß ich nie, was er in Wirklichkeit denkt. Es ist, als lebte ich mit einem Taubstummen zusammen.

In Sänften reisten wir nach Chengtu, all die Berge hinauf und hinunter und durch die Felder, und das war herrlich. Jede Stunde stießen die vier Männer, die mich trugen, einen Ruf aus, und dann kamen vier andere Männer angerannt und hoben die Stangen der Sänfte auf ihre Schultern, und sie ließen sie so sanft hinübergleiten, daß man auch nicht den kleinsten Ruck verspürte. Und dabei liefen sie ununterbrochen weiter, so leicht und rasch, und sie setzten die Sänfte nicht einmal zu Boden, wenn sie sich ablösten. Die ersten vier wischten sich mit dem weißen Tuch, das sie um den Kopf gewunden hatten, den Schweiß ab, spuckten aus und seufzten einmal tief auf, so daß es war, als hätten sie ihre Müdigkeit ausgespuckt. Dann trotteten sie lachend und scherzend neben der Sänfte her.

Deinem Bruder gefiel es, so in der Sänfte getragen zu werden; er hüpfte dauernd auf meinem Schoß auf und ab.

Oh, und die Landschaft war so schön! Nie hatte ich eine solche Weite gesehen, so viele Felder, die sich in die Ferne bis zum Horizont erstreckten und dann von dort zurückzukehren schienen. Und an manchen Stellen konnte man in den Bergen die Kohle sehen, lange schwarze Streifen. Die Menschen brauchten hier nicht nach der Kohle zu graben, sie lag einfach da. Und dein Vater sagte: »Eines Tages werden wir hier eine große Industrie haben. Hier ist Kohle und Eisen, und wir werden Stahl fabrizieren und unsere Schienen für unsere eigenen Eisenbahnen machen.« – »Nun«, fragte ich ihn später einmal, »dieser Tag ist wohl immer noch nicht gekommen, nicht wahr?«

Überall sah man die Bettler, es war fürchterlich. Gut, daß wir Männer zu unserer Bewachung mithatten. Sie sollten Soldaten darstellen, aber sie waren so klein und schwach, daß ich sie mit einer Handbewegung hätte umstoßen können, und sie trugen Strohschuhe an den Füßen. Ich bin sicher, sie hätten sich von einer Minute zur anderen in Räuber verwandeln lassen. Alle vier Stunden, dreimal am Tag, rauchten sie Opium.

Des Nachts rasteten wir in Gasthöfen. Ich verlangte dort immer einen Tisch, auf den ich deinen Bruder setzen konnte, damit die Ratten nicht an ihn herankamen. Eines Nachts wachte ich davon auf, daß eine Ratte über meine Brust lief. Wir hatten unsere Feldbetten und unser eigenes Bettzeug mit uns, sonst hätten uns die Wanzen aufgefressen. Wir tränkten die Feldbetten mit Kerosin, um die Wanzen abzuhalten.

Und dann waren wir endlich in Chengtu. Schon von weitem sah ich die Tore und die Stadtmauer. Doch als wir durch die Straßen kamen, sah ich, daß alles genauso schmutzig und voller Ungeziefer war wie anderswo.

Dann ging es zu dem Haus, und dort war die ganze Familie versammelt; zumindest hatte ich diesen Eindruck, weil es so viele Menschen waren. Ganz vorn stand eine kleine alte Frau, sehr klein, winzig. Sie reichte mir nicht einmal bis zur Schulter, und ich hätte sie mit Leichtigkeit hochheben können, so zierlich war sie. Das war seine Mutter. Es galt als eine große Ehre, daß sie bis ans Tor gekommen war, um mich zu begrüßen, anstatt mich innen im Hof zu erwarten – so wenigstens sagte man mir. Nun also, dachte ich, jetzt muß ich tun, was ich irgend kann, vielleicht wird dann alles besser. Darum machte ich Yentung alles nach und verbeugte mich mit ihm, und dann streckte die kleine Frau mir ihre Hände entgegen, und ich ergriff diese Hände und schüttelte sie, und einige begannen zu lachen. Aber ich hatte es ganz richtig gemacht, wie Yentung mir hinterher sagte. »Meine Mutter hat versucht, dir zuliebe die westlichen Sitten zu erlernen. Und sie haben uns das beste Zimmer auf der Ostseite gegeben, obgleich es eigentlich nicht uns, sondern meinem Älteren Bruder zukommt. Sie haben auch ein paar Möbel für dich angeschafft.« Es war eine Lampe da und eine Art Feldstuhl und eine englische Wolldecke und auf dem Fußboden ein Teppich – alles von sehr schlechter Qualität. Aber die Europäer verkauften den Chinesen nur minderwertige Ware, und diese wußten es nicht besser.

Ich sagte gar nichts, ich war zu müde. Aber dein Bruder gefiel ihnen allen. Als die alte Frau ihn erblickte, lachte sie über das ganze Gesicht und zog ihn an sich; aber er fing an zu schreien, er mochte sie nicht. Und als ich ihn zu Bett gebracht hatte, mußten wir in die Ahnenhalle gehen, um den Ahnen vorgestellt zu werden. Dort stand ein großer, langer Tisch und dahinter, gegen die Wand gelehnt, die Reihe der Seelentäfelchen. In einem Raum daneben sah ich einen großen Sarg, und darin lag der verstorbene Großvater. Alle Mitglieder der Familie hatten ein weißes oder graues Tuch entweder um die Schuhe oder um den Kopf gewunden. Ich sagte es ja schon, es ist hier alles umgekehrt als bei uns: Weiß ist die Trauerfarbe; wenn man einem Menschen seinen Respekt zeigen will, sieht man ihn nicht an, und wenn sie dich beleidigen wollen, sind sie so höflich zu dir, daß du glaubst, sie hätten dich gern. Aber in Wirklichkeit hassen sie dich.

Es war dein Vater, der sich vor den Ahnen nicht mehr verbeugen wollte; ich hingegen tat alles, was seine Mutter von mir verlangte. Die kleine Frau legte ein Kissen auf den Fußboden und sagte dann, ich sollte darauf niederknien und mich verbeugen, und ich tat es. Dann nahm sie die Räucherstäbchen, steckte sie in die Kohlenpfanne und zeigte mir, wie es gemacht wird, und ich tat es ihr nach. Später ließ ich auch Sohn des Frühlings das alles tun. Ich dachte nicht, daß es etwas Schlechtes sein könne. Aber der Priester sagte mir, es sei etwas sehr Schlimmes, es sei Götzendienst. Und als ich zur Beichte ging, erklärte er, er müsse mir die Absolution verweigern, wenn ich nicht aufhörte, mich vor den Ahnen zu verbeugen. Und er sagte auch, mein Sohn müsse als Katholik erzogen werden und dürfe den Götzenbildern nie wieder nahe kommen. Ich war sehr erschrocken, denn ich wollte ja nicht, daß dein Bruder in die Hölle käme oder daß man ihn bei der ersten Kommunion zurückwiese. Die Seele eines Kindes ist etwas so Kostbares. Es war mir nicht in den Sinn gekommen, daß ich etwas Schlimmes tat, wenn ich da kniete und mich ein wenig verbeugte; aber gerade mit solchen Kleinigkeiten gefährdet man sein Seelenheil. Man darf am Freitag kein Fleisch essen, und man darf auch nicht sagen, man wolle keine Kinder mehr haben. Die Protestanten haben es leichter, für sie gibt es all diese Dinge nicht. Aber wahrscheinlich kommen sie in die Hölle. Doch ich habe meine Hölle schon auf Erden gehabt, ich brauche keine andere mehr.

Und eines Tages erwischte ich sie. Alle Kinder saßen beisammen, und mein Sohn mitten unter ihnen, und die alte Frau brachte ihm bei, wie man die Räucherstäbchen anzündet und in das Kohlenbecken steckt. Sie war nicht einmal erschrokken, als sie mich sah, sondern lächelte und sagte zu Sohn des Frühlings, er solle auf chinesisch »Mutter« rufen. Es ist so Sitte bei ihnen, daß sie die Menschen immer nach dem Verwandtschaftsgrad anreden. Und auch von mir erwartete man, daß ich mich jedesmal, wenn ich jemanden sah, daran erinnerte, wie wir miteinander verwandt waren und daß ich diese Menschen mit »Sechste Tante« oder »Dritte Schwägerin« oder »Zweiter Onkel« anredete. Natürlich war das zu schwierig für mich, und darum sagten sie nach einiger Zeit zu mir, ich solle sie einfach bei ihren Namen nennen, obgleich das sonst nicht üblich war.

Aber ich konnte es nicht zulassen, daß mein Sohn ein Heide wurde, und darum ging ich hin und nahm alle die Räucherstäbchen und warf sie auf den Boden, und dann nahm ich Sohn des Frühlings auf den Arm und brachte ihn in unser Zimmer. Und danach sagte dein Vater, wir wollten weggehen. Er hatte sowieso nichts zu tun, sondern saß die ganze Zeit nur mit irgendwelchen Beamten zusammen, trank Tee und aß mit ihnen und arbeitete überhaupt nichts.

Oh, was haben sie nicht alles versucht! Sie redeten alles mögliche und sagten, wir müßten bald wiederkommen, und gaben mir einen Haufen Geschenke. Aber ich warf ihnen alles vor die Füße. Ich wußte, daß sie versucht hatten, mich zu vergiften; sonst hätte ich nicht dauernd solche Kopfschmerzen und diesen Durchfall gehabt. Und obgleich die kleine Frau so tat, als weinte sie, gab sie dabei doch keinen einzigen Ton von sich, sondern stand nur auf ihren winzigen Füßen da und sah uns nach, als wir fortgingen. Am liebsten hätte ich sie alle angespuckt. Ich wußte genau, daß sie mich nicht mochten. Und dein Vater sah so schrecklich aus. Sein Gesicht war so blaß, wie ich es noch nie gesehen hatte. Er sah aus wie ein Toter.

Dann schickten wir deinen Bruder wieder nach Belgien. Er war dort besser aufgehoben. Denn wir hatten bei unserer Reise von Szechuan nach Hankow schreckliche Dinge erlebt. Zwar kam man stromabwärts viel schneller voran, aber die Soldaten schossen auf uns, und wir mußten uns flach auf das Deck legen, und die Kugeln pfiffen über uns hinweg. Sie schossen auf alle Boote, sogar nachts.

Und dann kam das Jahr 1914, und in Belgien brach der Krieg aus, und meine Eltern flüchteten nach England. Mein Vater fuhr mit der *Lusitania* und wäre beinahe ertrunken; elf Stunden trieb er auf einer Planke im Wasser. Dein Bruder ist vier Jahre lang in England zur Schule gegangen und spricht daher perfekt Englisch. Wenn er herkommt, wird er mit seinen Englischkenntnissen eine gute Stellung finden. Bald ist er mit der Schule fertig, und dann wird er kommen. Du wirst deinen Bruder sehen. Sehr bald. Ach, es wird herrlich sein, wenn ich erst meinen Sohn wieder bei mir habe!

Es war vorüber. Sie hatte sich völlig ausgegeben, und nun war sie ruhig. Im Verlauf seines späteren Lebens sollte das Kind diese gleiche Geschichte noch einmal hören – aber anders erzählt. Und es sollte auch eine schriftliche Aufzeichnung darüber lesen, und die sollte wieder einen anderen Sinn ergeben.

Aber das Kind würde sich immer daran erinnern, und es würde diesen Ereignissen hartnäckig nachgehen bis zu einem Tag im Jahre 1964, an dem alles eine endgültige, aber allzu späte, versöhnende Auflösung erfahren sollte.

»Ja«, sagte Dritter Onkel, »ich erinnere mich an den Tag, an dem deine Mutter zu uns kam.«

Endlich hatte ich ihn festgenagelt. Vier Jahre hatte ich gebraucht, bis ich Drittem Onkel das Versprechen hatte abringen können: »Morgen früh um zehn Uhr werde ich dir alles erzählen, was ich noch über die Rückkehr deiner Eltern weiß.«

Keine Eigenschaft ist bei mir so ausgeprägt wie die Hartnäckigkeit. Man hat sie nötig, wenn man sich vorgenommen hat, unter die Rinde des verkrüpelten Baumes zu blicken und die Ursachen seines Mißwuchses zu untersuchen.

Selbst im Jahre 1964 hielt die traditionelle Ehrfurcht uns noch immer in ihren dicken, fest haftenden Fingern, lähmte unsere Zungen und klebte sie an unserem Gaumen fest. Aber es herrschte doch nicht mehr der gleiche unwandelbare hierarchische Zwang wie vor der Befreiung. Gott sei gedankt für die Revolution von 1949, dachte ich, und für den Einfall der Kommunisten, jeden seine eigene Lebensgeschichte niederschreiben zu lassen, um sich so gewissermaßen selbst von den verwesten und abgekapselten Überresten der Vergangenheit zu befreien. Wie viele Hemmungen wurden dadurch nicht aufgehoben, wie viele eingemauerten Skelette freigelegt, wie viele Gespenster vertrieben, wie viele Märchen widerlegt und wie viele Nervenzusammenbrüche verhindert. Zum erstenmal wurde die Maske der Konventionen, die überhebliche Eitelkeit der Gentry, die Zurückhaltung, welche im Grunde gar keine Zurückhaltung war, wurde diese ganze Tünche mit den großen Wassereimern der Autobiographien weggewaschen. Endlich waren die Menschen gezwungen, sich selbst so zu sehen, wie sie wirklich waren, und nicht so, wie sie vor sich selbst zu sein vorgaben.

»Ich werde dir über die Rückkehr deiner Eltern im Jahre 1913 berichten. Alles, woran ich mich erinnere.« Dieser Nachsatz ist ein Schlupfloch. Dritter Onkel hat die Fähigkeit, Dinge zu vergessen, an die er sich nicht zu erinnern wünscht. Meine Aufgabe wird es sein, diesem geheiligten Recht des Individuums mit spontanen, aber kristallklaren Fragen entgegenzuwirken.

Um zehn Uhr am nächsten Morgen herrschte ein graues, feuchtes Herbstwetter, ein federiger Regennebel oder Nebelregen, durchdringend und doch zu dünn und zu fein, als daß man einen Regenschirm hätte aufspannen mögen. Ein echter szechuanesischer Herbsttag, feucht bis ins Mark. Nur in England kennt man noch diese warme Feuchtigkeit, die so wohltuend für die Blumen ist und so schädlich für die Gehirne der Menschen. Ich trank ein Glas von dem starken Maotai-Wein, der sechzig Prozent Alkohol enthält, und ging zu Drittem Onkel, fest entschlossen, durch die klare Erkenntnis einer alten Welt zum endgültigen Verständnis der neuen durchzudringen, auf Grund der Geschichte einer Rückkehr mit all ihrem Überschwang und ihren Schrecken den Entschluß meiner eigenen Rückkehr zu begreifen. Wenn ein Mensch wie ich die Reue ablehnt, dachte ich ... aber nein, ich hatte noch nie etwas völlig abgelehnt. Auch die Reue war sinnvoll, wenn man sie richtig anwandte.

Dritter Onkel saß auf seinem Rotangstuhl, über den das Fell eines Leoparden aus den Schneebergen gebreitet war. Eigentlich war es ein Liegestuhl, aber Dritter Onkel hielt sich kerzengerade. Und auf dem Lacktisch standen vier verschiedene Teekannen, jede mit einer anderen Teesorte gefüllt, und vier Tassen.

»Du wirst allein trinken müssen«, sagte er. »Ich kann keinen Tee mehr vertragen, meine Blase ist zu schwach.«

Und wie ein Taucher, der sich an einem kalten Morgen unbekümmert ins eisige Wasser stürzt, so stürzte er sich in seine Erzählung.

Es war wegen deines Urgroßvaters, des Ahnherrn Taohung, daß dein Vater sechs Monate früher als beabsichtigt nach China zurückkehrte. Dein Urgroßvater starb im Dezember 1912, und wir schickten daraufhin ein Telegramm an deinen Vater nach Belgien.

Gegen Ende Januar – oder vielleicht auch Anfang Februar, das weiß ich nicht so genau – verließen deine Eltern Europa. Aber hier gab es viele Unruhen, und der Flußdampfer fuhr nur bis Hankow. Es war Juni oder Juli, als sie endlich in Szechuan ankamen.

Ich war ihnen nach Chungking entgegengeeilt, um für ihre Bequemlichkeit zu sorgen und sie nötigenfalls zu beschützen; denn die Straßen waren alle unsicher, und deine Eltern hatten ein Kind bei sich, den ersten Enkel meiner Mutter.

1911 hatten wir eine Revolution gehabt, doch schon 1913 waren ihre Errungenschaften wieder verlorengegangen. Abgesehen davon, daß wir keinen Mandschu-Kaiser mehr hatten, war alles wie zuvor, eher noch schlechter. Das Geld war überhaupt nichts mehr wert. Jede Stadt prägte ihre eigenen Münzen – bei uns in Chengtu bestanden sie aus gebranntem Lehm.

Ich wußte, daß ich meinen Bruder, deinen Vater, auf alles vorbereiten mußte, denn er ahnte nichts von den Veränderungen, die stattgefunden hatten. So kam ich denn einige Tage bevor deine Eltern dort erwartet wurden, in Chungking an, traf die nötigen Vorbereitungen, damit für ihre Weiterreise Sänften zur Verfügung standen, und beschaffte auch ein paar kräftige Männer, die unterwegs unseren Schutz übernehmen sollten. Außerdem kaufte ich einige europäische Gegenstände, die meine Schwägerin, deine Mutter, vielleicht benötigen würde: zwei Kommoden mit neu lackierten hölzernen Deckplatten und – da der Sommer sehr heiß sein würde – das feinste Moskitonetz, das ich finden konnte. Für diese Einkäufe lieh ich mir das Geld von Freunden der Familie aus, denn wir selbst besaßen nichts mehr. Drei Jahre später sollten wir bankrott sein. 1917 mußten wir unser Tabakgeschäft schließen, das einhundertzwanzig Jahre bestanden hatte.

Ich ging zum Landungsplatz, um die Dschunke deiner Eltern zu erwarten; aber sie hatten unterwegs einen Sturm gehabt und kamen daher mit Verspätung an. Darum postierte ich am Ufer einige Diener und Läufer, die mir Bescheid bringen sollten, sobald das Boot in Sicht sein würde. Ich hatte bereits ein Telegramm aus Ichang erhalten – durch Vermittlung einer ausländischen Gesellschaft, denn unsere Telegrafenbüros funktionierten längst nicht mehr richtig – und wußte somit, daß sie dort angekommen waren.

Ich wartete zwei Tage, und am dritten Nachmittag kam das Boot. Ich traf am Landungsplatz ein, als das Gepäck eben ausgeladen wurde. Deine Mutter, meine verehrte Schwägerin, die ihren Erstgeborenen, den Ersten Enkel meiner Mutter, auf dem Arm trug, war bereits an Land gegangen, und schon hatte sich auch eine Menschenmenge angesammelt; denn Ausländer waren für uns in Szechuan noch immer eine große Seltenheit. Es war gut, daß ich ein paar Männer bei mir hatte, um ihr einen Weg zu bahnen und die Menge zurückzuhalten. Allzu viele drängten sich heran, um aus der Nähe sehen zu können, was für Kleider sie anhatte und wie sie sich bewegte. Es war reine Neugierde, aber deine Mutter regte sich immer sehr darüber auf, und selbst jetzt, als sie eben erst von Bord kam, stand sie auf der Laufplanke, hob ihre Röcke, weil das Wasser über die Ränder der Planke emporspritzte, und rief deinem Vater mit lauter Stimme etwas zu. Ich verstand sie zwar nicht, aber ich sah an ihrem Gesichtsausdruck, daß sie ärgerlich war. In diesem Augenblick kam auch dein Vater von Bord und sah mich. »Willkommen zu Hause, Zweiter Bruder!« rief ich, und er sagte rasch: »Dritter Bruder, kannst du wohl veranlassen, daß die Sänften etwas näher kommen?« Ich hatte die Sänften in einiger Entfernung hinter mir stehen lassen, aber jetzt winkte ich sie heran. Auch die Sänftenträger rissen ihre Augen auf, aber ich blickte sie streng an, und daraufhin drehten sie sich um und verhielten sich so, wie es sich gehört – du weißt, man soll eine Frau, die eine Sänfte besteigt, nicht ansehen. Auf meinen Befehl hin hoben sie augenblicklich die Stangen auf ihre Schultern, setzten sich in Bewegung, stiegen die Stufen vom Ufer aus und die Straße zur Stadt empor, durchschritten das Tor und gingen weiter, bis sie vor dem Gildehaus angelangt waren, in dem die Zimmer für deine Eltern bereitstanden. Und die Menge drängte überall nach. Viele Kinder liefen neben den Sänften her und schrien: »Seht doch, seht, eine fremde Teufelin!«

Ich hatte ein Buch über die Sitten und Gebräuche der Ausländer gelesen – ein Buch, das ich gekauft hatte, um unsere Familie auf die Ankunft deiner Mutter vorzubereiten. Ich wußte also, daß die Ausländer immer etwas abrupt sind und man Geduld mit ihnen haben muß. Darum kürzte ich die Teestunde in dem Empfangsraum ab, den ich mit Blumen hatte dekorieren lassen (ich hatte gelernt, daß man den europäischen Frauen immer Blumen schenkt – eine Sitte, die bei uns unbekannt ist). Ich hatte Befehl gegeben, ein Bad für die Gäste vorzubereiten. Und ich hatte auch eine Dienerin besorgt, die das Kind versorgen sollte, und eine zweite, die ein wenig älter war und die meiner Schwägerin behilflich sein würde. Ein Freund hatte mir diese beiden Dienerinnen ausgeliehen. Ich schätzte mich glücklich, daß ich infolge meiner militärischen Laufbahn und meiner Geschäftsbeziehungen so viele Freunde hatte.

»Die verehrte Schwägerin muß ausruhen«, sagte ich und hielt dabei meinen Blick abgewendet.

Deine Mutter ging ins Schlafzimmer, um sich auszuruhen, und ich hatte den Eindruck, daß sie erfreut war – obgleich ich später daran zweifelte. Das Zimmer war sauber, und auf dem Bett lagen neue Decken.

Und nun wandte dein Vater sich an mich: »Dritter Bruder, es scheint ja schlimm zu stehen hier ... überall dieses Elend, dieses Durcheinander ... wir hatten eine schreckliche Reise. Ich wußte nichts von alledem ...«

Jetzt war der Zeitpunkt gekommen, offen mit deinem Vater zu sprechen. Aber ich konnte nicht alles auf einmal sagen; es würde Tage dauern, bis er alles wußte. »Zweiter Bruder«, begann ich, »wir wollten dich nicht in deiner Arbeit stören. Aber nun werde ich dir über alles berichten.«

Zehn Tage waren wir von Chungking bis Chengtu in unseren Sänften unterwegs. Ich freute mich, daß ich einen kleinen Trupp Soldaten bei mir hatte und daß die Leute vor mir als Offizier und vor unseren Waffen doch einigen Respekt hatten. Auf diese Weise war es mir möglich, deine Eltern und deinen ältesten Bruder sicher bis zum Haus unserer Familie in Chengtu zu geleiten. Ich hatte einen Kurier vorausgeschickt, der die Familie über bestimmte Punkte in Kenntnis setzen sollte.

Meine verehrte Mutter hatte ihre letzten Juwelen verpfändet, um einige Seidenstoffe, ein paar Gegenstände aus Silberfiligran und etliche Brokate zur Ausschmückung des Raumes zu erwerben, den deine Mutter bewohnen sollte. Wir wollten auch ein kleines Begrüßungsfest arrangieren. Aber das alles war nicht genug.

Ich war nicht immer zu Hause, und mein Zweiter Bruder hatte manches zu erledigen, so daß deine Mutter viel allein war. Es kamen viele Menschen in unser Haus, und sie alle waren neugierig darauf, deine Mutter, die Ausländerin, zu sehen. Sie streichelten auch gern die Locken deines Bruders. Aber das veranlaßte deine Mutter, laut zu schelten und zu schreien. Manche waren sehr erschrocken darüber, andere gingen schweigend nach Hause; aber man konnte spüren, daß deine Mutter ihnen nicht gefiel.

So viele kleine Dinge ereigneten sich, alles Geringfügigkeiten; aber vielleicht hätten wir uns genauer überlegen sollen, wie wir deiner Mutter Freude bereiten könnten. Allerdings weiß ich auch nicht, was wir sonst noch hätten tun können. Unsere Möglichkeiten waren damals so sehr beschränkt; noch nie waren wir so arm gewesen. Deine Mutter wußte nicht, daß wir den Familienschmuck verpfändet hatten, um ihr trotz der Trauer um deinen Urgroßvater Taohung einen festlichen Empfang bereiten zu können. Was konnten wir noch mehr tun? Leider gelang es uns nicht, ihren Geschmack zu treffen. Und eines Tages gingen deine Eltern fort und nahmen ihren Sohn, unseren Ersten Enkel, mit sich, und meine Mutter – deine Großmutter – weinte sehr, denn sie konnte es nicht ertragen, sie fortgehen zu sehen. Sie hing so sehr an deinem ältesten Bruder, ihrem ersten Enkel. Aber deine Eltern gingen trotzdem fort und kamen nie wieder.

Sie lebten von Juni bis Oktober bei der Familie in Chengtu – fünf Monate, in denen meine Mutter zu dem Menschen wurde, der sie für die nächsten fünfunddreißig Jahre, die sie in China verbrachte, bleiben sollte: eine unzufriedene, hektische, argwöhnische Frau, stets bedroht von Mißverständnissen, zu Wutanfällen und Tränen neigend und immer das Opfer von Situationen, auch wenn sie diese selbst heraufbeschworen hatte – zuweilen ein sehr williges Opfer, da ja Hilflosigkeit an sich eine Macht darstellt: die Macht, sich in einer aktiven Erregung äußern zu können. Eine solche Erregung war zwar sinnlos, aber eben um ihrer Zwecklosigkeit willen befriedigend. Sie verschaffte meiner Mutter jene weitgespannte physische Aktivität, die sie wie alle Europäer – wie alle Fleischesser – brauchte und die ihr Erleichterung verschaffte, indem sie ihre Kräfte aufzehrte, sie ermüdete und ihr den aus der Erschöpfung geborenen Frieden schenkte. Es war, als wollte sie das zerschmettern, was sie doch nicht zu fassen und fest in der Hand zu halten vermochte; als wollte sie die Mauern des Gefängnisses sprengen, in das sie sich eingesperrt fühlte und die doch niemals nachgeben, sich niemals öffnen würden. So entwickelte sie eine lebenslange Leidenschaft für zornige Aufwallungen, für eine Flut von Worten, die alles überschwemmte, was sich in ihrer Reichweite befand. Und daneben verausgabte sie sich in endlosen Briefen, einem ganzen Koffer voller Briefe. Doch all das war unsäglich schade, denn diese Kräfte hätten ja auch nutzbar gemacht werden können. Es wäre nicht nötig gewesen, sie so zu vergeuden und alles ringsumher damit zu zerstören.

Es ist ein Jammer, daß die Familie, in der sie lebte, auch nicht einen Augenblick lang ahnte, was sie ihr antat. Das Unverständnis dieser Menschen war ebenso groß wie das meiner Mutter, ihre Reaktionen ebenso unvernünftig und, wenn man es recht bedenkt, vielleicht sogar noch grausamer; denn alles, was sie taten, war so ungeheuer rechtschaffen, und selbst ihre kränkenden Worte und Handlungen waren gerechtfertigt durch Sitte, Anstand, Tradition und ihre Stellung innerhalb der Familie. Ein Kollektiv ist darum so gefährlich, weil jedes seiner Mitglieder die anderen in einer bestimmten Verhaltensart unterstützt. Es ist wie eine Meute Hunde, die einen Hirsch hetzt, bis sie ihn schließlich gestellt hat. Und doch wußten sie gar nicht, daß sie meine Mutter hetzten. Sie bemühten sich, ihr Bestes zu tun und sahen über vieles hinweg.

Während jenes heißen Sommers zerbrach meine Mutter buchstäblich vor den Augen meines Vaters, und er war nicht imstande, diesem Verfallsprozeß Einhalt zu tun, ebensowenig wie er den Gedanken und Handlungen der Familie entgegentreten konnte, die meine Mutter langsam, aber sicher zur Raserei trieben, bis sie in ihrer abwehrenden Haltung völlig erstarrte und sich auch mit Vernunftgründen nicht mehr daraus befreien konnte.

Nicht die großen, sondern die kleinen Dinge sind es, die eine Gefühlskrise herbeiführen. Ein Lachen hinter einer Wand, das man augenblicklich als Spott, Beleidigung, Gemeinheit und Bosheit deutet; ein heißer Nachmittag und kein Fächer zur Hand, kein Stuhl, auf dem man sitzen kann, weil alle Stühle von älteren Damen besetzt sind und die jüngeren stehen müssen; ein Gericht, das einem nicht bekommt; vor allem aber die Verzweiflung darüber, daß man in einer großen Familie nie allein sein kann, nicht einen Augenblick. So wenigstens erschien es Marguerite.

»Aber du kannst doch allein sein«, redete Yentung ihr zu. »Du kannst doch in dein Zimmer gehen und dich dort hinsetzen. Meine Mutter macht sich solche Sorgen...«

»Sorgen? Die wollen doch meinen Tod! Ich *weiß* das. Sobald ich in meinem Zimmer bin, erscheint Sechste Schwester oder Elfte Nichte und erkundigt sich, warum ich weggegangen sei. Dann reden sie in diesem fürchterlichen Französisch, das sie mir zuliebe gelernt haben, und sagen: ›Mutter ist besorgt um dich. Fühlst du dich nicht wohl? Sollen wir den Doktor holen? Bitte, komm doch herüber und unterhalte dich mit uns. Großtante kommt nachher auch, und sie möchte Ersten Enkel sehen.‹ Warum wollen sie bloß dauernd, daß ich mit ihnen zusammen bin? Sie bringen mich um damit, mich und meinen Sohn.«

»Ich habe ihnen gesagt, daß du manchmal gern allein in deinem Zimmer sitzen und Briefe schreiben möchtest, und sie sagten, das verstünden sie sehr gut; sie fürchteten nur, daß du vielleicht traurig sein und dich einsam fühlen könntest, und deshalb kämen sie zu dir. Du brauchst ihnen also nur zu erklären, du seist durchaus glücklich und wolltest gern einen Brief an deine Eltern schreiben.«

Bei solchen Ratschlägen flammte Marguerite auf. »Ich kann nicht lügen! Warum soll ich sie anlügen? Ich habe ihnen gesagt, sie sollten mich in Ruhe lassen, und ich wollte ihre verdammten Gesichter nie wieder sehen. Jetzt werden sie's wohl endlich begriffen haben.« Und sie preßte ihren Sohn an sich und weinte unaufhaltsam, steigerte sich in eine Nervenkrise.

Und dann waren da diese endlosen Mahjong-Partien, die ohne Unterbrechung sechs oder sieben Tage und Nächte andauerten. Zwanzig oder dreißig Frauen versammelten sich um die Tische, die in jedem Zimmer aufgestellt waren, und dann begann dieses Klick-klick-klick, das ewige Anstoßen und Werfen der Mahjongsteine. Dazwischen ertönte das Schreien der Säuglinge, die den Müttern von den Amahs gebracht wurden, damit sie sie an ihre hängenden Brüste legten. Die Mütter unterbrachen ihr Spiel nicht; sie nährten ihr Kind und reichten es dann der Dienerin zurück. Sechs, sieben, acht Stunden hintereinander spielten sie mit einer Leidenschaft, die an Wahnsinn grenzte; dann räumten sie einer anderen Spielerin ihren Platz ein, um ein paar Stunden zu schlafen. Aber das Schrecklichste für Marguerite, das, was ihr den letzten Rest ihrer Nerven raubte, war der Lärm, dieses ständige Geräusch schwatzender und lachender Stimmen. Und immer war sie überzeugt, daß diese Frauen über sie lachten. Geldsummen gingen von Hand zu Hand, Opiumpfeifen von Mund zu Mund. Obgleich die Mutter und ihre Söhne nicht rauchten, war immer Opium für die Gäste vorrätig. Denn wenn die Familie jetzt auch arm war, so gehörte sie doch immer noch zur oberen Gesellschaftsschicht, und die Gäste waren bedeutende Persönlichkeiten. Es ging um die Beerdigung des Urgroßvaters, und seine Nachkommen hatten die Pflicht, ihn mit dem Geklapper der Mahjongsteine und ihren plaudernden Stimmen zu unterhalten, während er in Erwartung der Feierlichkeiten im Sarg lag. Nur so konnte er wissen, daß alles zum besten stand.

Es galt als unhöflich, wenn man sein Zimmer nicht für die Mahjongtische zur Verfügung stellte und sich zum Schlafen nicht mit einem Stuhl oder einer Sitzbank begnügte. Trotzdem kam niemand in Marguerites Zimmer, denn sie war die Ausländerin, der geehrte Gast; aber schlafen konnte sie doch nicht. Der Lärm, dieser immerwährende Lärm hielt sie wach. Sie litt unter dem Ton dieser hohen, lauten Stimmen – die Menschen in Szechuan haben auch in der Stadt die bäurische Sitte beibehalten, so laut zu sprechen, als riefen sie sich etwas von Feld zu Feld zu. Und sie litt unter dem Kreischen der Kinder und vor allem unter der Neugier der Kinder und der kleinen Dienerinnen, die dauernd kicherten und mit dem Finger kleine Löcher in die Papierbespannung der Fensterrahmen bohrten, um hindurchzublicken und sie, die Fremde, zu betrachten. Das alles brachte sie dem Wahnsinn nahe. Und alle wollten immer Sohn des Frühlings anfassen und streicheln und seine Locken berühren, die sie ihm über Nacht auf Papierrollen drehte.

Eines Tages setzte sie ihren Hut auf, verließ allein das Haus und begann durch die Straßen zu wandern. Sie war noch nie allein in der Stadt gewesen und auch noch nie zu Fuß, sondern immer nur in einer Sänfte und in Begleitung. Als sie jetzt in ihren ausländischen Kleidern auf der Straße erschien, sammelte sich augenblicklich eine Menschenmenge um sie. Erwachsene und Kinder strömten herbei, kamen aus den Häusern und den nahe liegenden Straßen angerannt, um sie anzustarren. Sie drängten und stießen sich, bis Marguerite ihnen auf die Füße trat. Immer mehr kamen, und Marguerite trat auf immer mehr Füße und bekam es mit der Angst. Sie konnte weder vor noch zurück.

Wie immer erschien auch diesmal ihr Dritter Schwager als Retter. Er bahnte sich einen Weg durch die Menge, schob die Menschen mit sanftem Nachdruck zurück und sagte langsam und laut, aber ohne jeden zornigen Unterton: »Was glotzt ihr denn so? Da ist nichts zu sehen. Habt ihr nichts Besseres zu tun?«

Doch es kamen immer noch mehr Leute, und auf einmal stand Yentung, ihr Mann, vor ihr und sagte: »Geh zurück nach Hause.«

»Ich will nicht zurückgehen«, sagte sie. »Nein, ich will nicht. Ich möchte wieder zu meinen Eltern.«

»Darüber reden wir später«, entgegnete er.

Und da bekam sie mitten auf der Straße einen Nervenzusammenbruch und fing an zu schreien, worauf alle Umstehenden, vor allem die Kinder, in schallendes Gelächter ausbrachen. Sie lachten und lachten, bis ihnen die Tränen übers Gesicht liefen; sie meinten, es sei so etwas wie eine Szene in der Oper, etwas unglaublich Komisches. Yentung faßte ihren Arm und versuchte sie mit sich zu ziehen, aber sie leistete ihm Widerstand, und das brachte die Kinder noch mehr zum Lachen. Einige von den Kleinsten, die nicht begriffen, was hier vorging, begannen zu weinen, und das hatte einen erneuten Heiterkeitsausbruch zur Folge.

Dritter Bruder, der immer Rat wußte, winkte eine Sänfte herbei, und nun drängte er die Leute zurück, um Platz zu schaffen.

Aber auch jetzt benahm er sich nicht allzu schroff und heftig, weil er keinen Aufruhr verursachen wollte. »Geht weg, nun geht schon«, sagte er, »die Dame ist krank.«

Schließlich konnten sie Marguerite in die Sänfte setzen und wieder nach Hause bringen. Die Mahjongspieler unterbrachen bei ihrer Ankunft nicht ihr Spiel. Eine der Frauen hob beim Würfeln den Kopf und fragte grob: »Was ist denn los mit der Fremden?«

Yentungs Mutter war ärgerlich über dieses schlechte Benehmen, aber sie ließ es sich nicht anmerken. Sie stand vom Spieltisch auf und ging in Marguerites Zimmer, wo diese auf dem Bett lag. Marguerites Tränen hatten inzwischen nachgelassen, aber jetzt zitterte sie am ganzen Körper und kämpfte gegen ein wildes, hysterisches Lachen an.

»Was ist geschehen?« fragte die Mutter. »Warum ist unsere Tochter fortgegangen? Warum möchte sie nicht bei uns sitzen und das Spiel erlernen, wie wir sie gebeten haben?«

»Sie fühlt sich nicht wohl«, erklärte Yentung. »Sie bittet dich, ihr zu verzeihen. Sie wollte den Arzt aufsuchen – den französischen Arzt«, setzte er eilig hinzu. Es gab zu jener Zeit in Chengtu einen französischen Arzt. Er wohnte in der Nähe der katholischen Kirche, in die Marguerite zur Messe und zur Beichte ging.

Das Gesicht der Mutter drückte Mißbilligung aus. »Aber dieser Doktor ist ein Mann«, wandte sie ein. »Sie kann doch nicht allein zu einem männlichen Arzt gehen. Wenn sie es wünscht, schicken wir jemanden zu ihm und bitten ihn, herzukommen und sie zu untersuchen.«

»Ich werde mich schon darum kümmern, Mutter«, versprach Yentung.

Aber in diesem Augenblick setzte Marguerite sich auf und sagte laut und deutlich zu ihrer Schwiegermutter: »Geh aus meinem Zimmer.«

Dann wiederholte sie den Satz noch einmal auf chinesisch – mit falschen Betonungen, aber doch verständlich. »Geh hinaus, geh hinaus.«

Mit unbewegtem Gesicht, als sei nichts geschehen, wandte die Mutter sich langsam um, verließ das Zimmer und ging zurück an ihren Spieltisch. Älterer Bruder, der respektvoll an der Tür gestanden, aber aus Rücksicht gegen Marguerite nicht hereingeschaut hatte, folgte seiner Mutter, so daß Yentung mit seiner Frau allein blieb.

Jetzt begann Marguerite sich zu erbrechen. Vielleicht dachte sie: Es ist wirkungsvoll, wenn ich mich übergebe, und tat es darum. Aber plötzlich fuhr ein anderer Gedanke durch ihren Kopf: Irgend etwas mit mir ist nicht in Ordnung. Sie versuchen mich zu vergiften, sie wollen mich aus dem Weg schaffen. Und der Gedanke ließ sie nicht wieder los. Jahre später noch erzählte sie ihren Kindern: »Sie haben mir etwas eingegeben, damit ich verrückt werden sollte, und als das nicht wirkte, haben sie versucht, mich zu vergiften.«

Und eines Tages fragte ihre Tochter sie: »Was für ein Gift haben sie denn genommen?« Doch selbst diese Tochter mit all ihrer Skepsis, die ihr aus dieser seltsamen gegenseitigen Abneigung zwischen Mutter und Kind erwuchs, selbst sie war beeindruckt und glaubte viele Jahre lang, daß die Familie ihres Vaters einen Versuch unternommen habe, ihre Mutter zu vergiften.

Yentung konnte nichts dagegen tun. Tag um Tag erklärte sie immer wieder: »Ich will fort; hier wollen sie mich vergiften.«

Sie erlaubte ihrem Sohn auch nicht mehr, mit den anderen Kindern zu spielen. Und er, der wie alle Kinder die Erwachsenen imitierte, wurde bald von dem Haß infiziert, der in diesem abgeschlossenen Zimmer schwelte. »Ich haue dich, ich haue dich«, schrie er seine Großmutter an, wenn sie in seine Nähe kam.

Die alte Frau tat, als bemerke sie das alles nicht. Aber alle Mitglieder der älteren Generation wußten, was vorging, und sie waren ärgerlich darüber. So erstarrten beide Seiten in Verständnislosigkeit und gegenseitiger Abneigung.

Und nun zog die Familie sich von Marguerite zurück, ließ sie allein, blieb in den eigenen Zimmern und verbot den Kindern, sich ihr zu nähern. Sie engagierten auch einen neuen Diener, der vorher bei ausländischen Missionaren gewesen war und nun für sie kochen mußte. Dann bekam Marguerite die Herbstdiarrhoe und ihr Sohn desgleichen, und nun war sie mehr denn je davon überzeugt, daß man sie vergiften wollte.

Draußen vor der Tür des Familienhauses, in der Stadt Chengtu, kam es zu Unruhen, überall in China tobte der Bürgerkrieg, das alte Kaiserreich ging in Trümmer, und aus vielen Leiden, Schmerzen und Schrecken erstand allmählich eine neue Ordnung. Wie jeder Chinese wurde auch Yentung von der allgemeinen Erregung erfaßt. Aber mit Marguerite konnte er über diese Dinge nicht sprechen. Und auch nicht über seine Arbeit und seine Verpflichtungen und seine Verantwortung gegen die Familie. Für Marguerite war er ihr Ehemann, der einzig ihr gegenüber Verpflichtungen hatte. Und in ihren Augen waren die ungeheuerlichen Krämpfe, die sein Land erschütterten, das Schicksal der Millionen, die gestorben waren, starben oder noch sterben würden, bevor das Chaos sich zu einer Ordnung klären sollte, unwichtig im Vergleich mit den Krämpfen, von denen sie selbst geschüttelt wurde ...

»Sie gingen fort«, sagte Dritter Onkel. Im letzten Augenblick brach seine Mutter zusammen, klammerte sich an Yentungs Ärmel und schlang weinend die Arme um die Schwiegertochter. Warum waren sie gekränkt? Was mußte sie tun, damit sie blieben? Aber ihr verzweifelter Schmerz tat sich nur in einem Flüstern kund, und Marguerite Denis war eine Europäerin, die der herrischen Geste, der deutlich sichtbaren Zeichen ihres Sieges, der völlig inneren Abkehr von der Familie, der Mutter, bedurfte, um sicher zu sein, daß Yentung ihr gehörte. Sie schob die Hand der alten Frau beiseite, hob ihren Sohn auf den Arm und bestieg, gefolgt von ihrem Mann, die Sänfte.

Neunzehntes Kapitel

Chou Yentung schrieb im April 1955:

Heute morgen, als ich mein Frühstück verzehrte, humpelte meine Dienerin Hsueh Mah auf ihren eingebundenen Füßen ins Zimmer (der eine Fuß schmerzt sie jetzt immer, wenn es Herbst wird). Sie brachte mir den Liter Milch, den die Regierung mir meines Alters und meiner angegriffenen Gesundheit wegen kostenlos zugesteht, und einen Brief. Ich erkenne die eckige, geneigte Handschrift, die diagonal über den Umschlag verläuft, in der gleichen schrägen Linie wie die Zeilen auf einem großen Bogen Propatriapapier. Marguerite legt beim Schreiben das Papier immer schief vor sich hin.

»Ah«, sagt Hsueh Mah, »das ist ein Brief von der Verehrten Dame an den Alten Herrn. Oh, möge er uns die Nachricht von ihrer baldigen Rückkehr bringen!«

Hsueh Mah und ich erhalten voreinander die Fiktion aufrecht, daß meine Frau eines Tages wiederkommen wird. Wir wissen beide ganz genau, daß sie nicht kommt; aber es ist leichter für uns, wenn wir so tun, als verbringe sie lediglich ihre Ferien im Ausland. Zuweilen scheint es fast, als glaubten wir beide halb und halb daran ...

Ich öffne den Brief nicht, obgleich Hsueh Mah zögernd stehenbleibt, auf ihrem guten Fuß ein wenig hüpft und den anderen behutsam niedersetzt. Es ist fast sechs Monate her, seit ich den letzten Brief erhalten habe. Marguerite ist in Europa, der Umschlag trägt eine italienische Briefmarke. Ich lege ihn hinter meine Schüssel voll Hirsebrei. Und während ich in dem Hirsebrei rühre, schreien meine Gedanken: Ach, komm doch zurück, Marguerite, komm doch zurück! Ach bin so allein, so allein ...

Doch der Augenblick geht mit einem heftigen Atemzug vorüber. Ich habe rechtzeitig daran gedacht, tief einzuatmen, um mich nicht vom Selbstmitleid überwältigen zu lassen.

Ich nehme den Brief ungeöffnet mit mir ins Büro. Dort kann ich mir keine Unbeherrschtheit leisten.

Marguerite hat immer sehr lange Briefe geschrieben. All die Jahre hindurch, die wir zusammen verbrachten, hat sie fast jeden Tag einen Brief geschrieben. Wenn ich an sie denke, sehe ich sie am Tisch sitzen. Sie läßt die Feder über das Papier gleiten, den Körper völlig hingegeben an die schräg verlaufende Linie auf dem Bogen vor ihr. Normale Briefbögen waren ihr zu klein, und darum versorgte ich sie mit den großen Propatriabögen aus dem Büro der Bahnhofsverwaltung. Das war ein kleiner Diebstahl, gewiß, aber andernfalls hätte ich kein Papier beschaffen können, und sie wäre ohne dieses innere Purgativ rastlos auf und ab gelaufen und hätte sich wundgerieben an ihren Gedanken. Wenn sie jedoch Papier hatte, war sie für ein paar Stunden still, völlig in Anspruch genommen. Sie schrieb und schrieb, und abends sagt sie: »Yentung, morgen brauche ich neues Papier.« Irgendwo liegen ihre Briefe gewiß noch heute, aufbewahrt von ihren Eltern oder an wen sie sonst gerichtet waren.

Mein Freund Poh Hungwen ist schon im Büro. Poh und ich arbeiten in derselben Abteilung. Seinerzeit, als ich in Brüssel studierte, war er in Paris, und nach unserer Heirat kam er zweimal nach Brüssel, um uns zu besuchen. Er steht mitten im Zimmer, wärmt sich die Hände an einem Teeglas und erklärt dem Genossen Lu, wie erleuchtet er sich fühle, nun, da er Marx gelesen habe. Er setzt Lu alles auseinander, als ob dieser, der erfahrene Kommunist, nichts von Marx wisse, und Lu, der nie ein Zeichen von Unruhe oder Ungeduld verrät, hört zu und nickt. Dann sagt er zu Poh:

»Genosse Poh, es ist wirklich eine Freude, Sie sprechen zu hören. Zu sehen, wie sehr Sie bestrebt sind, etwas zu lernen. Ich hoffe, Sie werden auf diesem vorzüglichen Weg weiterschreiten. Wir alle müssen mehr und immer mehr lernen. Ja, es ist schön, feststellen zu können, daß Sie jetzt so begeistert davon sind.« Der leichte Nachdruck auf dem Wort »jetzt« entgeht mir nicht, selbst wenn er Poh entgangen sein sollte.

Poh strahlt. Er glaubt, er habe einen guten Eindruck auf den »Dummkopf Lu« gemacht – so nennt er ihn, wenn wir beide allein sind. Ich bin zwar nicht der Ansicht, daß Lu ein Dummkopf ist, aber ich streite mich nie mit Poh. Er hat es immer verstanden, für sich selbst zu sorgen, denn er kann gut reden.

Den Brief in der Hand, sitze ich an meinem Tisch, auf dem die Blaupausen ausgebreitet sind.

Genosse Lu sieht den Brief und wendet den Kopf ab. Dann geht er hinaus.

Lieber Yentung,
ich möchte dir nur mitteilen, daß *diese Frau* gestern hier war und uns besuchen wollte. Arrogant wie eh und je, und dann auch noch mit ihrer Tochter, die tuberkulös ist und die sie rund um die Welt mit sich schleppt – ein dummes Ding von fünfzehn Jahren. Sie kam mit ein paar Pullovern und anderen Dingen für uns. Natürlich habe ich kein Wort mit ihr gesprochen. So leicht ändere ich meine Meinung nicht. Hinterher habe ich alle Sachen ins Feuer geworfen ... wir wollen hier keine Kleidungsstücke, die voller Bakterien sitzen ... diese Frau ist genau wie ihr Bruder, herzlos ... ich habe das Zimmer desinfiziert, nachdem sie weg war.

Es geht Marguerite gut. Eine solche Intensität im Hassen, ein so beharrlicher Groll kann nur eines bedeuten: sie fühlt sich wohl. Und ich bin froh darüber, denn ich bin noch immer um ihr Wohlergehen besorgt. In ihrem letzten Brief schrieb sie, sie würde wohl nicht mehr lange leben, und das war vor sechs Monaten. Dieser enthält kein Wort über den Tod. Sie wird mich überleben, und das freut mich. Ich hoffe nur, sie wird dann nicht so allein sein wie ich. Sie hat unsere Zweite Tochter und ein Enkelkind bei sich. Es ist ein langer Brief, und er handelt fast ausschließlich von dieser Enkelin. »Es ist hier schwierig, Erbsen zu bekommen; aber der Arzt sagt, die Kleine müßte Erbsen essen, weil sie zu Verstopfung neigt ...« Unermüdlich wie stets, jede Kleinigkeit muß sie erwähnen. Ich freue mich.

»Was für eine hübsche Marke«, sagt Poh. Er befindet sich auf seinem Morgendrundgang; als Aufmunterer von eigenen Gnaden geht er durch die ganze Abteilung und redet mit jedem ein paar Worte. Er nennt das: die Erhaltung eines guten Arbeitsklimas. »Darf ich die haben? Italien? Deine Frau hat es gut, die amüsiert sich in Italien!« Pohs französische Frau ist vor vielen Jahren gestorben; er hat in zweiter Ehe eine Chinesin geheiratet und hat mehrere Kinder mit ihr. Ich habe die Frau nie gesehen, aber man sagt, sie sei sehr energisch und er habe Angst vor ihr.

Genosse Lu kommt wieder herein. In der Hand hält er ein Glas mit heißem grünem Tee. Wie grüne Blumen entfalten sich die Teeblätter auf dem Grund des Glases. Erstklassiger Tee. Er erzählt mir, daß sein Vetter aus Hangchow ihm direkt von der dortigen Kooperative etwas frischen Drachenbrunnen-Tee mitgebracht habe. Ob ich wohl ein wenig davon versuchen wolle?

»Sie sehen müde aus, Genosse Chou. Hätten Sie vielleicht lieber heute vormittag dienstfrei, um sich ein bißchen auszuruhen? Ich bestelle einen Wagen, der Sie nach Hause fährt.«

Ich lehne ab. Ich habe es immer abgelehnt, einen Wagen zu benutzen, obgleich mein Alter und meine Stellung als beratender Ingenieur mich dazu berechtigen. Nie im Leben habe ich einen Wagen gehabt, und jetzt werde ich auf meine alten Tage nicht noch anfangen, kostbaren Treibstoff zu verbrauchen. Unser Land hat zuwenig Benzin, als daß man es verschwenden dürfte.

»Nein, ich habe gar nichts, es geht mir gut«, antworte ich etwas kurz.

Sanft und gefügig wie ein Sohn geht Lu wieder hinaus, um den Wagen abzubestellen – er hatte ihn schon bestellt –, und wieder fühlt sich mein Herz von so etwas wie Freundschaft oder Liebe angerührt. Ich gebe Poh die Briefmarke. Und dann stecke ich den Brief wieder in die Tasche und lege die Hände auf meine Blaupausen, während meine Gedanken versickern und zurückkehren in jene unruhige, verworrene Zeit, in der Marguerite von dieser Abneigung gegen unsere Erste Tochter, die sie jetzt als *diese Frau* bezeichnet, befallen wurde; jene schreckliche Zeit, als Seeorchidee, unser Sohn, sterben mußte, weil er ein Eurasier war.

Die Geschichte von Seeorchidee war eingebettet in die seidenen Herbstabende von Peking, so wie eine gestickte Blume in weichen Glanz gebettet ist. Abendzeit nach der Tigerhitze des Sommers, jene Spanne, bevor der Frost die Zeit der offenen Fenster beendet. Die Stunden rund um die neue Lampe – die alte war beim letzten Umzug zerbrochen. Die neue Lampe war aus Messing und roch nicht so wie die alte, obgleich der Docht manchmal eine lange, lange Flamme emporschickte, eine Flamme wie eine Haarsträhne, wie Mamas Haar, als sie noch jung war. Diese Haarsträhne leckte mit plötzlicher Wut an dem Glaszylinder und schwärzte ihn, und Mama schrie auf und drehte den Docht herunter, und manchmal ging dabei die Lampe aus. Der Abend kam mit leise tappenden Schritten vorüber, ging hin und her mit einem seidigen Rauschen, schaute von draußen zum Fenster herein und trat auch zuweilen auf weichen Tatzen ins Haus – wie eine Katze, die darauf wartet, daß man ihr Aufmerksamkeit schenkt.

Seeorchidee, Zweiter Sohn, wurde an der Bahnstrecke geboren, an der Lunghai-Linie, in einer neu geschaffenen Eisenbahnstation. Die Station lag in der gelben Ebene von Honan. Nicht weit von hier hatte der Gelbe Fluß wieder einmal seine Dämme durchbrochen und das Land überflutet, so daß viele geflüchtete Bauern, aber auch Räuber und Soldaten umherstreiften – mehr Soldaten als Räuber und auch mehr gefürchtet. Die kleine Station aber war sicher. Der große Ingenieur, dessen Namen man nur mit angehaltenem Atem und nach einer kleinen ehrfürchtigen Pause aussprach, weil er ein Belgier war und ein großes Gehalt bezog, dieser Ingenieur wohnte in einem neuen Ziegelhaus, das eigens für ihn auf einem niedrigen Hügel erbaut worden war. Mama und Papa wohnten in einem kleinen chinesischen Haus mit Lehmwänden, das auf der anderen Seite der Bahnstrecke, etwa zwei Meilen von dem Hügel entfernt, in der Ortschaft stand. Auf dem Hügel, auf dem der Chefingenieur wohnte, standen auch das Haus des Arztes und die Häuser des Hilfsingenieurs, des Rechnungsführers und zweier belgischer Techniker. Der Arzt war ein Franzose, und er betreute das belgische und französische Personal, aber auch die übrigen Angestellten der Eisenbahngesellschaft. Es lebten insgesamt sechs belgische Familien in dieser Station, der Rest bestand aus Chinesen. Mama und Papa waren ein gemischtes Paar, und ebenso war es bei einer anderen Familie – allerdings auf umgekehrte Art: dort hatten die Kinder einen belgischen Vater und eine chinesische Mutter.

Seeorchidee wurde also geboren, und zur Zeit seiner Geburt war der Doktor unterwegs auf der Strecke, so daß Seeorchidee mit Hilfe einer chinesischen Hebamme zur Welt kam. Mama war deshalb böse auf den Doktor und sagte es ihm auch, aber ihm schien das nichts auszumachen. Die Frau des Doktors hingegen war beleidigt. Sie war eine Französin, und Mama vertrug sich nicht mit ihr. Sie war nur eine Metzgerstochter, wie Mama sagte, aber sie tat immer sehr vornehm. Mama mochte die holländischen, flämischen und deutschen Frauen lieber und sagte, den Französinnen könne man nicht trauen. Und sie ging auch nie auf den Hügel hinauf, um die reinblütigen belgischen Familien zu besuchen. »Die bilden sich ein, sie seien Götter.«

Es gibt eine vergilbte Fotografie, auf der Mama in einer weißen Bluse und einem schwarzen Rock an einer Seite eines Tisches sitzt und auf der anderen Papa in Stiefeln (er mußte beim Streckenbau immer neben dem Bahnkörper hin und her gehen und trug deshalb Stiefel als Schutz gegen die Schlangen, die Moskitos und den Schlamm). Mama hält Seeorchidee in den Armen, ein dickes Baby, das nach chinesischer Art in ein geblümtes Tuch gewickelt ist.

Das war eine Eigenart von Mama: Sie kleidete ihre Kinder, solange sie klein waren, gern chinesisch, und auch sie selbst trug im Winter chinesische Gewänder und hatte an den Füßen immer weiche chinesische Pantoffeln.

Mama war sehr glücklich über die Geburt von Seeorchidee. Ihr Erstgeborener, Sohn des Frühlings, befand sich zu jener Zeit mit seinen Großeltern in England, denn es war damals Krieg in Europa, und er war so plötzlich ausgebrochen, daß viele Belgier nicht mehr nach Hause fahren konnten. Die Arbeit an der Eisenbahn kam sehr langsam voran, weil wegen des Kriegs kein Geld vorhanden war. Mama liebte Seeorchidee. Er war für sie das schönste Kind auf der Welt, und sie nannte ihn Gabriel, Bote des Himmels. Er wurde von dem Priester getauft, der auf der fertiggestellten Eisenbahnstrecke hin und her reiste, um überall für die Katholiken die Messe zu lesen.

Eines Abends ließ Gabriel Seeorchidee, der den ganzen Tag über leise gurgelnde Laute ausgestoßen hatte, ein wenig Milch aus seinem Mündchen fließen, und Mama sah, daß die eine Seite seines Gesichts sich dabei zu runzeln und hochzuziehen schien. Dann sank die runde kleine Backe wieder herab, und das Auge schloß sich mit einem erschreckenden Zucken. Seeorchidee zahnte und hatte in den letzten Tagen ein wenig Fieber gehabt. Vor zwei Tagen war sie mit ihm morgens in der Sprechstunde des Arztes gewesen, die er für Chinesen und Leute wie sie, die mit Chinesen verheiratet waren, abhielt. Die Europäer kamen nicht in die öffentliche Sprechstunde; der Doktor wohnte ja in ihrer Nähe auf dem Hügel, und dort konnten sie ihn jederzeit in seinem Haus aufsuchen.

Eine halbe Stunde nach diesem ersten Zucken hatte Seeorchidee einen Krampf, bei dem sich sein ganzer Körper bog, und dann fing er an zu wimmern. Daraufhin setzte ein zweiter Krampf ein, der den kleinen Körper nach rückwärts spannte.

Papa war nicht zu Hause; er war mit dem Arbeitstrupp draußen auf einer anderen Station, einer sehr kleinen. Dort hatten durchziehende Soldaten ein paar Bahnschwellen weggerissen, und nun mußte Papa den Schaden besichtigen und neue Schwellen legen lassen.

Mama wußte nicht, was sie tun sollte. Sie ging rastlos auf dem gestampften Boden des kleinen Lehmhauses auf und ab und versuchte Seeorchidee mit einem Lied zu beruhigen. Ihre Dienerin, die Frau des Kochs, blickte Seeorchidee ins Gesicht und rief erschrocken: »Aiyah, Taitai, der kleine Herr ist krank ...«

Als der dritte Krampf kam, wickelte Mama Seeorchidee in seine Decke und rief den Koch, damit er sie begleitete. Dann wanderten die beiden mitten in der Nacht quer durch die schlafende Stadt, über den Bahndamm und den Hügel hinauf zum Haus des Doktors.

Wie jede Nacht waren die streunenden Hunde unterwegs, die nach Futter suchten. Sie liefen bellend hinter Mamas schwarzem Rock her, und der Koch, der die Laterne trug, erschrak und blieb zurück. Dann schrie er vor Angst, weil die Hundemeute ihm auf den Fersen war, und so ging Mama denn allein weiter, hob ab und zu Steine auf und warf damit nach den Hunden.

Das Haus des Doktors war dunkel und das Gartentor verschlossen. Aber Mama klopfte, bis der Pförtner gähnend heranschlurfte. Als er sah, daß eine Europäerin mit einem Kind im Arm dastand, öffnete er. Auch die Haustür war verschlossen. »Aufmachen, aufmachen, Doktor! Aufmachen!« schrie Mama und schlug mit der flachen Hand gegen die Tür. Der Schäferhund des Arztes, der nachts von der Kette losgemacht wurde, bellte, und nun hatte Seeorchidee wieder einen Krampf. Mama konnte fühlen, wie sein Rückgrat sich in ihren Armen nach hinten bog.

»Wer ist da?« Oben öffnete sich ein Fenster. Es war Madame persönlich, die Frau des Arztes, die verschlafen herunterblickte.

»Ich bin es, Madame Chou«, erwiderte Mama. »Mein Kind ist krank.«

»Was, Sie sind das? Was fällt Ihnen denn ein, mitten in der Nacht hierherzukommen? Um diese Zeit kann der Doktor niemanden behandeln. Kommen Sie morgen in die Sprechstunde, Madame.«

»Aber mein Kind stirbt, es hat Krämpfe! Madame, um Gottes Barmherzigkeit willen, lassen Sie mich mit dem Doktor sprechen!«

»Das kommt überhaupt nicht in Frage, Madame. Schreien Sie nicht so, das ist ja lächerlich. Mit Ihrem Kind ist überhaupt nichts los, das sind Zahnkrämpfe. Der Doktor kann sich jetzt nicht mit Ihnen befassen.«

»Mein Baby stirbt, mein Baby stirbt!« schrie Mama. Sie warf sich jetzt mit ihrem ganzen Gewicht gegen die Tür und hämmerte mit den Fäusten dagegen.

»Gehen Sie weg, Sie mitsamt Ihrem dreckigen Chinesenbalg! Machen Sie, daß Sie fortkommen!« schrie die Französin von oben herab. Dann hörte Mama eine Männerstimme und gleich darauf wieder die der Frau: »Ich verbiete dir hinunterzugehen.

Hast du verstanden, Pierre? Ich verbiete es dir. Du wirst dich nicht wegen so eines Mischlingsbalgs umbringen.«

»Aufmachen! Aufmachen! Aufmachen, aufmachen!« schrie Mama ununterbrochen.

Die Frau schrie noch etwas, aber Mama hörte es gar nicht. Die Diener aber hatten ihre Worte gehört, und viele Tage später kamen sie zu Papa, um ihm davon zu berichten. Mama warf sich wie ein Rammbock gegen die Tür: eins, zwei, drei, krach! Eins, zwei, drei, krach! Sie hätte gewiß die ganze Nacht so weitergemacht und immerzu geschrien: »Aufmachen, aufmachen, aufmachen, um Gottes Barmherzigkeit willen!«, denn als die Tür schließlich aufging, war sie halb wahnsinnig.

Auf der Schwelle stand die Französin in ihrem Nachthemd, Schaum vor dem Mund. Denn die Frau des Arztes war ebenfalls manchmal nicht ganz bei sich – aber das wußte Mama nicht. Sie hatte Nervenkrisen, die der Doktor zu behandeln versuchte, und bei diesen Anfällen schlug sie ihren Mann, und das war schlimm, denn sie war eine sehr kräftige Frau. Sie war damals mit den Nerven noch viel mehr herunter als Mama. Viele Europäerinnen bekommen in China Nervenzusammenbrüche, und das Leben an der Lunghai-Linie war nicht gerade ein Sanatoriumsaufenthalt. Hinter seiner Frau stand der Doktor und versuchte zu protestieren: »*Voyons, voyons*, Amélie, meine Liebe ...« Aber die Frau war groß und stark. Mama schob einen Arm durch die geöffnete Tür, um den Doktor zu packen; aber die Frau stieß sie zurück, drängte sie hinaus und warf ihr ein paar Pillen nach, die zu Boden fielen. »Da, nehmen Sie das, und lassen Sie sich hier nicht wieder blicken.« Die Tür schlug zu.

Und Mama ging. Sie wanderte über den Bahndamm zurück in die Stadt, und die Hunde bellten und schnappten nach ihr, und einer riß ihr ein Stück aus dem Rock. Am nächsten Morgen war Seeorchidee tot.

Mama betrank sich. Sie trank Brandy, sie trank chinesischen Wein, den sie in den Läden der Stadt kaufte, und sie schlug den Koch und die Frau des Kochs. Aber die beiden wußten, daß sie nicht recht bei Sinnen war, und darum blieben sie bei ihr und versorgten sie. Mehrere Wochen hindurch trank sie allen Alkohol, dessen sie habhaft werden konnte, und war ständig betrunken.

Papa kam zurück, und Seeorchidee wurde in einem Sarg aus weißem Holz begraben. Der Koch und seine Frau kümmerten sich um alles; sie fütterten und wuschen Mama, wenn Papa bei der Arbeit war. Der Doktor ließ sich nicht blicken, und auch sonst kam keiner von den Leuten, die auf dem Hügel wohnten.

Hinterher sagten der Chefingenieur und seine Frau zu Papa, es täte ihnen entsetzlich leid, aber sie hätten nichts von alledem gewußt, nicht das geringste. Niemand hätte es ihnen erzählt.

Und dann wurde Papas und Mamas Erste Tochter geboren.

Sie war, wie man mir erzählt hat, ein langes, mageres Kind, das sich beinahe die Lungen ausschrie. Mama weigerte sich, sie zu nähren. »Nehmt dieses Mischlingsbalg weg. Das ist nicht mein Kind.«

Eine ganze Woche lang weigerte Mama sich, ihre Tochter zu versorgen, und das Baby wurde immer gelber und gelber – teils infolge der üblichen Säuglings-Gelbsucht, teils aber auch aus Hunger; denn die Frau des Kochs fütterte es mit Reiswasser und ein wenig verdünnter Büchsenmilch. Aber das Baby wollte nicht sterben; es schrie nur ununterbrochen.

»Stirb, stirb!« schrie Mama, die immer noch Alkohol trank und nach Seeorchidee rief.

Am achten Tag schlug Papa sie. Er verprügelte sie, und dann legte er ihr mit Gewalt das Kind in die Arme. »Wirst du sie jetzt endlich nähren oder nicht? Es ist deine Tochter.«

Der Priester kam, um das Kind zu taufen, es erhielt eine lange Reihe von Namen – alles Namen aus der Familie Denis, darunter auch die ihrer Großmutter Matilda Rosalie Leenders.

Papa aber nannte sie von Anfang an Meme, Kleine Schwester. Sie war am Tag des Erntefestes geboren. Und es gibt auch eine Fotografie, auf der Papa seine Tochter in den Armen hält, einen Säugling in der geblümten Decke, die einst die Decke von Seeorchidee gewesen war.

Und dann kam Mama wieder zu sich; aber sie vergaß es Papa nie, daß er sie geschlagen hatte. Sie war eine gute Mutger, und oft erzählte sie uns, wenn wir abends rund um die Lampe saßen, diese Geschichte. An den seidigen Abenden rund um die Lampe erzählte sie ihrer Tochter, wie heftig sie sich anfänglich gegen sie gesträubt hatte und wie der Papa sie deshalb geschlagen hatte. »Das war das erste und das letzte Mal, daß dein Vater gewagt hat, mich zu schlagen, und es geschah deinetwegen.«

Aber im Grunde ihres Herzens konnte Mama es ihrer Tochter nie verzeihen, daß sie den Platz von Seeorchidee eingenommen hatte. Sie gab sich alle Mühe, sie zu lieben, und tat bestimmt, was sie konnte. Aber keiner kann sich der unbewußten, unerklärlichen Abneigung entziehen, für die allein die Umstände verantwortlich sind.

Ein Jahr später wurde noch ein Kind geboren und dann noch eins und noch eins. Eins auf der einen Station, das nächste auf einer anderen – überall entlang dieser Bahnstrecke, die Papa zu bauen half, bekam Mama ihre Kinder. Nur das letzte kam in einer großen Stadt zur Welt.

Und überall an dieser Bahnstrecke schrieb Mama ihre Briefe. Sie schrieb über die Räuber, über die Soldaten, über die Kriegsherrn, über die nächtlichen Fluchten vor den Überfällen und über den Tod ihrer Kinder. Denn von den fünf Kindern, die an der Eisenbahnstrecke geboren wurden, blieben nur zwei am Leben.

Im November 1964 schrieb mir Joseph Hers, der Mann, den mein Vater im Jahre 1913 kennenlernte, als er sich um eine Stellung bei der Belgischen Gesellschaft für Eisenbahnbau in China bewarb:

Ich zerbreche mir den Kopf und überlege, was ich Dir über diese Zeit schreiben könnte . . . aber ich kann nur eines sagen: Die belgischen Frauen unserer chinesischen Angestellten müssen einen ganzen Berg von Bitterkeit im Herzen getragen haben; denn *wir haben uns nie bemüht, irgend etwas für sie zu tun.*

Mach dir keine Sorgen, alter Mann, und quäle dich nicht mit reuigen Gedanken. Und glaube nicht, daß ich, die Erste Tochter meiner Mutter, das Kind, das sie gehaßt hat, nun meinerseits dich hassen werde, weil du mir das so spät – zu spät – gesagt hast. Denn auch du bist ein Opfer, ein Opfer des alten Freibeuterstils, so wie sie das Opfer einer geschichtlichen Entwicklung war, für die sie nichts konnte.

Mach dir keine Sorgen, alter Mann, und ruhe in Frieden. Dir ist vergeben. Denn wenn der Baum auch verkrüppelt war, so hat er doch weitergelebt. Und wer weiß, vielleicht sind seine Früchte süßer und besser als die der anderen.

Zwanzigstes Kapitel

»Wie ist das, wenn man hinter seiner eigenen Kindheit herläuft?« fragt Li Chiehjen, der Schriftsteller. »Ich habe es auch versucht. Wir alle tun es. Aber mich hat die Revolution von 1911 festgehalten, und ich fand mich außerstande, von diesem Ereignis aus vorwärts oder rückwärts zu gehen.«

Was mich betrifft, so empfinde ich keinerlei wärmende Befriedigung, wenn ich dem Kind, das ich einmal war, nachspüre. Nur das Bedürfnis, mit diesen Dingen ins reine zu kommen. Denn wenn für Li Chiehjen die Revolution von 1911 ein so übermächtiges Ereignis war, daß sich sein gesamtes schöpferisches Werk auf sie konzentrierte, so muß ich als Ausgangspunkt meiner schriftstellerischen Arbeit einen viel weiter gespannten Prozeß ansetzen, der eine große Anzahl verschiedenartigster Erfahrungen in sich begreift und mich ohne Mitte ließ. Li Chiehjen gehörte nur einer Kultur an, bewegte sich mit ihr weiter, wurde von ihr getragen und drang nie über sie hinaus. Nur wenige Schriftsteller überspringen die Grenzen ihres natürlichen Milieus. Ich jedoch wurde seit meiner Geburt von Gegensätzen hin und her gestoßen. Und im Jahre 1960 trafen sich seine und meine Erfahrungen – durch die Umstände vereint – und bildeten Teile ein und derselben Geschichte. In all seinen Büchern hatte Li Chiehjen über Szechuan geschrieben, über das Szechuan von 1911 und das spätere, über die Geheimgesellschaften und die Rolle, die sie in der Revolution spielten, und später hat er über die Kriegsherrn geschrieben. Er hat ein ganzes Zeitalter geschildert. Dieses Zeitalter aber war bestimmend für meine ersten Lebensjahre und hat das Leben meiner Generation geformt.

Die Kriegsherrn von China. Ihre Zeit beginnt mit dem Jahr 1916, in dem Yüan Shihkai einem Schlaganfall erlag, und endet mit dem Ausbruch des Chinesisch-Japanischen Krieges im Jahre 1937. Heute wiederholen sich überall in der Welt in anderen Ländern die gleichen historischen Paradoxe, die in China für das Aufkommen der Kriegsherrn entscheidend waren, und sie sind nur notdürftig verhüllt durch andere Namen wie Juntas, Militärregierungen, Jungtürken, Offiziersdiquen. Von Lateinamerika bis Südvietnam schießen sie auf wie Unkraut, das rasch emporwuchert und dann ebenso rasch verfault, und überall liegen ihnen die gleichen Ursachen zugrunde wie seinerzeit den Ereignissen in China.

Wenn ich heute, im Jahre 1964, über Brasilien oder Südvietnam lese, wenn ich an das Schicksal Indiens in einer nicht allzu fernen Zukunft denke und an das, was sich vielleicht schon morgen in Indonesien ereignen wird, drängt sich mir unwillkürlich der Vergleich mit den Jahrzehnten der chinesischen Kriegsherrn auf. Immer wieder sehe ich die Herrschaft des feudalen Raubritters, hinter welcher begrifflichen Rüstung er sich auch verstecken mag, ich sehe die Gestalt des Militärdiktators, in welcher von einer fremden Macht bezahlten Uniform er auch auftreten mag. Denn die bewaffnete Macht dominiert, und die Kämpfe der Völker um das Recht auf ihr eigenes Schicksal werden auf zwei Fronten ausgefochten. Einmal richten sie sich gegen die fremde Ausbeutung und auf der anderen Seite gegen die korrupten Unterdrücker im eigenen Land.

Yüan Shihkai war der erste der chinesischen Kriegsherrn; er ist verantwortlich für das spätere Chaos in China. 1917, nach Yüans Tod, hatte Chang Hsun, einer seiner Militärgouverneure, einen Versuch unternommen, den ehemaligen Mandschu-Kaiser Puyi wiedereinzusetzen, der 1908 als dreijähriges Kind den Drachenthron bestiegen und 1911, also im Alter von sechs Jahren, abgedankt hatte. Dieser Versuch einer Wiederherstellung des Kaisertums fand die Unterstützung Kang Yuweis, des einstigen Reformisten, der ehemals als Rebell geächtet und auf dessen Kopf ein Preis ausgesetzt worden war. Der arme Kang Yuwei war ein Opfer seiner eigenen Standhaftigkeit. Er war nicht mit der Zeit gegangen und hing noch immer der Illusion nach, man könne mit Hilfe ordnungsliebender und aufgeklärter Intellektueller, wie er selbst einer war, eine Reform durchsetzen, während es dafür schon längst viel zu spät war und das Schicksal oder die Geschichte oder wie man die namenlosen Gesetze, welche die Entwicklung der Menschheit regieren, sonst bezeichnen mag, über ihn hinweggerollt war wie der Große Fluß zur Flutzeit. Ohne jede Rücksicht auf die mahnenden Stimmen der »aufgeklärten Intellektuellen« wälzten sich die Menschenwogen Chinas einer unbekannten Zukunft entgegen, und alle Kriegslisten der starken Männer, alle Kalkulationen der Bankenkonsortien sollten schließlich durch diesen elementaren und unwiderstehlichen Prozeß hinweggeschwemmt werden.

Chang Hsun und Kang Yuwei, der eine ein ungebildeter Haudegen, der andere ein feinsinniger Gelehrter, machtlose Gespenster einer Vergangenheit, die nie wiederaufleben würde, hatten beide ihren Zopf, das Symbol ihrer Treue zur Mandschu-Dynastie, beibehalten. Das außergewöhnliche Bündnis dieser zwei Männer brachte Puyi für zwei Wochen wieder auf den Thron, wobei diesmal die Japaner den finanziellen Rückhalt des Unternehmens lieferten. Doch dann war der Spuk vorüber. Puyi wurde von Japan für fünfzehn Jahre auf Eis gelegt, um dann im Jahre 1932, als die kaiserlichen Truppen von Nippon die Mandschurei besetzten, als Marionette wieder hervorgeholt zu werden. Heute lebt der Exkaiser Puyi als glücklich verheirateter Bürger, Schriftsteller, Botaniker aus Leidenschaft und Archivar in Peking. Er wurde kürzlich in den Volkskongreß gewählt und ist ein fleißiger und nützlicher Mann, der die Aufgabe übernommen hat, die Memoiren und Dokumente seiner eigenen Zeit zu sammeln – ein Mann, der seine Lebenserinnerungen niedergeschrieben, Buße getan und sich dem Schicksal seines eigenen Volkes wiedereingegliedert hat.

In den zehn Jahren zwischen 1917 und 1927 – dem Jahr der Machtergreifung Tschiangkaischeks – verwüsteten mehr als fünfzehnhundert militärische Anführer, Kriegsherren jeden Formats, das Land. Einige von ihnen, die ihre Gegner in der Schlacht besiegt oder bei Versöhnungsbanketts gekauft hatten, gelangten zu einer beträchtlichen Macht und herrschten für eine gewisse Zeit über zwei, vier oder gar sechs Provinzen. Einer dieser Kriegsherrn nach dem anderen wurde als »starker Mann der Zukunft« aufgebaut, und zwar jeweils durch die Presse desjenigen westlichen Staats, der ihn bezahlte und mit Waffen und Munition versorgte, die vom Ersten Weltkrieg übriggeblieben waren. Auf diese Weise ergab sich ein erstaunliches Kaleidoskop von Straßenköterkämpfen zwischen militärischen Abenteurern, deren große Armeen fast über Nacht entstanden und sich wieder auflösten.

Heute erinnert sich in der jungen Generation Chinas keiner mehr an ihre Namen; nur ein paar alte Männer, die sorgsam ihre Lebensbeschreibungen für die Historiker abfassen, wissen noch von ihnen.

Und einige dieser Kriegsherrn sind sogar heute noch am Leben. Etliche von ihnen wohnen in Peking. Sie haben sich rechtzeitig bekehrt, sich »für die Rechtschaffenheit entschieden«, haben Buße getan, vielleicht sogar eine Gefängnisstrafe abgesessen und die öffentliche Verzeihung erlangt. Im Nationalkongreß von 1964 wurden sechzehn ehemalige Kriegsherrn als Mitglieder der Beratenden Körperschaft eingesetzt oder bekleiden sogar mit ihrer in neue Kanäle gelenkten Tüchtigkeit wichtige Regierungsämter. Andere wieder leben in Hongkong, in Amerika oder auf Formosa; aber selbst die Abwehrzentrale der Vereinigten Staaten hat keine Verwendung für diese Männer, die sich auf eine so jämmerliche Weise selbst überlebt haben. Sie warten auf ihren Tod; doch die Türen Chinas stehen ihnen allezeit offen für den Fall, daß sie zurückkehren möchten, um ihre vom Exil ermüdeten Glieder im Lande ihrer Ahnen zur Ruhe zu betten ...

Menschen wie ich, also die Generation zwischen vierzig und fünfzig, erinnern sich gelegentlich noch an die Kriegsherrn und sagen:

Ich weiß noch ... als Yen Hsishan der starke Mann von Shansi war und die Engländer, die Amerikaner und die Japaner ihm Waffen, Lastwagen und Geld gaben ... Er war der gerissenste Bursche von allen und hat sich auch am längsten gehalten. Bevor er nach Formosa ging, hat er in den Jahren 1946 und 1947 noch aus den Lebensmitteln Geld geschlagen, die von der UNRRA für die Flüchtlinge zur Verfügung gestellt wurden ...

Wu Peifu, ja, das war wirklich ein großer Mann ... Er hätte es fast geschafft, den ganzen Norden unter seine Herrschaft zu bringen. Er saß zu beiden Seiten der Eisenbahnstrecke Peking–

Hankow und kontrollierte das gesamte rollende Gut. 1923, bei dem Streik auf dieser Linie, dem ersten großen Eisenbahnerstreik, ließ er viele Arbeiter erschießen. Später war es dann doch aus mit ihm, weil der Kriegsherr Chang Tsolin, der von den Japanern bezahlt wurde, Peking einnahm und ihn besiegte. Aber er hat nie mit den Japanern kollaboriert, obgleich er doch in Peking lebte, als diese die Stadt besetzten ...

Chang Tsolin ... der Herr der Mandschurei, ein Handlanger der Japaner, bis diese im Jahre 1928 einen Vertrag mit Tschiangkaischek schlossen und dann ihre ehemalige Marionette, die ein wenig zu mächtig geworden war, loswerden mußten. Sie praktizierten eine Bombe in den Zug, in dem Chang Tsolin fuhr, und ließen ihn in die Luft gehen ... denn das ist das Schicksal unerwünschter Helfer, ob sie nun gestern Chang Tsolin hießen oder heute Ngo Din Diem ...

Tuan Chijui ... auch ihm zu Ehren schmückte sich Peking mit Triumphbögen voller Papierblumen, auch ihm zu Ehren veranstaltete es glanzvolle Paraden, und eine Zeitlang strömte ihm von allen Seiten Geld zu ... wo ist er heute? Niemand kann sich daran erinnern, wie er starb. Eine Zeitlang genoß er die Unterstützung gewisser reformistischer Intellektueller, die meinten, er könne eine gemäßigte Demokratie errichten ... Er erhielt zwei Billionen Dollar von den Japanern, damit er auf ihre Forderungen einging, und er verschacherte einen großen Teil von China an sie ... und er trägt die Schuld an dem Tod vieler Studenten und Bauern ...

Feng Yuhsiang, der christliche General, der eine Zeitlang Militärgouverneur und Kriegsherr von Honan war, der über einen Teil der Eisenbahnlinien gebot und seine Soldaten nach Osten, Westen, Süden und Norden darauf bewegte. Er war der Kriegsherr, der bei meinen Eltern zum Essen kam und vor der Mahlzeit betete. Meine Mutter war so begeistert davon, daß sie ihm Makkaroni anstatt chinesischer Nudeln vorsetzte ... Er war unter einem Haufen Schlechter der Beste, ein Mann mit einer gewissen Ehrenhaftigkeit, ein guter Vorgesetzter für seine Soldaten. Aber sein persönlicher Ehrgeiz verblendete ihn, so daß auch er stürzte.

Sun Chuanfang, der mächtigste von allen, eine Zeitlang

absoluter Herrscher über fünf Provinzen. An ihn erinnere ich mich nur, weil seine Tochter um 1946, also in den letzten Lebensjahren meines Mannes, bemüht war, mich zu verdrängen und ihn selbst zu heiraten. Sun Chuanfang ließ Tausende von Menschen umbringen; seine Soldaten mähten die Köpfe so leicht wie Grashalme. Jeder, der auch nur irgend etwas Rotes an sich hatte oder ein Buch in der Hand hielt oder vielleicht auch nur ein Taschentuch mit einem roten Muster, wurde von seinen Leuten auf offener Straße enthauptet, erschossen oder in Stücke gehackt. Er war der bewußt Grausamste von allen...

Und dann war da noch Chang Tsungchang, der »Drei-ich-weiß-es-nicht-Kriegsherr« – der Mann, der nicht wußte, wie viele Soldaten, wie viele Frauen und wieviel Geld er hatte. Und außerdem Feng Kuochang, Tsao Kun, Hsing Kehwa, Teng Hsihou, Liu Hsiang und Liu Wenhui – die letzteren beiden Neffe und Onkel, die einander jahrelang in Szechuan befehdeten.

So viele Namen, so viele bewaffnete Cliquen: die Chihli-Clique und die Anhwei-Clique, die Paoting-Partei und die Tientsin-Partei, die Kriegsherrn von Kiangsi und die Kriegsherrn von Chekiang... Provinz gegen Provinz. Und innerhalb jeder Provinz bekämpften sich kleinere Kriegsherrn und machten einander Distrikt um Distrikt streitig. Alle Eisenbahnstrecken waren aufgeteilt; jeder Kriegsherr hielt ein Stück besetzt, bemächtigte sich der rollenden Güter, erpreßte Steuern von den Bauern, entführte Menschen, zog sie zwangsweise ein und konfiszierte alle Nahrung für Mensch und Vieh. Und hinter jedem Kriegsherrn und seiner Clique, seinen Gewehren und seinen halb verhungerten Soldaten stand eine fremde Macht, die ihn subventionierte, drängte und aufhetzte. Japan und England, Amerika und Frankreich hielten das Kampfgetümmel in Gang, arbeiteten jeder gegen alle anderen und waren sich nur in einem Punkt einig: daß man die nationalistische Bewegung unterdrücken müsse, die ununterdrückbare Revolution, die jetzt wieder aufzuflackern begann. Mit diesen unerbittlichen Metzeleien unter den Revolutionären und echten Nationalisten aber sollten sie die Schlußapokalypse nur um so sicherer heraufführen. Das Blut der Märtyrer ist die Saat der Kirche.

Denn so wie in Europa die Wurzeln des Zweiten Weltkriegs schon im Ersten Weltkrieg zu suchen sind, so begann in China die 1913 niedergeschlagene Revolution aufs neue ihr Haupt zu erheben. Und so wie heute die Amerikaner durch ihre wahllosen Vernichtungskämpfe in Südvietnam nur erreicht haben, daß der Kommunismus dem Volk als die einzige Rettung erscheinen muß, trug das von den Westmächten genährte Chaos in China zur Erstarkung und Ausbreitung der kommunistischen Revolution bei.

Sonderbar sind die Wege der Geschichte, auf denen nichts stehenbleibt, sondern alle Dinge ineinanderfließen, auf denen ein Fragment sich zum anderen fügt und alle zu einer neuen Einheit zusammenwachsen. Um ein Ereignis zu begreifen, muß man in jedem Land um drei Generationen zurückgehen. Vor hundert Jahren keimte der Samen, bildete sich die Wurzel des Baums von heute, dessen Äste uns beschatten und dessen Blätter wohl von einem Sturm abgeschüttelt werden können, doch nur, um durch Myriaden neuer Blätter ersetzt zu werden.

Auszug aus den Erinnerungen von Joseph Hers, Bevollmächtigten *Société d'Étude des Chemins de Fer en Chine:*

An einem Tag des Jahres 1919 stand ich zusammen mit George Morrison von der Londoner *Times* auf der Hauptstraße von Loyang. Wir hatten uns seit Ausbruch des Krieges nicht mehr gesehen. Wieviel Blut war seitdem geflossen! Morrison hatte sich kaum verändert, er war noch immer lebhaft und munter. Und er war wieder in China, in seinem altgewohnten Bereich.

Wie er mir erzählte, beabsichtigte er in die Provinz Shensi zu fahren und Feng Yuhsiang zu interviewen, der zu dieser Zeit dort seine Truppen sammelte.

An uns vorüber zog ein endloser Strom von Flüchtlingen: Männer, Frauen und Kinder, manche mit Handkarren, die sie selbst schoben, andere mit einem Esel oder einem Maulesel, den sie wahrscheinlich einem chinesischen Bauern weggenommen hatten. Die Flüchtlinge waren Weißrussen, die nach der bolschewistischen Revolution von 1917 über Sibirien nach China gekommen waren. Die ganze Mandschurei war voll von ihnen. Sie kämpften um die Plätze in jedem Zug, der nach Shanghai, Tientsin oder Peking ging.

George Morrison und ich blickten auf diesen Treck, der sich seit Stunden durch die Straße wälzte. »Das ist das Ende einer Ära«, sagte er. »Für uns.«

Nach vier schrecklichen Jahren, in denen Europa sich zerfleischt hatte, waren wir wieder in China, und nun mußten wir uns beeilen. Für uns Belgier war es das wichtigste, unsere Stellung zu halten und aufzupassen, daß die Japaner oder die Amerikaner uns nicht unsere Eisenbahnen und unsere Anteile an anderen Unternehmen wegnahmen. Meine Mission bestand darin, über die gegenwärtigen Zustände zu berichten und den Einfluß wie die Interessen Belgiens nach Kräften zu fördern. Es kam jetzt darauf an, daß wir nicht etwa durch mangelnden Eifer verloren, was wir uns in den vergangenen Jahren erworben hatten.

Die Engländer und Franzosen haben harte Zeiten hinter sich, und ihr Einfluß im Fernen Osten ist im Schwinden begriffen. Das Gleichgewicht der Kräfte hat sich verlagert. England, das mit Schwierigkeiten im eigenen Lande zu kämpfen hat, verliert allmählich seine Vormachtstellung. Und uns alle schreckt ein Gespenst am Horizont: der Aufstieg des Kommunismus in Rußland. Die Deutschen sind durch den Krieg aus China verdrängt worden, die Russen haben sich im Verlauf ihrer Revolution selbst daraus zurückgezogen. Aber dafür sind an den Küsten des Pazifik zwei neue Großmächte emporgestiegen, die uns Angst machen: Amerika und Japan.

Was unsere Eisenbahnen betrifft, so haben wir für den Augenblick Japan mehr zu fürchten als Amerika. Und George Morrison wird von der gleichen Sorge geplagt. Die Engländer haben wirklich schwer gelitten. Ihr ausgedehntes Imperium erweist sich jetzt als eine Last. Sie haben zuwenig Menschen, um es zu halten, und werden es sich für die nächsten Jahrzehnte nicht leisten können, an neue Gebietserwerbungen zu denken.

»Stell dir bloß mal folgendes vor«, sagte George Morrison nach dem Essen zu mir. »Wie wäre es wohl, wenn China eines Tages kommunistisch würde?«

Wir lachten alle beide herzlich über diese absurde Idee. Wir kennen das chinesische Volk und wissen, daß es nie kommunistisch werden kann, auch wenn die bolschewistischen Ideen auf einen Teil der zurückgekehrten Studenten und manche Arbeiter, die während des Krieges in europäischen Fabriken beschäftigt waren, ihre Wirkung nicht verfehlt haben dürften. Manche chinesischen Arbeiter, die Schützengräben ausgehoben und Stellungen in öffentlichen Betrieben innegehabt haben, und einige Studenten, die sich in den Fabriken nützlich gemacht haben, mögen vom Bazillus des Kommunismus infiziert worden sein. Aber die ganze chinesische Kultur und die hiesige Familientradition stehen einem Sieg dieser Ideen im Wege.

Nach dem Essen erzählte Morrison mir, er habe Sun Yatsen falsch eingeschätzt; es sei sehr viel Gutes an dem Mann. Wenn er eine gemäßigte Alternative zur Anarchie bieten könne, so würde es sicher möglich sein, die öffentliche Meinung in England für ihn einzunehmen.

Morrison beabsichtigte, zunächst eine kleine Rundreise von mehreren hundert Meilen zu unternehmen, um die Lage zu erforschen.

Zur Zeit herrscht hier ein unbeschreibliches Chaos. Um die Provinzen fest in der Hand zu haben, hatte Yüan Shihkai vor seinem Tod überall Tuchuns oder Militärgouverneure eingesetzt, die er mit zivilen und militärischen Vollmachten ausstattete, und zwar hatte er für diese Posten vertrauenswürdige Offiziere – seine ehemaligen Kadetten von der Militärakademie – ausgewählt. Als er jedoch 1916 versuchte, den Drachenthron zu besteigen, kehrte sich die Lage gegen ihn. Die erste Provinz, die sich offen gegen ihn empörte, war Yünnan, das am Weihnachtstag des Jahres 1915 seine Unabhängigkeit erklärte.

Die Soldaten von Yünnan hatten weder Geld noch etwas zu essen, aber die Franzosen verkauften ihnen einige Waffen, und damit marschierten sie nach Szechuan, das von Yüans zuverlässigstem Gouverneur, Chen Huan, regiert wurde. Doch nun wandte auch Chen sich gegen Yüan und erklärte Szechuan zur unabhängigen Provinz. Es heißt, daß Yüan beim Eintreffen dieser Nachricht einen Schlaganfall erlitten habe, an dessen Folgen er drei Wochen später starb.

Noch vor Yüan Shihkais Tod und während Europa mit seinem massenmörderischen Krieg beschäftigt war, hatte Japan seine einzige Chance wahrgenommen, Einfluß auf China zu nehmen und so zu einer Weltmacht zu werden: Es hatte seine beleidigenden einundzwanzig Forderungen an China gestellt. Der Versuch war sehr ungeschickt, und das war unser Glück; denn andernfalls wäre es dem Westen sehr schwer gefallen, seine alte Position auf dem Markt im Fernen Osten wieder einzunehmen. Kurz nach Ausbruch des Ersten Weltkriegs hatte Japan den Deutschen die Provinz Shantung weggenommen und sich selbst dort festgesetzt. In den folgenden Jahren hatte es dann seine Industrie sehr stark ausgebaut, seine Herrschaft in Korea befestigt und seinen Einfluß in der Mandschurei weiter ausgedehnt. Jetzt erlebt es einen geschäftlichen Boom, da seine Textilien sowie seine anderen Erzeugnisse im Osten sehr gefragt sind. In China jedoch ist die Empörung über Japans Handlungsweise enorm. Ungeheure und gut organisierte Demonstrationen – die eindrucksvollsten, die man hier je erlebt hat – werden gegen Japan veranstaltet. Man boykottiert die japanischen Waren. Die Studenten demonstrieren gegen die Friedenskonferenz von Versailles, die Japans Ansprüche auf Shantung bestätigt hat. Es ist dringend geboten, daß wir uns die gegenwärtige Unbeliebtheit Japans zunutze machen, um uns selbst als die besten Freunde Chinas hinzustellen und auf diese Weise unsere Ziele und Interessen hinsichtlich der Eisenbahnen und Bergwerke zu sichern.

Unglücklicherweise richtet sich der Zorn Chinas nicht allein gegen Japan; er gilt auch dem Westen und insbesondere Amerika und England, denen man ihren Verrat in Versailles vorwirft. Die Zeitungen berichten, daß diese beiden Mächte Japan im Jahre 1917 insgeheim zugesichert hätten, daß sie seine Sonderrechte in China anerkennen würden, weil sie Japan als Gegengewicht gegen den Bolschewismus in Asien benutzen wollten.

Die Taktik, Japan gegen Rußland auszuspielen, ist nicht neu. England hat sie bereits seit mehreren Jahrzehnten angewandt und damit die stillschweigenden wie die offenen englisch-japanischen Bündnisse der Vergangenheit eingeleitet, durch die Japan in der Mandschurei freie Hand gegen das zaristische Rußland und neuerdings eine noch freiere Hand gegen das bolschewistische Rußland bekommen hat. Zum Austragen dieser großen politischen Spiele läßt sich kein besseres Feld denken als die ungeheure Hilflosigkeit dieses schwachen Kolosses, der sich China nennt.

Im Jahre 1908 hat China unsere Peking-Hankow-Linie, über die wir 1898 einen Vertrag abgeschlossen und deren Bau wir 1905 fertiggestellt haben, zurückgekauft. Was jedoch die technische Beratung, das leitende Personal sowie die Lieferung von Ersatzteilen aller Art angeht, ist die Linie noch heute auf uns und die Franzosen angewiesen.

Was unsere Lunghai-Linie betrifft, so begann unsere Gesellschaft mit dem Bau einer einhundertfünfundachtzig Kilometer langen Strecke derselben, der sogenannten Pienlo-Linie, im Jahre 1903 und stellte sie 1909 fertig. In den Jahren 1905 bis 1907 wurde für den Bau dieser Linie ein Anleihevertrag über einundvierzig Millionen Goldfranc abgeschlossen.

1912, nach Ausrufung der Republik, verhandelte unsere Gesellschaft mit der Regierung Yüan Shihkais und schloß einen Vertrag über die nach Osten und Westen laufenden Verlängerungen dieser Pienlo-Linie ab, die zusammen mit dieser die ursprünglich geplante Lunghai-Linie ergeben. Sie soll sich von Lanchow, der Hauptstadt der Provinz Kansu, bis an die Küste in der Nähe des Hafens Haichow erstrecken. Auf diese Weise wurde die Pienlo-Linie mit ihren einhundertfünfundachtzig Kilometern zur Mittelstrecke einer viel längeren Linie, die insgesamt eintausendachthundert Kilometer betragen soll. Zur Inangriffnahme dieses Projekts war die Auflage einer mit fünf Prozent zu verzinsenden Anleihe über zehn Millionen Pfund Sterling nötig. Diese Summe schloß zunächst auch die Rückzahlung der ersten Anleihe über einundvierzig Millionen Francs ein. 1913 wurde eine weitere Anleihe für die Lunghai-Linie in Belgien und Frankreich aufgelegt. Die Arbeiten wurden sofort in Angriff genommen, erlitten jedoch beim Ausbruch des Ersten Weltkriegs beträchtliche Stockungen.

Heute, im Jahre 1919, können Frankreich und Belgien kein Kapital exportieren, da wir unser Geld in unseren eigenen Ländern zu Wiederaufbauarbeiten benötigen. Diese Schwierigkeit muß auf andere Weise überwunden werden. Ein holländisches Syndikat ist bereits in der Sache an uns herangetreten, doch dürfte es sich empfehlen, zunächst die Entwicklungsmöglichkeiten an Ort und Stelle zu untersuchen.

Infolge der Lage in Szechuan ist es nicht möglich, die Strecke von Sian in der Provinz Shensi nach Chengtu in der Provinz Szechuan in Angriff zu nehmen, obgleich wir und die Franzosen auch hierüber 1913 einen Vertrag mit Yüan Shihkai geschlossen haben. Ich frage mich, ob Morrisons Reise nach Sian, die er angeblich unternimmt, um ein paar dortige Kriegsherrn zu interviewen, vielleicht etwas mit der geplanten Eisenbahnlinie zu tun hat. Sollte er für England eine Möglichkeit wittern, uns durch einen Eisenbahnvertrag für dieses außerordentlich wichtige Hinterland auszustechen, so wird er bestimmt nicht zögern, sie zu ergreifen ...

Unterdessen werden wir in diesem Jahr mit dem Bau der Lunghai-Linie fortfahren. Im Dezember sollen fünfhunderteinundfünfzig Kilometer in Betrieb genommen werden, und dann werden die Einnahmen, soweit ich es heute überblicken kann, die Summe übersteigen, die zur Abdeckung aller bisherigen Anleihen nötig ist.

Obgleich neue finanzielle Arrangements erforderlich sein werden, können wir trotz aller heutigen Schwierigkeiten hoffnungsvoll in die Zukunft sehen. Zur Zeit durchqueren unsere Eisenbahnen – die Lunghai-Linie und die Peking–Hankow-Linie – die Gebiete mehrerer Kriegsherrn, und die erstere wird auch bis in das von den Japanern besetzte Shantung vorstoßen.

Wir werden sehr vorsichtig verhandeln müssen, wenn wir unser Projekt im geplanten Sinne durchführen wollen. Vielleicht dürfte es sich zu einem späteren Termin empfehlen, das

Bankenkonsortium, das von 1911 bis 1914 so erfolgreich gearbeitet hat, wiedererstehen zu lassen. Unsere Gesellschaft gehört seit der Begründung des Konsortiums der belgischen Gruppe an, die zwar nicht nominelles Mitglied war, aber gewisse Anteile daran besaß.

Einundzwanzigstes Kapitel

Marguerite Denis lag in dem schwingenden Dunkel, horchte auf das hackende, stoßende, flache, gleichmäßige Rattattarattatta-rattatta des fahrenden Zuges und machte diese Regelmäßigkeit gewissermaßen zu einem Bestandteil ihrer eigenen Entschlossenheit, sah in ihr die Bestätigung ihres Willens, fortzugehen, dieses Land zu verlassen. Sie würde es tun, sobald sie in Peking waren. Sie hatte genug, genug, genug. Solange der Zug in Bewegung war, fühlte sie sich getragen und vorwärtsgetrieben von ihrem Entschluß; doch wenn das rhythmische Vibrieren und sein Geräusch abklang und sich verlangsamte, wenn der Zug in einem Bahnhof hielt und das grabesstille Abteil die vier Menschen in eine Art Halbschlaf bannte, während draußen Stimmen und hastige filzbeschuhte Schritte, die Rufe der Bettler und zuweilen auch ein Streit dieses Gefühl einer Unterwasser-Reglosigkeit noch verstärkten und grünliches Licht durch die schmutzigen grünen Leinenvorhänge an den Abteilfenstern sickerte – wenn ein solcher Stillstand inmitten der vorwärtseilenden Zeit eintrat, dann wurde auch ihr Wille schwankend, schien wieder in ihren Körper zurückzusinken, ein Gewicht auf ihrer Brust, Klammern, die ihre Glieder an die Schlafkoje hefteten. Dann empfand sie eine Art Lähmung, die sie an dieses Land fesselte, das sie haßte, an dieses Volk, das sie haßte, an ihren Mann und ihre Kinder, die ihr so fremd, so unendlich fremd waren – so fremd wie das Land, in dem sie so viel gelitten hatte.

»Ich leide, ich leide!« Wie oft hatte sie Yentung, ihrem Mann, diese Worte zugeschrien. Eine Station nach der anderen entlang der ganzen Lunghai-Linie hatte ihren Schrei vernommen.

Yentung starrte sie an mit diesem fernen Blick, den sie so haßte. Er sah sie an und zugleich durch sie hindurch auf einen Punkt direkt hinter ihrer rechten Schulter. Manchmal, wenn er sie so ansah, wandte sie nervös den Kopf und schaute nach rückwärts, um das zu entdecken, worauf er so starrte.

»Ich tue, was ich kann«, erwiderte er. »Ich tue alles, was ich kann.«

»Ich war verrückt! Es war ein Wahnsinn von mir, dich zu heiraten ... Ich dachte, du seist ein Prinz; du sagtest, China sei so schön, so wundervoll ... Paläste und Pagoden und Menschen in seidengestickten Gewändern, und ich habe dir geglaubt ... und jetzt sieh mich an. Da, sie mich an!«

Sie fuhr mit den Händen durch ihr dünner werdendes, von weißen Strähnen durchzogenes Haar, von dem sich Schuppen ablösten. Oft war sie so vor einen Spiegel getreten, um mit wilden, fleckigen Augen ihr Gesicht zu betrachten, die hagere Figur mit den schlaffen Brüsten in der Baumwollbluse und das dunkelrote V auf ihrem Hals, dort, wo die Sonne ihre Haut verbrannt hatte.

»Sieben Kinder, sieben Kinder, und nun sieh mich an! Und dabei war ich einmal schön, so schön ...«

Jetzt, da sie in dem Zug lag, der durch die endlosen Ebenen Nordchinas rollte, fühlte sie, wie die vertraute Bitterkeit in ihr hochstieg, rhythmisch wie die Bewegung des Zuges, vorangetrieben von den regelmäßigen Stößen der eisernen Kolben, scharf wie erbrochene Galle – eine See von Bitterkeit, die in kleinen Wellen gegen ihr Herz brandete.

»Ein vergeudetes Leben, Krampfadern an beiden Beinen, mein ganzer Leib ein Netz von Runzeln und Falten, mein Haar, meine Zähne – so viele Zähne habe ich verloren, nur die vorderen sind noch heil. Seht mich doch an! Wer würde mich jetzt noch wollen? Sogar er will mich nicht mehr. Müde ist er, immer müde von der Arbeit an der Eisenbahn und den Streiks und den Kriegsherrn. Müde von der großen Hölle dieses Landes mit seinem Meer von Bettlern. All diese zerlumpten, drekkigen, bettelnden Menschen, die nichts sagen, sondern mich nur anstarren. Und diejenigen, die in den Straßen zusammenlaufen und lachen und rufen: ›Fremde Teufelin aus Übersee!‹ Ich will zurück, ich will zurück! Sobald wir in Peking sind, packe ich meine Sachen und fahre ab. Ich nehme Tiza mit mir und fahre ab.«

Sie drehte sich schwerfällig auf die Seite, wütend über dieses allzu kurze Laken, mit dem sie sich nie ganz zudecken konnte. Ein Moskito hatte sie in die bloße Sohle des rechten Fußes gestochen – die ärgste Stelle für so einen Stich, weil man sich dort auch durch Kratzen keine Erleichterung verschaffen konnte. Tiza und Rosalie schliefen, jede an einem Ende der unteren Koje, ihr Mann lag in einer der oberen Kojen. Sie schaute hinüber, und ihr liebender Blick durchdrang das Dunkel und erspähte die Form des kleinen Mädchenkörpers dort drüben auf dem Kissen: Tiza. Da lag sie, ruhig, freundlich, so reizend. »Ich nehme sie mit mir«, dachte sie. »Die andere kann bei ihrem Vater bleiben, da fühlt sie sich am wohlsten.« Die andere war zäh und kräftig; aber Tiza war zart und brauchte sie, würde sie immer brauchen. Tiza und sie würden nach Europa zurückfahren. »Sobald wir in Peking sind, packe ich meine Sachen, und dann fahren wir.«

»Erzähl eine Geschichte, Mama, erzähl eine Geschichte!«

Der Stopfkorb stand auf dem Tisch, die Lampe brannte, und die Kinder drängten sich um ihr Licht. Ein Bild häuslichen Glücks wie in den Bilderbüchern, die zu Weihnachten aus diesem Europa kamen, um das Mama so weinte, nach dem sie sich so sehnte und in das sie wieder zurückfahren würde, wie sie immer sagte. Rosalie bat um eine Geschichte, herrisch, ungeduldig, und sie hüpfte auf einem Fuß herum, bis sie ihren Willen durchgesetzt hatte. Aber Tiza kletterte auf Mamas Schoß und schmiegte den Kopf gegen ihre Brust. Tiza war das Kind, das Mama am längsten an ihrer Brust genährt hatte, weil sie bei der Geburt so klein und zart gewesen war.

»Welche Geschichte wollt ihr hören?« fragte Mama. Aber sie wußte die Antwort im voraus.

»Die Geschichte von dir, als du ein kleines Mädchen warst.«

»So wie ich«, sagte Tiza und verkroch sich an Mamas Brust.

»Wie ich«, schrie Rosalie, »wie ich, wie ich, Mama!« Und sie zerrte aus Leibeskräften an Mamas Hand.

Mama zog ihre Hand fort. »Hör auf zu schreien«, sagte sie. »Und hör auf, so herumzuhüpfen. Du machst mich verrückt mit deiner ewigen Unruhe.«

Mama hob eine Socke aus dem Korb und sah auf ihre Hände. Sie hatte früher schöne Hände gehabt, die Hände einer Dame.

Am Konservatorium in Brüssel, wo sie Gesang und Klavierspiel studiert hatte, waren alle von ihren Händen begeistert gewesen. Ihre Finger verjüngten sich zu feinen, schmalen Spitzen, so wie die Finger auf Holbeins Gemälden. Jetzt war ihre Haut gefleckt, und dicke Adern überzogen die Handrücken, eine Geographie des Leidens. »Wer seine Adern sieht, sieht seinen Kummer«, pflegte Mama zu sagen. »Da, meine Hände – völlig verdorben von der Arbeit.« Aber ihre Finger waren noch immer schlank, die Nägel lang und oval, die Spitzen schmal zulaufend.

»Als ich ein kleines Mädchen war«, begann sie. Scheinbar war ihre Geschichte für Tiza und Rosalie bestimmt; aber in Wirklichkeit sprach Mama nicht zu den Kindern, sondern zu Yentung, dem ewig Schweigsamen, der in seinem Sessel saß und ins Leere starrte oder den Rücken über seine Blumentöpfe in der Veranda beugte, der immer von etwas träumte, das er ihr nie erzählte. Nie wußte sie, ob er ihr eigentlich zuhörte oder nicht. Aber es war wie ein Versuch, ihn zu strafen, wenn sie ihm so erzählte, was sie einmal gewesen war. Sie konnte nicht an ihn herankommen, außer auf dem Umweg über die Kinder, die abends um die Lampe saßen. Und sie sollte nie erfahren, ob ihre Worte ihn verletzten oder nicht; denn nie konnte sie ein Anzeichen eines Gefühls bei ihm entdecken. Als die Kinder aufhörten, sie um Geschichten zu betteln, war ihr jeder Weg zu ihm versperrt.

»Und als ich achtzehn war, ging ich in einem riesigen Hut mit ganz großen roten Rosen darauf zur Kirche. Es war ein sehr teurer Hut.«

»Weiße Rosen«, sagte Rosalie. »Das letzte Mal hast du gesagt, es wären weiße Rosen darauf gewesen.«

»Weiß oder rot, das ist doch ganz gleichgültig«, versetzte Mama. »Wenn du mich dauernd unterbrichst, erzähle ich dir überhaupt keine Geschichten mehr. Warum mußt du nur immer so ungezogen sein?«

»Ich weiß genau, daß du von weißen Rosen gesprochen hast.«

»Mein Gott«, seufzte Mama. »Ich könnte sterben, und du würdest mir immer noch widersprechen.«

»Du hast weiß gesagt.«

Mama wurde böse, und die Ungezogene wanderte brüllend ins Bett. Papa verließ das Zimmer, um im bleichen Abendlicht nach seinen Forsythien zu sehen, und Tiza weinte.

»Daran ist nur die Ungezogene schuld«, sagte Mama. »*Deine* Tochter.«

An einem anderen Abend ging die Geschichte weiter: »Ich kam dann ins Kloster zu den Damen vom Heiligen Herzen. Das war eigentlich nur für Aristokratinnen da. Alle Mädchen dort außer mir waren adlig.«

»Was warst du denn, Mama?«

Mama setzte sich sehr gerade auf und wickelte ihre Wolle. »Ich gehöre zum Bürgertum. Wir haben keinen Titel, aber das macht nichts. Manche von diesen Adelsfamilien sind nicht so alt wie wir. Deshalb habe ich auch so feine Hände. Keine Bauernhände. Und nicht solche wie Madame Poh – die hat Hände wie ein Boxer. Und von den adligen Mädchen hatten auch ein paar regelrechte Metzgerhände.«

Auch die Nonnen im Kloster zum Heiligen Herzen waren adlig. Die Mutter Superiorin stammte aus einer sehr vornehmen Familie: sie war eine Prinzessin von Hessen. Über Mamas Schultagen lag der blendende Glanz der Aristokratie. Sie zählte uns die Namen auf:

»Die Doutremont, die Gaiffier de la Haye, die Mainboche de Beuve de Wartègue, die Mezier de la Roche...«

Aber das Leben im Kloster hatte auch andere Seiten: sie hießen Schmutz im Namen der Frömmigkeit und schlechtes Essen.

»Einmal in der Woche durften wir baden – in kaltem Wasser. Und dabei mußten wir unsere Nachthemden anbehalten und den Rosenkranz beten. Es galt als unanständig, das Hemd auszuziehen.«

Mama war eine Rebellin gewesen. Sie hatte das Flanellhemd mit den langen Ärmeln, das vom Hals bis zu den Fersen reichte, ausgezogen und war deswegen beinahe aus dem Kloster ausgestoßen worden.

Auch das Essen war nach den Erwägungen der Frömmigkeit zusammengestellt. »Die Suppe war das reine Spülwasser, und während der Mahlzeiten wurde dauernd laut gebetet.« Mama war so hungrig, daß sie nach Hause schrieb und um Eßwaren bat. Daraufhin schickte ihre Mutter ihr kandierte Früchte, Korinthenbrötchen und Schokolade, die sie nachts im Bett verzehrte. Angélique de la Haye aß auch etwas davon; aber Thérèse Doutremont, eine braunhaarige Schönheit mit einem sehr aristokratischen Profil, rümpfte über derartige Manieren die Nase.

»Sie gehört eben nicht in unsere Gesellschaftsklasse«, sagte sie zu Angélique de la Haye.

Mama war gekränkt; aber die anderen waren nicht so stolz wie Thérèse, sondern nahmen gern etwas von Mamas Näschereien an – alle außer Suzanne de Wartègue, die eine Heilige sein wollte und das Wasser trank, in dem das Geschirr abgewaschen wurde.

Mama lernte sticken und knicksen, singen und wie gestochen schreiben. Beim sonntäglichen Kirchgang folgte ihr ein Dienstmädchen, das ihr das Gebetbuch und ein frisches Paar Handschuhe nachtrug. »Und seht mich an, seht mich jetzt einmal an! Meine Mitgift ist in den Ziegeln verschwunden, mit denen dieses Haus gebaut wurde. Und euer Vater? Nie bekommt man ein Wort aus ihm heraus, außer wenn es um seine Eisenbahn geht. Die Eisenbahn – mein ganzes Leben hat sie aufgefressen! Oh, wenn ich nur das Geld dazu hätte, gleich morgen würde ich abfahren!«

Es gab viele Geschichten aus Mamas Leben, die im Kreis des Lampenlichts erzählt wurden. Ihre Kinder waren förmlich eingehüllt in diese Geschichten, wurden von ihnen weitergetragen, trieben darin fort: Mama an der Eisenbahnstrecke, Mama in Belgien, Mama in China ... Rosalie schloß die Augen und lauschte. Es war, als säße man in einem Zug und hörte den Geschichten zu, die er zu erzählen wußte. Das Lampenlicht schloß sie ein in sein seltsames Universum, die ganze Welt ballte sich rings um Mamas Schoß zu einem märchenhaft funkelnden Tropfen zusammen.

Für Marguerite Denis jedoch, die da im Dunkel eines fahrenden Zuges lag, schien es, als gehöre ihr Leben anderswohin; es war gewissermaßen in Leerlauf geraten. Nur Tiza gehörte zu ihr, alles übrige war China, das große, schreckliche, arme, gleichgültige, unbegrenzbare Land mit Bettlern, Kriegen, Heuschrecken, Hungersnöten und Flutkatastrophen. Und immer war da irgend jemand, der »Fremde Teufelin!« rief.

»Ich will zurück, zurück! Ich nehme Tiza mit mir und fahre zurück.«

»Zurück, zurück«, sang der Zug, der unermüdlich weitergaloppierte und nie zurückschaute.

Und Rosalie schloß die Augen, lauschte dem Spottdrosselsang des Zuges, und ihr Herz hämmerte im Tempo dieser Reise, einem fernen Horizont entgegen.

»Rosalie! Rosalie!«

Rosalie, die es nicht mochte, wenn man sie Rosalie nannte, kroch noch weiter fort von dem Haus mit der rufenden Stimme, kroch hinein in das spitze Gras, das gar nicht so viel Schutz bot, wie sie geglaubt hatte. Ihr Rücken war der Sonnenhitze preisgegeben, die Bänder ihres Strohhuts schnitten ihr in den Hals, und die hartnäckigen Fliegen, die noch mehr kitzelten als die Grashalme, unternahmen einen Angriff auf ihre Beine. »Die Prinzessin«, begann sie wieder, »schwamm nun von dem Schloß fort. Sie schwamm rasch, das klare Wasser kühlte ihre Wunden ...« Rosalie legte sich flach auf den Bauch und vollführte mit ihren Armen und Beinen Schwimmbewegungen. Es war sehr unbequem.

»Ältestes Fräulein! Mutter ruft Ältestes Fräulein!«

Das war eine andere Stimme, die Stimme der Kinderfrau Liu Mah. Liu Mah war dick und hatte die kleinsten, am spitzesten eingebundenen Füße, die Rosalie je gesehen hatte. Ja, Rosalie war so fasziniert von diesen Füßen, daß sie vor ein paar Tagen auf einen davon gesprungen war. Liu Mah hatte mit einer Handarbeit auf der Veranda gesessen, in der Haltung, die chinesische Bäuerinnen bei dieser Gelegenheit einzunehmen pflegen: Das eine ihrer Beine mit dem zierlichen, in einen sauberen schwarzen Stoffschuh gehüllten Fuß ruhte auf dem anderen Schenkel, der zweite Fuß auf dem Boden. Rosalie hatte diesen Fuß angestarrt und war dann mit ihren beiden Füßen daraufgesprungen. Mit einem schrecklichen Aufschrei hatte Liu Mah nach ihrem Fuß gegriffen, während große Tränen über ihre dicken Wangen rollten, die vor Schmerz plötzlich aschgrau geworden waren. Jetzt watschelte Liu Mah auf diesen zwei kleinen Stümpfen, die ihr schweres Gewicht tragen mußten, auf Rosalie zu. Die behosten Beine schoben das Gras beiseite, und Rosalie konnte sehen, wie jeder Stein unter ihren winzigen Fußsohlen Liu Mah zum Stolpern brachte. Nun versuchte die Kinderfrau, das kleine Mädchen hochzuheben.

Rosalie schlang ihre Arme um diese Beine in den schwarzen, wattierten Hosen. »Da ragte der rettende Felsen aus dem Wasser, und die Prinzessin erreichte ihn und umschlang ihn mit ihren Armen.« Aber nein, korrigierte Rosalie sich, Felsen waren immer hart und kantig. Die Prinzessin konnte sich nicht daran klammern, sie würde sich weh tun. So ließ sie denn Liu Mahs Beine los, die sich nun lachend von den Armen des Kindes befreite und dabei beinahe hinfiel.

»Großes Fräulein, hast du nicht gehört, daß Mutter dich gerufen hat? Geh schnell hin, sonst ist Taitai ganz böse mit dir.«

»Sie ist immer böse mit mir«, sagte Rosalie. »Und ich mag meinen Namen nicht, ich will nicht Rosalie heißen.«

»Das ist doch ein sehr hübscher Name«, versicherte Liu Mah. »Lo-sa-li. Nun geh aber schnell, Taitai wartet im Haus mit Zweitem Fräulein. Zweites Fräulein ist schon fertig angezogen, und nun sieh mal selbst, wie du aussiehst!«

»Meine Mutter liebt sie, aber mich liebt sie nicht.«

Das war Rosalies großes schmerzliches Geheimnis – das größte unter all den Geheimnissen, die sie so krampfhaft für sich behielt. Manchmal glaubte sie selbst kaum daran, aber zu anderen Zeiten erschien es ihr nur allzu überzeugend. Und jetzt schenkte sie es Liu Mah, weil sie Liu Mah weh getan hatte, indem sie auf ihren Fuß gesprungen war. Aber Liu Mah bemerkte diese Gabe gar nicht. Die Menschen wußten es nur selten, wenn man ihnen etwas schenkte. Sogar Liu Mah, deren freundliches und geduldiges, rundes Gesicht alle Zärtlichkeit in sich begriff, an die sich Rosalie zeitlebens erinnern sollte – selbst sie wußte nicht, welches Geschenk ihr hier zuteil geworden war ... Sie staubte Rosalies Kleid ab.

»Das darfst du nicht sagen, Großes Fräulein! Natürlich liebt

Taitai dich. Und Laoyeh *(Laoyeh und Taitai: Gebieter und Gebieterin des Hauses)*, dein Vater, liebt dich am meisten von allen. Du bist nur immer so ungezogen.«

»Papa hat nie Zeit.«

»Ah, aber Laoyeh ist ein großer Herr. Ohne Laoyeh hätten wir keinen Reis in unseren Schalen, kein Holz für unser Feuer und keine Wärme unter unseren Betten. *(Unter unseren Betten: Wegen der strengen Winterkälte stehen in Nordchina die Betten auf Plattformen aus Zement, die eine Art Ofen darstellen und geheizt werden können.* Sieh nur die Eisenbahn; ohne die Eiserne Straße hätten wir alle keinen Reis.«

Rosalie ging mit Liu Mah durch das Gras zurück und den Abhang hinauf zum Haus. Dieses Haus sah sie später in ihrer Erinnerung immer als ein großes Gebäude auf der Spitze eines Hügels. Am Fuße des Hügels befanden sich das Stationsgebäude, das kleine Labyrinth der Schienen und die Züge. Und ringsum, flach, ganz flach, die Lößebene von Honan – flach bis zur Grenze des Himmels. Das Haus war aus roten Ziegeln erbaut. Eigentlich war es das Haus eines belgischen Ingenieurs, aber der war fortgezogen, und jetzt hatte Papa seine Stellung inne. Eines Tages würde ein anderer kommen, und dann würden sie wieder in ein kleines Haus ziehen. An der Vordertür mit ihren breiten Steinstufen drehte Rosalie sich um und schaute hinunter auf die glänzenden Schienenstränge, die im Hitzedunst tanzten, und auf die Züge, die – lebendig und so verständig – auf den Schienen warteten und über die sich grauer Rauch wie Atem gesenkt hatte. Nachts hielt sich Rosalie zuweilen wach, um zu ihnen hinunterzuhören, auf das Stampfen und Pfeifen, das die Nacht so sanft und bedächtig zerteilte – und sie mußte dabei an Liu Mah denken, die jeden Abend ungebleichte Baumwolle in lange Streifen zerriß, um ihre schmerzenden Füße damit einzubinden.

»Da bist du ja endlich«, sagte Mama. Sie band in Tizas Zöpfe die großen Seidenschleifen, die Großmama aus Belgien geschickt hatte. »Und schmutzig wie immer. Man sollte denken, du liebst den Schmutz. Dauernd wühlst du im Schlamm.«

»Schmutz ist sauber!« schrie Rosalie wütend. »Jedenfalls sauberer als du!«

Mama holte aus und wollte ihr eine Ohrfeige geben, erwischte aber nur Rosalies Haar. Die schreiende Rosalie wurde von Liu Mah weggeführt und zu Bett gebracht, während Mama mit Tiza wegging, um Frau Belloni, die Frau des italienischen Ingenieurs, zu besuchen.

Jahrelang sollte Rosalie sich immer wieder an diesen Nachmittag und die trostlose Weite des Bettes erinnern, an die zwei großen, klumpigen Kissen (eines das ihre, das andere Tizas), die sie nun über ihr Gesicht zog. Sie versteckte sich in dem Spalt zwischen ihnen; nur die Nase ließ sie ein wenig herausschauen, um atmen zu können, aber sonst war sie wie begraben in dieser plumpen Weiße und schluchzte unaufhörlich – versunken in den ungeheuren, nie endenden Kummer der Kindheit. Liu Mah wiegte sich auf dem harten kleinen Stuhl neben dem Bett hin und her und seufzte, als sei auch sie bestraft worden. Ab und zu streckte sie die Hand aus und tätschelte das Kissen – nicht das Kind –, und diese Geste war tröstlicher als jede nähere Berührung, denn Liu Mah wußte, daß das Kind es haßte, wenn man es streichelte oder an sich preßte. Nun meinte Rosalie in ihrem Bett, sie müsse schreien, und schon explodierte sie mit einem so gellenden Ausbruch, daß sie über dieses krampfhafte Zuschnüren und Loslassen in ihrer Brust selbst erschrak und gleich wieder aufhörte. Allmählich ebbten ihre lauten Schluchzer zu einem regelmäßigen, rhythmischen und fast beruhigenden Weinen ab. Liu Mah tätschelte das Kissen, und zwischendurch nahm Rosalie ihren Geruch wahr, den Geruch nach Knoblauch und Schweiß, diesen Geruch, der ihr wieder und immer wieder in China begegnen sollte – nur hier, nur in China. Und es war der Geruch dieser selbstlosen, uneigennützigen Liebe, der sie zwang, wieder und immer wieder nach China zurückzukehren; denn nirgends war es so wie in dem Bereich dieses Geruchs. Durch ihn wurde sie wieder in jene Verzückung der Kindheit versetzt, die stärker war als jede später entstandene Leidenschaft, die ein Nachhausekommen war in Liebe und Geborgenheit.

»Oh, du ungezogenes Kind, du ungezogenes Großes Fräulein«, summte Liu Mah – und es klang gar nicht wie ein Schelten, sondern mehr wie ein Schlummerlied –, »du hast

Taitai so böse gemacht. Und jetzt schreist du dich häßlich. Und außer mir ist keiner da, der dich sehen kann. Was wird Taitai nun sagen?«

Rosalie, die sich allmählich ausgetobt hatte, weinte still vor sich hin. »Liu Mah, ich bin schlecht, schlecht; alle sagen, daß ich schlecht bin.« Jetzt dachte sie an Liu Mahs Fuß und wurde von einem neuen Anfall wilden Schluchzens überwältigt.

Zusammen sahen sie, wie der Raum sich mit dem sinkenden Abend verdunkelte, und Liu Mah summte und wusch Rosalie das geschwollene Gesicht und zog ihr frische Kleider an und ließ dabei ununterbrochen den sanften, beruhigenden Gutturalton ihrer Stimme horen. Und dann nahm sie Rosalie an der Hand und führte sie hinunter, und das Kind folgte ihr zwar zögernd, hielt aber doch Schritt mit ihr, denn es wäre beschämend gewesen, sich von Liu Mah ziehen zu lassen. Unten war das Wohnzimmer mit seinem braunen Holzboden, mit dem runden Tisch und dem weißen Tischtuch darauf, mit der großen Lampe und ihrem verführerischen schönen blauen Glasfuß und dem runden Glaszylinder, der einen so sanften kremfarbenen Schimmer verbreitete. Dieser Schimmer zeichnete Schatten in die Gesichter und verwandelte die Menschen.

Papa saß schon am Tisch, und seine Stiefel standen in einer Ecke, ganz allein, wie ein zweiter Papa, der sich bereit machte, die Eiserne Straße abzugehen, damit Liu Mahs Reisschüssel gefüllt und Feuer unter den Betten war. Die Stiefel waren schwarz, knielang und unterhalb des Knies mit Schnüren versehen, und sie hatten ihren eigenen Geruch und ihren eigenen Stiefelton, wenn sie marschierten. Papa schöpfte mit dem großen Löffel die Suppe aus der Terrine – Rindfleisch und Rüben –, und aus der Suppenschüssel stieg eine kleine weiße Wolke empor, und drinnen schwammen auf der Fleischbrühe große und kleine ovale Fettaugen, die zur Decke zu starren schienen. Augen von Seeschlangen, dachte Rosalie und versank schon wieder in einer der Geschichten, die sie sich selbst erzählte.

»Aha, da ist sie ja«, sagte Mama. »Habe ich dir eigentlich schon erzählt« – damit wandte sie sich an Papa –, »was die Ungezogene heute zu mir gesagt hat?«

Die Ungezogene begann wieder Tränen zu vergießen, die über die vom vielen Weinen fast unempfindlich gewordenen Wangen rollten. Aber in ihrem Inneren weinte sie nicht. Sie war müde, und sie wartete, die Augen auf Papa gerichtet. Würde auch Papa sich gegen sie stellen?

Papa seufzte. Es war ein Seufzer, der noch trauriger klang als der von Liu Mah. »Du hast es mir erzählt. Also, warum bist du so ungezogen?« Seine Stimme klang eintönig vor lauter Müdigkeit. Es waren die Kriegsherrn, die ihn so müde machten; sie stahlen ihm immer wieder die Lokomotive und die Waggons von den Schienen weg.

»Setz dich hin, Großes Fräulein, setz dich, du mußt jetzt essen«, gluckste Liu Mah – und dann war ihre Gestalt plötzlich verschwunden und hinterließ eine schreckliche Leere, und Rosalie schluckte ihre Suppe und fuhr sich mit der Zunge seitwärts über die Mundwinkel, um die salzigen Tränen aufzulecken.

Tiza saß ihr am Tisch gegenüber, Tiza, das geliebte Kind. Sie hatte noch ihre Schleifen im Haar und schaute aus ihren klaren braunen Augen freundlich auf die große Schwester. Mama schnitt eine Scheibe Brot ab, strich Butter darauf, teilte sie und gab Tiza und Rosalie je eine Hälfte. Rosalie wollte das Brot nicht essen. Sie war hungrig und aß noch einen Teller Suppe.

Nach dem Abendessen zog Liu Mah die Kinder aus und brachte sie zu Bett, und dann kam Mama an das Bett, in dem Rosalie und Tiza miteinander schliefen – an dieses Bett, in dem Rosalie sich in den heißen Nachmittagsstunden schreiend zusammengerollt hatte. Die Nächte waren noch kühl, aber man hatte die dicken Wintersteppdecken bereits gegen die dünneren vertauscht, und auf jeder Decke war ein Stickmuster in Grün und Silber. Liu Mah hatte im vergangenen Herbst die Steppdecken für die ganze Familie genäht. Sie hatte ein großes Stück weißer Baumwolle auf die Zeitungen gelegt, die sie auf dem Fußboden ausgebreitet hatte, und dann hatte sie die Watte daraufgepackt und mit der Hand flachgeklopft, Büschel um Büschel, Schicht um Schicht, bis das Ganze aussah wie eine leichte Schneedecke auf dem Erdboden. Ihre häßliche Tochter, die einen sehr dicken Zopf und nur ein einziges Auge hatte – das andere hatte ihr Vater ihr ausgeschlagen, und es war nur eine leere, von einem Lid verschlossene Augenhöhle –, diese Tochter half ihr, indem sie aus den Büscheln die kleinen Samenkörner oder Schmutzkrümel heraussuchte, die der Krempler daringelassen hatte. Über die Watteschicht hatten sie dann die sechs zu vier Fuß große seidene Decke gebreitet, die Baumwolldecke von unten um die Schicht geschlungen und die beiden Decken zusammengenäht. Zum Nähen hatten sie handgespultes Honan-Garn benutzt – dieses Garn, das so schön roch, wenn man es zusammendrehte und in Wachs tauchte, um einen lange brennenden Docht daraus zu verfertigen. Im Spätfrühling trennte Liu Mah dann alle Steppdecken wieder auf und wusch die Seidendecke und das Baumwollfutter, jedes für sich. Die Wattefüllung jedoch, die jetzt verfilzt war, wanderte zur Reinigung zum Krempler des Ortes. Mit Hilfe eines großen, mit einer Metallsaite bespannten Bogens, der einen summenden Ton von sich gab, lockerte der Krempler die frisch gewaschene klumpige Wattemasse, bis sie wieder flaumig war, rollte sie dann auf, wickelte sie in Papier und verschnürte das Paket mit einem Bindfaden. Dann wurde es aufbewahrt, bis es wieder für die neuen Wintersteppdecken gebraucht wurde.

Tiza hatte langes Haar, das ihr bis über die Schultern reichte. An diesem Abend wurde es fest in Zöpfe eingeflochten, damit es ihr morgen beim Sonntagsgottesdienst in steifen Wellen über den Rücken hing. Dieser Gottesdienst bestand allerdings nur aus gemeinsam gesprochenen Gebeten, da es auf diesem Teil der Strecke noch keinen Priester gab. Mama hatte Tizas Haar wie immer selbst gebürstet und geflochten, und jetzt ruhten die Zöpfe ordentlich auf dem Kissen. Mama beugte sich herab, küßte Tiza, zeichnete mit dem Finger ein kleines Kreuz auf ihre Stirn und flüsterte: »Gott segne dich und bewahre dich heute nacht.« Rosalie versteifte sich innerlich, als Mama um das Fußende des Bettes herum auf ihre Seite kam, die Bettdecke feststopfte, ein großes Kreuz über ihre Stirn zeichnete und sagte: »Gott segne dich und bewahre dich heute nacht.«

Rosalie hatte kurze und glatte Haare, aus denen die Schleifen gewöhnlich schon herausgerutscht waren, noch bevor sie den Garten erreichte. Sie wurden abends nicht gebürstet und eingeflochten, damit sie am nächsten Tag schön glänzten. Einmal, vor langer Zeit (so kam es ihr wenigstens mit vier Jahren vor), hatte sie zu Mama, die Tizas Haar bürstete, gesagt: »Bürste meine Haare, bürste meine, Mama!« Mama war daraufhin mit ihrer Bürste rasch ein paarmal über Rosalies Kopf gefahren; aber diese eilige und unwillige Berührung hatte Rosalie keine Freude bereitet – nicht jene Freude, die Tizas Augen so groß und rund machte, wenn Mama mit langen, langsamen Bewegungen ihre Haare bürstete. »Dir kann man gar nicht die Haare bürsten, du hältst ja nie still«, hatte Mama zu Rosalie gesagt.

Tiza besaß viele Haarschleifen. »Wenn wir nach Peking kommen, kauft Papa dir eine geschnitzte Holzschachtel für deine Schleifen«, sagte Mama zu ihr.

Rund um sie war das Dunkel, fest um sie herumgesteckt wie eine Steppdecke. Und in diesem Dunkel ertönte die Sirene eines Zuges melodisch, tröstend, fast ein wenig schläfrig. Der große Schrank gegenüber dem Bett nahm die vertrauten Umrisse des Nachtdrachens an – eines Drachens mit hochgerecktem Zackenkamm, der Wache hielt –, und Rosalie spann weiter an ihrer Geschichte von der Prinzessin. »Sie kroch aus dem Wasser ans Ufer, und hinter ihr stieg auch der treue Drache aus dem Wasser empor. Und da stand vor ihr ein Ritter in einer blitzenden goldenen Rüstung, und sein Schwert war ein einziger stahlharter Diamant.«

So gönnte Rosalie ihrem unversöhnlichen Geist ein wenig Ruhe und ließ sich von dem fernen Stampfen des Zuges in den Schlaf – nicht jedoch ins Vergessen – wiegen.

Es war ein stickiger heißer Nachmittag. Hitzewellen stiegen von der Erde auf und ließen die Umrisse des Stationsgebäudes verschwimmen, so daß es aussah, als hüpfe es auf und nieder. Auf der von der langen Trockenheit braunen und ausgedörrten Ebene bewegten sich winzige Gestalten, die jeder Festigkeit zu ermangeln schienen, wie Stäubchen in einem Sonnenstrahl: die Bauern auf ihren Feldern. Rosalie stand auf dem Hügel und sah sich gewissermaßen selbst dastehen, den Strohhut mit der weißen Schnur auf dem Kopf, die karierte Schürze umgebunden und an den Füßen die Stoffschuhe, die Liu Mah genäht hatte. Sie blickte auf, und der Himmel war eine heiße blaue Rundung. Die Linie, an der Himmel und Erde zusammenstießen, schien ausgelöscht zu sein. »Es ist zu trocken«, hatte Liu Mah gesagt, »heute nacht wird der heiße Wind-und-Staub-Drache auf der Ebene sein.« Und tatsächlich, da war er, da wuchs er empor zwischen dem Himmel mit seinem schwelenden Licht und der schlaffen, flachen Erde, die von der Trockenheit mit Rissen und Furchen durchzogen war. »Kein Regen, kein Segen«, hatte Liu Mah auch noch gesagt. Und Rosalie dachte: Wer bin ich, was bin ich? Was bedeutet »sein«? Aber es war niemand da, der ihr diese Fragen beantworten konnte.

Sie kam eben von Mama, die an ihrem Schreibtisch saß und einen Brief schrieb. Den Schreibtisch hatte der Tischler Wu gemacht, der drüben jenseits des Stationsgebäudes und der Eisenbahnschienen im Ort wohnte. Der Ort hieß Hsinyang, er war eine wichtige Eisenbahnstation, und die Werkstatt des Tischlers war ein Platz, an dem man sich glücklich fühlte, weil es dort so gut roch und die Töne der Säge fast so schön waren wie die Musik der Züge. Zwei Männer bewegten die lange Säge. Der eine stand auf dem Balken, der andere kniete darunter, und so zogen und schoben sie in gleichmäßigem Hin und Her die Säge glatt durch das Holz und verfertigten Bretter. Die Eisenbahn brauchte Bretter und Bohlen. Die blonden, duftenden und geringelten Späne, die sich bildeten, wenn der Tischler Wu mit dem Breitbeil die Bretter glättete, konnte ein kleines Mädchen sich um den Finger wickeln. Man konnte sie auch langziehen wie die Locken einer Prinzessin. Rosalie dachte sich manchmal eine Geschichte aus, in der sie eines Tages aufwachte und einen Lockenkopf hatte.

Der Schreibtisch war glatt und roch nach Holz, und Mama saß davor und schrieb, während Rosalie daran herumschnüffelte und die Schubladen aufzuziehen versuchte. Dann stand sie ein Weilchen still und sah zu, wie Mama schrieb. Die Feder kratzte auf dem weißen Papier, und das klang fast so, wie wenn die Säge anfängt, sich in das Holz hineinzubeißen. Schon mehrere voll beschriebene Bögen lagen auf dem Schreibtisch, aber Mamas Hand bewegte sich immer weiter, und ihr Gesicht war über das Papier gesenkt.

»Mama, was bedeutet das, wenn du schreibst?«

Mama runzelte die Stirn. Sie mochte es nicht, wenn man sie beim Briefeschreiben unterbrach. »Ich schreibe an deine Großmutter. Geh jetzt spielen.«

Rosalie ließ nicht locker. »Aber woher kann Großmama wissen, was du ihr sagen willst? Wie kommt es, daß du das da tust« – sie bewegte die Hand –, »und dann geht der Brief fort, und wenn Großmama ihn sieht, weiß sie, was du ihr sagen willst?«

»Nun geh schon und hör auf, so dumme Fragen zu stellen«, sagte Mama.

Rosalie fühlte sich dadurch nicht verletzt, denn Rosalie wußte, daß die meisten Fragen dumm waren und daß es zu ihren vielen Ungezogenheiten gehörte, solche Fragen zu stellen. Mama gab allen Menschen Spitznamen, und die paßten immer genau; sogar Papa gebrauchte sie. Als die Ungezogene jetzt fortging, um zu spielen, sah sie sich selbst zum erstenmal; aber nicht wie in einem Spiegel, wo die eigenen Bilder nur eine Art Gesprächspartner beim Anpassen von Kleidern darstellten – dieser langweiligen Prozedur, bei der Rosalie einen Haufen Kleider anziehen mußte, die dann an ihr so schnell wieder schmutzig wurden, während sie an Tiza immer sauber blieben. Manchmal brauchte man das Spiegelbild auch, wenn man die Haare geschnitten bekam, und das war auch eine langweilige Sache, weil man dabei stillsitzen mußte. An diesem Tag aber sah Rosalie sich selbst als einen Fleck zwischen Himmel und Erde, und sie fühlte die Erde fest und wirklich unter ihren Füßen, und sie sagte laut:

»Das hier ist Hsinyang in Honan, und Papa ist Chinese, und Mama ist Belgierin, und ich bin Rosalie – oder so nennen sie mich wenigstens. In Wirklichkeit aber bin ich nicht Rosalie. Ich bin ich.«

Und wer war dieses Ich? Unter der großen Ulme roch das Gras besser, nicht so braun und staubig, und schnell ging sie hin und legte sich darauf. Aber da liefen viele Ameisen herum, große Ameisen und auch ein paar von den bösartigen kleinen roten. Aufgeregt machten sie sich in dieser trockenen Hitze zu schaffen und holten ihre kleinen Eier aus dem Ameisenhaufen, als fürchteten sie sich vor einer bevorstehenden Katastrophe. Sie rannten wie die Bauern vor einem Kriegsherrn oder einer Wasserflut. Rosalie stand auf und ging zum Haus zurück. Eines Tages mußte sie herausfinden, wer dieses Ich war. Und Liu Mah gab ihr einen runden Dattel-und-Honig-Kuchen, rund wie die Sonne.

Hier in Hsinyang hatte Papa viel Ärger mit den Kriegsherrn. So viel, daß sie für eine Weile das rote Ziegelhaus verlassen und fortlaufen mußten.

Eines Nachts nach der großen Hitze stand Papa plötzlich vor ihrem Bett. Er war fertig angezogen und hatte sogar seine Stiefel mit den Riemen am oberen Ende an, die Rosalie so gern betastete, weil es ihr immer wie eine wundervolle Geschicklichkeitsübung vorkam, die Stiefel zu befestigen, indem man die Lederriemen einfach wie bei einem Gürtel durch eine Schnalle zog. Papa sah aus, als sei er soeben einer Geschichte entstiegen, um irgend etwas Wichtiges und Großartiges zu tun, und als hätte er sein Ziel plötzlich aus den Augen verloren, so wie man die Schatten aus den Augen verliert, die sich auf so unerklärliche Weise fortbewegen, selbst wenn man den Fuß daraufsetzt. Jedenfalls stand Papa plötzlich da, und dann kamen auch Mama und Liu Mah, und Liu Mah sagte: »Steht auf, Großes Fräulein und Zweites Fräulein.« Und obgleich es so dunkel war und gar nicht die richtige Zeit zum Aufstehen, stiegen sie doch rasch aus dem Bett, und Liu Mah zog sie an. Aber auch das war anders als sonst, denn sie wusch ihnen nicht erst die Gesichter, sondern holte nur die Blechnapftöpfe hervor, und während sie darauf saßen, pfiff sie leise, so wie sie es immer tat, bis die warme Flüssigkeit gehorsam herauströpfelte.

»Halt still, ich muß dir deine Ohrringe herausnehmen«, sagte Liu Mah. Und sie nahm Rosalie die kleinen goldenen Ringe, welche die Löcher offenhalten sollten, aus den Ohren.

Und dann zog sie ihnen Schuhe an, und zwar die Lederschuhe, die schon zu drücken begannen, so daß Tiza und

Rosalie sich beklagten und Tiza sogar zu weinen anfing. »Ach, laß sie doch ruhig ihre Hausschuhe tragen«, sagte Mama. Sie gingen hinunter, und dort lagen große, in Bettlaken gewikkelte Bündel, die aussahen wie die Menschen, die nach der Erschießung heute nachmittag im Ort am Boden gelegen hatten. Rosalie hatte die Erschießung mit angesehen, weil sie mit Liu Mah hinübergegangen war, um ein paar gedrehte Docken weißes Garn zu kaufen. Und da, auf dem unbebauten Land am Ende des Ortes, am Rand eines neu gegrabenen Teichs vor den grauen Ziegeln und den grünen Fenstern des Stationsgebäudes hatten die Soldaten gestanden, alle in Grau, und plötzlich hatte Liu Mah gesagt: »Aiyah!« und hatte Rosalie an sich gezogen und das Gesicht des Kindes fest gegen ihre Knie gedrückt. Aber Rosalie hatte sich doch umgewandt und gesehen, wie die Menschen hingefallen waren und dann so seltsam gekrümmt in ihren blauen Anzügen dagelegen hatten. Vorher hatten die Menschen noch gestanden, und auf einmal hatten sie so weich, wie ohne Knochen, dagelegen – genau wie jetzt diese Bündel auf dem Fußboden des Wohnzimmers.

Die Kerzen ließen aufgeregte Schatten an den Wänden tanzen, und Rosalie versuchte, im Takt mit dem Kerzenlicht auf und ab zu hüpfen, bis Papa sagte: »Hör auf damit!« Und dann sagte er: »So, jetzt wollen wir gehen.«

Die kühlere Luft draußen schlug ihr wie mit einer weichen, kühlen, ein wenig feuchten Tatze gegen Stirn und Nase. Rosalie streckte die Zunge heraus, um sie zu kosten. Und Sterne waren da. Wie Blumen reckten sie sich aus dem Himmelsgarten. Und dort war auch der Himmelsfluß, der sich quer über ihren Weg zu den Bellonis ergoß.

Papa ging voraus, Mama trug Tiza auf dem Arm, und Rosalie folgte mit Liu Mah, die nie an ihrer Hand zog, so daß es angenehm war, mit ihr zu gehen, weil man sich nicht gegen sie wehren mußte. Rosalie fühlte sich glücklich. Sie war jetzt hellwach und spürte kaum ihre Füße, die über die glühwurmfarbene nächtliche Erde wanderten.

Der Ort, an dem sie Zuflucht suchten, war das Haus des italienischen Ingenieurs Belloni – ein rotes Ziegelhaus, ähnlich dem ihren, das jedoch ein Stück hinter dem Hügel lag. Herr

Belloni war kein richtiger Ingenieur, sondern hatte die Reparaturwerkstatt unter sich. Mama behauptete, Frau Belloni könne nicht einmal schreiben; aber er bekam dreimal soviel Geld wie Papa, weil er ein Europäer war.

»Sie sind Europäer, deshalb wagten die Kriegsherrn und die Räuber nicht, uns dort etwas anzutun; aber euer Vater ist nur ein Chinese«, sagte Mama später einmal, als sie von dieser nächtlichen Flucht aus dem roten Ziegelhaus sprach.

Das hatte Rosalie schon sehr früh verstanden: Man war nur sicher, wenn man ein Europäer war. Und Mama berief sich auch immer wieder auf diese Tatsache und erklärte: »Mir können sie nichts tun, ich bin eine Europäerin.« Weil Papa ein Chinese war und Mama nicht, mußten sie jetzt zu Herrn Belloni gehen und sich in seinem Wohnzimmer auf den Teppich legen. Den Chinesen widerfuhren Dinge, die kein Europäer zu fürchten brauchte, wie Erschießungen oder daß man keinen Reis in seinen Schalen hatte oder daß man weglaufen mußte. Sie konnten nicht in ihrem Haus bleiben, sondern hatten weglaufen müssen, weil Papa ein Chinese und kein Europäer war.

Und immer wieder sah man die Soldaten der Kriegsherrn, grau gekleidete Männer. Manche hielten Gewehre in der Hand, andere hatten sich ein großes Buschmesser umgehängt, das auf ihrem Rücken baumelte, und manchmal waren es viele, unendlich viele, wie ein Schwarm riesiger Heuschrecken, und Papa sagte: »Sun Chuanfangs Soldaten ... die sind schlimm ... Neulich haben sie eine schwangere Frau aufgeschlitzt, nur um zu sehen ...« Und Rosalie fragte sofort aufgeregt: »Was ist schwanger, Mama? Mama, warum haben sie das getan?« Und Mama wandte sich mit einem schrecklichen Ausdruck in ihren Augen um und rief: »Psst! So etwas darfst du nie fragen, das ist unanständig!«

Sie mußten noch oft, auch auf anderen Bahnstationen, nachts aus dem Haus flüchten. Und wenn sie dann zurückkamen, waren keine Möbel mehr darin, und viele Leute weinten, und es standen ganze Reihen von hölzernen Särgen da. Und Papa war den ganzen Tag unterwegs, und Mama sagte: »Du darfst nicht aus dem Haus gehen, verstanden?« Und sogar Liu Mah erlaubte ihr nicht hinauszugehen.

Da war dieser eine Morgen mit einer Honigsonne und einer Luft über den Hecken, die nach Sirup schmeckte. Mama saß im Garten in einem Liegestuhl, und Tiza und sie selbst spielten wohl (Rosalie wußte das nicht mehr so genau), und dann tauchten hinter der Hecke plötzlich wie im Kasperletheater zwei Soldaten in grauen Uniformen und mit Gewehren auf. Und der eine hatte nur ein halbes Gesicht, denn in der Mitte, wo eigentlich die Nase sitzen sollte, war ein Loch. In dieser Nacht wurde sie wieder aus dem Schlaf geholt, und sie nahmen einen Wagen mit einem Maulesel davor und fuhren damit weg.

Aber nicht immer liefen sie vor den Kriegsherrn davon. Gelegentlich – wenn auch selten – waren Papa und Mama recht zufrieden, wenn sie kamen. Ein Kriegsherr vor allem blieb Rosalie in Erinnerung, ein guter: Feng Yuhsiang. Vor ihm lief keiner davon und auch nicht vor seinen Soldaten, denn die hielten straffe Disziplin. Ihr erstes Bild, das mit Feng Yuhsiang zusammenhing, war das eines Feldlagers am Morgen: endlose Reihen grauer Zelte auf der Ebene, die unterhalb des Hügels lag, und graue Männer, die umherliefen wie die Ameisen, wenn sie ihre Eier wegschleppen. An diesem Abend hatte ein sehr großer Mann mit einem runden Kopf und in einer grauen Uniform an ihrem Tisch gesessen und mit ihnen gegessen, und Mama hatte selbst eine Menge Gerichte zubereitet – sogar Makkaroni. »Die sind genau wie die chinesischen Nudeln«, sagte Mama. Rosalie wurde noch einmal aus dem Bett geholt, damit sie den General Feng sehen konnte, und sie erinnerte sich, daß sie neben dem General sitzen durfte. Draußen vor dem Haus standen vier Soldaten mit großen Buschmessern auf dem Rücken als Wachtposten. Am nächsten Morgen ging Papa mit Rosalie hinunter zu den Zelten, und es wurde auch eine Fotografie aufgenommen, die Rosalie vierzig Jahre später wiederfinden sollte. Und Mama sagte hinterher: »Komisch, was? Er hat doch tatsächlich gebetet. Er ist eben ein christlicher General.« Als sie später in Peking waren, war auch Feng Yuhsiang dort, und er erinnerte sich an Papa. Und später, sehr viel später, sollte Rosalie ihn noch einmal sehen.

Was die Bellonis betraf, so erinnerte sie sich an zwei kleine Mädchen, Helena und Maria, die in einem Garten mit einer Schaukel spielten. Das eine Mädchen war dunkler und dicker, das andere war blond, und das dunkle Mädchen schaukelte so gern. Der Vater Belloni war groß und dünn und trug eine Brille, und Mama hatte einen Spitznamen für ihn. Sie nannte ihn »der Erstaunte«, weil er immer sagte: »Ich bin erstaunt, wirklich erstaunt . . .«

Und so hatte Papa bei der Eisenbahn Sorgen und Unannehmlichkeiten wegen der Kriegsherrn und war sehr wortkarg. Mama regte sich zuweilen darüber auf. »Aber so antworte mir doch!« rief sie. »Antworte mir! Warum kannst du den Mund nicht aufmachen?«

Und er sagte: »Ich denke nach.«

»Du denkst nach? Dauernd denkst du an dies und an jenes, nur nicht an mich«, sagte Mama, und dann stieg ein Schluchzer aus ihrer Brust auf, und sie nahm Tiza in ihre Arme und ging mit ihr fort ins Schlafzimmer.

Und die Lampe und Papa und Rosalie blieben in der Stille zurück, und die beiden aßen ihre Abendsuppe. Und Papa schaute auf, und Rosalie liebte ihn so sehr und schenkte ihm mit einem Blick ihre ganze Liebe. Aber er sah sie nicht an und erfuhr es nie.

Da waren die Ohrringe.

Tiza hatte fleischige Ohrläppchen, aber Rosalie hatte gar keine. Doch als sie einmal für eine kurze Zeit in Chengchow wohnten, einer sehr großen Station an der Eisenbahn, mußten sie alle beide zu Dr. Tonakis, einem Griechen, gehen, um sich die Ohrläppchen durchstechen zu lassen. Rosalie schrie und wehrte sich, vier Menschen mußten sie festhalten, und hinterher erinnerte sie sich nur noch daran, wie sie geschrien und mit Händen und Füßen um sich geschlagen hatte, aber nicht mehr an die eigentliche Operation. Wochenlang mußte sie einen Verband um den Kopf tragen, und Mama sagte: »Deine Ohren haben sich entzündet.« Nach einer Weile war die Entzündung abgeklungen, und Liu Mah zog ihr zwei kleine goldene Ringe in die Ohren; aber jedesmal wenn die Kriegsherrn kamen, nahm sie sie wieder heraus. Eines Tages waren die

Ringe nicht mehr aufzufinden, die Löcher schlossen sich, und Rosalie trug nie wieder Ohrringe. »Du hast ja sowieso keine Ohrläppchen«, sagte Mama. Und sie gab Tiza die kleinen Türkisohrringe von Rosalie. Es waren die Ohrringe, die sie selbst als Kind getragen hatte. Rosalie tat, als mache es ihr nichts aus.

Da waren die Insekten.

Wanzen. Zum erstenmal begegneten sie ihr auf einem Kissen im Zug, als sie mit Papa, der so viel zu tun hatte, die Strecke hinabreisten. Eines Nachts verspürte Rosalie ein heftiges Brennen im Nacken, wachte auf und betastete die Stelle. Sie fühlte sich an wie ein großer heißer Klumpen. Papa drehte das Licht an. Über das Kissen marschierte eine kleine Wanzenprozession, und der Anblick dieser Tierchen, ihrer Gangart und ihrer Farbe prägte sich Rosalie unauslöschlich ein, während doch so viele andere Bilder verblaßten. Eine dicke, dunklere Wanze marschierte voran, drei kleinere folgten – es war wie eine Familie. Die letzte hatte eine leuchtende hellrote Farbe. Auch ihr Geruch blieb Rosalie unvergeßlich.

Da waren Moskitos, nach denen man nachts schlug, wenn sie innerhalb des Moskitonetzes surrten, das einem im Sommer kaum die Luft zum Atmen ließ, so daß Rosalie weinte und sagte, sie wolle wie Papa auf dem flachen Dach schlafen. Papa benutzte dort oben auf dem Dach ein schwarzrotes, gelacktes chinesisches Kissen und eine Matte gegen die Kälte, und er fächelte sich mit einem Palmblattfächer. Aber im nächsten Sommer hatten sie kein flaches Dach; sie wohnten in einer anderen Station an der Eisenbahn, einem Ort namens Stein-Familie Hanstet, und dort bekamen Rosalie und Mama und Tiza die Ruhr.

Da waren Ameisen, Fliegen von jeder Größe und Art, kleine Mücken, die einem abends in einer dichten Wolke um den Kopf schwärmten, Marienkäfer, denen man nichts tun durfte, weil sie Glück brachten, und Schmetterlinge, die man mit einem Netz fangen und sammeln sollte. Papa fing eines Tages einen Schmetterling für Rosalie, einen schönen Schmetterling, gelb und schwarz, und er spießte ihn mit einer Nadel auf und steckte die Nadel auf eine von Mamas Garnrollen. Stundenlang bewegte der Schmetterling langsam seine Flügel auf und ab. Man erwartete von Rosalie, daß sie sich freuen und immer wieder hingehen sollte, um sich den sterbenden Schmetterling anzusehen; aber sie hätte am liebsten die Nadel herausgezogen und ihn wieder freigelassen – nur fürchtete sie, Papa werde sie ausschelten. Am nächsten Tag war der Schmetterling tot, und das war gut, denn nun brauchte er nicht mehr zu leiden. Rosalie begrub ihn und sagte hinterher, sie hätte ihn verloren, und Mama sagte: »Du verlierst auch alles.«

Da waren die Heuschrecken. In einem Jahr kamen sie in großen Wolken angeschwirrt, so daß es am Nachmittag ganz dunkel wurde und Mama laut zu beten begann. Alle Fenster und Türen waren geschlossen, und die Heuschrecken flogen über das Haus hinweg, und viele schlugen gegen die Fensterscheiben, und es klang wie Hagel, ein abscheuliches Geräusch, und Liu Mah stöhnte und wiegte sich hin und her und sagte: »Aiyah, aiyah, Himmel, o Himmel, wir werden nichts zu essen haben.« Papa war an diesem Abend noch schweigsamer als gewöhnlich, obgleich Mama mit ihm über die Heuschrecken sprechen wollte. Am nächsten Tag schrieb Mama einen langen Brief, und ein paar Wochen später weinte sie, weil Großmama und Großpapa in Europa ihr nicht glauben wollten, daß die Heuschrecken den Himmel so verdunkelt hatten, daß es mitten am Tage war wie in einer mondlosen Nacht.

Und da waren die anderen: ein Igel, ein Lamm, Katzen und Hunde, die man in den Dörfern aufsammelte und mit nach Hause nahm, um sie zu füttern. Aber sie starben so oft am nächsten Tag, wahrscheinlich weil sie zuviel gefressen hatten. Blumenpfleger Wang begrub sie. Rosalie hatte im Garten eine ganze Reihe von Gräbern mit Holzkreuzen und Grabsteinen aus Kies.

Da war das Holzpferd Balthazar, das manchmal auch Feiyun hieß. Wenn es Balthazar hieß und ein europäisches Pferd war, befreite es Prinzessinnen; war es das Chinesenpferd Feiyun, überfiel es Kriegsherrn und trug den edlen General auf seinem Rücken (Rosalie wurde bei dieser Gelegenheit zu Kuan Kung, dem Gott des Krieges), damit er die Kriegsherrn mit seinem Schwert, das aus einem einzigen Stück Jade angefertigt war, niederhauen konnte. In ihren Träumen, in denen sich die Geschichten, die Liu Mah erzählt hatte, mit Mamas Geschichten vermischten, galoppierten Ritter aus mittelalterlichen europäischen Burgtoren hervor, und Generäle stürmten gegen chinesische Festungen; Prinzessinnen (die aussahen wie Tiza) rangen verzweifelt die Hände, und chinesische Jungfrauen, die ein Drache verschleppen wollte, hoben ihre zarten Finger himmelwärts. Bei der Darstellung dieser Heldenepen mußte Balthazar-Feiyun unermüdlich schaukeln und schaukeln, bis er eines Tages bei einem mehr als stürmischen Gefecht seinen Schwanz verlor. Rosalie führte dabei als Kriegsherr ihre Truppen, bestehend aus den zwei italienischen Mädchen, Tiza, der einäugigen Tochter von Liu Mah und zwei Jungen aus dem Ort, gegen den Feind. Der Schwanz war hinterher nicht wieder aufzufinden. Mama beschuldigte einen der Jungen, er hätte ihn gestohlen, und Liu Mah schlug ihre Tochter, weil sie nicht besser auf das Eigentum des Großen Fräuleins aufgepaßt hatte.

Rosalie geriet über diesen Verlust in einen ihrer abgrundtiefen Verzweiflungsanfälle, die Mama niederzuschreien versuchte, denen Papa aus dem Wege ging und die allein Liu Mah zu lindern verstand. »Rosalie weint nie aus Kummer, sie brüllt immer nur aus Wut«, sagte Mama. Das stimmte – außer in dem Fall von Balthazar-Feiyuns Schwanz. Nachts wachte Rosalie schluchzend auf, und am Morgen erhob sie sich in der wilden Hoffnung, über Nacht könne ein Wunder geschehen sein (denn hatte Mama nicht mit ihr zum heiligen Antonius gebetet, und hatte nicht Liu Mah ein Weihrauchstäbchen für Kuanyin, die Allbarmherzige, verbrannt?); aber da stand es, das scheckige Roß, verloren, in schwanzloser Reglosigkeit.

Liu Mah nahm Baumwollstreifen, um das häßliche Loch zu bandagieren, denn Rosalie hatte erklärt, es blutete fürchterlich. Darüber fing auch die weichherzige Tiza zu weinen an, lief zu Mama und erzählte ihr schluchzend, Rosalies Pferd blute und müsse nun sterben. Mama erschien, hob die Arme und sagte: »Mein Gott, mein Gott, was soll ich bloß mit diesem Kind anfangen? Nun hör auf zu weinen, ich finde schon einen Schwanz für Balthazar.« Sie begann in ihrem Arbeitskorb zu wühlen und förderte Garnrollen in den verschiedensten Farben, Socken, ein hölzernes Stopfei und allerhand Stoffabfälle zutage, die zum Ausbessern von Papas Hemden oder für Stoffschuhe verwendet wurden. Liu Mah fertigte sämtliche Stoffschuhe der Familie an. Dabei kochte sie zuerst alle Reste in einer Art Leim, so daß sie zusammenklebten, und schnitt dann Sohlen zurecht, die sie in vielen Schichten aufeinanderlegte. Mit einer dicken, langen Nadel und einem starken Faden nähte sie die einzelnen Schichten zusammen, bis das Ganze fest war. Oben auf diese Sohle kam das Oberteil des Schuhs. Manchmal, wenn Liu Mah genügend Zeit hatte, stickte sie vorn zwei kleine Blumen darauf: Rosen für Rosalie und Schneeglöckchen für Tiza, die im Winter geboren war.

Aber in dem ganzen Arbeitskorb fand sich nichts, was sich für einen Schwanz verwenden ließ, und Rosalie begann mit einer neuen Heultour.

»Heilige Jungfrau!« sagte Mama. »Wann willst du endlich damit aufhören?« Und in einem Anfall von Verzweiflung ging sie, gefolgt von Rosalie, in ihr Schlafzimmer und öffnete ihren Schrank. Hier lagen, in weiße Tücher gehüllt, zwischen Mottenkugeln ihre Fuchspelze, die sie aus Europa mitgebracht und sorgsam aufbewahrt hatte, obgleich sie sie längst nicht mehr trug. Zwölf Jahre später hatte sie noch immer diese Felle, die vom langen Liegen und dem vielen Naphthalin ganz unansehnlich geworden waren. Mama war jetzt erregt, von jener wilden Wut besessen, die sie späterhin nie mehr loslassen sollte. Sie nahm eine lange Schere von Liu Mahs Tisch, packte einen der Füchse, schnitt ihm den Schwanz ab und gab ihn Rosalie. »Da«, sagte sie, »da hast du einen neuen Schwanz für dein Pferd. Und jetzt laß mich in Ruhe, ich kann dich nicht mehr sehen.«

Sie ließ Rosalie stehen und ging hinaus. Während der nächsten Stunde sah Rosalie genau zu, wie Liu Mah das Ende des Fuchsschwanzes an ein Stück Stoff nähte, weiches Papier darumwickelte, alles zusammen in Leim tauchte und dann in das Loch am Hinterteil des Pferdes rammte. Daraufhin wurde Balthazar zum Trocknen in die Sonne gestellt, wunderschön und neu beschwänzt.

Der liebesgrunzende Igel wurde im Ort gekauft, wo ein

paar Kinder ihn mit Stöcken gequält hatten. Rosalie hatte wieder einen ihrer Anfälle bekommen und ließ sich nicht beruhigen, bis Papa den Igel erwarb und ihr erlaubte, ihn mit nach Hause zu nehmen. Papa war schrecklich blaß – sei es, weil Rosalies Koller ihn so müde gemacht hatte, sei es, weil auch ihn die Leiden des Igels erschütterten. (Aber nein, das war es bestimmt nicht, denn Papa hatte kein Gefühl für Tiere und ebensowenig Mama oder Tiza. Nur Rosalie mußte jahrelang unter diesem unvernünftigen Mitgefühl für die anderen leiden – für alle diejenigen, die sich nicht beklagen konnten.) Der Tischler machte einen Käfig für den Igel, und Rosalie fütterte ihn mit Kohl, Rüben und Süßkartoffeln. Sie bot ihm sogar Reispudding an (den sie selbst verabscheute und nun »für meinen Igel« aufbewahrte). Durch seine Nase war ein eiserner Ring gezogen, an dem ein Strick befestigt war. Eines Tages sollte der Ring entfernt werden. Als dies geschehen war, lag der Igel reglos auf dem Gartenweg und blutete aus seiner kleinen Nase. Die schluchzende Rosalie mußte mit Gewalt zum Essen geholt werden. Als sie zurückkam, war der Igel fort und das hatte einen neuen Ausbruch ihres Jammers zur Folge, bis Mama sagte: »Wahrscheinlich hat ihn der liebe Gott zu sich in den Himmel geholt.«

Rosalies Tränen versiegten augenblicklich. »Ist das wahr, Mama? Weißt du bestimmt, daß er jetzt im Himmel ist?«

»Natürlich.«

An diesem Abend betete Rosalie darum, zu sterben und in den Himmel zu kommen. Sie dachte sogar daran, Tiza zu wecken und ihr zu sagen, daß sie ihre Lieblingspuppe bekommen könne. Balthazar wollte sie Liu Mah geben, weil Tiza sich vor dem Schaukelpferd fürchtete. Und auf lange Jahre hinaus gaben Mamas Worte ihr die feste Überzeugung, daß die anderen – und damit waren alle Tiere gemeint – nach ihrem Tod in den Himmel kamen, was ja sowohl logisch wie gerecht war, da sie auf Erden so viel gelitten hatten. Und als ihr diese Illusion zerstört wurde (ausgerechnet durch einen Priester!), verlor Rosalie den letzten Rest ihres Glaubens und ging nie wieder zur Kirche.

Da waren Picknicks, die Papa bei den Ausflügen an der Eisenbahnlinie veranstaltete. Eines, an das Rosalie sich erinnerte, fand am Ufer des Gelben Flusses statt, direkt unterhalb der großen Brücke. Dort floß das Wasser zwischen weißen Sandbänken dahin, so weit, wie die Augen ihm folgen konnten, bis zu dem Strich zwischen Himmel und Erde, der auf ihr Herz eine so große Verlockung ausübte, daß es ihr in den Füßen juckte, dem Herzen zu folgen. Papa wusch seine Füße im Fluß, und dann kam ein Zug über die Brücke, stieß einen langgezogenen Pfiff aus und ließ alle seine Räder hastig rattern, und Papa zog seine Uhr heraus und sagte: »Der 10 Uhr 45, pünktlich.« Und die Hitze, die von dem Sand aufstieg, das kühle Flußwasser, der Geruch der eisernen Brücke, der Zug, der über ihren Köpfen dort oben auftauchte, sein Schrei, der durch die Stille des Mittags gellte – das alles war Herrlichkeit im Sonnenglanz, etwas Wundervolles. Denn immer würde es Züge geben, immer die Eisenbahn. Es war die Ewigkeit.

Papa schweigend, Mama schrill und aufgeregt. Arbeiter, die mit Transparenten vor das Haus kamen. Papa redend, Mama schreiend: »Du willst uns auch noch zu Bettlern machen! Wie kannst du diesen Bettlern nur Geld geben?« Und manchmal kam sie auch heraus und schrie die Arbeiter an: »Geht weg, geht weg!« Dann gingen sie schweigend fort. Erst später sollte Rosalie wissen, daß dies der Streik der Eisenbahnarbeiter gewesen war.

Die Eisenbahn, die lange Peitschenschnur der Schienen quer durch die Ebene bis hin zur fernen, fadendünnen Linie zwischen Himmel und Erde. Eines Tages begann Rosalie darauf zuzugehen; aber sie sollte sie nie erreichen, denn sie kamen hinter ihr hergerannt und schrien, sie habe sich verlaufen.

Die Züge zur Nacht, die einander mit ihren verschiedenen Stimmen Botschaften zuriefen. Der langgezogene, tiefe Ruf der Züge, die sich durch die nächtlichen Ebenen Chinas schwangen, dem unbegrenzten, unbestimmten Dort-drüben zu. Dort drüben tanzten Liu Mahs Drachen und ringelten sich im wirbelnden Staub. Liu Mah sagte, dort sei das Ende der Welt, dort werde uns Kuanyin, die Barmherzige Göttin, in ihre Hand nehmen, dort sei der Friede.

Dann zog Papa sich eines Tages an; aber nicht seine Stiefel, die Stiefel wurden eingepackt. An der Haustüre türmten sich Koffer und Bündel, und sogar die Lampe kam in eine Lattenkiste. Tiza hielt den Kopf schief und weinte. Alle stiegen in den Zug außer Liu Mah und dem Blumenpfleger Wang und dem Koch Li und Liu Mahs einäugiger Tochter. Die standen in einer Reihe neben dem Zug und winkten, und Liu Mah weinte und weinte und lief hinter dem Zug her und winkte und rannte, so schnell sie konnte, auf ihren zwei spitzen, verkrüppelten Füßen.

»Wohin fahren wir, Mama? Mama, kommen wir wieder hierher zurück?«

»Wir fahren nach Peking, dort kannst du zur Schule gehen«, sagte Mama. Sie wandte sich an Papa. »Und sobald wir dort sind, sehe ich zu, daß wir geschieden werden, denn ich will wieder nach Hause. Ich will nicht länger in dieser Hölle von einem Land bleiben.«

Der Zug stimmte sein Lied an und sang es weiter und immer weiter, und er ratterte an den Stationen vorbei, und manchmal spritzten die Kiesel unter seinen Rädern hoch. Solange sie im Zug waren, würde Mama nicht fortgehen. Aus dem rollenden Wagen konnte sie nicht hinaus. Die Landschaft glitt vorüber; auf den verwüsteten Feldern standen ein paar Bauern, nackt, ohne Hosen, und sahen dem Zug nach, der durch das kriegsmüde Land auf Peking zu rollte.

Zweiundzwanzigstes Kapitel

1923

Eine Schwester, eine Schwester, wir haben eine kleine Schwester!«

Ein helles Schreien, das aus dem Schlafzimmer tönte: das war die kleine Schwester. Warum Mama sich wegen der kleinen Schwester hatte zu Bett legen müssen, war nicht klar. Der Doktor war gekommen, ein Doktor aus dem französischen Krankenhaus. Mama haßte alle Franzosen, seit ein französischer Arzt den Tod von Seeorchidee, ihrem Sohn, verschuldet hatte; aber dieser Doktor war ein Grieche. Mama sagte, die Griechen seien nette Leute und gute Ärzte.

Der griechische Doktor hatte eine längliche schwarze Tasche und einen kleinen Bart, der sich über sein Kinn bog und auf und ab wippte, wenn er seine Sätze hervorsprudelte, so daß Mama ihn den »Ziegenbock« nannte. Seine Haare waren dicht, sehr glänzend und gelockt. Er hatte eine große, blasse Tochter mit ewig feuchten Haaren, die vor kurzem einen Franzosen, einen Lehrling bei der französischen Bank, geheiratet hatte. Rosalie und Tiza hatten die Trauung in der St.-Michaels-Kirche im Gesandtschaftsviertel miterlebt. Ein paar Tage später hatte Papa im Gespräch mit Mama geäußert, das Mädchen sei »vernagelt«. Rosalies Neugier war sofort geweckt, vor allem als Papa lachend hinzufügte, sie scheine »dort einen Knochen zu haben«. Einen Knochen? Wo? Und warum war sie vernagelt? Wer hatte das getan? Der Knochen, der Bart, die Tasche des Doktors und der französische Arzt, der Seeorchidee umgebracht hatte, verschmolzen für Rosalie zu einem Durcheinander von Worten, und alles zusammen lief auf die eine Tatsache hinaus, daß Seeorchidee sterben mußte, weil er ein Mischling gewesen war. Rosalie wußte, daß sie auch ein Mischling war, und die große, blasse Tochter des Doktors war auch ein Mischling, allerdings nicht so sehr wie Rosalie, weil sie einen griechischen Vater hatte und darum Europäerin war. Ihre Mutter, die eine Chinesin war, blieb stets zu Hause, weil sie ihrer Tochter nicht die Lebenschancen verderben wollte. Auf diese Weise fiel es bei dem Mädchen nicht so auf, daß sie ein Mischling war. Alle sagten, es sei sehr vernünftig von der Mutter, sich zu verstecken.

Aber diese neue kleine Schwester, die der griechische Doktor gebracht hatte – wie stand es nun mit ihr? Würde sie eine Griechin sein? Oder eine Französin, weil sie doch aus dem französischen Krankenhaus kam? Oder etwa auch ein Mischling? Und würde sie in diesem Fall sterben? Nicht nur Seeorchidee war gestorben, sondern nach Rosalies und Tizas Geburt noch ein kleiner Bruder, eine zweite kleine Schwester und dann noch einmal ein kleiner Bruder. Alle hatten sie sterben müssen, weil sie Mischlinge waren, und das bedeutete, daß man nie sagen konnte, ob der Doktor sich die Mühe machen würde zu kommen oder nicht. Eine chinesische Hebamme, die den einen Bruder entbunden hatte, ließ ihn auf den Kopf fallen, so daß er drei Tage später starb. Eine kleine Schwester hatte infolge irgendeiner Ansteckung am ganzen Körper Abszesse bekommen und war schreiend gestorben. Das alles war in den Zeiten geschehen, als Papa überall an den Eisenbahnstrecken arbeitete. Zuerst war er an der Lunghai-Linie gewesen, die von Hsuchow aus nach Osten und von Kaifeng aus nach Westen verlängert werden sollte. Rosalie kannte die Namen aller Stationen an der Lunghai-Linie. Hier war Papa von 1913 bis 1919 beschäftigt gewesen. Dann war er zur Peking-Hankow-Linie gegangen, den Großen Fluß hinunter nach Hankow gezogen, dann den Gelben Fluß hinauf nach Chengchow, später nach Hsinyang, von hier nach Changhsintien und schließlich im Jahre 1921 oder 1922 nach Peking.

Peking war eine Stadt, endlich eine große Stadt, und Mama sagte: »Jetzt kann ich wenigstens von einem guten Arzt versorgt werden, wie sich's gehört.«

Aber wenn die anderen kleinen Geschwister gestorben waren, weil sie Mischlinge waren, wie konnte dann ein Doktor die neue kleine Schwester vor dem Tod bewahren? Ärzte waren wundervolle Menschen, ähnlich wie die Zauberer im Märchen, wie der Hexenmeister Chuko Liang oder wie Wah Toh, der kluge Heilkundige, der schmerzlos Pfeile entfernen konnte.

Liu Mah war nicht mehr da, aber es gab jetzt eine Wang Mah, eine magere kleine Frau, die niemals lächelte, mit stets trokkenen Händen und großen Füßen, weil sie eine Mandschu war. Sie war sehr billig, denn sie aß kaum etwas. Wang Mah erzählte auch schöne Geschichten: von einem Jungen, der auszog, um die Sonne zu suchen, die sich verborgen hatte, und der unterwegs mit den Dämonen der Finsternis kämpfen mußte; und eine andere von einem Mädchen, das eine magische Flöte besaß, bei deren Tönen alle Menschen ihre Sorgen vergaßen; und noch eine von einer Frau, die in Wirklichkeit eine schöne weiße Schlange war und die aus Liebe starb. Wang Mah sagte, die Doktoren seien gute Geister, genau wie Buddha, und sie glaubte fest an die Wirkung von Medizinen. Oft hatte sie Kopfschmerzen und erschien morgens mit kleinen runden Papierstückchen, die sie sich an die Schläfen geklebt hatte und die nach Ingwer rochen.

Die neue kleine Schwester würde am Leben bleiben, weil sie einen Arzt hatten und in der großen Stadt lebten. Rosalie und Tiza wurden ins Schlafzimmer geholt, wo es nach Desinfektionsmitteln roch. Die Kerze flackerte trübe in ihrem weiß emaillierten Kerzenhalter. An dem runden Teller des Kerzenhalters war ein Stück abgestoßen, und man sah das schwarze Eisen darunter. Rosalie rieb so gern mit dem Finger über diese Stelle. Jetzt hielt sie ihren Kopf an das Moskitonetz, das nach Baumwolle roch und sich auch so anfühlte. Wenn man daran rieb, machte es Musik wie ein Kamm; es klang wie ein leises Grillenzirpen. Jedes Ding hatte seinen eigenen Geruch und sein eigenes Geräusch und sein eigenes Aussehen und fühlte sich besonders an, und darum war es so schön zu leben. Und plötzlich war Rosalie glücklich, weil es so viele Dinge gab, die sie fühlen und hören und riechen und ansehen konnte, wie zum Beispiel das Moskitonetz oder dieses neue Ding da, eine kleine Schwester mit ihrem eigenen Geruch, ihren Formen und Farben: länglich, rot, schreiend, mit schwarzen Haaren auf dem Kopf und einem Geruch, der sich von allen anderen unterschied. Und daneben lag Mama und machte fast ein Gesicht, als wäre das gar nichts, wenn man ein neues Baby geschenkt bekommt. Und warum hatte sie sich zu Bett gelegt, als der

Doktor ihr in seiner Tasche ein Baby brachte? Rosalie betrachtete diese Tasche und entschied, daß sie zu klein war, um ein Baby hineinzulegen, es sei denn, man faltete das Baby zusammen. Wenn man die Dinge zusammenfaltete, wurden sie kleiner. Am nächsten Tag versuchte sie es mit ihrer Puppe, und es ging. Dann mußte sie für eine Weile »Babybekommen« spielen. Sie faltete sich selbst zusammen und kroch in einen großen Wasserbehälter, der im Hof stand, und war gleichzeitig Baby und Doktor, während Tiza zur Mama wurde und sich hinlegen mußte.

Auch Tiza starrte auf die kleine Schwester und atmete dabei ganz sanft aus und ein. Tiza war jetzt so hübsch geworden. Sie wünschte sich ein Kätzchen, und Mama hatte ihr eines versprochen. Sie blickte auf das Baby und sagte: »Marianne.« Das war der Name ihrer Puppe, die dunkles Lockenhaar und eine hellbraune Gesichtsfarbe hatte. Und so erhielt nun auch die neue Schwester den Namen Marianne. Rosalies Puppe hatte eine zerbrochene Nase, und ihr Gesicht hatte vom vielen Waschen die Farbe verloren. Sie war zu häßlich, ihren Namen konnte man einem neuen Baby nicht zumuten.

Wenn sie nun in der Rikscha morgens in den Park fuhren, saß Mama auf dem Sitz und hatte Marianne auf ihrem Schoß, und Tiza und Rosalie standen auf dem Fußbrett neben ihren Knien – eine schwere Last für den Rikschamann. Sie hatte die Rikscha kurz nach ihrer Ankunft in Peking aus zweiter Hand gekauft. Feng, der Rikschamann, war ein hübscher Bursche mit wundervoll muskulösen Schultern und einer Haut wie goldene Seide, auf der kein Härchen zu sehen war. Er arbeitete für sechs Dollar im Monat. Morgens kaufte er sich für zwei Kupfermünzen einen großen, flachen, runden Fladen ungesäuertes Weizenbrot. Den aß er mit einer oder zwei Zehen rohem Knoblauch, und dazu trank er heißes Wasser. Im Winter trug er einen gesteppten Mantel, den Mama für ihn genäht hatte. An den Deichseln der Rikscha hingen zwei Kupferlampen, und unterhalb des Fußbretts war eine Klingel, die durch eine Art kupfernen Druckknopf in Bewegung gesetzt werden konnte. Rosalie trat mit dem Fuß darauf, und dann ertönte das Klingeling-Klingeling und bahnte ihnen einen Weg durch die staubigen Darmwindungen der kleinen Hutungs *(Hutungs: die Bezeichnung für die schmalen Straßen in Peking)* von Peking. Der Rikschasitz war gepolstert, und über den Polstern waren weiße Baumwollüberzüge mit Rüschen, die Wang Mah auf Mamas Befehl einmal in der Woche waschen und auswechseln mußte. Das geschah wegen der Flöhe und Läuse, wie Mama sagte. Mama erlaubte Feng auch nicht, in seiner eigenen Rikscha zu sitzen – ebenfalls der Läuse wegen. Er mußte auf dem Fußbrett sitzen. Aber das war bequem genug für ihn, denn über das Fußbrett war ein kleiner Teppich gebreitet, auf dem die Füße desjenigen ruhten, der in der Rikscha saß. Kein Rikschabesitzer erlaubte dem Rikschamann, den Sitz seiner eigenen Rikscha zu benutzen – er hätte ihn ja schmutzig machen können. Nur die Rikschamänner, die nicht bei einer Familie angestellt waren, sondern ihre Rikschas von Gesellschaften mieteten, um dann auf den Straßen nach Kunden zu suchen und sich um jede Kupfermünze zu balgen, nur sie saßen und schliefen in ihren Rikschas, weil sie sonst kein Heim und keinen Platz hatten, an dem sie sitzen und schlafen konnten. Im Winter wickelten sie sich fest in ihre Lumpen, und Mama sagte, ihre Rikschas seien voller Ungeziefer und man könne sich von den Läusestichen die Pest holen, wenn man sich in eine Mietsrikscha setzte.

Wenn in Rosalies Erinnerungen aus den frühesten Kinderjahren Liu Mah einen wichtigen Platz einnahm, so gilt dies hinsichtlich der Pekinger Jahre vor allem für Feng, den Rikschamann. An ihn erinnerte sich Rosalie mit einer ins einzelne gehenden Genauigkeit, denn sie war sich bewußt, daß er schön war. Sie blickte auf seinen Rücken und sah, wie die Haut über den schlanken, festen Muskeln hin und her glitt; sie betrachtete die Farbe seiner Haut, und sie konnte sie deutlich studieren, da Feng beim Laufen seine Jacke auszog. Wenn er schwitzte, sah diese Haut noch schöner aus: wie die Sonne, die sich in einer Regenpfütze spiegelt. Aber nie sagte jemand ein Wort darüber; es gab einfach keine Möglichkeit, über diese Schönheit zu sprechen. Feng zog gleichmäßig und rasch, überholte die anderen Rikschamänner, verspottete sie förmlich mit seinen schnellen Füßen, von denen der Staub hochwirbelte, und mit den glänzenden Speichen der Räder, hinter denen zwei Staubfontänen emporschossen. Feng war noch besser als Balthazar, ja sogar noch besser als die Eisenbahn, denn er sang beim Laufen. »Es geht nach Norden«, sang er, wenn er um eine Ecke bog, oder »Platz da, Platz da!«, wenn er an einem anderen Rikschamann vorbeilief.

Und weil es Feng gab, gab es für Rosalie auch alle anderen Rikschas von Peking, alle anderen möglichen Fengs. Weil sie Feng kannte, war sie imstande, alle die anderen Rikschamänner zu sehen, zu fühlen, zu hören und zu riechen. Und sie waren vorhanden, sie existierten, sie verschwanden nicht wie Märchengestalten, an die man sich am nächsten Morgen nicht mehr recht erinnern konnte, weil da irgend etwas fehlte und keiner da war, der einem sagen konnte, was hier nicht in Ordnung war. Die Rikschamänner bildeten eine Welt, die aus Elend, Schönheit und Schmutz bestand, eine Welt, die auf raschen Füßen dahineilte oder in Lumpen daherstolperte, ein Blitzen von Klingeln und Messing, aber auch ein rasselndes, erschöpftes Keuchen – und immer Schrecken und Faszination zugleich: ihre Rücken, nackte, bebende Rücken; Knochen, die man zählen konnte; Fleisch, das beim Rennen sein Leben ausschwitzte. Nie konnte man ihre Gesichter sehen, und wenn sie so zwischen ihren Deichseln dahintrabten, konnte man »schneller, schneller!« rufen oder mit dem Fuß aufstampfen und sie antreiben. Ihre Rücken waren entsetzlich lebendig, und manchmal dachte Rosalie: Was würde ich tun, wenn ich eine Rikscha ziehen müßte? Und sie stellte sich zwischen die Deichseln und versuchte sie hochzuheben und zu ziehen. Dann lachte Feng leise, nahm ihr die Deichseln aus der Hand und schob die Rikscha in den Schuppen zurück. Er schlief auf einem Brett hinter dem Schuppen. Feng war ein glücklicher Mensch. Er war jung und kräftig und diente einer Familie, bei der er sechs Dollar im Monat erhielt.

Und neben der Gazelle (wie Mama Feng nannte) schlurften und humpelten und schleppten sich die Rikschaleute, die Fengs Zukunft verkörperten: dürre, gekrümmte, übelriechende alte Männer mit Rikschas, die ebenso gebrechlich waren wie sie selbst. Sie zogen ihre Wagen, wie sie es getan hatten, seit sie so jung waren wie Feng, sie zogen sie einem kalten, schmutzigen und keuchenden Tod zwischen den Deichseln entgegen.

Eines Tages weigerte Rosalie sich, in der Rikscha zu sitzen. Sie hatte gesehen, wie ein Rikschamann starb. Er war so zerlumpt gewesen, daß es aussah, als zerfiele er bei seinem Tod in Stücke. Ein ganz gewöhnlicher Tod zwischen den Deichseln, den sie zufällig mit ansahen. Dieser Rikschamann lief auf dem Rückweg vom Markt vor Feng her. Plötzlich brach er zusammen, fiel in seinen eigenen Lumpenhaufen, und sein Passagier – ein Mann in einem langen Gewand, der einen Schal um den Hals und einen viereckigen Filzhut auf dem Kopf trug – fiel auf ihn. Feng wäre beinahe in ihn hineingerannt; aber er konnte noch rechtzeitig bremsen, indem er sich gegen die Deichseln stemmte und auf seinen Tuchschuhen schlitterte. »Wai!« rief er dabei, um die anderen zu warnen, und riß die Deichseln seiner Rikscha so rasch hoch, daß Mama und die Kinder auf ihrem Sitz nach rückwärts fielen. Feng war so kräftig, gewandt und vorsichtig, daß die Rikscha nicht völlig nach hinten überkippte und die Insassen nur ein wenig durcheinandergeschüttelt wurden. Aber Mama schrie unaufhörlich, und sofort strömte eine Menschenmenge zusammen, und der Mann, der auf seinen toten Rikschamann gefallen war, schrie auch, und die Leute drängten sich herbei, und dann drehten sie den Mann um, und einer sagte: »Tot. Der ist tot.«

»Fahr nach Hause, schnell, schnell!« schrie Mama.

So nahm Feng denn die Deichseln wieder auf und lief an dem toten Mann vorüber, und ein Weilchen später lachte er und sagte: »Er tot, Taitai.«

»Rede jetzt nicht! Mach schnell, wir wollen nach Hause!« rief Mama.

Und Rosalie trat mit dem Fuß auf den Klingelknopf und rief: »*Kwai, kwai!* – schnell, schnell!« So kamen sie nach Hause.

Am nächsten Tag stieg Rosalie nicht in die Rikscha, und in der Nacht darauf fuhr Tiza schreiend aus einem Alptraum hoch. Nach einer gewissen Zeit aber war das alles vorüber, und sie fuhren wie früher in ihrer Rikscha umher.

Der Zentralpark war einer der beliebtesten Spielplätze der Kinder, und Mama fuhr dreimal in der Woche mit ihnen hin, zuweilen sogar viermal. In dem kurzen Frühling nach den Staubstürmen kamen sie hin, in den Morgenstunden des heißen Sommers und den ganzen Herbst hindurch, bis es zu kalt wurde. Dort wurden die Märchen zu Spielen; so wie man sie Rosalie erzählt hatte, führte sie sie mit Tiza und anderen Spielgefährten auf.

Auf dem Weg zum Park kam man zuerst durch das Gewirr der grauen, staubigen Hutungs mit ihrem unebenen Pflaster, die sich zwischen verfallenen grauen Häusermauern dahinwanden, und von hier aus auf die alte Kaiserstraße, die mit riesigen, diagonal gesetzten Steinblöcken gepflastert war. Das Haupttor der rot ummauerten Verbotenen Stadt war das nach Süden gelegene Tor des Himmlischen Friedens, und von hier führte eine Straße geradewegs zum Tempel des Himmels. Auf dem großen Platz vor dem Tor des Himmlischen Friedens standen Soldaten – Soldaten mit großen Buschmessern auf dem Rücken. Aber nicht allein hier, sondern überall in Peking gab es Soldaten, und im Botschaftsviertel waren ausländische Truppen, die alle Eingänge zu ihren Botschaften bewachten. Jeder machte einen großen Umweg, sobald er eines Soldaten ansichtig wurde, denn es war nicht gut, einer Uniform – ganz gleich, welcher – zu nahe zu kommen. Es gab nur sehr wenig Autos, und wenn eines hupend dahergebraust kam, ging jeder so rasch wie möglich aus dem Weg, denn bestimmt saß in so einem Wagen ein Kriegsherr oder einer seiner nächsten Untergebenen, und wenn der einen Menschen überfuhr, konnte man nichts dagegen tun. Auf den Trittbrettern zu beiden Seiten der Kriegsherrn-Wagen standen gedungene Leibwächter, einen Revolver am Gürtel, und manchmal, wenn sie glaubten, irgend jemand in der Menge blicke sie scharf an, schossen sie auf ihn, und zuweilen schossen sie auch auf irgendwelche Passanten, wenn diese ihnen aufgeregt vorkamen. Und auch dagegen konnte keiner etwas tun. Man konnte nur weglaufen und Deckung nehmen. Diese Leibwächter waren keine Chinesen, sondern sehr oft Weißrussen, denn es war bei den Kriegsherrn Mode geworden, sich weißrussische Leibwächter zu halten. Sie galten als noch wilder und reizbarer als die anderen.

Wenn Papa abends aus seinem Büro nach Hause kam und die

Nachricht mitbrachte, daß wieder ein neuer Kriegsherr seinen triumphalen Einzug in die Stadt Peking halten würde, wenn Peking sich darauf vorbereitete, den Kriegsherrn mit großen Bögen aus Papierblumen willkommen zu heißen, wenn die Zivilisten auf den Straßen von Uniformierten angehalten wurden, die Geld für die Triumphbögen und die Unterstützung der Soldaten sammelten, wenn hupende Wagen mit schießenden, schreienden Männern durch die Straßen jagten, dann befestigte Mama eine kleine Fahne, die rotgelbschwarze Fahne von Belgien, ihrem Heimatland, an der Rischka, in der sie mit ihren Kindern zum Park fuhr.

Als sie eines Tages vor dem Zentralpark ihre Rikscha verließen, blieb ein Europäer, der ein Kind an der Hand führte, stehen, sah zu, wie sie ausstiegen, schaute auf das Fähnchen und dann auf Mama, die Marianne auf dem Arm trug, und auf Rosalie und Tiza und sagte sehr laut: »Sieh mal, Peter, das sind Mischlinge.«

Rosalie starrte ihn an. Er war ein Europäer, und das Kind war auch europäisch. »Kommt, Kinder, kommt«, sagte Mama, und sie gingen in den Park. Auf ihrem Weg über den flachen Sandplatz, auf dem Akrobaten und Schattenboxer übten, hinüber zu den von Menschen erbauten Felsenhügelchen, auf denen man beim Spielen so wundervolle Geschichten darstellen konnte, hörte Rosalie in Gedanken immer wieder das Wort – ein Geräusch, das man weder riechen noch schmecken konnte, das keinen besonderen Klang, kein besonderes Aussehen hatte: das Wort. Sie kannte es schon, aber irgendwie war es durch die Art, wie der Mann es ausgesprochen hatte, neu geworden. Und es hatte auch Mama verändert. Mama hielt jetzt beim Gehen ihre Hand fester als sonst, und in diesem festen Griff lag etwas Wildes und zugleich Zärtliches, etwas wie Liebe. Und plötzlich sagte Mama:

»Ihr seht europäisch aus, Kinder, ihr seht aus wie ich.«

Die Sonne prallte auf die grauen Schieferplatten der Pavillons zwischen den Felsen, und eine große graublaue Elster flog davon.

Und das war damit gemeint: daß man ein Mischling war, daß Seeorchidee sterben mußte und die anderen auch. Daß

Papa ein Chinese war und daß es falsch war, in China ein Chinese zu sein; daß es allein richtig war, ein Ausländer zu sein. Und so nahm Rosalie das belgische Fähnchen von der Rikscha in die Hand und führte an diesem Tag ihre Truppen zum Kampf gegen die schmutzigen Chinesen – denn sie sah ja europäisch aus, sie sah aus wie Mama. Das hatte Mama gesagt.

Dreiundzwanzigstes Kapitel

Da war die Kirche, oder eigentlich zwei Kirchen, die europäische und die chinesische.

Die europäische Kirche war die St.-Michaels-Kirche, und sie stand im Botschaftsviertel, wo die europäischen Botschaften waren und die europäischen und japanischen Soldaten. Sie hatte zwei spitz zulaufende Türme, deren jeder ein Kreuz trug. Über der Eingangstür befand sich eine Gipsstatue des heiligen Michael, der mit seiner Lanze eine sich windende Schlange mit einem gehörnten Menschenkopf durchbohrte. Diese Schlange war der Teufel. Rosalie betrachtete sich den Schlangenkopf immer mit großer Begeisterung: er hatte über den Hörnern so hübsche Locken. Der heilige Michael sah längst nicht so gut aus wie der Teufel, er hatte eine viel zu große Nase. Aber seine Flügel waren wunderschön. Wie konnten sie ihm bloß so aus den Schulterblättern wachsen, und wie brachte der heilige Michael es mit diesen Flügeln fertig, sich seine Jacke richtig anzuziehen?

Anfänglich gingen sie jede Woche dorthin, aber später nur noch einmal im Monat, »um denen zu zeigen, daß wir noch nicht tot sind«, wie Mama sagte. Es war jedesmal ein Ereignis, denn man mußte sein bestes Kleid dazu anziehen, und das bedeutete, daß man unweigerlich die Nesselsucht bekam, da diese besten Kleider einen immer juckten.

Zu jener Zeit besaß Rosalie ein Kleid aus weißer Kaschmirwolle, das jahrelang halten sollte, mit breiten Säumen, die man auslassen konnte, und Ärmeln mit umgeschlagenen Manschetten, die man verlängern konnte. Das Kleid sollte zugleich mit Rosalie wachsen. Außerdem hatte es noch einen Kragen und eine gestickte Schärpe. Es kratzte und kitzelte am Hals und an den Handgelenken, in der Taille und an den Beinen, von oben bis unten, überall. »Aber es kann ja gar nicht kratzen, das ist reiner Kaschmir«, erklärte Mama. Und so wand und drehte Rosalie sich, blickte auf den Kopf des Teufels, umklammerte ihren Rosenkranz, sog den Weihrauchduft ein, und als die

Messe vorüber war und die Leute in der Vorhalle mit ihrem Fliesenboden einander die Hände schüttelten und plauderten, starrte sie auf die Tochter des griechischen Doktors, die den Knochen in sich hatte. Sie betrachtete ihr rosa Kleid und die seidenen Strümpfe und fragte sich, wo der Knochen wohl stecken mochte.

Das Botschaftsviertel war, wie sie wußte, für die Europäer reserviert. Kein Chinese durfte hier wohnen, und draußen auf dem großen freien Platz vor dem Viertel hatten die japanischen Soldaten ihre Zelte aufgeschlagen. »Man könnte fast denken, hier in Peking lebten mehr Japaner als Chinesen«, sagte Mama.

Die andere Kirche, die Tungtang- oder Ostkirche, war häßlich – wegen der Bettler. Nicht daß die Bettler in der Kirche gewesen wären; da durften sie nicht hinein. Sie warteten draußen, und das war fürchterlich. Man mußte zwischen einem Spalier von Mißbildungen Spießruten laufen und sich durch einen grapschenden, stöhnenden und brodelnden Bettlerhaufen den Weg freikämpfen.

Die Kirche hieß die Tungtang- oder Ostkirche, weil sie im Ostsektor von Peking lag. Sie hatte runde Kuppeln mit einem Kreuz darauf. Die gewölbte Decke oberhalb des Altars bildete ein kleines Paradies aus blauer Farbe mit goldenen Sternen darin. Die Säulen waren hoch und mit Blattverzierungen geschmückt, in den Fenstern waren Heiligenbilder aus rotem und blauem Glas eingelassen. Der große Altar bestand aus geädertem Marmor, und von einem gewölbten Schirm aus geschnitztem Holz, der dahinter angebracht war, blickten vergoldete Engelsköpfe herab. Mitten auf ihm stand unter einem goldschimmernden Baldachin die heilige Hostie, die in eine köstliche goldene Sonne eingeschlossen war. Das Tabernakel hatte einen Vorhang aus gewirktem Gold. Eigentlich sah alles noch kostbarer aus als in der europäischen Kirche. Die Priester waren irische Katholiken, jung und rotbackig. Die Chinesen, die hier die Gemeinde bildeten, sangen aus voller Kehle und mit ihren hohen, nasalen Stimmen die Choräle. Die Männer saßen auf der einen Seite, die Frauen auf der anderen und nicht durcheinander wie in der europäischen Kirche.

Bei der Kommunion war der ganze Platz vor dem Altar überfüllt, während in der europäischen Kirche immer nur jeweils ein oder zwei Gläubige kommunizierten. An den Enden jeder Bank standen Spucknäpfe. Die Kollekte besorgte Herr Hsia, ein Katholik, der mehrere Pfandhäuser besaß und sehr reich war. Er trug wattierte Seidenhosen, eine breite silberne Uhrkette, eine Brille und einen hängenden Schnurrbart.

In diese Kirche ging Mama nun an drei Sonntagen im Monat und setzte sich dort immer in eine der vordersten Bänke. Man sah kaum Europäer dort, abgesehen von einem jungen und sehr frommen belgischen Ehepaar, das in der Nähe wohnte und es praktischer fand, diese Kirche zu besuchen. Der Mann hatte die Angewohnheit, in der Nase zu bohren und alles, was er darin gefunden hatte, zu kleinen Kügelchen zu drehen und in den Mund zu stecken.

In einer reservierten Kirchenbank, über die eine rote Samtdecke gebreitet war, kniete die Familie von Wong Hsutong, dem reichsten Mann im Ostsektor, einem Bankier. Seine Beine waren gelähmt, und deshalb wurde er in einer Sänfte in die Kirche getragen und auch wieder hinausgebracht. Er hatte zwanzig Kinder und drei Frauen, aber nur eine von ihnen, die Große Taitai, kam mit ihm zur Kirche. Sie trug stets Jadeohrringe und ein Gewand aus schwarzem Satin. Die Zweite Taitai und die Kleine Konkubine blieben immer zu Hause.

Draußen vor der Kirche lag ein großer leerer Platz mit Blumentöpfen darauf, das war der Kirchengarten. Man ging hindurch und kam dann durch das äußere Tor auf die Straße. Zu beiden Seiten standen kleine Hütten für die Pförtner und bildeten eine kurze Gasse, welche die Gläubigen vor und nach dem Gottesdienst passieren mußten. In diesem Tunnel aber standen, drei Reihen tief, die Bettler. Man mußte sich durch sie hindurchzwängen, sie wegstoßen und mit einem Stock forttreiben, während man sich mit der anderen Hand ein Taschentuch vor die Nase hielt; denn der Gestank, der von ihnen ausging, war entsetzlich. Eine Bettlerin war dabei, die stets in der ersten Reihe stand und noch fürchterlicher anzusehen war als die anderen: eine Frau mit einem fressenden Geschwür im Gesicht, das sich von der Stirn bis zu den Lippen hinabzog und ein Auge und einen Teil der Nase bedeckte. Mit Händen, die wie Krallen waren, griff sie nach den Vorübergehenden, und ganze Wellen von Gestank wehten von ihr herüber. Als eines Tages die Sänfte von Wong Hsutong vorbeigetragen wurde und sie den Ärmel des reichen Mannes zu fassen bekam, versetzte dieser ihr mit seinem Stock einen heftigen Schlag mitten ins Gesicht, so daß sie rückwärts auf die anderen Bettler fiel.

Dann waren da die blinden Kinder, deren himmelwärts gewendete Augen wie weiße Steine aussahen. Sie rochen am schlimmsten – nach fauligem Eiter –, sie stöhnten am lautesten, und ihre Hosen bestanden aus ein paar Fetzen, die selbst im Winter ihre Beine und ihre Geschlechtsteile allen Blicken darboten.

Durch diese Menge mußten Rosalie und Tiza sich, ihre Taschentücher gegen Mund und Nase gepreßt, einen Weg bahnen. Sie bewegten sich gewissermaßen innerhalb der geschlossenen Schlachtreihe der Gläubigen, die aus der Kirche strömten, und wenn irgend möglich, versuchten sie sich hinter der Sänfte von Wong Hsutong zu halten, die wie ein Panzerkeil erbarmungslos vorrückte, da die Sänftenträger mit Eisenspitzen versehene Stäbe in der Hand hatten und damit um sich schlugen und stießen. Nachdem die alte Frau mit dem Geschwür Herrn Wong so nahe gekommen war, stellte er noch zwei weitere Leibwächter an, große, kräftige Mongolen aus dem Norden, die vor seiner Sänfte hergehen und die Bettler aus dem Weg scheuchen mußten. Einmal beförderten sie einen blinden Jungen, der zwischen einem Mann mit Armstümpfen und einem haarlosen Aussätzigen gestanden hatte, mit einem Fußtritt mitten auf die Straße und rollten ihn dann weiter, indem sie ihn mit ihren lederbeschuhten Füßen vor sich her stießen.

Nachdem Rosalie solche Szenen ein paarmal erlebt hatte, teilte sie unwillkürlich die allgemeine Wut auf die Bettler. »Ein gutes Maschinengewehr, und man wäre mit der ganzen Bande fertig«, sagte der Belgier, der immer in der Nase bohrte.

Alle diese Dinge durchdrangen Rosalie, als sei sie durchsichtig. Sie nahm alles auf und spiegelte doch nichts zurück;

sie war wie eine Glasscheibe oder ein Spiegel, der nur die von außen kommenden Bilder, aber nichts Eigenes wiedergibt. Mama sagte, die Ostkirche sei zwar fürchterlich, aber der Weg zu der anderen Kirche sei zu weit. Man mußte eine halbe Stunde in der Rikscha fahren, und die Predigt, die mitten in die Messe fiel, war zu lang. In der chinesischen Kirche fand die Predigt vor der Messe statt, so daß man erst später zu kommen brauchte. Außerdem hatte Mama mit Pater Clement, dem französischen Priester in der europäischen Kirche, Streit gehabt, weil man sich dort bei Mariannes Taufe nicht die richtige Mühe gegeben hatte. Wenigstens behauptete Mama das.

Nach Rosalies Meinung war jedoch nicht Mariannes Taufe die Ursache von Mamas Ärger, sondern die Sache mit den Büchern. Pater Clement hatte eine kleine Bibliothek mit Romanen, Theaterstücken und Heiligenleben, und Mama lieh sich gelegentlich dort Bücher aus. Eines Tages gab Pater Clement Mama ein Buch und sagte: »Bei dieser Lektüre können Sie das Nützliche mit dem Angenehmen verbinden.« Mama fühlte sich verletzt und erwiderte: »Alles, was ich tue, ist nützlich. Wenn ich lese, will ich nur etwas Angenehmes haben.« Später sagte sie, die Kirche sei bei Mariannes Taufe nicht mit genug Blumen geschmückt gewesen, obgleich sie doch für viele Blumen bezahlt hätte. Aber so sei es eben: reinrassige Europäer bekämen für dasselbe Geld viel mehr Blumen.

Es kam der Tag, an dem Rosalie sich weigerte, überhaupt noch einmal zur Kirche zu gehen, und zwar wegen der Tiere und der Babys. Schon in ihren ersten Kinderjahren auf den Stationen der Bahnlinie hatte es die »anderen« gegeben, und zunächst waren es alles Tiere gewesen: Igel und Lamm, Hündchen und Kätzchen. Dann waren Feng und viele seinesgleichen dazugekommen, ein ganzes Heer von anderen, die in der Welt des heiligen Michael nicht zu existieren schienen und auch nicht in dem Himmel über dem Altar, der doch nur zweihundert Meter von dieser Ansammlung stinkenden menschlichen Elends vor dem Kirchentor entfernt war. Ihr Vorhandensein war so verwirrend, denn meistens fingen die Leute an zu lachen, wenn man versuchte, von den anderen zu sprechen – und es war schrecklich, ausgelacht zu werden. Und als ob es nicht schon schlimm genug wäre, all diese unerklärlichen Dinge in sich herumtragen zu müssen, kam jetzt noch etwas Neues hinzu: die Babys im Babyzimmer des Waisenhauses der Barmherzigen Schwestern.

Die Barmherzigen Schwestern – oder die Kleinen Schwestern der Armen – gingen paarweise durch die Stadt und sammelten im Winter die Babys ein, die tot oder sterbend in den Hutungs lagen. Sie zogen sie auf und unterwiesen sie in Handarbeiten, und dann mußten die Kinder Brautaussteuern anfertigen oder Berge von Klöppelspitzen oder feine Hohlsäume an Leinentaschentüchern oder Handtaschen und Brillenfutterale in Petit-Point-Stickerei.

Ihr Arbeitsraum war ein langgestreckter Saal, in dem fast zweihundert Mädchen von acht Uhr morgens bis sechs Uhr abends auf Bänken vor den Stickrahmen saßen. Sie klöppelten mit kleinen Klöppeln Spitzen, zogen dünne Fäden aus Taschentüchern, um sie dann mit winzigen Stichen zu säumen, sie sangen Choräle und marschierten im Gänsemarsch herein und hinaus. Während der Arbeit war es ihnen nicht erlaubt, aufzustehen und sich ein wenig zu recken; das gehörte sich nicht.

Ein dumpfer Geruch herrschte in dem Arbeitsraum, denn außer im Sommer waren hier alle Fenster stets geschlossen; aber wenn man längere Zeit darin war, spürte man den Geruch nicht mehr. Während Mama bei Schwester Maria von den Engeln ein paar gestickte Babyschuhchen für Marianne bestellte (denn Marianne war jetzt ein Jahr alt, und Mama hatte es gern, daß ihre Kinder hübsch angezogen waren, wenn sie mit ihnen zum Tee zu Madame Poh ging – einer Französin, die mit einem Chinesen verheiratet war und einen Sohn hatte, dem Rosalie mindestens einmal während einer solchen Teestunde einen kräftigen Puff versetzte – oder zu Madame Lautens, einer mit einem Holländer verheirateten Holländerin, die keine Kinder hatte), während Mama also mit Schwester Maria sprach, strich Rosalie um die Mädchen herum, die da vor ihren Stickrahmen saßen, sechs oder acht in einer Reihe. Einige beugten sich tief über die Rahmen, durch die ihre Nadeln unaufhörlich auf und ab flogen. Dabei hielten sie die eine Hand über dem Rahmen, die andere darunter, und ihre Nasen berührten fast die Blumen, die da unter ihren Händen entstanden.

Klick, klack machten die Spulen der Spitzenklöpplerinnen, und die straffe Seide der Stickerinnen sagte tatt, tatt, wenn die scharfen Nadeln hindurchstachen. Die Finger warfen die Klöppel so flink durcheinander, daß man sie kaum zählen konnte. Auf dem Fußboden sah man zwischen Speichelhäufchen kleine Ballen weißer Fädchen.

Schwester Maria von den Engeln war eine kleine Chinesin mit roten runden Wangen. Die Haube saß auf ihrem Kopf wie ein riesiger weißer Vogel auf einem Apfel. An ihrem Gürtel baumelte ein schwerer hölzerner Rosenkranz mit einem Kreuz daran, und eines Tages ergriff Rosalie das Kreuz und küßte es, weil sie von Pater Clement in seiner vorigen Sonntagspredigt gehört hatte, daß man das Kreuz küssen müsse, und Schwester Maria von den Engeln lachte und hob die Hände zu ihrer weißen Haube.

Als sie wieder hinkamen, um die Schuhe abzuholen, trafen sie die Mutter Superiorin, eine Europäerin, an. Sie hatte eine sehr große Nase, sehr blasse Haut und einen blassen Schnurrbart, der dort, wo ihre Wangen über die Mundwinkel fielen, in zwei tiefe Falten überging. Die Mutter Superiorin fragte Rosalie und Tiza, was sie einmal werden wollten, wenn sie erwachsen seien. Tiza errötete und zog ein Gesicht, als wollte sie gleich anfangen zu weinen. Sie war sehr schüchtern und hielt bei diesen Gelegenheiten immer den Kopf schief. Rosalie antwortete prompt: »Ich will Tierarzt werden.«

»Ach«, meinte die Mutter Superiorin mit strenger Miene. »Und warum, mein Kind?«

»Weil die Tiere so viel leiden müssen.«

»Das beste ist es, Nonne zu werden. Das ist ein gesegneter Stand«, erklärte die Mutter Superiorin. »Die Seelen müssen in der Hölle viel mehr leiden als jedes Tier hier auf Erden, mein Kind.«

Sie nahm Mama und die beiden Mädchen mit sich in den Garten. »Kommt einmal mit«, sagte sie dabei. »Jetzt sollt ihr sehen, wie wir kleine Engelchen für Gott retten.« Und während sie durch den Garten gingen, erzählte sie Mama, daß die gesamte Aussteuer für die Tochter des Doktors hier in der Werkstatt gestickt worden sei. Und wieder mußte Rosalie an den Knochen denken. Sie kamen an der Kapelle vorüber, vor deren grauer Stuckfassade sie sich mit einem Knicks bekreuzigten. Zu beiden Seiten der Tür erhob ein weißgekleideter Engel wachsam ein Krummschwert. Die Perlen am Rosenkranz der Mutter Superiorin machten klick-klack, genau wie die Spulen der Spitzenklöpplerinnen. Nun gelangten sie zu einem Gebäude, gingen durch einen Korridor und betraten einen langen Raum, der jedoch nicht mit Stickrahmen und kleinen Mädchen angefüllt war, sondern mit kleinen aus Binsen geflochtenen Körbchen, wie man sie für ein paar Kupfermünzen bei dem Mann kaufen kann, der auch Bürsten, Besen und Siebe verfertigt. In jedem Körbchen lag, sauber in ungebleichtes Baumwolltuch gewickelt, ein stilles Baby.

»Kleine Engel«, sagte die Mutter Superiorin sanft, »kleine Engel Gottes.« Sie beugte sich zärtlich über eines der Kinder, und Rosalie tat es ihr nach und schaute interessiert in das verzerrte bläuliche Gesichtchen, dessen Mund sich im Todeskampf zu einem breiten Grinsen verzog. »Bei dem hier dauert es nicht mehr lange«, sagte die Mutter Superiorin. »Es wird heute nacht zu Gott eingehen.«

»Du lieber Himmel«, sagte Mama. »Und wie viele bekommen Sie täglich?«

»Zwei bis drei in der Woche. Im Winter mehr, manchmal bis zu zehn Stück«, antwortete die Mutter Superiorin. »Wir taufen sie immer sofort, und dann warten wir vierundzwanzig Stunden. Wenn sie bis dahin nicht zu Gott eingegangen sind, geben wir ihnen Milch, denn dann wissen wir, daß sie nach dem Willen des Herrn am Leben bleiben sollen. Im Augenblick haben wir nur dreiundzwanzig«, fügte sie hinzu und blickte sich um. »Sie wissen, Madame, es war ein schlechtes Jahr. Wir haben so wenig Geld, kaum genug für die Milch.«

Mama spürte sofort die Anspielung heraus und erwiderte hastig: »Wie wahr, verehrte Mutter, wie wahr! Es wird jeden Tag schlimmer. Mein armer Mann zum Beispiel hat jetzt schon drei Monate lang sein Gehalt nicht ausgezahlt bekommen. Sie wissen ja, es hat so viel Aufregung und einen großen Streik bei der Eisenbahn gegeben. Mein Mann war immer viel zu großzügig. Dauernd hat er den Arbeitern Geld gegeben, und die sind ihm bestimmt nicht dankbar dafür. Das sind doch alles Rote und Bolschewisten. Aber sie brauchen nur zu ihm zu laufen und ihm etwas vorzujammern, schon gibt er ihnen Geld. Und jetzt müssen wir selbst sehen, wie wir mit unseren letzten Groschen zurechtkommen.«

Als sie das Babyzimmer verließen, sog Rosalie zur Erinnerung noch einmal die Luft ein. Stets würde dieser einmal verspürte Geruch in ihrem Gedächtnis bleiben, zur Auferstehung bereit, gleichgültig, wieviel Zeit inzwischen auch verstreichen sollte. Es war ein lauwarmer, stiller Babygeruch, süß-säuerlicher Durchfall, vermischt mit Desinfektionsmitteln und noch einem anderen ruhigen und fast anheimelnden Bestandteil – vielleicht dem Duft des Sterbens. Ich war auch einmal ein Baby, dachte sie, ein kleines Mädchen. Das hier sind alles kleine Mädchen. Und sie hüpfte hinaus über die Schwelle und hinein in den sonnenüberfluteten Nachmittag.

Und mit der Zeit wurden die Babys, die kleinen Hündchen, die Bettler, die Rikschamänner und viele andere Dinge zu einem einzigen schweren Klumpen in ihr, und es war fast, als drehe sich ein Igel in ihrer Brust herum. Und darum hüpfte und sprang sie nur um so wilder und war sehr ungezogen und weigerte sich, zur Kirche zu gehen: »Es stinkt dort so! Es stinkt!«

Aber Mama drohte ihr mit der Hölle. An diesem Sonntag brauchte Rosalie allerdings nicht mitzugehen. Sie durfte bei Wang Mah bleiben und war jeden Augenblick darauf gefaßt, daß der Teufel mit seinem hübschen Lockenhaar kommen und sie holen würde. Am folgenden Sonntag jedoch ging sie wieder zur Kirche, und alles war wie zuvor.

Der Gedanke an die Bettler und die Babys verfolgte Rosalie; aber Papa und Mama und die anderen Erwachsenen schien er nicht zu verfolgen. Sie sprachen in einem fast beleidigten Ton von den Bettlern, so als seien diese selbst daran schuld, daß sie Bettler waren. Von den Babys sprachen sie überhaupt nicht.

Als Mama dem Papa von den winzigkleinen Mädchen im

Babyzimmer erzählte, sagte Papa lachend, als sei dies ein guter Witz: »Ja, ja, die Mädchen! Keiner will Töchter haben. Sie kosten zuviel und bringen zuwenig ein.«

Rosalie war darüber sehr bekümmert, denn sie war ja auch ein Mädchen. Sie kostete zuviel, und dabei war Papa ohnehin so arm; sie hatten nie Geld. Das alles mußte eines Tages anders werden. Eines Tages würde man keine Babys mehr zum Sterben auf die Straße legen, wo sie die Vorübergehenden, zu einem Bündel gewickelt, aus grinsenden blauen Gesichtchen anstarrten...

In diesem Jahr züchtete Papa Nelken in der verglasten Veranda des Hauses. Ihr scharfer, sauberer Duft durchdrang alle anderen Gerüche und machte die Luft durchsichtig. Nelken waren magere, schlanke Blumen ohne allen überladenen Krimskrams an Blättern, und ihre Farben gewährten einen stillen Genuß. Papa hatte ein paar wunderschöne: weiße mit rosa Tupfen, gelbe, purpurfarbene, die beinahe schwarz waren, und eine fast blaßgrüne. Im Winter malte der Frost weiße Landschaften auf die Fensterscheiben, und die Nelken bogen sich den Bergen und Tälern dieser kalten, überirdisch schönen Zeichnungen des Frostes entgegen. Es war so herrlich, daß man vor lauter Glück schreien und springen mußte.

Mit Papa, der sich über die Nelken beugte, wenn das weiße, blasse Sonnenlicht durch die frostbeschlagenen Scheiben fiel, konnte man nicht über die Bettler hinter dem Haus sprechen, die so steif und schwarzblau, tot und kalt waren. Auch mit Tiza nicht, denn sie war so zart und mußte immer geschont werden. Und mit Mama auch nicht, denn dann würde es ein fürchterliches Geschrei geben. Und in der Schule konnte man natürlich auch nicht über die Bettler sprechen. Nur mit Simon Hua. Aber auch Simon Hua hatte viel anderes zu tun; er stand in einer Pfadfinderuniform an den Straßenecken und verteilte Flugblätter.

Auf diesen Flugblättern stand: »Nieder mit dem britischen Imperialismus! Nieder mit dem japanischen Imperialismus! Fort mit den ungleichen Verträgen! China gehört den Chinesen!«

Für Rosalie hatten diese Dinge keinerlei Bezug zu den Bettlern oder den Babys. Sie wußte gar nichts, sondern spürte nur diese tiefe körperliche Erregung, die ohne ihr Zutun immer stärker und stärker wurde und die sie schließlich so quälte, daß sie in Gedanken laut schrie: »Wenn ich groß bin, werde ich etwas tun, damit es keine Bettler mehr in China gibt und kein Kind mehr blind sein muß. Einmal wird jedes Kind in China jeden Tag ein Ei haben.« Ein Ei pro Tag bewahrte einen nach Mamas Aussage davor, blind zu werden.

Eines Tages sah sie auf dem Rückweg von der Schule einen Bettler, einen alten Mann, der einen epileptischen Anfall hatte. Ein blökender Laut aus einem Mund voller Schaum, ein Zukken im Staub und eine Menge, die sich um dieses Schauspiel gesammelt hatte und es amüsiert genoß. Das Ganze spielte sich in einem Hutung, einer kleinen, keine zwei Meter breiten Gasse ab, die sich zwischen zwei grauen Mauern dahinwand.

Plötzlich wurde dieser Mann für Rosalie zum Inbegriff aller Bettler. Man mußte irgend etwas tun, man konnte etwas tun. Sie drängte sich durch die Menge und trat zu dem Mann. Der Anfall war jetzt vorüber, der Bettler lag röchelnd da. Die Zuschauer lachten, einige gingen davon. Rosalie schüttelte den Mann, aber er rührte sich nicht. Eine leere Rikscha kam vorbei; der Mann in mittleren Jahren, der sie zog, blieb stehen und schaute. Rosalie wandte sich an ihn.

»Hören Sie«, sagte sie, »der arme Mann hier ist krank. Wir müssen ihn nach Hause bringen.«

»Aber das ist ein Bettler«, rief der Rikschamann. »Was willst du mit ihm anfangen, kleines Fräulein?«

»Ich möchte ihn nach Hause bringen«, antwortete Rosalie. Sie genierte sich sehr; aber jetzt hatte sie etwas gesagt und konnte es nicht mehr rückgängig machen.

»Du kannst ihn ja gar nicht auf die Beine stellen«, sagte der Rikschamann. »Es ist besser, du läßt ihn hier liegen.«

»Setzen Sie ihn in Ihre Rikscha«, erklärte Rosalie. »Und dann bringen wir ihn nach Hause.«

»Ich?« rief der Rikschamann. »Kleines Fräulein, ich sage dir doch, das ist ein Bettler. Wovon soll der mich bezahlen?«

»Ich werde Sie bezahlen. Jetzt setzen Sie ihn hinein und fahren Sie ihn hin.«

Der Rikschamann sah sie an, lachte laut auf und wollte sich schon zum Gehen wenden. Aber dann setzte er plötzlich seine Deichsel ab, und er und Rosalie hoben den alten Mann in die Rikscha. Der Bettler kam jetzt langsam zu sich. Sein Kopf wankte hin und her, er stammelte einige Worte.

»Ich weiß, wo er wohnt«, sagte der Rikschamann. »Er bettelt hier in der Gegend, und er wohnt da, wo alle Bettler aus diesem Bezirk wohnen – auf den Schuttfeldern bei der Mauer.«

Sie machten sich auf den Weg. Rosalie ging neben der Rikscha her. Der alte Mann, der alle viere von sich gestreckt hatte, war halb im Schlaf und murmelte etwas vor sich hin. Der Rikschamann ging langsam, lachte und stellte Rosalie viele neugierige und forschende Fragen.

»Ich bin auch ein armer Mann«, sagte er, »und bis zur Mauer ist es sehr weit.«

»Ich gebe Ihnen einen Dollar«, sagte Rosalie. Sie hatte einen Dollar bei sich, den sie sich verdient hatte, weil sie drei Monate nacheinander Klassenerste gewesen war. Eigentlich hatte sie diesen Dollar in Kupfermünzen umwechseln wollen. Man bekam vierhundert Kupfermünzen für einen Dollar, und Rosalie hatte sich davon Buntstifte kaufen wollen, um ein Bild für Mamas Geburtstag zu malen. Eine Stimme in ihrem Inneren sagte: »Ich werde es Mama erzählen, vielleicht gibt sie mir dann noch einen Dollar.« Während Rosalie so neben der Rikscha dahinwanderte, sah sie sich selbst einmal als Heilige und dann wieder als ein sehr schuldiges, fast verbrecherisches ungezogenes Kind. Es war ungezogen, Dinge zu tun, mit denen Mama nicht einverstanden wäre, und mit dieser Sache hier wäre Mama ganz bestimmt nicht einverstanden. Aber andererseits sagten sie in der Kirche doch immer: »Übt Barmherzigkeit!« Irgend jemand mußte irgendwie diese beiden Gegensätze miteinander aussöhnen.

Und dann erhob sich eine zweite Stimme in ihr und sagte: »Ich kann das nicht länger aushalten. Ich will keine solchen Bettler mehr sehen. Das ist nicht recht. So etwas dürfte nicht sein.«

Und eine dritte Stimme höhnte: »Aber Rosalie, es gibt so viele Bettler. Was kannst du dagegen tun?«

Und Mamas Stimme sagte: »Die betrügen und stehlen ja alle. Die sind doch nur faul, und darum betteln sie.«

Der Rikschamann bog in eine größere Straße ein, und da stand ein junger Polizist mit Tuchschuhen, Wickelgamaschen, einer gelben Uniform und einem Stock. Er hielt die Rikscha an und fragte: »Wo willst du hin?«

»Zur Mauer«, antwortete der Rikschamann. »Das kleine Fräulein hier hat mich gemietet.«

Der Polizist wurde furchtbar wütend. Plötzlich gab er dem Rikschamann einen solchen Stoß vor die Brust, daß dieser die Deichseln fallen ließ. Dann schlug er weiter auf ihn ein. Sein Gesicht war vor Wut ganz verzerrt, seine Augen traten heraus. Rosalie stürmte auf ihn zu. »Halt!« rief sie, »halt! Warum schlagen Sie ihn?«

»Er antwortet mir nicht, wie sich's gehört«, erklärte der Polizist. »Ich werde ihn verhaften.«

Inzwischen hatte sich die übliche Menge angesammelt. »Halt!« schrie Rosalie jetzt aus Leibeskräften. »Halt! Das war doch meinetwegen, wegen des Bettlers! Der Rikschamann hat mir geholfen.«

Der Rikschamann, den der Polizist mit Schlägen gegen Brust und Bauch traktiert hatte, stöhnte.

Nun riß der Polizist den alten Mann aus der Rikscha, so daß dieser wie ein Häufchen Elend zusammensank. Aber vielleicht tat er das nur, weil er ein Bettler und an schlechte Behandlung gewöhnt war; je rascher er zusammenbrach, um so schneller würde sein Peiniger von ihm ablassen, das wußte er aus Erfahrung. Der Polizist versetzte ihm keine Fußtritte, denn inzwischen hatte sich einer der Passanten durch Rosalies Rufe überzeugen lassen und legte sich ins Mittel. Da er ein gutangezogener Mann war, hielt der Polizist inne und hörte ihm zu. »Bitte, seien Sie nicht so ärgerlich«, sagte der Mann. »Dieses kleine Fräulein hier hat ein gutes Herz und wollte einen kranken Mann nach Hause bringen. Der Rikschamann hat nur getan, was sie ihm befohlen hat.«

Der Polizist war noch jung, neu im Dienst und nur darauf bedacht, sich zur Geltung zu bringen. Jetzt zog er eine strenge Miene und sagte: »Na ja, aber ich muß natürlich meine Pflicht tun. Wie konnte ich denn wissen, daß der Rikschamann nichts Unrechtes getan hat? Man sieht schließlich normalerweise keinen Bettler in einer Rikscha sitzen.«

»Natürlich, natürlich«, stimmte der Passant ihm rasch zu, und einige Umstehende nickten ebenfalls. »Selbstverständlich haben Sie eine schwere Verantwortung. Es war Ihre Pflicht, herauszufinden, wie die Sache sich verhielt.«

Nun war der Ärger des Polizisten vollends dahingeschmolzen. Er war plötzlich sehr freundlich. Die Passanten hoben den alten Mann wieder in die Rikscha, der Rikschamann nahm die Deichseln wieder auf, und dann gingen Rosalie und er weiter.

Endlich kamen sie zu der Mauer oder sahen vielmehr von weitem ihre Ziegel und Zinnen. Davor waren keine Häuser, sondern nur ein riesiger Schuttabladeplatz, eine Fläche, auf der alle die Dinge gestapelt waren, die keiner mehr haben wollte. Nicht etwa Dung, denn menschlicher Dung war kostbar, aber Schlacken, Asche, verfaultes Gemüse, alles, was verdorben, ausgekehrt und weggeworfen war. Auf diesen Schuttplätzen von Peking wimmelten in Horden die Bettler, die Unerwünschten, umher. Mit kleinen Stöcken, an deren Ende ein Haken befestigt war, durchwühlten sie die Abfallhaufen und suchten verzweifelt nach Dingen, die noch irgendwie verwendbar waren. Jedes Stück Holz, jedes Stück Papier, jeder Stoffetzen, wie klein er auch sein mochte, war kostbar. Sie zankten sich um halbverbrannte Kohlen, die sich noch einmal verwenden ließen. Etwas Eßbares wurde ohnehin nie weggeworfen ... wer hätte sich das wohl leisten können? Vor der Hintertür jedes Restaurants wartete eine Bettlerschar, und wenn die Kellner, die Köche und deren Familien die Reste aufgegessen hatten, bekamen die Bettler die Schüsseln und Platten zum Ablecken ...

Und alles, was sonst noch vorhanden war, holten sich die streunenden Hunde.

So enthielten also die Haufen entlang der Mauer den Abfall des Abfalls, und zwischen diesen Haufen wohnten die Bettler in Hütten, die manchmal nur aus einem morschen Brett – einer Kostbarkeit! – und den Überresten von Matten bestanden, die andere weggeworfen hatten. Hier wohnte auch der alte Mann, der jetzt wieder auflebte und den beiden mit schwachem Stöhnen und einigen Handbewegungen die Richtung wies. Da es hier keine Wege, sondern nur Schlacken gab, mußte er aussteigen und, von Rosalie und dem Rikschamann gestützt, zu Fuß weitergehen. Überall wurde er von Bettlern begrüßt, die ihn offenbar kannten: junge und alte, einige entstellt, andere völlig nackt, eine ganze Kompanie der Verstümmelten und Verkrüppelten, derer, die ärmer waren als die Armen, Menschen, die im nächsten Winter als Leichen auf den Straßen liegen würden ... In fröhlicher Erregung scharten sie sich um den Alten; sie verstanden nicht, was hier vorging. Der Rikschamann erklärte, und die Bettler starrten Rosalie an, die sich wieder sehr töricht vorkam. Nun brachten die Bettler ein altes Weib angeschleppt, das, wie sie sagten, die Frau des Epileptikers war. Sie war taubstumm und lächelte mit einem Mund, in dem kein einziger Zahn mehr war.

Rosalie und der Rikschamann gingen wieder davon, und der Rikschamann sagte: »Steig ein, kleines Fräulein, ich ziehe dich ein Stückchen«, und dann trottete er mit ihr bis zur Hauptstraße. Dort trennten sie sich, und Rosalie gab ihm den Dollar.

Rosalie ging zu Fuß nach Hause. Sie hätte ihrer Mutter gern alles erzählt, aber sie wußte, daß es gewisse Schwierigkeiten geben würde wegen des Dollars. Und als sie nach Hause kam, hatte Mama schlechte Laune. Sie hatte Ärger mit der Frau gehabt, die ihnen immer Eier brachte. Mama kaufte damals hundert Eier für einen Dollar, das Stück zu vier Kupfermünzen, und sie sagte, das sei das billigste Essen und außerdem gut für die Augen. Aber diesmal waren die Eier ihrer Ansicht nach viel kleiner gewesen als je zuvor, und Mama behauptete, die Eierfrau habe sie betrogen. Darum erzählte Rosalie nichts von der Sache mit dem Bettler. Es war keiner da, dem sie davon hätte erzählen können.

Vierundzwanzigstes Kapitel

Von Anfang an war da eine Zweiheit gewesen, ein anderes Leben, ein erlösendes Anderssein, das man zugleich selber war. Man konnte zu verschiedenen Stunden des Tages ein anderer Mensch werden und tat es auch. Und die genaue, konkrete Phantasie des Kindes, die durch das Bewußtsein von der Identität dieser Gegensätzlichkeiten geschärft war, fand inmitten einer chaotischen Wirrnis ihre eigene Ordnung und Disziplin.

Diese Regel erstreckte sich sogar auf die Mahlzeiten. Mahlzeit, das konnte ein europäisches Frühstück sein, ein chinesisches Mittagessen und dann wieder ein europäisches Abendessen. Oder die ganze Familie ging zusammen in ein Restaurant, und dann aß man immer chinesisch. Man konnte aber auch mit Papa allein ausgehen, und dann aß man allerhand neue und unbekannte Dinge. Und manchmal kochte Papa Gerichte aus Szechuan, und die schmeckten immer wundervoll. Kein Wunder, daß Mama damals, als sie den Kriegsherrn Feng Yuhsiang zu Tisch hatten, europäische Makkaroni und chinesische Nudeln verwechselt hatte. Nach einer Weile merkte man den Unterschied nicht mehr, und der Gaumen stellte sich auf neue Geschmacksnuancen ein, denn der Appetit ließ sich nicht allein mit Reis befriedigen.

Frühstück, das konnte Kaffee und Brot, Eier und Schinken bedeuten, eine Zeitlang auch Haferflockenbrei, weil Rosalie so dünn war (aber Rosalie mochte diesen pappigen Brei nicht, so wie sie auch Flammeri, Gelees und überhaupt alles ablehnte, was klebrig und weich war, weil es ihr Übelkeit verursachte). Ein Frühstück konnte aber auch aus Hirse und Süßkartoffeln und chinesischen Dampfbrötchen bestehen. Mittagessen, das war Reis und Fleisch und Gemüse, große Mengen, die man sich mit Eßstäbchen in den Mund schaufelte. Abendessen, das war dunkles Brot mit Käse oder Wurst und Tee – keine Milch, denn Milch war zu teuer, und nur Tiza mußte welche trinken, weil sie so zart war. Aber der Milchgeruch rief bei beiden

Schwestern Brechreiz hervor; in dieser Hinsicht teilten sie die Abneigung der Chinesen gegen dieses Getränk. Millionen von Chinesen konnten damals den Milchgeruch nicht ertragen, und nur Europäer, Mischlinge und einige westlich orientierte chinesische Intellektuelle tranken in jenen Tagen ihren Kaffee mit Milch. Die Chinesen tranken heißes Wasser oder Tee oder Bohnengallert-Milch, die nach Bohnengallerte, aber nicht nach Kuh schmeckte.

Ebenso wie zwei Arten von Mahlzeiten gab es auch zwei Arten von Schulen: vormittags die chinesische Schule, nachmittags die französische Klosterschule. Wenn man in die Chinesenschule ging, mußte man chinesische Kleider anziehen und nahm einen Schreibpinsel mit und eine Tintenbüchse aus Metall mit einem Schwamm aus Seidenwatte darin, um die Tinte aufzusaugen. Auf dem Deckel der Büchse war eine Landschaft eingraviert. Außerdem hatte man ein Tintenstäbchen, eine kleine schwarze Platte aus poliertem Schiefer, auf der man die Tinte zubereitete, indem man das Tintenstäbchen in ein wenig Wasser rieb, kariertes Schreibpapier und chinesische Bücher mit Papierdeckeln. In dem ersten chinesischen Schulbuch waren Bilder und darunter Schriftzeichen: Mann, Hund, groß, klein, viel, wenig, Auge, Nase, Mund, eins, zwei, drei. Es war alles sehr einfach, denn nach einiger Zeit erfaßte man den wunderbaren Rhythmus, den einheitlichen Schwung von Wort, Laut und Schriftzeichen. Wenn der Lehrer die Schriftzeichen aussprach, wiederholte man sie im Chor. Später kamen dann ganze Sätze, die man ebenfalls singend lernte, indem man sie dem Lehrer nachsprach. Noch ein wenig später konnte man mehrere hundert Schriftzeichen lesen, dann eintausend, und dann konnte man auf einmal lesen, wirklich lesen. Das war ein erhebender, herrlicher Tag, als Rosalie mit Papa am Zeitungsbrett auf der Straße stand und ihm tatsächlich mit lauter Stimme die großen Schriftzeichen der Titel vorlesen konnte.

Sieben Kommunisten in einer Höhle entdeckt: Sofortige Hinrichtung der Schädlinge. Von Kommunisten angezettelter Streik der Eisenbahnarbeiter niedergeschlagen: Anführer verhaftet. Marschall Chang Tsolin gibt ein Festessen für die japa-

nische Delegation. Japaner fordern Entschädigung für einen in Shantung von Kommunisten ermordeten Soldaten.

Man mußte Papa nach den Kommunisten fragen. »Papa, was sind Kommunisten?«

Papa zupfte an seinen spärlichen Kinnhaaren und sagte: »Junge Narren.«

Und Mama, die auch dabeistand, fragte: »Was will sie wissen?«

»Sie fragt nach den Roten«, antwortete Papa.

Und Mama sagte: »Die Roten? Die würden uns alle in unseren Betten umbringen, wenn sie könnten. In Rußland haben sie die Säuglinge genommen und vor den Augen ihrer Mütter aufgespießt. Sie töten Priester und Nonnen und ermorden ihre eigenen Mütter.«

»Sie machen Fortschritte«, sagte Papa nüchtern. »Der ganze Süden ist voll von ihnen.«

»Der Süden ist immer voller Unruhen«, sagte Mama. »Diese Kantonesen sind wie die Affen. Aber hierher werden sie nicht kommen. Hier ist es ihnen zu kalt.«

»Borodin ist bei ihnen«, sagte Papa. »Die Russen unterstützen sie.«

»Wenn sie kommen, fahre ich weg«, sagte Mama. »Du kannst ja in diesem schrecklichen Land bleiben, wenn du willst. Wahrscheinlich wirst du diese Roten sogar mögen. Aber ich lasse mich nicht ermorden, und ich sehe auch nicht zu, wie man meine kleinen Mädchen vor meinen Augen umbringt. Ich fahre weg.«

Papa zupfte wieder an seinen Kinnhaaren, und Rosalie nahm sich vor, diese Sache mit den Kommunisten noch eingehender zu ergründen.

Pater Clement von der Kirche im Botschaftsviertel kam jeden Donnerstagnachmittag in die europäische Klosterschule, um hier Religionsunterricht zu erteilen. Die Klosterschule lag viel weiter entfernt als die chinesische Schule, und solange sie noch Feng hatten, fuhr Rosalie in der Rikscha hin. Später legte sie dann viermal täglich den Schulweg zurück. Die Schuluniform war blau und weiß, und Rosalie trug eine Segeltuchtasche über der Schulter mit einem Federhalter und Bleistift darin, die in einem hölzernen Federkasten lagen. Auf dem Kastendeckel befand sich das gemalte Bild einer europäischen Schneelandschaft mit Schlitten und Glocken. Rosalie, die gern wissen wollte, wie das Bild auf den Kasten gekommen war, schaffte es, die Farbe abzukratzen; aber das Bild formte sich leider nicht wieder, während Tizas Federkasten immer sauber und schön blieb. Fast unmittelbar nach ihrem Schuleintritt kam sie in die Katechismusklasse, weil ihre Erstkommunion in Kürze bevorstand. Rosalie war damals sechs Jahre alt und lernte sehr schnell, so daß sie bereits nach sechs Monaten in die nächste Klasse versetzt wurde und nach weiteren sechs Monaten in die nächsthöhere.

»Das Kind ist zu schnell«, sagte die Mutter Superiorin zu Mama, und aus ihrem Mund klang dieser Satz, als handele es sich wieder um diese neue Ungezogenheit, die jetzt *Sünde* genannt wurde. Die Mutter Superiorin war eine große Frau mit sehr blauen Augen und einer sehr sanften Stimme. Sie war eine Kanadierin, eine schöne Frau. Um ihren Mund herum wuchsen keine Haare.

Mama erwiderte, sie hätten kein Geld und die Schule sei recht teuer. Rosalie ginge auch zur chinesischen Schule, und je früher sie mit dem Lernen fertig sei, um so besser sei es.

So wurde Rosalie also alle sechs Monate in eine andere Klasse versetzt, und fast an jedem Monatsende war sie die Klassenerste und brachte ihre Belohnung dafür, ein hübsches rosa Heiligenbild, nach Hause. Und Papa schenkte ihr jedesmal, wenn sie Klassenerste war, einen Silberdollar, auf den der dicke Kopf eines Mannes geprägt war, und dieser Mann war Yüan Shihkai, der Kriegsherr, der Kaiser werden wollte.

Pater Clement benutzte das graue Katechismusbuch mit den Fragen und Antworten. Er stellte die Fragen, und die Schülerinnen mußten die richtigen Antworten geben. Danach hielt er der Klasse einen kleinen Vortrag über Jesus. Rosalie schlug im Lexikon unter »Jesus« nach und las dann in einer Bibel, die Mama gehörte, und da sie alles wörtlich nahm, regte sie sich sehr darüber auf, daß die Menschen nicht so waren, wie der Katechismus und die Bibel es ihnen vorschrieben – ganz und gar nicht. Und zwar Menschen, die katholisch waren, nicht etwa der Rikschamann Feng oder Wang Mah. Das war äußerst verwirrend. Da gab es zum Beispiel das Gebot: »Gib alles hin, was du hast.« Aber niemand handelte danach. Rosalie fühlte sich schuldig, weil sowohl sie wie Tiza eine Schublade hatte, in der sie ihre Habseligkeiten aufbewahrten: Bücher, Kästchen, Bänder, Broschen, Buntstifte, Spielsachen, Glasperlen, Marmeln und auch ihr Geld. Das befand sich in einem kleinen Kästchen mit einem Schlitz, durch den die Münzen so leicht einzuwerfen waren und sich so schwer wieder herausangeln ließen. Tiza hatte viele Sachen in ihrer Schublade, aber Rosalie entschied, daß sie alles weggeben müsse, weil es in der Bibel so vorgeschrieben war. Der Dollar, den sie dem Rikschamann dafür gegeben hatte, daß er den Bettler zog, genügte noch lange nicht. Darum tat sie einen weiteren Dollar in die Sammelbüchse der Ostkirche. Niemand stiftete dort je einen Dollar, nicht einmal der reiche Herr Wong. Mama gab oft nur einen Knopf und sagte dabei, das hätte auch ihr Onkel immer getan – der ungeheuer reiche Onkel aus Antwerpen, der Anteile an den südafrikanischen Diamantenminen besaß. Rosalie schämte sich hinterher sehr, daß sie einen Dollar gestiftet hatte, denn Mama sagte immer, die Verschwender müßten »auf dem Stroh« sterben. Und wieder konnte sie niemandem davon erzählen, obgleich sie sich mit dem Gedanken tröstete, daß Papa ihr ja jedesmal einen Dollar schenkte, wenn sie Klassenerste war.

Da dies fast immer der Fall war, würde es also nur bis Monatsende dauern, um den Verlust wieder einzuholen, und Mama würde nie etwas davon erfahren.

Dann ging Rosalie eines Nachmittags mit Mama und Tiza ins Kino, und dort wurde ein Film über Jesus gegeben, der hieß »Der König der Könige«. Das war sehr aufregend. Rosalie weinte die ganze Nacht und konnte überhaupt nicht mehr aufhören. Der Eindruck der Jesusgestalt im Film und die Erkenntnis, daß niemand, den sie kannte, so war wie Jesus, ja, daß die Menschen sich nicht einmal Mühe gaben, so zu sein wie Er, stürzten sie in einen Abgrund der Verzweiflung. Am nächsten Morgen war sie völlig erschöpft und hatte vom Weinen verschwollene Augen; aber auch über diese Sache sprach sie mit niemandem.

Sie begann jetzt, sich in allem genau nach den Geboten Jesu zu richten. Sie las die Bibel anstatt des Katechismus und schlug die Wörter, die sie nicht verstand, im Lexikon nach. Die Kinder in der Katechismusklasse wurden nun für die heilige Kommunion vorbereitet. Durch Gebete, Andachten vor der heiligen Hostie, Geschichten über Jesus, Skapuliere, die sie sich um den Hals hängen durften, und allwöchentliche Beichten in der kleinen Kapelle der Klosterschule schürte man ihren Glaubenseifer bis zum Siedepunkt. Als Rosalie zum erstenmal zur Beichte ging, hatte sie nicht viel zu bekennen; aber jetzt verstand sie sich besser darauf und legte nach Kategorien gestaffelte Listen ihrer Sünden ab. An erster Stelle kam der Zorn und gleich dahinter die Lüge. Zur Gedächtnisstütze erhielten die Kinder Karten ausgehändigt, in die sie jedesmal, wenn sie eine läßliche Sünde begangen hatten, mit einer Nadel ein kleines Loch stechen sollten. Rosalie mußte zu ihrem Entsetzen feststellen, daß ihre Karte mehr Löcher aufwies als die aller anderen Kinder. Eines Tages mußte sie sogar ein Loch für eine Todsünde hineinstechen, denn sie hatte unreine Gedanken gehabt: Sie hatte im Lexikon das Wort »Schwangerschaft« nachgeschlagen, um zu erfahren, woher die Babys kamen. Eigentlich hatte sie sich über den Begriff »Kommunismus« unterrichten wollen und hatte bei dieser Gelegenheit auch gleich über »Schwangerschaft« nachgelesen.

Eine läßliche Sünde war es, daß sie die Mutter Superiorin und den Pater Clement nicht liebte, daß sie außer Papa, Mama und Tiza überhaupt keinen von all den Menschen liebte, die sie eigentlich lieben sollte. Da sie den Pater Clement nicht liebte, beschloß sie, besonders nett zu ihm zu sein und häufig mit ihm zu sprechen. Vielleicht lernte sie ihn lieben, wenn sie ihn über den Kommunismus befragte. Vorher jedoch fragte sie Simon Hua, denn Simon Hua wußte alles.

Simon Hua war vier Jahre älter als sie. Sie sahen sich oft und spielten manchmal zusammen im Park, weil Papa und Herr Hua, Simons Vater, zusammen im selben Büro der Eisenbahngesellschaft arbeiteten. Simon schüttelte bei Rosalies Frage feierlich den Kopf und sagte: »Das verstehst du nicht, du bist ja nur ein Mädchen. Kommunismus bedeutet Revolution. Ich werde Kommunist, und dann werde ich eine Revolution machen.«

»Und ich will jedem Kind in China jeden Tag ein Ei geben«, versetzte Rosalie. »Dann wird es keine blinden Kinder mehr geben. Blind sein ist ebenso schlimm wie tot sein.«

»Du verstehst überhaupt nichts«, gab Simon hochmütig zurück. »Wenn die Revolution kommt, wird es keine Blinden mehr geben. Das ist Kommunismus.«

Rosalie hüpfte davon. Simon gebrauchte gern lange Wörter, wie das Wort Revolution, aber Rosalie mochte die langen Wörter nicht, wenn sie nicht genau wußte, was sie bedeuteten. Und dann las sie die Geschichte der Französischen Revolution und von Danton und Marat. In der chinesischen Schule jedoch bekam sie nie etwas über die Revolution oder den Kommunismus zu hören, weil das auch eine katholische Schule war, in der man keine Fragen stellen durfte. Die Antworten auf Fragen konnte man nur im Lexikon oder in anderen Büchern finden; die Menschen wußten die Antworten entweder nicht, oder wenn sie sie wußten, wollten sie einem doch nichts darüber sagen. Zumindest erzählten sie einem die Dinge nicht so, wie sie im Lexikon standen, obgleich man sie doch auf diese Art am besten verstehen konnte.

Simon gebrauchte lange Wörter, und das waren Wörter, die im Lexikon standen und die man dort nachschlagen konnte. Aber selbst mit dieser Hilfe konnten sie einem kleinen sechsjährigen Mädchen nicht ganz klarwerden. Simons Mutter war das, was Mama eine Jüdin nannte, und Simons Vater war Papas bester Freund und außerdem sein Kollege im Büro der Eisenbahngesellschaft. Herr Hua hatte zur selben Zeit, als Papa in Belgien studierte, in Frankreich Ingenieurwissenschaften studiert. Er war sehr nett, und niemand fürchtete sich vor ihm; aber Simon und seine Schwester Leila taten immer, als wüßten sie alles, und behandelten Rosalie von oben herab. Rosalie ließ sich keinen Ärger darüber anmerken; sie sprang fröhlich davon, kam aber immer wieder zu Simon zurück.

Frau Hua war eine sonderbare Frau: anziehend, aber zugleich ein wenig furchterregend. Simon sah seiner Mutter sehr ähnlich. Man spürte sofort, daß die beiden Mutter und Sohn waren, und Rosalie konnte in Simons Bewegungen, dem Ton seiner Stimme und der Art seines Lachens deutlich erkennen, was daran von seiner Mutter stammte. Er hatte auch gewisse Kurven des Profils von ihr, einen bestimmten Zug um die Nasenflügel, vor allem aber diese Angewohnheit, den Kopf sehr hoch zu recken, die auch Frau Hua hatte, obgleich sie im Vergleich zu Mama klein war.

Frau Huas Nase war es, die Mama zu der Behauptung veranlaßte, sie sei eine Jüdin. Frau Hua lud Mama und die Kinder zweimal im Jahr zum Tee ein, und das war immer eine sehr feierliche Angelegenheit. Sie trug ein langes, weites Samtkleid, eine lange Bernsteinkette, die ihr bis auf den Magen herabhing, und hatte das Haar in Locken auf dem Kopf aufgesteckt. Der Tee wurde im Garten an kleinen Tischen serviert. Rosalie blickte sich voller Ehrfurcht um und hatte dauernd Angst, irgend etwas zu zerbrechen. Das Haus, der Garten mit seinen Rosen- und Fliederbüschen und das Wohnzimmer mit dem Wandteppich, auf den bernstein- und scharlachfarbene Drachen gestickt waren, erschienen ihr ungeheuer reich und großartig. Unter dem Wandteppich stand eine Chouch mit gelben Seidenkissen, auf denen Frau Hua zuweilen ruhte und die für Rosalie den Gipfel der Schönheit darstellten und sie irgendwie an den goldenen Schleier erinnerten, der in der Kirche über die Hostie gebreitet war. Vor der anderen Wand stand eine chinesiche Rosenholz-Etagere, auf deren Brettern man die verschiedensten Raritäten, Jadefiguren und Elfenbeinelefanten bewundern konnte. Diese Dinge waren gewiß sehr kostbar, denn Mama sagte immer sofort: »Nicht anfassen, verstanden?«

Es hieß, daß Frau Hua Bücher schrieb, und das war auch so eine Sache, über die einige von Mamas Freundinnen geheimnisvoll tuschelten. Mama jedoch sagte eines Tages, als sie von einer Tee-Einladung bei Frau Hua zurückkam, mit spöttischem Lachen zu Papa: »Bücher ... ich finde es besser, wenn eine Frau eine gute Suppe kochen kann.« Bei den Teegesellschaften mußte man endlos stillsitzen, während Simon Geige spielte, und dann mußte man in die Hände klatschen, obgleich man doch nichts gehört hatte als Geräusche, die Musik darstellen sollten. Und dann strömten alle ins Wohnzimmer, denn Leila spielte Klavier, und man mußte wieder in die Hände klatschen.

Eines Tages sagte Mama, Frau Hua sei eine Kommunistin und werde sicher einmal enthauptet. Alle Kommunisten wurden enthauptet. Rosalie wußte das und hatte auch schon Hinrichtungen gesehen, zu denen Wang Mah sie mitgenommen hatte. An den Straßenecken wurden alle paar Tage neue Fotografien von den Gefolterten und Hingerichteten ausgehängt, und alle diese Menschen waren Kommunisten gewesen. An ein Bild erinnerte sie sich besonders: an einen Mann oder vielmehr das, was von einem Mann übriggeblieben war. Er hatte keine Arme und Beine mehr, sondern nur noch blutende Stümpfe. Zu beiden Seiten standen Soldaten, die den Körper für die Fotografen hochhielten, und dort, wo man ihm die Haut und das darunterliegende Fleisch stückweise abgerissen hatte, sah man seine Rippenknochen. Das war die langsame Folterung, die vor der Enthauptung angewandt wurde. Reserviert für die bösen Kommunisten.

Rosalie malte ein Bild von Frau Hua, die in ihrem Seidenkleid so hochgehalten wurde; aber dieses Bild stimmte doch nicht, denn Frau Hua hatte darauf sehr kurze Beine mit sehr dicken Füßen in spitzen Schuhen, die unter ihrem Rock hervorschauten; ja, eigentlich glich sie plötzlich einem Dachshund, dem anstatt der Schnauze eine scharf gebogene Nase aus dem Gesicht ragte.

»Natürlich ist meine Mutter Kommunistin«, erklärte Simon von oben herab. »Genau wie ich. Das ist das einzige, was man heutzutage sein kann. Siehst du denn nicht, in welchem Zustand sich unser Land befindet?«

Rosalie blickte sich um. Im Park erhoben sich die aufgeschütteten Hügel der künstlichen Steingärten; Pavillons mit roten Säulen standen zwischen den Weiden. Und Rosalie wußte, daß der Park mit seinen Alleen und seinen uralten Bäumen schön war. Auch die grauen Elstern, die durch die Luft schossen, waren schön. Dann drängten sich andere Bilder vor: die Bettler, die Blinden. Es war alles so unfair, und sie hatte kein Recht, hier zu sein und zu spielen, wenn es Menschen gab, die nicht hier spielen durften. Sie nahm sich also wieder das Lexikon vor und schlug das Wort »Kommunismus« nach. Und auch das Buch sagte, der Kommunismus sei ein von einer anarchistischen Sekte geschaffener Glaube. Anarchie aber bedeutete Töten und Bombenwerfen und die Ermordung von Königsfamilien. Und mit dem Wort »Revolution« war nach Aussage des Lexikons die Französische Revolution gemeint. Oder auch die Umdrehung der Erde, die um die Sonne kreiste.

»Kommunismus?« Pater Clement strich sich über seine grauroten Speckfalten. Sein Gesicht war weinrot, mit Borsten auf dem Schädel, am Kinn und auf den beiden dicken Hautlappen seiner Wangen; seine Nase war rund und rot und mit vielen Löchern durchsetzt, und in ihren häufigen sündigen Augenblicken verspürte Rosalie den Wunsch, mit einer Nadel in diese Löcher zu stechen, um herauszufinden, wie tief sie waren. »Mein Kind, wer hat denn mit dir über Kommunismus gesprochen?«

»Ich habe das Wort in der Zeitung gelesen«, sagte Rosalie, die ihren Papa und sich selbst nicht verraten und nicht erzählen wollte, wie sie in jener anderen Welt der anderen Worte nebeneinander vor der Mauer gestanden hatten, auf die die chinesischen Zeitungen aufgeklebt waren. Dabei überlegte sie, daß sie sich für diese halbe Lüge vielleicht mit einem halben Loch in ihrer Karte bestrafen mußte... es war eine läßliche Sünde, nur eine ganz kleine Lüge; denn sie hatte das Wort »Kommunismus« ja tatsächlich in der chinesischen Zeitung gelesen.

Nun erzählte ihr Pater Clement vom Kommunismus, was für eine schreckliche Sache er sei und wie er die Menschen dazu brächte, Vater und Mutter umzubringen, was doch gegen die Natur, gegen Gottes Gebot und wirklich eine Erfindung des Teufels selbst sei. Und dann fügte er hinzu: »Gewisse törichte Menschen wenden sich dieser Lehre zu, mein Kind, und das Ergebnis siehst du ja selbst: das Land China ist verwüstet. Gott hat diese Welt geschaffen, und Er weiß, was für uns am besten ist. Bete zu Ihm und zur Heiligen Jungfrau, und sei stark im Glauben, dann wirst du alles verstehen.«

So war das also. Pater Clement sagte, der Kommunismus sei etwas Schlechtes, und Simon hatte unrecht. Schlimmer noch, er war in Gefahr. Rosalie fühlte, daß sie hingehen und Simon bekehren mußte, ihn und auch seine Mutter. Sie mußten ihre Seelen vor dem Kommunismus und natürlich auch ihre Köpfe vor dem Henkersschwert retten. Denn das wußte sie genau: die Kommunisten wurden getötet, enthauptet, erschossen und verstümmelt, man riß ihnen das Fleisch von den Schenkeln und vom Rumpf. Als die Schule aus war, ging Rosalie nicht nach Hause, sondern sagte Tiza, sie solle Mama ausrichten, daß sie in die französische Bäckerei gegangen sei, um dort bei Vera Thassounis Tee zu trinken. Frau Thassounis, die in der französischen Bäckerei Kuchen verkaufte und bei der auch Mama gelegentlich am Sonntag einen Kuchen holte (und die Tiza und Rosalie immer ein paar Kekse zusteckte), hatte eine Tochter namens Vera, ein sehr hübsches kleines Mädchen mit goldroten Ringellocken und ausgezeichneten Manieren, das Ballettstunden nahm und Seidenstrümpfe trug. Veras Schwester, ein Mädchen von etwa sechzehn Jahren, war, wie es hieß, mit einem Engländer verlobt, der bei der Englischen Bank angestellt war, und Mama sagte, die Engländer seien die Herren der Welt, eine Stellung in einer Bank sei eine gute Sache, und jedes Mädchen, das einen Engländer heirate, könne sich glücklich schätzen. Das sei wirklich eine Sicherheit fürs ganze Leben. Und sie sagte zu Papa: »Die Leute solltest du auch kennenlernen.« Die Freundschaft zwischen Rosalie und Vera begründete sich auf einer Vereinbarung, wonach Rosalie für Vera, die überhaupt nicht rechnen konnte, die Schularbeiten machte und Vera die stets hungrige Rosalie dafür mit zwei Stück Kuchen und einer Tasse Kakao bezahlte. In späteren Jahren sollte Rosalie sich Veras geistige Unzulänglichkeit zunutze machen, um bei Veras Mutter als Bezahlung für eine Nachhilfestunde ein gelegentliches Abendessen herauszuholen. Das war zu einer Zeit, in der Rosalie dringend Geld brauchte, aber weder von Papa noch von Mama etwas bekam.

Von der Schule bis zum Hutung des Unermeßlich Vornehmen Herrn, in dem Simon Hua wohnte, war es ein Weg von zwanzig Minuten. Ein kräftiger Frühlingswind trieb ganze

Ladungen prasselnder Sandkörner vor sich her. Es war der trockene, unerträglich quälende Wind aus der Wüste Gobi, der einem die ganze Haut mit Sand zuschüttet – nicht nur die Poren, sondern sämtliche Öffnungen, die weiche Stelle zwischen den Beinen, das Zahnfleisch, die Augenwinkel.

Rosalie, die gegen den Wind ankämpfen mußte, war den Tränen nahe, als sie vor Simon Huas Haus ankam – einerseits beim Gedanken an die Aufgabe, die sie sich da gestellt hatte, andererseits aus Ärger über den Sand. Die in die graue Mauer eingelassene rote Tür hatte einen Klingelzug, eine sonderbare Bronzeschlange, an der man ziehen mußte, um drinnen im Haus eine Klingel in Bewegung zu setzen. Dann hörte man, wie die Haustür sich öffnete und wie auf dem Steinweg, der den Garten diagonal durchschnitt, Schritte näher kamen. Im Garten gab es Flieder- und Rosensträucher, einen Judasbaum, der im Spätfrühling in purpurfarbenen Blüten schwelgte, und ein großes Porzellanbassin mit Goldfischen. Aber jetzt befanden sich die Goldfische im Hause, weil es so kalt war. Mitten in dem Goldfischteich erhob sich ein moosbewachsener Felsen, genau wie in dem Treibhaus im Zentralpark. Rosalie hatte diesen Felsen immer wunderhübsch gefunden.

Der weißgekleidete Diener, der die Tür öffnete, sagte, die Familie sei nicht zu Hause, forderte Rosalie aber auf, hereinzukommen und sich ein wenig auszuruhen. Dann saß sie allein mit einer Tasse Tee im Wohnzimmer und fand es herrlich hier. Sie betrachtete die Couch, den Wandteppich und die anderen Dinge, die für sie der Inbegriff des Luxus waren, weil es bei ihr zu Hause keine Teppiche auf dem Fußboden, keine Bilder an der Wand und keine Kissen auf den Stühlen gab, weil dort alle Möbel so dunkel und voller Ecken und Kanten waren, an denen man sich stieß – vor allem wenn man immer so ungeschickt war wie Rosalie.

Der weißgekleidete Diener, der bei der Familie Hua alt werden und den Rosalie noch vorfinden sollte, als sie dreiunddreißig Jahre später wieder in Simon Huas Haus kam, dieser Diener sagte, die Taitai und der Junge Herr und das Fräulein bereiteten sich auf eine Reise vor. Sie würden nach Europa fahren und in einem oder vielleicht erst in zwei Jahren zurückkommen. Aha, sagte Rosalie, ja, ihre Mutter habe auch eine Besuchsreise in Europa vor. Sie sagte es ein wenig trotzig, und es war eine bewußte Lüge und doch auch wieder keine Lüge, da Mama ja dauernd damit drohte, sie wolle fortfahren. Aber jetzt, da Marianne da war, hatte Rosalie keine Angst mehr, daß Mama tatsächlich wegfahren könnte. Mama sagte selbst, Marianne sei noch zu klein für so eine Reise.

Am nächsten Tag erschien es Rosalie nicht mehr so dringend nötig, Simon und seine Mutter vom Kommunismus zu bekehren, und eine Woche später vergaß sie es ganz; denn als sie Simon im Park traf, waren andere Kinder dabei, auch Pao, dessen Vater sehr reich war. Sie spielten ein Kriegsspiel, und mit einemmal dachte Rosalie nur noch an die alten Zeiten mit dem Pferd Balthazar, und sie war völlig fasziniert von Pao, der so hochmütig war und zwei Diener mithatte, die im Park auf ihn achtgeben mußten. Pao war so klug und selbstsicher, daß er einen fast einschüchtern konnte.

Pao zog sie an den Haaren, und sie kämpften miteinander hinter den künstlichen Felsen, und das brachte ihn ihr noch näher. Sie wechselten kaum ein Wort miteinander, sie tobten sich nur aus. Sie veranstalteten Wettrennen, pufften und stießen sich und ritten auf imaginären Pferden daher, die sie mit Peitschenhieben antrieben. Beim Spiel mit Pao fiel Rosalie zurück in eine derbe, kraftvolle, rauhe Kindheit, und sie war glücklich über diesen Frühling, der so mild wurde und später so drückend und heiß.

An den Bäumen brachen kecke Blüten auf, während sich die Blätter noch kaum hervorwagten, und die künstlichen Hügel überzogen sich mit einem rosa Schimmer und blickten verächtlich auf die trockene Erde, die jeden Augenblick einen Staubwirbel emporschicken konnte.

Simon Hua fuhr nach Europa, er und seine Schwester Leila, und sie tauchten erst mehrere Jahre später wieder in Peking auf.

Mit Pao befand man sich, genau wie in der chinesischen Schule, in einer anderen Welt – einer Welt, in der man chinesisch sprach, in der es keine Religion gab und keine Karten, in die man seine Sünden einstechen mußte. Diese Welt erforderte viel weniger Erklärungen, und es gab hier ganz andere Dinge, die man tat oder nicht tun durfte. Rosalie zuckte immer zusammen, wenn sie merkte, daß Mama diese Dinge nicht kannte, so wie an jenem Abend, als Paos Vater sie alle zum Essen eingeladen hatte.

Die Familie Tang bewohnte einen Palast mit vielen Innenhöfen; denn Paos Vater war ein hoher Beamter, der zu jener Zeit dem Großen Oberherrn Wu Peifu unterstand. Er hatte keine Rikscha, sondern einen Pferdewagen, und wenn er dienstlich unterwegs war, fuhr er in einem Auto, auf dessen Trittbrettern seine Leibwächter standen.

Das Haupttor war hellrot mit goldbemalten Knöpfen. Auf den Sockeln zu beiden Seiten reckten sich zwei Steinlöwen empor; drei wilde, rothaarige Chow-Chows fletschten bellend die Zähne, schnappten nach den Besuchern und mußten von den Türhütern zurückgehalten werden. Diese Türhüter waren große Männer aus dem Norden und trugen lange blaue Gewänder mit blauen Hosen darunter, weiße Socken und schwarze Stoffschuhe und hatten dort, wo ihre Socken und Hosen aneinanderstießen, schwarze Seidenbänder um die Beine gewunden. Man ging durch den ersten Hof, in dem die übliche Ziegelsteinmauer mit eingemeißelten Lotosblüten den Weg versperrte, so daß kein Teufel in das Haus eindringen konnte, da die Teufel sich stets in gerader Linie bewegen.

Der Eingang befand sich etwas weiter links, und dann kam man durch einen zweiten und schließlich einen dritten Hof mit Porzellantöpfen, in denen Granatbäumchen und Päonien wuchsen. Zu beiden Seiten lagen die Zimmer, und hinter den Holzgittern ihrer Fenster hörte man lachende und plaudernde Stimmen und das Klappern der Mahjongsteine. Sie betraten die Haupthalle, wo die Gäste begrüßt wurden. Kaum waren sie darin, als Rosalie furchtbar erschrak und Tiza zu weinen begann, weil Pao schreiend auf dem Fußboden lag, während mehrere Frauen um ihn herum standen oder knieten und Diener hin und her eilten. Paos Vater schien seinen Sohn weder zu sehen noch zu hören. Er begrüßte seine Gäste und schüttelte Mama die Hand. Und da sagte Mama sehr laut: »Was für ein verzogenes Kind!« Das war so ungehörig, daß alle in Schweigen erstarrten und man nur noch die Schreie des Jungen hörte, der da auf dem Teppich lag.

Für Rosalie bedeutete dieses Abendessen später eine entsetzlich beschämende Erinnerung, weil Mama dabei ununterbrochen alles falsch machte. Papa, der mit den Männern an einem anderen Tisch saß, schien nichts zu sehen und sah sie wohl auch tatsächlich nicht. Er schwamm an diesem Abend in Glückseligkeit, denn er rezitierte Verse. Rosalie konnte nicht alles verstehen, aber sie wußte doch, daß es Gedichte waren, weil es ihr bei diesen Worten so herrlich kalt den Rücken herunterlief und alle Männer Beifall klatschten... Papa glänzte als Gelehrter, und Rosalie merkte deutlich, daß man ihm Anerkennung zollte, daß die anderen ihm lauschten. Gelächter und Applaus tönten von seinem Tisch herüber, als er in seinem hallenden, gongähnlichen szechuanesischen Tonfall Gedichtzeilen sprach oder eine witzige Geschichte erzählte. Rosalie wußte, daß Papa ein Dichter war, denn sie hatte schon Zeilen in seiner feinen Schrift gefunden, und obgleich ihre Lesekünste im Chinesischen noch nicht so fortgeschritten waren, daß sie den Sinn ganz erfassen konnte, so hatte sie beim Anblick der Schriftzeichen doch den Ton herausgefühlt und gespürt, daß es sich hier um ein Gedicht handelte. Aber Papa schrieb diese Zeilen immer auf Papierstreifen, die er zusammenfaltete, und manchmal grub er sie in die Erde der Blumentöpfe neben den Wurzeln seiner Nelken ein.

Rosalie, Tiza und Mama saßen am Tisch der Frauen, und hier machte Mama alles falsch. Sie ließ einzelne Stücke der Gerichte wieder in die Hauptschüssel zurückfallen, lehnte den Wein ab, nahm sich zuviel von dem ersten Gang, und als eine kleine schlanke Frau mit Haaren wie glatter Lack – es stellte sich dann heraus, daß sie die Dritte Konkubine von Paos Vater war – ihr ein kleines Stück Fisch auf den Teller legte, aß sie es nicht. Rosalie genierte sich nicht so sehr um der Dinge willen, die Mama tat, sondern vor allem, weil jede ihrer Gesten, jede Bewegung, jedes Wort so falsch, so unerträglich fehl am Platze war. Und ihr Chinesisch klang so schauderhaft. Sie betonte alles falsch, so daß die Worte eine ganz andere Bedeutung erhielten, als sie ihnen geben wollte, und die Frauen rings um sie zu kichern begannen. Es waren dumme Frauen, das wußte Rosalie. Nur die Dritte Konkubine war noch schlank und sehr hübsch; aber die anderen waren faul, grausam, beschränkt und so dick, daß sie kaum aus den Augen sehen konnten. Und bald fand Rosalie auch heraus, daß Pao der Sohn der Konkubine war und das einzige männliche Kind im Haus. Keine der anderen Frauen oder Konkubinen hatte einen Sohn geboren, und darum stand Paos Mutter in hohem Ansehen. Rosalie wußte aber auch, daß Paos Mutter es jetzt schwer hatte, denn es bestand immer die Möglichkeit, daß sie ihren Vorzugsplatz räumen mußte oder ganz verstoßen wurde, falls die eifersüchtigen Rivalinnen mit ihren Intrigen Erfolg hatten.

Nach dem Essen gingen alle zurück zu ihrem Mahjongspiel, und Mama setzte sich daneben und sah zu, spielte aber nicht mit. Pao spielte auch, und wenn ihm eine Spielstellung nicht paßte, fegte er alle Elfenbeinsteine mit der Hand auf den Fußboden, und sofort kam ein halbes Dutzend Diener herbeigestürzt, um sie wieder aufzuheben. Dabei lachten sie, als hätte Pao etwas sehr Komisches getan. Die ganze Zeit wurde er von den Frauen verhätschelt und gestreichelt, und alle lobten sein gutes Aussehen. Rosalie fand das verständlich, denn er hatte eine glatte Haut und blauschwarzes Haar wie seine Mutter, und seine Bewegungen waren leicht und elegant. Er machte ein paar unhöfliche Bemerkungen über Mama, so daß Rosalies Wangen vor Scham brannten; aber Mama verstand nicht, was er sagte, sah das Lachen der anderen als harmlos an und lächelte fröhlich. Dabei verzog sie den Mund, so daß man ihre Zahnlücke sehen konnte.

Nach aller Inbrunst, den kniend gesprochenen Gebeten und den sündigen Taten, die ein unheroisches Ende in einer schuldbewußt mit Nadelstichen durchlöcherten Karte fanden, schwand plötzlich die Frömmigkeit dahin, ebbte direkt vor der heiligen Kommunion allmählich ab. Rosalie wurde von einer neuen Härte erfüllt, sah auf einmal mit kühlen Augen die zwei Welten, in denen sie lebte, die zwei Wesen, die sie zu verkörpern hatte, und sie kamen ihr beide unwirklich vor, da sie mit Zeit und Ort wechselten. Die beiden konnten auch miteinander sprechen. So lehnte die eine sich bequem zurück und sagte zu der anderen: »Los, jetzt bist du dran. Sag ›Ja, Madame‹, mach einen Knicks, iß mit der Gabel und lache über Dinge, die du überhaupt nicht komisch findest.« Und das andere Ich, das viel verbissener war, lief schweigend durch die Straßen mit Brot für die Hunde und Kupfermünzen für die Bettler und einer Wut, einer ungeheuren, riesigen Wut, weil da kein Ende abzusehen war, weil alles war wie der Staub, dieser ewige Staub – kein Ende des Elends und dieses grauenvollen Schmutzes. Und dabei war dieses Ich gleichzeitig von einem seltsamen Stolz besessen und wünschte sich, ein Teil dieses Schmutzes zu sein – Mama zum Trotz.

Nun entstand ein neuer Konflikt, den Papa und Mama heraufbeschworen. Es begann damit, daß Mama wieder einmal erklärte, sie wollte fort, zurück nach Europa. Eines Nachmittags fuhr sie mit Tiza in der Rikscha weg, während Rosalie auf Marianne aufpassen mußte. Mama fuhr zum belgischen Konsulat, um sich einen Paß zu erbitten, und kam verzweifelt in ihr Taschentuch schluchzend zurück, weil der Konsul ihr gesagt hatte, sie besäße jetzt die chinesische Staatsangehörigkeit und könne ihren belgischen Paß nicht wiederbekommen.

Dann folgten einige Tage, die auf eine unerklärliche Weise schmerzhaft waren, weil sowohl Papa wie Mama – jeder gesondert – Rosalie Dinge über den anderen erzählte, von denen ein siebenjähriges Kind nur Bruchstücke verstehen konnte.

Papa beklagte sich bei Rosalie über Mamas Launenhaftigkeit und ihr oft so vulgäres Benehmen. Er erzählte ihr, daß die Weißen, wenn sie ihrem eigenen Land fern und dem hemmenden Einfluß ihrer eigenen Gesetze entzogen seien, leicht zu einer Art barbarischer Wüstenbewohner würden. Wenn die Weißen nach China kämen, so sagte er, verwandelten sie sich in lasterhafte, brutale Geschöpfe, während sie sich drüben in ihren eigenen Ländern ganz anders verhielten. Auch Mama habe sich verändert. Und er sagte manches darüber, wie sie sich verändert hatte, obgleich sie doch so bezaubernd und wundervoll sein konnte und es auch gewesen war. Und als bedürfe es eines Beweises für Papas Worte, folgten sehr rasch darauf zwei sehr unangehme Zwischenfälle – einer mit einem Bettler (immer dieses Bettler-Thema, das Rosalies Kinderjahre beschwerte!) und einer im Kino.

Der Bettler war ein Schrecken auf zwei Beinen: ein vierzehn- bis sechzehnjähriger Junge, der an Aussatz litt. Seine Kleidung bestand aus einem durchlöcherten Jutesack, den er sich mit einem Strick um die Brust gebunden, und alten Zeitungen, die er sich um die Füße und seinen kahlen, mit Eiterbeulen bedeckten Kopf gewickelt hatte. Als Mama eines Nachmittags mit Rosalie und Tiza nach Hause kam, verfolgte er sie mit seinem Gestöhn. Sie hatten zu Fuß gehen müssen, weil der Rikschamann Feng einen kurzen Urlaub erbeten hatte, um seine Großmutter zu beerdigen, und Mama ihn entlassen hatte, als er zwei Tage weggeblieben war. Am nächsten Tag sollte ein anderer Mann seinen Dienst als Rikschamann antreten. Falls Feng es wirklich wagen sollte, wieder zu erscheinen, würde sie ihm sagen, daß man nicht ewig auf ihn und seine Großmutter warten könne, daß Tausende sich nach so einer Stellung die Finger leckten und daß er, Feng, ihretwegen »auf dem Stroh« sterben könne wie alle Leute, die verschwenderisch lebten, ihre Großmütter beerdigten und sich faul herumtrieben.

Wenn Mama so etwas sagte, wußte Rosalie, daß auch sie mit diesen Worten gemeint war, da sie ihre Dollars nie sparen konnte und zuweilen von einer wahren Ausgebewut gepackt wurde.

Wie sie so ohne Rikscha an jenem Tag nach Hause gingen, begegneten sie diesem Jungen, der daraufhin stöhnend und mit einem seltsam schrillen Singsang Mama verfolgte und dabei immer seine Handstümpfe emporreckte. »Ich habe kein Geld!« schrie Mama. »Geh weg! Geh weg!« Und da bekam der Aussätzige eine Art Wahnsinnsanfall. Als Mama sich von ihm abwandte, hob er seine mit Zeitungspapier umwickelten Arme und schlug ihr eins hinten drauf, und dabei kreischte er immer »Geh weg, geh weg, geh weg...« und parodierte noch obendrein Mamas schlechte chinesische Aussprache.

Mama rannte schreiend weiter und zog Rosalie und Tiza hinter sich her. An der Ecke zur Gasse stand ein Polizist (es gab dazumal sehr viele Polizisten in Peking), und Mama sprach mit heftigen Gesten auf ihn ein und zeigte auf den Bettler. Der Polizist wirbelte seinen Stock herum und ging drohend auf den Bettler zu. Was weiter geschah, sahen sie nicht; aber sie hörten die Schreie, hörten die Schläge, ein häßliches, dumpfes Stampfen, das allmählich verstummte, während sie ihre Schritte beschleunigten und nach Hause eilten.

Jedesmal, wenn Mama in späteren Jahren diese Geschichte – in ihrer persönlichen Fassung – erzählte, lief Rosalie davon, lief davon vor der Geschichte und dem immer wiederkehrenden Entsetzen.

Eine Woche später ereignete sich der Zwischenfall im Kino.

Das Kino hieß auf chinesisch das Kino des Wahren Lichtes. Es hatte eine braune, klebrig aussehende Fassade und erschien Rosalie damals als ein riesiger Bau. Als Rosalie dann vierzig Jahre später zurückkehrte und das Haus (das jetzt »Volkstheater« hieß und nunmehr eine graue, aber noch immer klebrig wirkende Fassade hatte) wiedersah, teilte es das Schicksal aller Monumente aus der Kindheit: es kam ihr vor, als sei es zusammengeschrumpft. Das Kino des Wahren Lichtes zeigte in den zwanziger Jahren hauptsächlich amerikanische Filme, da es eine chinesische Filmproduktion noch nicht gab. In all diesen Filmen sah man galoppierende Pferde, Bösewichte und gewöhnlich ein dralles Mädchen mit langen blonden Haaren, das gefesselt auf den Eisenbahnschienen lag und in letzter Sekunde gerettet wurde, während eine immer größer werdende

Lokomotive heranbrauste und der Rauch, den die Maschine ausspie, die Leinwand und den Zuschauerraum verdunkelte. In der Versenkung saß ein aus Weißrussen bestehendes Orchester und machte die entsprechende Musik, wobei es die Revolverschüsse mit Trommelschlägen illustrierte. Rosalie sollte sich noch jahrelang an »Der König der Könige« und »Lichter der Großstadt« mit Charlie Chaplin erinnern (den Mama gar nicht komisch fand). Und sie dachte auch noch lange an den Film »Die Geburt einer Nation«, in dem in weiße Tücher gehüllte Kapuzenmänner häßliche schwarze Männer niederritten und das übliche dralle und blondhaarige Mädchen sich von einem Felsen herabstürzte, weil ein schwarzer Mann lächelnd hinter ihm herlief. Das war der Film, in dem sich der Zwischenfall zutrug.

Während der Zuschauerraum verdunkelt war und eine feierliche Musik ertönte, weil ein Haus brannte und die weißgekleideten Reiter ringsum standen und zuschauten, sprang plötzlich einer der Zuschauer auf und begann zu schreien. Sofort geriet alles in Aufruhr, die Lichter gingen an und die Polizisten tauchten aus den vier Ecken des Saales auf, in denen sie immer postiert waren. Der junge Mann, der geschrien hatte, wurde fortgezerrt, die üblichen Stockschläge prasselten rasch und kräftig auf ihn herab, und er wehrte sich und versuchte sein blutendes Gesicht mit den Händen zu bedecken. Seltsamerweise mußte Rosalie dabei an Charlie Chaplin denken, obgleich der junge Mann ein Chinese war und einen Schal um den Hals trug – ein Zeichen dafür, daß er Student an der Universität war.

Während der junge Mann hinausgeschleppt wurde, drehte Mama sich zu Rosalie um, die in der Reihe hinter Papa, Mama und Tiza saß, weil in der vorderen Reihe nur noch drei Plätze frei gewesen waren. Der Junge, der auf dem Platz neben Tiza gesessen hatte, war aufgestanden und gleich vielen anderen zum Mittelgang gestürmt, um den jungen Mann, den die Polizisten wegschleppten, genauer zu sehen. »Schnell«, sagte Mama, »setz dich hierher zu uns.«

Rosalie gehorchte. Sie setzte sich zu Tiza, auf den Platz, auf dem zuvor der Junge gesessen hatte.

Jetzt aber kam der Junge zurück und sagte: »Das ist mein Platz.«

Mama zeigte auf den Platz in der Reihe dahinter, den Rosalie soeben frei gemacht hatte: »Du kannst dich dorthin setzen.«

Der Junge fing an zu schreien: »Das ist mein Platz, mein Platz!«

Und alle Leute im Kino kamen angelaufen und drängten sich um Mama, Papa, Rosalie und Tiza.

Dann begann ein anderer junger Mann, der einen Schal um den Hals trug, zu schreien, und der Junge reckte plötzlich die Fäuste empor und brüllte: »Nieder mit allen weißen Teufeln aus Übersee!«, und nun erhob sich ein Dröhnen wie von einem rasch näher kommenden Zug. Das ganze Kino, alle hier versammelten Menschen machten diesen Lärm. Sie stampften, klatschten in die Hände und pfiffen, und plötzlich riefen sie alle wie aus einem Mund: »Nieder mit den Kolonialisten! Nieder mit den Imperialisten!« Und dann begannen sie zu singen.

Wieder erschienen die Polizisten, und wieder machten sie von ihren Knüppeln Gebrauch; aber gegen die große Menge konnten sie nichts ausrichten. Darum nahmen sie Mama und die Mädchen in ihre Mitte und führten sie aus dem Kino, und Papa blieb zurück. Dann kam auch er nach, und er sah so blaß aus, wie Rosalie ihn noch nie gesehen hatte.

»Nach Hause!« sagte er und sah Mama dabei nicht an. Zum erstenmal erlebte Rosalie es, daß er laut und energisch sprach. »Daran bist du schuld. Du verstehst überhaupt nichts. Du bist eine Weiße. Du kannst uns nicht ununterbrochen beleidigen.«

»Versuch es nur«, entgegnete Mama. »Rühr mich nur an! Dann schickt meine Regierung eine Armee, und unsere Soldaten schießen euch alle tot. Denk nur an den Boxeraufstand.«

»Du bist meine Frau«, sagte Papa.

Und Mama fing an zu schreien: »Ich will wieder nach Hause! Ich will mit diesem Ungeziefer, mit diesen gelben Schädlingen, nichts mehr zu tun haben!« Und kaum daß sie im Haus angelangt waren, spielte sich wieder die Szene ab, die nun schon fast automatisch abrollte: Mama schlang ihre Arme um Tiza (die ebenso automatisch zu weinen begann) und lief mit ihr ins Schlafzimmer, verfolgt von Rosalie, die sie am Rock festhielt und immer »Mama, Mama!« rief.

Aber Mama sah sie mit einem schrecklichen Ausdruck an – genau wie der Polizist den Bettler angesehen hatte – und sagte: »Geh weg, du! Geh zu deinem Vater.«

Und so blieb Rosalie allein mit Papa im Eßzimmer zurück, und Papa setzte sich hin. Er begann zu Rosalie zu sprechen. Aber zuerst stieß er einen tiefen Seufzer aus, der wie »Han« klang – das gleiche »Han«, das die Kulis ausstießen, wenn sie eine Last auf ihre Schultern hoben und dann lostrotteten, einer nach dem anderen; wenn sie ab und zu mit einem »Han« Atem holten und sangen: »Oiojeehoh, han, Oiojeehoh, han, Ajajejajah, han, Ajajeehaha.« Das Lied der Arbeit, das Lied der schweren Lasten, die man schleppen muß, unaufhörlich, bis der Tod kommt – der Tod zwischen der rückgratbrechenden Last und dem Staub, dem nie endenden Staub.

Und dieses »Han« klang auch wie der Atem der alten Rikschamänner, derer, die beim Ziehen nicht mehr so schnell laufen konnten, die immer außer Atem waren, weil sie ihre Lungen mit einem lebenslangen Dauerlauf aufgebraucht hatten.

»Han ... han ... hoho han ... han ... aijah ... han ... han«

So »han«te auch Papa, und dann begann er zu sprechen und beklagte sich über Mama, und Rosalie erinnerte sich noch lange an seine Worte und an Bruchstücke seiner Sätze, obgleich da mittendrin eine gewisse Lücke war, die Papa unberührt ließ und die Rosalie nicht verstehen konnte. In den Tagen, die nun folgten, schwang ein Glücksgefühl zwischen Rosalie und Papa hin und her, denn er ging mit ihr spazieren und zeigte ihr hier und dort allerlei Dinge. Vor allem aber gingen sie auf den Blumenmarkt und hielten sich dort bis zum späten Nachmittag auf. Und immerzu sprach er über Mama.

Rosalie war glücklich darüber, aber auch verzweifelt, weil sie hören mußte, was Papa gegen Mama sagte. Man *mußte* aber doch Mama lieben. Sie hatte etwas so schrecklich Hassenswertes und doch zugleich Bemitleidenswertes an sich. Es war eine furchtbare Sünde, Mama nicht zu lieben. Mama beklagte sich auch über Papa. Aber das tat sie immer, das brauchte man nicht so ernst zu nehmen. Hingegen Papa ... Papa, der sich beklagte und solche Dinge sagte und sein gewohntes Schweigen brach – das war etwas ganz Schreckliches, fast so schlimm wie der aussätzige Junge.

Und eines Tages öffnete Rosalie ihren Mund und erzählte Mama, was Papa über sie gesagt hatte. Sie war dabei hin- und hergerissen zwischen Gewissensbissen und Kopfweh, einem Gefühl, als müßte sie sich übergeben, und einem sonderbaren Machtgefühl, das ihr eine bisher unbekannte Wichtigkeit verlieh.

Sie erzählte nicht alles, sondern nur einiges von den Dingen, die Papa gesagt hatte. Und Mama legte die Hand auf Rosalies Schulter und sagte: »Du bist meine Tochter.« Und Rosalie fühlte sich wieder akzeptiert, und ihr war, als sei sie an einen sicheren Zufluchtsort zurückgekehrt. Aber das dauerte nur eine knappe Stunde.

Mama konnte ihre Zunge nicht zurückhalten, obgleich sie Rosalie versprochen hatte, Papa nichts zu sagen. Als Papa am nächsten Tag mit Rosalie zum Blumenmarkt ging, sagte er ruhig zu ihr: »Mir scheint, du bist auch wie ein Sieb, das alles durchläßt.«

Rosalie merkte, daß Mama ihr Wort gebrochen hatte, aber sie sagte tapfer: »Du solltest nicht solche Sachen über Mama sagen. Sie ist doch meine Mutter.«

Und Papa sagte: »Ja, vielleicht sollte ich das nicht.« Und dann gingen sie zum Blumenmarkt. Aber es war nicht mehr so wie vorher, und sie sprachen nie mehr über Mama. Erst dreißig Jahre später nahmen sie dieses Gespräch wieder auf.

Der Tag der heiligen Kommunion rückte heran. Man hatte Rosalies Erstkommunion verschoben, weil Mama gern wollte, daß Tiza die ihre gleichzeitig feierte. Tiza war zwar noch nicht sieben, aber man hatte in der Kirche verkündet, daß ein gottesfürchtiges Kind mit besonderer Genehmigung die heilige Kommunion erhalten dürfe, auch wenn es noch nicht sieben Jahre alt war. Tiza hatte auch nicht viel aus dem Katechismus lernen müssen; sie war ohnehin ein kleiner Engel, das sagte jeder.

An jenem Tag war jede Frömmigkeit, jedes Erschauern aus Rosalie geschwunden. Alles in ihr war trocken – trocken, bitter und verbrannt; trocken wie die Schlacken auf dem Schuttabladeplatz, auf dem die Bettler ihr elendes Leben fristeten. Sosehr sie sich auch darum bemühte, sie konnte doch nicht mehr zu den Reuegefühlen und der Inbrunst zurückfinden, die sie früher einmal mit dem Gedanken an den »König der Könige« verbunden hatte. Die nächtlichen Tränen, die Karte mit den eingestochenen Löchern, alles das, was ihr Herz in Glut versetzt hatte, es war dahin und würde nie wiederkehren. Andere Bilder hingegen blieben bestehen: die Hündchen und die Babys und jenes wilde Verlangen, das sie immer wieder durch die Straßen trieb und auf die Bettler blicken ließ.

Sogar am Morgen des Kommuniontages war sie noch ungezogen. In der Kirche gab sie sich verzweifelte Mühe, beim Herunterschlucken der kleinen, runden, trockenen Oblate, die nach nichts roch oder schmeckte, die erforderliche Begeisterung zu empfinden. Aber die Oblate blieb ihr in der Kehle stecken und weichte langsam auf, ohne daß sie dabei Freude oder Ärger empfunden hätte. Sie sprach die Worte, die man sie gelehrt hatte: »Ich danke dir, o Gott, für diese große Gnade«, aber sie fühlte nichts dabei. Die anderen kleinen Mädchen brachten es fertig, den ganzen Tag über in ihren weißen Kleidchen mit den Schleiern und den Kränzen aus künstlichen weißen Blumen, mit denen die Schleier festgesteckt waren, glücklich und strahlend auszusehen und den Eindruck zu erwecken, daß sie nun für alle Zeiten gut und zufrieden sein würden; aber Rosalie fühlte nichts als eine wilde, entschlossene Müdigkeit, und als sie auf den vertrauten lockigen Teufelskopf der hingestreckten Schlange blickte, begann sie zu lächeln. Es war ein geheimes, verschwörerisches Lächeln, so als freue sie sich über einen niederträchtigen Scherz, den sie nie verraten würde.

Was weiß ein heranwachsendes Kind von seiner eigenen Entwicklung? Es triumphiert, wenn der Strich an der Wand wieder einen Zentimeter mehr anzeigt; es reckt sich und kann immer mehr Dinge erreichen; es probiert heimlich Mutters Kleider an; es stößt einen jubelnden Schrei aus, wenn der Rock zu kurz geworden ist; es verspürt den übermächtigen Drang, zu rennen, zu springen, wilde Spiele zu spielen, und dabei eine brennende Wissensgier, die sich auch durch die üblichen Ermahnungen nicht abschrecken läßt. »Frag nicht soviel«, heißt es, »Sei nicht so ungezogen«, »Nein, nein, das ist noch nichts für dich«, »Neugierde ist eine Sünde«, »Warum willst du das alles wissen?« Und so wird das Kind gezwungen, alles mit sich selbst abzumachen, mit diesem heranwachsenden Ich, das so unkrautartig wuchert, das häßlich, dickköpfig, streitsüchtig, verworren, rastlos und voller Träume ist.

In Rosalie vollzog sich eine Aufspaltung ihres ganzen Ich, bei der jeder Teil auf Grund der ihm gemäßen Tatsachen eine eigene Persönlichkeit erschuf und jede dieser Persönlichkeiten getrennt agierte, zwischen sich und der anderen stets einen gewissen Abstand wahrte und sie doch insgeheim überwachte, so daß trotz allem eine feine, weiche Verbindung zwischen den beiden bestand, dünner als der Faden, durch den sich Theseus in seinem Labyrinth leiten ließ. Andere, die ebenso wie Rosalie aus zwei Welten stammten, sich jedoch nicht entschließen konnten, dieser Spaltung, der Aufsplitterung der monolithischen Identität in einzelne Ichs, zuzustimmen, waren später außerstande, mit den verborgenen Widersprüchen ihres Wesens fertig zu werden. Ihre Beharrlichkeit machte sie zu hilflosen Krüppeln innerhalb der Vielseitigkeit dieser Welt.

Für Rosalie wurde die Notwendigkeit, um mehrere einander widersprechende Wahrheiten zu wissen, ohne eine von ihnen als die ganze Wahrheit anzusehen, während ihrer Kindheit die einzige Möglichkeit weiterzuleben – zu leben und innerlich gesund zu bleiben. Und sie war erstaunt, daß andere nicht gewillt waren, die Unannehmlichkeit auf sich zu nehmen, immer teilweise unrecht zu haben und nie eine totale Antwort zu wissen. Sie glaubten nur an die eine Seite und fühlten sich sicher dabei; sie zogen eine behagliche Halbblindheit der quälenden Klarsichtigkeit des Zweifels vor.

Natürlich ist das bequemer, dachte Rosalie. Es ist, als wollte man niemals seine Möbel verrücken.

Sie sah, wie Meiling, eine ihrer Freundinnen in der Zeit akuter Freundschaften, in der Rikscha durch die Straßen fuhr und dabei die Augen schloß. »Ich mag diese häßlichen, armen Leute nicht sehen«, sagte sie mit einem bezaubernd glücklichen Lächeln zu Rosalie. Die hübsche, reiche Meiling war die Tochter von Herrn Hu, der in der Ostkirche die Spenden einsammelte. Sie war Rosalies Klassengefährtin in der chinesischen Schule und liebte Rosalie, und für eine Weile verzieh diese ihr, daß sie nicht sehen *wollte*, weil Meiling so wunderhübsch war. Aber nur für eine Weile, nur so lange, wie Meilings Zauber währte. Eines Tages schwand die Verzauberung, und von da an begann Meiling sie zu langweilen. Die geschlossenen Augenlider in der Rikscha lieferten Rosalie den Vorwand, die Freundschaft abzubrechen.

Rosalie befreundete sich rasch und häufig, aber nach einer gewissen Zeit schüttelte sie ihre Freundinnen wieder ab wie ein Baum seine reifen Früchte. Früher oder später kam der Tag, an dem Rosalie der Freundin, die sie mit inbrünstiger Leidenschaft geliebt und der sie von ihren ersparten Dollars Geschenke gekauft hatte, trockenen Auges bitterböse Schimpfworte zurief. Und damit warf sie wieder eine Liebe fort, schüttelte sie ab vom Baum ihres Lebens. Plumps, da fiel sie hinunter, und es dauerte Tage, bis die Wunde, die sie sich doch selbst zugefügt hatte, verheilt war. Sie schluchzte – gewöhnlich laut – in ihr Kissen, verströmte ihr augenblicklich beschäftigungsloses Gefühl in Kummer. Aber selbst wenn sie so schluchzte, lehnte ein anderes Ich, das ebenfalls Rosalie war, sich beobachtend zurück und höhnte: »Nun sieh dich bloß einmal selber an ... wie kannst du nur so heulen, du dummes Geschöpf ... du weißt doch genau, daß es eines Tages nicht mehr weh tut ...«

»Das ist es ja gerade«, sagte Rosalie zu Rosalie. »Genauso wird es kommen. Eines Tages werde ich überhaupt nichts mehr fühlen.« Und sie schluchzte noch lauter.

»Du hättest ja weiterhin mit ihr befreundet bleiben können. Du mußtest sie ja nicht unbedingt eine dicke große Kuh nennen, nur weil sie nicht mit dir im Park spazierengehen wollte.«

»Aber der Park ist herrlich. Die Glyzinie ist so schön. Und ich liebe sie.«

»Du bist selber eine dumme Kuh. Was ist denn schon an deiner Glyzinie so wichtig? Nächstes Jahr hängen ihre Trauben genauso schön in den Ästen. Dann kannst du wieder hingehen und sie ansehen.«

»Rosalie«, sagte Papa, »komm heute nachmittag mit mir und sieh dir die Glyzinie an; nächste Woche ist sie abgeblüht.«

Und Rosalie sprang auf und ging mit Papa. Wenn sie Papa auch verraten hatte und jetzt mit anhörte, wie Mama schlecht von ihm sprach, so hatte das doch nichts mit der Glyzinie zu tun. Nur Papa wußte, wie man eine Blume betrachtet.

Und eines Tages tat ihre Entwicklung einen großen Sprung, sprang über Jahre ungemilderter Eintönigkeit hinweg und landete bei den Lotosblumen im Peihai-Park von Peking. Nie hatte jemand Rosalie erzählt, daß Peking schön war. Der erste Schock durch die Schönheit widerfuhr ihr durch die Lotosblüten im Park, und von diesem Tag an war ihr endgültig klar, daß dieses Zittern, das von ihren Handgelenken hinauf in die Schultern und dann den Rücken hinabrieselte und vibrierte wie der langgezogene Ruf der Sommerzikaden, die Erkenntnis der Schönheit war.

Und Peking war schön damals, so schön – von einer harten, grausamen Schönheit, in der man leben und sterben konnte. Schön und hart der strenge, kalte Winter mit seinen Staubwirbeln, in denen jedes Teilchen von einer sandigen, festen Kälte ist, aus dem Urfelsen der Kälte selbst herausgesprengt. Und nach den Schneefällen senkt sich eine Eisdecke auf die flache Stadt, und alles erstarrt. Sechs Meter lange Eiszapfen hängen von den Dächern herab, und in den Straßen liest man steinhart gefrorene Körper auf – manche mit dem Kopf zwischen den Knien. Dann kommt der Frühling, die schlimmste Jahreszeit: Winde aus Zentralasien, sandbeladen, ein bronzefarbener Himmel, alle Hutungs Korridore aus Sand. Tagaus, tagein ein goldgelber Nebel über der Stadt, der das Gehen fast unmöglich macht. Nur die Rikschamänner ziehen unermüdlich wie Sandgespenster ihre gelben Geisterwagen durch die trübe Sandluft. Und dann kommen drei wundervolle Wochen, der kurze Vorsommer, in dem die blauen Westberge eine Blumendecke tragen, der Flieder in den Höfen der Häuser Blüten treibt und in den Parks das abgetretene Gras hochschießt. Kraftvoll, rachsüchtig ist es sofort zur Stelle und wird ebenso rasch wieder versengt von dem jäh ausbrechenden Sommer, der der Julihitze entgegenstampft, diesem eisernen, fest schließenden Hitzedeckel über der Stadt. Dann verlieren alle ihre gute Laune und ihr Gewicht, die Europäer fahren ans Meer, und in der Nacht kann man keinen Schlaf finden. Aber es ist die Zeit der Lotosblüten.

Zu Zehntausenden bereiten die in die Teiche gebetteten Lotospflanzen ihr Aufblühen vor. Ein Fußbreit im Durchmesser, ein Fußbreit über der Wasserfläche, mammutartiges Rosa und Weiß, füllen sie die Teiche und die alten, rund um die Kaiserstadt gegrabenen Kanäle, und man muß eine Gasse in sie hauen, damit die kleinen, gleitenden Boote hindurchkommen können, die Boote derer, die herbeigeströmt sind, »den Lotos zu genießen« und ihr Fahrzeug zwischen den Blüten durchzustaken. Mit Papa, der in alle Blumen so verliebt war, betrachtete Rosalie die Lotosblüten. Sie stand auf der Marmorbrücke, die sich über den Teich spannte – und auf einmal war die Schönheit da. Kein Lexikonwort mehr, sondern eine wilde Elementarkraft, die immer nur sich selbst wollte, sich selbst und nichts anderes.

So geschah es. Die Schönheit kam und hielt mit ihrem feinen Faden durch allen Staub der Heuchelei und der stumpfen Worte, durch alle ohnmächtigen Wutanfälle, durch Häßlichkeit und Entsetzen sämtliche Rosalies zusammen, die es gab und noch geben würde. Und Rosalie wußte, daß auch Papa wußte, was Schönheit war, und eine Zeitlang glaubte sie sein Schweigen zu verstehen, seine Zuflucht im Schweigen, das große Schweigen eines reglosen Vaters, der sein ganzes Herz ins Anschauen der Blumen legte. Sie begann zu verstehen, daß man Schönheit geheimhalten muß, daß sie ein spitzes, gefährliches Ding ist, ein Igel im Herzen. Alles tat jetzt weher, so daß sie wie von Wut besessen in der Abenddämmerung durch die Hutungs ging – rasend darüber, daß auf einmal alles einen Anstrich von Schönheit hatte, daß alles infiziert war mit dieser Lieblichkeit, die doch ein ständiger Schmerz war. Zuweilen wurden dieser Schmerz und diese Unruhe so überwältigend, daß man häßliche Dinge tun und häßliche Worte sagen mußte, daß man die Wunde mit einem häßlichen, ordinären Gelächter überspülen mußte, um das ob all der Schönheit klopfende Herz zu beschwichtigen. So unendlich viele Menschen lebten in Häßlichkeit, fühlten sich heimisch darin und fanden es so gemütlich und hübsch. Aber zum Schluß kroch immer die Schönheit hervor, und je entschiedener man sie ausgeschlossen hatte, um so grausamer war sie. Schönheit – das waren auch die Bettler auf ihren Abfallhaufen und der Rikschamann Feng und die sterbenden Babys und die Toten, die in den Straßen erfroren waren. Oh, wie war er furchtbar, der große unbarmherzige Igel, der sich ruhelos in seinem Nest, dem Herzen, herumdrehte!

Und nun begann auch der Gedanke an Mama, an die Liebe zu Mama, noch mehr zu schmerzen; denn Mama sah wohl, aber sie schaute nicht. Und wenn sie einmal schaute, fing sie sofort an zu reden und sagte: »Guck mal, wie hübsch«, und auch das tat weh; denn wenn die Dinge schön sind, gibt es kein Wort dafür. Der Bettler mit dem epileptischen Anfall hatte ein schönes Gesicht gehabt; aber Mama hätte es bestimmt nicht schön oder hübsch gefunden. Sie wäre davongelaufen.

Eine Weile ahmte Rosalie Papas Schweigsamkeit nach, und mit ihr und dem Lotos, der so sicher war in seiner schwebenden Lieblichkeit, wuchs die eine Seite von ihr und wartete, während andere Rosalies schrien und tobten, verletzten und verletzt wurden, wilde Liebesgefühle abnutzten und wegwarfen – nicht achtlos, sondern weil es letztlich keinen Kompromiß gab mit dem Lotos, dem Schweigen und der Schönheit, die im Grunde etwas Schreckliches war und die man doch sehen, riechen und fühlen mußte.

Jeden Monat nahm Papa Rosalie mit auf den Lungfusze-Markt. Der Markt fand alle zehn Tage statt, aber Papa ging nur einmal im Monat hin. Das war ein Markt, der schon seit Jahrhunderten bei dem Tempel abgehalten wurde, der wie alle Tempel taoistisch und buddhistisch zugleich war. Trotz der Kriegsherren und ihrer Kriege kam das Volk von Peking hierher, um zu verkaufen, zu tauschen, zu sehen, zu feilschen und umherzuschlendern, um den Zauberern zuzusehen, den Ringern, dem Mann, der mit dem Handgelenk Steine zertrümmerte, und den Akrobatenkindern, um die Goldfische und die Blumen zu betrachten, die Vögel in ihren Käfigen, die gestickten Schuhe und die Gewänder aus zweiter Hand, die hier zum Verkauf angeboten wurden.

»Goldfische sind Blumen«, sagte Papa, »Blumen, die sich bewegen können.«

Sie umstanden in einem kleinen Kreis den alten Mann, der mit seinem Handgelenk Steine zertrümmerte. Es war ein magerer, sehr magerer alter Mann, und er hatte sein linkes Handgelenk mit einem kleinen grauen Lappen umwickelt.

»Seht her, seht her, alte Herren, junge Herren, seht alle, was dieser alte Bursche kann, was er mit einer einzigen Bewegung seines Handgelenks vollbringt! Pah, dieser alte Kerl« – und damit wies er auf seine Nase, wie die Chinesen tun, wenn sie von sich selbst sprechen – »wird jetzt den Stein hier zerbrechen. Denn meine Faust ist stärker als ein Eisenhammer, jawohl, und das will ich euch zeigen. Aufgepaßt!«

Der Vorderarm mit seiner dicken blauen Ader sauste herab auf den Stein, einen runden, vom Flußwasser glattgewachsenen Kiesel. Er zerbrach in zwei Stücke.

Die Leute, die im Kreis standen, warfen ein paar Kupfermünzen auf die Erde, und der alte Mann bückte sich, um sie aufzuheben. Man konnte alle Wirbel seines Rückgrats zählen. Rosalie zog Papa am Arm. Sie gingen fort. Sie spürte, daß Papa wußte, wie weh es ihr getan hatte, diesen alten Mann zu sehen. Was würde er morgen anfangen, wenn der Stein nicht mehr unter seiner Faust zerbrach? Und der Kreis der Zuschauer hatte sie plötzlich an den Hinrichtungsplatz erinnert, wo das schwere, gekrümmte Schwert hell blitzend durch die Luft gepfiffen war und dann den Hals nur halb durchschlagen hatte und wo dann der halb abgetrennte Kopf den Mund öffnete und doch kein Schrei daraus hervordrang, weil die Luftröhre durchschnitten war.

Aber vielleicht verstand Papa das gar nicht. In ihm wie in so vielen Menschen rings um Rosalie, auch in freundlichen und gutherzigen kleinen Mädchen wie Meiling oder Tiza, war eine so seltsame Entschlossenheit des Nicht-Hinsehens, daß die Sehenden sich ihres Sehens fast schämten.

Die Höfe des Tempels reichten für den Markt nicht mehr aus; er flutete über in die umliegenden Hutungs, und diese wanden und schlängelten sich, so daß es an jeder der schmutzigen Ecken etwas Neues zu sehen gab: Hühner und Enten, Gänse, die ihre Hälse streckten, um nach den Leuten zu schnappen, Windrädchen aus Papier, Särge, duftendes Kampferholz und lackierte Lederkästen. Aber Papa ging immer zu den Blumenständen, und erst wenn er ein paar Oleander- oder Zwergweidenstecklinge gekauft hatte, begannen sie ihren langsamen Rundgang. Eines Tages kaufte Papa Forsythia für den Garten. Im nächsten Frühling streckte der Busch lange Zweige wie Fangarme aus, die sich mit gelben Sternen bedeckten, und auch das war wieder Schönheit, die man stundenlang betrachten konnte. Er kaufte Dahlien – riesige, schwer hängende Blütenköpfe – und Chrysanthemen für den Herbst, Granatapfelbäumchen, die er am Eingang zum Hof einpflanzte, Nelken und Rosen. Er liebte es, langsam dahinzuschlendern, und Rosalie ging neben ihm her und fühlte sich stolz, und das Schweigen befähigte sie, zu sehen. Und so lernte sie für eine kurze Zeit, mit den Sinnen das zu erfassen, wogegen das Gehirn aufbegehrte. Papas Gegenwart ließ es ihr unvermeidlich und irgendwie richtig erscheinen, daß sie Rosalie war, Rosalie in Peking, und daß Peking schön war, zu schön für alle Worte. Aber nur für eine kurze Zeit. Dann trieb die innere Ruhelosigkeit sie weiter, und sie mußte all dies hier hinter sich lassen, so wie der Baum die sommerlich belaubten Zweige hinwegreckt von der geduldigen, immerwährenden Erde.

Mit dem Wachsen und Älterwerden waren auch einfachere, direkte Arten von Kümmernissen und Schmerzen verbunden, die sich säuberlich in Kategorien einteilen ließen, so daß Rosalie nach einer Weile genau wußte, wie und wann der Schmerz kommen und wie lange er dauern würde. Die andere Rosalie, dieses Double, mit dem sie ihre Dialoge führte und ohne die die Einsamkeit ein Dauerzustand gewesen wäre, pflegte ihr dann zu versprechen: »Rosalie, es wird nicht länger dauern als zwei Tage, eine Woche, einen Monat. Du mußt es nur abwarten.«

Körperliche Schmerzen waren erträglich, wenn man sie sich selbst zufügte; aber schon die leichteste Berührung durch andere war unerträglich. Der Schmerz, den sie gespürt hatte, als man ihr die Ohrläppchen durchstach und vier Menschen sie festhalten mußten, blieb ihr durch viele Jahre unvergeßlich und entlud sich immer wieder in Raserei und wildem Geschrei, sobald jemand sie, und sei es auch liebevoll, berührte. Die tröstenden Arme, die zärtliche Hand auf ihrer Stirn ließen sie immer in unausgesprochenem Abscheu zurückzucken. »Faß mich nicht an, faß mich bloß nicht an!« schrie sie oft, und bald verzichtete Mama auf jeden körperlichen Kontakt, und die Entfremdung, die schon immer unterschwellig vorhanden war, verstärkte sich.

Einige Zeit wurde sie von Furunkeln geplagt. Der größte entwickelte sich auf ihrem linken Handgelenk und ließ die ganze Hand und schließlich auch den Arm anschwellen. Mama tat Jod darauf. Sie sah Jodtinktur als ein Allheilmittel an und hatte stets eine Flasche voll im Medikamentenschränkchen der Familie. Aber die Beule wurde immer schlimmer und wuchs sich zu einem pochenden Abszeß aus. Rosalie konnte die Schmerzen nicht mehr ertragen, aber sie konnte es auch nicht ertragen, wenn ein anderer Mensch sich an ihrer Hand zu schaffen machte. So nahm sie Papas Taschenmesser von seinem Schreibtisch und stach damit in die grauweiße Spitze der Geschwulst, während sie laut vor sich hin schluchzte: »Oh, tut das weh, oh, tut das weh!« Dann quetschte sie, immer noch jammernd, den Eiter heraus. So behandelte sie sich selbst und empfand dabei ein Gefühl köstlicher Erleichterung.

Ein andermal, als sie ein Spiel erfunden hatte, bei dem man über einen umgekippten Eimer springen mußte, riß sie sich ihr Bein an seinem Rand auf. Es war ein alter, rostiger Eimer, dessen Boden nur noch aus scharfen Zacken bestand, die tief in Rosalies Bein schnitten. Das Blut rann, Rosalie ging zum Medizinschränkchen, nahm die Flasche mit der Jodtinktur heraus und goß sich – wiederum schluchzend vor Schmerzen – etwas davon über die Wunde. Aber es war doch weniger schmerzhaft, wenn sie es selbst tat, als wenn sie Mama gerufen hätte; denn Mama hätte zuerst einmal aufgeschrien, dann hätte sie gezankt, dann hätte sie angefangen zu zittern, und schließlich hätte sie sich bei Papa beschwert, woraufhin Tiza bestimmt angefangen hätte zu weinen. Und die Jodtinktur wäre auf jeden Fall angewandt worden. Mama besaß auch Verbandzeug für solche Fälle, das sie aus ihren eigenen alten weichen Kleidern zurechtgeschnitten hatte. Rosalie nahm eine Rolle und wickelte sie um ihr Bein. Und damit war der Fall für sie zunächst erledigt. Sie erzählte Mama nichts davon, und diese erfuhr es erst zehn Tage später, als die Wunde zu eitern begann. Genauso machte Rosalie es mit dem Daumennagel, den sie sich halb abgerissen hatte; doch der wuchs wieder.

Als der Doktor Rosalie in den Hals sehen wollte (weil sie in jedem Winter, wenn der scharfe Wind wehte, monatelang hustete, bis sich ihre Rippen leicht ausbeulten – eine Deformation, die sie in späteren Jahren durch selbstverordnete Haltungsübungen ausglich), bekam sie einen Schreianfall und warf sich im Sessel zurück. Mama sagte hinterher, sie hätte sich aufgeführt wie ein dummes Baby, und Rosalie schämte sich sehr und dachte sich eine halbe Nacht lang Geschichten aus, in denen der Doktor ihr den Arm abschnitt und sie kein Wort sagte, sondern seelenruhig eine Zigarette rauchte, während er an ihr herumsäbelte.

Und da war noch ein Schmerz. Der Schmerz, so oft hören zu müssen, daß sie häßlich sei. Anfangs hatte es ihr nichts ausgemacht; aber dann machte es ihr plötzlich doch etwas aus, weil alle Menschen Tiza im Gegensatz zu ihr nicht nur als gut, sondern auch als hübsch und sogar schön bezeichneten.

Die meiste Zeit ihres Lebens war Rosalie – ohnehin nie ein

Engel – eifersüchtig auf Tizas gutes Aussehen; obgleich sie schließlich einsah, daß die ständige Behauptung, sie sei häßlich, sie davor bewahrt hatte, den Weg zu gehen, den Tiza und Marianne gingen – ihre Schwestern, denen man immer erzählt hatte, wie schön sie seien. Rosalie mußte viele Jahre warten, bis sie endlich begriff, daß ihre Häßlichkeit nur in den Augen des Betrachters, nämlich Mamas, vorhanden war und daß sie in Wirklichkeit gut aussah, ja eine dauerhafte Anmut des Körpers und der Gesichtszüge besaß, die sich weit länger hielt als die Schönheit der Schwestern. Doch auf Jahre hinaus quälte sie der Gedanke an ihre Häßlichkeit, vor allem weil diese nach Mamas Aussage in direkter Beziehung zu ihrer Ungezogenheit stand und jeden anderen Vorzug, den sie möglicherweise hatte, zunichte machte.

»Natürlich mußt du tüchtig arbeiten und die Erste in der Klasse sein; denn heiraten wirst du doch nie, dafür bist du viel zu häßlich. Sieh dich nur mal im Spiegel an! Du kriegst nie einen Mann – höchstens daß dich einer wegen deiner Gescheitheit heiraten will. Aber Männer mögen gescheite Frauen nicht.«

Und noch schlimmer wurde es, als Älterer Bruder kam und das gleiche erklärte, obwohl er später sagen sollte: »Du bist die schönste Frau, die ich je gesehen habe.«

Mit knapp neun Jahren war Rosalie von ihrer Häßlichkeit überzeugt, und diese Überzeugung hielt an, bis sie fünfzehn war und alle Leute ihr plötzlich sagten, sie sei schön. Aber da war das Bewußtsein ihrer Häßlichkeit schon so tief in ihr eingewurzelt, daß sie nicht an ihre eigene Schönheit glauben konnte. Sie überwand die Zeit der eckigen, ungeschickten Bewegungen, der Pickel und dieser dunklen, nervösen Schülerinnen-Magerkeit; aber ihre trotzige, herausfordernde Haltung, diese Schutzhülle, konnte sie nicht abstreifen. Wann und wo Rosalie auch auftauchte, immer kam es zu hektischen Szenen, zu Zank, Diskussionen und Tränen, überall flogen kräftige Schimpfworte durch die Luft, wilde Spiele wurden veranstaltet, und es wurden Löcher in die Kleider gerissen. Niemand konnte in Frieden mit ihr auskommen. Die ganze Zeit hindurch aber gab es auch eine andere Rosalie, die diese Schimpfereien und Grobheiten wiedergutmachten, indem sie ihr Geld sparte und davon Geschenke für Mama und Tiza kaufte, die Bilder zu Mamas Geburtstag malte, die kleine Theaterstücke verfaßte und sie zusammen mit Tiza und Marianne an Papas oder Mamas Geburtstag oder zu Weihnachten aufführte. Und vom Weihnachtsmann wünschte Rosalie sich keine hübschen Dinge, denn die hübschen Dinge waren für schöne Kinder wie Tiza da. Sie wünschte sich Bücher. Es hätte doch jeder gelacht, wenn sie sich ein Schmuckstück oder Seidenbänder gewünscht hätte. »Wozu denn, bei deinem Gesicht?« hätte Mama gesagt. Darum wurde sie in den Träumen, denen man vor dem Einschlafen nachhing, und in den selbsterzählten Geschichten ein Junge, ein junger Mann oder ein erwachsener Mann. Das war ein Ausweg. Wenn man nun einmal kein schönes Mädchen mit Korkenzieherlocken und großen strahlenden Augen werden konnte, dann mußte man ein Mann und ein tüchtiger Kämpfer werden. Ich will keine Frau sein, ich will ein Mann sein, dachte Rosalie.

Ein anderer Ausweg bestand darin, Tiza und Marianne zu drangsalieren.

Tiza war schön, vor allem aber war sie zart. Ihre Schwäche umstrahlte sie wie ein neiderweckender Heiligenschein. Dabei war sie dicker, größer und schwerer als Rosalie, und bald schon sollte Rosalie die ausgewachsenen Kleider ihrer Schwester tragen. Rosalie, die sich ganz in Heftigkeit verausgabte, blieb dünner und kleiner als ihre Schwestern. In der Schule hieß es, sie habe einen schlechten Einfluß auf ihre Klassenkameradinnen, weil sie in den Pausen Kriegsspiele organisierte und die anderen Mädchen zum Mitspielen anstiftete. Eines Tages verbot die Mutter Superiorin diese Spiele. Rosalie aber durfte überhaupt nicht mehr spielen, sondern mußte während der Pausen still in einer Ecke sitzen, und niemand durfte mit ihr sprechen.

Dann begannen die Mandeln in Tizas Hals anzuschwellen und blieben ein paar Monate geschwollen, und Mama sprach in dunklen Andeutungen von einer erblichen Belastung, weil Papas älteste Schwester, Erste Tante, die mit Onkel Liu – der ihr Mann und Ingenieur wie Papa war – und ihren elf Kindern in Peking wohnte, in ihrer Jugend an geschwollenen Mandeln gelitten hatte, die sich dann zu eitrigen Abszessen entwickelt hatten. Mama erzählte Tiza davon, und nun beobachtete die ganze Familie Tizas geschwollenen Hals und wartete angstvoll auf das Aufbrechen der Mandeln, den herabtropfenden Eiter und die Bildung der langen Furchen, die wie gewundene Abzugsgräben den Hals von Erster Tante entstellten. Aber es geschah nichts dergleichen, und nach einiger Zeit schwollen Tizas Mandeln wieder ab. Etwas später jedoch stellte Tiza ihre Zartheit erneut unter Beweis, indem sie ein Trachom bekam und dann auch noch eines Nachmittags einen langen Wurm erbrach.

Trachome waren in China sehr häufig; fast vierzig Prozent der Bevölkerung wurden irgendwann einmal von dieser Krankheit befallen, die häufig Blindheit nach sich zog. Aber wo und wie hatte Tiza sich das Trachom geholt? Mama behauptete, es sei in der chinesischen Schule geschehen, und hatte damit einen guten Grund, den weiteren Besuch dieser Schule zu verbieten. Aber Rosalie war achtzehn Monate in die chinesische Schule gegangen und war nicht krank geworden, während Tiza nur sechs Monate hingegangen war. »Sogar der Teufel würde die nicht anrühren«, sagte Mama mit einem Unterton von Gehässigkeit. Er klang, als haßte sie diese Rosalie, die unverwüstlich war, während Tiza dauernd an irgend etwas litt.

Tizas Trachom wurde behandelt, und dann erbrach sie plötzlich einen Wurm. Auch Würmer waren in China eine sehr häufige Erscheinung, und der Doktor sagte, neunzig Prozent aller Kinder in Peking hätten Würmer, große, runde, weiße Würmer. Bei ihren Spaziergängen durch die Felder hatte Rosalie sie oft in den sauberen Kothaufen gesehen, welche die Menschen, die sich erleichtern wollten, an die Ränder der Wege setzten. Aber auch wenn man durch die Hutungs ging, konnte man diese Haufen an den hinteren Mauern der Häuser erblikken, ja selbst an der Hintermauer ihres eigenen Hauses hockte sich jeden Morgen eine ganze Reihe von Arbeitern und Rikschamännern hin und deponierte hier saubere, rauchende Kothaufen. Diese Haufen wurden von den Dungsammlern abgeholt und dann auf die Felder gebracht, denn künstliche Düngemittel waren teuer und rar. Papa erzählte, daß in Szechuan, seiner Heimatprovinz, ganze Familien ein müßiges, bequemes Leben führten, weil ihnen der Dung der öffentlichen Bedürfnisanstalten gehörte.

In diesen gelben oder braunen dampfenden Haufen, die nach einiger Zeit zu krustigen, geruchlosen Schnecken eintrockneten, sah Rosalie oft Würmer, dicke rosa Würmer mit wurstähnlichen Körpern und längliche weiße. Manche von den Würmern bewegten sich sogar noch.

Als Tiza eine Wurmkur machte, mußte auch Rosalie gleichzeitig die Pillen schlucken, obgleich Mama erklärte, sie habe bestimmt keine Würmer, weil sie viel zuviel Säure im Magen habe. Und Rosalie war einerseits erleichtert, daß sie keine Würmer hatte, andererseits ein bißchen betrübt; denn das war wieder ein Beweis dafür, daß sie nicht zart war und man sich nicht um sie zu sorgen brauchte, sondern zäh und ungezogen und so böse, daß ihr Magen sogar auf Würmer tödlich wirkte. Niemand konnte sie je bemitleiden, niemand würde sie je mit einem beschwichtigenden Singsang in den Armen halten, niemand würde sie je wirklich liebhaben.

Es gab zweierlei Arten von Wurmpillen, und diese Tatsache führte zu einer Meinungsverschiedenheit zwischen Papa und Mama. Denn als Papa Wurmmedizin holen sollte, brachte er dicke, runde Wachsbällchen und kleine kegelförmige rosa Pyramiden mit, die man kauen mußte. Aber Mama sagte, das seien chinesische Wurmmedizinen, und damit würde man die Würmer bestimmt nicht los. Die Kinder schluckten sie trotzdem, und am nächsten Tag schluckten sie die europäischen Medizinen, die viel teurer waren. In den folgenden Tagen warteten morgens alle aufgeregt auf das Erscheinen der Würmer, aber es kamen keine zutage, nicht einmal bei Tiza.

Rosalie begann nun, Tiza und Marianne zu quälen und zu tyrannisieren. Sie zerbrach Gegenstände, die ihnen gehörten, und stahl die Heiligenbildchen aus Mamas Album, das diese Tiza geschenkt hatte. Alles, was Mama als Kind besessen hatte, ging in Tizas Besitz über: Ketten, ein Armband und Heiligenbildchen. Alles. Und Rosalie wurde immer böser und ungezogener, und sie schlug und puffte auch die anderen Kinder in der Schule und zog sie an den Haaren. Aber trotzdem liebte sie Tiza. Mit einem Herzen voller Liebe blickte sie im Bett zu ihr hinüber, berührte ihre langen gebogenen Wimpern und begeisterte sich daran. In der Schule schlug sie einen kleinen Jungen, der Tiza an den Zöpfen gezogen und sie zum Weinen gebracht hatte. Sie schlug ihn so heftig, daß seine Mutter kam und sich beschwerte (Rosalie hatte mit ihrer ganzen Schultasche voller Bücher ausgeholt und sie dem Jungen gegen den Kopf geschleudert). Der Doktor hatte gesagt, es hätte einen Schädelbruch geben können. »Geschieht ihm recht, wenn er meine Schwester ärgert«, erwiderte Rosalie mit hocherhobenem Kopf.

Schließlich stahl sie einen Dollar von Tiza. Eines Sonntags war die ganze Familie zu der französischen Mission der Trappistenmönche direkt vor den Toren von Peking hinausgewandert. Die Mönche kelterten Wein, bauten Gemüse und Obst und bereiteten Käse. Eine Zeitlang hatte Mama ihnen ihren Schmuck zur Aufbewahrung gegeben, weil sie die Kriegsherrn und die plötzlichen Überfälle desertierender Soldaten in der Stadt fürchtete. Jedesmal wenn ein neuer Kriegsherr in die Stadt einzog, gingen Papa und Mama nachts in den Garten des Hauses (des Hauses, in dem sie gerade wohnten, denn sie bewohnten in Peking insgesamt vier Häuser), gruben ein Loch und legten den Schmuck hinein. Eines Tages aber beschloß Mama, ihren Schmuck bei den französischen Mönchen der Mission zu lassen. Allerdings blieb er nicht lange dort, weil Mama bereits nach zwei Monaten behauptete, den Franzosen könne man nicht trauen; sie redeten immer freundlich, meinten es aber nicht so, und wer weiß, vielleicht kämen sie auf den Gedanken, ihren Schmuck zu stehlen. Sie holte sich die Sachen also zurück und grub sie von nun an wieder im Garten ein.

Es war Mai, ein strahlender Sonnentag. Papa wollte sich ein paar Stecklinge von den französischen Patres erbitten, um einen Weinstock in seinem Garten anzupflanzen. Die Weingärten standen unter der Obhut von Pater Michael, einem sehr alten, gekrümmten Mönch mit einem Humpelbein und einem Bart, der immerfort lachte. An diesem Tag gab ihnen

Pater Michael zu den kalten Hühnchen und den Sandwiches, die sie selbst mitgebracht hatten, noch Erdbeeren aus dem Garten und Ziegenkäse.

Rosalie aß immer wie ein gieriger, verhungerter Bettler. Sie stürzte sich auf alles Eßbare und war stets zuerst fertig. Auch diesmal schlang sie das Hähnchen, die Sandwiches, die hartgekochten Eier, ein paar Erdbeeren und den Ziegenkäse (der ihr gar nicht schmeckte) in Windeseile hinunter. Der Käse war in Erdbeerblätter gewickelt, und Mama sagte, er sei köstlich. Rosalie aß ein bißchen davon, um zu zeigen, daß sie ihn mochte. Dann holte sie ihr Springseil hervor und fing an zu springen. Bei der Rückkehr an diesem heißen Nachmittag fuhren Tiza und Marianne in der Rikscha, aber Rosalie als älteste mußte den ganzen Weg, der bis zur Stadtmauer fast vier Meilen betrug, zu Fuß gehen. Als sie zu Hause ankam, war sie bereits krank. Und wie alles, was Rosalie betraf, war auch das eine dramatische Angelegenheit mit sofortigem hohem Fieber, heftigem Erbrechen und Delirien. Sie erfuhr nie, was sie eigentlich hatte, aber der Doktor sagte hinterher zu ihr: »Du kannst von Glück reden, daß du am Leben geblieben bist.« Die Krankheit dauerte drei Wochen, und als es ihr besser ging, stellte sich auch sofort ihr unerfreuliches, herrisches Temperament wieder ein. Sie wollte alle ihre Besitztümer zählen und wurde nun mit einemmal nach Jahren fast ausschweifender Verschwendungssucht (wie Mama sagte) geizig. So wie es Menschen, die eine Krise überstanden haben, häufig ergeht, wurde auch sie von dem Drang erfaßt, eine Art Bestandsaufnahme zu machen. Während ihrer Krankheit hatte sie erlebt, wie besorgt ihre Familie um sie gewesen war. Papa war nachts aufgestanden und hatte das Becken gehalten, wenn sie sich übergeben mußte, und als das Thermometer schließlich einen Rückgang des Fiebers anzeigte, hatte Mama bewegt ausgerufen: »Du bist gerettet!« Der griechische Doktor sagte jetzt, sie hätte Meningitis gehabt, und es sei »ein heikler Fall« gewesen. Dabei strich er sich nachdenklich über den Bart. »Sie haben ihr das Leben gerettet«, erklärte Mama gerührt, und er erwiderte in selbstzufriedenem Ton: »Nun, Madame, wir Ärzte müssen tun, was in unserer Kraft steht.« Um diesen festen

Ring der Zuneigung, der sich um ihr Bett geschlossen hatte, gewissermaßen zu vervollständigen, mußte Rosalie nun ihre Besitztümer, die Fracht ihres Lebens, überzählen.

Sie und Tiza hatten je eine Schublade in der Kommode, die im Schlafzimmer stand; die eine hatte die rechte, die andere die linke. Tizas Schublade war so voll, daß sie sie nicht allein aufziehen konnte und Papa es für sie tun mußte. Rosalies Schublade war halb leer, die Gegenstände rollten darin herum. Aber das bekümmerte sie nicht allzusehr. Sie hatte ja ihre Sparbüchse, und sie hatte sich Geld gespart – Geld, das sie sich damit verdient hatte, daß sie Klassenerste gewesen war. Tiza hatte auch gespartes Geld, weil Mama ihr immer etwas gab, ganz gleich, ob sie Klassenerste war oder nicht. Mama gab Tiza genausoviel, wie Rosalie bekam, und wenn Rosalie sich einmal keinen Dollar verdient hatte, bekam Tiza trotzdem etwas von Mama. Das geschah zwar heimlich, aber Rosalie hatte es eines Tages doch herausbekommen. Tizas Sparbüchse befand sich auf dem Boden ihrer Schublade. Beide Mädchen begannen ihr Geld zu zählen, und Rosalie war ganz sicher, daß sie mindestens sieben Dollar besitzen müsse. Es stellte sich jedoch heraus, daß sie nur zwei hatte. Tiza hingegen hörte auf zu zählen, nachdem sie den neunten Dollar herausgezogen hatte, obgleich Papa und Mama begeistert und hoch erfreut über Tizas Sparsamkeit danebenstanden.

»Die Zinnbüchse ist noch ganz schwer«, sagte Papa strahlend und wog sie in seiner Hand. Aber Tiza steckte die neun Dollar wieder hinein, legte die Sparbüchse in die Schublade zurück und wollte sie nicht mehr hervorholen. Rosalie blickte auf die zwei Dollar in ihrer Hand und fing an zu weinen. In diesem Augenblick war sie überzeugt, daß ihr ein schreckliches Unrecht geschehen sei. Nur zwei Dollar nach all den Monaten, in denen sie immer Klassenerste gewesen war . . . das war unmöglich. Sie hatte zwar Geld ausgegeben, aber so viel doch nicht. Sie begann leise vor sich hin zu schluchzen. Die Tränen rannen ihr über die Wangen herab.

»Na ja, du gibst eben immer so viel weg«, sagte Mama. »Wahrscheinlich hast du mehr ausgegeben, als du gedacht hast. Du wirst es ja sehen, du stirbst noch auf dem Stroh.«

Aber Rosalie war überzeugt, daß irgend jemand ihr das Geld gestohlen hatte und sie es zurückstehlen mußte.

Am nächsten Morgen, als Mama mit Tiza und Marianne fortgegangen war, öffnete sie Tizas Schublade, holte die Zinnbüchse hervor, zog einen Dollar aus dem Schlitz und tat ihn in ihre eigene Büchse.

Doch diese Unternehmung brachte ihr einen ganzen Rattenschwanz von Komplikationen ein. Zunächst einmal fühlte sich Rosalie, nachdem sie den Dollar genommen hatte, gar nicht so glücklich, wie sie erwartet hatte. In der folgenden Nacht betrachtete sie die schlafende Tiza: das Gesichtchen auf dem Kissen, die schön gebogenen Wimpern, und plötzlich fühlte sie sich von Liebe übermannt. Es war schlecht, Tiza Geld wegzunehmen, diesem Schwesterchen, das so zart und schwach war – auch wenn sie in Wirklichkeit dicker, größer und schöner war als sie selbst ...

Als die beiden sich am nächsten Morgen wuschen, wandte Rosalie sich an Tiza: »Tiza, hast du mir bestimmt noch nie Geld weggenommen?«

»Aber nein, natürlich nicht«, antwortete Tiza und sah sie erstaunt an.

»Ja, ich habe dir nämlich gestern einen Dollar gestohlen«, erklärte Rosalie.

Tiza begann zu weinen. Mühelos kamen die Tränen und rollten über ihr Gesicht. Mama erfuhr von der Sache, und zwei Minuten später war der Dollar wieder in Tizas Zinnbüchse.

»Jetzt bist du sogar noch zur Diebin geworden«, sagte Mama. »Ich habe es ja immer gesagt: eines Tages stirbst du auf dem Stroh oder im Gefängnis.«

Siebenundzwanzigstes Kapitel

Die chinesische Schule war eine kleine, der Tungtang-Kirche angegliederte Privatschule. Mama hatte ihre Kinder nicht in die normale chinesische Schule schicken wollen. Papa hatte zwar einmal davon gesprochen, aber Mama hatte erwidert:

»Ich will nicht, daß meine Kinder als Kommunisten aufwachsen und mir dann eines Nachts die Kehle durchschneiden.«

Die Vorstellung von Mama, die mit durchschnittener Kehle im Bett lag, beschäftigte Rosalie mindestens eine Woche lang.

Papa gab nach, und so gingen denn Rosalie und Tiza in die katholische chinesische Schule. Jeden Morgen wurde hier eine halbe Stunde lang Religionsunterricht erteilt, und dabei bekamen die Kinder zu hören, daß der heilige Joseph und die Jungfrau Maria Chinesen gewesen seien und aus der Provinz Shantung stammten.

»Aber wie ist das denn möglich?« fragte Rosalie. »In der europäischen Schule haben wir gelernt, daß sie in Judäa geboren sind und daß alle in der Familie Juden waren.«

»Ja, so sagen es die Europäer; aber wir glauben, daß sie aus Shantung kamen«, entgegnete die Laienschwester, die den Religionsunterricht erteilte. Sie trug immer ein graues Kleid und sollte erst in sieben Jahren eine richtige Barmherzige Schwester werden.

Rosalie war nicht zufrieden mit dieser Auskunft. Sie sprach mit den anderen Kindern darüber, und drei Tage später ließ die Mutter Superiorin sie nach dem Unterricht zu sich holen und sagte ihr, sie müsse mit ihren Fragen aufhören.

»Du mußt verstehen, daß die anderen es eben nicht besser wissen, mein Kind. Sie sind Chinesen. Du besuchst unsere Schule mit einer besonderen Genehmigung, weil deine Mutter katholisch ist und du in eine chinesische Schule gehen sollst.«

Nun wurde Rosalie ärgerlich. »Aber Sie erzählen ja lauter Lügen! Die Heilige Jungfrau ist nicht in Shantung geboren . . .«

Die Mutter Superiorin schob sie sanft zur Tür hinaus. Mama wurde in die Schule zitiert und kam wutschnaubend wieder.

Teils richtete sich ihr Ärger gegen die Mutter Superiorin – »Ich habe ihr gesagt, daß meine Tochter recht hat« –, teils gegen Rosalie.

Mama zankte, Rosalie weinte und Papa sagte: »Könntet ihr nicht bitte mit diesem Lärm aufhören?«

Doch als Rosalie am Ende dieses Monats sehr schlechte Noten hatte und sich von Papa keinen Dollar holen konnte, hörte sie auf, über die Nationalität der Jungfrau Maria nachzudenken, und war drei Monate lang fast eine Musterschülerin. Sie versuchte sogar, auch diese Mutter Superiorin zu lieben, aber der Anblick ihres Schnurrbarts schreckte sie immer wieder ab.

Bei den Schreibstunden in der europäischen Schule stellte Rosalie sich nicht sehr geschickt an, um so besser jedoch konnte sie mit dem chinesischen Schreibpinsel umgehen. Als Papa eines Tages die Schriftzeichen überprüfte, die sie in die kleinen Kästchen ihres Schreibheftes gemalt hatte, entdeckte er dieses Talent. Er strahlte förmlich darüber – so erfreut hatte Rosalie ihn noch nie gesehen.

»Sieh mal an«, sagte er in seiner typischen zurückhaltenden Art, »das ist ja gar nicht schlecht.« Dann nahm er selbst den Pinsel, hielt das Papier von sich fort, setzte sich gerade auf und hob die Hand. Er malte kleine Kreise um die Ideogramme, die ihm besonders gelungen erschienen, deren Striche sicher und genau geraten waren und die sich gut und harmonisch in ihr Kästchen einfügten. Und dann begann er Rosalie zu belehren. Er zeigte ihr, wie sie das Handgelenk heben und von der Schulter aus schreiben mußte, und erklärte ihr, wie sie das ganze Ideogramm zuerst *sehen* müsse, bevor sie es in das Kästchen eintrug. Später müsse sie dann lernen, sich das Kästchen vorzustellen, auch wenn gar keines da war, in das sie schreiben konnte. Und schließlich unterwies er sie noch darin, die Tinte richtig anzurühren, so daß sie weder zu wässerig noch zu dick wurde.

Er nahm sie mit auf den Östlichen Friedensmarkt und auf den Liulichang-Markt vor dem Haupttor der Stadt, und sie verbrachten mehrere Nachmittage damit, von den Tintenstäbchen, die da duftend, schwarz und schön in Reihen ausgestellt waren, die passenden auszusuchen. Außerdem kauften sie eine alte Zinnbüchse zum Aufbewahren der Tinte mit einem Bausch aus Seidenabfällen darin, so daß die Flüssigkeit nicht ausrinnen konnte; einen schwarzen, glattpolierten Tintenstein, auf den Fledermäuse gezeichnet waren; einen Pinselhalter mit einem Pflaumenblütenmuster und einen grünen, teuren und sehr schönen, keilförmigen gezackten Stein, der wie eine Gebirgskette aussah, in deren Tälern man die Pinsel ablegen konnte. Und natürlich Pinsel: dicke und dünne, jeder mit seinem Griff aus Metall, feinem Bambus oder irgendeinem Holz, in den weise Mahnungen zum fleißigen Lernen eingeschnitzt waren. Die teuersten Pinsel hatten am hinteren Ende eine kleine saubere Knochenkappe. Es war, als käme man in einen unbekannten Garten, und Papa war glücklich und erzählte von seiner Kindheit. »Jetzt werde ich noch sehen, daß ich eine Orchidee bekommen kann, die du dir auf den Tisch stellen kannst, wenn du schreibst.«

Aber er führte diesen Vorsatz nie aus; denn als sie nach Hause kamen und Rosalie Tinte anrühren wollte, bestand Mama darauf, daß sie sich eine Schürze umbinden müsse. »Jetzt wird sie alles schmutzig machen!« jammerte sie, und irgendwie schwand damit die ganze Freude. Sogar das Tintenstäbchen verlor seinen Duft, und die Pinsel sahen geradezu traurig aus. Am nächsten Tag hatte Papa die Sache mit der Orchidee vergessen.

Dann folgten Wochen, in denen Rosalie sich sofort, wenn sie von der Schule nach Hause kam, an ihre kalligraphischen Übungen machte. Morgens stand sie früher auf, um zu üben. Papa erzählte ihr mit einigen kurz hingeworfenen Sätzen von den Tagen seiner Jugend und seinem eigenen Talent. Aus einer Schublade holte er einige seiner Schreibproben hervor, die noch nie jemand im Haus gesehen hatte – nicht einmal Rosalie, die eine ungewöhnliche Spürnase hatte und den Inhalt fast jeder Schublade kannte. Sie kannte sich sogar in Tizas Schublade aus, die doch so schwer zu öffnen war. Und sie hatte auch eine kleine Schachtel mit schwedischen Empfängnisverhütungsmitteln entdeckt, die Papa im obersten Fach des großen Schranks aufbewahrte. Sie wußte nicht, was das war, und erfuhr es erst viele Jahre später. Da sie mit der Zeit vorsichtiger geworden war, hatte sie nie danach gefragt, sondern sich mit der Tatsache begnügt, daß Papa unter seinen Habseligkeiten, den Papieren, Büroklammern, Bleistiften und Radiergummis, auch diese Schachtel hier aufbewahrte.

Jetzt ging Rosalie zur Zeit des Mittagessens oft in Papas Büro. Dort aß sie mit ihm Klöße, und Papa zeigte Simons Vater, Herrn Hua, die Ideogramme, die sie gezeichnet hatte. Herr Hua war nun ganz allein, weil Frau Hua, Simon und Leila noch in Frankreich waren, wo die Kinder zur Schule gehen sollten. Rosalie betrachtete Herrn Hua sehr aufmerksam. Wenn man Kalligraphie übte, sah man sich unwillkürlich alle Dinge und Menschen noch genauer an als sonst, weil jede Person und jeder Gegenstand gleichzeitig Wort und Ideogramm waren, mit Linien, Zwischenräumen, Flächen, Kurven und Häkchen, dicken oder länglichen Gliedern oder Schnurrbartspitzen. Und jedes Ding gehörte in sein eigenes Quadrat oder Rechteck und mußte so gezeichnet werden, wie es ihm und seiner Bedeutung zukam, mußte alle Elemente seines Wesens enthalten. Auch Herr Hua war so ein Ideogramm, das Gegenstand, Person und Ereignis in sich vereinte, und ließ sich auf eine gemalte Abstraktion seiner Bedeutung reduzieren: große Gestalt, kleiner Schnurrbart, dicke Brillengläser, eckiger Kopf, dichtes, kurz geschnittenes Haar, das in die Höhe stand, weil es so fest war, ein klarer Mund, ein stets sauberer Anzug, ein steifer weißer Kragen und ein sonderbar langer, schmaler Schlips, der immer hin- und herschaukelte, weil Herr Hua sich etwas nach vorn gebeugt hielt. Er hatte lange Beine und eine hinreißende Art, einem die Hand zu geben: er schwang seine Hände von der Hüfte aus im Bogen nach oben und dann wieder herab, auf Rosalie zu, und diese zweite Bewegung hatte etwas von dem Flug einer Elster. Und er hatte eine freundliche, müde Stimme, die gleiche Stimme wie Papa, und wenn sie miteinander plauderten, war das ganze Büro von einem Glücksgefühl erfüllt, so daß ein kleines Mädchen die vom langen Weg müden und schmerzenden Beine hochziehen und lauschen und schöne Worte zeichnen konnte. So war Herr Hua, seine ganze Persönlichkeit, die Verkörperung eines ausgewogenen Ideogramms, und auch sein Familienname paßte zu ihm: Hua bedeutete Ruhm oder Ehre. In allem, was Herr Hua sagte und tat, in seinem ganzen Wesen war eine sinnvolle Ganzheit, eine nachdenkliche, unauffällige Ehrenhaftigkeit, die doch jedem offenbar werden mußte.

Und auch Papas Name, Chou, mit seiner Schwere eines bronzenen Weihrauchgefäßes war ehrenhaft und richtig – richtig in seiner Welt, einer maßvollen Welt der Schlendergänge durch die Märkte, der duftenden Tintenstäbchen und der höflichen, guttural tönenden Stimmen, die formelle Diskussionen führen und lange, mit Gedanken angefüllte Schweigepausen einlegen. Doch all das schrumpfte zusammen und löste sich auf in jener anderen Welt – Mamas Welt. Dort wurden die Begriffe Hua und Chou ihres Ruhms und ihrer Ehre entkleidet.

In Papas Büro bei der Eisenbahngesellschaft jedoch wohnte das Glück. Es war ein kleiner Raum, der im Winter so kalt war, daß Papa im Mantel arbeiten mußte, und im Sommer so heiß, daß Papa schrecklich schwitzte und viele Pfunde abnahm. Für eine kurze Zeit aber war er ein Hafen des Glücks, in dem das Kind Rosalie Geborgenheit fand – die Geborgenheit des geschriebenen Wortes.

Das Ideogramm und der Gegenstand, den es darstellte, die Handlung oder der Vorgang, die in seinen Strichen enthalten waren, wurden zu verstehender Einsicht. Zumindest erschien es Rosalie so, bis sie merkte, daß es eine Vertiefung der Beschreibungs- und Beobachtungsfähigkeit war, die durch die Verbindung zwischen dem Symbol und dem symbolisierten Gegenstand in ihr erzeugt wurde. Und dann kam der logische Schluß, der die Sicherheit zerstörte: Rosalie begann die Unbeständigkeit der Daseinszustände zu spüren. So war das chinesisch geschriebene Wort »rennen« eine vollkommene Darstellung laufender Beine, stampfender Füße mit einem Willen darüber, der die Handlung leitet und einen schweren, von den gehorsamen Beinen und Füßen weitergetragenen Körper lenkt. »Gehen« war ein würdevolles Schreiten – schwer zu schreiben – mit einem langen anmutigen Schwung des Gewandes; das Ideogramm wirkte wie ein alter Gelehrter in einem klassischen Theaterstück, dessen Gewand der Wind mit leichtem

Anhauch nach vorn bläst. Oh, wie wundervoll, zwiefach wundervoll war das Wort! Das Wort war die Welt, in der Bewegung wie in der Stille, eine Spiegelung, ein Wissen, ein Verstehen und ein Tun, alles in einem. Und wie unsicher, wie unbeschreibbar waren die Daseinszustände, wenn man sie mit der Festigkeit des Wortes verglich. Wie schrecklich, daß man selbst nur etwas Provisorisches war, die Worte hingegen unsterblich.

Die Kalligraphie schlug sie in ihren Bann, so wie sie ihren Vater verzaubert hatte, und von der Kalligraphie zur chinesischen Dichtkunst war es ein selbstverständlicher, wenn auch schwieriger Aufstieg. Doch zu ihm kam es nicht mehr. Der Zauber wurde gebrochen, die Stimmung zerstört. Mama war daran schuld, wenn auch unwissentlich und aus dem besten aller Gründe.

Denn nachdem Rosalie achtzehn Monate lang die chinesische Schule besucht hatte, wollte man sie dort zwingen, noch einmal mit dem Anfangsunterricht zu beginnen. Wieder saß sie da und mußte »Hund« lesen, »großer Hund«, »kleiner Hund«, genau wie am ersten Tag. Zuerst dachte sie: »Das ist ein Irrtum, das kann nicht wahr sein!« Dann erzählte sie Papa und Mama davon, und nach vier Tagen begab sich Mama in Hut und Mantel zur Mutter Superiorin, diesmal in Begleitung von Rosalie. Rosalie trug gut geputzte weiße Schuhe mit sorgfältig gebundenen Schnürsenkeln. Ihr Herz klopfte. Sie haßte die Mutter Superiorin von der chinesischen Schule viel mehr als die von der europäischen Schule. Die Kanadierin hatte ein schönes Gesicht, und das machte bei Rosalie sehr viel aus.

Zuerst behauptete die Mutter Superiorin, sie wisse nichts über die Vorgänge in den Klassen. Rosalie sei vermutlich eine schlechte Schülerin. Bei diesen Worten platzte Rosalie fast vor Empörung. »Das ist nicht wahr! Ich kann sogar die Zeitung lesen ... und Papa hat mir auch schon Gedichte gezeigt.«

Dann sagte die Mutter Superiorin: »Madame, wir können Ihrer Tochter leider nichts mehr beibringen. Das hier ist eine Schule für die Töchter unserer frommen katholischen Familien, die ihren Kindern eine gewisse Bildung ermöglichen wollen, aber kein Institut für Genies. Wir formen hier die Charaktere der Kinder, Madame, und möchten aus unseren Schülerinnen nichts anderes machen als gute katholische Ehefrauen ... Auf Wiedersehen, Madame.«

Das war es also. Die Schule verfügte nicht über mehr Lehrstoff. Rosalie, die mit Mama nach Hause ging, fühlte eine seltsame innere Leere. »Du kannst ja zu Hause dein Chinesisch weiter betreiben«, meinte Mama.

Die Möglichkeit, eine andere chinesische Schule zu besuchen, bestand für Rosalie nicht. Die Unterrichtsstunden in der europäischen Klosterschule nahmen den ganzen Vormittag und den Nachmittag in Anspruch. Eine Zeitlang sprach Mama davon, dreimal in der Woche einen chinesischen Privatlehrer kommen zu lassen, aber das hätte eine Ausgabe von zehn Dollar pro Monat bedeutet. Außerdem hatte man gleichzeitig beschlossen, daß Rosalie Klavierstunden bekommen sollte. Sie hatte plötzlich den Wunsch geäußert, Klavier spielen zu lernen – wahrscheinlich infolge ihrer Bewunderung für Leila Huas Künste und der Vorstellung, wie hübsch es wäre, wenn Mama sie stolz ihren Gästen präsentieren könnte. Mama erzählte immer, daß sie Klavier spielen gelernt habe und für Musik begabt sei. »Ich auch, ich auch!« behauptete Rosalie aufgeregt. Sie war damals von einem verzweifelten Lerneifer und vor allem der Sucht besessen, als begabt zu gelten und zu glänzen. Sie sah bereits sich selbst am Klavier, ganze Scharen bewundernder Leilas, die in die Hände klatschten, und Mama, die mit ihren schönen Händen den Tee einschenkte und dazu sagte: »*Meine* Tochter.«

Die Klavierstunden und die europäische Schule beschäftigten Rosalie so sehr, daß sie ihr Chinesisch vernachlässigte. »Mit Chinesisch kannst du dir deinen Lebensunterhalt nicht verdienen«, sagte Mama. Sieben Jahre später erst sollte Rosalie sich wieder dem Studium des Chinesischen zuwenden.

Achtundzwanzigstes Kapitel

Suchen blieb am längsten Rosalies Freundin, und die Freundschaft zwischen ihnen war die einzige, die nicht durch einen heftigen Streit ihr Ende fand. Vielleicht weil das große Haus, in dem Suchen wohnte, nicht weit von Rosalies Haus entfernt lag, vielleicht weil Suchen verkrüppelt war, vielleicht auch, weil beide sowohl eine europäische wie eine chinesische Schule besuchten – allerdings war Suchens chinesische Schule sehr gut und nicht eine katholische Grundschule, die ihren Schülern nach zwei Jahren nichts mehr beibringen konnte. Suchen hatte außerdem fünf Privatlehrer. Bei dem einen lernte sie Flöte spielen, bei zweien studierte sie die chinesischen Klassiker, bei dem vierten Dichtung und Kalligraphie, und bei dem fünften lernte sie Deutsch. Englisch und Französisch lernte sie in der Klosterschule. Bei ihrem Deutschlehrer begann sie außerdem mit dem Studium der Mathematik. Suchen war die Tochter eines ehemaligen Mandschu-Prinzen und einer Prinzessin.

Später erfuhr Rosalie, daß Suchen in ihren ersten Lebensjahren Kinderlähmung gehabt hatte. Daher war ihr eines Bein kürzer als das andere und ihre rechte Hüfte deformiert. Sie trug einen schweren Stiefel mit einem hohen Absatz, aber sie war außerordentlich aktiv und bestand häufig darauf, mit Rosalie zu Fuß nach Hause zu gehen. Suchen hielt ihren Geist wie ihren Körper in strenger Disziplin, und das war auch der Grund, warum die beiden Freundinnen blieben. Sie war ein kräftiges Mädchen mit einem runden Gesicht, schwarzem glänzendem Haar, das über den dichten schwarzen Augenbrauen zu Ponys geschnitten war, schönen Zähnen und einer Zunge, die schärfer und noch viel witziger war als die von Rosalie.

Suchen sprach viel, und Rosalie empfand das als sehr angenehm. Sie wußte eine Menge und trug ihr Wissen klar und zusammenhängend in gleichmäßigem Tonfall und mit einer etwas pedantischen, aber schönen Stimme vor. Sie sprach das wunderbarste Peking-Chinesisch, so schön, daß es ein Genuß war, ihr zuzuhören. Keine Sprache klang für Rosalies Ohren so wohltuend wie Chinesisch, wenn es von einer klaren, runden Altstimme gesprochen wurde, welche die Konsonanten tönen ließ wie Gongschläge und sie so genau setzte wie ein Tänzer seine Schritte; wenn das innere Lachen und die Gefühlsfracht der Worte gezügelt waren und jeder Laut so voll erklang, daß der Geist gleichzeitig ein Bild und sein Ideogramm sah, so richtig, daß man das Wort, das man mit seinen Ohren hörte, gleichzeitig mit den Augen des Geistes las. Alle Sätze, die Suchen aussprach, waren fehlerlos gebaut. Da gab es nie etwas nachlässig oder nur halb Durchdachtes; jedes Wort war klar und blinkend, frisch erschaffen in dem Augenblick, da es ausgesprochen wurde. Suchen wollte eine Politikerin und Revolutionärin werden. Hätte sie nicht das kurze Bein gehabt und wäre ihre Mutter keine Prinzessin gewesen, so wäre sie sicher berühmt geworden.

»Weißt du«, sagte Suchen zu Rosalie, »ich habe oft den Wunsch zu sterben. Aber ich kann nicht sterben.« Sie sagte das lächelnd; es war unhöflich, ein trauriges Gesicht zu machen, wenn man ein trauriges Herz hatte.

Ihre Mutter schlug sie und ließ sie manchmal mit einem großen Stein auf dem Kopf auf den Fliesen des Hofes knien. Wenn der Stein herunterfiel, wurde sie wieder geschlagen. »Das ist, weil meine Mutter eine Prinzessin ist«, sagte Suchen. »Sie verlangt unbedingten Gehorsam.«

Suchen las unglaublich viel und duldete keinen Widerspruch Trotzdem unterwarf man sich ihrer gebieterischen Art, weil sie immer einleuchtende Gründe dafür angab. Rosalie war es zufrieden, ihr zuhören zu können, und empfand tiefe Verehrung für das Wissen und die Kühnheit ihrer Freundin. Eines Tages gingen die beiden zusammen ins Pavillon-Kino. Dorthin kamen normalerweise nur Europäer oder sehr reiche Chinesen, denn es war teurer als das Kino des Wahren Lichtes, in dem Rosalie den »König der Könige« gesehen hatte. Das Pavillon-Kino lag in der Nähe des Gesandtschaftsviertels. Suchen und Rosalie saßen auf den besten Plätzen, die eigentlich für Europäer reserviert waren, obgleich das nirgends geschrieben stand. Es war einfach so: Chinesen setzten sich dort nicht hin, und die Europäer saßen selbstverständlich immer zusammen. Aber

Suchen brachte den Kassierer so weit, daß er ihr zwei Europäer-Billetts verkaufte, indem sie ganz laut sagte: »Warum sollen wir eigentlich nicht oben auf den besten Rangplätzen sitzen? Das hier ist doch schließlich unser Land – oder etwa nicht?« Daraufhin gab der Mann ihr sofort zwei Karten; es war ohnehin eine Nachmittagsvorstellung, da kamen wenig Europäer. Die Weißen gingen gewöhnlich erst abends ins Kino.

Suchen und Rosalie saßen völlig allein auf den Europäer-Plätzen. Auf allen Seiten waren Sitze frei. Diese leeren Sessel, die sich in ruhigen Kurven nach rechts und links, nach vorn und hinten wölbten, machten einen fast erwartungsvollen Eindruck. Der beiden Mädchen bemächtigte sich eine heimliche Erregung; sie saßen kerzengerade da und hielten sogar die Beine still. Ihre Haltung erlitt allerdings einen kleinen Stoß durch das Auftauchen eines Europäers, der hereinkam, sie sah und sich in ihre Reihe, links neben Suchen, setzte. »Aufpassen!« murmelte Suchen zwischen den Zähnen. »Wenn er unverschämt wird, müssen wir laut schreien. Wir lassen uns auf keinen Fall von ihm belästigen.« Und sie saß weiterhin reglos da und blickte starr vor sich hin.

Rosalie war von Ehrfurcht erfüllt. Wie war das, wenn man »belästigt« wurde?

Der Europäer wandte den Kopf, um die beiden kleinen Mädchen zu betrachten. Erstaunen zeichnete sich in seinem Gesicht ab. Die gedämpfte Beleuchtung war noch eingeschaltet, der Film hatte noch nicht begonnen. Die Musiker stimmten ihre Instrumente. *»Do you speak English?«* fragte der Mann Suchen. Suchen antwortete nicht. Der Europäer drehte den Kopf wieder weg. Aber seine Neugierde ließ ihm keine Ruhe, und so versuchte er es noch einmal, diesmal in sehr schlechtem Chinesisch: »Du sprechen englische Worte? Ja?« – »Nein«, antwortete Suchen sehr deutlich in englischer Sprache. »Wir sprechen nicht Englisch.«

Der Mann lachte laut auf. »Na so was!« rief er. »Was bist du doch für ein gescheites kleines Mädchen! Wie kommt es denn, daß ihr zwei hier so ganz allein sitzt?«

»Kümmern Sie sich um Ihre eigenen Angelegenheiten«, verwies ihn Suchen – wieder auf englisch. »Wir sind Damen, und Sie sollten uns lieber nicht ansprechen, wenn ich Sie nicht dazu auffordere.«

»Na, so was«, sagte der Mann noch einmal und ließ dabei in komischem Erschrecken seinen Unterkiefer herunterklappen. »Ist denn so was möglich! Hier, ich gebe dir einen Dollar«, und er hielt Suchen eine Dollarnote vor die Nase, »ich geb' dir einen Dollar, wenn du das gleich noch einmal sagst.«

Suchen nahm mit spitzen Fingern den Dollarschein, spuckte darauf, rollte ihn zu einer kleinen Kugel zusammen und warf ihn hoch wie einen Tennisball, so daß er in den Zuschauerraum fiel.

In diesem Augenblick ertönte das Klingelzeichen, die Musik setzte ein, und wie ein Vorhang senkte sich Dunkelheit über den Raum. Der Mann ließ sich auf seinem Sessel zurückfallen. Triumphierend saßen Rosalie und Suchen da, hielten sich an der Hand und betrachteten den Film, an den Rosalie sich später nicht mehr erinnern konnte. Sie erinnerte sich nur an ein lautes Dröhnen in ihren Ohren. In der Pause stand der Mann auf und setzte sich auf einen anderen Platz. Die kleinen Mädchen schwelgten in ihrem Triumph und hatten noch auf dem Nachhauseweg das Gefühl, in einer goldenen Wolke zu wandeln.

»Ich glaube, er war ein Amerikaner«, meinte Suchen. »Sonst hätte er uns keinen Dollar angeboten.«

Der Tag, an dem Rosalie zum erstenmal bei Suchen eingeladen war, blieb ihr für lange Zeit unvergeßlich – schon deshalb, weil Mama sie gezwungen hatte, ihr bestes Kleid anzuziehen, das ununterbrochen kratzte.

»Suchen ist die Tochter der Prinzessin Dan«, hatte Papa zu Mama gesagt.

Mamas Gesicht strahlte auf. Die Prinzessin Dan war eine der Hofdamen der Kaiserinwitwe gewesen und hatte ein Buch über sie geschrieben, das in England und Amerika viel gelesen wurde und sehr populär war, weil die Europäer die Kaiserinwitwe liebten – ungeachtet der Tatsache, daß diese die Europäer haßte und ihnen während des Boxeraufstands nach dem Leben getrachtet hatte. Aber so waren die Europäer nun einmal. Sie erklärten, die Kaiserinwitwe sei eine reizende alte

Dame, die unmöglich die Europäermorde angestiftet haben konnte, und es machte ihnen nichts aus, daß alle Chinesen vom Gegenteil überzeugt waren.

Die Prinzessin Dan war viel in der Welt umhergereist und hatte sich schließlich in Peking niedergelassen. Mama hatte anfänglich nicht geahnt, daß Suchen ihre Tochter war. »Warum hast du mir das nicht eher erzählt?« fragte sie Papa, und dieser erwiderte, er hätte nicht daran gedacht. Das traf auch zu. In seiner Familie in Szechuan sprach man höchst selten über Verwandte und Verwandtschaftsbeziehungen, weil solche Dinge auf der Hand lagen und sich von selbst verstanden, so daß man annahm, jeder sei darüber hinlänglich unterrichtet. Aber Mama kannte sich auf diesem Gebiet nie aus, und Rosalie hatte später jahrelang Mühe, sich dieses Wissen, das Papa ihr nicht übermittelt hatte, anzueignen.

Der Eingang zu Suchens Haus hatte nichts Auffallendes an sich. Da gab es keine zähnefletschenden Hunde, keine blaugekleideten Männer aus dem Norden, die mit großen Schritten herankamen, keine mit Messingnägeln verzierten roten Türen und keine Ziegelmauer mit einem eingemeißelten glückverheißenden Blumen- oder Früchtemuster in Fächerform wie am Eingang des Hauses, in dem Paos Eltern wohnten. Auch wirkte dieses Haus nicht hoch, war jedoch außerordentlich geräumig. Wie alle Häuser in Peking bestand es aus einer Folge von Höfen, um die herum die Zimmer angeordnet waren. Von einem Raum zum anderen führten geschnitzte und bemalte Galerien, die sich in anmutigen Zickzacklinien durch eine Landschaft schlängelten, in der schlanke Weiden ihre Zweige bis auf die Erde hinabhängen ließen und in der man Steingärten sah, Teiche mit Lotosblüten und Fischen, Flieder- und Forsythiensträucher und Wände mit Fenstern, deren jedes anders geformt war und auf deren Scheiben die verschiedensten Szenen mit Blumen und Vögeln eingeschnitten waren. Es war ein richtiger Palast, in dessen weitläufiger und anmutiger Schönheit Rosalie und Suchen umherwanderten, bis sie zu dem Raum kamen, in dem Suchen wohnte. Darin stand ein hohes geschnitztes Bett, auf das in Lackfarben schwarze und goldene Vögel gemalt waren. Unterhalb des Betts befanden sich Schubladen, und auf den seidenen Bettüchern war ein ganzer Haufen säuberlich zusammengefalteter Satin-Steppdecken gestapelt. Auf dem Fußboden lagen dicke Teppiche. Und alles duftete hier so schön nach Weihrauch und Kapuzinerkresse, dem bevorzugten Frühjahrs-Aroma der Gelehrten.

Suchen hatte alles. Einen Bücherschrank mit Büchern, einen wunderschönen antiken Schreibtisch mit den herrlichsten Schreibgeräten: einem Pinselhalter aus Türkisen mit einem goldenen Knauf, auf dessen einer Seite ein Frosch eingraviert war, und einem Schriftrollenständer aus blau-weißem Ming-Porzellan mit alten Malereien. In den Schubladen der Kommoden lagen die zauberhaftesten Dinge: kleine Kristallfläschchen, Gegenstände aus Jade und Achat, Eisvogelfedern und Korallen. Suchen besaß auch eine Kamera und ein Grammophon mit Platten, die sie Rosalie vorspielte. Auf weichen Sohlen kam eine Dienerin herein, ein junges Mädchen mit straff geflochtenen Zöpfen, und servierte ihnen Tee in Schalen, die so dünn waren, daß man durch sie hindurch den Schatten seiner eigenen Hand sehen konnte. Nachdem Rosalie eine Weile Suchens Schätze betrachtet hatte – mit einem leisen Neidgefühl, denn es gab hier so vieles zu sehen, und es war so schön, das alles zu fühlen, zu riechen, zu berühren und zu bestaunen, während zu Hause alles häßlich war (auch das, was Rosalie selbst besaß, war häßlich, abgesehen von ihren Schreibgeräten; aber nun hatte sie ja keine Zeit mehr, sich in Kalligraphie zu üben) – nach dieser Zeit also erschien eine andere Dienerin und teilte mit leiser Stimme mit, daß die gnädige Frau sie jetzt empfangen wolle. Nun gingen sie durch weitere Galerien mit roten Säulen zu beiden Seiten. Die Galerien waren zum Garten hin offen, und ihr Dach bestand aus grünglasierten Ziegeln und Balken, die – genau wie im Sommerpalast – jeweils mit einer anderen Landschaft bemalt waren. Sie verliefen im Zickzack, damit die Teufel, die sich ja nur in gerader Linie vorwärts bewegen konnten, diesen Weg nicht einschlugen. Die bronzenen Weihrauchbehälter, die im Garten standen, ließen die ohnehin stille Luft noch stiller erscheinen. Die Dienerin hob die feingewebte Matte über einer offenen Tür, und sie betraten den Raum, in dem die Prinzessin Dan auf einem modernen Sofa saß und sich anmutig bewegte, während Suchen sich verbeugte und Rosalie vorstellte, die vor lauter Schüchternheit ganz steif geworden war. Die Mädchen setzten sich auf ihre Stühle, stellten die Füße zusammen, legten die Hände zusammen und bemühten sich, lautlos zu atmen. Die Prinzessin Dan sagte nichts, sondern ließ nur ihre Blicke über die Mädchen gleiten. Dann nahm sie ihre Flöte und begann zu spielen.

Die Prinzessin Dan war sehr hübsch. Sie hatte ein zartes Gesicht, oval wie ein Melonenkern, mit sehr klaren Zügen, einer kleinen Nase, die schmal und etwas gebogen war, wie bei manchen Mandschu, Brauen, die in elegantem Schwung auseinanderstrebten, und sehr, sehr dunkles Haar. Sie hatte sehr lange Nägel – die am Ringfinger und am kleinen Finger waren etwa fünf Zentimeter lang. Und ihr Gesicht war zurechtgemacht – zwar nicht sehr auffällig, aber doch nach Mandschu-Art unter Verwendung von viel rosa und weißem Puder. Chinesische Frauen schminkten sich nicht so stark, nur die Konkubinen; die Mandschufrauen hingegen pflegten aus ihren Gesichtern regelrechte Masken zu machen.

Während die Prinzessin Flöte spielte, wurde sie mit jeder Minute schöner. Rosalie betrachtete sie staunend. Die Schönheit lag in ihren Bewegungen, in der Art, wie sie atmete, und dem seitlichen Blick ihrer Augen eine so selbstverständliche Vornehmheit, eine so kluge und zurückhaltende Objektivität verlieh, daß Rosalie vor Ehrfurcht erschauerte. Als die Musik beendet war, legte die Prinzessin mit einer blumengleichen Geste ihre Flöte auf einen kleinen Tisch.

Dann wurde Tee und Kuchen gebracht, kleine Kuchen von vielerlei Art. Rosalie war wie gewöhnlich sehr hungrig und griff zu. Suchen knabberte ein wenig, und die Prinzessin aß nichts, sondern schaute nur um sich. Dann sagte sie: »Meine Tochter hat mir erzählt, daß du intelligent bist.« Dabei gebrauchte sie ein Verkleinerungswort für den Begriff »Tochter« und erwies damit Rosalie eine Höflichkeit, indem sie anzudeuten schien, daß Rosalie älter und klüger sei als Suchen. Rosalie war eine so höfliche Sprache nicht gewöhnt; ihre anderen chinesischen Freunde waren freimütiger und gebrauchten alltägliche und nicht die höfischen Redewendungen. Nur Papa hätte es mit der eleganten Diktion der Prinzessin aufnehmen können.

Rosalie konnte nicht antworten, und dann – o Schrecken aller Schrecken! – nickte sie mit vollem Mund. Dabei hatte sie gar nicht zustimmend nicken wollen. Sie hatte die Absicht, in heftiger Ablehnung – so wie es schicklich war – den Kopf zu schütteln und zu sagen: »Oh, ich bin sehr dumm, verehrte Prinzessin, Älteste Schwester Suchen aber ist sehr intelligent.« Doch die Worte kamen ihr nicht in den Mund, denn der war voller Sesamsamenplätzchen die sie so schrecklich gern aß.

Die Prinzessin fuhr in ihrer eleganten Konversation fort und fragte: »Was will Fräulein Chou denn nach Beendigung der Schule anfangen? An welcher Universität will sie studieren?«

»Ich will ein Junge werden«, sagte Rosalie. Wieder hatte sie ein Gefühl, als sei sie vor den Augen der Prinzessin aufgestanden und habe eine wertvolle Porzellanfigur in Stücke geschlagen. Mein Gott, warum mußte sie nur dauernd die falschen Dinge sagen und tun?

Die Prinzessin lachte. »Alle Frauen wollen lieber Männer sein«, sagte sie. »Als ich jung war, wollte ich auch ein Mann oder ein Junge sein, damit niemand mich unterdrücken könnte.« Ihre Lippen verzogen sich zu einer Kurve, die sich auf der einen Seite nach oben, auf der anderen nach unten schwang, und auch das war wieder eine hübsche Geste, die man aufmerksam studieren mußte. Sie wirkte so eindringlich wie der Ausdruck der Bitterkeit auf dem Gesicht einer Schauspielerin und war viel überzeugender als die Gesichter der gewöhnlichen Menschen, die oft dumm erscheinen, wenn sie bitter sind. Die Prinzessin beeindruckte die Menschen ununterbrochen; sie spielte auf ihren Nerven ebenso leicht und lässig wie auf ihrer Flöte. Dabei sah sie so hübsch und zart aus. Rosalie begriff, daß sie sehr grausam sein mußte, von einer launenhaften Grausamkeit, wie viele hübsche und zarte Frauen.

Und dann sagte die Prinzessin: »Ich will euch etwas zeigen.« Ohne den Kopf zu wenden, gab sie einen leisen Befehl, und fast im selben Augenblick kamen zwei Dienerinnen hereingestürzt. »Meine Körbe«, sagte die Prinzessin, und die Dienerinnen erwiderten rasch: »Jawohl, Herrin! Jawohl, Herrin!« und liefen hinaus. Gleich darauf kamen sie mit einigen anderen Dienerinnen wieder und brachten Körbe aus lackiertem Holz und feinem Bambusgeflecht, teilweise mit roter, blauer und orangefarbener Brokatseide überzogen. Die Deckel hatten mit Korallen eingelegte Knöpfe. Und als die Prinzessin diese Deckel hob, lagen da Wunderdinge: Türkise, Perlen, Jade, Gold und viele Steine, deren Namen Rosalie nicht kannte. Jade von jeder Art – blasse und dunkle, helle, zarte, apfelgrüne Bambusjade und tiefdunkelgrüne Jadestücke, die wie Smaragde aussahen. Einige waren fast schwarz, einige geschnitzt, andere ungeschnitzt, Ringe und Armreifen und Halsketten, Broschen und Ohrgehänge – manche wie Tropfen aus grünem Licht, andere wie runde Monde. Und Türkise waren da, leuchtend blau und mit wundervollen Namen wie Flügel des Morgens, Sonnensee, Gefrorenes Entzücken; Perlen, körbevoll. Winzige Samenperlen, zu Tausenden gehäuft auf Haarpfeilen und Diademen. Größere Perlen, wie Tränen geformt, wie hängende Tropfen, und ganz große runde. Rubine, Aquamarine und Saphire kamen zum Vorschein, aber nur wenige Diamanten – vielleicht weil in China keine gefunden werden. Die Prinzessin besaß nur einige Diamanten, die sie auf ihren Reisen bei Cartier in Paris gekauft hatte: ungefaßte Solitäre, die sie jetzt spielerisch über den Teppich rollen ließ, so daß sie schläfrig aufblitzten.

Als Rosalie nach Hause kam, fragte Mama sie nach der Prinzessin; aber Rosalie war einsilbig und erzählte nur, daß sie Kuchen gegessen und mit Suchen im Garten gespielt habe. »Bei so viel Geld findet Suchen bestimmt einen Mann zum Heiraten, trotz ihres Beines«, sagte Mama.

Mama bereitete Tiza bereits auf ihre Lebensaufgabe vor, einen reichen Mann zu heiraten. Es war ihre feste Überzeugung, daß Tiza sich reich und gut verheiraten werde – wie überhaupt der Gedanke an eine Heirat mit einem reichen Mann oder doch einem Mann in guter Stellung Mamas Bild von dem zukünftigen Leben ihrer Töchter bestimmte.

Doch inmitten all dieses Reichtums war Suchen nicht glücklich, obgleich ihr Gesicht nichts davon verriet und es auch nie tun würde. Dieses Gesicht war nicht für einen sorgenvollen Ausdruck geformt: es hatte keine Kanten, keinen harten Zug und keine Falte. Alles darin schien für Frohsinn, Liebe und Zärtlichkeit bestimmt – Gefühle, die Suchen nie kennenlernen sollte.

»Chou Mondgast«, sagte Suchen feierlich zu Rosalie und nannte sie dabei mit ihrem chinesischen Namen, »ich werde dir jetzt mein großes Geheimnis anvertrauen, weil du meine Freundin bist. Ich bin ein adoptiertes Kind. Ich stamme von einer armen, gesunden Bauernfamilie ab, und die Prinzessin Dan hat mich gekauft. Die Mandschu sind infolge ihrer Trägheit und Schwerfälligkeit unfruchtbar und degeneriert. Die Prinzessin weiß das, und deshalb hat sie mich adoptiert. Sie hatte die Absicht, mich eines Tages mit einem Mitglied des Mandschu-Adels zu verheiraten, damit ich das Blut ihrer Rasse aufbesserte. Aber dann kam die Sache mit meinem Bein und hat alle ihre Pläne zerstört, und nun mag sie mich nicht und ist entsetzlich grausam zu mir, und ich möchte sterben.«

Rosalie sah die Prinzessin Dan nie wieder, obgleich sie noch mehrfach dorthin eingeladen wurde. Sie hatte Angst, die unkontrollierbare Ungezogenheit in ihr könne sie krank machen; denn beim Gedanken an die Körbe mit ihrer Last an wertvollem Plunder wurde ihr speiübel. Sie betrat den Palast der Dan nicht mehr.

Andere Freundschaften gab es, plötzlich und aus einer Laune heraus geschlossene, die kamen und gingen wie Windstöße, Freundschaften mit kleinen Europäerinnen oder Eurasierinnen in der Klosterschule. Viele von ihnen waren Rosalie rasch verleidet. Sie löste sie ebenso abrupt, wie sie sie geschlossen hatte, und auch das war ein Beweis ihres wilden, gierigen Geistes, der das Leben in großen Bissen herunterschlingen wollte.

Ihre Freundschaft mit Suchen hingegen war nach der Art der Freundschaften, die ihr Vater schloß: unverkrampft durch Jahre anhaltend, nichts fordernd, ohne allzu großen Gefühlsaufwand, aber letzten Endes von formendem Einfluß auf ihr Leben – etwas, das man nicht auf den Abfallhaufen warf.

Suchen war ungeheuer vielseitig gebildet. Auch die Übungen in chinesischer Gymnastik zur Verbesserung ihrer Haltung und Atemtätigkeit, die im Judo, dem Sport der Selbstverteidigung, und der Unterricht im Blumenarrangieren, den ihr japanischer Hauslehrer ihr erteilte (sie begann jetzt auch mit Japanisch), konnten ihren Drang, alles Wissen an Rosalie weiterzugeben, nicht vermindern. Als Älterer Bruder kam und anfing, mit Rosalie Mathematik zu betreiben, erwachte auch Suchens Interesse daran.

Rosalie mußte ihr alles berichten, und die beiden Mädchen unterhielten sich mit dem Ernst von Mathematikern und der reinen Logik der Kinder über Logarithmen und Differentialrechnung.

Eine andere Freundin hieß Fanju. Sie führte Rosalie in die Welt des Raums, des Universums und der Gestirne ein. Auch sie steckte voller Kenntnisse – eine kleine, magere, eifrige, bebrillte Chinesin, die in ihrer Freizeit utopische Weltraumromane verschlang. Rosalie war bald fasziniert von dieser Materie. Sie ging einmal in der Woche zu Fanju und las alle Bücher über Astronomie, deren sie habhaft werden konnte. Auch ihre Tagträume, dieses ständige Produzieren von Geschichten, die sie sich selbst erzählte, wurden davon beeinflußt. Älterer Bruder erhielt mit der Post aus Amerika Zeitschriften, in denen Weltraumerzählungen standen, und fast zwei Jahre lang unternahmen Rosalie, Suchen und Fanju in ihrer Phantasie Raumfahrten und versuchten nebenbei Esperanto zu lernen und Algebra und Geometrie zu betreiben. Eines Tages wurde Fanju krank und mußte im Bett bleiben. Rosalie besuchte sie, brachte ihr ein Buch, lieh sich selbst eins von Fanju aus und sagte beim Abschied: »Also bis nächste Woche.« Aber in der nächsten Woche war Fanju tot. Ihr Vater, der Dozent an der Universität Peking war, sagte es Rosalie, als diese das Buch zurückbrachte.

Fanju war so schüchtern und farblos gewesen, daß man sie fast als unsichtbar empfunden hatte. Man behielt von ihr eine Art Echo zurück, einen Nachhall ihrer Gedanken und ihrer gedämpften Begeisterung, der lebendiger war als ihre körperliche Existenz. Zum Zeitpunkt von Fanjus Tod war Rosalie allzu beschäftigt mit dem Nachgrübeln über die Widersprüche ihres eigenen chaotischen Ich; aber Jahre später wurde sie sich bewußt, wie weite Bereiche ihres Geistes den Stempel der farblosen leisen Stimme und des Wesens der kleinen bebrillten Fanju trugen. Der zarte Körper hatte ein erstaunlich umfassendes Wissen darüber beherbergt, was China bedeutete und was in China vorging. Nichts mehr von Fanju war übrig als diese nie endende Zukunftsmusik, zu deren Anfangstakten in Rosalie sie den Anstoß gegeben hatte.

Leiwen war ganz anders. Sie verlangte Schutz, Gefühl und Konzentration auf ihre kleine Persönlichkeit. Wahrscheinlich war sie dumm; aber sie hatte ein vorzügliches Gedächtnis, das ihr in der Schule und später auf der Universität gute Noten eintrug. Sie behandelte Rosalie, als sei diese ein Junge, der dazu da war, sich um sie zu kümmern und ihr alle möglichen Dinge zu beschaffen. Eine Zeitlang spielte Rosalie dieses Spiel mit, aber nach drei Monaten wurde es ihr langweilig, und von da an hatte sie nur noch gelegentlich einmal eine Stunde Zeit für Leiwen. Leiwen besaß eine Sammlung kleiner Jade-Ohrringe und Elfenbeinminiaturen. Im Winter war sie vom Kopf bis zu den Füßen in Wolle gewickelt. Während Rosalie alles Eßbare, das ihr vorgesetzt wurde, hinunterschlang, stocherte Leiwen mit spitzen Fingern im Essen herum und war nie wirklich hungrig. Ihre Eltern schätzten die chinesische Oper sehr und nahmen Rosalie, die so etwas noch nie gesehen hatte, dorthin mit. Danach ging Rosalie öfters auf eigene Faust hin. Sie war völlig fasziniert davon. Anfangs genügte es ihr, einfach dazusitzen, ohne die gesungenen Worte zu verstehen; aber sie war entschlossen, hinter ihr Geheimnis zu kommen und die Gesten in sich aufzunehmen. Und auch das blieb in ihr, und die Musik der chinesischen Oper wurde ihr zugänglicher als die Klavierstücke, die sie selbst spielen mußte. Ihre musikalische Erziehung auf dem für sie angeschafften Klavier dauerte vier Jahre und kam dann zu einem abrupten Abschluß. Sie war danach ebenso unmusikalisch wie vorher.

Und dann war da Hualan, eine Eurasierin wie Rosalie, die auch noch den Namen Sophie trug. Hualan galt als etwas schwerfällig und beschränkt, und Rosalie schenkte ihr in der

Schule zunächst keinerlei Beachtung. Eines Tages stand Rosalie nach einer Balgerei mit einem europäischen Mädchen schwer atmend in einer Ecke, als Hualan herankam, um sie herumging und sie ausführlich betrachtete, als sei sie ein Tier in einer Tierschau.

Rosalie wollte schon sagen: »Bin ich ein Tiger, daß du mich so anstarrst?« als Hualan den Mund auftat. »Ich höre, du bist gescheit«, sagte sie. »Alle reden von deiner Gescheitheit. Aber bei diesem Jähzorn wirst du jung sterben. Meine Mutter sagt, daß jähzornige Menschen jung sterben.«

»Das ist mir egal«, erwiderte Rosalie. »Ich will gern jung sterben. Mit dreißig nehme ich mir sowieso das Leben« – dreißig Jahre erschienen ihr dazumal als ein unglaublich hohes Alter. »Ich will nicht meine Zähne verlieren, viele Kinder haben und einen Bauch bekommen wie einen Sack voll Würmer« – dabei dachte sie an Mama – »und dumm werden.«

»Das will ich auch nicht«, sagte Hualan, »aber ich bin schon seit meiner Geburt alt. Ich spreche sechs Sprachen. Das kommt davon, daß mein Vater Botschafter ist.«

»Geh mir aus dem Weg«, sagte Rosalie grob, »ich muß Pipi machen.«

Wenn die beiden sich später gelegentlich begegneten, schätzten sie sich, ohne zu lächeln, mit den Blicken ab. Rosalie war drei Klassen über Hualan. Diese hatte keine Freundinnen. Sie stand in den Ecken herum, blinzelte langsam, zog ein kleines Buch aus der Tasche und las darin. Eines Tages beugte eines der anderen Mädchen sich über das Buch und fragte: »Oh, was ist denn das?«

»Puschkin«, antwortete Hualan, klappte das Buch zu und steckte es in ihre Tasche zurück.

In der Klosterschule gab es auch weißrussische Mädchen. Die meisten von ihnen waren Interne und nicht Externe wie Rosalie. Zwischen ihnen und den Eurasierinnen, Europäerinnen und Chinesinnen bestand eine deutliche Trennungslinie. Die Chinesinnen waren in der Minderheit. Sie entstammten entweder katholischen Familien oder waren Sonderschülerinnen wie Suchen und besuchten die Schule nur für etwa sechs Monate, um ihre englischen oder französischen Sprachkenntnisse zu verbessern. Zuweilen befreundeten sie sich mit den Eurasierinnen oder Europäerinnen. Den Rassenunterschieden schenkte man dabei keine Beachtung; die traten nur bei plötzlich aufflammenden Streitigkeiten zutage. Auf die Weißrussinnen jedoch sahen alle herab, weil sie im Kloster wohnten, es nie verlassen durften und man sie nicht nach Hause einladen konnte.

Rosalie begann eine Freundschaft mit einem Mädchen namens Gala. Gala war sehr blaß und hatte riesige braune Augen, lange Wimpern und dichtes, lockiges, immer etwas feuchtes Haar.

Sie war schon sechzehn Jahre alt, viel älter als Rosalie; aber die beiden befreundeten sich trotzdem.

»Ich habe Tuberkulose«, sagte Gala. »Ich werde nicht lange leben.«

Sie trug die schwarze Schürze und den weißen Kragen der Internen (die Sachen wurden selten gewaschen, und da Gala ihrer Tuberkulose wegen soviel schwitzte, rochen sie immer ein wenig feucht und säuerlich) und verschlang Liebesromane. Als sie Rosalie *La Dame aux Camélias* borgte, sagte sie, sie täte das, weil Rosalie ihre beste Freundin fürs ganze Leben sei und weil sie einander in die Augen geblickt und sich mit den Worten »So wahr ich lebe und selig zu sterben hoffe« (für Gala der Inbegriff der Feierlichkeit) ewige Freundschaft geschworen hatten.

Rosalie mußte versprechen, den Roman zu lesen, ihn ihr dann heimlich wieder zuzustecken und keinem Menschen davon zu erzählen, da derartige Bücher im Kloster auf der schwarzen Liste standen.

Rosalie las das Buch und verstand sehr wenig davon. Sie befand sich zu dieser Zeit hinsichtlich der gewöhnlichen Lebenstatsachen in einem Stadium geringschätzigen Unwissens, das keine Neugierde und keinen Forschungsdrang aufkommen ließ. Die viel interessanteren Weltraumphantasien, in denen sie schwelgte, ließen sie die menschlichen Gefühle als gekünstelt und langweilig ansehen. Die Todesszene in dem Roman erschien ihr unglaublich albern und der ganze Aufbau unwissenschaftlich. Ihr derzeitiger Held war mit der Erforschung des Mars beschäftigt und hatte keine Zeit für Liebesgeschichten. Sie gab Gala das Buch zurück und sagte, es sei recht interessant gewesen. »Ich bin wie sie«, sagte Gala und meinte damit die Heldin des Romans. »Und ich werde auch sterben wie sie.«

»Aber dann müßtest du vorher einen Liebhaber finden, wie sie einen hatte«, erklärte Rosalie mit pedantischer Logik.

»Oh, ich habe schon einen«, antwortete Gala träumerisch. »Ich liebe ihn ... Mein Gott, wie ich ihn liebe! Und ich glaube, er weiß es auch. Sobald ich aus diesem Gefängnis hier herauskomme, gehe ich zu ihm. Ich weiß, daß er es weiß. Er wartet auf mich, so wie ich auf ihn warte.«

Und unter dem Siegel des »So-wahr-ich-lebe«-Geheimnisses erzählte Gala Rosalie folgendes. Wenn sie zusammen mit den anderen Internen zur Kirche geführt wurde und diese gehorsame, einheitlich in schwarze Schürzen gekleidete Mädchenschlange sich vom Kloster aus durch die Straße zum Botschaftsviertel wand, stand jedesmal ein Mann wartend auf dem Bürgersteig. Natürlich war er ein Europäer. Als Weißrussin sah Gala verächtlich auf die »Eingeborenen«, die Chinesen, herab. Sie nannte sie »die Gelben«, »die Chinks« oder »die Knülche«, so wie es fast alle, einschließlich der Eurasier, machten. Gala verachtete auch die Eurasier; doch das tat sie nur, wenn sie eine ihrer zaristischen Anwandlungen hatte, die nie lange dauerten.

»Ich weiß, daß er auf mich wartet«, erzählte sie, »denn er betritt immer gleich nach uns die Kirche und setzt sich auf eine der Bänke uns gegenüber. Oh, ich liebe ihn, ich liebe ihn so sehr!«

Die Freundschaft mit Gala dauerte nicht lange, weil ihre Geschichten über diesen herrlichen Mann Rosalie nach kurzer Zeit langweilten. Außerdem kamen bald die Ferien heran, und danach war Gala aus der Klosterschule ausgeschieden. Rosalie sah sie erst viele Jahre später wieder, als Gala Tänzerin in einem Nachtklub in Shanghai war. Und sie war tatsächlich tuberkulös, und wenn sie hustete, kam Blut in ihren Mund. Sie erzählte Rosalie viele traurige und schreckliche Dinge, und dann kam ein Mann und berührte sie an der Schulter. Sie sah lächelnd zu ihm auf und erhob sich, um mit ihm zu tanzen. Und Rosalie, die gar nicht tanzen konnte, blickte auf Galas Rücken unter der Hand dieses Mannes. Sie konnte alle Wirbel dieses Rückgrats zählen, genau wie bei dem alten Mann auf dem Jahrmarkt, der mit seiner Faust Steine zertrümmert hatte.

Neunundzwanzigstes Kapitel

Von 1921, als Rosalie mit ihren Eltern nach Peking kam, bis 1935, dem Jahr, in dem sie von hier wegfuhr, bewohnte die Familie insgesamt vier Häuser.

Das erste war ein Mietshaus, sehr klein, mit einem kleinen, gepflasterten Hof und Zimmern, auf deren festgestampften Fußböden dicke Strohmatten lagen. Im Winter stand mitten im Zimmer ein Ofen. Die Fenster bestanden aus einem Holzgitter, das keine Glasscheiben hatte, sondern mit geleimtem Papier beklebt war, und an der Tür hielten zwei kleine Steinlöwen mit abgenutzten Gesichtern Wache.

Die Familie wohnte nur wenige Monate nach der Ankunft in Peking in diesem Haus. Hier wurde Marianne geboren. Rosalie hatte das Haus gern, denn wenn man aus der Tür trat und die Hutungs entlangging, kam man zur Hauptstraße, und genau gegenüber lag die große rote Mauer der Verbotenen Stadt, in der die Kaiser gelebt hatten. Das Haus gehörte einem Eunuchen, der vor der Revolution von 1911 im Palast gedient hatte. Die Miete betrug nur zehn Dollar im Monat.

Das zweite Haus lag im Mandschu-Bezirk, und in Rosalies Augen war es aus vielen Gründen das beste, hübscheste und interessanteste von allen vier Häusern. Es stand am Ende einer Sackgasse, und vor seiner Eingangstür befanden sich zwei riesige Steine. Dort konnte man abends sitzen, sich fächeln, Erdnüsse essen und dabei beobachten, wie die anderen Leute aus ihren Häusern kamen, sich ebenfalls auf den Türschwellen niederließen und sich fächelten. Es gab nur drei Häuser in dieser Sackgasse, und abgesehen von den Abendstunden erblickte man hier nur die Mauern und die geschlossenen Vordertüren. Aber die Vordertüren der zwei anderen Häuser waren sehr schön, denn es waren Wächter darauf gemalt mit roten und weißen Gesichtern und scharlachfarbenen und goldenen Waffen, und die Füße dieser Wächter steckten in Reitstiefeln. Die Familien, die in diesen Häusern wohnten, waren Mandschu.

»Die Mandschu sind faul und degeneriert«, pflegte Papa zu

sagen. Er mochte sie nicht. Rosalie wußte, daß die Mandschu-Regierung 1911 in einem tobenden Chaos und einem Durcheinander von Hofschranzen und Eunuchen untergegangen war. Und dann war Sun Yatsen gekommen, und China war eine Republik geworden. Aber der Silberdollar in ihrer Sparbüchse trug das stiernackige Profil Yüan Shihkais, der sich selbst zum Kaiser hatte machen wollen und gestorben war. Münzen mit dem Gesicht Sun Yatsens gab es nicht.

Die Mandschu-Damen verließen immer erst nachmittags das Haus, um ihre Freundinnen zu besuchen. Ihre Füße waren nicht eingebunden, und sie trugen gestickte Schuhe mit dicken Tuchsohlen. In der Mitte der Sohle war ein hoher viereckiger Absatz angebracht. Die Damen waren groß und in lange Satingewänder und kurze Jacken aus schwarzer Seide gehüllt. Auf ihrem lackierten Haar trugen sie den Mandschu-Kopfputz: einen riesigen Schmetterling aus steifer schwarzer Gaze, mit vielen Nadeln aus Gold, Jade und Lapislazuli und mit Eisvogelfedern, kleinen Achaten, Zinnober und Perlen geschmückt. Ihre Gesichter waren weiß und rosa gemalt, und auch ihre Augen waren gemalt. Genau am Rande ihrer hohen, steifen, gestickten Kragen hörte die Schminkschicht plötzlich auf. Die Innenseite ihrer Hände war blaßrot gepudert. Wenn sie aus dem Haus kamen und in ihre Sänfte stiegen, hielten sie ein Taschentuch aus kanariengelbem, hellrosa, primelgelbem oder violettem Chiffon zwischen den Fingern. Sie benutzten noch immer ihre Sänften, die von zwei Männern – einem vorn und einem hinten – getragen wurden; Rikschas waren ihnen zu modern.

Wenn ein Mandschu-Mann einer Mandschu-Frau begegnete, beugten sie beide ein wenig das linke Knie, gingen mit dem Körper etwas nach unten und legten die gefalteten Hände auf das rechte Knie. Es war eine sehr hübsche Bewegung, und Rosalie erkannte darin sofort das kalligraphische Zeichen für das chinesische Wort »Kniebeuge« wieder, dessen einer Bestandteil genau die gleiche anmutige Körperbewegung mit den drei Biegungen zeigt.

Die Mandschu arbeiteten überhaupt nicht. Papa sagte, das käme daher, weil früher alle Mandschu Pensionen vom kaiserlichen Haus bezogen hätten. Ihr Leben lang hätten sie Geld bekommen, ohne zu arbeiten, und das sei beinahe dreihundert Jahre lang so gegangen, so daß sie jetzt gar nicht wüßten, was Arbeit ist. Diese Behauptung stimmte allerdings nicht ganz. Rosalie fand heraus, daß von der fünfundzwanzigköpfigen Familie immerhin drei Männer Privatstunden gaben; sie besaßen eine gewisse Bildung und waren nun Lehrer geworden. Aber sonst verpfändeten die Mandschu ihre Besitztümer. Immer wieder wanderten Juwelen und Kleider fort, um Geld zu bringen. Und so lebten sie und warteten auf den Tag, an dem nichts mehr übrig sein würde. »Und dann werden sie eine Überdosis Opium nehmen und sterben«, behauptete Papa lachend.

Das Haus, in dem sie wohnten, hatten sie von einer der beiden Mandschu-Familien gemietet, und Papa hatte zwei Fliederbüsche im Hof eingepflanzt. Im Frühling blühte der Flieder und füllte den Hof mit seinen weißen und lila Dolden, und Rosalie und Tiza nahmen große Sträuße mit in die Schule und schenkten sie den Nonnen, ihren Lehrerinnen.

Ein weiterer Vorzug dieses Hauses war die Tatsache, daß man aus der Sackgasse so leicht einen Drachen steigen lassen konnte. Man brauchte nicht erst den Drachen zu nehmen und ihn weit fort auf einen leeren Platz zu tragen. Und schließlich gab es noch einen Grund dafür, daß Rosalie dieses Haus so gern hatte: Hierher war Älterer Bruder bei seiner Rückkehr aus Europa heimgekehrt.

Das dritte Haus, in das sie im Jahre 1926 zogen, war nicht so interessant. Es lag in einem Hutung, und sein einziger Vorzug war, daß Suchen, die Tochter der Prinzessin Dan, ganz in der Nähe wohnte. Es hatte auch einen Hof, aber die Erde war hier so hart, daß nichts richtig gedeihen wollte. Papa kaufte Blumentöpfe und stellte sie in den Hof. Zu dieser Zeit begann er auch seine Nelkensammlung anzulegen. Als bemerkenswertes Ereignis in diesem Haus blieb Rosalie in Erinnerung, daß Erste Tante sich hierher flüchtete, als Onkel Liu, ihr Mann, ihr das zwölfte Baby schenken wollte und sie keins mehr haben wollte.

Aber nach ein paar Tagen ging sie doch wieder zu Onkel

Liu zurück, und fünf Jahre später starb sie bei der Geburt ihres vierzehnten Babys.

In das letzte Haus, das vierte, zogen sie 1927, als Älterer Bruder sie schon wieder verlassen hatte. Rosalie mochte das Haus nie.

Als sie viele Jahre später wieder nach Peking kam, wollte sie sich alle vier Häuser noch einmal anschauen; aber nur das letzte, das häßlichste von allen, war von den Häusern ihrer Kindheit noch übriggeblieben. Die anderen waren abgerissen worden, um Platz für die neuen, breiten Straßen der Stadt zu schaffen.

Dreißigstes Kapitel

Älterer Bruder, das war der Inbegriff einer jahrelangen Qual, mit der man leben mußte; eines Schmerzes, der um so überwältigender war, als man ihn nicht verstand; eines Leidens, das man nicht umbilden und formen und mit dem man auch sonst nichts anfangen konnte. Er bedeutete Freundschaft, die in Einsamkeit endete; Erwachen des Intellekts; durch Wachsamkeit gemilderter und in Bahnen gelenkter Trotz.

Ein Geschwür am Arm kann man veranlassen, seinen Eiter auszustoßen, wieder heiles Fleisch zu werden und nur eine erklärbare Narbe zurückzulassen. Der Schmerz hat seine eigene Nische in einem Wortgebäude, das ein Leben formt, nachdem es gelebt ist; denn man findet das, was man erlebt hat, in rückblickenden Sätzen wieder, die von dem Geschehenen gestaltet wurden und es erträglich machten. Älterer Bruder entzog sich lange allen Worten; er war wie betäubt von der Anstrengung, den immer wiederkehrenden Schmerz geheimzuhalten. Wie ein Nachtgespenst weigerte er sich, die aufbauenden Gesten des Lebens zu vollziehen; er konnte sich nicht zu dem logischen Vorsatz aufraffen, seine Existenz zu einer greifbaren Einheit zusammenzufassen.

Die Geschichte von Älterem Bruder beginnt mit seinem Namen: Sohn des Frühlings. Der Tod seines jüngeren Bruders Seeorchidee hatte Mamas Abneigung gegen Rosalie bewirkt. Rosalie war »Mondgast«, wenn sie Chinesin war, und »Rosalie«, wenn sie ein Mischblut, eine Eurasierin, war – nicht etwa eine Europäerin (nie konnte sie Europäerin sein, das war ihr völlig klar, auch wenn es Mama nicht immer klar zu sein schien). Mondgast und Chinesin war sie, wenn sie mit Papa auf die Märkte und Jahrmärkte ging; und auch in seinem Schweigen hieß sie so, denn »Rosalie« nannte er sie nur zu Hause, Mamas wegen. Er mochte diesen Namen ebensowenig wie sie, und darum nannte er sie »Kleiner Mond«.

Nach Mondgast-Rosalie war zur Winterzeit die kleine, zarte Schneeorchidee-Tiza geboren worden. Mama hatte inzwischen ihren Kummer um Seeorchidee vergessen, begann Mondgast zu entwöhnen und war bereit, wieder ein Kind zu lieben. Sie liebte Schneeorchidee-Tiza mit einer Leidenschaft, die sich nur durch die vorhergehenden Erlebnisse erklären läßt. Keins ihrer Kinder hat sie je so geliebt. Kostbare Orchidee, Liebliche Orchidee und Herbstorchidee wurden geboren und starben, und Mama berichtete von ihnen unter dem trockenen Auge der abendlichen Lampe.

»Und dann sagte ich dem Priester, ich wollte keine Kinder mehr haben. Nicht einmal, wenn ich für diese Weigerung in die Hölle müßte. Aber dann bekam ich Marianne.« Und sie blickte auf Marianne, das rothaarige kleine Mädchen, das auch den Namen Mondorchidee trug.

»Warum ...?« begann Rosalie. Aber sie vollendete ihre Frage nicht. Es war eine Todsünde, keine Kinder zu haben – aber warum eigentlich? Erste Tante war ihrem Mann, Onkel Liu, weggelaufen, weil sie zu viele Kinder hatte. Und warum hatte Mama sich beklagt, daß ihr Bauch nur der Kinder wegen so schrecklich aussähe, wo sie doch andererseits geleugnet hatte, daß die Kinder aus ihr herausgekommen seien? Rosalie hatte Mama deshalb mit ihren Fragen zugesetzt; aber Mama hatte gesagt: »Neugierde ist eine Sünde. Du wirst das schon erfahren, wenn du verheiratet bist.« Und Rosalie hatte erwidert: »Ich werde nie heiraten, weil ich ein Mischblut bin.« Das hatte sie gesagt, weil sie wußte, daß Mama sich durch dieses Wort verletzt fühlte.

Sohn des Frühlings, Älterer Bruder, der Erstgeborene kam nach Peking und kehrte in den Schoß seiner Familie zurück. Als Mama mit ihm und Papa im Jahre 1913 aus Szechuan flohen, war ihr Boot beschossen worden, und deshalb hatte Mama Sohn des Frühlings nach Europa geschickt, wo er die ganzen Jahre seitdem verbracht hatte.

»Es war ein kleines Boot, und wir konnten von Glück reden, daß wir überhaupt Platz darauf gefunden hatten. Der belgische Konsul war uns dabei behilflich gewesen. Als unser Boot durch die Schluchten fuhr, pfiffen von den Ufern her die Kugeln über uns weg. Die Soldaten standen auf beiden Seiten und beschossen sich, wir aber waren mitten zwischen ihnen.

Es war Nacht, doch das Boot fuhr weiter – es konnte gar nicht anders, weil die Strömung so stark war. Ich band euren Älteren Bruder mit einem Strick an ein Faß, und mich selbst band ich an ein anderes Faß. Wir kamen durch. Als wir in Hankaw angekommen waren, schickte ich meinen Sohn wieder zu meinen Eltern nach Europa, wo er in Sicherheit war. Die sollten ihn aufziehen, so wußte ich wenigstens mein Kind in Europa und nicht hier in diesem schrecklichen Land, wo es doch nur umgekommen wäre. Dann zogen Euer Vater und ich an die Eisenbahnlinie, und ihr alle kamt zur Welt.«

Die Eisenbahn ... Gutmütige Drachen, die auf den Schienen hockten und fügsam ihre Ungeduld bezähmten, das Feuer in ihrem Inneren dämpften. Tönende Melodie der Nacht, die Leben verkündete, dröhnendes Leben, Leben, das darauf wartete, losstürmen zu dürfen. Und auch die Nacht wartete, sie lauschte und wartete, die ganze Erde schien zu warten. Aber nichts war zu spüren als dieser kurze warnende Ton – nichts von allem, was in Wahrheit vor sich ging, und das Herz jedes Menschen war eine dunkle Muschel in der Dunkelheit, die ein verborgenes Feuer hütete. Und eines Tages würde das Herz der Welt zerbersten, die großen Drachen würden brüllen, und die ganze Nacht würde erleuchtet sein von den springenden Feuern.

So träumte Rosalie, während sie Mamas Erzählungen lauschte und dabei das Tuten der Lokomotiven hörte, die so viele Leben, ganze Wagenladungen voll, durch die unendliche Ebene zogen.

»Älterer Bruder weiß nicht, wie das Leben an der Eisenbahn ist«, sagte Mama. »Er hat es gut.«

1924 kam Älterer Bruder, jetzt sechzehn Jahre alt, endlich zu seinen Eltern nach China zurück. Sein Schiff war schon im Herbst in den Hafen von Shanghai eingelaufen; doch hier war er steckengeblieben und konnte nicht weiterreisen, weil einige Kriegsherrn von dort aus mit ihren Truppen nordwärts marschierten. Sie seien Rote, hieß es allgemein und das Reisen sei jetzt gefährlich. Die ausländischen Kanonenboote blockierten die chinesischen Häfen und landeten ihre Soldaten; die kämpfenden Kriegsherrn hatten fast das gesamte rollende Gut der

Eisenbahngesellschaften unter sich aufgeteilt, und überall machten Räuberbanden das Land unsicher. Aber irgendwie war Älterer Bruder doch auf einen Dampfer und mit diesem nach Tientsin gelangt, und im Februar 1925 erreichte er schließlich Peking.

Die Familie hatte den ganzen Nachmittag auf ihn gewartet; aber die Züge aus dem Hafen Tientsin, in dem Älterer Bruder in der Woche zuvor angekommen war, hatten bis zu einundzwanzig Stunden Verspätung. Im ersten Passagierzug, der zusammengestellt wurde, hatte er keinen Platz mehr bekommen, und an diesem Tag kam nun der zweite. Eigentlich sollte täglich ein Zug verkehren, doch die Züge waren sämtlich zur Beförderung der Soldaten des Kriegsherrn Wu Peifu beschlagnahmt, der zu dieser Zeit in Peking regierte. Papa hatte in den letzten Tagen dauernd telefoniert und Telegramme an alle Stationen der Eisenbahnlinie geschickt. Die Telegramme wurden mit dem Morsetelegrafen durchgegeben. Rosalie war am Tag zuvor mit Papa im Telegraphenbüro der Eisenbahn gewesen und hatte die Taste gesehen, auf die der Mann im Büro mit dem Finger drückte. Lang, kurz, kurz, kurz, lang. Der Apparat summte wie ein Fliegenschwarm. Am Abend hatte Rosalie im Lexikon das Morse-Alphabet nachgeschlagen und studiert und daraufhin beschlossen, sich selbst einen Telegraphenapparat zu bauen. Sie hatte sich schon mit zwei durchlöcherten Blechbüchsen und etwas Draht ein Telefon konstruiert und auch versucht, sich einen Radioapparat zusammenzubasteln; aber niemand war daran interessiert, mit ihr zu telefonieren. Mama hatte neun Tage lang jeden Abend den Rosenkranz gebetet, um auf ihre Weise Sohn des Frühlings zu einer glücklichen Heimkehr zu verhelfen.

An diesem Abend saß Mama wartend unter der Lampe im Wohnzimmer. Rosalie, Tiza und Marianne lagen im Bett.

»Ich wecke euch, wenn er kommt«, hatte Mama versprochen.

Papa war schon vor vielen Stunden zum Bahnhof gegangen, um den Zug zu erwarten.

»Jetzt wird alles kalt«, sagte Mama, die Fleischbrühe, ein gekochtes Huhn und Reispudding vorbereitet hatte.

Rosalie lag im Halbschlaf. Plötzlich war da ein Geräusch im Hof, der Lichtschein von Kerosinlampen hüpfte hin und her, und nun öffnete Mama auf der Rückseite des Hofes die Wohnzimmertür und rief: »Da bist du ja, da bist du! Mein Sohn, mein Sohn!«

Endlich war Älterer Bruder gekommen.

Wie groß er war! Viel größer als Mama und Papa. So groß. Rosalie stand auf dem Bett, spähte durch die einzige Glasscheibe in der Mitte des Fensters und betrachtete Älteren Bruder, der jetzt im Wohnzimmer stand. Doch sie konnte nur seinen halben Kopf sehen. Er wandte sich lächelnd von Papa zu Mama. Seine Vorderzähne standen ein Stückchen auseinander; er hatte »Schmetterlingszähne«, genau wie Rosalie. Der obere Teil seines Kopfes war durch das Holzgitter des Fensters verdeckt.

»Kommt, meine Kinder!« rief Mama jetzt. »Begrüßt euren Bruder!« Mit großen Schritten kam sie quer durch den Hof zum Schlafzimmer und zog sich vorher nicht einmal einen Mantel an. In ihre Morgenröcke aus Kamelhaarwolle gehüllt, rannten die zwei kleinen Mädchen mit ihr zurück. Rosalie warf sich ihrem Bruder in die Arme. Dabei prallte sie mit ihrem Körper gegen seine Beine, weil er so groß war. Und auch Mama schlang ihre Arme um ihn und drückte ihn an sich, obgleich sie ihm nur bis zur Schulter reichte. »Mein Sohn, mein Sohn«, sagte sie. »Ich habe meinen Sohn wieder bei mir.«

Am nächsten Morgen saß Älterer Bruder am Frühstückstisch, trank Kaffee und unterhielt sich mit Papa. »Natürlich möchte ich Chinesisch lernen und hier auf eine chinesische Universität gehen«, sagte er. »Deshalb bin ich ja zurückgekommen.«

»Chinesisch?« fragte Mama. »Universität? Du willst noch mehr lernen? Aber du bist doch schon siebzehn, mein Junge.«

Älterer Bruder sah lächelnd zu ihr auf und kniff dabei seine Augen ein wenig zusammen. Er liebte sie sehr – oder besser gesagt, er liebte die Mutter, die er sich die ganzen Jahre hindurch vorgestellt hatte, all die Jahre, die er in Europa verbracht und in denen er darauf gewartet hatte, wieder nach Hause zu kommen zu seinen eigenen Eltern.

»Ja, Mama, ich möchte ein Chinese sein. Schließlich bin ich das doch auch«, sagte er und schaute mit einem glücklichen Lächeln auf Papa.

»Wenn du ein Chinese bist, wirst du nie eine Zukunft haben«, erklärte Mama. »Siehst du das nicht ein? Deine einzige Chance ist es, hier in einer englischen Firma zu arbeiten. Die Engländer sind in China sehr mächtig. Die Russen und Franzosen spielen jetzt die zweite Geige; aber die Engländer haben hier einen Haufen Geschäftshäuser und Banken. Und sie haben alle Fäden in der Hand. Sämtliche Kriegsherrn nehmen Geld von ihnen. Die Japaner haben auch ziemlich viel Macht, aber die würden dich nie akzeptieren. Die Engländer brauchen in ihren Banken und Handelsfirmen Leute wie dich. Sei bloß nicht so dumm wie dein Vater, zur Eisenbahn zu gehen – die bietet keinerlei Zukunft. Du mußt den Leuten ja nicht unbedingt sagen, daß du Chinese bist. Du hast vier Jahre in England gelebt und sprichst fließend englisch. Ja, ja, Leute wie dich können sie in den Banken hier gebrauchen.«

Älterer Bruder blickte auf Papa, und Rosalie blickte auch auf Papa. Aber der sagte kein Wort, sondern zupfte nur an seinem Kinn, wie er es immer tat, wenn er nachdachte. Und nun mußte Rosalie natürlich den Fehdehandschuh, der da lag, aufheben und sich kopfüber in einen Kampf stürzen, mit dem sie überhaupt nichts zu schaffen hatte.

»Wir sind Mischlinge«, sagte sie. »Eurasier. Das ist nun mal so. Aber ich möchte chinesisch sein, genau wie du und wie Papa.«

Mama wurde rot vor Ärger. Sie sammelte sich förmlich zum Angriff. Augenbrauen, Mund und Krümmung des Rückgrats, alles setzte zum Sprung auf Rosalie an. »Das ist wieder mal echt!« schrie sie. »Unverschämt und frech wie immer. Was bildest du dir eigentlich ein? Du, eine Chinesin? Nie im Leben wirst du eine Chinesin sein. Und weißt du auch, warum? Die Chinesen wollen dich gar nicht haben! Die denken nicht dran! Sie erkennen dich gar nicht an! *Yang Kueitse* werden sie dich nennen, Teufel aus Übersee, genau wie mich. Mischling, werden sie hinter dir herrufen, Mischblut! Denn genau das bist du. Aber dein Bruder nicht. Der sieht europäisch aus.«

Und Rosalie, die nun vor Wut auch feuerrot geworden war, schrie zurück: »Ich hasse dich, ich hasse dich! Warum gehst du nicht zurück? Warum gehst du nicht hin, wo du hergekommen bist und läßt uns endlich in Ruhe? Ich hoffe nur, daß die Kommunisten kommen und dir den Kopf abschlagen.«

»Yentung, Yentung«, sagte Mama. Plötzlich war sie ganz ruhig und sah fast glücklich aus. Ihre Stimme sank auf normale Lautstärke herab, so daß sie jetzt fast wie ein Flüstern wirkte. »Hast du gehört, was deine Tochter zu mir gesagt hat?«

Papa stand auf und gab Rosalie über den Tisch hinweg eine Ohrfeige.

Rosalie schrie, rannte hinüber ins Schlafzimmer, setzte ihren Hut auf und zog die Schuhe an. Schluchzend, unter strömenden Tränen, packte sie ihre Bücher zusammen und lief zur Schule. Als sie dort ankam, waren ihre Augen rot und verschwollen, und sie hatte ihr Taschentuch vergessen. Und dann mußte sie zur Toilette. Aber das war in der europäischen Schule verboten; es galt als unanständig, während des Unterrichts um diese Erlaubnis zu bitten. So begann sie denn mit einer fast platzenden Blase die Rechenstunde. Mutter Claire, die den Unterricht erteilte, sah zweimal zu ihr hin, sagte aber nichts.

Nach dem Rechnen kam eine Prüfung in französischer Geschichte. Die ganze Klasse mußte sich vor Mutter Claires Pult aufstellen. Wenn ein Mädchen eine Frage nicht beantworten konnte, durfte ein anderes Mädchen die Hand heben und an ihrer Stelle antworten. Rosalie stellte sich mit den anderen auf, und da sie die Klassenerste war, stand sie am Anfang der Reihe. Sie beantwortete ihre Frage, und dann kam das Mädchen neben ihr dran. Während Mutter Claire die Reihe entlang ein Mädchen nach dem anderen examinierte, tat Rosalie heimlich so, als wolle sie ihren Rock etwas hochziehen ... in Wirklichkeit aber preßte sie ihre Hand fest gegen das Schambein, um wenigstens für eine Weile diesen quälenden Drang zu beschwichtigen.

Mutter Claire bemerkte Rosalies Hand, die sich auf die verpönte Stelle zwischen den Beinen preßte. Sie runzelte die Stirn. Rosalie kratzte sich ein wenig an der oberen Innenseite ihres linken Beins, als jucke es sie dort. Kratzen war erlaubt.

Der Unterricht ging weiter, und wieder hatte Rosalie das Gefühl, als könne sie es jetzt nicht mehr aushalten, als werde sofort etwas Furchtbares geschehen. Darum legte sie die Hand wieder fest unter ihren Leib. Diesmal explodierte Mutter Claire.

»Zurück auf eure Plätze! Alle, außer« – und mit einem strengen Blick auf Rosalie – »außer Rosalie Chou.«

Die Mädchen polterten zu ihren Pulten zurück, setzten sich und starrten neugierig und strahlend auf Rosalie.

»Komm hierher!« herrschte Mutter Claire sie an, und Rosalie stieg die Stufen zum Pult hinauf und stellte sich dicht neben Mutter Claire. So nahe war sie ihr noch nie gewesen. Sofort betrachtete sie interessiert die Struktur von Mutter Claires Haut, dieser fahlweißen Haut mit den ebenmäßigen Poren von mittlerer Größe. Auf dem Kinn sah sie einen ovalen braunen Leberfleck, aus dessen Mitte ein Haar sproß. Vielleicht beruhigte sich ihr berstender Magen ein wenig, wenn sie ihre ganze Aufmerksamkeit auf Mutter Claires Haut richtete.

»Warum tust du etwas so Unreines und Sündiges?« fragte Mutter Claire. »Das ist ... das ist empörend ...« Ihre Lippen bebten. »Du wirst jetzt sofort zehn Ave Maria sprechen!«

»Ich ... ich ...« Rosalies Augen füllten sich mit Tränen, aber sie wagte nicht zu schluchzen, weil sie befürchtete, ein tiefer Atemzug oder ein Schluchzer könnten sich katastrophal auswirken. Darum murmelte sie nur: »Juckt ... tut so weh ...«

Sofort wandelte sich Mutter Claires Gesichtsausdruck. Mitleidig sah sie Rosalie an. »Hast du Pickelchen dort?« fragte sie rasch. »Hast du das deiner Mutter gesagt?«

»Nein.« Rosalie schüttelte vorsichtig den Kopf – eine zu heftige Bewegung hätte gefährlich werden können. »Das habe ich nicht.«

Mutter Claire war vollends besänftigt. »Ah, mein Kind, ich sehe, daß du wahrhaft sittsam und bescheiden bist. Deshalb werde ich dich nicht bestrafen. Bring dein Leiden der Heiligen Jungfrau zum Opfer, deren Sittsamkeit über jeden Vergleich erhaben ist.«

Rosalie setzte sich auf ihren Platz, und Mutter Claire erzählte der Klasse mit einer Stimme, die schnarrend auf gewissen Konsonanten ausruhte und lange Pausen zwischen den einzelnen Sätzen einschob, die Geschichte eines vierzehnjährigen Mädchens, einer Heiligen, die ihr ganzes junges Leben lang so sittsam war, daß sie sich schon mit vier Jahren weigerte, ihre Kleider abzulegen. Sie konnte es in ihrer Keuschheit nicht ertragen, sich selbst zu sehen oder die Blicke anderer auf sich zu verspüren. Als sie dann als Märtyrerin im römischen Zirkus sterben sollte, bat sie darum, von einem Bären erdrückt und nicht von einem Löwen zerrissen zu werden, weil auch in diesem Fall wieder die Sittsamkeit ihr verbot, ihren Körper zu zeigen, und dieser ja vielleicht entblößt worden wäre, wenn ein Löwe sie zerrissen hätte. Ihre von den frommen Gläubigen eingesammelten Überreste bewirkten späterhin viele Wunder.

Ein lauter Ton, fast wie ein Schrei entrang sich Rosalies Kehle – ein Lachen, mit dem das Unwiderrufliche beschworen wurde. Rosalie stürzte aus dem Klassenzimmer und rannte zur Toilette, einem Häuschen, das sich am Ende des Hofes einsam, streng und deutlich in die Augen fallend auf einigen Stufen erhob. Die gelackte Tür hatte einen Knopf, der mit einer Schnur festgehalten wurde. Rosalie hockte sich über das Loch zwischen den beiden Steinen des sitzlosen Aborts und beobachtete, wie der Urin, ein stetiger warmer Strom, mit beruhigendem Plätschern und Gurgeln durch das Loch in die darunterliegende Grube floß und wie von dort unten ein feiner Rauch in die kalte Luft aufstieg. Köstliche, tröstende Erleichterung. Es war einer der schönsten Augenblicke ihres Lebens – hier zu hocken, ihr Wasser zu lassen und dabei an die Geschichte mit dem Löwen und dem Bären zu denken, die irgendwie so unwiderstehlich komisch war.

Als sie von der Toilette zurückkam, stand sie einer wild erzürnten Mutter Claire gegenüber, die sie mit den strengsten Strafen überhäufte: Rosalie büßte ihrer Gottlosigkeit wegen ihre guten Noten ein, mußte eine Stunde lang hinter der großen Schiefertafel stehen und eine Strafarbeit von hundert Zeilen in ihrer schönsten Handschrift anfertigen. Aber das machte ihr alles nichts aus.

»Mein Älterer Bruder ist nach Hause gekommen«, erzählte

sie Suchen an diesem Nachmittag. »Er möchte ein Chinese sein, genau wie ich. Ich habe meiner Mutter gesagt, daß die Weißen von hier weggehen sollen.«

Suchen sah sie ruhig an. »Das ist gut. Eines Tages müssen wir aufhören, Bettler zu sein, und ein Volk werden. Aber meine Mutter behauptet, das könne nur ein Kaiser erreichen. Natürlich, sie ist ja eine Mandschu.«

Sie gingen zum Ostmarkt und kauften leuchtend bunte Marmeln, grüne und blaue, rosa und weiße, für Rosalies Älteren Bruder.

Älterer Bruder hatte auch einen europäischen Namen: George.

»Magst du deinen Namen?« fragte Rosalie ihn drei Tage nach seiner Ankunft.

Die Koffer von Älterem Bruder waren gekommen, und er packte seine Bücher und Kleidungsstücke aus. Am zweiten Abend hatte Rosalie, die nach ihrem Ausbruch beim Frühstück einen Anfall von Schüchternheit hatte, nicht mit Älterem Bruder gesprochen. Dieser hatte ruhig bei Papa gesessen und sich mit ihm unterhalten. Wie so häufig war die Familie auch diesmal zum Grabhügel der Worte und Taten ihrer Mitglieder geworden; keiner machte eine Anspielung auf die Ereignisse vom Morgen.

Mama hatte Älterem Bruder ein Zimmer zugewiesen, das sie eigens für ihn reserviert hatte. In das matte Grau des Zementfußbodens waren kleine weiße Steinchen eingelassen. Nach Rosalies Ansicht war es ein besonders schönes Zimmer; aber es lag nach Norden, und Älterer Bruder fand es entsetzlich kalt. Rosalie wußte, daß er fror, obgleich er es nicht sagte. Später sollte er sich bei ihr noch bitter über dieses kalte Zimmer beklagen; doch während dieser ersten Tage bemühte er sich, alles von sich zu schieben, was dem Glück, das er erwartet hatte, nicht entsprach.

»Magst du deinen Namen? Ja?«

Älterer Bruder blickte auf Rosalie. Sie kannten sich noch nicht recht. Später allerdings sollten sie durch eine tiefe Liebe verbunden sein. Dann sollte Älterer Bruder ihr erklären: »Du warst für mich immer die Frau, für die ich aus tiefstem Herzen geschwärmt habe; für mich warst du immer schön.« Aber das war, wie gesagt, Jahre später. Vorläufig war Rosalie ein Kind, und der Weg zum endgültigen Verständnis sollte noch lang und schwierig sein. Viele verschiedene Rosalies und ebenso viele Ältere Brüder sollten ihn gehen und unterwegs bei jeder Wandlung ihr früheres Ich abstreifen.

»Nein«, antwortete Älterer Bruder, »eigentlich mag ich meinen Namen gar nicht. Aber man kann sich seinen Namen ebensowenig aussuchen wie seine Eltern.«

»Das stimmt«, bestätigte Rosalie und legte den Kopf mit einem unendlich weisen Ausdruck zur Seite – ein Trick, den sie der klugen Suchen abgeguckt hatte. »Das ist sehr richtig.«

Daraufhin blieb nicht mehr viel zu sagen. Rosalie ging langsam um Älteren Bruder herum und betrachtete ihn genau. Eines Tages würde er ein Meter fünfundachtzig groß sein. Papa maß nur knapp über eins fünfundsechzig und Mama etwas mehr als eins siebzig. Wenn die beiden neben ihm standen, wirkten sie so rührend zusammengeschrumpft. Älterer Bruder beugte sich über seine Koffer. Er trug die Haare kurz geschnitten, kniff die Augen zusammen und hielt sich die Sachen, die er herausholte, dicht vors Gesicht. Eigentlich sah er mehr europäisch aus als chinesisch, zumindest europäischer als sie, fand Rosalie. Das lag vor allem an seinen Bewegungen, seiner Statur und seinen Füßen, die in den schweren Schuhen außerordentlich groß wirkten. Aber seine Augen waren die eines Chinesen, sein Haar war schwarz, er hatte keine Haare auf den Händen. Die meisten europäischen Männer, zum Beispiel der griechische Doktor, hatten Haare auf den Handrücken.

Aber Älterer Bruder mußte sich rasieren. Jeden Morgen mußte der Koch das Rasierwasser für ihn heiß machen, während Papa sich bestenfalls einmal im Monat rasierte. Älterer Bruder war sehr stolz auf seinen Bartwuchs.

Am Sonntag ging die ganze Familie außer Papa zur Messe. Mama, die den anderen ihren großen Sohn vorführen wollte, schritt erhobenen Hauptes an seinem Arm durch den Mittelgang der Sankt-Michaels-Kirche. Natürlich hatte sie für diesen Zweck nicht die chinesische Ostkirche mit ihren Bettlern gewählt, sondern die europäische Kirche im Gesandtschaftsviertel. Mama war damals gerade mit Madame Poh, der französischen Frau von Papas Freund, des Herrn Poh Hungwen, verfeindet und ebenso mit Frau Blievermann, ihrer holländischen Bekannten. Worum es bei diesen Streitereien gegangen war, wußte keiner so recht – sehr wichtige Dinge waren es gewiß nicht gewesen –, aber jedenfalls bedeutete es einen gewissen Triumph für Mama, daß sie jetzt diesen großen, hübschen Sohn vorzeigen konnte.

Auch einige Partys wurden veranstaltet. Mama lud verschiedene Bekannte ein und wurde ihrerseits mit Älterem Bruder eingeladen. Papa nahm Älteren Bruder mit ins Büro und stellte ihn dort seinen chinesischen Freunden vor. Rosalie ging bei keiner dieser Gelegenheiten mit, und wenn sie Älteren Bruder hinterher fragte, was es zu essen gegeben hätte, konnte er sich nie daran erinnern.

Älterer Bruder begann sich mit der chinesischen Sprache zu befassen und nahm dreimal in der Woche Unterricht bei einem Privatlehrer. Er hatte bereits in Europa angefangen, Chinesisch zu lernen. Auch Deutsch und Esperanto hatte er gelernt. Durch seinen Aufenthalt in England hatte er zwar viel Übung in der englischen Sprache, mochte sie jedoch nicht. Er sagte, die Engländer seien sehr tüchtig, aber die Deutschen seien noch viel tüchtiger, und es sei ein Jammer, daß Deutschland den Krieg verloren habe. Älterer Bruder war sehr deutschfreundlich und erzählte, daß alle Flamen in Belgien ebenfalls deutschfreundlich seien. Und er prophezeite auch, daß die Russen eines Tages ebenso stark sein würden wie die Engländer, ja vielleicht noch stärker. Seine Behauptungen waren dem, was man Rosalie gelehrt hatte und was Mama und deren Freundinnen sagten, genau entgegengesetzt. Aber Älterer Bruder war wie Suchen: er gab stets einen Grund dafür an, warum er dies oder jenes dachte, und dadurch wurde alles interessant.

»Die Russen sind Kommunisten«, sagte Mama. »Gott wird sie strafen.« Und sie erklärte, alle Menschen in Rußland hungerten, das sei allgemein bekannt. Und bald werde der Zar zurückkommen. Das wußte sie genau. Der Wäschemann, der ein Weißrusse und ein Mann mit sehr guten Manieren war, hatte es ihr erzählt.

Es gab in Peking damals etwa zehntausend Weißrussen – alles Flüchtlinge, die vor dem Bolschewismus davongelaufen waren. Viele behaupteten, Großfürsten oder Prinzessinnen zu sein. Sie eröffneten Wäschereien, Restaurants, Bäckereien und auch einige Tanzlokale. Und sie hatten auch einen Führer, den General Horvath, der in Peking lebte. Er war der Direktor der russischen Eisenbahngesellschaft in China gewesen und stand jetzt an der Spitze der Partei, die den Zaren wieder auf den russischen Thron setzen wollte. Auch eine russische Kirche gab es in Peking, und der Wäschemann, der sehr fromm war, bekreuzigte sich jedesmal, bevor er mit einem Stapel sauberer Wäsche auf der Schulter das Haus betrat.

Älterer Bruder sagte, der Zar würde nie wieder an die Macht kommen. Vor allem aber erzählte er Rosalie Geschichten aus der Zeit, die er in England verbracht hatte, und berichtete ihr auch davon, wie die englischen Schuljungen ihn gequält hatten. Einmal hatten drei von ihnen sich einen Spaß daraus gemacht, ihn immer wieder mit einem spitzen Zirkel in den Hintern zu stechen.

»Ja, hast du sie denn nicht angezeigt?« fragte Rosalie.

»Aber nein«, antwortete Älterer Bruder. »Sie haben mich auch in den Fluß geworfen«, fügte er nachdenklich hinzu. »Aber wir haben uns nie gegenseitig verpetzt. In England nicht.«

Als er nach dem Krieg wieder nach Belgien zurückkehrte, war er durch die Behandlung, die ihm in den englischen Schulen zuteil geworden war, so abgehärtet, daß die europäischen Schuljungen ihm wie die reinen Heulpeter vorkamen. Denn die kleinen Belgier jammerten rasch und verpetzten sich gegenseitig beim Lehrer.

»Ich habe in England boxen gelernt, und bevor ich von dort wegging, habe ich alle, die mir was angetan hatten, einen nach dem anderen niedergeboxt«, erzählte er. »Und das hat ihnen imponiert. Sie schreiben mir heute noch.«

Älterer Bruder war ein geistiger Mensch, aber einer von der zarten Sorte, gewissermaßen eine Treibhauspflanze. Genau wie so eine Pflanze beim ersten kalten Hauch dahinwelkt, verkümmerte er, sobald ihm Schroffheit oder gar Feindseligkeit entgegenwehte. Geist und Talent können sich nur entwickeln, wenn sie durch Mut und Standhaftigkeit und durch ein ungeheures, fast beschränktes Selbstvertrauen gestützt werden. Älterer Bruder hatte in England Mut und Standhaftigkeit bewiesen, in einer Hinsicht aber hatte er sich selbst schweren Schaden zugefügt: Er hatte geliebt, was er nicht sah, hatte Mama und Papa mit der ganzen Leidenschaft eines einsamen kleinen Jungenherzens geliebt. Nun, da er hier war, erwies sich, daß Papa und Mama auf eine gefährliche, erschreckende Weise anders waren als die Eltern, die er geliebt hatte. Und von dieser Enttäuschung, die er sich selbst zugefügt hatte, konnte er sich nie wieder erholen. Sie bedeutete faktisch ein Absterben gewisser Teile seines Wesens.

Älterer Bruder, der jetzt acht Stunden am Tag Chinesisch betrieb, lernte sehr schnell lesen und schreiben. Er wollte Mathematiklehrer werden und konnte viele schwierige Aufgaben lösen; aber er hatte kein Vorbild, dem er nachstreben konnte. Die gemeinsame Begeisterung für die Mathematik ließ eine enge Beziehung zwischen ihm und Rosalie entstehen, und diese Basis erwies sich als fest und beständig. Wenn die beiden sich später etwas entfremdeten, so nur deshalb, weil er nicht imstande war, seine persönliche Gleichung zu lösen.

Die gegenseitige Zuneigung zwischen den Geschwistern entwickelte sich so allmählich, daß Mama anfangs gar nichts davon merkte. Rosalie und Älterer Bruder zogen gemeinsam aus, um die Parks, die Paläste und die Museen zu besichtigen. Sie gingen zum Sommerpalast und zum Peihai-Park. Sie wanderten um die Stadtmauer und kletterten zum Observatorium hinauf. Im Sommerduft der Westberge verbrachten sie glühendheiße, sonnendurchtränkte Nachmittage. Später beobachteten sie hier, wie der Herbst die Hänge scharlachrot erglühen ließ. Älterer Bruder ging rasch, machte mit seinen langen Beinen große Schritte und redete dabei ununterbrochen über dieses und jenes. Rosalie trabte neben ihm her. Noch nie war sie so dünn, so sonnenverbrannt, so müde und so interessiert gewesen. Nur eine Kleinigkeit störte sie ein wenig: Älterer Bruder war so eifrig darauf bedacht, alles zu fotografieren, daß eigentlich immer nur wenige Augenblicke blieben, um etwas genauer in Augenschein zu nehmen – wenige Augenblicke, in denen sie nicht auf seine Kommentare, Bemerkungen und Erklärungen achten mußte. Älterer Bruder kannte die Jahreszahlen aller Ereignisse, er las jede Inschrift, kopierte die Ideogramme der Steintäfelchen und übersetzte sie. »Die chinesische Kultur ist unerhört; nie werde ich sie ganz ausschöpfen können!« rief er. Und in den Abendstunden unterwies er Rosalie noch in Mathematik. Obgleich er niemals mit Suchen oder Fanju zusammentraf, übermittelte Rosalie ihren Freundinnen alles, was sie bei ihm gelernt hatte. Es war eine hektische, ungewöhnliche Zeit, die ihnen fast irreal vorkam, und die Weltraumromane, die sie lasen, steigerten ihre unirdischen Verzückungen nur noch mehr.

So war Älterer Bruder in diesem ersten Sommer und Herbst, die er in China verbrachte, gesprächig, glücklich und von Leidenschaft beflügelt. Er schleppte Rosalie auf Spaziergängen umher, die ihre Kräfte völlig erschöpften, wanderte mit ihr durch Peking und seine nähere Umgebung. Und so wie ihren Körper trieb er auch ihren Geist an und schlug Buch um Buch vor ihr auf. In jener Zeit lernten sie einander bis ins Tiefste kennen, das kleine Mädchen und der heranwachsende junge Mann. Mama war damit gar nicht einverstanden, aber sie konnte nichts dagegen tun. Eines Tages jedoch erfuhr sie, daß Älterer Bruder kurzsichtig war, aber bisher keine Brille getragen hatte, weil er fürchtete, es könne seinem Aussehen schaden.

Der griechische Doktor, der eines Nachmittags zu Kuchen und Tee gekommen war, stellte diese Kurzsichtigkeit fest, und Mama machte augenblicklich ein Drama, eine Tragödie, eine Katastrophe daraus. Wie konnte ihr Sohn, *ihr* Sohn, kurzsichtig sein? Älterer Bruder sah mit leeren Blicken um sich, während ihr jammernder Redestrom sich ergoß und Haus und Garten erfüllte. Und dann begann er sie zu hassen. Nie im Leben sollte er diesen Haß auf Mama überwinden können. »Wenn ich so bin, wie ich bin, dann ist nur Mama daran schuld und die Art, wie sie über meine Kurzsichtigkeit gesprochen hat«, sagte Älterer Bruder Jahrzehnte später zu Rosalie. Er wußte nicht, wie er seine Liebe zu Mama und seinen Haß auf sie miteinander ins Gleichgewicht bringen sollte. Und doch war Mama in diesem Punkt wirklich unschuldig. Sie ernährte ihre Kinder gut und wachte über ihr körperliches Wohlergehen. Man konnte ihr wohl kaum einen Vorwurf daraus machen, daß sie zu einem falschen Zeitpunkt in ein falsches Land geraten war, daß sie ihre überheblichen Gefühle in die fleckenlos weißen Gewänder von Racheengeln hüllte und daß sie sich niemals entschließen konnte, ihre Kinder als selbstständige Menschen anzusehen.

Mama stand mitten im Wohnzimmer, jeder Zoll eine tragische Statue – ihre übliche Pose, wenn sie eine erschütternde Feststellung gemacht hatte. Rosalie war eben zusammen mit Papa nach Hause gekommen. Sie hatte ihn im Büro abgeholt; denn sie befand sich gerade in einer jener Perioden, in denen sie ihre Liebe zu ihm offen kundtun mußte. Das waren Anfälle, die kamen und wieder abebbten – Ausdruck ihrer ständigen Bemühungen, ein Ventil für all die namenlosen Wirrnisse zu finden, die sich in ihr aufstauten.

»Er ist kurzsichtig, er ist kurzsichtig!«

»Wer?« fragte Papa in einem gedämpften Ton müder Vorsicht. Sobald Papa beim Nachhausekommen Mama in einem ihrer »Nervenzustände« vorfand, verkroch er sich in ein Zelt der Wortkargheit.

»Dein Sohn«, antwortete Mama, und jetzt hätte man beinahe ein Ideogramm nach ihr zeichnen können, das den Begriff »Entsetzen« verkörperte. Sie hatte sich zu ihrer vollen Höhe aufgerichtet und stand reglos da, sah aber aus, als könne sie jeden Augenblick unter einem neuen Schlag des Schicksals zusammenbrechen, denn natürlich war die Kurzsichtigkeit von Älterem Bruder ein Ausdruck jener böswilligen Macht, die sie schon durch so viele Jahre verfolgte. »Dein Sohn kann mit siebzehn Jahren kaum noch etwas sehen. Er ist halb blind. Mit einundzwanzig wird er völlig blind sein«, rief Mama. Weil Älterer Bruder kurzsichtig war, war er jetzt Papas Sohn.

Älterer Bruder saß am Fenster und tat, als läse er im Zwielicht eine chinesische Zeitung. Man hatte den Eindruck, als sei er nicht nur halb blind, sondern auch taub.

Rosalie war entsetzt. Sie verfügte über eine unerschütterlich gute Gesundheit (Krankheit war eine Schwäche, das verächtliche Eingeständnis eines Fehlers. Rosalie konnte die ganze Nacht husten, aber sie war deshalb nicht krank, denn der Husten war kein Merkmal einer Infektion, sondern ein Zeichen dafür, daß ihre Lungen wuchsen), und in ihrer Angst vor der Blindheit blickte sie auf Älteren Bruder und stellte sich vor, wie es sein würde, wenn er blind war – blind wie die Bettler, die an Stelle der Augäpfel zwei Steine zu haben schienen.

Jetzt wurde Älterer Bruder »der Kurzsichtige«. Rosalie und Tiza neckten ihn: »Huhu, kannst du mich sehen? Huhu, blinde Fledermaus!« Denn obgleich Rosalie ihn liebte – wenn sie mit Tiza zusammen war, war sie eine andere Rosalie: eine Rosalie, die sich über Älteren Bruder lustig machte, um Mama zu erfreuen.

»Ich kann besser sehen als ihr beide zusammen«, gab Älterer Bruder zurück. Er hatte inzwischen ein Buch über Optik und eines über Ophthalmologie gelesen, die er sich aus Belgien hatte schicken lassen. Und er hatte Rosalie auch eine Unterrichtsstunde über Lichtwellen erteilt. Es schien ihm nichts auszumachen, wenn Rosalie ihn neckte; vielleicht erlebte auch er jetzt diese Aufspaltung in verschiedene Persönlichkeiten. Wenn die beiden zusammen lernten und er sie unterwies, neckte Rosalie ihn nie; wenn sie sich benahm wie ein Kind unter Kindern, sah er über sie hinweg. Ihr Bündnis lockerte sich nicht, sondern wurde immer fester. Papa ging mit Älterem Bruder zum Optiker und bestellte eine Brille für ihn. Als er sie zum erstenmal aufsetzte, rief er in naivem Entzücken: »Jetzt sehe ich alles ganz deutlich!«

Eines Tages, als die beiden über die weite Ebene und durch die Baumwollfelder der Dörfer vor der Stadtmauer wanderten und die weißen Bälle an den aufgeplatzten Baumwollhülsen betrachteten, sagte er plötzlich: »Eben habe ich ganz klar sehen können.« Er trug keine Brille. »Das ist die Luft«, setzte er glücklich hinzu, »die Luft in China tut mir gut.«

So kamen und gingen ein Frühling, ein Sommer und ein Herbst. Mama strickte zwei Wolljacken, eine violette für Rosalie und eine grüne für Tiza. Die Schwestern standen zwischen Papas Riesendahlien mit ihren leuchtendroten und safrangelben Blüten, ein buntes Bild, das mit all den anderen Herbstfarben und dem Herbstduft des Holzrauchs und der trockenen Blätter vor der weißgekalkten Mauer vibrierte. Älterer Bruder fotografierte dieses Bild. Auf den Westbergen war die Sonne noch heiß, aber im Schatten der Bäume wurde es bereits kühl. Flockiger Nebel hing morgens über der Erde, und bei Sonnenuntergang wurde der Himmel magentarot und golden und verschmolz zu einem großen Leuchten, das die Gesichter verklärte. Wenn Rosalie ihr Haar kämmte, sprühten ganze Funkengarben aus dem Kamm auf. Alles, was man berührte, war von einer so trockenen Kälte, daß es einen wie ein Schock durchfuhr. In einer solchen Luft, bei dieser plötzlich aufflammenden Mittagshitze und den funkelndkalten Nächten, unter einem Mond, der so schneidend scharf aussah wie ein silbernes Messer, wurde man unwillkürlich erregt und gefühlvoll. Rosalie brach in Tränen aus und wollte die Dahlien nicht schneiden, weil die Blumen nicht leiden sollten. Selbst Älterer Bruder lachte sie deswegen aus.

Und nun wurde Älterer Bruder unglücklich. Er wollte seine Studien an der chinesischen Universität fortsetzen, aber Mama wünschte, daß er sofort eine Stellung annahm, und sagte, er habe in diesen acht Monaten seit dem Februar genug gefaulenzt.

»Was soll dieses ewige Lernen? Du bist ja so schon halb blind davon.«

»Dein Vater wird allmählich alt. Seine Stellung bei der Eisenbahn bringt nicht viel ein. Wir haben kein Geld. Universität? Die Studenten sind alle Kommunisten. Und was willst du dort überhaupt lernen? Diese Burschen streiken doch dauernd, machen Demonstrationen, schießen und werden erschossen.«

»Glaubst du vielleicht, daß wir dich jahrelang umsonst ernähren und kleiden können? Du hast jetzt genug gelernt. Warum nimmst du nicht die Stellung bei der Deutschen Bank an, die Herr Blievermann dir anbietet?«

»Eine Stellung in einer Bank ist etwas sehr Gutes, eine Sache mit Zukunft. Du brauchst nur höflich und fleißig zu sein. Und dort kannst du Buchhalter oder sogar Filialleiter werden. Das ist eine sichere Sache, da kann dir nichts passieren.«

Tag für Tag redete sie so, und Papa sagte nie ein Wort dazu. Aber Älterer Bruder tat den Mund auf. Er antwortete ihr und kämpfte für das, was er wollte – zuerst mit höflichen Worten, dann wenig höflich, fast grob, und schließlich mit plötzlichen heftigen Ausbrüchen zwischen langen Schweigepausen. Dann hieb er mit der Faust auf den Tisch und ging hinüber in sein kaltes Zimmer.

Mama gewann diesen Kampf natürlich, denn es war kein Geld für ein Studium da, und Älterer Bruder hatte keinen Freund, keinen Menschen, der ihm half. Und nun begann auch er China so zu sehen, wie es war: die Bettler, das Elend, den Schmutz, die Hoffnungslosigkeit, die Streiks, die Kriegsherrn und vor allem das Sterben, das unaufhörliche Sterben. Und da er in Europa aufgewachsen war, fand er dieses China natürlich grauenvoll. Zuerst hatte er versucht, sich an das Malerische zu halten, und hatte eine Unzahl von alten Mauern und Denkmälern der Vergangenheit fotografiert. Aber man mußte schon mehr als halb blind sein, um dieses fürchterliche Elend nicht zu sehen. Nach und nach erschien es ihm immer unmöglicher, Chinese zu sein. Und nun hatte er nichts mehr, woran er sich festhalten konnte, als die kleine Welt der Eurasier in China, die Mama ihm bot.

Aus all diesen Gründen sah er sich außerstande, gegen den Strom zu schwimmen, und schließlich willigte er in die Wahl ein, die Mama für ihn getroffen hatte.

Älterer Bruder war ein Eurasier, ein Mischling. Er konnte kein Chinese sein, er konnte kein Europäer sein. Aber er konnte für eine europäische Firma arbeiten und dabei ein höheres Gehalt beziehen, als wenn er ein Vollblutchinese gewesen wäre. Er konnte Leute unter sich haben, auch wenn er sich darein fügen mußte, immer Vorgesetzte zu haben. Und obgleich er einen chinesischen Vater und infolgedessen einen chinesischen Paß hatte, würde man ihn besser bezahlen als einen Chinesen, ja sogar besser als seinen eigenen Vater auf einem ähnlichen Posten. Hätte Älterer Bruder darauf bestanden, ganz als Chinese angesehen zu werden, so wäre er der

Verachtung anheimgefallen und untergegangen in dieser unrealen Hierarchie der Rassen, versunken in dieser anonymen, gesichtslosen Masse, die er rings um sich erblickte; dann wäre er einer unter den Millionen und aber Millionen hungernder und bettelnder Menschen gewesen, hätte zu denen gehört, deren Schicksal es war, wie die Tiere auf den Feldern, den endlosen Feldern, zu vegetieren, endlosen Hunger und endloses Elend zu erdulden. Dann wäre er ein armer Universitätsstudent geworden, wäre durch die Straßen marschiert, um gegen die Ausbeutung zu demonstrieren, und vielleicht erschossen worden. Gerade in jenem Jahr wurden viele Studenten erschossen, und es kam zu riesigen Demonstrationen.

Älterer Bruder hätte in diesem Fall keine »Zukunft« gehabt, keine sichtbare, sichere und friedliche Zukunft. Er hätte für ein sehr geringes Gehalt arbeiten müssen – genau wie Papa, der ein guter und erfahrener Ingenieur war und in dessen Büro doch ein paar viel jüngere Leute, die nicht einmal ein Diplom, dafür aber die vornehme weiße Hautfarbe aufzuweisen hatten, zehnmal soviel verdienten wie er und ihn herumkommandierten ...

Älterer Bruder hätte sich von allem, was ihm bekannt und vertraut war, völlig lösen und einen sehr einsamen Weg einschlagen müssen, der vielleicht zu seinem Tode geführt hätte. Er hätte eine anerkannte Überlegenheit gegen eine sichtliche Unterlegenheit eingetauscht.

Er hätte mit einem solchen Entschluß Degradierung, Verachtung und Lächerlichkeit gewählt. »Erzähl mir bloß nicht, daß du in den Schmutz verliebt bist wie deine Schwester!« rief Mama. Denn Rosalie war bekanntlich in den Schmutz verliebt und würde sich nie unter guten, achtbaren und anständigen Leuten wohl fühlen, auch wenn sie inzwischen aufgehört hatte, junge Hunde von der Straße aufzulesen. Rosalie hatte eben erst ihre ständig wachsende Ungezogenheit unter Beweis gestellt, indem sie mit dem Fuß nach der Mutter Superiorin der europäischen Klosterschule stieß und daraufhin von der Schule verwiesen wurde.

Vierzehn Tage hatte Mama mit sich gerungen, bevor sie sich entschloß, zur Mutter Superiorin zu gehen und sie kniefällig zu bitten (so sagte sie wenigstens, obgleich Rosalie nicht wußte, ob das wörtlich oder bildlich gemeint war), Rosalie doch versuchsweise wieder in die englische Abteilung aufzunehmen. Eine Weile waren dort alle scheußlich zu ihr, und sie setzte schließlich allem die Krone auf, indem sie die Tochter eines Diplomaten schlug. Glücklicherweise war diese Diplomatentochter eine Engländerin und schlug zurück. Die beiden schlossen eine Freundschaft, die auf der gegenseitigen Anerkennung ihrer tüchtigen Fäuste beruhte, und obgleich sie sonst nichts miteinander gemein hatten und ihre Freundschaft daher nicht vertiefen konnten, hatte die Sache für Rosalie doch keine unangenehmen Folgen. Die Diplomatentochter mußte bald darauf aus moralischen Gründen von der Schule abgehen; sie hatte Liebesbriefe, die ihre Freunde ihr geschrieben hatten, unter den Mädchen zirkulieren lassen. Aber sie vergaß Rosalie nicht, lud sie mehrere Jahre später einmal zum Tee ein und erzählte bei dieser Gelegenheit der entgeisterten Rosalie von ihren zahlreichen Liebhabern.

Rosalies vorbestimmtes Ende war ja nach Mamas Aussage der Tod auf einem schmutzigen Strohlager, den sie erleiden würde, nachdem sie ihren letzten Dollar verschwendet hätte. Älterer Bruder aber mußte vor solch einem Ende bewahrt bleiben. Darum trat er im November als eurasischer Banklehrling in die Deutsche Bank von Peking ein und bezog dort ein Gehalt, das dreimal so hoch war wie das der chinesischen Lehrlinge, die genau dieselbe Arbeit verrichteten, aber nur ein Fünftel der Summe betrug, welche ein frisch aus Deutschland eingetroffener junger Deutscher erhielt. Dieser letztere war eingestellt worden, um die Arbeit der Eingeborenen einschließlich der von Älterem Bruder zu »beaufsichtigen«, obgleich er keine Ahnung vom Bankgeschäft hatte. »Er kann nicht einmal richtig deutsch schreiben«, bemerkte Älterer Bruder bitter.

»Herr Blievermann hat wirklich getan, was er konnte; du bekommst das höchste Anfängergehalt«, sagte Mama. Sie war hocherfreut. Sie hatte es erreicht, daß Älterer Bruder eine ordentliche Stellung hatte und Geld verdiente. Im zweiten Monat bat sie ihn, von seinen einhundertzwanzig Dollar vierzig Dollar für die Verköstigung und weitere zwanzig für Wäsche und die Instandhaltung seiner Kleidung abzugeben. Älterer Bruder bezahlte.

Zwei Jahre lang arbeitete Älterer Bruder als Banklehrling in der Deutschen Bank. Und dann verliebte er sich.

Die Familie Boisvaux gehörte zu dem Kreis der Mitarbeiter an der belgischen Eisenbahn. Die Männer, die gemeinsam am Bau der belgischen Eisenbahnen, also der Lunghai-Linie und der Peking-Hankow-Linie, gearbeitet hatten, verkehrten auch in Peking noch miteinander, die Chinesen mit den Chinesen, die Europäer mit den Europäern. An der Strecke, für die Papa arbeitete, war auch Emile Boisvaux beschäftigt gewesen. Er bezog ein Gehalt, das fünfmal so hoch war wie das von Papa, hatte ein Haus und führte den Titel »Ingenieur«, obgleich er zu Hause in Belgien nur Bahnhofsvorsteher gewesen war. Die Boisvaux waren Wallonen und stammten aus dem armen Kohlendistrikt im französisch sprechenden Teil Belgiens. Sie luden Papa und Mama alle zwei Monate einmal zum Mittagessen ein, und Papa und Mama revanchierten sich mit einer gleichen Einladung. Sie hatten zwei Söhne, mit denen Rosalie gelegentlich spielte, und eine Tochter namens Liza, die ein Jahr vor Älterem Bruder im Alter von sechzehn Jahren aus ihrem Internat in Belgien nach Peking zurückgekehrt war.

Die Familie bewohnte ein großes Haus auf der Goldfischstraße. Auf den Fußböden ihrer Wohnung lagen Teppiche, an den Wänden hingen Bilder. Im Hause von Rosalies Eltern hingegen nur im Eßzimmer zwei Bilder an der Wand. Das eine war ein Ölporträt von Mamas holländischem Großvater Matthias Leenders und stellte einen Mann mit einer langen dünnen Nase, einem kleinen dünnen Mund und scharfen blauen Augen dar. Dieser Kopf war von lockigem rotbraunem Haar umrahmt und steckte in einem riesigen hohen weißen Kragen. Auf dem anderen Bild war ein Engel dargestellt, der zwei Kinder in einem Unwetter behütete. Die Boisvaux hingegen besaßen mindestens ein Dutzend Bilder und außerdem Elfenbeinelefanten und ein paar rote Lackvasen aus Fukien. Über ihrem Klavier lag eine alte Stickerei. Alle diese Gegenstände waren chinesisch, denn Herr Boisvaux sammelte chinesische Altertümer, die er in Belgien wieder zu verkaufen gedachte, wenn er nach seiner Pensionierung dorthin zurückging. Jedesmal, wenn die Familie zum Essen bei den Boisvaux erschien, hatte er wieder einige Neuerwerbungen, die er Papa zeigen wollte. Dann fragte er Papa, was er davon hielte, und lachte ihn aus, weil dieser die Altertümer und Kostbarkeiten seines eigenen Landes nicht sammelte. Papa betrachtete die Dinge und murmelte immer nur: »Ja ... ja.« Und zu Hause sagte Mama zu ihm: »Wenn du sein Gehalt hättest, könnten wir es auch für dieses Zeug verschwenden.« Mama verachtete alle Altertümer, Bilder und Kuriositäten. »Das sind nur Staubfänger«, erklärte sie.

Aber Herr Boisvaux behauptete immer, die Chinesen wüßten gar nicht, was für gute Sachen sie hätten. Er könne diese Dinge hier zu einem Spottpreis erwerben und in Europa das Fünffache oder Zehnfache dafür bekommen. Es sei also eine sichere Geldanlage und keine Verschwendung.

Liza Boisvaux hatte lange Haare, blaue Augen, eine große Nase (nach Rosalies Meinung, die damals die Nasen aller Europäer viel zu groß fand) und galt allgemein als ein hübsches Mädchen. Sie spielte Klavier und sang in der Kirche. Sie war zwanzig Jahre alt, als Älterer Bruder neunzehn war. Nachdem er ein Jahr lang alle zwei Monate einmal dort gegessen und zugehört hatte, wie Herr Boisvaux stolz und begeistert von seinen letzten Antiquitätenkäufen erzählte, sagte Älterer Bruder eines Tages, als die Familie wieder zu Hause war und beim Abendessen saß: »Es hat geschnappt. Es ist soweit.«

»Was soll das heißen?« fragte Mama.

»Mein Herz ist fort«, antwortete Älterer Bruder. »Ich habe mich verliebt.«

Mama hörte auf, ihre Suppe zu löffeln. »Verliebt? Was sagst du da?«

»Liza«, sagte Älterer Bruder. »Ich habe mich in Liza verliebt.«

Mama besprach die Angelegenheit mit Papa, und eine Woche später wurde beschlossen, daß Mama sich einmal mit Frau

Boisvaux unterhalten und sie wegen Liza etwas aushorchen sollte, um zu erfahren, ob diese eventuell geneigt wäre, Älteren Bruder zu heiraten. Immerhin, so führte Mama an, konnte keiner im Ernst behaupten, Älterer Bruder sei kein Europäer. Er war fast völlig Europäer, und Papa, diese chinesische *quantité négligeable*, war schließlich ein Ingenieur. Außerdem sagte Mama, sie wüßte genau, daß die Boisvaux' aus einem kleinen Ort im belgischen Kohlendistrikt stammten und keineswegs aus einer so guten Familie wie sie. *Ihre* Eltern hätten in eine Verbindung mit dieser Familie nie eingewilligt; aber hier in China sei das etwas anderes. Hier müsse man sich mit Leuten befreunden, die man unter normalen Umständen das ganze Jahr hindurch nicht ansehen würde – abgesehen natürlich von den Chinesen, die in Mamas Augen lediglich eine Art Hintergrund abgaben. Älterer Bruder verdiente einhundertzwanzig Dollar im Monat und würde später mehr bekommen. Er war noch sehr jung.

Nachdem Mama sich so selbst Mut zugesprochen hatte, setzte sie ihren besten Hut auf und zog den leichten Wintermantel mit den großen schwarzweißen Karos an, der gewiß sehr elegant, aber auch sehr auffallend war, weil niemand außer ihr so einen Mantel trug. Die große, magere Mama sah darin wie ein wandelndes Schachbrett aus, aber Rosalie gefiel dieser Anblick ganz gut. Dann stieg Mama in die Rikscha und fuhr zu Frau Boisvaux. In der Woche zuvor hatte sie ihr den folgenden Brief geschrieben:

Meine liebe Jeanne,
ich würde Sie gern einmal besuchen, um eine gewisse Angelegenheit mit Ihnen zu besprechen, die unsere beiden Familien betrifft. Falls es Ihnen so angenehm ist, werde ich am nächsten Donnerstag, also heute in einer Woche, etwa gegen drei Uhr nachmittags bei Ihnen sein. Ich hoffe, meine liebe Jeanne, daß Sie für mich ein wenig von Ihrer kostbaren Zeit erübrigen können.

»Als ob sie je etwas täte«, sagte Mama laut, als sie Papa und Älterem Bruder den Entwurf ihres Briefs vorlas.

Um Viertel vor sechs kam Mama von ihrem Besuch bei Jeanne Boisvaux wieder nach Hause. Älterer Bruder war noch nicht aus der Bank zurück, da seine Arbeitszeit dort bis sechs Uhr dauerte. Kaum hatte er das Haus betreten, als er auf Mama zustürzte: »Was hat sie gesagt? Was hat sie gesagt?«

»Ja, ich glaube«, antwortete Mama mit einer etwas unsicheren Miene, »sie will es sich überlegen.«

»Aber was hat *sie* gesagt?« wiederholte Älterer Bruder, der natürlich Liza, die Tochter, meinte.

»Oh, mit Liza habe ich selbstverständlich nicht gesprochen, sie war gar nicht dabei. Das hätte sich auch nicht gehört, damit hätte ich alles verdorben. Ich habe nur mit ihrer Mutter gesprochen.«

Wochen verstrichen, und es kam der Tag, an dem wieder ein gemeinsames Mittagessen stattfinden sollte – diesmal im Hause von Rosalies Eltern. Rosalie beobachtete, wie Mama ein wenig unbeholfen manövrierte, bis sie erreichte, daß Älterer Bruder und Liza nebeneinander am Tisch saßen. Aber das nützte nichts; Liza unterhielt sich lediglich mit ihrer eigenen Mutter und mit Mama.

Älterer Bruder war hoffnungsvoll. »Ich glaube, sie mag mich gern; und was mich betrifft, für mich wird es nie eine andere geben.«

Rosalie riß die Augen auf und spitzte die Ohren. Wie konnte sich ein Mensch nur in Liza verlieben? Dabei rochen ihre Haare doch so schlecht! Aber Liebe – das war auch wieder so eins dieser unwirklichen Dinge, die man nie ganz zu fassen bekam und die immer so undeutlich und verschwommen blieben, wie gar nicht vorhanden. Oder auch zugleich da und nicht da, wie der gemalte Himmel in der Kirche oder die Zimmerdecke über dem Moskitonetz – man wunderte sich immer, wie sie sich eigentlich dort oben hielt, und kein Mensch erklärte es einem. Es war eines der Dinge, die man später einmal wissen würde, wenn man erwachsen war, und dabei war doch die Zeit des Heranwachsens selbst eine so geheimnisvolle, unklare und ungreifbare Epoche. Jedes Morgen wurde so schnell zu einem Gestern, und trotzdem war man immer noch nicht erwachsen.

»Liebe ist langweilig, ich werde nie einen Mann lieben«, sagte Rosalie zu Suchen.

Und Suchen sagte: »Natürlich nicht. Alle Männer sind widerlich.«

Älterer Bruder und Liza; die Art, wie er sie ansah, und ihr rasches, gekünsteltes Lachen; die Bewegung, mit der Mama bei der Rückkehr von dem Besuch ihre Handschuhe abstreifte, und dieser Blick, der dabei in ihren Augen war und der so wirkte, als sähe sie nicht auf Älteren Bruder, sondern gewissermaßen auf sich selbst; alle diese Dinge paßten nicht in eine Geschichte, man konnte sie nicht anfassen und nicht riechen; sie gehörten in diese unwirkliche Erwachsenenwelt, die so langweilig und freudlos war.

Beim nächsten Essen, das im Hause der Boisvaux stattfand, war Herr Boisvaux überströmend liebenswürdig. Er nahm Papa mit lautem Lachen beiseite, um ihm einen Porzellanhocker zu zeigen, den er vor kurzem gekauft hatte und auf dem, wie er behauptete, einmal ein Mitglied des chinesischen Kaiserhauses gesessen hatte. Er hatte das Stück in einem baufälligen Lädchen vor dem Friedenstor für zwei Dollar erstanden.

Es wurde viel gelacht an diesem Tag, Liza spielte ein paar Stücke auf dem Klavier, Älterer Bruder lauschte aufmerksam, klatschte dann begeistert Beifall und sprach mit ihr, und Liza errötete bis zum Hals und sah von hinten aus wie eine heiße rosafarbene Masse.

In dieser wenig befriedigenden und unklaren Weise zog die Angelegenheit sich noch ein paar Wochen hin. Älterer Bruder war nervös und wollte nicht mehr mit Rosalie spazierengehen. Endlich erschien eines Nachmittags pünktlich um drei Uhr Frau Boisvaux in Hut und Handschuhen, genau wie damals Mama, und die beiden Frauen schlossen sich im Schlafzimmer ein. Rosalie, die sich mit Rechenaufgaben beschäftigte – eigentlich sollte sie Tonleitern üben, fand das aber zu langweilig –, horchte am Schlüsselloch, konnte aber kein Wort verstehen.

Zehn Minuten später kamen die beiden Frauen aus dem Schlafzimmer. Frau Boisvaux küßte Mama dreimal mit diesem feuchten schmatzenden Geräusch, unter dem Rosalie später in Belgien bei jedem Zusammentreffen mit ihren dortigen Verwandten so leiden sollte. Schmatz, schmatz, schmatz, ging es dreimal: rechte Backe, linke Backe, rechte Backe. Manchmal wiederholte sich die ganze Prozedur noch einmal: links, rechts, links. Weniger als drei Küsse durften es nie sein, das hätte als kalt und unfreundlich gegolten. Und dann ging Frau Boisvaux wieder, nachdem sie Rosalie und Tiza ebenfalls dreimal geküßt hatte. Sie küßte sogar Marianne, und das war wirklich ein Kunststück, denn Marianne beugte den Kopf immer tief auf die Brust und zog ihr Kleid herauf, damit Frau Boisvaux sie nicht küssen konnte. Sie behauptete, die Zähne von Frau Boisvaux röchen so schlecht.

Als Älterer Bruder von der Bank heimkam, mußte Mama ihm sagen: »Frau Boisvaux war heute nachmittag hier. Sie hat gesagt, nein, es könnte nicht sein.«

Älterer Bruder setzte sich hin, aß sein Abendessen und verhielt sich dabei nicht stiller und nicht lauter als gewöhnlich. Rosalie beobachtete ihn. Was tat man, wenn Frau Boisvaux nein sagte? Und wozu hatte sie nun eigentlich nein gesagt? Aber diese Fragen durfte man nicht stellen, weil Älterer Bruder unglücklich war.

Mama jedoch redete gegen sein Schweigen an. »Wenn ich du wäre«, sagte sie, »wenn ich du wäre ...«

Was sie tun würde, wenn sie Älterer Bruder wäre, verstand Rosalie nicht und hörte auch nicht hin. Sie spürte nur die Stille zwischen den einzelnen »Wenn ich du wäre ...«

Am nächsten Sonntag ging Älterer Bruder nicht mit zur Kirche. »Ich will sie nicht sehen«, sagte er.

»Aber du bist ja dumm«, widersprach Mama. »Du solltest ruhig mitkommen. Was macht es denn schon? Die Familie Denis hätte die Boisvaux überhaupt nicht angesehen – das sind doch ganz kleine Leute, scheinheilige Wallonen. Mit so etwas kann man höchstens hier in China verkehren. Und übrigens, dieses Mädchen hat gar keine Lebensart; sie war nie in einer guten Klosterschule, so wie ich. Und dein Vater ist viel gebildeter als dieser Boisvaux.« Jetzt erinnerte sie sich endlich auch an Papa.

Einige Monate später sagte Älterer Bruder eines Tages: »Ich gehe fort.«

»Fort? Wohin?« fragte Mama. »Du willst fortgehen? Uns verlassen? Und wer zahlt mir dann die sechzig Dollar im Monat, die du mir für Essen und Wäsche gezahlt hast? Du weißt doch, wie wir uns nach der Decke strecken müssen. Und du hast schließlich Schwestern. Rosalie kommt ja glücklicherweise bald aus der Schule und kann dann mitverdienen. Aber was soll aus Tiza und Marianne werden?«

Aber Älterer Bruder antwortete nur: »Ich habe eine andere Stellung gefunden, in Tientsin. Ich will nicht hierbleiben. Ich will euch nie wiedersehen. Keinen von euch. Ich habe genug gelitten, und ich habe mir genug gefallen lassen. Ich komme nie wieder.«

Mama brach in Tränen aus und hörte gar nicht auf zu schluchzen. Als Papa aus dem Büro nach Hause kam, lief sie ihm entgegen und fing schon an zu schreien, bevor er noch im Zimmer war. Und auf einmal fing auch Älterer Bruder an zu schreien, genau wie Mama. Es war schrecklich. Tiza kreischte auf, Marianne ebenfalls, und schließlich weinte sogar Rosalie. Und dann packte Älterer Bruder seine Sachen, und Rosalie dachte: Jetzt kann ich keine Weltraumromane mehr lesen; aber vielleicht kann er mir von dort, wo er hinfährt, ein paar Zeitschriften schicken.

Als die Koffer von Älterem Bruder gepackt waren, wurden sie hinaus auf die Veranda geschoben, um dann später in zwei Rikschas abtransportiert zu werden. Der kalte Raum mit dem Zementfußboden, in dem Älterer Bruder gewohnt hatte, nahm jenes weite und leere Aussehen an, das Zimmer haben, aus denen man die Möbel herausgeholt hat – wie das Starren eines plötzlich geöffneten Auges. Nun wußte Rosalie, daß Älterer Bruder wirklich fortging; doch als sie mit ihm sprechen wollte, sagte er: »Laß mich in Ruhe. Ich habe keine Zeit für Kinder.« Und das war schrecklich, denn bis dahin waren sie sich doch so nahe gewesen, und er hatte sie nie ein Kind genannt. Plötzlich wanderten ihre Gedanken zurück in den Herbst, den letzten Herbst, in dem sie mit Älterem Bruder so endlos lange Spaziergänge über Land gemacht hatte. Sie sah die Felder wieder vor sich, spürte ihren Geruch, und sie gingen zu einem Bauernhaus, wo die Hunde sie anbellten, und nun roch sie diesen herrlichen Duft nach Knoblauch und Schweiß, der in ihrer Erinnerung mit der Gestalt von Liu Mah aus den Kindertagen verknüpft war. Es war der Geruch der Arbeit. Und sie sah alle die graubraunen Furchen, so ruhig, so bereit für den frühen Winter. Und dann kam der lange, lange Heimweg am stillen Nachmittag, und Rosalie war so müde, und die Beine taten ihr weh, aber sie hielt doch Schritt mit Älterem Bruder. Die Sonne ging unter, ertrank in ihrem eigenen Magentarot, und die blauen Westberge sahen aus wie die Blütenblätter einer Blume, die man von der Seite sieht, und Rosalies Beine waren so müde, so schrecklich müde, daß sie hätte weinen können; aber sie tat es nicht. Da war am Wegrand der kleine Mann mit seiner langen Bambusstange, an deren einem Ende ein Stein hing und am anderen ein kleiner Kasten mit Teeschalen und einer Kanne; und der Mann setzte das alles ab und schenkte ihnen für eine Kupfermünze kochendheißen Tee ein. Rosalie verbrannte sich die Zunge, daß es die ganze Nacht hindurch weh tat; aber es war doch schön gewesen, diesen heißen Tee zu schlürfen und die ertrinkende Sonne zu sehen, und der kleine Mann war auch schön gewesen – er hatte ein so schönes Gesicht, durchfurcht und still, wie die Erde. Und Älterer Bruder sprach von der Sonne auf dem Mond und erklärte ihr, warum der Himmel so magentarot war, und er fotografierte Rosalie, wie sie auf dem Feld stand, im Rücken die untergehende Sonne.

Alles das war nun wie nicht gewesen, denn Älterer Bruder hatte es ihr weggenommen, als er sie ein Kind nannte. Und nun kam es wieder zu Szenen, zu häßlichen, schrecklichen Szenen. Älterer Bruder fluchte seiner Mutter und verfluchte den Tag seiner Geburt und sagte: »Ich will nie wieder auch nur einen Blick auf euch werfen, ich will euch nicht als meine Familie anerkennen. Ich werde meinen eigenen Weg machen. Ich will nicht, daß einer von euch je wieder meinen Lebensweg kreuzt.«

Keiner begleitete ihn zum Bahnhof. Er fuhr in einer Rikscha ab. Seine Koffer hatte er schon zwei Stunden vorher weggeschickt, und der Koch war mitgefahren, um auf sie aufzupassen.

Rosalie sagte: »Ich gehe mit ihm«, und ging hinaus, um eine Straßenrikscha herbeizurufen. Sie nahm ihre Sparbüchse mit, in der sie glücklicherweise noch ein paar Kupferstücke hatte, um die Fahrt zu bezahlen.

»Wenn du mit ihm gehst, kannst du auch gleich ganz fortbleiben!« schrie Mama hinter ihr her. Und dann schlug sie die Tür zu.

Doch in diesem Augenblick konnte Rosalie nichts anderes tun, als hinter Älterem Bruder her zum Bahnhof zu fahren. Rosalies Rikschamann war schnell, er holte die Rikscha ein, in der Älterer Bruder saß. Der sah Rosalie und sagte: »Ach, du bist mir nachgekommen.« Dann ließ er seine Rikscha halten, und sie stieg aus der ihren aus, bezahlte den Mann und stieg bei Älterem Bruder ein, obgleich das eine ziemliche Last für den Rikschamann war, weil Älterer Bruder so groß und schwer war. Und so fuhren sie zum Bahnhof. Als sie so auf den Knien von Älterem Bruder saß, mußte sie plötzlich daran denken, wie Papa geseufzt hatte. Aber er hatte sich nicht gerührt. Er war bei Mama geblieben und hatte Rosalie allein gehen lassen.

Am Bahnhof wies Älterer Bruder sein Billett vor und kaufte eine Bahnsteigkarte. Sie stiegen in ein Abteil des wartenden Zuges und setzten sich nebeneinander, und einen Augenblick lang sah es so aus, als würde Rosalie mit ihm fahren. Doch sie wußte, daß das nicht möglich war. Sie kramte in ihrer Tasche und zog das Geschenk hervor, das sie Älterem Bruder zu Hause nicht hatte geben wollen – wegen Mama und auch, weil sie Angst hatte, ausgelacht zu werden: eine kleine seidene Geldbörse in Form einer Lotosblüte mit orangefarbenen und grauen Blütenblättern und einer Schnur, mit der man sie zuziehen konnte.

»Oh, ist die hübsch«, sagte Älterer Bruder, und er tat, als hätte er noch nie etwas so Hübsches gesehen. »Hast du die selbst gemacht?«

»Ja«, antwortete Rosalie. Das war eine Lüge; natürlich hatte sie sie nicht selbst gemacht, nie hätte sie so etwas nähen können. Sie hatte sie von Suchen, die so viele schöne Dinge besaß, welche ihre Mutter, die Prinzessin Dan, ihr gegeben hatte. Die Börse gehörte zu Rosalies kostbarsten Besitztümern, und nun hatte sie sie Älterem Bruder geschenkt. »Man muß etwas hineintun«, erklärte sie. Suchen hatte duftende Holzspäne darin aufbewahrt; aber von solchen Dingen verstand Älterer Bruder nichts, dazu war er nicht chinesisch genug. »Du kannst Geld hineintun, wenn du willst.«

»Natürlich werde ich etwas hineintun«, sagte Älterer Bruder.

Dann ertönte ein Pfiff, und Rosalie stand auf und sagte auf Wiedersehen. Als der Zug sich in Bewegung setzte, stand Älterer Bruder am Fenster.

»Ich werde dir schreiben«, sagte er. »Bestimmt. Und du mußt mir auch schreiben.«

Und dann ging Rosalie nach Hause, und Mama tat, als sähe sie sie nicht.

Einunddreißigstes Kapitel

Jeder wußte, daß Peking die Stadt der nördlichen Kriegsherrn war und daß der Name des Kriegsherrn oft wechselte. Einmal hieß er Chang Tsolin, ein andermal Wu Peifu, Feng Yuhsiang oder Tuan Chijui. Sie kamen und gingen, bekämpften sich gegenseitig, und alle kämpften sie gegen den Süden. Denn im Süden standen die Südarmeen, vor allem die Armeen der Regierung von Kanton unter Sun Yatsen. Und obgleich Sun Yatsen im Jahre 1925 gestorben war, marschierten seine Armeen weiter gegen die nördlichen Kriegsherrn. Diese Kriegsherrn behaupteten, die Soldaten der Regierung von Kanton seien Kommunisten und Rote und ermordeten blindlings jeden, der ihnen begegnete. Mama grub wieder ihren Schmuck im Hof des Hauses ein. Es waren Erbstücke, die sie aus Belgien mitgebracht hatte, Ringe mit großen Rubinen und Saphiren, Diamantanhänger und Ohrringe mit Smaragden und Diamanten. Und dann kam Mama auch der Hof zu unsicher vor, und so brachte sie ihren Schmuck diesmal zu den Missionaren der flämischen Scheut-Mission. Die hatten einen verschlossenen Tresor, in dem der Schmuck in Sicherheit sein würde. Die Scheut-Missionen waren über ganz Nordchina verstreut, bis tief in die Mongolei, und ihr Hauptsitz befand sich in Peking.

Im Jahre 1926 begannen die Südarmeen nach Norden zu marschieren. »Die Kommunisten kommen!« schrien alle Kriegsherrn. Das Gesandtschaftsviertel umgab sich mit einem Zaun aus Stacheldraht, und auf dem großen Platz davor exerzierten japanische Soldaten. Papa sagte, es seien Militärberater aus Frankreich, England und Deutschland eingetroffen, die den großen Kriegsherrn im Norden gegen den Süden helfen sollten. Die Japaner gaben Chang Tsolin, dem wichtigsten der Kriegsherrn, zehn Millionen Dollar, um den Kampf gegen die Südarmeen der Kuomintang zu finanzieren. Sonderbataillone, die aus weißrussischen Freiwilligen bestanden und von den Ausländern ausgerüstet waren, marschierten auf. Sie tranken auf das Wohl des Zaren und schmetterten ihre Weingläser gegen die Wände der Tanzlokale auf der Hatamen-Straße. Die Soldaten des Kriegsherrn Chang Tsolin exerzierten auf den großen Plätzen und in den Parks der Stadt. Ihre grauen Uniformen waren reihenweise an den Stadtmauern zu sehen. An den Toren standen die großen Männer aus dem Norden Wache, und die Vorbeigehenden wagten kaum, zu ihnen hinzublicken, aus Angst, als Kommunisten erschossen zu werden. Überall in der Stadt mußten Menschen sterben, weil man annahm, sie seien Kommunisten und im Bündnis mit den Südarmeen der Kuomintang.

Die ausländischen Truppen waren immer in Bereitschaft gewesen, wenn ein Kriegsherr abzog und ein anderer triumphierend in Peking seinen Einzug hielt, diesmal jedoch errichteten die Insassen des Gesandtschaftsviertels regelrechte Stacheldrahtverhaue, und im Hafen von Tientsin landeten die Kanonenboote viele ausländische Soldaten. Das war bisher noch nie geschehen, wenn es nur um die Kämpfe zwischen den einzelnen Kriegsherrn ging. Also hatten offenbar selbst die mächtigen Fremden Angst vor der Kuomintang und ihren Südarmeen.

Oft schon hatte Peking sich in Erwartung eines neuen Eroberers geschmückt. An den Toren hatten Bänder geflattert, buntbemalte Bögen waren errichtet worden, und eine Überfülle von rosa, gelben und blauen Papierblumen war kunstvoll zu Schriftzeichen zusammengestellt worden. »Lang lebe unser siegreicher General!« hieß es da oder »Dem Retter des Volkes«, »Dem Nachfolger der Helden alter Zeiten«, »Zehntausend Generationen werden deines glorreichen Namens gedenken«. Neben diesen Bögen hielten stets Soldaten des neuen Herrschers Wache, denn es war schon öfters vorgekommen, daß diese Lobhudeleien über Nacht abgerissen wurden und an den roten Mauern der Verbotenen Stadt plötzlich andere Sprüche standen: »Nieder mit dem General ..., der das Land an die Imperialisten verkauft«, »Blut schreit um Rache zum Himmel – wir werden die Schmach rächen, die unserem Land widerfuhr«, »Lang lebe die Demokratie!«, »Das Volk wird aufstehen und seine Tyrannen stürzen.«

So oft schon hatte Rosalie Siegeszüge gesehen, mit zwei oder drei Musikkapellen, die an der Spitze marschierten und von denen jede eine andere Melodie spielte. Ebenso unterschiedlich wie die Melodien waren die weißgoldenen oder blaugoldenen Uniformen. Die blitzenden Blechinstrumente übertönten sich gegenseitig. Dahinter kamen die geschlossenen Fronten der Soldaten in Grau. Sie warfen die Beine wie kleine Pferde, und wenn sie mit ihren Tuchschuhen aufstampften, stoben lustige Staubwölkchen empor. Ihnen folgten Lastwagen voll weiterer bewaffneter Soldaten, und dann kam der Trupp der Großen Messer, die Scharfrichter und die Leibwache des Kriegsherrn. Ein Kavallerieregiment ritt auf kleinen mongolischen Ponys mit zottigen Mähnen vor einer Reihe gepanzerter, kugelsicherer Wagen daher, auf deren Trittbrettern Soldaten standen. Die Menge winkte und jubelte pflichtgemäß, und jeder hatte sich eine von den Papierblumen angesteckt, die zuvor verteilt worden waren. Es galt als gefährlich, nicht zu winken und zu jubeln.

»Stell dich in einer Menschenmenge nie vorn hin, sondern bleib immer hinten«, mahnte Papa. Er und Rosalie standen gut geschützt vor einem Laden, und Papa trug deutlich sichtbar in einem Knopfloch seines Mantels die Blume, die jeder bekommen hatte, um seine Ergebenheit für den Kriegsherrn des Monats auszudrücken.

Denn manchmal entstand inmitten der gehorsam jubelnden Menge ein kleiner Aufruhr, man hörte dumpfe Schläge, ein Keuchen und Stöhnen, und dann schleppten Geheimpolizisten irgend jemanden fort – zumeist einen jungen Mann, manchmal auch eine junge Frau. In solchen Fällen hatte Rosalie das Gefühl, als sei ihr Körper unglaublich groß und in geradezu anstößiger Weise auffallend, und sie hatte genau wie Papa den Wunsch, sich in die Mauer des Ladens hinter ihnen verkriechen zu können, während rings um sie die Menschen taten, als sähen und hörten sie nicht, was vorging. Es war, als spiele sich eine unsichtbare Szene ab: wie durch einen Zauber öffnete sich eine Gasse in der Menge, durch die die Verhafteten weggezerrt wurden. Man sah nicht hin, es war gefährlich.

Täglich trafen Nachrichten über den Krieg ein. Die Südarmeen hatten Kanton verlassen, waren auf halbem Weg zum Yangtse-Fluß und marschierten auf Hankow, die Dreierstadt, zu. »Nach Norden werden sie nicht kommen, der Norden ist sicher«, sagte Mama. »Die Engländer werden ihre Kanonenboote schicken und sie alle erschießen.« Mamas Respekt vor den Engländern war mit den Jahren gewachsen. Ihrer Ansicht nach konnten sie jeden Feind aufhalten und in China ganz nach ihrem Belieben schalten und walten. Und sowohl in Kanton wie in Shanghai hatten auch tatsächlich ausländische Truppen das Feuer eröffnet und auf chinesische Volksmengen geschossen. Mama mochte die Japaner nicht, und obgleich sie jetzt überall herumwimmelten, meinte sie doch, die Engländer würden diese »arroganten Japse« in ihre Schranken zurückweisen.

Die Japaner unterstützten den nördlichen Kriegsherrn Chang mit Geld. In den Zeitungen erschienen Bilder von japanischen Generälen, die bereit waren, bei der »Bekämpfung des Kommunismus« mitzuhelfen. Vor dem großen Peking-Hotel – einem Gebäude, das den Franzosen gehörte und dessen Anblick Rosalie mit tiefster Ehrfurcht und Angst erfüllte, weil hier nur Europäer und große Kriegsherrn Zutritt hatten – hielten Wagen, und aus den größten von ihnen stiegen japanische Generäle, die ihre langen, blitzenden Degenscheiden im Staub nachschleifen ließen. Wenn die großen Glastüren aufschwangen, konnte man drinnen die roten Teppiche auf dem Fußboden sehen.

Die Südarmeen kamen Mittelchina immer näher, und immer häufiger hörte man jetzt den Namen ihres Befehlshabers Tschiangkaischek. Er war ein roter, ein Kommunist, und er war in Moskau gewesen. Vor ihm mußte man große Angst haben. Und nun ergaben sich die mittleren Provinzen, und die Südarmeen besetzten die Dreierstadt. Bald würden sie die Küste erreichen und vor Shanghai stehen. Wenn auch Shanghai fiel, würden alle Europäer Kanonenboote und Truppen zum Schutz ihrer Untertanen schicken, denn Shanghai war ihre Stadt. Mama sprach davon, daß sie bei den Scheut-Missionaren Zuflucht suchen wolle.

Mittags gingen Rosalie und Tiza von ihrer Schule in der

Straße der drei Maße zu Papas Büro, das in der Straße der zwei Maße lag. Dann kamen sie mit ihm zurück und blieben nachmittags zu Hause. Am Nachmittag fand wegen der »Unruhen« kein Unterricht statt.

»So kann es nicht weitergehen«, sagte Papa seufzend zu Herrn Hua, dessen Büro neben dem seinen lag. »Unser Land geht in Stücke, und jeder nimmt sich eins, die Japaner das allergrößte.«

»Nur Geduld«, meinte Herr Hua, und er hob mit einer Geste verwegener Würde seine schlanke, aristokratische Faust. »Bald ist alles vorüber. Dann werden die Wölfe verjagt. Fürchte dich nur nicht vor den Südarmeen; ich will froh sein, wenn sie kommen.«

Wölfe, dachte Rosalie, und sah dabei in Gedanken das Schriftzeichen für Wolf: hager, mit dünnen, rennenden Beinen – ein beinahe räuberisches Zeichen.

Papa nippte lächelnd an seinem Tee. Zu Hause war Papa die verkörperte Schweigsamkeit; in seinem Büro jedoch unterhielt er sich gern mit Herrn Hua und redete sogar ziemlich viel.

»Was für Hoffnungen haben wir beide uns doch gemacht, als wir noch jung waren«, sagte er zu Herrn Hua. »Was für hochfliegende Pläne schmiedeten wir zur Rettung unseres Vaterlands! Und da sitzen wir nun, zwei Männer mittleren Alters, die sich bemühen, ein paar Züge in Gang und den Fahrplan in Ordnung zu halten. Unser Leben ist den Launen bewaffneter Schurken ausgeliefert. Wie oft haben uns die Hoffnungen, die wir auf irgendeinen Mann gesetzt haben, nicht schon getrogen? Du hast Sun Yatsen verehrt. Ich bin ihm begegnet. Aber er ist tot, wir haben seinen Leichenzug gesehen, und jetzt sitzen wir hier und sind schlimmer dran als je zuvor. Ich glaube nicht, daß die Armeen aus dem Süden siegen werden. Und wenn, dann werden die Russen über uns regieren. Eins ist so schlimm wie das andere.«

»Du irrst dich«, entgegnete Herr Hua. »Sun Yatsen war ein Nationalist, und die Südarmeen haben ein Programm. Sie müssen siegen, dann wird China wieder ein einheitliches Reich werden.«

»Es sind zu viele Kommunisten unter ihnen, und die mag ich nicht«, sagte Papa. »Glaubst du nicht, daß die Russen uns auch betrügen werden? Sie sind die eigentlichen Führer der Südarmee.«

»Nein«, erklärte Herr Hua energisch, und wieder fuhr seine Faust in die Höhe. »Rußland hat seine Revolution hinter sich. Und denk nur daran, was die Russen getan haben: Sie haben die ungerechten Verträge für null und nichtig erklärt und alle Rechte aufgegeben, die Rußland unter den Zaren in China erworben hatte. Sie haben versprochen, uns die Eisenbahnen in der Mandschurei zurückzugeben. Die Russen haben uns anständig, als gleichberechtigte menschliche Wesen behandelt. Die anderen aber sind alle Heuchler. Die verkaufen ihre Gewehre nur, um einen Kriegsherrn gegen den anderen zu stützen, Geld zu verdienen und den Krieg in unserem Land in Gang zu halten. Ich glaube an die Regierung von Kanton. Und ich glaube an Tschiangkaischek, ihren General.«

»Sun Yatsen ist zu früh gestorben«, sagte Papa.

»China muß den Chinesen gehören«, versicherte Herr Hua.

»Ich hoffe es«, meinte Papa seufzend. »Ich hoffe es; aber ich weiß nicht recht, ich bin mir da nicht sicher. Es gibt vielerlei Menschen im Süden, gute und schlechte.«

»Tschiangkaischek«, sagte Herr Hua, »ist ein sehr guter Mensch.«

»Ja«, sagte Papa, »aber ich weiß trotzdem nicht... Geld verdirbt selbst den besten Charakter. Ich habe das schon erlebt.«

»Tschiangkaischek ist gut«, beharrte Herr Hua. »Er ist unsere Hoffnung, er wird unsere Rettung sein. Er wird die Europäer ins Meer jagen, dorthin, wo sie hergekommen sind. Er wird Shanghai befreien. Du wirst es schon sehen.«

Und dann lachte er dieses hohe, scheppernde Lachen, das nur ihm allein eigen war, einen Stakkatolaut, der Rosalie veranlaßte, den Pinsel zu heben, als wolle sie einen Punkt setzen, wenn sie seinen Namen, Hua, schrieb. Ihr war dann, als könne sie so auch dieses Lachen ausdrücken. »Weißt du, warum es seit ein paar Tagen auf den Märkten von Peking kein rotes Tuch mehr zu kaufen gibt?« fragte er. »Weil alle sich ein

Stück gekauft haben, um kleine rote Fahnen für den Einzug von Tschiangkaischek daraus zu machen.«

Und Herr Hua ging hinaus und summte dabei eine martialische Weise vor sich hin.

Papa ging mit seinen beiden Töchtern nach Hause. Unterwegs blieb er stehen, um die chinesische Zeitung zu lesen, die auf Bretter geklebt war. Rosalie las die Schlagzeilen und malte beim Lesen die Schriftzeichen mit einem Finger in die Fläche ihrer linken Hand. Diese Angewohnheit behielt sie lange bei, ja, sie klammerte sich förmlich daran, als sie merkte, daß die Worte ihr entgleiten wollten. So erbaute sie sich eine Mauer aus dünnen, körperlosen Schriftzeichen, um bei Papa zu bleiben, in der Welt von Papa und Herrn Hua. Sie malte Zeichen in die Luft, um diese Welt heraufzubeschwören und diese Mauer zu errichten, die Mama ausschloß, so wie Mama Älteren Bruder ausgeschlossen hatte.

Nun dachte Rosalie wieder an jenen eiskalten Märztag des Jahres 1925 und an den Leichenzug: es war der Leichenzug für Sun Yatsen gewesen. Papa, Herr Hua und Rosalie hatten mit Millionen anderen auf der Straße gestanden und auf den geschmückten Sarg gestarrt, der da vorbeigetragen wurde. Und jetzt erinnerte sie sich auch an Sun Yatsens Gesicht, denn sie hatte es einmal bei einer Demonstration der Studenten gesehen: das Bild eines riesigen Kopfes mit sanften Augen, der auf einer stürmischen Menschenwoge daherschwamm. Die meisten von ihnen waren junge Menschen gewesen, Tausende von jungen Männern und Frauen, lange Reihen von Jungen und Mädchen, die in blauen Baumwollgewändern, einen Schal um den Hals, singend aufmarschierten. Wie oft schon waren die Kolonnen der Studenten marschiert, hatten ihre Schlagworte gerufen, Lieder gesungen und Transparente getragen – und mit welchem Erfolg? Die Soldaten und Polizisten der Kriegsherrn hatten sie verjagt und beschossen. Und nicht nur die Soldaten der Kriegsherrn, sondern auch die ausländischen Truppen. Oft fanden auf dem unbebauten Land vor dem Vorderen Tor Exekutionen statt, bei denen Menschen enthauptet, erschossen oder in Stücke gehackt wurden. Und trotzdem traten die blauen Kolonnen immer von neuem an, marschierten und sangen immer wieder. So sinnlos erschien es, daß viele über sie lachten, auch Papa und Mama. »Diese Studenten sollten lieber etwas lernen, anstatt sich in die Politik zu mischen«, schrieben die Zeitungen in großen Schriftzeichen. Aber die Studenten marschierten, es wurde geschossen, und so ging es immer weiter. Und jetzt sah es aus, als sollte Sun Yatsen nach seinem Tode doch noch siegen. Er selbst lag im Grab, aber seine Armeen marschierten und riefen seinen Namen.

Rosalie erinnerte sich an das vergangene Jahr, an den lieblichen Monat Mai 1926, in dem die Studenten auch wieder marschiert waren. Der Juni kam mit heißen Tagen, der Juli folgte, und sie marschierten noch immer. »Die Engländer haben in Shanghai Arbeiter erschossen, darum marschieren in Peking die Studenten«, sagte Papa. Und immer wieder ereignete sich das gleiche: Schüsse, Verhaftungen, Exekutionen. Mama sprach davon, mit Tiza und Marianne nach Belgien zurückzufahren, und hatte sogar schon einen Koffer fertig gepackt.

Rosalie stand neben Papa auf der Straße und reckte sich, um die Zeitungen zu lesen. Nun schrieb man das Jahr 1927. Wieder war es ein eiskalter März, und in Peking gab es keinen roten Stoff mehr, weil die Menschen alles aufgekauft hatten, um Fahnen herauszuhängen, die roten Fahnen der Freude, der Hoffnung und der Befreiung. So wenigstens sagte es Herr Hua. Die Menschen gingen still auf den weichen Sohlen ihrer Tuchschuhe einher, mit farblosen Gesichtern, und ihre Schatten wanderten gemächlich hinter ihnen drein – Scharen, so schweigsam wie das Schicksal. »Schau sie doch an, diese Chinesen«, sagte Mama. »Stumpf wie das Vieh. Die wollen keine Revolution, die wollen nur Geld und genug zu essen. Das sind immer nur diese Studenten mit ihrem Kommunismus, die nach der Revolution schreien.«

»Seht euch bloß diese Soldaten an«, sagten Mamas Freunde, Herr und Frau Blievermann, »die für eine Kupfermünze und eine Schüssel Reis am Tag kämpfen und sterben. Gib ihnen Reis, und sie kämpfen. Warum und wofür, brauchen sie nicht zu wissen, sie verstehen es ohnehin nicht. Aber sie kämpfen, wenn man ihnen Reis und Geld gibt.«

Rings um das Gesandtschaftsviertel, in dem die Europäer sich verschanzten, wenn »Unruhen« waren – so wie sie es schon vor siebenundzwanzig Jahren beim Boxeraufstand gemacht hatten –, zogen jetzt japanische Truppen auf. Sie exerzierten auf diesem Gelände, das man absichtlich unbebaut gelassen hatte und auf dem die Engländer in Zeiten, zu denen keine »Unruhen« waren, nachmittags Polo spielten. Rosalie sah die japanischen Kinder auf ihren Fahrrädern zur japanischen Schule fahren, die ganz in der Nähe des Gesandtschaftsviertels lag. Sie trugen alle hygienische weiße Masken vor dem Gesicht, um den Staub abzuhalten und sich vor der Enzephalitis zu schützen; denn es war eine Epidemie in der Stadt, und viele Kinder erkrankten oder starben.

Fünfzigtausend Mann waren aus Kanton ausgezogen, fünfzigtausend kräftige Soldaten marschierten nach Norden, um China zu einigen. Unterwegs schwoll dieser große Zug immer mehr an, und obgleich die Zeitungen in Peking alle paar Tage berichteten, die Südarmee und ihre kommunistischen Helfer »lösten sich auf« und Tschiangkaischek sei geschlagen, so wußte doch jedermann, daß diese Nachrichten erlogen waren.

Und jetzt nannte Papa außer dem Namen des Generals Tschiangkaischek noch andere. Er sprach von Wang Chingwei, der bei vielen Menschen in Peking beliebt war, weil er in seiner Jugend eine Bombe geworfen und versucht hatte, den Regenten zu töten.

Und es war auch die Rede von einem jungen Mann namens Tschu En-lai, der in der Militärakademie bei Kanton junge Offiziere ausgebildet hatte. Er war auch in Frankreich gewesen und hatte, wie es hieß, in Paris den Kommunismus studiert.

Und Rosalie, die nichts von alledem wußte, spürte doch eine Bewegung in dem sonst reglosen Dunkel, fühlte so etwas wie ein wortloses Keuchen, und ihr Herz klopfte, und sie konnte nicht verstehen, warum auch sie auf die Männer aus dem Süden wartete. Sie hörte von den schrecklichen Taten der Kommunisten; die Zeitungen schrieben darüber, und auch die Nonnen sprachen davon. Alle Männer würden erschossen, hieß es, die Frauen würden unter die Soldaten verteilt und die Kinder müßten Rote werden und würden gezwungen, ihre Mütter zu töten.

Herr Hua war glücklich. »Unsinn!« rief er. »Ihr werdet's schon sehen.«

Jetzt kam auch Frau Hua aus Europa zurück, aber ohne ihre Kinder. Simon und Leila waren in ihren Internaten geblieben. Auch Frau Hua wünschte die Revolution herbei und wartete darauf, daß die Südarmeen kommen und China einigen sollten. Sie erzählte Mama, daß sie in den Jahren 1919 und 1920 die französischen Studentenkrawalle erlebt habe, und erklärte, die Kommunisten hätten recht. Mama bekreuzigte sich, ging fort und sagte hinterher, sie würde Frau Huas Haus nie wieder betreten. Unterdessen wurden immer mehr Studenten hingerichtet, und es war bei Todesstrafe verboten, das Wort »Revolution« auch nur auszusprechen.

Und dann, im April 1927, war alles zu Ende.

»Tschiangkaischek ist ein guter Mensch«, sagte Mama.

Und eines Nachmittags, als Rosalie in Papas Büro war, kam Herr Hua herein. Er und Papa saßen sich lange Zeit gegenüber, sahen sich an und sagten kein Wort.

Mama ging wieder zu Frau Hua und kam triumphierend zurück. Frau Hua hatte einen verstörten Eindruck gemacht. »Sie hat nicht gewagt, mir gegenüber das Wort Kommunismus zu erwähnen«, sagte Mama.

Die Stacheldrahtverhaue rings um das Gesandtschaftsviertel wurden wieder abgerissen. Mit Triumphbögen und Papierblumen, mit Bändern und den Fahnen der Kuomintang, die eine weiße Sonne auf blauem Grund zeigten, bereitete Peking sich darauf vor, den neuen Sieger willkommen zu heißen. Und jetzt sagte auf einmal jeder, China könne sich durchaus mit eigener Kraft weiterhelfen, und die Familien Blievermann und Lautens kamen zum Tee. Sie erklärten, Tschiang sei ein guter Mann, beileibe kein Kommunist, und er werde es nicht zu einer Revolution kommen lassen. Als er nämlich gegen Shanghai marschierte, hatten die Arbeiter der Stadt sich erhoben, um ihm beizustehen; aber plötzlich hatte er den Spieß umgedreht, hatte sich mit den Bankiers und Geschäftsleuten, den Engländern, Amerikanern und Franzosen in Shanghai geeinigt, hatte Tausende von Arbeitern erschießen lassen und dem Kommunismus Einhalt geboten. Und nun sagten alle, er sei ein Genie und werde China Sicherheit und Frieden bescheren.

Darum ging Mama jetzt zur Scheut-Mission, um ihren Kasten mit den Schmucksachen wieder abzuholen. »Das ist alles für dich«, sagte sie zu Tiza, als sie damit nach Hause kam und ihn wie gewöhnlich wieder in der Schublade des Kleiderschranks verwahrte. Doch dann nahm sie ein goldenes Medaillon heraus, das an einer goldenen Kette hing. Es war rund, und obendrauf saß eine Spinne, deren Körper aus einer Perle gebildet war. Ihre Augen bestanden aus Rubinen. Wenn man das Medaillon aufklappte, sah man darin zwei Fotografien, eine von Mama und eine von Papa. Sie gab es Rosalie, damit sie es bei festlichen Gelegenheiten tragen konnte.

Nach dem April 1927 beschloß Mama auch, daß Rosalie nun vormittags und nachmittags die Englisch-Klasse besuchen solle. Plötzlich fingen alle an, Englisch zu lernen; eine gute Stellung ohne Sprachkenntnisse im Englischen war nicht mehr zu haben.

Die neue Regierung stand mit den englischen und amerikanischen Banken und Firmen auf sehr freundschaftlichem Fuß. »Du mußt Englisch lernen, damit du in einer englischen Bank arbeiten kannst«, sagte Mama zu Rosalie. »Denn heiraten wirst du bestimmt nicht, mit dem Gesicht bekommst du keinen Mann.«

Es waren jetzt auch andere Nonnen in der Klosterschule. Zum erstenmal sollten englische Prüfungen für Stipendien in Übersee abgehalten werden. Im Dezember würde die erste stattfinden, und Rosalie sollte sie zusammen mit zwei anderen Mädchen, einer Eurasierin und einer Engländerin, ablegen. Die beiden anderen Mädchen waren etwa fünfzehn Jahre alt.

Zweiunddreißigstes Kapitel

Ein Meer von Schlacken, und auf seiner Oberfläche, zusammengeballt wie Zecken im Fell eines Straßenköters, die Bettler. Da hockten sie, um sich Schätze aus dem Abfall zu klauben: Stoffetzchen, Papier, Holz, Metall, kleine Stückchen unverbrannter Kohle – kostbarer Besitz für den wimmelnden Auswurf dieser Erde. Rosalie starrte hin, während Papa und der Bauunternehmer sich unterhielten. Bald würden singende Männer hier Steine hochheben und fallen lassen, um das Gelände einzuebnen, und ein wenig später würden hier neue Häuser entstehen.

Das alte Mauerviereck, das die alte Gelbe Stadt umschlossen hatte, war eingerissen worden. Peking war gebaut wie eine viereckige Schachtel, die mehrere solcher Schachteln in sich enthielt. Ganz in der Mitte lag die Verbotene Stadt mit ihren purpurfarbenen Mauern und gelben Dächern. Rund um sie breitete sich die Gelbe Stadt und nach Norden zu die Mandschu-Stadt. Zum Beweis, wie modern und fortschrittlich er war, hatte jeder Kriegsherr irgendeinen Versuch gemacht, Peking zu verschönern. Der eine hatte einen öffentlichen Park einzäumen lassen, der zweite hatte ein ähnliches Gitter entfernen lassen, der dritte ließ sich selbst ein Denkmal errichten, und der vierte plünderte einen Palast bis zum letzten Stein. Irgendein längst vergessener Kriegsherr aus dem Norden hatte die Mauer um die Kaiserliche oder Gelbe Stadt niederreißen lassen, und in die tiefen Furchen ihres ehemaligen Fundaments hatte man die Schlacken von den Kohlefeuern des Winters nebst manchen anderen Abfällen geworfen. Später sollten die Grundstücke hier verkauft und Häuser darauf gebaut werden.

Papa entwarf selbst die Pläne für das Haus. Mama begutachtete sie und erteilte Ratschläge, denn schließlich würde der Rest ihrer Mitgift für die Steine und Ziegel draufgehen (so wenigstens erzählte sie es später ihren Kindern). Papa bekam die Ziegel billig; er nahm die noch verwendbaren von den alten Mauern, die eingerissen wurden. Als das Haus später fertig war, hatte es ein protziges Betontor mit einem dreieckigen Türsturz und einer dunkelrot bemalten Tür. Jeder der Türflügel war mit einem Löwenkopf aus Messing verziert, und aus den Mäulern dieser Löwen hingen die ringförmigen Klopfer herab.

Rosalie fand dieses Tor schon bald abscheulich. Es war so fehl am Platze und schien sie mit seinem spitzen Schädel, dem roten Gesicht und den blanken Messingaugen höhnisch anzustarren, wenn sie darauf zukam.

Vor diesem Tor mit seiner überheblichen Feierlichkeit aber verlief der alte Maulesel- und Kamelpfad, der sich von jeher am Fuß der Mauer entlanggezogen hatte. Die Tatsache, daß jetzt Häuser dort standen, wo vorher die Mauer stand, hatte auf diesen Pfad keinerlei Einfluß. Während der heißen Jahreszeit verwandelte sich seine Erde in pulvrigen Staub, während der Sommerregen in verbrannten Schlamm, und im Winter sah man hier hartgefrorene Furchen. Und jeden Tag kamen die Wagen vorbei und brachten allerlei Produkte für den Bedarf der Städter: Gemüse, Kohlen und Salz. Im Winter zogen lange Reihen von Kamelen vorüber und ließen bedächtig ihre länglichen Glocken ertönen. So war es gewesen, und so war es noch immer. Schrecklich aber war das Peitschenknallen – wenn die Maulesel und die kleinen Eselchen mit ihren schönen, geduldigen Augen direkt vor diesem großen Haustor mit den beiden Türklopfern die Peitsche zu spüren bekamen. Manchmal hieb so ein Treiber immer und immer wieder auf ein armes, mit Schwielen bedecktes Tier ein, so daß Rosalie mit ihm aufschrie und »Halt! Halt!« rief. Und dann rannte sie los, aber nicht ins Haus, sondern fort, irgendwohin.

Rosalie sehnte sich nach dem vorigen Haus zurück, und eigentlich war sie noch immer verliebt in das vorletzte, das Haus in der Mandschu-Stadt mit den großen viereckigen Steinen vor der Tür, die vom vielen Sitzen ganz glatt und blau geworden waren. In ihren Augen blieb es das schönste von allen Häusern, und immer wieder dachte sie an den kleinen Hof voller Fliederbüsche, die Geistermauer aus Ziegeln mit ihren eingemeißelten Verzierungen und die Mandschu-Damen, die durch die Tür nebenan ein und aus gingen. Von dort waren sie in ein Haus auf der Straße des kleinen Messingflecks gezogen, und Rosalie hatte auch dieses Haus schön gefunden. Das neue Haus, das an der Stelle lag, wo sich ehemals die gelbe Stadtmauer hinzog, war größer als die zwei letzten Häuser, und doch kam es ihr vor, als säßen sie hier enger aufeinander; denn es war nicht gebaut wie die chinesischen Häuser, bei denen vier lange, niedrige Räume – wie die Seiten eines Kastens – um einen Mittelhof mit Bäumen und Blumentöpfen angeordnet waren. Hier lag der Garten vor dem Haus, und in dem Gebäude dahinter gingen alle Zimmer ineinander wie in einem europäischen Haus. Der Garten allerdings war viel größer als die vorigen Gärten. Es stand eine riesige Vase aus Shantung darin, auf deren Außenseite Drachen und Phönixe zu sehen waren und in der ein paar Goldfische schwammen. Papa pflanzte mehrere Fliedersträucher, einen Weinstock und vier Akazienbäume, die Schatten geben sollten, und an den Gartenmauern standen Forsythien, Granatbäumchen und viele Dahlien und Chrysanthemen.

Gleich nachdem sie eingezogen waren, kauften Papa und Mama einige neue Möbel: einen großen polierten Schrank aus Kirschbaumholz und einen großen Drehspiegel. Einer der Räume wurde als Salon eingerichtet. Rosalies Klavier, der große Spiegel, ein paar gute Stühle, die für Gäste reserviert waren, drei Bronzen, drei lackierte Vasen, die Papa von Freunden geschenkt bekommen hatte, und einige Porzellanfigürchen verliehen ihm ein etwas feierliches Aussehen. Nur Rosalie durfte das Zimmer betreten, um dort täglich eine halbe Stunde auf dem Klavier zu üben. Aber es gab auch hier nur zwei Schlafzimmer: eines für die drei Mädchen und eins für Papa und Mama. Ein Badezimmer und eine Toilette mit Wasserspülung bedeuteten einen großen Fortschritt, denn in den früheren Häusern hatte es kein Badezimmer gegeben. Dort war auch jeden Morgen der Dungsammler mit seinem länglichen zylindrischen Holzfaß auf dem Rücken und seinem langen Schöpfer gekommen, um den Nachtdung abzuholen. Die Fußböden in dem neuen Haus waren nicht aus Stein, sondern aus Holz und so braun und glänzend, daß Rosalie zuerst kaum wagte, daraufzutreten. Und in die Küche stellte Mama einen großen eisernen Herd, der weit übers Meer aus Belgien gekommen war, ein blitzendes Ding mit vier krummen Beinen, auf denen es besitzessicher hockte. Jetzt konnte Mama Pfannkuchen und Waffeln aus Mandeln, Butter und Zucker backen, und jeden Morgen stand sie ganz früh auf, um die Kaffeebohnen in einer Kaffeemühle zu mahlen, die sie seit ihrem ersten Tag in China stets bei sich gehabt hatte. Da die Räume jetzt alle ineinandergingen, zog der Kaffeeduft aus der Küche durch das Eßzimmer und das Wohnzimmer im rechten Winkel direkt in die Schlafzimmer. Rosalie konnte auch die gemahlenen Kaffeebohnen riechen, und das war ein anderer und besserer Duft als später, wenn der Kaffee zu einer braunen Flüssigkeit geworden war.

»Jetzt müssen wir sie einladen«, sagte Mama. »Besser, wir machen es jetzt und haben es dann hinter uns.«

Mit »sie« waren Erste Tante und ihr Mann, Onkel Liu – der Lolo –, sowie die Kinder der beiden gemeint. Erste Tante war schon wieder schwanger, und damals ahnte noch niemand, daß sie bei der Geburt dieses vierzehnten und letzten Kindes sterben würde. Der älteste Sohn des Ehepaares, der auf einer Universität in Tientsin studiert hatte, war jetzt wieder zu Hause und würde, wie Papa erzählte, demnächst nach Amerika gehen.

»Das ist hinausgeworfenes Geld, in Amerika kann er nichts lernen«, erklärte Mama. »Aber die Amerikaner geben ihm Geld fürs Studium«, sagte Papa.

Vor drei Jahren, als sie noch auf der Straße des kleinen Messingflecks wohnten, war Erste Tante gekommen, um bei ihnen zu bleiben. Sie war damals vor ihrem Mann, dem Lolo Liu, weggelaufen. Rosalie wußte nicht mehr, wie sie damals herausgefunden hatte (vielleicht hatte sie an der Tür gehorcht), daß Erste Tante zu ihnen gekommen war, weil sie keine Babys mehr haben wollte. Aber vielleicht war das gar nicht der eigentliche Grund. Jedenfalls war sie im Gastzimmer einquartiert worden, hatte sich sehr ruhig verhalten, war nur bei den Mahlzeiten erschienen und hatte so wenig Platz eingenommen, daß Rosalie sich hinterher nur noch an ein sehr weißes, kleines, spitzes Gesicht mit schönen, glänzenden schwarzen Haaren und traurigen, länglich-ovalen Augen erinnern konnte.

Diese Augen und auch das Gesicht sollte sie später wiedererkennen: es waren das gleiche Gesicht und die gleichen Augen, die auch Großvater, Papas längst verstorbener Vater, gehabt hatte. Erste Tante trug Hosen aus grauer Seide und winzige schwarze Lederschuhe an ihren eingebundenen Füßen. Diese Schuhe waren kaum halb so lang wie Rosalies Hand. Sie war auch von Statur sehr klein, nur knapp einen Kopf größer als Rosalie. Nach einigen Tagen war damals Onkel Liu, der Lolo, gekommen und hatte sie wieder weggeholt. Aber das war zu einem Zeitpunkt geschehen, als Rosalie in der Schule war, und darum erfuhr sie nur, daß Erste Tante zu ihrer Familie zurückgekehrt war und danach wieder ein Baby bekommen hatte.

Onkel Liu trug den Spitznamen »der Lolo«, weil Mama behauptete, er sei ein Ureinwohner – der Sohn eines feudalen Grundbesitzers, eines sogenannten Tumu, von den Lolo-Stämmen, die im gebirgigen Nordwesten von Szechuan lebten. Aber Onkel Liu bestritt das hartnäckig und erklärte, er sei kein Lolo, sondern ein Angehöriger der Han-Rasse, also ein Chinese. Onkel Liu war ein ungeheuer umfangreicher Mann, ein Meter neunzig groß und mit einem Lachen und einer Stimme, die die Fenster erzittern ließen. Tiza fürchtete sich vor ihm und verkroch sich immer schluchzend ins Schlafzimmer, wenn er auftauchte.

Onkel Liu hatte – ebenso wie Papa – seinerzeit zu den szechuanesischen Studenten gehört, die von der Regierung ausgewählt und nach Belgien geschickt wurden, um dort Ingenieurwissenschaften zu studieren. Er war ein Jahr vor Papa nach China zurückgekehrt und hatte der Familie einen Brief von ihm mitgebracht. Dieser Brief war der Anlaß gewesen, daß er in der Familie eingeladen wurde, und die Einladung wiederum führte zu seiner Verlobung mit Erster Tante, Papas Schwester. Papa hatte, wie Rosalie wußte, drei Schwestern; doch die anderen zwei hatten in Szechuan geheiratet und waren dort geblieben. Nur Erste Tante war ihrem Mann gefolgt und schon einige Jahre früher als Papa und Mama nach Peking gezogen. Mama sagte, sie könne von Glück reden, weil sie nie das Leben in den kleinen Eisenbahnstationen kennengelernt, sondern immer in einer großen Stadt wie Peking gewohnt hätte.

Am festgesetzten Nachmittag erschien die Familie Liu. Onkel Lius Stimme und sein Lachen kündigten ihn schon von weitem an, so wie die Gongschläger eine Musikvorstellung oder die Musikkapellen den Einzug eines Kriegsherrn. Ihm folgte Erste Tante, hinter ihr zog die ganze Prozession der Kinder durch die Haustür – von Yusiang, dem ältesten Sohn, über Yuchen, die älteste Tochter, die ständig kicherte und sehr dick war, bis hinunter zu den letzten vier Kleinkindern, die auf den Armen der Kinderfrauen saßen. Sie füllten die Veranda, und zwei von den Kleinsten rissen, als sie Mama erblickten, den Mund auf und stießen schrille, erschütterte Schreie aus.

»Sie sind Fremde nicht gewöhnt«, erklärte Onkel Liu.

Die Kinderfrauen gingen mit den Kleineren in den Garten, wo diese auf die Tomaten pinkelten, die Papa reihenweise im ersten Beet gleich bei der Veranda gepflanzt hatte. Mama liebte Tomaten; sie hatten auf allen Eisenbahnstationen, auf denen sie gewohnt hatten, im Garten oder im Hof ein kleines Beet mit Tomatenstöcken gehabt.

Erste Tante, die sich kaum auf den Beinen halten konnte, setzte sich auf den besten Stuhl im Salon. Rosalie musterte sie eingehend, denn sie wußte jetzt, woher die Babys kamen. Sohn des Frühlings hatte ihr erzählt, wie sie geboren wurden, und Rosalie hatte zunächst gegen eine leichte Übelkeit ankämpfen müssen, als er ihr auch berichtete, wie Männer und Frauen zusammen ein Baby machten. Inzwischen aber hatte sie sich an den Gedanken gewöhnt, und deshalb blickte sie jetzt sehr verständnisvoll auf Erste Tante und stellte dabei fest, daß ein Baby tatsächlich im Bauch seiner Mutter aufbewahrt wird. Sie hatte Mama nicht gesagt, daß Sohn des Frühlings sie auf diesem Gebiet belehrt hatte, denn Mama würde das nicht verstanden haben, ebenso wie sie nichts von Weltraumromanen verstand. Übrigens waren Weltraumromane viel interessanter als diese Sache mit den kleinen Kindern. Da drüben war das Baby. Es wölbte sich unter dem Kleid von Erster Tante hervor, und diese ließ ihre winzigen Beinchen hilflos unter dem Auswuchs hin und her baumeln – Beine mit Füßen, die am Ende dieser geraden, knochigen Stecken wie Streichholzköpfchen wirkten. Über diesem riesigen, eiförmigen Etwas saß die flache Brust von Erster Tante und darüber ihr sehr bleiches und schmales Gesicht. Vom Kragen ihres Gewandes ragte der verwüstete Hals mit seinen Fleischrinnen und -strähnen empor – das Ergebnis jener Krankheit, die Mama so für Tiza befürchtete. Mama hatte Angst, auch Tiza werde diese weichen, geschwollenen Mandeln bekommen, die so rund und warm waren wie die Brust einer Turteltaube, die aber später aufbrachen und dann nicht Blut verströmten wie eine Taube, sondern Eiter, dicken gelben Eiter, der den Hals zerfurchte und diese Streifen aus Haut und Fleisch entstehen ließ, die man mit keinem Kragen verdecken konnte.

»Sie hat die Skrofeln«, hatte Mama gesagt, und als Rosalie dieses Wort im Lexikon nachschlug, hatte sie dabei auch das Bild eines englischen oder französischen Königs gefunden, der einer Reihe von Bettlern die Hand auflegte. Nur durch die Berührung eines Königs konnte diese Krankheit geheilt werden; für Erste Tante aber war kein König aufzutreiben. Kein Wunder daher, daß Mama um Tizas Hals fürchtete. Selbst jetzt noch konnten diese fürchterlichen Schwellungen jeden Augenblick wieder auftreten. Und Rosalie, die sich in der letzten Woche besonders herrisch gegen Tiza aufgeführt hatte, empfand nun Gewissensbisse und nahm sich vor, sich zu bessern. Aber diese guten Vorsätze hielten nicht lange an.

Während Erste Tante so still dasaß, als sei sie völlig in den Anblick dieses riesigen Eies versunken, ging vom Ersten Onkel ein ständiges Dröhnen aus. Er redete über »Politik«, wie Mama das bezeichnete, und wandte sich dabei häufig an seinen ältesten Sohn, der immer wieder nickte, aber aus Höflichkeit kein Wort äußerte und das Sprechen seinem Vater überließ. Sowohl Onkel Liu wie Papa trug das hochgeknöpfte Gewand, das Sun Yatsen getragen hatte und das nun zur üblichen Kleidung aller Regierungsbeamten geworden war – auch die Eisenbahnen unterstanden jetzt der Kuomintang-Regierung. Es hieß, daß der Generalissimus Tschiangkaischek bei seiner Hochzeit mit Soong Meiling, der Tochter des christlichen Kaufmanns Soong, der den größten Teil seines Kapitals in Amerika erworben hatte, ebenfalls einen Sun-Yatsen-Anzug getragen habe. Nun, da Peking nicht mehr dem nördlichen Kriegsherrn Chang Tsolin unterworfen war, trugen Papa, Onkel Liu und alle Männer, die in den Büros der Eisenbahn arbeiteten, einen solchen Anzug und versammelten sich jeden Montag im Empfangssaal der Eisenbahnverwaltung, wo der leitende Direktor ihnen das Testament Sun Yatsens vorlas. Es endete mit den Worten: »Die Revolution ist noch nicht vollendet.« Jetzt machte Onkel Liu seine Witze darüber.

»Vollendet?« sagte er. »Wenn du mich fragst, dann hat es überhaupt noch keine Revolution gegeben. Meiner Ansicht nach hat nur eine Schwindlerbande die andere abgelöst.«

Ganz besonders machte er sich über die letzte Versammlung lustig, die der kürzlich aus Hankow eingetroffene Oberinspektor Chu geleitet hatte. Es war allgemein bekannt, daß Herr Chu innerlich ebenso aalglatt und ölig war wie äußerlich – rund wie ein Kugellager, das in jedes System paßte, ein Mann, der jeden Wechsel überlebte und dabei immer reicher wurde. Er hatte eine Ansprache gehalten, in der er seine Angestellten unter Tränen ermahnte, stets aufrecht, ehrlich, unbestechlich und fleißig zu sein, Tschiangkaischek die Treue zu halten und allen schlechten und korrupten Gedanken zu entsagen. »Diese Gedanken kommen aus dem Ausland, von den Fremden«, hatte er gesagt. »Sie entsprechen nicht unserer chinesischen Tradition. Darum müssen wir gegen die Kommunisten kämpfen, die unser China nur zerstören würden. Lang lebe unser Führer Tschiang! Zehntausend Jahre möge Tschiangkaischek leben!«

Onkel Liu imitierte Herrn Chu so stimmgewaltig, daß alle Fenster zitterten und bebten. Tiza war längst verschwunden, um zu weinen. »Psst!« sagte Mama. »Die Wände haben Ohren. Du solltest dich über diese Dinge nicht lustig machen. Immerhin hat Tschiang uns vor den Roten errettet.«

Aber Onkel Liu war skeptisch. »Abwarten«, meinte er. »Sie reden uns allerhand schöne Dinge vor, aber dabei greifen sie schon mit flinken Fingern nach allen Annehmlichkeiten, die die Herrschaft bietet. Und dann diese Idee, den Sitz der

Regierung von Peking nach Nanking zu verlegen! Das bedeutet, daß sie den Norden des Landes vernachlässigen wollen. Alles wollen sie rund um Shanghai und Nanking zusammenfassen. Klar, die halbe Regierung stammt ja aus Shanghai; die Herren möchten eben in der Nähe ihrer Banken und Geschäftshäuser bleiben.«

Onkel Liu hatte vor kurzem ein Haus auf der Goldfischstraße gekauft, und nun fürchtete er ebenso wie Papa, daß mit der Verlegung der Hauptstadt nach Nanking viele Familien von Regierungsangestellten aus Peking fortziehen und infolgedessen viele Häuser leer stehen würden. Aber Papa und Onkel Liu brauchten Mieter für die Häuser, die sie gekauft hatten – Papa auf der Straße des kleinen Grasflecks und Onkel Liu auf der Straße der Wasserkarren. Doch jetzt verließen täglich viele Familien Peking und zogen nach Süden, ja sogar der Name der Stadt sollte geändert werden. Sie sollte von nun an Peiping – Friede des Nordens – heißen anstatt Peking – Hauptstadt des Nordens. »Peiping«, sagte Onkel Liu. »Was für ein Unsinn! Und übrigens, diese Leute aus dem Süden trauen uns Nordländern nicht und wollen nichts für uns ausgeben. Ich bin nur froh, daß wenigstens Szechuan, unsere eigene Provinz, diesen Tschiangkaischek nicht einläßt.«

»Szechuan ist immer seinen eigenen Weg gegangen«, meinte Papa mit einem leisen Lachen, das so klang, als freue er sich insgeheim.

»Ja, das stimmt«, bestätigte Onkel Liu. »Wir in Szechuan sind anders als die übrigen Chinesen. Wir würden diese Teppichhändler aus Shanghai mit ihrer Säuselsprache nicht zu uns hereinlassen. Wer weiß, die würden womöglich auch unserer Provinz noch einen anderen Namen geben!«

»Ich will nur hoffen, daß ihr dort keine Kommunisten habt«, sagte Mama. »Hier sind ja alle Schulen und Universitäten voll von diesem Gesindel.«

»Ach, das wird bald vorbei sein«, erklärte Onkel Liu. »Die Kommunisten haben ausgespielt, ganz bestimmt. Nur noch in Hunan sitzen zwei von diesen Banditen. Der eine von ihnen heißt, glaube ich, Chu Teh und der andere Mao Soundso. Aber diese Burschen sind völlig unwichtig, und bald wird es ganz aus sein mit ihnen. Ich bitte euch, die haben doch nur ein paar hundert Mann hinter sich, noch weniger als die Räuberbande der Weißen Wölfe hier in den westlichen Provinzen.«

Nun lenkte Papa das Gespräch auf Yusiang, Onkel Lius ältesten Sohn. Onkel Liu blickte erfreut und wohlgefällig auf den jungen Mann, der ein Gelehrtengesicht hatte und eine Brille sowie einen europäischen Anzug mit einem Schlips trug. Yusiang sagte ein paar englische Worte zu Mama, aber die verstand ihn nicht.

»Meine Töchter lernen Englisch«, sagte sie, »ich habe es schon seit Jahren nicht mehr gesprochen.«

Und nun erzählte Onkel Liu Papa Dinge, die dieser längst wußte: daß Yusiang in die Vereinigten Staaten gehen werde, um dort politische Wissenschaften zu studieren. »Das ist teuer, aber es macht sich bezahlt. Amerika ist das Land der Zukunft. Die meisten Regierungsmitglieder um Tschiangkaischek sind zurückgekehrte Studenten aus Amerika. Na ja, seine Frau spricht ja auch nur Amerikanisch. Sie ist dort aufgewachsen und kann überhaupt nicht Chinesisch. Und jetzt kommt eben die Clique der ehemaligen Amerika-Studenten an die Macht. Für uns arme zurückgekehrte Studenten aus Belgien oder Frankreich ist kein Bedarf mehr«, sagte Onkel Liu mit weiser Miene. »Aber wenn du in Amerika studiert hast, dann kannst du mit Sicherheit auf eine gute Stellung bei der Regierung von heute zählen. Na, und da müssen wir eben mit der Zeit gehen.«

»Ja, deshalb lernen meine Töchter auch Englisch«, sagte Mama.

Erste Tante sagte kein Wort, denn sie verstand weder Englisch noch Französisch. Sie verschränkte ihre schmalen, kleinen Hände über dem Bauch, rülpste und lächelte. Unter der Haut ihrer Schläfen traten dick und dunkelblau die Adern hervor.

Nachdem die Familie Liu gegangen war, sagte Mama: »Na also, was habe ich dir gesagt? Onkel Liu versteht wenigstens, wie die Entwicklung läuft. Wenn du heute nicht Englisch kannst, bekommst du in China keine gute Stellung.«

»Amerikanisch«, verbesserte Papa milde.

»Ach was, Englisch oder Amerikanisch, das ist dasselbe,

nur der Akzent ist ein bißchen anders«, gab Mama zurück. »Yentung, ich weiß ja, ich bin vielleicht keine kluge Frau, aber Instinkt habe ich. Und ich habe dir immer gesagt, du sollst nicht zu viele Häuser bauen. Jetzt ist meine ganze Mitgift in diesen Ziegeln und Steinen aufgegangen; aber wovon sollen wir leben, wenn nun alle aus Peking wegziehen und wir unsere Häuser nicht vermieten können? Wo uns die Kinder doch so schrecklich viel kosten!«

In Wirklichkeit hatte Mama nie ein Wort dagegen gesagt, daß Papa Häuser baute. Aber was das Studium der englischen Sprache betraf, so hatte sie recht. Auch Papa begann nun Englisch zu lernen, weil er fürchtete, die Amerikaner würden die Eisenbahnen übernehmen und er könnte seine Stellung verlieren, wenn er nicht Englisch verstand.

Noch vieles andere ereignete sich im Jahre 1927.

Erste Tante verblutete nur zwei Monate nach dem Besuch der Familie im Kindbett, und ein paar Tage lang lief Papa ständig umher und ließ sich nicht einmal zu den Mahlzeiten blicken. Mama hielt lange Beratungen darüber ab, ob die Kinder zur Beerdigung schwarze Kleider tragen sollten, entschied jedoch dann, es sei zu teuer, und nähte statt dessen schwarze Binden, die die Mädchen sich um den linken Ärmel streifen mußten.

Es war ein stechender Tag, an dem Erste Tante beerdigt wurde – stechend deshalb, weil die Kinder ihre neue dicke Flanellunterwäsche gegen die Kälte trugen. Tiza und Rosalie wuchsen jetzt sehr rasch, Tiza noch rascher als Rosalie.

Der Sarg, in dem Erste Tante lag, stand mitten auf dem Hof von Onkel Lius Haus. An allen Türen hingen weiße Stoffstreifen. Die Kinderfrauen hatten sich weiße Bänder um den Kopf gebunden und wimmerten leise. Onkel Liu hatte seine Brille abgenommen, und sein Gesicht mit den großen Pockennarben sah plötzlich sehr breit aus und die beiden Augen darin so klein und schläfrig, ganz anders als hinter den Brillengläsern. Yuchen, die älteste Tochter, war in ihrem Zimmer eingesperrt, denn sie hatte beim Tod ihrer Mutter plötzlich angefangen zu schreien und sich zu übergeben, und jetzt lag sie in hohem Fieber und phantasierte. Im inneren Zimmer konnte man ihr Stöhnen hören.

»Das ist der Kummer um ihre Mutter«, sagte Onkel Liu. Und darum holten sie in den ersten Tagen auch keinen Arzt. Eine Woche später brachte Papa die Nachricht, daß Yuchen Meningitis habe und nun endlich ein Arzt geholt worden sei.

Fünf oder sechs Tage nach der Beerdigung, als Rosalie nachmittags um vier Uhr am Klavier saß und übte, wurde es plötzlich dunkler im Zimmer: Älterer Bruder stand in der Türöffnung zum Salon. Er trug einen grauen Mantel, hatte einen beigefarbenen Schal um den Hals geschlungen und hielt seinen Hut in der Hand. Mama war in der Küche, und darum drehte Rosalie sich auf ihrem Stuhl um und rief laut: »Mama, Mama!«, daß es durchs Wohnzimmer hallte.

Mama kam aus der Küche und sagte: »Was ist denn? Warum rufst du so?« Aber dann, als sie ihren Sohn da stehen sah, stammelte sie nur noch: »O mein Gott!«

Älterer Bruder ging auf sie zu. Später beschrieb Mama ihn als ein »totenbleiches, wandelndes Gespenst«, obgleich er keineswegs diesen Eindruck machte – er bewegte sich nur, als seien seine Füße sehr schwer. So trat er vor Mama hin und sagte: »Mama, ich möchte dich um Verzeihung bitten.«

»O mein Gott«, sagte Mama. »Du hast mir so viel Kummer gemacht.« Sie hielt gerade eine Schüssel in der Hand, in der sie einen wundervoll duftenden Teig gerührt hatte. Jetzt stemmte sie die Schüssel gegen ihre linke Hüfte und klammerte sich mit der rechten Hand an den Mantel ihres Sohnes. »So viel Kummer«, sagte sie noch einmal. Und ihr Gesicht verzog sich, als wollte sie weinen, und Älterer Bruder legte seinen Arm um ihre Schultern. »Wenn du nur wüßtest, wieviel . . .«, sagte Mama.

»Ja, ich weiß es«, sagte Älterer Bruder. »Es tut mir leid. Du bist ja meine Mutter. Und ich liebe dich doch.«

An diesem Abend saß die ganze Familie zusammen am Tisch, und Älterer Bruder nahm zweimal von Mamas Pudding. Als Papa später im dunklen Garten seine frühen Chrysanthemen besichtigte, sagte er, als spräche er zur Wand: »Ich habe ihn aufgefordert, wiederzukommen; ich habe es ihm geschrieben. Ich habe ihm gesagt: ›Mach deiner Mutter nicht solchen Kummer.‹«

Rosalie wußte, daß Papa zu ihr sprach, weil auch sie ihrer Mutter Kummer machte und ihr oft ungezogene Antworten gab.

Aber Älterer Bruder war nicht für ständig zurückgekehrt, denn er hatte jetzt eine Stellung in Tientsin, dem Stadthafen, der fünf Eisenbahnstunden entfernt lag. Es war eine gute Stellung: Älterer Bruder gab Mathematikstunden in einer von Jesuiten geleiteten Lehranstalt. Älterer Bruder fühlte sich glücklich in Tientsin und erzählte begeistert von dieser großen Stadt, in der alles viel besser sei als in Peking. Er hatte ein Zimmer in einer Pension gemietet, die einem deutschen Ehepaar gehörte. Nach dem Essen begann er mit Rosalie englisch zu sprechen. Lachend sagte er zu ihr:

»Du sprichst aber sehr schlecht, du weißt nicht, wie die englischen Wörter ausgesprochen werden. Offenbar hast du keine guten Lehrer hier.«

»Aber was sollen wir machen?« fiel Mama ein. »Sie muß sich ihren Lebensunterhalt verdienen; wir haben nicht so viel Geld, um sie hier in eine amerikanische Schule schicken zu können.«

»Dann schickt sie doch in die Sprachschule in Tientsin«, versetzte Älterer Bruder. »Das ist eine gute englische Schule, in der sie viel schneller etwas lernen kann.«

»Aber nein, das wäre viel zu teuer«, sagte Mama. »Und wer sollte dort auf ein zehnjähriges Mädchen aufpassen?«

Als Älterer Bruder nach drei Tagen wieder abreiste, begleitete die ganze Familie ihn zum Bahnhof. Auch Rosalie schwenkte ihr Taschentuch, aber sie sah dem abfahrenden Zug nicht nach.

Im Herbst dieses selben Jahres lernte Rosalie Joseph Hers kennen, und zwar sah sie ihn bei einem Empfang, den Herr Pinshee veranstaltete. Herr Pinshee war zwar Chinese, aber er bekleidete trotzdem die Stellung eines Rechtskonsulenten bei der belgischen Botschaft. Der Empfang fand im Klub der zurückgekehrten Studenten statt, dem auch Papa angehörte.

Das Klubhaus der zurückgekehrten Studenten war vor der Revolution von 1911 der Palast eines vornehmen Mandschu gewesen; nun enthielt es die Klubräume für die Ingenieure, Ärzte und Lehrer, kurz alle diejenigen, die wie Papa ein abgeschlossenes Studium im Ausland aufweisen konnten. Papa ging gelegentlich am Samstagnachmittag in den Klub, um seine Freunde zu treffen, und manchmal nahm er auch seine Familie mit dorthin. Dann gingen sie alle zu den Kegelbahnen und sahen den Männern zu, die diese hölzernen Kanonenkugeln in der Hand wogen und sie zu den Kegeln hinüberschleuderten. Mama war gern im Klub, weil dort Zeitschriften aus Europa auslagen, und zuweilen zeichnete sie sich einen Kleiderschnitt ab und ließ ihn dann zu Hause von einem chinesischen Schneider zuschneiden und nacharbeiten.

Der Empfang fand zu Ehren der aus Frankreich und Belgien zurückgekehrten Studenten statt, und Papa nahm Rosalie mit, weil Mama sich nicht wohl fühlte. Sie litt schon lange unter Krampfadern und hatte jetzt eine Entzündung am Bein. »Du wirst mich vertreten«, sagte sie zu Rosalie.

Als der belgische Würdenträger die Reihe der etwa zweihundert Männer entlangschritt, die einmal in Frankreich oder Belgien studiert hatten, und allen die Hand schüttelte, murmelte Papa: »Das ist meine Tochter. Meine Frau läßt sich entschuldigen, sie konnte nicht mitkommen.«

Rosalie fühlte sich so wichtig in ihrer Rolle als Stellvertreterin von Mama, daß sie ganz vergaß zu knicksen, wie Mama ihr eingeschärft hatte, sondern einfach ihre Hand hinstreckte und dabei aufsah – hoch und immer höher bis zu dem Gesicht eines unerhört großen Mannes mit einem kahlen Schädel, eindrucksvollen blauen Augen, einer langen Nase und einem kleinen Bart, das wie ein Turm über ihr emporragte.

»Ihre Tochter, Herr Chou?« hörte sie eine Stimme sagen. »Aber Sie haben doch auch einen Sohn; wo ist er jetzt?«

Während Papa die Frage beantwortete, ging der Mann bereits weiter und hörte gar nicht hin, und Rosalie spürte, daß das eine sehr bedeutende Persönlichkeit sein mußte, weil Papa auf einmal ganz anders sprach als sonst und nach jedem Satz ein wenig lachte, so daß die Erklärung über seinen Sohn allzu langsam von seinen Lippen kam und der bedeutende Herr Hers gar keine Zeit mehr hatte, sie anzuhören. Rings um diesen Herrn Hers drängten sich Männer wie Papa, und sie alle lachten und lächelten unaufhörlich und so stereotyp, als hätten sie Angst, die Gesichter würden ihnen abfallen, wenn sie aufhörten zu lächeln.

Im großen Speisesaal des Klubs standen etwa zwanzig runde Tische mit weißen Tischtüchern. An jedem dieser Tische saßen zehn Personen, und für Rosalie wurde ein Stuhl zwischen Papa und Herrn Poh geschoben. Rosalie spielte manchmal mit dem ältesten Sohn von Herrn Poh, allerdings nicht sehr oft, denn sie gingen in verschiedene Schulen, und außerdem hatte Rosalie nichts für Jungen übrig, die keine Weltraumromane lasen.

Herr Hua, der an einem anderen Tisch saß, kam herüber und blinzelte Rosalie zu. »Na, wo ist denn deine Mutter?« fragte er.

Es waren nur wenig Frauen anwesend, alles Europäerinnen; denn die chinesischen Frauen waren sämtlich zu Hause geblieben, wenngleich aus anderen Gründen als Mama. Rosalie zählte nach und kam auf knapp zwanzig Frauen. Und von allen weiblichen Gästen war sie die einzige, die sich schon um sechs Uhr verabschieden mußte. Auch Frau Hua war nicht erschienen.

»Sie hat sehr viel zu tun, denn sie schreibt jetzt ein Buch, einen Roman«, erklärte Herr Hua.

Nach dem Essen stand Herr Hers auf und hielt eine Rede. Er hatte seinen Platz am Haupttisch, und als er dort stand und mit seinem Glas spielte, reichten die Blumen in der Vase vor ihm bis zu seinem Zwerchfell. Rosalie, die ihre Rolle als Mamas Stellvertreterin ernst nahm, bemühte sich, ihm aufmerksam zuzuhören; aber das gelang ihr nur während der ersten Hälfte seiner Rede. Sie entnahm daraus, daß Herr Hers erfreut war, sich inmitten der Klubmitglieder zu befinden und daß er die aus Belgien und Frankreich zurückgekehrten Studenten zu ihren glänzenden Erfolgen beglückwünschte. China hatte jetzt, wie er sagte, den rechten Weg eingeschlagen und ging unter seiner fähigen neuen Regierung und deren Führer Tschiangkaischek einer großartigen Zukunft entgegen. Um sein Vertrauen in Chinas Zukunft zu beweisen, hatte Belgien freiwillig seine Konzession in Tientsin aufgegeben, frei-wil-lig. Herr Hers sprach dieses Wort sehr langsam und nachdrücklich aus. Damit, so fuhr er fort, sei die tiefe, unwandelbare Freundschaft zwischen den beiden Ländern erwiesen. Wieder klatschten alle Beifall.

Von dieser Stelle an verlor Rosalie den Faden. Es wurde noch viel applaudiert, und dann erhoben alle ihre Gläser und tranken.

Nachdem die Tafel aufgehoben war, strömten die Gäste in einen anderen Raum und stellten sich in Reihen auf, um sich fotografieren zu lassen. Da sie so viele waren, hatte der Fotograf, der hinter seinem mit einer Samtdecke verhüllten Stativ stand, die Kamera auf einer Drehscheibe angebracht, um sie von rechts nach links über die ganze Versammlung schwenken zu können. Surr, surr, machte es leise, und alle erstarrten, sobald sie das grelle Licht der Linsen traf. Einige Tage später brachte Papa eine ganz lange Fotografie mit nach Hause, und darauf war auch Rosalie zu sehen in ihrem weißen Kleid und mit dem langen Schal um den Hals, den Mama ihr mitgegeben hatte, weil es so »angezogener« aussah. Sie hatte auf dem Bild den Glockenhut tief in die Stirn gerückt und stand direkt neben Papa. In der Mitte aber stand Herr Hers mit seinem Bart und seinen hellen Augen, und er war unter den etwa zweihundert Gesichtern sofort zu erkennen, weil er alle um Haupteslänge überragte.

Dreiunddreißigstes Kapitel

Im Frühling des Jahres 1928 unternahm Papas jüngster Bruder, Dritter Onkel, die lange Reise von Szechuan nach Peking. Von Hankow aus schickte er ein Telegramm, in dem er die Ankunftszeit seines Zuges ankündigte, und Papa ging zum Bahnhof, um ihn abzuholen.

Zwei Tage vor seiner Ankunft hatte Mama ein Großreinemachen veranstaltet, und Papa hatte allerhand Lebensmittel eingekauft und auch aus dem szechuanesischen Geschäft auf dem Ostmarkt Essiggemüse geholt, da der letzte Krug Essiggemüse, das Papa selbst eingelegt hatte, vor wenigen Wochen leer geworden war. Die Familie hatte zu diesem Zeitpunkt zwei Dienstboten: den alten Koch Hsiung, einen Mann mit kahlgeschorenem Schädel, und einen jungen Rikschamann namens Yang, der beim Hausputz half und Botengänge besorgte. Yang stammte aus Honan, war jedoch mit seinen Eltern in die Mandschurei ausgewandert, als eine große Dürre in jener Provinz Millionen hungriger Bauern nach Norden getrieben hatte. Er erzählte Rosalie, wie seine zwei Schwestern und auch seine Mutter verkauft worden waren und wie zwei jüngere Brüder gestorben waren, weil sie Schlamm gegessen hatten, der ihre Leiber auftrieb, bis sie daran erstickten. In seiner Provinz nannte man diesen Schlamm die »Gnadenerde«, weil er in Hungerzeiten für eine Weile den Magen füllte und so der Qual des Hungers Einhalt gebot. Schließlich starb man aber doch daran. Und nun lebte Yangs Vater immer noch in Harbin in der Mandschurei. Er spuckte Blut und konnte nicht arbeiten, obgleich er es immer noch versuchte und mit Kohlensäcken, die er verkaufen wollte, die Straßen entlangtrabte. Weil Yang kräftig war, hatte man ihn zwangsläufig zum Dienst in der Armee Chang Tsolins eingezogen. Von dort war er fortgelaufen, hatte eine Rikscha gezogen und später als Gepäckträger auf dem Bahnhof von Peking Arbeit gefunden. Jetzt war er ein glücklicher Mensch, denn er hatte Arbeit und Unterkunft und verdiente acht Dollar im Monat, von denen er fast vier zurücklegte, um seinem Vater die Reise nach Peking bezahlen zu können. Yang scheuerte die Holzfußböden, die einmal so hell geglänzt hatten, indem er zwei Eimer Wasser darübergoß und mit dem Schrubber darauf herumfuhr. Jetzt war stellenweise schon die ganze Farbe von den Böden abgegangen, und Mama sagte, Papa habe sich von dem Bauunternehmer betrügen und sich schlechte Farbe andrehen lassen. Yang befolgte nie die Anweisungen, die Mama ihm gab, weil er ihr Chinesisch nicht verstehen konnte. Sie betonte alle Wörter so falsch, und wenn Yang sie nicht verstand, schrie sie ihn oft an, und dann hielt Yang im Arbeiten inne, lachte und sagte: »Das ist mein Fehler, ich bin eben so dumm«, und dabei schlug er sich mit den Fäusten gegen den Schädel. Das hatte er gelernt, als er zur Armee des Kriegsherrn eingezogen worden war, und er hatte damit alle, die ihn anschrien, wieder friedlich gestimmt. Mama jedoch konnte er so nicht besänftigen, und darum entließ sie ihn auch eines Tages. Aber das ereignete sich erst nach dem Sommer, in dem Mama mit der ganzen Familie an die See fuhr, lange nachdem Dritter Onkel angekommen und wieder abgefahren war und nicht bevor Rosalie eine Momentaufnahme von Yang und dem Koch Hsiung gemacht hatte. Auf dem Bild stehen sie beide vor der Verandatür, Yang hält einen Besen in der Hand und Hsiung einen Schöpflöffel, und beide lächeln sie auf eine sehr scheue, zurückhaltende Art an, nicht ganz sicher, ob es auch recht sei, sich fotografieren zu lassen.

Da es so wichtig war, einen guten Eindruck auf Dritten Onkel zu machen, half auch Rosalie beim Schrubben und Putzen des Hauses mit. Der Salon wurde gelüftet, die Moskitonetze über den Betten gewaschen und dann wieder angebracht und der große Schrank poliert. Den Drehspiegel säuberte Mama persönlich. An dem Abend, an dem Dritter Onkel kommen sollte, einem Samstag, trugen Rosalie, Tiza und Marianne ihre Sonntagskleider aus grauem Serge mit schwarzen Knöpfen und die Lederschuhe, die Yang eigens geputzt hatte, und Mama holte den Spucknapf aus rosa Emaille mit dem Gänseblümchen- und Vergißmeinnicht-Muster, den sie im Gästezimmer aufbewahrte, hervor; denn ihr war eingefallen, daß die Leute in Szechuan sehr viel spuckten, und sie wollte doch nicht erleben, wie Dritter Onkel auf ihre sauberen Fußböden spuckte.

Als der Abend sein graues Frösteln ausschickte – wie Hände, die das Sonnenlicht im Garten ausschalteten und die weißroten Fliesen auf der Veranda erblassen ließen –, ertönte an der Haustür zweimal das Pochen des Klopfers. »Da sind sie«, sagte Mama, zupfte den weißen Spitzenkragen auf ihrem grauen Kleid zurecht, schob sich eine Locke ihres ergrauenden Haars hinters Ohr und zog Tizas Rock gerade. Aber es war nur Papa. Der Zug hatte Verspätung, und es hieß, die Räuber hätten die Strecke nach Süden zerstört, so daß Dritter Onkel nicht vor dem nächsten Tag würde eintreffen können.

Mama nahm ihren Spitzenkragen wieder ab, die Kinder banden sich die Hausschürzen vor, und Mama sagte: »Ich hoffe, er kommt wirklich erst morgen, sonst reicht nachher das Essen nicht«, und dann setzten sie sich zu Tisch und aßen das Hähnchen, das für Dritten Onkel zubereitet worden war.

Als sie eben die letzten Bissen in den Mund steckten, ertönte der Klopfer wieder, und dann kam Yang herein und sagte: »Laoyeh, Taitai, der Verehrte Dritte Herr ist gekommen.«

»Er ist verrückt«, sagte Mama, aber Papa ging zur Tür und drehte im Vorbeigehen das elektrische Licht auf der Veranda an, und Rosalie kam hinter ihm her. Es war tatsächlich Dritter Onkel. Zuerst bemerkte sie nur einen Schatten, der sich im Dunkel bewegte, aber dann tauchte es auf und schwamm aus der Dunkelheit auf sie zu, herangeholt vom Licht: ein glattes Gesicht, ein langes, blaßgraues Gewand, eine dunkle Seidenjacke, schwarze Baumwollschuhe. Die Gestalt kam immer näher und verbeugte sich, und eine Stimme rief: »Zweite Schwägerin, ich bitte um Entschuldigung, weil ich so spät komme. Verzeih mir!«

Und dann war es plötzlich, als hätten sich alle in Goldfische verwandelt, die flink in einem Glas umherschwimmen, aneinander vorübergleiten und niemals stolpern oder gegeneinanderstoßen wie die Menschen. Alle bewegten sich sicher im Licht der elektrischen Lampen, das so goldbraun schimmerte, weil, wie Papa sagte, der elektrische Strom nie stark genug war.

Sie gingen zurück und setzten sich wieder an den Tisch, von dem das weiße Tischtuch noch nicht abgenommen war, und Dritter Onkel verneigte sich, als Mama ein Stück Huhn auf seinen Teller legte.

»Ja«, sagte er, »der Zug hatte Verspätung, weil bei Lukuchiao, etwa zehn Meilen vor Peking, die Gleise zerstört waren.« Ein Freund hatte ihm jedoch einen Wagen zur Verfügung gestellt, und mit diesem Freund, dem General Ku, war er hergekommen. Bei der Nennung des Namens blickte Papa überrascht auf, und Mama fragte:

»Aber woher kennst du diesen General denn?«

»Mein Vorgesetzter, General Liu Hsiang, der Gouverneur der Provinz Szechuan, hat geschäftlich mit General Ku zu tun, weil der jetzt im Finanzministerium der Kuomintang-Regierung sitzt«, antwortete Dritter Onkel und strich dabei die weißseidenen Ärmelaufschläge über seinen Händen glatt. Das graue Tuch seines Gewands fiel in anmutigen Falten um seine Gestalt.

Als er gegangen war, sagte Mama: »Na, dein Bruder ist offenbar zu Geld gekommen, was? Finanzsekretär des Kriegsherrn Liu Hsiang! Er muß ja Millionen verdient haben. Hast du dir sein Gewand angesehen? Reine englische Wolle.«

Wenn Dritter Onkel sprach, erhob er nie die Stimme, und wenn er lachte, klang es genau wie bei Papa. Er wohnte im Amtssitz des Generals Ku, und der General hatte ihm auch einen Wagen zur Verfügung gestellt, aber Dritter Onkel hatte dieses Angebot abgelehnt. »Man könnte darüber reden, wenn ich in diesen Zeiten einen Wagen fahre«, sagte er.

Das Hauptthema dieses ersten und aller späteren Gespräche mit ihm war, soweit Rosalie sich erinnern konnte, Geld – Geld und Geschäfte. Er redete über die Entwertung des Dollars. »Wir in Szechuan waren gezwungen, Münzen aus gebranntem Lehm herzustellen. Wir haben einen Krieg nach dem anderen gehabt, mein Bruder. Und selbst jetzt hat unser Silberdollar nur die Hälfte des Gewichts, das er eigentlich haben sollte. Kluge Leute stutzen seine Ecken und schneiden so ein Zehntel oder sogar ein Fünftel des Dollars ab, und nach einiger Zeit ist die runde Münze nur noch halb so groß wie zu Anfang.«

»Das haben sie hier auch gemacht«, sagte Papa. »Jahrelang mußte man jedesmal, wenn man eine Silbermünze in die Hand bekam, aufpassen, daß es keine verschnittene war.«

In dieser Nacht unterhielten Papa und Mama sich noch, nachdem sie zu Bett gegangen waren. Rosalie, die sich im Bett aufgesetzt hatte, um zu lauschen, hörte, wie Mama sagte: »Du sollst dich nicht mit diesen Dingen befassen, hörst du, Yentung? Dein Platz ist hier, bei deiner Frau und deinen Kindern.«

Am nächsten Tag sprach Dritter Onkel wieder mit Papa. »Ich habe vierzigtausend in dieser Gesellschaft angelegt und weitere zwanzigtausend in den Dampfern«, sagte er. »General Teng und General Liu sind alle beide unserer Familie wohlgesinnt ... Ich denke schon, daß sie sich für den Eisenbahnbau interessieren werden. Und wir wollen das ganz allein machen, wir wollen mit der Regierung in Nanking nichts zu tun haben, und dann ...«

»Nein«, unterbrach Mama ihn plötzlich. »Wir haben hier unsere Häuser, und wir sind zufrieden.«

Die beiden Männer sahen sie nicht an, aber sie hörten auf zu reden.

»Sprich du mit deinem Onkel«, sagte Mama zu Rosalie. »Erzähl ihm, daß du Englisch lernst.«

Rosalie tat es, und Dritter Onkel sah an ihr vorbei und sagte: »Gut, gut.« Aber man hörte seiner Stimme an, daß er es gar nicht so meinte.

Und nun redeten Papa und Mama jede Nacht miteinander, so lange, bis Rosalie von der Anstrengung des Lauschens müde wurde, und manchmal weinte Mama, und Papa sagte: »Du nimmst alles zu schwer. Ich verspreche dir doch, ich gehe nicht zurück. Morgen sage ich es ihm.«

Nach fünf Tagen fuhr Dritter Onkel wieder ab, und nur Papa begleitete ihn zum Bahnhof. Rosalie, Tiza und Marianne waren in der Schule, und als sie nach Hause kamen, packte Mama die Seidenstoffe weg, die Dritter Onkel ihnen mitgebracht hatte – Rollen von schwerer blauer und leichter grauer

Seide und auch die ganz schwere reinweiße Seide, die nach Gewicht verkauft wird. Er hatte auch einige Teller aus Filigransilber mitgebracht, von denen zwei ein Muster mit Päonien und Kolibris auf einem durchsichtigen silbernen Spitzenhintergrund aufwiesen. Mama bewahrte sie dort auf, wo auch ihre Schmucksachen lagen.

»Möchte Dritter Onkel, daß Papa nach Szechuan zurückgeht, Mama?« fragte Rosalie, und Mama sagte:

»Sei still, sonst nehme ich dich diesen Sommer nicht mit an die See.«

So kam und ging Dritter Onkel, ebenso wie Joseph Hers gekommen und gegangen und wie Älterer Bruder zurückgekehrt war. Alle treten sie aus dem seltsam vibrierenden Dunkel dieser zwielichtigen Zeit hervor, der Zeit zwischen Kindheit und Jugend, diesem Goldfischglas-Schatten, diesem Dickicht eines versunkenen Waldes aus dunkelgrünem Tang.

Und nun war Rosalie fast elf Jahre alt, eine verstockte, reizbare, überarbeitete und übermüdete Elfjährige. Es war keine blütenduftende Jugend in ihr, sondern eine dumpfe Kraft, die sie in die schon vorbereiteten, aber noch unerkannten Jahre, die schwierigen Jahre des Heranwachsens, trieb. Innerlich und äußerlich fühlte sie sich gelenkt von dieser plumpen, blindlings tappenden Kraft, die verliert, noch bevor sie gewinnen kann. Sie erlebte die Zeit, in der das sehende Auge und das hörende Ohr der Kindheit ihr abhanden kamen, und dieser Wandel war Schrecken. »Das Innere der Dinge ist aus ihnen herausgenommen, und die Menschen werden zu halbautomatischen Wesen in einer amorphen Umwelt, zu einer Masse, die sich ebensowenig teilen läßt wie Wasser, werden zu düsterer Wasser-Einsamkeit mit dem Schrecken versunkenen, unverständlichen Erstickens. Wo bin ich, was bin ich, was wird aus mir, was bedeutet das Leben? Warum bin ich so, wie ich bin, und warum hat Älterer Bruder sich so verändert? Jetzt ist da nur noch eine Wand, auf die Wand geklebtes Papier, und Älterer Bruder ist nicht wirklicher als eine Zeitung. Papa sagt, ich müßte nett zu Hers sein, weil er Stipendien vergibt; aber wer ist Hers? Warum ist alles fort, und warum kann ich nichts mehr erreichen und festhalten? Warum ist alles so unstofflich geworden, so daß ich nirgends mehr sicher bin? Alle tauchen auf und verschwinden, gleiten aus dem Dunkel hervor und wieder zurück ... Werde ich verrückt?«

Der Gedanke, daß sie vielleicht verrückt wurde, entsetzte Rosalie, vor allem da sie jetzt Mama sagen hörte, Yuchen sei wahnsinnig geworden. Das junge Mädchen war erkrankt, als ihre Mutter, Erste Tante, im Sterben lag. Vier Monate später hatte Onkel Liu, der Lolo, wieder geheiratet – ohne jede Feierlichkeit. Seine zweite Frau war zwanzig, also zwanzig Jahre jünger als er; aber das schlimmste war, daß sie ebenfalls den Namen Liu führte und in seinem Haushalt als Dienerin angestellt gewesen war. Es verstieß in China gegen Tradition und Sitte, ja, es galt fast als Inzest, jemanden zu heiraten, der denselben Familiennamen trug. Papa sagte, Onkel Liu brauche jemanden, der sich um seine Kinder kümmerte, vor allem um Yuchen, die nach ihrer Meningitis völlig anormal geworden war und nachts ihr Bett naß machte. Rosalie bekam Angst, daß auch sie ihr Bett nachts naß machen könnte. Der Gedanke hielt sie wach, und sie bekam dunkle Ringe um die Augen.

Älterer Bruder schrieb ihr: »Es wird bestimmt sehr schwer für dich sein, einen Mann zu finden, und darum solltest du bei deiner Intelligenz zusehen, daß du einen Beruf erlernst. Der Beruf der Lehrerin dürfte für eine Frau sehr befriedigend sein ...«

»Das Kind arbeitet zuviel«, erklärte Frau Blievermann, die eines Nachmittags kam, um Mama zu besuchen.

»Sie muß arbeiten«, entgegnete Mama. »Ende des Jahres muß sie die englische Prüfung bestehen.«

In diesem Frühling bekam Rosalie eine schwere Erkältung und hustete wochenlang. Und dann begann eines Tages ihr Ohr zu schmerzen. Eine Woche lang litt sie darunter, und nachts lag sie im Bett und hörte auf dieses Dröhnen in ihrem Ohr. »Ich kann mein Herz in meinem Ohr hören«, erklärte sie.

Mama träufelte ihr heißes Öl ins Ohr. Aber nachts ging dieses ständige Klopfen immer weiter. Bumm, bumm, bumm machte es und hinderte Rosalie am Einschlafen. Und das Kind wurde immer ängstlicher. Alles erschien ihr immer unwirklicher, ferner, unerreichbarer. Worte und Namen entschwanden ihrem Gedächtnis, und die Angst, verrückt zu werden, brachte sie zum Weinen.

»Du lieber Himmel, wie ungeschickt du bist!«

Sie war ungeschickt. Alles fiel ihr aus den Händen. Sie stieß an alle Möbel.

Dann ging Mama eines Tags mit ihr zum Arzt, zu dem griechischen Doktor, der bei Mariannes Geburt ins Haus gekommen war.

»Sie hat Eiter im Ohr«, sagte er. Er durchstach ihr das Trommelfell, und von da ab klopfte ihr Herz nachts nicht mehr im Ohr.

Aber nun begann dafür eine andere Angst, die ihr in diesen Alptraumnächten die Brust zusammenpreßte: die Angst, daß sie am Ende des Jahres die Prüfung nicht bestehen würde.

»Ich werde dumm, ich werde dumm.«

Der Schrecken jagte sie durch die ganze warme Jahreszeit, und als sei dieser Ring, der sich würgend um sie legte, noch nicht eng genug, kam noch ein letztes Entsetzen hinzu, als sie mit ansehen mußte, wie ein Junge einen Hund tötete, indem er ihn gegen einen steinernen Brunnenrand schleuderte und ihm das Rückgrat brach. Und so trieb es sie hinein in einen glühenden Frühsommer.

Dann kam die letzte Schulwoche, in der das Ergebnis der Vorprüfungen darüber entscheiden würde, ob Rosalie am Ende des Jahres ins Examen gehen sollte oder nicht. Mama tat alles, was in ihren Kräften stand, um für Rosalie möglichst gute Vorbedingungen zu schaffen: Sie kochte leichtverdauliche Speisen wie Hühnersuppe und Karamelkrem. Aber es war so weit gekommen, daß schon Mamas Gegenwart Rosalie zur Raserei brachte, so daß sie sich wütend umdrehte und die Karamelkrem ausspuckte.

»Sie hat schlechte Nerven, genau wie Sie, Madame«, sagte der Doktor. »Sie ist das reine Nervenbündel.«

»Diesen Sommer fahren wir an die See«, sagte Mama.

Und dann waren die Vorprüfungen vorüber, und Rosalie hatte bestanden, und nun sollten Mama und die Kinder an die See fahren. Zuerst hieß es: In einer Woche geht es los, dann waren es nur noch vier Tage und schließlich nur noch einer...

Am Morgen vor ihrer Abreise fiel ein leichter Regen. Er ging über dem Garten nieder und traf die vom Staub gezeichneten Weinblätter mit einem tiefen, prasselnden Ton, und draußen auf der staubigen Straße schrien die Fuhrleute vor Freude; denn es hatte zuvor so wenig Wasser gegeben, und der viele Staub war ihnen in die Augen gedrungen und hatte ihre Gesichter und Gewänder mit einer Puderschicht überzogen.

Rosalie öffnete die Haustür mit den Löwenköpfen, in deren Mäulern die Ringe hingen. Gegenüber dem Haus saß am Brunnen die Frau des Brunnenbesitzers und nährte ihr Kind, und der Brunnen gab den gleichen wimmernden Ton von sich wie der Säugling, und das Wasser rann klar und kalt heraus und plätscherte in die Holzeimer.

Der Regen schaltete sich selbst ab, und die Erde begann neu zu duften. Rosalie ging um das Haus herum und kam zu dem Erdwall neben dem ehemaligen Kanal, der jetzt nicht mehr benutzt wurde und austrocknete. Dann wanderte sie an den schlanken Weiden vorüber und dachte an den Betteljungen, der hier, genau hier, fluchend hinter ihnen hergelaufen war. Ein herrenloser Hund bellte sie wütend an und riß dann aus, als sie sich bückte und so tat, als wolle sie einen Stein aufheben. Nun kam noch ein rascher Guß, und bevor die letzten Tropfen gefallen waren, brach die Sonne durch, und Rosalie öffnete den Mund, um die Sonne, diesen runden Honig- und Dattelkuchen der Sonne, zu schmecken. »Ich bin elf Jahre alt. Was soll aus mir werden? Und wer bin ich?« Geh weiter, Ro salie, immer, immer weiter und schau auf die Fülle in dir, auch wenn deine Augen nicht mehr mit der präzisen Leidenschaft der ersten Lebensjahre sehen können; denn du entwikkelst dich, die Kindheit weicht von dir, und du bist nicht mehr dieses andere Ich, das dort, eben um die Ecke, auf dich wartet, das sich hinter der verkrüppelten Weide versteckt, das am Ende des Hutung sitzt und auf dich lauert oder auch durchscheinend, kaum sichtbar, am Horizont hängt wie ein Sandsturm, der sich noch nicht gesammelt hat. Geh weiter, immer auf den Horizont zu, Rosalie, und bleib nicht stehen, auch wenn deine Nächte voller Schrecken sind, die du keinem erzählen kannst.

Und nun bückte sie sich und griff zur Erde, knetete Staub und Wasser, um dann eine Handvoll in das dicke grüne Kanalwasser zu werfen und zuzusehen, wie die Kräuselwellen auseinanderstrebten. Und es gab nirgends eine Antwort, weil sie alles neu erlernen mußte.

Geh weiter, geh in Papas Büro, wo über dem Eingang zu jedem Raum das Bild von Sun Yatsen hängt und daneben das Bild von Tschiangkaischek in seiner Uniform und seinen weißen Handschuhen, mit seinen Orden und seinem Säbel. Alle Straßen sind jetzt übersät mit Slogans, die nach einer neuen Lebensform verlangen, den Führer preisen und die Vernichtung der Kommunisten versprechen.

Sieh dir die Bilder an, Rosalie, lies aufmerksam diese Worte, halte dich daran fest; denn auch sie werden dir entschwinden, genau wie deine Kalligraphie, weil du Klavier und nicht Schönschrift üben mußt.

Papa und Herr Hua sitzen wie gewöhnlich da und unterhalten sich; aber trotzdem ist nichts so wie sonst, denn Herr Hua ist eigentlich nur ein Schatten, und du kannst seine Worte nicht mehr hören. Sie entschwinden dir, noch bevor du sie aufgenommen hast. Und darum geh nicht hinein und gib dir gar nicht erst die Mühe zuzuhören, sondern betrachte die beiden nur vom Hof aus durch die verstaubten Fensterscheiben und geh dann wieder fort, geh zwischen fremden Menschen durch die Straße – zwischen Menschen, die dir nicht fremder sind als dein eigener Bruder, deine Schwestern, deine Eltern. Reihe dich stillschweigend unter sie ein, geh im gleichen Schritt mit ihnen. Die Rücken, die du vor dir siehst, erscheinen dir freundlich, so bewußt unwissend, und inmitten dieser unwissenden Gleichgültigkeit der Straße verlierst du deine Angst; sie gleitet von dir ab wie eine Regenhaut, die du nach dem Regen abstreifst.

Nun kommt wieder dieser warme Dunst der Nächte. Er ergreift Besitz von den Straßen Pekings, das jetzt Peiping heißt und nicht mehr die Hauptstadt ist, sondern die Stadt des Nördlichen Friedens. Er ergreift Besitz von den Millionen seiner Einwohner, von der großen Ebene Chinas, und er bereitet der ruhigen und festen Nacht das Bett. »Morgen muß ich vielleicht erwachsen sein. Vielleicht kann ich noch bis morgen warten.«

Drüben vor dem Ostmarkt entsteht plötzlich ein Gedränge, ein Aufruhr. Polizisten erheben laut ihre Stimmen und zerren einen jungen Mann, ein Mädchen, aus dem Marktbezirk in den matten und rauchigen Kreis des elektrischen Lichts, stopfen sie in einen schwarzen Wagen und fahren schnell mit ihnen davon. Eine kleine Gruppe, die auf der einen Seite vorbeikommt, bleibt stehen, starrt; aber zwei Geheimpolizisten mit Filzhüten schreien die Leute an: »Was stehen Sie hier herum? Weitergehen, weitergehen!«

Und Rosalie, die auch hier steht, geht weiter.

»Vielleicht werden diese Leute morgen erschossen. Ich wüßte gern, wie alt sie sind.«

Der morgige Tag wird sie schon vergessen haben. Aber sie, Rosalie, wird er vorfinden. »Wenn es doch nur geschehen wollte, bevor wir an die See fahren!« Vorerst jedoch war man hier und tat einen Schritt nach dem anderen in dieser rechteckigen Schachtel inmitten der rechteckigen Stadt. Und morgen würde man an der See sein.

Han Suyin

wurde als Tochter eines chinesischen Vaters und einer belgischen Mutter in Peking geboren. Ihre Muttersprache ist das Chinesische, ihre Bücher schreibt sie auf englisch. Ebensogut spricht sie Französisch und Malaiisch. Han Suyin studierte Medizin in China, vollendete ihr Studium aber später in England. Die wortgewandte Eurasierin ist jedoch in der Hauptsache nicht Ärztin – sie praktizierte bis 1963 –, sondern »a novelist«, wie sie selbst sagt, eine Erzählerin. Ihre Romane »Alle Herrlichkeit auf Erden«, »Die Zauberstadt« und »Bis der Tag erwacht« haben eine breite internationale Leserschaft gefunden.

Der große Traum ist die Geschichte der östlichen und der westlichen Familie Han Suyins und die Geschichte Chinas in den letzten achtzig Jahren. Die chinesische Familie – in einer an Tibet grenzenden Provinz ansässig und tief mit den Traditionen der Feudalzeit verbunden – kommt plötzlich durch das Eindringen der westlichen Großmächte in China mit der »neuen« Zivilisation in Kontakt. Han Suyins Vater, der sich ganz zur klassischen Scholastik hingezogen fühlt, muß umsatteln. Er wird Ingenieur und von seiner Regierung nach Belgien geschickt, um Eisenbahnbau zu studieren. Dort verliebt er sich in die Tochter einer angesehenen belgischen Familie, und allen gesellschaftlichen Vorurteilen zum Trotz heiratet er sie.

Fast fünfzig Jahre später hat Han Suyin es unternommen, nach langer Forschungsarbeit das Leben und die Zeit ihrer Eltern und Großeltern in China und Europa zu schildern. So ist *Der große Traum* eines der interessantesten Bücher, die über China geschrieben worden sind. Han Suyin hat damit einen Beitrag zum Verständnis der »ungeteilten Welt« geliefert, in der wir alle leben, im Westen wie im Osten.

Ausgewählte Belletristik aus dem Albrecht Knaus Verlag

Willa Cather
Der Tod holt den Erzbischof
Geb., 320 Seiten

Meine Antonia
Geb., 283 Seiten

Raymond Chandler/Robert B. Parker
Einsame Klasse
Geb., 272 Seiten

Utta Danella
Meine Freundin Elaine
Geb., 320 Seiten

Walter Kempowski
Sirius
Geb., 380 Seiten

Pavel Kohout
Ende der Großen Ferien
Geb., 680 Seiten

Bharati Mukherjee
Jasmine
Geb., 240 Seiten

Knaus
K

GOLDMANN TASCHENBÜCHER

Fordern Sie das kostenlose Gesamtverzeichnis an!

Literatur · **U**nterhaltung · **B**estseller · **L**yrik
Frauen heute · **T**hriller · **B**iographien
Bücher zu Film und Fernsehen · **K**riminalromane
Science-Fiction · **F**antasy · **A**benteuer · **S**piele-Bücher
Lesespaß zum Jubelpreis · **S**chock · **C**artoon · **H**eiteres
Klassiker mit Erläuterungen · **W**erkausgaben

****

Sachbücher zu Politik, Gesellschaft,
Zeitgeschichte und Geschichte; zu Wissenschaft,
Natur und Psychologie
Ein Siedler Buch bei Goldmann

****

Esoterik · **M**agisch reisen

****

Ratgeber zu Psychologie, Lebenshilfe,
Sexualität und Partnerschaft;
zu Ernährung und für die gesunde Küche
Rechtsratgeber für Beruf und Ausbildung

Goldmann Verlag · Neumarkter Str. 18 · 8000 München 80

Bitte senden Sie mir das neue Gesamtverzeichnis.

Name: ________________________

Straße: ________________________

PLZ/Ort: ________________________